Frieder Sauer

600 Käfer

nach Farbfotos erkannt

Fauna-Verlag
Eichenweg 8
85757 Karlsfeld
Tel. 08131 93055

1993

Die Deutsche Bibliothek – CIP-Einheitsaufnahme

600 Käfer nach Farbfotos erkannt / Frieder Sauer. – Karlsfeld :
Fauna-Verl., 1993
  (Sauers Naturführer)
  ISBN 3-923010-10-9
NE: Sauer, Frieder; Sechshundert Käfer nach Farbfotos erkannt

Druck: Gorenjski tisk, Kranj, Slowenien

Aus der Einleitung zu einem Insektenbuch von **Vitus Graeber** aus dem Jahre 1877:
"Das ganze gewaltige Heer der gespießten Kerfe, wie es, regimenter- und kompagnienweise in Schränken und Läden vertheilt, in den großen Kabinetten von Wien, Berlin, Paris, London u.s.w. Parade hält, nöthigt auch dem nüchternsten Beobachter, der sich zum erstenmale dieser zahlreichen und streng etiquettenmäßigen Versammlung gegenübersieht, einen Ruf des Erstaunens ab.
Und dies sind nur Leichen, Mumien, Skelette.

Welchen Eindruck werden wir nun erst von dieser großen Welt der Kleinen bekommen, wenn wir sie auf ihrem natürlichen Schauplatz die Funktionen des Lebens verrichten sehen. Welch' ein Anblick muß es sein, wenn alle diese reichhebeligen Maschinen in Gang gerathen, wenn die vielgliedrigen Beine ihr taktmäßiges Spiel beginnen, die Flugräder die Luft durchschneiden, die Kiefer sich aufsperren, die Rüssel sich entrollen, die Stachel aus ihren Scheiden schnellen, wenn die Lider der Stigmen sich auftun, die Luft den ganzen Leib anschwellt, das Röhrenherz pulsirt, wenn der gierige Darm immer neu gefüllt zu werden verlangt und wenn endlich, bei nahender Reife der Fortpflanzungsorgane, der Geschlechtstrieb, und später, beim Weibchen, die Muttersorge sich regt, und es zu den tausendfältigen Arbeiten, zu den kühnsten und seltsamsten Erfindungen anspornt.

Es ergeht an den Leser die Einladung, uns in die freie herrliche Natur hinaus zu begleiten, um das Leben und Treiben unserer Thiere auf wechselndem landschaftlichem Hintergrunde und in den verschiedenen Tages- und Jahreszeiten zu beobachten und uns so ein, freilich noch höchst flüchtiges Bild ihres Vorkommens und ihrer Verbreitung zu verschaffen, das er dann nach eigenem Gutdünken und Bedürfniß sich vervollkommnen und erweitern mag."

Ein heute vergessener "Kleinmeister", aber wie konnte er, wie konnten die Leute damals, vor über 100 Jahren, schreiben, zu einer Zeit, als die Leidenschaft des Käfersammelns zugleich ihren Höhepunkt und wenig später ihren Ausklang erlebte! Haben wir heute, gehetzt von Pflichten und Sorgen, nicht mehr die Muße zum Beobachten, oder sind wir, vom Fernseher erzogen, mehr Bilder- als Wortmenschen geworden? Vielleicht wird jemand, dem in 100 Jahren dieses Buch in die Hände gerät, wenn alle Kommunikation elektronisch geworden und wenn statt Büchern nur noch Videos produziert werden, verwundert anmerken: Wie konnten die Leute damals fotografieren, und wie gut konnten sie drucken!
Die Zahl der Käfersammler hat sich entwickelt wie eine umgekehrte Pyramide: im 18. Jahrhundert, zu Lebzeiten von Goethe und Linné, waren es wenige, im 19. Jahrhundert wurden es mehr und mehr, und dann, mit Ausbruch des ersten Weltkriegs, kam das Sammeln völlig "aus der Mode". In der Spätzeit entstanden bedeutende Käferbücher, von denen das zweibändige "**Calwer's Käferbuch**" und die fünfbändige "**Fauna Germanica**" heute noch im Handel und von großem Wert sind.
Das wichtigste Rüstzeug für den "Coleopterologen" ist heute das zwölfbändige Werk "**Die Käfer Mitteleuropas**" von **H. Freude, K.W. Harde** und **G.A. Lohse**. In diesem Jahrhundertwerk sind alle Käfer Mitteleuropas mit Worten beschrieben und bestimmbar gemacht. Die

hier benutzten Namen haben sich eingeürgert und bisher fast allen Umbenennungsversuchen widerstanden, wie sie oft von Besserwissenden und zu oft auch von Besserwissern gemacht wurden und meist sinnlose, nicht endende Verwirrung stiften.
All diese sind Bücher, die man zu Fetzen lesen muß, ehe man ein Käferkenner geworden ist.
Heute gibt es nicht mehr viele Käfersammler, aber sie sind wie in alten Zeiten eine exklusive Gesellschaft. Da gab es Grafen, Fabrikanten, Professoren, Rechtsanwälte, Chirurgen, denen die Käfer wichtiger waren als das Geld, von dem sie im Überflusse hatten. Heute bläst der Wind der öffentlichen Meinung den "Käferern" ins Gesicht. Sie hat ihren gesetzlichen Ausdruck in der Artenschutzverordnung gefunden, die vor 10 Jahren rechtskräftig geworden ist und schon Fangen und Züchten von rund 170 Käferarten, und gerade der attraktivsten, verbietet. Den Käfern hat das Gesetz nicht genützt, keine der geschützen Arten hat zugenommen. Das war auch nicht zu erwarten, dafür war der Sammeldruck viel zu gering, und es ist auch fast unmöglich, eine Art durch Sammeln zu gefährden. Wer es nicht glaubt, soll einmal versuchen, durch Absammeln die Blattläuse an einer Zimmerpflanze auszurotten. Das Gesetz zeigt aber trotzdem Wirkung: Alle Entomologischen Vereine klagen über drastischen Mitgliederschwund, und die meisten können ihre Veröffentlichungen nicht mehr im gewohnten Umfang fortführen.
Um die alten Sammlungen steht es auch nicht gut. Nach dem Tod des Vaters halten die Kinder die Sammlung noch in Ehren, wissen sie doch, daß sie das Lebensglück ihres Vaters war. Aber der Platz wird knapp, und irgendwann kommen die Schränke in den Keller oder auf den Speicher. Die Enkel kennen solche Gefühle nicht mehr. Wenn es gut geht, schenken sie die Sammlung einem anderen Sammler, aber der hat auch keinen Platz und pickt sich eventuell nur die Raritäten heraus. Vielleicht waren zuvor schon Parasiten eingedrungen und haben ihr Werk vollbracht, das Vergehen des Vergänglichen zu beschleunigen. So oder so, die Sammlung endet in der Mülltonne.

Was ist ein Käfer?
Für die Antwort auf diese Frage bemühe ich wieder einen der ganz Alten: In der "Naturgeschichte aus dem religiösen Standpunkte für die Jugend in Volksschulen" von Josef Annegans, Pastor in Selm, aus dem Jahre 1836, liest sich das so:
Käfer heißen alle Insekten, die in vollkommenem Zustande 4 Flügel haben, zwei lange sehr gefaltete Unterflügel und zwei kürzere hornartige Oberflügel, welche, wenn das Thierchen ruhig sitzt, den unteren Flügeln als Decken dienen. Alle 4 Flügel dienen zum Fliegen, besonders aber die häutigen langen Hinterflügel, denn einige Käfer, denen diese fehlen, können nicht fliegen.
Fast alle Käfer haben einen hart gepanzerten Körper, der Panzer besteht aus mehreren ineinander geschobenen Ringen, und kann die Knochen vorstellen. Der Kopf ist klein, hat zwei gegitterte Augen, 6- bis 13-gliedrige Fühlhörner, 4 bis 6 Freßspitzen, zwei Füße stehen an der Brust, vier am Hinterleib, und an den Seiten des Körpers sind acht Luftlöcher.
Alle Käfer legen Eier, aus denen Larven mit drei Füßen nahe am

Kopf und neun Luftlöchern kommen, die Freßzangen haben und sich von Pflanzen und todten Tieren ernähren. Einige Larven haben keine Füße und heißen Maden. Nach ein bis drei Jahren verpuppt sich die Larve, gewöhnlich unter der Erde in einer ausgehöhlten Lehmscholle, andere verpuppen sich aber im Holze. Das vollendete Insekt kriecht weich aus seiner Hülle; Haut und Flügeldecken aber erhärten sich bald an der freien Luft."

Damals, 48 Jahre nach dem Tod von Linné und 4 Jahre nach dem Tod von Goethe stand die Entomologie schon in hoher Blüte. Die meisten Arten waren schon beschrieben und benannt, und es gab auch schon die ersten, - damals noch handkolorierten- Bestimmungsbücher.

Was ein Käfer ist, läßt sich fast stets auf den ersten Blick erkennen, aber nur schwer in Worte fassen. Von oben gesehen ist der Körper der Käfer stets dreigeteilt. Der Kopf trägt kauende Mundteile, vor allem zwei Zangenpaare, die sich beim Gebrauch von der Seite her wie Scheren bewegen. Sie heißen Kiefer, und zwar Ober- und Unterkiefer. An den Kopf schließt sich die Brust an, welche drei Beinpaare trägt. Von oben ist der vorderste Brustring zu sehen, seine Oberseite heißt Halsschild. Der 2.Brustring trägt die Vorderflügel und wird von ihnen verdeckt bis auf ein kleines Dreieck zwischen beiden, es heißt Schildchen. Unter den Deckflügeln liegen bei den meisten Käfern noch zwei häutige Flügel, die wie die Hinterbeine am dritten und damit letzten Brustring entspringen. Die Hautflügel sind in der Ruhe der Länge nach und ein- oder gar zweimal der Quere nach gefaltet. Zum Flug entfaltet, sind sie aber so raffiniert versteift, daß sie beim Schlag den Luftwiderstand brechen können. Manche Doktorarbeit ist über dieses Wunderwerk der Biomechanik geschrieben worden.

Der Hinterleib trägt keine Gliedmaßen, wohl aber die Atemlöcher oder Stigmen. Die Beine bestehen aus der kurzen, von oben nicht sichtbaren Hüfte, dann folgen die langen Oberschenkel und die etwa gleich langen Unterschenkel und der meist 4- oder 5-gliedrige Fuß. An seinem Ende entspringt ein Klauenpaar.

Dieses Grundmuster ist bei den Käfern in unglaublicher Formenfülle abgewandelt. Dabei sind nicht nur groteske Gestalten entstanden, sondern auch Farbwunder, deren abgründig glänzende Oberfläche nur der lebendige Anblick, nicht aber ein noch so perfekter Farbdruck wiedergeben kann.

Die kleinsten Käfer sind kleiner als viele einzellige Mikroorganismen und dem unbewaffneten Auge nur als Stäubchen sichtbar, sie sind das Feinste, das die Natur an Mikromechanik hervorgebracht hat.

Die größten Käfer aber, die Goliath-, die Herkules- und die Elefantenkäfer werden nahezu faustgroß und sind damit zumindet auf der Waage die Giganten unter den Insekten.

Die meisten Käfer sind hart gepanzerte Ritter im Kleinformat, und wie bei den alten Ritterrüstungen können sie sich nur durch raffinierte Gelenke in ihren starren Gliedmaßen in Bewegung setzen. Ihr Gang hat vielfach etwas roboterhaft Eckiges, sie gleichen eher Lebensmaschinen als unseresgleichen.

Die Käfer haben von allen Insektengruppen die weiteste Verbreitung, die auch die ungewöhnlichsten Lebensräume umfaßt, wie heißesten Wüstensand, ewigfinstere Höhlen, Nester und Exkremente von Vögeln und Säugetieren. Einige Käfer sind extrem eng an kleinste Lebensräume gebunden, und ihre Verbreitung kann sich auf eine Fläche von einigen hundert Metern Durchmesser beschränken. Kein Wunder, daß viele Arten bereits vom Menschen durch Vernichtung ihres Lebensraumes ausgerottet wurden. Groß ist sicher auch die Zahl der Arten, die bei der Vernichtung der Tropenwälder ausgerottet wurden, noch ehe ein Zoologe Gelegenheit hatte, sie zu beschreiben und zu benennen.

Andere Arten sind überaus anpassungsfähig, und einige hundert davon sind als Blinde Passagiere mit dem Menschen überallhin gereist und zu wahren Weltbürgern geworden. Auch mancher Käfer, der uns vertraut ist, stammt eigentlich aus einem anderen Kontinent. Viele Käfer sind gefürchtete Vernichter von Nutzpflanzen, und ihretwegen werden alljährlich unvorstellbare Mengen von Gift in die Umwelt gesprüht. Weltweit, vor allem in den wenig entwickelten Ländern, sterben alljährlich Tausende an akuter Vergiftung bei der Käferbekämpfung, und unabschätzbar größer ist die Zahl derer, die an den Spätfolgen sterben, und das auch bei uns, etwa unter den Winzern an Rhein und Mosel.

Die Geschlechter der Käfer kann man in der Regel nicht leicht unterscheiden, nur bei den Laufkäfern haben die Männchen etwas verbreiterte und bei den Schwimmkäfern stark verbreiterte Vorderfüße, und bei den Bockkäfern haben die Männchen meist längere Fühler. Die Paarungssitten wirken auf uns meist roh und unkompliziert. Auch Brutfürsorge und Brutpflege sind nur bei wenigen Arten höher entwickelt. Meist werden die Eier einfach abgelegt und bleiben dort durch ihre anfängliche Klebrigkeit auch hängen, oder sie werden in Rindenritzen oder Bodenvertiefungen geschoben.

Aus den Eiern schlüpfen Larven, die in der typischen Gestalt mit ihren drei Beinpaaren einen walzenförmigen Hinterleib über den Boden schleifen. Die Beine entspringen dicht hinter dem Kopf, der meist der einzige hart gepanzerte Körperteil der Larven ist. Bei jenen Larven, die wie die Made im Speck heranwachsen, sind die Beine weitgehend oder vollständig reduziert. Es gibt nichts Genießbares, auf das nicht irgendeine Käferlarve spezialisiert wäre, die meisten fressen aber Pflanzenteile. Der besondere und weltweite Erfolg der Käfer liegt wohl in der Anspruchslosigkeit und Anpassungsfähigkeit selbst an das ungenießbarste Larvenfutter. Unzählige Arten ernähren sich von verrottendem Holz, und darunter sind gerade die größten Käfer, die Hirsch- und Nashornkäfer und die großen Böcke und Goliathkäfer. Manche Arten fressen Exkremente und einige sollen sich sogar mit dem Kot anderer Insekten begnügen.

Die Larven wachsen schubweise, indem sie von Zeit zu Zeit die zu eng gewordene Haut in einer Häutung abstreifen. Die Zahl der Häutungen ist gering, was manches Risiko vermeidet und ein "fortschrittliches" Zeichen ist. Schließlich fertigen die meisten Arten eine Erdhöhle, in der sie sich verpuppen. Die Puppen sind meist wachsweiß, weich und verletzlich und zeigen schon in plumperer Fassung die Gestalt des werdenden Käfers. Der Käfer bedarf nach dem Schlüpfen noch einer längeren Zeit der Aushärtung und Ausfärbung, ehe er seine Puppenweige verlassen kann.

Die Zoologen haben die Käfer in etwa 130 Familien unterteilt. Viele davon sind auf die Tropen beschränkt oder haben bei uns nur weni-

ge, unscheinbare Vertreter. Etwa 20 Familien sind in Mitteleuropa mit je rund 300 bis 400 auffälligeren Arten vertreten.
Käfer gehören zu den langlebigsten Insekten. Die Entwicklung der in totem Holz nagenden Bockkäferlarven kann über 10 Jahre dauern, und einige Käfer können nach dem Abschluß ihrer Verwandlung noch einige Jahre leben. Die großen Schwimmkäfer wie der Gelbrand können 5 Jahre alt werden, ebenso manche Schwarzkäfer (der Gattung Blaps) und die großen Laufkäfer. Auch manche Rüsselkäfer leben 2 bis 3 Jahre, viel länger als jeder Schmetterling. Aber wer so gut gepanzert ist wie ein Käfer, verschleißt sich auch nur langsam.
Viele Käferarten sind sehr veränderlich in Form und Farbe. Von manchen Arten, etwa den großen Laufkäfern und den Totengräbern, gibt es sowohl breit gebaute als auch schlanke und sowohl bauchige a d auch parallelseitige Individuen. Bei den Blatt- und mehr noch bei vielen Marienkäfern, aber auch sonstwo können die Flecke auf den Flügeldecken größer oder kleiner sein, miteinander mehr oder weniger verschmelzen und sogar völlig fehlen. Vor allem die Schillerfarben sind sehr veränderlich. Von der gleichen Art kann man grüne, goldgrüne, purpurrote, tiefblaue und sogar glänzend schwarze Individuen finden und in Reihen mit allen Übergängen ordnen. Auch das Relief auf den Panzern kann mehr oder weniger scharf geprägt sein. In solchen Fällen wird erst in der Serie das Arttypische deutlich. In der Regel werden Käfer trotz aller Veränderlichkeit nach dem Aussehen bestimmt. In Problemfällen extrem ähnlicher Arten bringt aber erst die mikroskopische Untersuchung der herauspräparierten Genitalorgane die Entscheidung.

Die Namen der Käfer
Bei manchen Naturvölkern gibt es keinen eigenen Namen für die Käfer, sondern vielleicht nur einem Sammelnamen für alles, was keine Knochen hat und krabbelt; oder es gibt nur Artnamen für die wenigen, für den Menschen wichtigen Arten - sei es, daß sie eßbar sind oder besonders gefährlich als Schädlinge.
In der deutschen Sprache gab es schon im frühen Mittelalter einen Sammelnamen, der alle Käfer zusammenfaßt; sie hießen zur Zeit Karls des Großen "wibel". Das Wort ist später ausgestorben. Reste davon haben sich noch im militärischen Dienstgrad "Feldwebel" erhalten und in dem englischen "weevil", womit die Rüsselkäfer gemeint sind. Daneben gab es im Althochdeutschen auch schon ein Wort "chevar" und später "Kever", aber damit waren zunächst die Heuschrecken gemeint. Später nannte man auch die Käfer und noch später nur noch die Käfer "Kever", aber so streng hat man das damals nicht genommen. Noch Linné hat keinen Unterschied zwischen Ohrwürmern und Käfern gemacht.
Darüber hinaus hatten die bekanntesten Käfer auch Artnamen, vor allem der Maikäfer und der Mistkäfer. Die Marienkäfer, heute wohl die bekanntesten Käfer überhaupt, haben ihren Namen aber erst später bekommen, um 1850 hießen sie noch Sonnenkäfer.
Die heutigen deutschen Käfernamen sind fast ausnahmslos Kunstnamen aus der Zeit, als das Käfersammeln in Blüte stand und ganze Schulklassen mit Sieb und Käscher in die Wälder zogen. Heute sind die meisten dieser Namen wieder ausgestorben, in Vergessenheit

geraten mit dem Ende der großen Sammelleidenschaften. Wer weiß heute noch, was mit dem "Feuerstehler" gemeint ist, der "Goldleiste" oder der "Körnerwanze"? Manche der Kunstnamen waren auch schwer über die Lippen zu bringen, da gab es den "Punktierten Flinkläufer", den "Rothalsigen Kreiselkäfer" oder den "Grünfleckigen Ahlenläufer". Wer tauscht heute schon einen "Haarschienenkamelläufer" gegen zwei "Schwarzspitzige Buntschnelläufer?" Nur wenige dieser Kunstnamen sind Bestandteile der lebenden Sprache geworden.

Mit dem Erwachen der Naturwissenschaften wurden auch die Käfer Studienobjekte und mußten Namen bekommen. Mit der Benennung taten sich die Gelehrten aber lange schwer: Die ersten Artnamen waren nichts als genaue und ausführliche Artbeschreibungen, verfaßt in klassischem Latein, der Gelehrtensprache jener Zeit. Mit der wachsenden Zahl der bekannten Arten waren die Naturkundler aber bald überfordert. Linné löste das Problem, indem er den Namen von der Beschreibung trennte. Er schuf eine Art Lexikon, in dem man zur Beschreibung den Artnamen nachschlagen konnte. Er ist damit der Erfinder der Bestimmungsbücher und letztlich auch der Naturführer. Zudem faßte er nach dem Vorbild der Vor- und Familiennamen nahe verwandter Arten zu "Familien" zusammen: Der Vorname entspricht dem Artnamen, der Familienname dem Gattungsnamen.

Mit dem Handwerkszeug der Linnéschen "binären Nomenklatur" war es wie ein Rausch, das Heer der Käfer mit Namen zu versehen, und 50 Jahre nach Linnés Tod waren die meisten mitteleuropäischen Käfer beschrieben und benannt. Jene Arten, die der Altmeister selber noch benannt hat, tragen in wissenschaftlichen Veröffentlichungen angehängt an den Artnamen den Buchstaben L., zum Beispiel heißt ein Sandlaufkäfer Cicindela campestris L.. Dieser Name wird dem Käfer wahrscheinlich anhängen, solange sich Menschen für Käfer interessieren.

Die wissenschaftlichen Käfernamen waren für die klassisch gebildeten Gelehrten der frühen Jahre keine schwer aussprechbaren und schwer zu behaltenden Wortungeheuer, sondern erinnerten sie an die ihnen wohlvertraute Welt der Griechen und Römer. Dabei wurden die Gattungsnamen aus dem Griechischen entnommen, vor allem aus den griechischen Mythen und Heldensagen, aber auch historische Gestalten, Berge und Inseln mußten ihre Namen für die Käfer hergeben. Weiter flossen Besonderheiten in Erscheinung, Lebensraum und Lebensweise in die Namen ein und machten sie anschaulich. Die Artnamen wurden traditionell aus dem Latein entnommen. Da aber die Zahl der lateinischen Worte bald nicht mehr ausreichte, wurden viele Käfer auch nach Förderern der Entomologie, nach biblischen Begriffen und schließlich mit sinnlosen, nur lateinisch klingenden Kunstnamen benannt. Auch Mädchennamen tauchen auf, Erinnerung an längst vergangene Schönheiten.

In der folgenden Liste sind einige Gattungsnamen mit ihrer deutschen Übersetzung aufgeführt.

Boreophilus	der Freund des Nordens	Calopterus	der Schöngeflügelte
Brachypterus	der Kurzflügelige	Cassida	der Behelmte
Buprestis	der Rinderaufbläher	Cetonia	der Metallische
Byrrhus	der zottig Gekleidete	Chrysochloa	der Goldengrüne

Cicindela	der	Leuchtende	Necrophorus	der Totenträger
Coccinella	der	Scharlachrote	Ocypus	der Schnellfüßige
Copris	der	Kot	Oedemera	der Schenkelaufschweller
Donacia	der	im Schilf	Oryctes	der Gräber
Dorcadion	das	Böckchen	Phosphuga	der Lichtscheue
Drilus	der	Wurm	Phyllopertha	der Blattzerstörer
Dromius	der	Läufer	Phytoecia	der Pflanzenbewohner
Dytiscus	das	Taucherchen	Plagiodera	der Querhalsige
Furcipes	mit	gegabeltem Fuß	Platyrhinus	der Plattrüsselige
Gaurotes	der	Prächtige	Potosia	der Zecher
Gnorimus	der	Berühmte	Pyrochroa	der Feuerkörper
Gyrinus	der	Kreisende	Rhizotrogus	der Wurzelbenager
Haltica	der	Springer	Saprobia	der Fäulnisbewohner
Helochares	der	den Sumpf liebt	Scolytus	der Verstümmler
Hydrophilus	der	Wasserfreund	Silpha	der Stinkende
Illybius	der	Schlammbewohner	Sinodendron	der Baumbeschädiger
Lampyris	die	Feuerlampe	Sphaeridium	das Kügelchen
Larinus	der	Dicke	Trechus	der Läufer
Leistus	der	Räuber	Trichodes	der Haarige
Ligniperda	der	Holzzerstörer	Trox	der Nager
Limnobius	der	Schlammbewohner	Valgus	der Krummbeinige
Longitarsus	der	Langfüßige	Xyloborus	der Holzfresser
Malthodes	der	Wachsweiche	Zabrus	der Gefräßige

Die Zahl der Arten
Die Käfer sind mit über 350.000 beschriebenen Arten die formenreichste Insektengruppe und damit die artenreichste Sippe im gesamten Tierreich. Unabschätzbar groß ist die Zahl der noch unbeschriebenen Arten im tropischen Regenwald. In Mitteleuropa nehmen sie allerdings mit "nur" etwa 8000 Arten lediglich den zweiten Platz ein hinter den als Hautflügler zusammengefaßten Bienen, Wespen und Ameisen. 12.000 weitere Arten leben im Mittelmeerraum und weitere Tausende in Osteuropa. In Deutschland rechnet man mit etwa 6000 Arten, darunter sind alleine rund 1000 Arten von Kurzflüglern, die meisten davon winzige Tiere, wie überhaupt 2/3 aller heimischen Käfer nicht größer sind als Flöhe.
Für dieses Buch mußte ich eine Auswahl treffen. Aufgenommen habe ich an erster Stelle die auffälligen, bunten, großen, leicht zu bestimmenden Arten. Aber auch die Häufigkeit hat mitgespielt: Allzu seltene - oder genauer: schwer auffindbare - Arten habe ich weggelassen. Die Seltenheit habe ich nach den Preisen aus alten Katalogen von Naturalienkabinetten und Insektenhändlern festgelegt. Die häufigsten Arten kosten da eine Mark, die seltensten an die hundert Mark. Die Käfer in diesen Buch kosten bis auf wenige Ausnahmen unter 4 Mark, der teuerste ist der Carabus splendes: Er kostet 8 Mark. Weggelassen habe ich auch jene Arten, die man nicht nach dem Foto alleine bestimmen kann.
Der artenreichste Lebensraum für die heimischen Käfer ist ein uriger Laub- oder Laubmischwald, schon weil sich von den 6000 deutschen Arten rund 1300 in morschem Holz entwickeln. Da die meisten Käfer nur begrenzt verbreitet sind, so sinkt die Artenzahl gewaltig,

wenn man sich auf ein enger begrenztes Gebiet beschränkt. Ein Naturwald in den wärmsten Lagen Mitteleuropas, etwa im Oberrheingebiet, beherbergt noch 400 bis 600 Arten. Die größten Familien sind dabei die Laufkäfer, Kurzflügler und die Rüsselkäfer mit je etwa 50 bis 60 Arten. Ordnet man die Funde nach dem Lebensraum, so findet man um 40 % Bodenbewohner, 30 % leben auf Laub – und 10 % an und in totem Holz.

Nach Norden und zu höheren Lagen hin sinkt die Artenzahl rasch ab. In einem naturnahen Laub- oder Mischwald in 800 Metern Meereshöhe leben nur noch etwa 300 Arten, und wieder sind die Laufkäfer mit etwa 60 und die Kurzflügler mit über 80 Arten am häufigsten vertreten.

Die Artenzahl nimmt in Europa von Westen nach Osten zu, weil im Osten die Sommer wärmer sind, was dem wärmeliebenden Geschlecht der Käfer zugute kommt. Daß die Winter nach Osten, mit dem Nachlassen der mildernden Wirkung der Meere, kälter werden, ist dagegen wenig wichtig, denn ob mild oder streng, die Winter sind für die Käfer immer eine Ruhezeit.

Weiter nimmt die Artenzahl von Norden nach Süden zu. Die meisten Käfer Mitteleuropas kommen auch in Südeuropa vor, viele sind dort sogar häufiger als bei uns, manche sind auch in Nordafrika heimisch, aber im Süden beobachtet man die Tendenz, daß manche mehr auf die kühleren Berglagen beschränkt sind. Zu den auch mitteleuropäischen Arten kommen im Süden noch viele rein südliche. Es sind jene, die es nicht geschafft haben, nach dem Ende der Eiszeit vor etwa 10.000 Jahren die sich erwärmenden Gebiete im Norden zu besiedeln. Manche Käfer haben ein ungeheueres Verbreitungsgebiet: Es reicht von den Tropen bis an den Rand der Arktis.

Die große Zahl der Arten (alleine über 1000 Kurzflügler in Mitteleuropa) hat zur Folge, daß wir über die Lebensweise der meisten Arten nur wenig wissen. Von sehr vielen weiß man auch heute nicht mehr als schon die alten Sammler im vorigen Jahrhundert wußten: wie der Käfer aussieht und wann, wo und in welcher Anzahl er gefangen wurde.

In den großen Bibliotheken der Welt stehen Tausende von Käferbüchern, aber die meisten davon enthalten nicht mehr als peinlich genaue Artbeschreibungen, wobei der Sprache das Letzte an Genauigkeit abgerungen ist, dazu noch spärliche Angaben über die Verbreitung und bestenfalls noch Angaben über die Flugzeit. Vor allem, weil ich auf diese Quellen angewiesen war, sind manche Artbeschreibungen sehr knapp ausgefallen. Nur über die Biologie der Schädlinge in Land- und Forstwirtschaft und über die Vorratsschädlinge sind wir gut unterrichtet.

Wer einen Eindruck vom einstigen Käferreichtum der europäischen Wälder bekommen möchte, der muß heute in den Osten fahren, in den Urwald um Bialowieza in Polen, in die urigen Bergwälder der Karpaten oder die üppigen Laubwälder in den Bergen Montenegros: Da streiten sich auch heute noch ein Dutzend oder mehr Hirschkäfermännchen um den Platz an einer blutenden Eiche!

Die deutschen "Ertragswälder" sind arm geworden an Käfern, die sich in totem Holz entwickeln: Die geschlagenen Stämme laden die Weibchen zur Eiablage ein, aber noch ehe die Larven sich ent-

wickeln konnten, werden die Stämme weggebracht, und die Generationenfolge ist unterbrochen , der Bestand ist erloschen.
Nur die Borkenkäfer werden mit der Holznutzunmg fertig, weil sie pro Jahr 1 bis 3 Generationen hervorbringen, doch für die Borkenkäfer legt der Forstmann vergiftete Fangbäume aus. Nur wenn ein Sturm soviel Windbruch angerichtet hat, daß die Forstarbeiter mit dem Wegräumen nicht nachkommen, gibt es für die noch verbliebenen Holzinsekten ein paar gute Jahre.
Den Käfern der Wiesen und Steppen geht es in Mitteleuropa ebenfalls schlecht, genau wie den Schmetterlingen, den Lerchen und Rebhühnern. Wer solche Käfer finden will, der fährt am besten nach Süd- und Südosteuropa. Hier sind die seit Jahrhunderten unberührten Macchien und Gariguen, die immergrünen Strauchlandschaften des Mittelmeerraums, gar nicht so käferreich. Auf seit Jahren ungemähten Wiesen und in verlassenen Olivenhainen gibt es mehr Pflanzenvielfalt, mehr Blumen und folglich auch mehr Käfer.
Nur solche Käfer, die sich in einer speziellen und noch intakten ökologischen Nische angesiedelt haben, zeigen auch in Deutschland noch gute Bestände. In der Nähe eines Reiterhofes beispielsweise, wo überall die Roßäpfel herumliegen, geht es den Mistkäfern und ihren zahlreichen kleineren Verwandten gut; die Käferfauna der Kadaver findet weiterhin totes Getier, vieles davon ein Opfer des Verkehrs, und den Käfern der Waldwiesen wird durch Holzeinschlag immer wieder ein Lebensraum bereitet.

Käfer finden - wie?
Den ersten Eindruck vom Reichtum der Käferwelt bekommt man in einer Blumenwiese. Da sitzen die Pollenfresser wie auf dem Präsentierteller auf jenen Blüten, die ihren Blütenstaub nicht in tiefen Kelchen für spezielle Gäste reservieren, sondern ihn offen für jedermann darbieten. Das tun vor allem die Blüten der Doldenblütler, der Skabiosen, die blühenden Sträucher wie Schneeball, Holunder und Heckenrose, die Korbblütler, allen voran die Schafgarbe, und für kurze Zeit der Blüte auch die blühenden Obstbäume. Im Frühjahr sind es vor allem die blühenden Weiden, die viele Käfer anziehen. Die Vorräte der Weidenkätzchen sind nicht groß für die Zahl der Gäste, und nach einem warmen Frühlingstag hängen sie zerrupft und ausgeräumt an den Zweigen, aber meist erblühen nahebei andere Weidenbüsche, so daß der Troß weiterziehen kann.
Eine wenig bekannte Fundgrube für Käfer sind Spinnennetze. Dort findet man, eingesponnen und ausgesaugt, die Rüstungen so mancher Käfer, die man sonst kaum zu Gesicht bekommt.
Die Käfer der Blumen haben ihre Erscheinungszeit wie die Blumen ihre Blütezeit. Solange etwas blüht, so lange sind auch die Blumenkäfer da, aber die meisten Arten findet man doch von Ende Mai bis Ende Juli. Dabei folgt die Häufigkeit recht genau dem Gang der Durchschnittstemperatur. Bei windigem, naßkaltem Wetter halten sich die Käfer im Verborgenen, doch auch an schönen Tagen sind nicht alle Arten von früh bis spät in ihren Stammkneipen. Manche findet man nur in den Morgenstunden, manche mehr in der Mittagshitze, und einige Arten tauchen erst am Nachmittag als Stammgäste auf. Viele Arten entfernen sich nicht weit vom Lebensraum ihrer Larven, und wenn dieser morsches Holz ist, treiben sich die Käfer auf den

Blumen der Waldränder, Gebüsche und Lichtungen herum.
Ohne Mühe findet man auch kleinere Käfer, die viel herumfliegen. Sie werden als "Luftplankton" vom Wind verfrachtet und landen oft an hell verputzen Mauern, wo sie von weitem auffallen. Eine besondere Gelegenheit zum Käfersammeln ergibt sich zur Zeit des Laubfalls, vor allem nach stürmischen Tagen. Da fallen die Käfer, die sonst ihr ganzes Leben in den Baumkronen verbringen, zusammen mit dem welken Laub zu Boden, und sie kriechen dann, so schnell sie können, wieder in die Höhe. Wenn sie das an einem Zaun probieren, so ist die Reise bald zuende, und die Käfer sitzen oben auf dem Zaunpfahl oder auf einem Geländer und wissen nicht weiter. Auch die tagaktiven Laufkäfer muß man nicht suchen: Sie laufen auf der Jagd nach Beute an warmen Tagen am Boden herum und machen auf Feldwegen, in Gärten und selbst auf der Straße durch ihre Bewegung und ihren Metallglanz auf sich aufmerksam.

Wer Lust auf mehr Käfer bekommen hat, der muß schon tätig werden; Werkzeuge braucht er zunächst noch nicht. Die große Zahl der nachtaktiven Käfer verbirgt sich gegen Morgen im Bodengrus und, wie es der Zufall will, auch unter Steinen, und wenn man die Steine umdreht, so kann man einen Blick in die "Unterwelt" des Tierreichs tun. Manche Käfer werden einem sofort ins Auge fallen, weil sie in wilder Hast nach einem dunklen Versteck suchen, andere entdeckt man aber erst nach langem,, genauem Absuchen des Bodens, weil sie die Beine anziehen und sich still verhalten. Erst sucht man den freigelegten Boden ab, weil manche Käfer sich in Sekunden aus dem Staube machen, dann erst die Unterseite des Steines, weil es da keine Versteckmöglichkeiten gibt.

Steine-Umdrehen ist überall und in allen Jahreszeiten ergiebig. Im Wald gibt es nicht überall Steine, aber hier sind es umgestürzte Baumstämme, die man umdrehen kann, und man wird dort reiche Ernte machen. Viele Käfer und ihre Larven findet man, wenn man lockere, noch feuchte, oft bemooste Rinde von morschen Baumstubben ablöst, und andere Arten haben sich im Mulm zerfallender Stämme eingewühlt. Hier wird man ein vielgestaltiges Völkchen von Lauf-, Rüssel-,, Borken-, Schnellkäfern, von Pilzfressern und weiteren Käfern finden.

Nach jedem Hochwasser lohnt es sich, das Angespül am Ufer hoch zu heben: Darunter haben sich manche "Schiffbrüchige" gerettet und warten auf Erholung von den erlittenen Strapazen und besseres Wetter. Besonders im Winter lohnt es sich, in dürrem Schilf zu suchen. Wo immer angebrochene Stengel herumliegen oder stehen, kann man sie mit dem Messer aufschlitzen. In manchen wird man Käfer (und Spinnen) finden, die hier in Ruhe überwintern wollten.

Es lohnt sich auch, geschlagenes Holz abzusuchen, vor allem, wenn es in der Sonne liegt. Hier sitzen, oft nur zu bestimmten Tageszeiten, manche Böcke und Prachtkäfer; die bunten Arten sind flüchtig und können meist starten wie die Fliegen, die unscheinbaren jedoch sind nicht leicht zu finden und verkriechen sich meist in Rindenritzen und unter Borkenschuppen.

Tierleichen von der toten Maus bis zum Fallwild in allen Stufen des Vergehens sind Treffpunkte einer speziellen, in wahren Sinne anrüchigen Käfergesellschaft. Unter Roßäpfeln und angetrockneten Kuhfladen, die nicht im mindesten mehr stinken, hocken andere Spezialisten, und da lohnt es sich auch, im Boden darunter nachzugra-

ben.
Wer mehr Käfer finden will, braucht Werkzeuge. Das erste ist wohl der Käscher, bei mir traditionell aus einem Federballschläger gefertigt, indem man die Bespannung entfernt und an ihrer Stelle einen unterarmlangen Sack aus Gardinenstoff einnäht. Eine schöne Gebrauchsanweisung für den Käscher habe ich in **Calwers Käferbuch** gefunden, in ihr schwingt noch etwas davon mit, was man "die gute alte Zeit" nennt. Er schrieb im Jahre 1858:"Mit dem Schöpfer fährt man in langen, wohlberechneten Schwingungen durch die Pflanzen und setzt sich nach einer Zeit, den Sack auf dem Wege beständig etwas in Schwingung haltend, daß nichts entkommen kann, in den Schatten, dessen man gewöhnlich nach dieser Bewegung in der erhöhten Temperatur so sehr als der Ruhe bedürftig ist, und hält Musterung. Ein buntes Gewimmel von Hunderten kleiner Ungeheuer kommt uns entgegen. Wer zählt die Völker, kennt die Namen? Käfer aller Art, Fliegen, Hummeln, Wanzen, Spinnen, Zikaden, Schnaken, Raupen, Schnecken, sogar Frösche strömen aus dem Sacke, alles sucht sich eiligst zu salvieren. So lange hier der Sammler, von der Insektenwelt umkrochen, umhüpft und umflogen, noch einen gewissen Horror empfindet und hier nicht seine glücklichsten Momente genossen hat, ist er noch ein Neuling."
Das Käschern bringt vom Frühling bis in den Herbst, verschieden nach den abgekäscherten Pflanzen, nach Tages- und Jahreszeit sehr verschiedene Ernte. Bei windigem Wetter ist die Ausbeute allerdings gering. Wenn Schnecken ins Netz geraten, sollte man den Käscher möglichst oft entleeren, denn die Schnecken pflegen im Käscher reichlich zu schleimen und alles zu verkleben, was mit ihnen in Berührung kommt.
Ein weiteres ergiebiges Hilfsmittel ist der"Klopfschirm", bei mir traditionell ein großer weißer Regenschirm. Man hält ihn unter Laub und Kräuter aller Art und schlägt mit einem Stock auf die überhängenden Zeige, so daß das Krabbeltier in den umgekehrten Schirm fällt. Die guten Flieger freilich werden schon im Fallen die Flügel ausbreiten, weniger gute starten aus dem Schirm, oft erst, nachdem sie auf dem Rand eine gute Startposition erklommen haben, aber es bleibt noch genügend übrig, was die genaue Durchmusterung verdient hat. Auch der Klopfschirm bringt an windigen Tagen nur geringe Ausbeute.
Das wichtigste Hilfsmittel für den fortgeschrittenen Käfersammler ist das Käfersieb. Damit erst erlangt man die Fülle der Arten, aber vor allem die Winzlinge, die in diesem Buch nicht vorgestellt werden. Das Käfersieb hat eine Maschenweite von 6 bis 7 mm und ist unten in einen geräumigen Sack eingebunden. Mit ihm siebt der Käfersammler alles: morsches Holz, Moos, Kompost, tote Mäuse, Druschabfälle, zerbröselte Pilze, Baumschwämme, abgeborstene Baumrinde, vertrocknete Roßäpfel und Kuhfladen, Knochen und Häute mit angetrocknetem Fleisch, feuchtes Fallaub, eben alles. Im einfachsten Fall siebt man auf ein weißes Tuch und durchmustert lange und aufmerksam das Gesiebe. Viele Käferchen stellen sich zunächst tot und fallen erst auf, wenn sie wieder zu krabbeln beginnen. Vollständiger ist die Ausbeute, wenn man das Gesiebe, vielleicht eimerweise, in einen großen, unten wiederum durch ein Sieb abgeschlossenen Trichter füllt und von oben mit einer starken Lampe

erwärmt und austrocknet. Die Gefangenen, nicht nur Käfer, sondern auch Spinnen, Milben, Asseln, Tausendfüßler, Springschwänze und andere mehr flüchten in die Tiefe und fallen in ein Auffanggefäß. Am ergiebigsten ist das Sieben im Freiland, solange der Boden noch die Winterfeuchte hält.

Am Ufer kann man auch versuchen zu "treten": Dabei stampft man mit dem Fuß beharrlich auf den feuchten bis schlammigen Boden. Manche der darin verborgenen Laufkäfer und Kurzflügler flüchten daraufhin an die Oberfläche.

Auch Fallenstellerei bringt Erfolge. Die einfachsten Fallen sind etwa Marmeladengläser. Man füllt sie vielleicht zur Hälfte mit Bodengrus, damit sich die Gefangenen verstecken können, benetzt die Innenwände des Glases mit Motoröl, damit sie nicht herauskriechen, und vergräbt die Gläser bis zum Oberrand im Boden. Am erfolgreichsten ist die Methode im Wald. Über dem Becher bringt man noch einen Regenschutz an, damit die Gefangenen nicht bei Regenwetter ertrinken. Eine Variante ist das Eingraben von Regenrinnen, die am einen Ende durch eine senkrechte Wand verschlossen sind und am anderen über einem Sammelgefäß enden. Die Käfer fallen bei ihren gewöhnlich nächtlichen Streifzügen in die Rinne, laufen in ihr entlang und fallen in das Sammelgefäß. Wenn man in das Gefäß einen Köder legt, etwas Fleisch oder Fisch, Bananenreste oder Pilze, so erhöht das die Ausbeute. Vor allem nach warmen Sommernächten lohnt es sich, die Fallen zu leeren. Im Hochgebirge kann man Rasenziegel auf kleine Kuppen legen. Unter ihnen sammeln sich die Käfer, da sie die Angewohnheit haben, bei Nacht bergauf zu wandern.

Originell ist die Flugfalle. Sie besteht aus einer glasklaren Scheibe, etwa aus Plastikmaterial, die man über einem Sammelgefäß, etwa einem Blumenkasten mit eingeölten Innenwänden, aufstellt. Fliegende Käfer, die gegen die Scheibe prallen, rutschen in die Auffangbehälter. Die Flugfallen sind besonders ergiebig an sonnigwarmen Tagen und auf Waldlichtungen und Blumenwiesen.

Über morschen Baumstämmen oder zusammengetragenem Knüppelholz kann man eine Pyramide aus Plastikfolie errichten, in deren Spitze ein Durchlaß in ein Sammelgefäß führt, und zwar in Reusenform, wie man es bei den alten Drahtmausefallen für den Lebendfang kannte. Die Käfer kriechen über den Durchlaß in die Fangflasche und finden nicht mehr heraus. Wer ein Gartenhaus hat, kann auch Totholz aller Art dort stapeln und wird erleben, daß sich die aus dem Holz entwickelnden Insekten an den Fensterscheiben sammeln.

Die meisten Käfer und ihre Larven lassen sich problemlos halten, wenn man nur weiß, was sie fressen. Kühlschrankboxen aus dem Haushaltswarengeschäft sind gute Zuchtbehälter. Die meisten Käfer sind empfindlich gegen Austrocknung, für diese Arten legt man immer etwas frischgrünes Laub in den Behälter und erneuert es, wenn es zu vertrocknen beginnt.

Wasserkäfer, die man mit dem Käscher erbeutet, vor allem, wenn man zugegen ist wo Fischweiher abgelassen werden, hält man in normalen Aquarien. Einzelhaltung ist angesagt, denn die meisten Wasserkäfer sind Räuber und wenn es geht, auch Kannibalen. Stets muß man die Becken gut zudecken, damit die Insassen nicht entkommen.

Laufkäfer, Familie Carabidae

Die Laufkäfer sind die Wölfe unter den Käfern. Sie sind meist nächtlich umherstreifende Raubtiere, die nicht mit der Eleganz der Katzen die Beute beschleichen, sondern sie im ungestümen Lauf überrumpeln. Sie fassen zu mit dem mächtigen Zangenpaar ihrer Oberkiefer, und dann zerstückeln die schwächeren Unterkiefer die sich windende Beute. Laufkäfer greifen auch Tiere an, die vielmal größer sind als sie selber. Dann fressen sie sich in das Reittier, das noch mit ihnen davonläuft. Viele verdauen die Nahrung durch Übergießen mit Magensaft, dann saugen sie die Nährbrühe auf. Der größte mitteleuropäische Laufkäfer ist der in Laubwäldern heimische Lederlaufkäfer mit bis zu 40 mm Länge, in den Balkanländern lebt ein naher Verwandter, der bis 60 mm lange Procerus gigas. Die Bewegungen der Laufkäfer wirken zwar kraftvoll, aber auch eckig und roh, ihre Paarung erinnert an eine Vergewaltigung, die Eier werden in den Boden abgelegt, Brutpflege ist bei ihnen unbekannt. Sie sind als Dauerläufer schwer ermüdbar, aber viele können nicht fliegen. Rund 500 Arten leben in Deutschland, etwa 24 000 kennt man weltweit.

Die Larven der großen Laufkäfer sind schwarze, schnell dahinrennende Geschöpfe, die sich ebenfalls räuberisch ernähren und wild um sich beißen, wenn man sie ergreift. Gleichzeitig spucken sie ihren ätzenden, braunen Magensaft in die Bißwunden. Die erwachsenen Laufkäfer besitzen Wehrdrüsen, aus denen sie in der Not eine stechend riechende Flüssigkeit absondern. Sie enthält neben anderen Säuren bis zu 75 % Ameisensäure.

Sandlaufkäfer, Familie Cicindelidae

Die Sandlaufkäfer hätte man auch Sandflugkäfer nennen können, denn die meisten Arten erheben sich bei der geringsten Störung fliegenleicht in die Luft und sind daher schwer zu fangen. Sie sind hochbeinige, elegante Gestalten mit oft prachtvollen Metallfarben, großen Augen und schlanken, spitzigen Oberkiefern, die sie als Raubkäfer ausweisen. Ihre Hauptbeute besteht aus Fliegen. Die meisten Arten jagen auf sonnig-sandigen Wegen. 8 Arten leben in Mitteleuropa, zahlreiche, zum Teil prächtig bunte Arten in den Tropen. Die Larven sind madenweiche Tiere mit einem harten, abgeplatteten Kopf mit mächtigen, spitzen Kiefern. Sie hausen in senkrecht in den Boden gegrabenen Röhren, in denen sie bei Gefahr sehr früh verschwinden. Sonst lauern sie im Eingang, den ihr Kopf gerade verschließt, und reißen vorbeikommende Insekten mit blitzschnellem Zugriff in die Tiefe. Sie überwintern in ihren Höhlen und verpuppen sich auch dort. Mit speziellen Kletterhaken am Rücken ausgerüstet, können sie in ihren Schächten sehr schnell auf- und niedersteigen.

Schwimmkäfer, Familie Dytiscidae

Einige Laufkäfer leben an nassen Orten und können einigermaßen schwimmen. Nahe verwandt mit den Laufkäfern sind die Schwimmkäfer. Mit ihrem kahnförmigen, meist glatten Körper und den mit Schwimmhaaren besetzen Hinterbeinen sind sie gut an das Wasserleben angepaßt. Eigenartig sind die Paarungssitten der großen Schwimmkäfer: Die Männchen tragen an den Vorderbeinen zahlreiche, raffiniert gebaute Saugnäpfe, mit denen sie sich zur Paarung am

Rücken der Weibchen festhalten. So vereint, rudern sie bei der Begattung stundenlang durch ihr Wohngewässer. Die Wasserkäfer sind langlebig und rege und eignen sich gut zur Haltung im Aquarium. Als Raubkäfer stürzen sie sich auf jede Beute, umklammern sie mit den Vorderbeinen und zerfleischen sie mit den Beißzangen, die bei den großen Arten auch leicht die menschliche Haut durchschneiden. Auch die Larven leben im Wasser und sind wilde Räuber. Ihre Oberkiefer sind zu Injektionsnadeln umgestaltet, mit denen sie ihr giftiges Verdauungssekret in das Opfer einspritzen, ehe sie es aussaugen. Man hüte sich davor, die großen und muskulösen Larven in die Hand zu nehmen! Manche greifen auch Badende an, solange sie sich nicht bewegen. Zur Verpuppung müssen die Larven aber das Land aufsuchen. Im Uferboden wälzen sie sich eine Höhle aus, in der die weiße Puppe ruht.

Kurzflügler, Familie Staphylinidae
Vom Riesenheer der Kurzflügler sind bisher über 30.000 Arten beschrieben worden, davon 2000 aus Mitteleuropa und über 1000 aus Deutschland. Auch an den meisten Fundorten sind sie mit 50 bis 80 Arten vertreten. Die meisten Arten sind klein bis winzig, höchstens wie Flöhe, aber wehrhaft, da sie giftige oder stinkende Sekrete auscheiden können.
So klein ihre Flügeldecken auch sind, so tragen sie darunter doch meist zweifach zusammengefaltete Flügel, die sie mit Hilfe des beweglichen Hinterleibs entfalten und nach dem Flug auch wieder zusammenlegen können. Diese Flügel sind ein Wunderwerk der Feinmechanik und trotz der vielen Knickstellen steif genug zum Fliegen. Die kleineren Arten werden häufig Radfahrern ins Auge geweht und erzeugen dort mit ihrem Wehrsekret ein starkes Brennen. Fast alle Kurzflügler ernähren sich räuberisch, einige mit einer Schleuderzunge nach Art der Chamaeleons, und viele Arten finden sich an Kot und Tierleichen ein, weil sie hier leichte Beute machen können.
Manche Kurzflügler leben in Ameisennestern und haben, ähnlich wie unsere Haustiere, die Fähigkeit verloren, ohne die Hilfe der Ameisen zu leben. Sie werden von den Ameisen gefüttert und getragen und belohnen sie mit einem Sekret, das von den Ameisen sehr geschätzt wird.
Die Larven der Kurzflügler sehen den Erwachsenen schon ähnlich, nur sind sie ohne Flügel. Sie leben unauffällig an den gleichen Orten wie die Erwachsenen, in Mulm und Bodengrus; mit dem Käfersieb kann man sie aufspüren, aber die meisten sind der Wissenschaft noch unbekannt.

Aaskäfer, Familie Silphidae
Die bekanntesten Aaskäfer sind die teils schwarzen, teils schwarzroten Totengräber, die kleine Tierleichen, etwa von Singvögeln oder Mäusen, vergraben, um dann an ihnen ihre Eier abzulegen. Und weil die kleinen Tierleichen eine sehr vergängliche Nahrungsquelle sind, so werden die Larven vom Weibchen mit einer vorverdauten "Kraftbrühe" in Rekordzeit aufgezogen. So umsorgt, sind sie im günstigsten Fall nach 7 Tagen ausgewachsen.
Andere Aaskäfer leben mit ihren Larven in und unter Kadavern;

die Käfer, nicht aber die Larven sind gewöhnlich mit Milben besetzt, die sich so zu neuen Äsern tragen lassen. Manche der Larven haben sich angekittet, so daß sie sich auch bei Lebensgefahr nicht von dem Käfer lösen können.

Ölkäfer, Familie Meloidae
Die Mitglieder dieser Familie können sehr verschieden aussehen, gemeinsam ist allen eine halsartige Einschnürung des Hinterkopfes und die Fähigkeit, bei Bedrohung ein giftiges, widerlich riechendes Öl auszuscheiden. Das Öl erzeugt auf der menschlichen Haut Blasen wie nach einer Verbrennung. Das darin wirkende Gift heißt Cantharidin, es ist stärker als Zyankali, es bewirkt in sehr geringer Dosis eine Erektion und wird seit der Antike als Aphrodisiakum benützt; es gibt aber eine große Zahl von Berichten über schwere Vergiftungen bei Überdosierung mit irreparablen Nierenschäden oder tödlichem Ausgang. In der Antike wurde das Gift auch zu Hinrichtungen und in der Renaissance bis ins 17. Jahrhundert für Giftmorde benutzt. Auch von Vergiftungen an Weidevieh wird berichtet, wenn die Tiere einen im Gras verborgenen Ölkäfer mitfressen.
Die Weibchen der Maiwürmer enthalten in ihrem aufgeschwollenen Hinterleib bis zu 10.000 Eier. Die große Zahl ist auch nötig, denn den Larven steht ein schwieriger Lebensweg bevor: Aus ihnen schlüpft eine winzige, sehr bewegliche Larve, die noch keine Nahrung aufnehmen kann. Sie besteigt statt dessen eine Blüte und klammert sich blitzschnell an ein Insekt, das die Blüte besucht. Nur jene Larven, die dabei an eine für ihre Brut sammelnde Wildbiene geraten, haben weiter eine Lebenschance. Hat die Biene ihre Zelle mit Blütenstaub und Nektar gefüllt und mit einem Ei belegt, so steigt die Ölkäferlarve in die Zelle um und wird von der Biene eingeschlossen. Die Larve frißt nun Ei und Vorräte und verwandelt sich nach einigen Häutungen und der Überwinterung in den fertigen Ölkäfer. Die Larven anderer Meloiden lassen sich in Wespennester eintragen und ernähren sich dort von der für die Wespenbrut eingetragenen Beute.

Marienkäfer, Familie Coccinellidae
Die etwa 3000 Marienkäferarten der Welt zeigen in unglaublicher Mannigfaltigkeit, was man alles aus schwarzen Punkten oder Strichen auf gelbem oder rotem Grund an Mustern bilden kann. Aber auch innerhalb mancher Arten ist die Vielfalt der Muster so groß, daß die Bestimmung viel Erfahrung voraussetzt. Von den manchmal recht ähnlich aussehenden Blattkäfern unterscheiden sich die Marienkäfer durch die etwas keulig verdickten, 11-gliedrigen Fühler und stets 3 Fußglieder.
Wenn man einen Marienkäfer beunruhigt, so zieht er die Beine an und fällt in eine Starre, in der er meist von der Unterlage fällt und dann nur sehr schwer in der Bodenstreu wieder aufzufinden ist. Diesen "Totstellreflex" kennt man bei vielen Insekten, die "Fallkäfer" haben sogar ihren Namen davon.
Wird der Käfer stärker gereizt, so preßt er aus dafür vorgesehen Schwachstellen an den Kniegelenken jeweils einen Tropfen seines gelben Blutes hervor. Es schmeckt für den Menschen widerlich bitter und dürfte den Käfer auch vor manchem seiner Feinde schützen.

Die bunten Farben der Marienkäfer deutet man als Warnfarben, die die Angreifer von einer "Feindberührung" abhalten sollen. Manche Feinde lassen sich aber nicht vom Verzehr eines Marienkäfers abschrecken.
Marienkäfer können ausdauernd fliegen und haben schon weite Wanderzüge unternommen. In manchen Jahren fliegen Millionen aufs Meer hinaus, bis sie irgendwo in die Wellen stürzen. Der Seewind treibt sie dann ans Land zurück, wo sie zu Wällen aufgeschichtet liegenbleiben. Viele erholen sich wieder von der unfreiwilligen Seefahrt.
Marienkäfer überwintern als fertige Käfer. Dazu können sich in Felsritzen und auch in Wochenendhäusern riesige Überwinterungsgemeinschaften zusammenfinden.
Die Larven sind meist Kleinräuber mit Blattläusen als Hauptbeute. Als Laubbewohner können sie sich sehr fest an ihre Unterlage ankrallen. Sie verzehren in ihrem Larvendasein bis zu 700 Blattläuse und häuten sich dabei dreimal. Zur Verpuppung kleben sie sich mit einem Drüsensekret an. Die Käfer sind beim Schlüpfen einfarbig hellgelb, und die häutigen Hinterflügel sind noch nicht unter den Flügeldecken zusammengefaltet. Aushärtung und Ausfärbung dauern einige Tage. Im Alter verblassen die intensiven Farben wieder wie auch nach dem Tod. Die meisten Arten fressen Blattläuse und vertilgen davon über ein Dutzend täglich. Andere Arten fressen Blätter, Früchte und Pilze.

Speckkäfer, Familie Dermestidae
Die Speckkäfer haben wenige allen gemeinsame Familienmerkmale. Bei allen besteht die Zeichnung aus meist hellen Haaren auf einfarbig dunklem Grund. Alle haben mehr oder weniger keulig verdickte Fühler, die höchstens so lang sind wie der Halsschild. Zwischen diesem und den Flügeldecken sind die Käfer nicht eingeschnürt. Alle Beine haben 5 Fußglieder.
Die Larven aller Arten ernähren sich von trockenem Material, vor allem tierischer Herkunft: von Pelzen, Leder, Federn und vertrockneten Insekten. Viele sind gefürchtete Schädlinge und weltweit eingebürgert. Jeder Käfersammler hat schon mit der einen oder anderen Art schlechte Erfahrungen gemacht: Die winzigen Junglarven dringen durch feine Ritzen (sogar in mikroskopische Präparate) ein und befressen die Käfer von innen her, bis sie auseinanderfallen. Ihretwegen müssen die Sammlungen mit Giften behandelt werden, die auch für den Menschen gefährlich sind.

Stutzkäfer, Familie Histeridae
Die meisten Stutzkäfer sind dunkel glänzend, wie poliert, die Fühler sind kurz, geknickt und gekeult. Die Flügeldecken erreichen nicht das Hinterleibsende und sind längsgerieft. Die Vorderbeine sind zum Wühlen eingerichtet, mit Zähnen auf der Außenseite der Unterschenkel.
Rund 100 Arten leben in Mitteleuropa, viele davon sind nicht leicht zu bestimmen. Die Käfer sind hart gepanzert. Bedroht pressen sie die Beine an den Körper und stellen sich tot. Sie überwintern und können 2 Jahre alt werden. Man findet sie oft unter oder im Fell von Kadavern, manche sind Ameisengäste.

Schröter, Hirschkäfer, Familie Lucanidae

Zu dieser Familie gehört der Hirschkäfer, mit einer Länge von bis zu 75 mm der größte Käfer Europas. Einst war er in lichten Eichenwäldern häufig, heute ist er in Mitteleuropa selten geworden und an vielen Orten verschwunden, und es hat nicht genutzt, daß er schon 1933 zusammen mit dem Apollofalter unter Naturschutz gestellt wurde. Sein Lebensraum, zu dem alte, mulmige Eichenstubben und blutende Eichen gehören müssen, wurde zerstört. Wo jedoch der Lebensraum noch intakt ist, wie in manchen Bergwäldern auf dem Balkan, da ist auch der Hirschkäfer noch häufig.

Nur die Männchen der Schröter haben vergrößerte Oberkiefer. Charakteristischer als diese sind die geknickten Fühler. 8 Arten leben in Deutschland, wo sie alle selten sind, und über 1000 auf der Welt, die meisten davon in Asien. Die kleinste Art wird kaum größer als ein Marienkäfer, die größten werden mehr als 10 cm lang.

Unsere Hirschkäfer fliegen in der 2. Junihälfte mit lautem Gebrumm an warmen Abenden und versammeln sich an blutenden Eichen, wo sie mit ihrer Pinselzuge den ausfließenden Saft auflecken. Die Weibchen sollen mit ihren kurzen, kräftigen Kiefern den Eichen selber blutende Wunden zufügen; die Geweihe der Männchen gelten als rätselhafte "Luxusbildungen". Die Käfer kämpfen auch miteinander mit Ausheben, Hochheben und Löcher-in-die-Flügeldecken-Knipsen. Nach der Paarung legen die Weibchen ihre Eier in den Mulm morscher Eichen und sollen sich bis 75 cm tief zu vermodernden Wurzeln durchgraben. Aus den Eiern schlüpfen Engerlinge. Ihr Hinterleibsende ist blasig aufgetrieben und enthält die sogenannte Gärkammer, in der Mikroorganismen die Zellulose in Zuckerbestandteile aufspalten. Da die Nahrung aber wenig Eiweißstoffe enthält, die zum Körperaufbau unerläßlich sind, braucht der Engerling etwa 5 Jahre, bis er mit 10 cm Länge verpuppungsreif ist. In stark zersetztem, eiweißarmem Mulm wachsen "Sparkäfer" bis herunter zu 3 cm Länge heran, bei denen besonders am "Geweih" gespart wurde, das manchmal kaum größer ist als die Kiefer der Weibchen. Vor der Verpuppung fertigt sich der Engerling mit Mulm und Speichel eine feste, rund faustgroße "Puppenwiege". Die Puppen der Männchen ruhen mit auf die Brust gelegtem Geweih, ihre Puppenwiege haben sie aber schon so geräumig gebaut, daß sie sich später ausstrecken können.

Blatthornkäfer, Familie Scarabaeidae

In dieser etwa 20.000 Arten enthaltenden Familie werden sehr verschiedene Käfer wie Mistkäfer, Maikäfer und von manchen auch die Rosenkäfer, die von ihren Freunden aber als eigene Familie gewertet werden, zusammengefaßt. Nach Körperform und Lebensweise lassen sich die Blatthornkäfer nur schwer vereinen: die kleinsten erreichen 2 mm Länge, die größten werden faustgroß, und wenn man die Goliath- und Herkuleskäfer noch dazuzählt, sogar bis 15 cm lang. Die Farben sind überaus mannigfaltig. Viele Arten sind unscheinbar mattschwarz, einige glänzen, als wären sie aus poliertem Gold gefertigt. Einigendes Band der ganzen Familie sind die blattförmigen Fühleranhänge, wie man sie vom Maikäfer kennt. Die Larve der Blatthornkäfer ist der gekrümmte Engerling, er ist blind und bewegt sich fressend durch moderndes Holz oder Dung, oder er be-

nagt Wurzeln. Der Hinterleib der Blatthornkäfer besteht aus 6 Ringen und ihr Fuß aus 5 Gliedern.
Der Feldmaikäfer ist wohl der bekannteste Vertreter der Familie und auch heute noch in manchen Jahren und in günstigen Lagen ein Forstschädling, der ganze Wälder kahlfressen kann. Die Männchen tragen 7 große, die Weibchen 6 kleinere Blätter an ihren Fühlern. Die Maikäfer schlüpfen schon im Herbst, sie graben sich ans Licht, wenn die Bodentemperatur einen Schwellenwert überschritten hat. Darum erscheinen alle Maikäfer gleichzeitig. Sie schwärmen nach Sonnenuntergang, und in guten Maikäferjahren ist dann die Luft für eine halbe Stunde erfüllt von dem tiefen Baß der um die Baumkronen surrenden Käfer. Anschließend beginnt die Freßstunde, und man hört das Rauschen der herabrieselnden Kotballen. Die Käfer speisen verschwenderisch und beißen viel mehr Blätter ab, als sie verzehren. Tage nach dem Beginn der Flugzeit paaren sich die Käfer und die Männchen sterben wenig später. Die Weibchen leben noch einige Wochen, aber man hört und sieht nicht mehr viel von ihnen, es sei denn, daß Ende Mai das eine oder andere altersschwach auf den Waldboden fällt. Zuvor hatten sie sich zur Eiablage 10 bis 20 cm tief in den Boden gegraben. Erst im Juli oder August schlüpfen die jungen Engerlinge. Sie überwintern unter der Frostzone und sind nach 3 oder 4 Jahren 6 cm lang und verpuppungsreif.
Die "Pillendreher" sind die Mistkäfer der heiß-trockenen Zonen. Um das rasch verderbliche und durch Austrocknung bedrohte Gut zu verwerten, wird es von den Käfern so schnell wie möglich vergraben. Sie fliegen, gegen den Wind navigierend, zum frisch gefallenen Mist, stechen mit ihren Kopfscheiten ordentliche Ballen heraus und rollen sie hastig an einen entfernten Ort zum Vergraben. Ein Teil der Ballen, die sich erst unterwegs zur Kugel formen, wird von den Käfern gefressen. Für die Brut aber fertigen sie in ihren Gewölben größere "Mistbirnen", die sie mit je einem Ei belegen. Bei so guter Brutfürsorge kommen sie mit weniger Eiern aus als manche unserer Singvögel. Bei einigen Arten bemühen sich Männchen und Weibchen gemeinsam um die Versorgung mit Mist. Sie sind somit Insekten, die wenigstens für kurze Zeit eine Art Eheleben führen.
Ein kleiner und zierlicher Pillendreher, "Sisyphus schäfferi", kommt auch in Süddeutschland vor, wo er vor allem von Schafmist lebt und wie die Schäferei vom Aussterben bedroht ist.

Rosenkäfer, Familie Cetonidae
Einige Rosenkäfer mit ihrem amulettförmig flachen Körper gehören mit einem wie beim Opal aus der Tiefe kommenden Glanz und reiner Farbenglut zu den prachtvollsten Insekten überhaupt. Manche sollen bei Naturvölkern als Schmuck getragen werden. Die meisten Arten leben in den Tropen der alten Welt, nur wenige auch in Mitteleuropa. Die Käfer fliegen im Sonnenschein umher, dabei tragen sie die Flügeldecken wie in der Ruhe auf den Rücken gelegt, wie man das auch von den Pillendrehern kennt, nicht aber von den Mistkäfern. Die Käfer sind Pollenfresser und eifrige Blütenbesucher, im Mittelmeerraum ist zu Zeiten kein Distelkopf ohne Rosenkäfer. Die Engerlinge sind auffallend haarig. Sie leben im Mulm und manche Arten vor allem in der nicht mehr bewohnten und zusammengefallenen Randzone von Ameisenhügeln.

Taumelkäfer, Familie Gyrinidae

Die Wasseroberfläche ist ein gutes Jagdrevier. Hier sammelt sich alles, was ins Wasser fällt, und auch, was aus dem Gewässer nach oben steigt. Die Taumelkäfer leben auf der Wasseroberfläche, wo sie niedergegangene Kleinstinsekten erbeuten. Die meisten Arten sind um 5 mm lang und spiegelblank und ziehen an sonnig-warmen Tagen ihre nicht endenden Kreise und Kurven auf dem Wasser. Werden sie gescheucht, so steigern sie sich zu rasender Geschwindigkeit und tauchen schließlich unter. 12 schwer bestimmbare Arten leben in Deutschland, eine davon ist dämmerungs- und nachtaktiv.
Die Larven leben am Gewässergrund und atmen durch Kiemen. Sie verpuppen sich an Land in einer aus Schlamm erbauten Hohlkugel.
Taumelkäfer haben 2 Paar Augen; das obere ist zum Sehen an der Luft und das untere zum Sehen unter Wasser eingerichtet. Ihre Schwimmbeine sind die wirkungsvollsten Ruderorgane, die man kennt.

Zipfelkäfer, Familie Malachiidae

Die Zugehörigkeit zu dieser Familie erweist sich, wenn man die 2 bis 7 mm langen, wenig gepanzerten Käferchen ergreift: Sie stülpen dann an Brust und Hinterleib rote Blasen aus, die wohl irgendwie der Verteidigung dienen, indem sie einen Duftstoff verströmen, den der Mensch nicht wahrnehmen kann.
Die blau, grün, gelb und rot gezeichneten Käfer treiben sich im Sommer auf Blüten herum, wo sie Pollen fressen und auch Kleinstinsekten wie Blattläuse erbeuten.
Die Zipfelkäfer zeigen eine auffällige Balz: Die Männchen bieten den Weibchen an Stirn oder Flügeldecken liegdende Drüsen dar, deren Sekret die Weibchen aufnehmen, ehe sie die Begattung zulassen.

Schwarzkäfer, Familie Tenebrionidae

Die Zugehörigkeit zu dieser Familie erkennt man an den Fühlern, die unter einem Vorsprung des Kopfrandes entspringen. Die beiden vorderen Beinpaare tragen 5 Fußglieder, das hintere nur 4. Die Flügeldecken sind immer punktiert und meist auch längsgerippt in einer Vielzahl von Mustern. Die Käfer besitzen eine Wehrdrüse, die ein übelriechendes, giftiges Sekret erzeugt. Es enthält Chinone und kann auf der menschlichen Haut Blasen erzeugen. So geschützt und zudem hart gepanzert, können die Käfer träge und oft auch flugunfähig sein. Alle sind nachtaktiv.
Die meisten Arten sind schwarz, aber gerade in dieser Familie gibt es auch rein weiße Käfer. 55 Arten wurden aus Deutschland gemeldet, manche sind gefürchtete Vorratsschädlinge, der bekannteste davon ist der Mehlkäfer, der zur Massenvermehrung nichts weiter braucht als trockenes Mehl.
70 Arten leben in Europa, 20.000 weltweit, die meisten davon in Wüsten und Halbwüsten, etwa in Nordafrika. Wo immer einige Pflanzen gedeihen, ist der Sand am Morgen überzogen mit ihren regelmäßigen Kriechspuren. Die Käfer selber vergraben sich über Tag und trotzen so selbst jahrelanger Dürre.
Die Schwarzkäfer sind langlebig und ausdauernde, aber langweilige Insassen von Insektarien. Sie sind genügsame Allesfresser. Ihre Larven ähneln denen der Schnellkäfer.

Mistkäfer, Geotrupidae
Die Mistkäfer werden heute von vielen Entomologen als eigene Familie von den Blatthornkäfern abgetrennt, obwohl auch sie blattförmige Fühlerenden tragen. Der Trend geht überhaupt dahin, immer mehr Unterfamilien in den Rang von Familien zu erheben. Das liegt daran, daß man umso mehr Unterschiede zwischen den Käfern entdeckt, je genauer man sie untersucht. Als Argumente für die Abspaltung geben die "Splitterer" an, daß man bei den Mistkäfern die Oberkiefer von oben sehen kann und ihre Augen in der Mitte immer ein- und bei manchen Arten durchgeschnürt sind. Die Unterschenkel der Mittel-und Hinterbeine tragen am äußeren Ende zwei Dornen.
. Die Käfer ernähren sich von Mist, einige Arzen auch von faulenden Pilzen und selbstgeschnittenen Pflanzenteilen. Bci den meisten Mistkäfern gibt es eine gewisse Ehigkeit, indem Männchen und Weibchen gemeinsam Gänge in den Boden treiben, in denen sie Nahrung für sich und die Larven eintragen, ganz ähnlich wie die ebenfalls zur Ehigkeit neigenden Pillendreher, von denen sie sich aber duch ihren höher gewölbten Körper und meist auch durch mehr Zähne an den Grabbeinen unterscheiden. In Südeuropa wetteifern die Mistkäfer mit den Pillendrehern, Mondhornkäfern und oft Hunderten von kleineren Dungkäfern aus der Familie der Scarabaeidae beim Wegschaffen der Exkremente, die oft nach wenigen Stunden bis auf selbst für die genügsamen Käfer ungenießbare Reste vergraben sind.

Scheinbockkäfer, Familie Oedemeridae
Die Scheinbockkäfer können auf den ersten Blick leicht mit Bockkäfern verwechselt werden, mit denen sie in der Gestalt, der Zahl der Fühlerglieder und in der Fühlerlänge, der Augen- und Kopfform übereinstimmen. Mit der Lupe sind sie aber leicht anhand der Fußglieder zu erkennen: Die Füße der Böcke sind viergliedrig, ein füntes Glied ist zwar vorhanden, aber winzig und unauffällig. Vorder- und Mittelfüße der Oedemeridae bestehen aus 5 Gliedern, die Hinterfüße sind viergliedrig, stets ist dabei das innerste Glied viel länger als die übrigen.
Faßt man die Scheinbockkäfer an, so möchte man sie eher für Weichkäfer halten, denn ihre Flügeldecken sind so weich wie bei jenen. Die Käfer sind Pollenfresser, die sich gern auf Doldenblüten laben. Die Larven leben ähnlich wie die Larven der Bockkäfer als Bohrer in Holz oder Pflanzenstengeln.
Die Oberschenkel der Hinterbeine sind bei den Männchen vieler Arten keulig verdickt, was auf gute Sprungkraft schließen läßt. In Wirklichkeit können die Käfer nicht im geringsten springen. Die Flügeldecken sind mehrfach längsgestreift und klaffen bei vielen Arten an der Naht auseinander, dazwischen sind die häutigen Hinterflügel sichtbar.
Die Scheinbockkäfer sind, wie das für blütenbesuchende Käfer ja auch nötig ist, gute Flieger. Bei einigen Arten sind die Flügeldecken reduziert und können den Hinterleib nicht mehr ganz bedecken. Die gleiche Erscheinung findet man auch bei manchen Bockkäfern.
Die Oedemeriden erscheinen in den wärmsten Sommermonaten und lieben den Sonnenschein. Bei trübem Wetter ziehen sie sich in die Bodenvegetation zurück. Die meisten der etwa 1000 bekannten Arten

leben in den Tropen, 30 kennt man aus Mitteleuropa, 23 auch aus Deutschland, wo sie die wärmsten Lagen bevorzugen. Die meisten heimischen Arten sind mit etwa 1 cm Länge mittelgroß, doch ereicht der in Deutschland seltene Balkenboher über 2 cm Länge.

Schnellkäfer, Familie Elateridae
Die Schnellkäfer sind sehr einheitlich von Gestalt, schlank, mit hinten eckigem Halsschild, und mittelgroß (meist 10 bis 15 mm). Die Flügeldecken sind längsgestreift. Die Käfer können die Vorderbrust ruckartig mit solcher Wucht nach unten einknicken, daß man ein knackendes Geräuch vernimmt. (Englisch: click-beetles). Beim Klicken rutscht ein Fortsatz der Vorderbrust in eine passende Grube in der Mittelbrust. Das Klicken dient wohl zur Verteidigung, indem der Käfer damit einen Feind erschreckt, sich von ihm losreißt und aus dem Gefahrenbereich herauskatapultiert. Jedenfalls klicken die Käfer heftig, wenn man sie ergreift. Anschließend legen sie die Beine an und stellen sich tot, so daß sie wie Steinchen in der Bodenvegetation verlorengehen.
In Mitteleuropa leben etwa 130 Arten, aber viele davon gehören zu den seltensten oder zumindest zu den am verborgensten lebenden Arten. Die Erwachsenen ernähren sich vegetarisch. Unter den Larven gibt es Wurzelfresser, die schon sehr schädlich geworden sind, und Räuber, die auf der Suche nach Insektenlarven den Mulm toter Bäume durchkriechen. Die Larven sind rund, gelblich und so fest gepanzert, daß sie als Drahtwürmer bezeichnet werden. Manche brauchen zu ihrer Entwicklung bis zu 5 Jahre.

Buntkäfer, Familie Cleridae
Etwa 4000 Arten leben in den Tropen, 18 sind aus Mitteleuropa bekannt, sie lieben die Wärme und werden nur selten gefunden. Teils leuchtende, teils auch pastellartige Farben in Querlinien auf den Flügeldecken und dazu oft ornamentale Haarfelder machen die Buntkäfer zu einer recht attraktiven Gruppe. Alle sind gut zu Fuß und sehr scheu. Sie können fliegenleicht zum Flug starten. Die meisten Arten leben auf Baumrinde, in deren Ritzen sie sich bei kühlem Wetter verbergen. Alle Arten sind Räuber gegen kleinere Insekten. Der Ameisenbuntkäfer und seine näheren Verwandten leben nicht von Ameisen, sondern die Käfer sind auf Borkenkäfer als Beute spezialisiert: 'Sie beißen die hart gepanzerten Käferchen in der Mitte durch und fressen die Hälften aus. Wo die Borkenkäfer überhand nehmen und den Baumbestand gefährden, stellen sich bald auch zahlreiche Buntkäfer ein und dezimieren die Schädlinge.
Auch die Larven der Käfer bleiben der "Diät" ihrer Eltern treu: Sie dringen in die Bohrgänge der Borkenkäfer ein und vertilgen dort Larven und Puppen.
Die "Bienenwölfe" gehören zu den prachtvollsten Buntkäfern. Ihre Larven leben räuberisch in Bienenstöcken oder in den Nestern von Wildbienen.
Viele Buntkäfer leben auch in menschlichen Nahrungsvorräten, und man hat sie lange als Schadinsekten verdächtigt. Bei genauerer Untersuchung hat sich aber gezeigt, daß sie sich nicht an den

Vorräten vergreifen, sondern gerade die Schadinsekten, die sich hier vermehren könnten, vernichten. Eine Art lebt an Fellen, Häuten und Knochen, und man hat sie sogar in ägyptischen Mumien gefunden. Daher hat sie den Gattungsnamen "Necrobius" bekommen, das heißt Leichenbewohner. Der Käfer frißt auch von dem toten Material und kann in Speck- und Schinkenlagern schädlich werden.

Weichkäfer, Familie Cantharidae

Die meisten Käfer kommen gepanzert wie in Ritterrüstungen daher. Einige einander nahestehende Familien wie die Leuchtkäfer, die Zipfelkäfer und die Weichkäfer sind dagegen weich und zudem flaumig behaart. Das hindert die Weichkäfer aber nicht daran, räuberisch über andere Insekten herzufallen und sie zu verzehren. Meist lauern sie auf Doldenblüten und Laub auf ihre Opfer. Daneben fressen sie auch Blütenstaub und zarte Pflanzenteile. Die Käfer sind schlank und flach, der Kopf wird hinter den großen Augen schmaler. Die Beine sind schwach und taugen nicht zum Rennen, die Füße sind fünfgliedrig.

Manche Arten zeigen sich im Hochsommer massenhaft auf Blüten, viele in Paarung, die bei dieser Familie viele Stunden dauert. Die Halter von Waldvögeln wissen, daß die Käfer von insektenfressenden Vögeln verschmäht werden, aber der Grund ist unbekannt. Jedenfalls zeigen die Käfer das Verhalten ungenießbarer Arten: Sie sind träge, scheinbar schutzlos und zeigen sich in aller Offenheit. Wie bei den meisten Käfern ist das Weibchen dicker als das Männchen, es muß ja die Eier tragen.

Die Larven sind flach gebaut und meist samtschwarz gefärbt. Sie überwintern fast erwachsen. Manchmal erscheinen sie gegen Winterende massenhaft auf tauenden Schneeresten, vielleicht weil das Tauwasser sie aus ihren Überwinterungsverstecken vertrieben hat. Sie werden als Schneewürmer bezeichnet, sind mit kräftigen, spitzen Kiefern bewaffnet und ernähren sich vor allem räuberisch, befressen aber auch zarte Pflanzenteile.

Rund 75 Arten von Weichkäfern leben in Mitteleuropa, die kleinsten sind wenig über 1 mm lang. In den Tropen ist die Familie mit etwa 4000 zum Teil sehr bunten Arten vertreten.

Bockkäfer, Cerambycidae

Die steile Stirn und die geschwungen getragenen "Hörner" mancher großen Böcke erinnern wirklich an einen Ziegenbock. Die meist langen Fühler sind zusammen mit dem oft schlanken und sich nach hinten verjüngenden Körper das auffälligste und einigende Merkmal der rund 17 000 bislang beschriebenen Bockkäferarten. Viele sind große Käfer, einer von ihnen der größte Käfer der Welt. Er war früher ein Vermögen wert und ist auch heute noch eine Kostbarkeit aus dem verschwindenden Amazonasurwald. Die Larven dieser Giganten werden von den Eingeborenen gegessen, und allein dadurch wurde ein anderer Käferriese aus dem Geschlecht der Böcke wahrscheinlich völlig ausgerottet. Nur wenige Museen hüten als unwiederbringliche Reliquie die Hülle eines solchen Käfers.

Die Füße der Bockkäfer sind viergliedrig, ein fünftes Glied ist zwar vorhanden, aber verkümmert und kaum zu sehen.

Der größte einheimische Bock ist mit einer Körperlänge um 5 cm und

einer Antennenspannweite bis zu 10 cm der Heldbock. Sein Schicksal ist eng an das Schicksal alter, knorriger und meist wipfeldürrer Eichen gebunden, in denen sich die Larve entwickelt und an denen sich auch die Käfer gewöhnlich aufhalten. Die moderne Forstwirtschaft mit ihrem starren Sinn für Ordnung und Rentabilität hat den Käfer und seine Eichen bei uns so gut wie ausgerottet. Ebenfalls selten geworden ist der Zimmermannsbock, bei dem die Fühler der Männchen über 5 mal so lang sind wie der Körper.
Alle Böcke sind Vegetarier. Die großen Arten trinken an blutenden Bäume oder benagen Laub, die kleineren fressen Blütenstaub, wo er offen zutage liegt, vor allem auf Doldenblüten. Da finden sich manchmal ganze Gesellschaften zusammen, und wenn man die Zecher stört, so rennt die ganze Gesellschaft sich anrempelnd durcheinander, ehe man hastig zur Flucht die Flügel aufspannt.
Manche Arten, die Wespenböcke, sind wie die Wespen schwarzgelb geringet und bewegen sich auch ähnlich wie eine Wespe, so daß die Täuschung besser ist, als je ein Foto zeigen kann. Die Larven sind madenartig fußlos mit kräftigen Kiefern (manche auch mit verkümmerten Füßen) und leben unter Baumrinden, in Holz oder Pflanzenstengeln. Über 170 Arten leben in Deutschland, die kleinste davon wird nur 3 mm lang.

Blattkäfer, Familie Chrysomelidae
Die Blattkäfer sind bekannt durch das oft massenhafte Auftreten mancher Arten, die dann zu den gefürchteten Schädlingen gehören können. Rund 500 Arten kennt man aus Deutschland, über 25.000 Arten wurden weltweit beschrieben. Ihr meist gedrungener, kugelig hochgewölbter Körper trägt nur bei wenigen Arten bizarre Verzierungen, ihre Beine und Mundwerkzeuge sind normal gestaltet und normal proportioniert, die Fühler werden selten mehr als halbkörperlang und sind gewöhnlich fadenförmig und allenfalls zur Spitze hin etwas verdickt. Die Oberseite ist meist kahl und glänzend, nicht selten in intensiven metallischen Farben. Die Blattflöhe haben mit den Flöhen nichts zu tun, sondern sie sind sprunggewaltige Blattkäfer.
Abweichend von den normalen Blattkäfern sind die Schildkäfer gestaltet, die von manchen Entomologen zur selbständigen Familie aufgewertet wurden (Cassididae). Sie sind aber sehr nahe mit den Blattkäfern verwandt. Viele tropische Schildkäfer erstrahlen in den reinsten, metallischen Farben, in Blau, Gold und Silber, die zudem oft noch gewagt nebeneinander gesetzt sind. Im Tod verlöschen diese Farben, so daß man sie nur im Foto festhalten kann. Manche heimischen Arten sind prachtvoll genug grüngolden gefärbt, aber auch bei ihnen erlöschen die Farben nach dem Tod.
Die Schildkäfer sind gleichsam die Schildkröten unter den Insekten. Naht sich ein Feind, etwa eine Ameise, so zieht der Käfer die Beine unter den Körper und klammert sich an die Unterlage. Dann findet die Ameise keinen Ansatzpunkt mehr für ihre Beißzangen und muß abziehen. Die Larven der Schildkäfer sind gleichfalls geschützt: Sie tragen am Hinterleibsende einen Ballen aus allerlei Abfällen, aus Kotresten, Haaren und abgestreifen Häuten, den sie gewöhnlich über dem Rücken tragen, so daß sie wandelnden Schmutzhäufchen gleichen. Naht sich eine Ameise, so hält die Larve dieser den

Schutzschild entgegen. Die Ameise, die ihre Beute durch Betasten mit den Fühlern erkennt, stößt auf Ungenießbares und wendet sich anderer Beute zu. Auch die Larven vieler anderer Blattkäfer sind geschützt, etwa durch einen schmierig-schleimigen Überzug oder durch Gifte, die sie aus ihren Futterpflanzen aufnehmen. Die Larven des Pappelblattkäfers gewinnen so fast reinen Salizylaldehyd, den sie in Rückendrüsen aufbewahren. Werden sie berührt, so pressen sie Tröpfchen einer giftigen und stinkenden Milch hervor, und wenn sie den Feind abgewiesen haben,   saugen sie die Tröpfchen wieder auf zu neuerlicher Verwendung.
Auch die prachtvollen Metallfarben und das häufige Schwarzrot der erwachsenen Blattkäfer sind als Warnfarben vor chemischen Kampfstoffen zu deuten, die die Käfer aus ihren Futterpflanzen aufnehmen. Schon durch diese Strategie sind viele Blattkäfer an ganz bestimmte Futterpflanzen gebunden, dafür trifft man sie dort aber vom Frühjahr bis zum Herbst mit großer Sicherheit an. Auf Labkraut findet man fast immer die Art Agelasticta halensis, auf Salweide Galleruca salicis und auf Wasserminze die schöne Chrysomela menthae. Gewöhnlich hausen Larven und Käfer auf derselben (und gleichen) Futterpflanze, gegen deren Gift sie natürlich immun sind. Viele Larven kleben sich zur Verpuppung mit einem Sekret an ihre Futterpflanze, und die Käfer müssen dann schon nach wenigen Wochen schlüpfen, jedenfalls aber vor dem herbstlichen Laubfall.

Prachtkäfer, Familie Buprestidae
Die Prachtkäfer tragen ihren Namen zu Recht: Viele sind wahrhaft lebende Edelsteine, sie sind sogar an Farbenglut allen Edelsteinen überlegen. Andere Arten imponieren weniger durch Farbenpracht als durch Körpergröße; die Julodia- Arten erreichen 25 mm Körperlänge. In der Gestalt erinnern die Prachtkäfer an die Schnellkäfer, ihre Vorderbrust ist aber starr mit der Hinterbrust verbunden, und das Schnellvermögen fehlt. Auch sind die hinteren Halsschildecken nie zu Spitzen ausgezogen. Die Fühler sind je nach Art und Geschlecht gesägt oder fadenförmig.
Viele Prachtkäfer sind scheu und fliegen frühzeitig davon, so daß ein unerfahrener Naturbeobachter sie gar nicht zu Gesicht bekommt. Die großen Arten sitzen dagegen ruhig im Vertrauen auf ihre harte Panzerung auf den Stämmen der Bäume, die sie als geeignete Nahrungsquelle für ihre Larven erkannt haben. Diese Käfer sind so hart, daß sie sich fast wie Steine anfühlen.
Die Larven der großen Prachtkäfer fressen unter der Rinde oder im Holz kränkelnder oder toter Bäume. An Zaunlatten, von denen die Rinde abblättert, sieht man häufig ihre verworrenen Fraßgänge. Die Larven sind dann längst verschwunden, man bekommt sie kaum zu Gesicht. Viele haben eine merkwürdige Gestalt: Der Vorderteil ist scheibenförmig, der hintere schlank, fast wie eine Pfanne mit Stiel. Die heimischen Arten treten nicht als Schädlinge auf, da sie nur frisch abgestorbenes oder sterbendes Holz befallen. In den Tropen leben aber auch Prachtkäfer, deren Larven wertvolle Bäume zum Absterben bringen. Die Larven der kleinsten Arten leben in Stengeln oder Blättern von krautigen Pflanzen. In Blättern verzehren sie das Mark und lassen Ober- und Unterhaut unversehrt. Die so entstehenden Hohlräume nennt man Minen. Sie haben vielfach eine Form, die

den Täter verrät. Die Minen der Buprestidenlarven sind unregelmäßig rundlich und werden Platzminen genannt.
Weltweit wurden über 13.000 Prachtkäferarten beschrieben, viele davon sind selten bis sehr selten und in Käfersammlungen sorgsam gehütete Kostbarkeiten. Aus Mitteleuropa kennt man 85 Arten, die kleinste davon ist 3 mm, die größte 3 cm lang. Die kleinen Arten sind besonders in den Blüten der Heckenrosen zu finden, die großen finden sich nur im östlichen Europa mit seinen warmen, trockenen Sommern. An den Fundorten, die von Kennern gehütet werden, können sie häufig sein.

Leuchtkäfer, Familie Lampyridae

Die Leuchtkäfer sind weich und werden daher als Verwandte der Weichkäfer angesehen. Sie haben aber etwas Ungewöhnliches zu bieten, nämlich kaltes Licht. Es wird durch chemische Prozesse in Leuchtorganen erzeugt mit einer Energieausbeute, die für menschliche Beleuchtungstechniker unerreichbar ist. Zudem ist das Leuchtkäferlicht bei vielen Arten an- und abschaltbar wie eine Zimmerlampe.
Der Name "Leuchtkäfer" paßt nur zur Erscheinung der Männchen, die eben Käfergestalt haben. Ihr Kopf ist unter dem Halsschild verborgen, der bei manchen Arten Fenster über den Augen vorsieht. Die Weibchen dagegen sind fast madenartig, sie haben die Larvengestalt bis zur Geschlechtsreife bewahrt. Auf sie paßt der Name "Glühwürmchen". Beide Geschlechter leuchten, ebenso wie die Puppen und die Larven und bei manchen Arten sogar die Eier. Warum die Larven leuchten, ist unbekannt. Man findet sie jedenfalls in warmen Herbstnächten unter Gebüsch als gelbgrün leuchtende Fleckchen.
Den Erwachsenen hilft das Leuchten bei der Paarfindung. Die Weibchen ersteigen in den wärmsten Sommernächten des Jahres, etwa um Julianfang, einen Halm und heben dort langsam den Hinterleib, auf dessen Unterseite ihr Leuchtorgan sitzt. Nach kurzem Leuchten senken sie ihn wieder, machen eine Drehung, heben ihn erneut und senden ihr Signal in alle Richtungen. Naht sich ein Männchen, seinerseits durch eine Lampe ausgewiesen, so steigert das Weibchen seine Leuchtkraft. Die Hochbalz dauert vielleicht nur eine halbe Stunde, in der allerletzten Abenddämmerung, vor Mitternacht sind nur noch einzelne Nachzügler unterwegs, und die Weibchen sind abgestiegen und haben das Licht gelöscht.
In den Tropen, wo verschiedene Leuchtkäfer nebeneinander vorkommen, hat jede Art einen eigenen Blinkcode, den der Paarungspartner versteht. Das Licht lautlos und langsam umherschwebender oder in den Zweigen sitzender und unerhört hell aufblinkender Leuchtkäfer gehört zur Stimmung einer Nacht im Tropenwald.
Die Larven der Leuchtkäfer sind Nahrungsspezialisten: Sie fressen ausschließlich Schnecken, die sie zuvor mit ganzen Salven von giftigen Bissen kampfunfähig machen. Dem Sieg folgt ein nächtelanges Schmausen, wobei sich die Larve tief in das Schneckenhaus hineinfrißt. Die Puppen der Leuchtkäfer sind cremeweiß und schon nach Geschlecht verschieden. Sie würden auch dann von auffallender Schönheit sein, wenn sie nicht leuchten könnten.
Nur 3 Arten leben in Deutschland und wenige weitere in Südeuropa.

Samenkäfer, Familie Bruchidae

Die Samenkäfer sind kleine Käfer mit hinter den Augen verengtem Kopf, perlschnurförmigen Fühlern und vor allem verkürzten Flügeldecken, die das Hinterleibsende freilassen. Auf dem Rücken bilden Schuppen oder Schuppenhaare auf dunklem Grund arttypische Muster. 25 Arten leben in Mitteleuropa, keine davon ist größer als 5 mm. Die Käfer treiben sich auf Blüten herum, vor allem von jenen Pflanzen, in deren Samen sich die Larven entwickeln. Die Käfer fallen aber wegen ihrer Kleinheit und weil sie nicht bunt sind, wenig auf. Sie legen ihre Eier meist an reifende Früchte. Die Larven bohren sich in die Samen, verlieren dort in der nächsten Häutung ihre Beine, fressen den Samen weitgehend aus und verpuppen sich auch im Inneren. Erst die kreisrunden Schlupflöcher der Jungkäfer verraten ihr Wirken. In einer Erbse kann sich nur ein Erbsenkäfer entwickeln, in der größeren Bohne ist aber Platz und Nahrung genug für mehrere Bohnenkäfer.
1200 Arten kennt man aus den Tropen. Sie werden immer wieder mit Lebensmitteln eingeschleppt, können sich aber in Mitteleuropa nicht fortpflanzen, etwa, weil sie hier nicht auf die benötigte Wirtspflanze treffen.

Rüsselkäfer, Familie Cucurlionidae

Die Rüsselkäfer halten einen Rekord: In dieser Familie kennt man über 50.000 Arten. Sie bilden damit die größte Familie im Tierreich überhaupt, und man vermutet, daß mindestens noch einmal die gleiche Zahl auf ihre Erstbeschreibung wartet, zum Teil bereits in noch nicht ausgewerteten Ausbeuten von Sammelreisen in die Tropenwälder. Aus der Familie hat man in letzter Zeit kleinere Gruppen herausgetrennt und zu eigenen Familien erhoben, dennoch leben in Deutschland über 640 Arten von Rüsselkäfern im strengen Sinne. Sie sind gekennzeichnet durch in der Hälfte geknickte und am Ende keulig verdickte Fühler, deren unterer Teil in eine Rinne am Rüssel eingelegt werden kann. Der Rüssel ist nie abgeplattet. An seiner Spitze trägt er die oft winzigen, zum Nagen eingerichteten Mundteile, wobei die Oberlippe, als Scheibe, die bei den anderen Käfern die Oberkiefer abdeckt, verkümmert ist.
Die Artenfülle der Rüsselkäfer ist eine Folge ihrer hohen Spezialisierung: Die meisten Arten sind nur auf wenigen, nahe miteinander verwandten Pflanzenarten anzutreffen, und da fast alle Pflanzen auch ihre Rüsselkäferarten haben, gibt es davon so viele.
Der Rüssel ist kein Instrument der Nahrungsaufnahme. Zum Benagen von Blättern ist er nicht einmal praktisch, er dient vielmehr der Brutfürsorge: Mit dem Rüssel bohrt das Weibchen, das meist auch einen längeren Rüssel hat als sein Männchen, einen Schacht in die Futterpflanze, dann macht es kehrt und senkt seine Legeröhre in den Schacht, die ähnlich lang ist wie der Rüssel, und legt das Ei. So sichert es den Larven einen guten Start. Die Larven sind madenartig ohne Beine. Von diesem Muster gibt es allerdings viele Abweichungen – kein Wunder bei der Artenfülle.
Zahlreiche Rüsselkäfer sind bunt gefärbt. Dabei kann die Farbe als Puder, in Form von Haaren oder Schuppen den Körper bedecken. So sind die Grünrüßler eigentlich schwarz, aber smaragdgrüne Schuppen machen sie zu prächtigen Käfern.

Breitrüßler, Familie Attelabidae

In dieser kleinen Familie, die erst kürzlich aus den Rüsselkäfern herausgelöst wurde, sind die Fühler nicht geknickt und haben eine 3-gliedrige Keule. Der Rüssel ist kurz und abgeplattet und durch eine feine Querfurche vom Kopf getrennt. Die oft raffinierte, pastellfarbene Zeichnung besteht aus verschiedenfarbigen Schuppen. Die Käfer sitzen gern in den Blüten von Wildrosen und auf morschen Stämmen, unter deren Rinde sich die Larven der meisten Arten entwickeln. Die Käfer ernähren sich im Unterschied zu den Rüsselkäfern räuberisch (daher sind ihre Kiefer auch recht groß), sie erbeuten vor allem Blattläuse. Aus Deutschland kennt man 16 Arten, fast 3000 aus der ganzen Welt.

Spitzmäuschen, Apionidae

Auch diese Familie wurde erst spät von den Rüsselkäfern getrennt, vor allem wegen der nicht geknickten Fühler. Die Gestalt der bis 5 mm langen Käfer ist recht einheitlich, verschieden aber sind die Farben. Die rund 120 einheimischen Arten sind schwer zu bestimmen. Oft hilft die Futterpflanze weiter, da viele Arten sehr eng an die Pflanzen gebunden sind, in denen sich die Larven entwikkeln. Bevorzugt werden Schmetterlingsblütler, Korbblütler und Ampfer.
Die Käfer findet man bis weit in den Herbst beim Käschern. Sie überwintern, und manche können eineinhalb Jahre alt werden.

Blattroller und Triebstecher, Attelabidae

Die Käfer wurden früher zu den Rüsselkäfern gestellt, aber dann abgetrennt, weil ihre Fühler nicht geknickt sind und wegen Besonderheiten in der Aderung der Hinterflügel. Sie sind stets unbeschuppt. Bemerkenswert ist ihre Brutfürsorge: Die Triebstecher legen ihre Eier in Kospen, Zweige, Blätter oder Früchte und bringen die Pflanzenteile dann durch Anbeißen der Saftleitungen zum Welken und später meistens auch zum Abfallen.
Die Blattroller bringen ebenfalls ein Blatt durch Annagen des Stengels zum Welken, dann aber rollen sie es auf raffiniere Weise zu einer arttypischen Wickel zusammen, die sie mit einem oder mehreren Eiern belegen. Es gibt Längs- und Querroller.
Die Käfer arbeiten nicht mit der rasenden Geschwindigkeit der Grabwespen, sondern bedächtig und in Stunden. Sie können die Arbeit nach einer Pause wieder aufnehmen, wo sie aufgehört hatten. Manche schneiden das Blatt an und kerben die Rippen ein, um es geschmeidiger zu machen, sie verschließen die Tüten teils mit Sekret, teils mit Bissen. Manche können die Wickel sogar von der rechten wie von der linken Blattseite aus beginnen. Wer ihnen zusieht, kommt ins Staunen, wie der - gemessen an dem Blatt so kleine Käfer die Fläche beherrscht und mit ganz normalen Bewegungen, fast wie im Herumkrabbeln, die Wickel formt.
Rund 30 Arten leben in Mitteleuropa, einige kann man schon nach dem Ergebnis ihrer Arbeit bestimmen. Den Bauinstinkt haben nur die Weibchen, wenn auch die Männchen dabeisitzen und vielleicht auch mit Rivalen raufen.

Die Artenschutzverordnung

Am 25. August 1980 wurde die Bundesartenschutzverordnung im Bundesgesetzblatt veröffentlicht und damit rechtskräftig, nachdem der Rat der führenden Museums-Entomologen eingeholt worden war. Aus dem mehrere Seiten in schwer verständlichem Beamtendeutsch umfassenden Gesetzeswerk läßt sich folgender Kernsatz herauslesen:
"Es ist verboten, lebende oder tote Tiere der besonders geschützten Arten zu besitzen oder die tatsächliche Gewalt darüber auszuüben".
Dann folgt die Liste der besonders geschützten Arten. Sie enthält etwa 170 Käferarten, die hier aufgeführt seien:

Aesalus scarabaeoides	
Aromia moschata	
alle Buprestidae außer	alle Prachtkäfer außer
Agrilus ater	Zweipunktiger Eichenprachtkäfer
Agrilus biguttatus	Obstbaumprachtkäfer
Agrilus viridis	Laubholzprachtkäfer
Anthaxia quadripunctata	Vierpunkt-Kiefernprachtkäfer
Chrysobothris affinis	Zweibindiger Eichenprachtkäfer
Phaenops cyanea	Blauer Kiefernprachtkäfer
alle Calosoma-Arten	alle Puppenräuber
alle Carabus-Arten	alle Großlaufkäfer
alle Cicindela-Arten	alle Sandlaufkäfer
Cerambyx cerdo	Heldbock
Cerambyx scopoli	
Cetonia aurata	Rosenkäfer
Clerus mutillarius	Ameisenbuntkäfer
Copris lunaris	Mondhornkäfer
Dorcadion fuliginator	Erdbock
Dytiscus latissimus	Breitrand
Ergates faber	Mulmbock
Gaurotes excellens	
Gnorimus nobilis	
Gnorimus octopunctatus	
alle Hydrous-Arten	alle Kolbenwasserkäfer
Lamia textor	Weberbock
Liocola lugubris	
alle Lucanidae	alle Hirschkäfer
Megopis scabricornis	
alle Meloe-Arten	alle Ölkäfer
Necydalis major	
Oryctes nasicornis	Nashornkäfer
Osmoderma eremita	Eremit
alle Phytoecia-Arten	
Polyphylla fullo	Walker
alle Potosia-Arten	
Purpuricenus kaehleri	Purpurbock
Rosalia alpina	Alpenbock
Sitaris muralis	
Tragosoma depsarium	
alle Trichodes-Arten	alle Bienenwölfe
Typhoeus typhoeus	Stierkäfer

Verstöße gegen die Artenschutzverordnung werden von der Justiz nicht als Verbrechen bewertet und folglich auch nicht mit Strafen belegt. Verurteilte Täter sind nicht vorbestraft. Vielmehr werden vom Gericht Geldbußen auferlegt.
Das Gesetz läßt die Möglichkeit offen, Sammelgenehmigungen zu erlangen. Die Bedingungen dafür werden von den Bundesländern festgelegt. Darum kann ich nur ein Beispiel aus Bayern zitieren.
Hier ist die Naturschutzbehörde der Landesregierung für die Sammelgenehmigung zuständig. Der Antrag sollte ein halbes Jahr vor Sammelbeginn gestellt werden. Ihm ist eine Begründung beizufügen, und in der Praxis ist auch ein zustimmendes Gutachten eines staatlichen Naturkundemuseums unerläßlich.
Die Sammelgenehmigung wird nur für einen begrenzten Raum, etwa einen Landkreis, und nur für eine begrenzte Zeit, praktisch für ein Jahr erteilt. Sie ist an Bedingungen geknüpft:

1. Gesammelt werden dürfen nur Arten, die am lebenden Tier nicht zu bestimmen sind. (Damit fallen alle Käfer aus.)

2. Das Sammeln mit nicht selektiven Methoden bleibt verboten. (Dazu gehören der Köderfang, der Lichtfang und das Käschern.)

3. Verboten bleibt das Sammeln in Grünbeständen.

4. Von jeder Art dürfen nicht mehr als 5 Eier und eine Larve gesammelt werden.

5. Die gesammelten Tiere müssen der Wissenschaft allgemein zugänglich gehalten werden.

6. Die gesammelten Tiere dürfen nicht eingetauscht werden.

7. In Zwischenberichten und einem Abschlußbericht ist der Naturschutzbehörde mitzuteilen, welche Arten in welcher Anzahl wann und wo gesammelt wurden.

Die Sammelgenehmigung kostet 55 Mark.

Nachzutragen ist noch, daß einen Tag nach dem Inkrafttreten der Bundesartenschutzverordnung die "Obstproduktionsbeihilfenverordnung" rechtskräftig geworden ist. Die von ihr gewährten Produktionsanreize haben zu einer vermehrten Anwendung von Giften im Obstbau und zur Vernichtung unzähliger wertvoller Streuobstwiesenbiotope geführt.

Mein herzlicher Dank gilt den Mitgliedern des Koleopterologischen Arbeitskreises der Münchner Entomologischen Gesellschaft mit Herrn Konrad Witzgall und der Fachgruppe Entomologie des Naturwissenschaftlichen Vereins für Kärnten mit Herrn Siegfried Steiner für die Bestimmung der schwierigsten Käfer. Sollten doch noch Fehler übriggeblieben sein, so liegt das an mir, und ich bin dankbar für jeden Verbesserungsvorschlag für die zweite Auflage.

Cicindela campestris
Fam. Cicindelidae, Sandlaufkäfer

Brust und Flügeldecken meist leuchtend grün, Unterseite metallisch blau oder violett. Auf den Flügeldecken einige in Form und Größe sehr veränderliche rahmweiße Flecke, Beine kupferrot, Füße grün. 12-16 mm.
Von April bis Oktober auf Feld- und Waldwegen, vor allem auf Sand. Die Käfer laufen flink und starten fliegenleicht zu einem kurzen, geraden Flug. In fast ganz Europa der häufigste Sandlaufkäfer, im Gebirge bis zur Schneegrenze.
Die Larven lauern im Eingang einer senkrecht in den Boden gegrabenen Röhre auf vorbeikommende Beute.

Cicindela germanica
Fam. Cicindelidae, Sandlaufkäfer

Zierlich, schlank, Oberseite meist dunkel- bis schwarzgrün mit variablem Fleckenmuster, am häufigsten mit 3 Flecken am Außenrand der Flügeldecken. Unterseite glänzend grün, kaum behaart.
9-11,5 mm.
Vom Frühsommer bis in den Herbst auf sandigen Feldern. Die Käfer laufen flink, aber sie fliegen nicht oder selten. Sie erbeuten vor allem Fliegen.
In Deutschland durch Landwirtschaft weitgehend ausgerottet.

Cicindela hybrida
Familie Cicindelidae, Sandlaufkäfer

Oberseits kupferbraun mit purpurroten Brustseiten, unterseits metallisch grün. Auf den Flügeldecken 3 cremeweiße gezackte Querbinden. Zwischen den Augen keine Haare. Das Wurzelglied der Fühler trägt nur wenige Haare in einer Querreihe.
12-16 (19) mm.
Auf Sand und Kies, gern auf Küsten- und Binnendünen, vor allem im Mai und Juni und im August und September. Die Herbstkäfer überwintern.
Nordwärts bis Südskandinavien.

Cicindela soluta
Fam. Cicindelidae, Sandlaufkäfer

Sehr ähnlich hybrida, aber die Flügeldecken sind breiter und am Hinterende fein gesägt und gröber punktiert. Kopf und Brust tragen weiße Haare.
13-15 mm.
Von Wien an in Südosteuropa, an sonnig-trockenen Orten.

Cicindela silvatica
Fam. Cicindelidae, Sandlaufkäfer

Dunkel kupferig, der Kopf ganz schwarz, Oberlippe mit einer kräftigen Längsrinne. Taster dunkel bronzegrün, Flügeldecken mit Seidenglanz. Der größte europäische Sandlaufkäfer.
15-17 (20) mm.
Im Juni und Juli in trockenen, sandigen Heiden und auf Lichtungen in großen, sandigen Kiefernwäldern. Die Käfer laufen sehr schnell und können blitzschnell auffliegen. Larvenentwicklung über 2 Jahre.
Vor allem in Nord- und Ostdeutschland, eher selten.

Lophyridia lunulata
Fam. Cicindelidae, Sandlaufkäfer

Bronzegrün bis glänzend schwarz, manchmal kupferig gesäumt. Stirn, Halschildseiten und Beine mit langen weißen Borsten. Flügeldecken vorne und hinten mit einer Klammerzeichnung, dazwischen eine Querbinde und dahinter in einer Querreihe 4 Punkte.
10 bis 14 mm.
Meist an sandigen Stränden im Bereich des Spülsaumes, auf noch feuchtem Sand. Rund um das Mittelmeer und am Atlantik bis zur Normandie, sehr lokal auch im Binnenland.

Cicindela flexuosa
Fam. Cicindelidae, Sandlaufkäfer

Oberseite meist bronzefarben, auf den Flügeldecken je ein Mondfleck auf den Schultern und am Hinterende, eine hakige Mittelbinde und 2 oder 3 Fleckchen.
11-14 mm.
Im Sommer an Sand- und Kiesstränden West- und Südeuropas und entlang der Ströme (z.B. Rhone, Garonne) weit ins Binnenland vordringend.
Die Käfer laufen und fliegen gleich gut.

Cicindela litoralis
Fam. Cicindelidae, Sandlaufkäfer

Leicht zu bestimmen durch die große Zahl der Punkte auf den Flügeldecken in 4 Querreihen. Bei allen anderen europäischen Cicindeliden sind es höchstens drei. Die Punkte sind bei manchen Exemplaren mehr oder weniger zu 4 Querbinden zusammengeflossen.
10-16 mm.
Von Mai bis September an sandigen Ufern und am Meer. Im Mittelmeerraum.

Calosoma sycophanta, Puppenräuber
Familie Carabidae, Laufkäfer

Kopf und Brust metallisch blauschwarz, Flügeldecken kupferig grün.
25-30 mm.
In Wäldern und Gebüsch, vor allem im Altholz. Käfer und Larven jagen in Bäumen auf Raupen, mancher fällt mit der ergriffenen Beute zu Boden, und oft verraten ausgefressene Raupenreste die Anwesenheit der Käfer im Kronenbereich. Flugzeit Juni/Juli, die Häufigkeit schwankt mit der Zahl der Raupen. Die Käfer leben 2 oder 3 Jahre und überwintern bis 1/2 m unter der Erdoberfläche.
Auch in Nordamerika und anderen Ländern eingebürgert.

Calosoma inquisitor
Familie Carabidae, Laufkäfer

Dunkler und kleiner als der Puppenräuber. Der Rand des Halsschildes ist nur vorne aufgebogen 15-20 mm.
In meist jüngeren Laubwäldern, in Gezweig, wo sich die Käfer leicht fallen lassen, aber auch am Boden. Flugunfähig. Tag- und nachtaktiv. Die Larven leben räuberich (und kannibalisch) und können mehrere km ohne Futteraufnahme laufen. Sie verpuppen sich 15 bis 20 cm tief im Boden in einer ausgewälzten Puppenwiege, die Käfer schlüpfen schon im Herbst, im Mai und Juni sind sie unterwegs.
Nordwärts bis Südskandinavien.

Carabus arcensis
Familie Carabidae, Laufkäfer

Flügeldecken mit 3 Kettenstreifen und dazwischen je 3 feine Streifen. Das 2. und 3. Fühlerglied von innen sind drehrund, der Halsschild mit arttypischem schmalem Rand, der die Hinterecken einschließt. Oberseite mit Violett- bis Bronzeglanz, selten auch grün oder schwarz.
12-20 mm.
In Wäldern, Gebüsch und Gärten von der Ebene bis zur Schneegrenze, in warmen Lagen nächtlich, im Hochgebirge tagaktiv. Die Käfer schlüpfen im Herbst und überwintern im Bodenmulm, man findet sie am ehesten von Juni bis August.

Carabus auratus, Goldlaufkäfer
Familie Carabidae, Laufkäfer

Auf den Flügeldecken je 3 breite Längsrippen in der gleichen Farbe wie die Zwischenräume.
20-27 mm.
In Feldern, Gärten, einst häufig, heute eher selten. Tag- und nachtaktiv. Die Raubkäfer erbeuten sogar Weinbergschnecken. Sie sind flugunfähig. Erscheinungszeit vor allem im Frühjahr, aber die Käfer leben 2 bis 3 Jahre.
Nur in Westeuropa, ostwärts bis zur Elbe.

Carabus auronitens
Familie Carabidae, Laufkäfer

Auf den Flügeldecken 3 dunkle Längsrippen, die Zwischenräume eingestochen punktiert. Die Beine und das innerste Fühlerglied rotbraun. 18-26 mm.
In allen Jahreszeiten, vor allem auf Wegen in Fichtenwäldern, im Gebirge bis zur Schneegrenze. Käfer und Larven überwintern in der Bodenstreu und in vermodernden Baumstümpfen.
In Frankreich durch den Goldlaufkäfer vertreten.

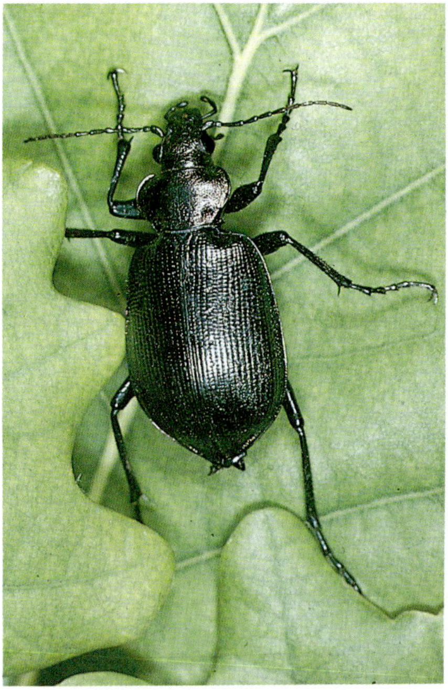
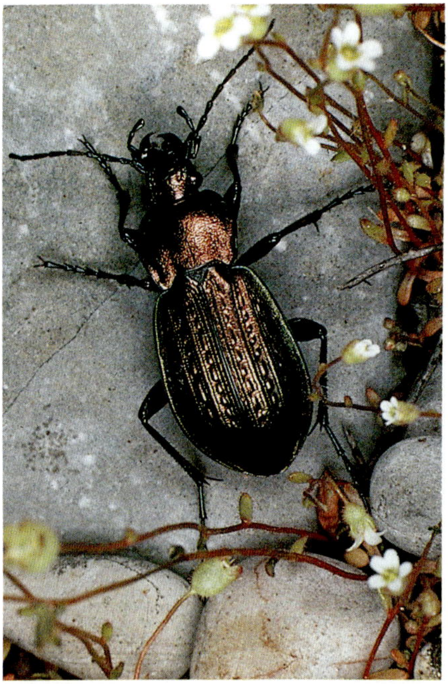
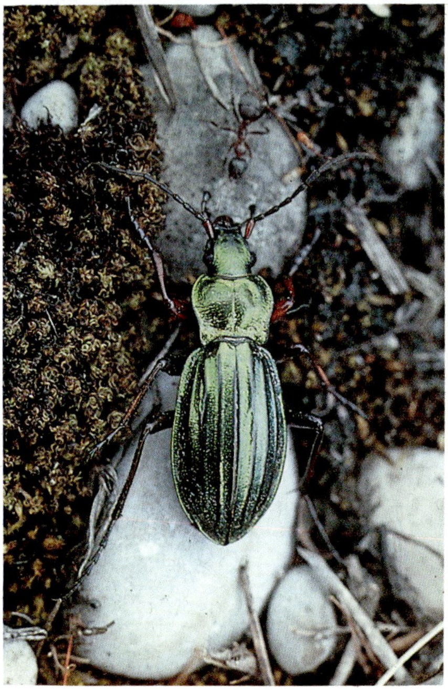
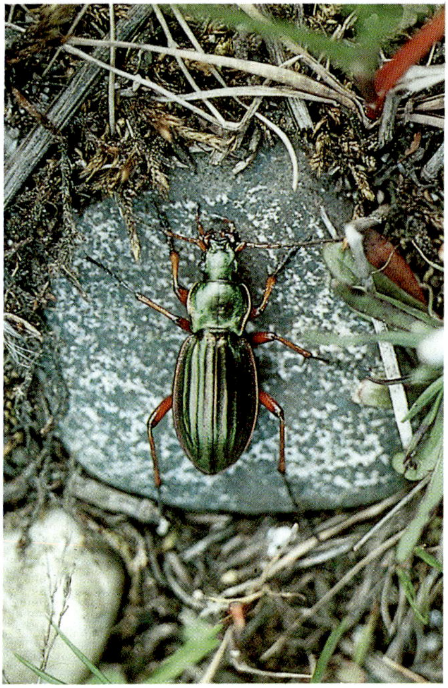

Carabus nitens
Familie Carabidae

Kopf und Brust kupferrot, Flügeldecken grün mit arttypischer Struktur.
13-16 mm.
Auf sandigen Heiden und verheidenden Mooren. Die Käfer erscheinen im August und leben bis in den Frühsommer. Sehr lokal im nördlichen Deutschland und weiter nördlich. Der seltenste Käfer in diesem Buch.

Carabus cancellatus
Familie Carabidae, Laufkäfer

Mit arttypischem Relief auf den Flügeldecken: Zwischen den Höckerreihen und Längsrippen sehr feine Höcker und Grübchen. Kupferig grün, Wurzelglied der Fühler braun.
20-26 mm.
Auf sandigen, eher feuchten Böden in sonnigen Lagen, tag- und dämmerungsaktiv und der schnellste heimische Käfer mit 1 Meter in 5 Sekunden. Die Käfer lassen sich durch Schleim nicht von Schnecken abschrecken, sie klettern auch in der Krautschicht und erbeuten dort gern Kartoffelkäferlarven. Sie fressen auch an Obst wie an Erdbeeren.
Die Larven überwintern, die Käfer schlüpfen im Frühjahr und leben bis in den Herbst.

Carabus splendens
Familie Carabidae, Laufkäfer

Goldengrün bis purpurgolden, Flügeldecken glatt, wie poliert, nahe dem Hinterrand mit wenigen Einstichen.
24-27 (35) mm.
In Südwestfrankreich, häufig in den Pyrenäen, wo die Käfer von Westen nach Osten immer glatter und glänzender werden. Erwachsen in den Sommermonaten.

Carabus granulatus
Familie Carabidae, Laufkäfer

Oberseite mit düsterem Bronze- oder Grünglanz, Füße immer, Beine fast immer schwarz. Die 2., 6. und 10. Rippe von innen auf den Flügeldecken sind vielfach unterbrochen.
14-23 mm.
Häufig in eher feuchtem Wald- und Grasland. Die Käfer fressen Schnecken aus den Häusern und klettern in Kräutern, wo sie auch Kartoffelkäferlarven erbeuten. Sie laufen in 10 Sekunden bis 1 Meter, und einzelne Tiere können fliegen. Die Käfer schlüpfen im Frühherbst, überwintern in der Bodenstreu - manchmal gesellig - und leben dann noch bis in den Herbst. Besonders aktiv sind sie im Mai und Juni.
Nordwärts bis Südskandinavien.

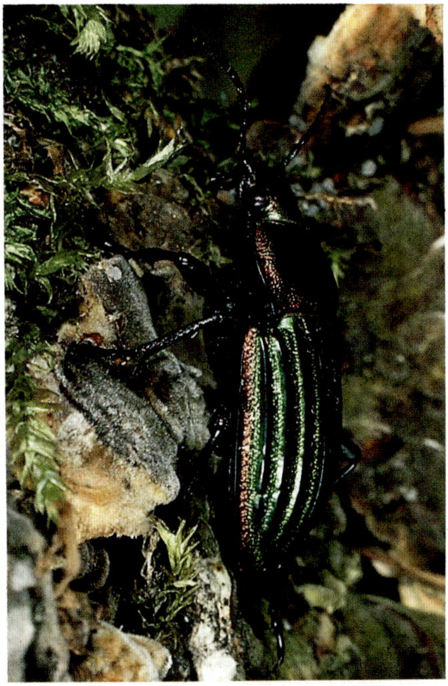
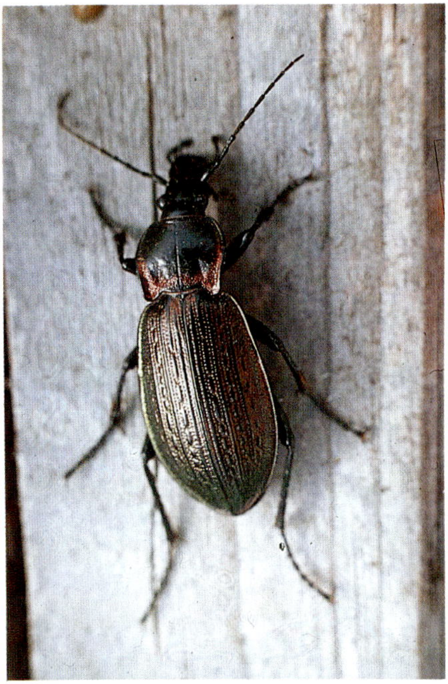
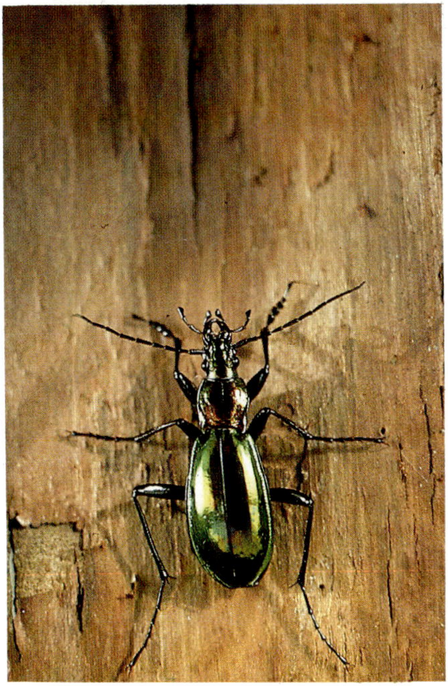
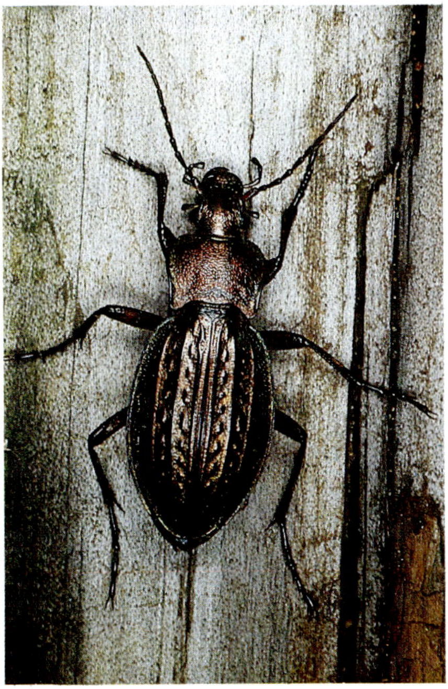

Carabus hispanus
Familie Carabidae, Laufkäfer
Grün oder blau, Flügeldecken mit Purpur- oder Goldschimmer.
25-35 mm.
Im Mai tagsüber am Boden oder kletternd in Halmen und Büschen. Nur in den Cevennen (nicht in Spanien), häufig in den saftiggrünen Schluchten.

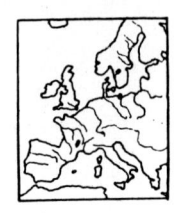

Carabus violaceus
Familie Carabidae, Laufkäfer
Schlanker, nicht so bauchig wie die nächsten Verwandten. Schwarz mit violetten, blauen oder grünen Seitenrändern. Die Flügeldecken sind fein gekörnt und je nach Rasse mit oder ohne dichte feine Längsstreifen. Sicher ist die Artbestimmung über die inneren, kleinen Taster an den Mundteilen: Sie tragen nur bei violaceus am 2. Glied von außen 3 bis 7 Tastborsten.
Violaceus ist ein Waldkäfer, der nur trocken-sandige Böden meidet. In den Alpen lebt er noch oberhalb der Baumgrenze.

Carabus obsoletus
Familie Carabidae, Laufkäfer
Halsschild etwa rechteckig mit schwachem Seitenrand und arttypischem Relief. Flügeldecken mit sehr feinen Kettenstreifen und 3 flachen, regelmäßig eingeschnürten Rippen.
24-29 mm.
Nur in den Karpaten, tagsüber unter Steinen.

Carabus scheidleri
Familie Carabidae, Laufkäfer
Halsschild breiter als lang, Flügeldecken mit feinen Streifen und eingestreuten Einstichen. Schwarz, mit violetten bis grünen Säumen, manche mit Blauglanz.
25-28 (35) mm.
Vor allem in Wäldern, nachtaktiv. In Osteuropa, westlich bis Bayern.

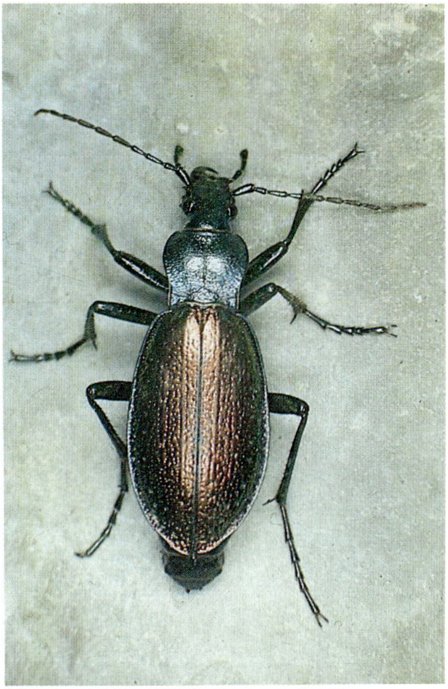
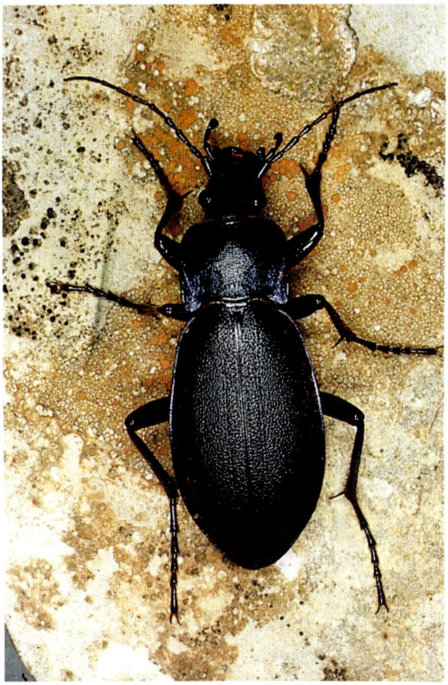
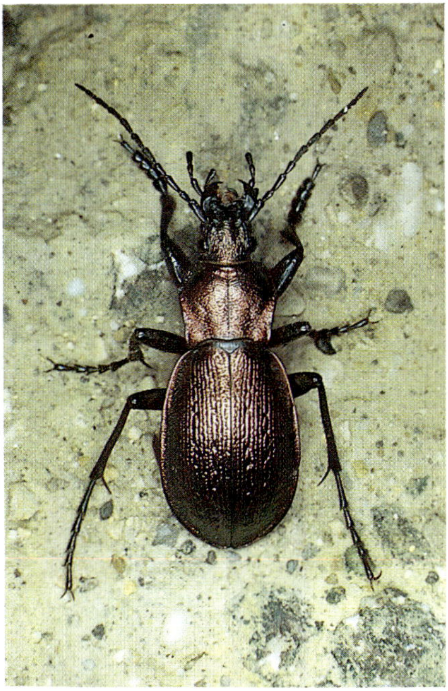
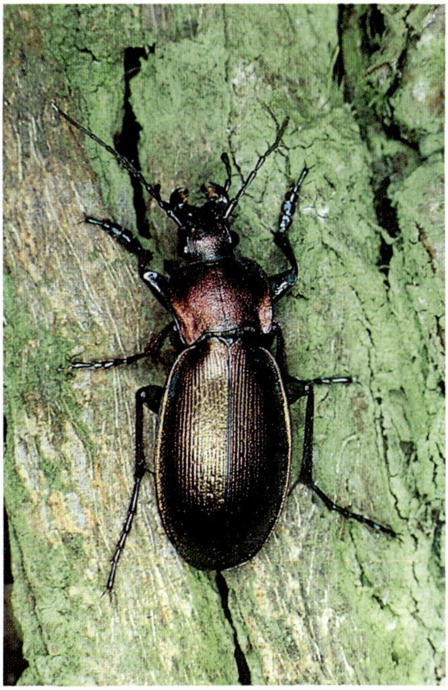

Carabus clathratus
Familie Carabidae, Laufkäfer

Bestimmung über das Relief der Flügeldecken: Zwischen den kräftigen Längsrippen tiefe Gruben in 3 Reihen, dazwischen schwache Höcker. An den Halsschildseiten je eine Tastborste vor der Mitte. Dunkel bronzefarben, in den Gruben mit Goldglanz.
25-31 mm.
Vor allem in Norddeutschland auf moorigen Wiesen und in Sümpfen. Die Tiere kriechen zumindest auf der Flucht sogar unter den Wasserspiegel. Die hinteren Flügel sind sehr verschieden stark verkümmert, manche Exemplare können auch fliegen.

Carabus hortensis
Familie Carabidae, Laufkäfer

Bronzeschwarz mit schwachem grünem bis violettem Metallganz an den Seiten von Halsschild und Flügeldecken. Diese tragen ein arttypisches Muster mit je 3 Reihen von großen, kupferfarbenen Einstichen und gerippten Zwischenräumen.
22-29 mm.
Vor allem in Wäldern und Gärten, tagsüber im Bodengrus verborgen. Käfer und Larven überwintern, Haupterscheinungszeit sind Sommer und Herbst. Mehr in Osteuropa, westlich bis zur Weser.

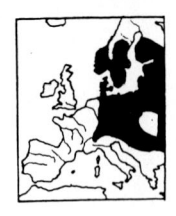

Carabus silvestris
Familie Carabidae, Laufkäfer

Schwarz mit Metallglanz, der an den Seitenrändern stärker ist. Kopf grob gerunzelt, Fühler und Beine schwarz. Flügeldecken mit Einstichen in 3 Reihen, dazwischen je 7 feine Längsstreifen. Unterschenkel der Hinterbeine mit einer Längsfurche.
19-27 mm.
In Bergwäldern Mittel- und Süddeutschlands, tagsüber unter morschem Holz, Steinen und Bodenmulm, wo die Käfer auch überwintern.

Platycarabus irregularis
Familie Carabidae, Laufkäfer

Für einen Caraben großköpfig, die Kiefer an der Spitze nach innen geknickt. Der Kopf ist etwa 4/5 so breit wie der Halsschild. Flügeldecken wenig gewölbt, fein gekörnt und mit unregelmäßig verteilten goldengrünen Einsenkungen. Färbung kupferig.
17-28 (30) mm.
In den Gebirgswäldern Mittel- und Osteuropas bis über die Baumgrenze. Tagsüber unter Steinen, morschen Stämmen und ähnlichen Verstecken. Die Käfer überwintern unter verrottendem Holz und werden vor allem im Frühling gefunden.

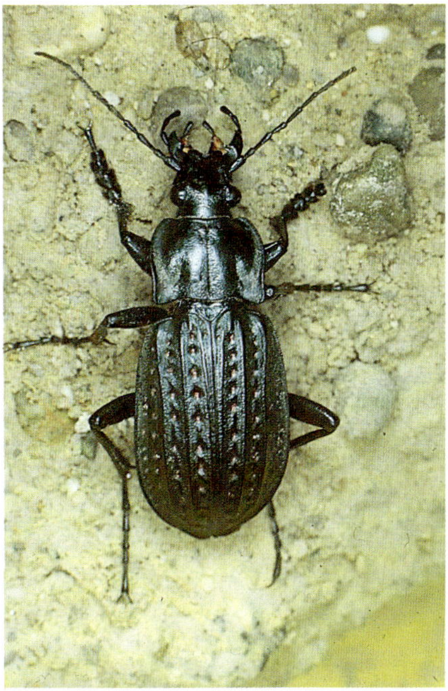
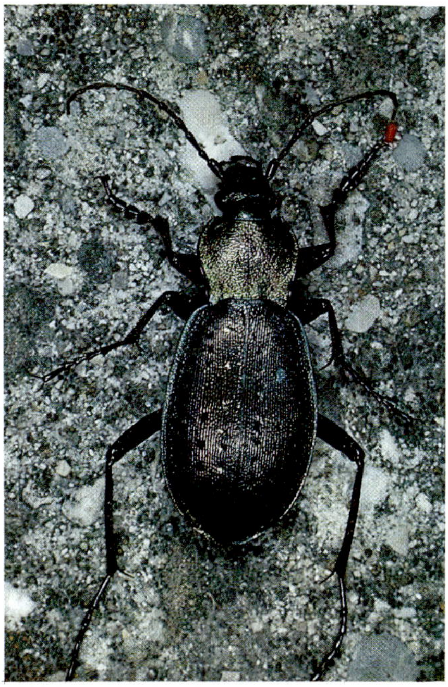
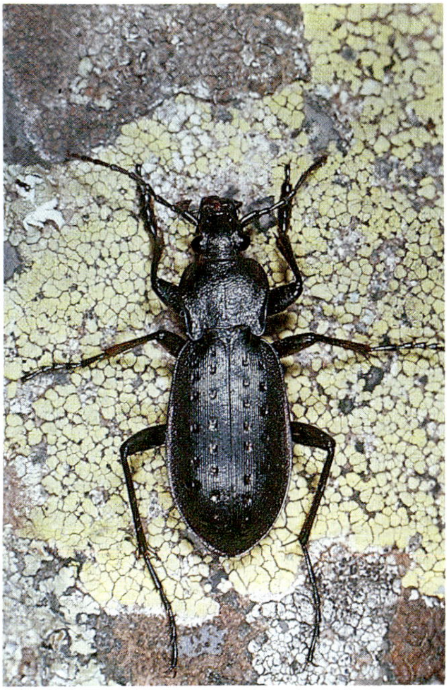
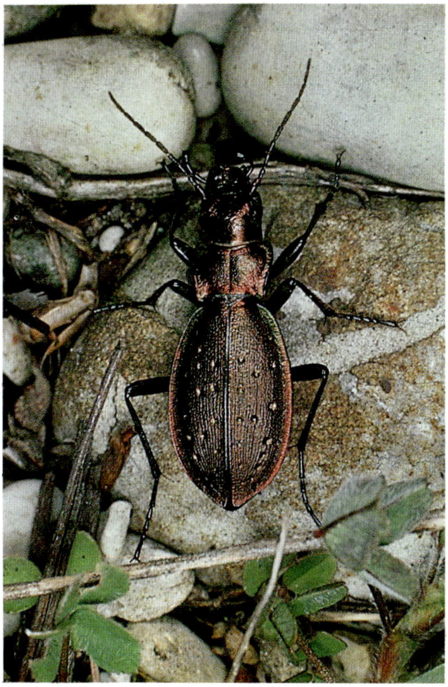

Carabus coriaceus, Lederlaufkäfer
Familie Carabidae, Laufkäfer

Oberseite mattschwarz, Flügeldecken fein geschrumpelt, bei manchen mit 3 undeutlichen Punktreihen. Halsschild ohne Haare. Mit 34-50 mm der größte deutsche Laufkäfer.
In lichten feuchten Wäldern, nachts und nach dem Regen auch am Tage unterwegs, vor allem im Frühjahr und Herbst. Käfer und Larven überwintern, die Käfer werden 2 bis 3 Jahre alt. Sie erbeuten vor allem Schnecken und Würmer und zerbeißen die Schneckenhäuser. Sie spritzen bei einer Störung ihren Magensaft bis meterweit gegen den Feind. Im Juni) und Juli halten sie eine Art Sommerschlaf.

Carabus nemoralis
Familie Carabidae, Laufkäfer

Bräunlich- oder grünlichschwarz, Halsschildseiten purpurn oder violett. Flügeldecken mit Metallglanz, fein gerunzelt und mit eingestreuten Grübchen.
23-28 mm.
In Feldern, Gärten und lichten Wäldern, tagsüber meist verborgen, manchmal unter Steinen. Die Käfer erscheinen im August, sie überwintern und leben dann noch bis Mai.
In fast ganz Europa.

Carabus intricatus
Familie Carabidae, Laufkäfer

Körper gestreckt und etwas flach, langbeinig. Blauschwarz mit blauvioletten Seitenrändern an Halsschild und Flügeldecken. Diese mit artypischem Relief.
24-32 (35) mm.
In Wäldern und Gärten, tagsüber verborgen, zuweilen in Rindenritzen. Die Käfer trinken gern an saftenden Baumwunden. Sie überwintern -zuweilen gesellig - in der Bodenstreu und sind zur Paarungszeit im Frühjahr besonders aktiv.

Carabus (Mesocarabus) problematicus
Familie Carabidae, Laufkäfer

Mit blauschwarzem, an den Seiten stärkerem und oft blauviolettem Glanz, Beine schwarz. Das Relief auf den Flügeldecken ist sehr variabel, aber immer sind Grübchen in Längsreihen vorhanden. Oberkiefer sichelförmig.
20 bis 27 (30) mm.
Von Juni bis September in Wäldern auf Kalk- oder Lehmboden. Tagsüber unter Moos, Fallholz oder morschen Strünken, dämmerungs- und nachtaktiv.
Nur stellenweise häufig, etwa im Harz und den Waldgebirgen Osteuropas.

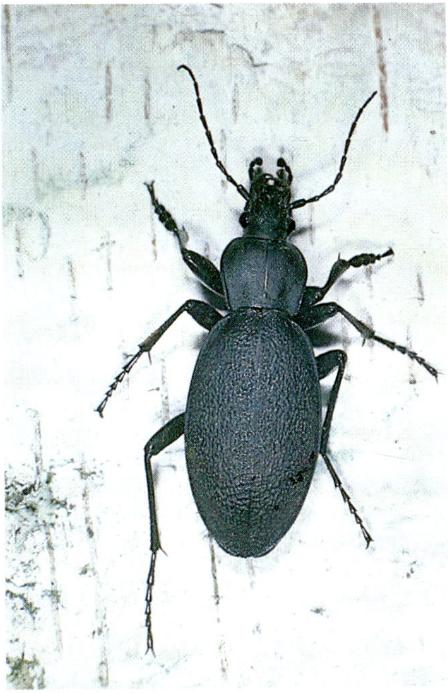
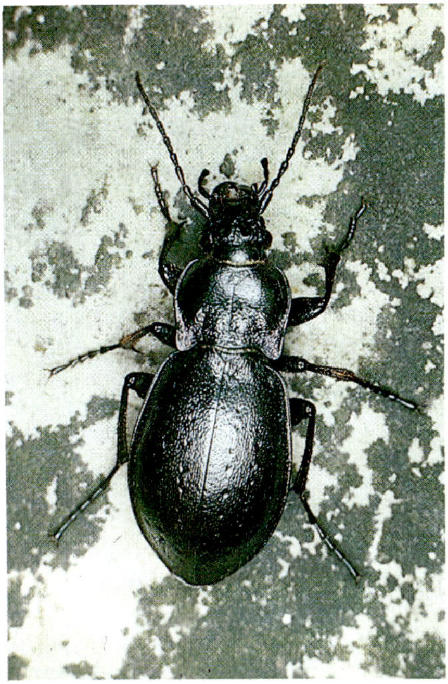
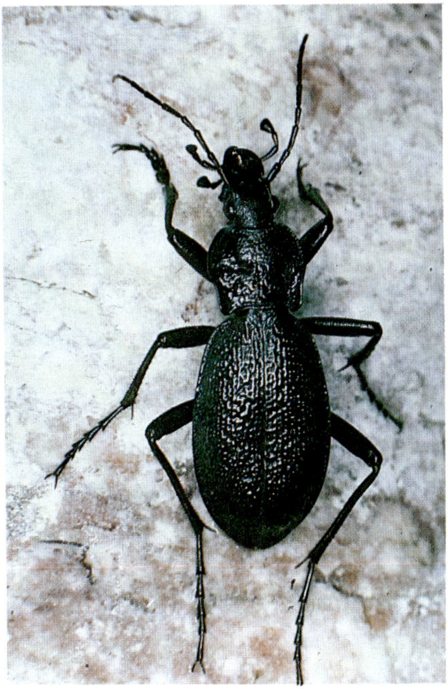
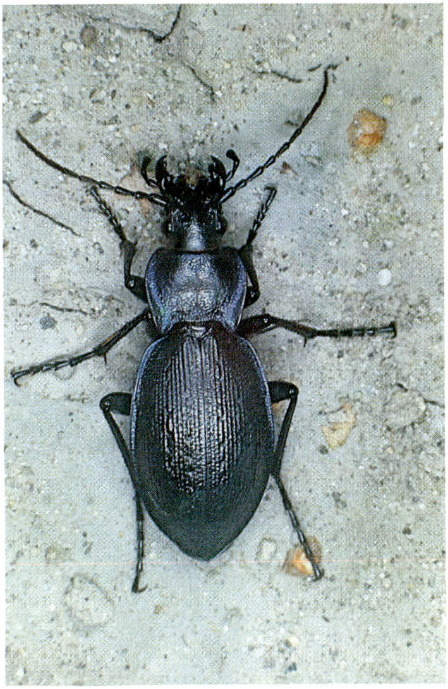

Carabus glabratus
Familie Carabidae, Laufkäfer

Schwarz, auf der Oberseite oft mit Blauglanz. Flügeldecken hoch gewölbt und gleichmäßig und sehr fein gekörnt, fast glatt. Fühler der Männchen ab dem 6. bis 8. Glied von der Seite gesehen knotig verdickt.
22-29 (34) mm.
Vor allem in feuchten Bergwäldern von Mai bis August (Oktober). Bei Regenwetter am Tage unterwegs.
Nicht in Südeuropa.

Carabus convexus
Familie Carabidae, Laufkäfer

Halsschild dicht runzelig, Flügeldecken hoch gewölbt, fein längsgestreift mit wenigen undeutlichen Einstichen. Schwarz mit schwachen Metallfarben an den Seiten.
15-18 mm.
Von April bis September auf Feldern, Feldwegen, steinigen Brachen, tagaktiv. In Nord- und Mitteleuropa.

Carabus variolosus
Familie Carabidae, Laufkäfer

Mattschwarz mit 3 Reihen großer und tiefer Gruben und dazwischen groben Höckern auf den Flügeldecken.
23-32 mm.
Vor allem in feuchten Bergwäldern, in sumpfigen Lichtungen und an Bergbächen, wo die Käfer wie auch ihre Larven am und sogar im Wasser jagen. Die Käfer erscheinen im Herbst, überwintern unter Moos und morschem Holz und sind vor allem im Frühjahr unterwegs. Von Norditalien bis zur Ostsee.

Cychrus rostratus
Familie Carabidae, Laufkäfer

Halsschild länger als breit. Flügeldecken gleichmäßig lederartig gerunzelt, oft mit 2 oder 3 schwachen Längsstreifen.
16-19 mm.
Von April bis September vor allem in feuchten Gebirgswäldern (Alpen, Riesengebirge, Harz), tagsüber unter Moderholz oder in Rindenritzen, manchmal auch an Aas. Hauptbeute Nackt- und Gehäuseschnecken, die ausgefressen werden, so weit der schlanke Kopf und Vorderkörper reicht. Die Jungkäfer schlüpfen im Spätsommer und überwintern im Mulm zerfallender Stämme.

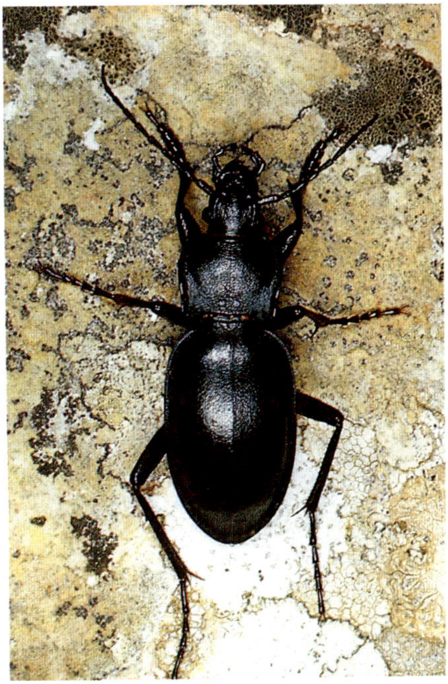
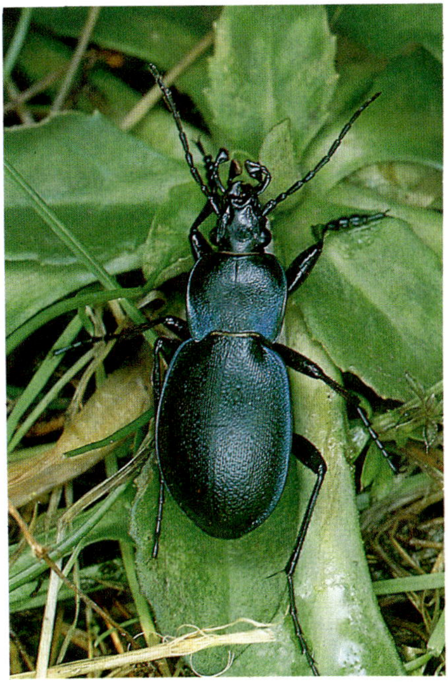
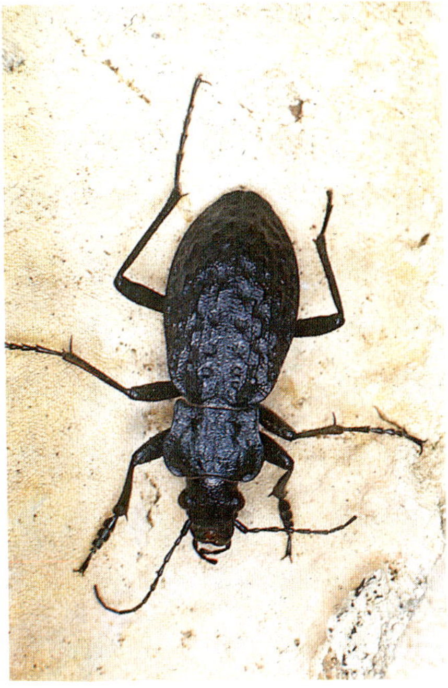
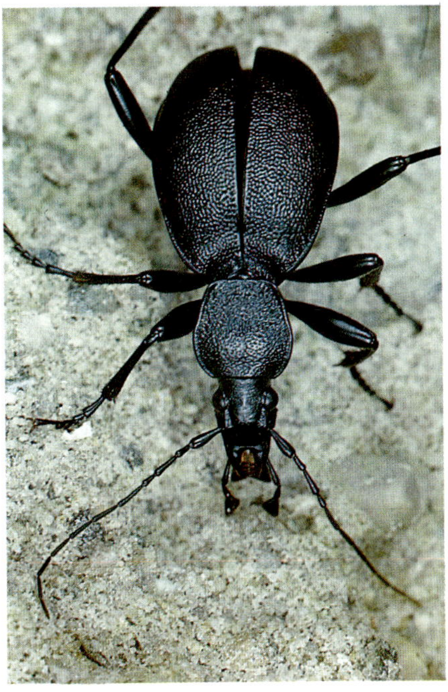

Cychrus caraboides
Familie Cerambycidae, Bockkäfer

Einfarbig schwarz, Flügeldecken hoch gewölbt und fein gekörnelt.
15-19 mm.
In feucht-düsteren Laubwäldern. Käfer und Larven überwintern und sind von März bis Dezember aktiv, halten sich aber im Hochsommer sehr verborgen.
Die Käfer fressen sich mit ihrem schlanken und beweglichen Vorderkörper tief in Schneckenhäuser ein. Sie fressen ausschließlich Schnecken und sind bei Nacht und Regenwetter unterwegs.
Im Flachland die einzige Cychrus-Art.

Cychrus attenuatus
Familie Carabidae, Laufkäfer

Flügeldecken hinten gekörnt, vorne runzelig längsgestreift, wobei sich 3 Rippen erkennen lassen. Beine, Fühler und Mundteile bräunlich.
13-17 mm.
Die Cychrus-Arten (Schaufelläufer) können zirpen, indem sie das Hinterleibsende an den Flügeldecken reiben.
Wie alle Cychrus-Arten Schneckenfresser. In feuchten Bergwäldern, tagsüber unter Laub und Moos, nicht häufig.

Eunebria complanata
Familie Carabidae, Laufkäfer

Elfenbeingelb mit dunklen Längsstreifen auf den Flügeldecken, die bei den Atlantiktieren nur schwach ausgebildet sind.
17-24 mm.
Häufig an sandigen Küsten in West- und Südeuropa, tagsüber oft unter Angespül verborgen, aber flink und flugfähig. Die Käfer fressen vor allem die am gleichen Ort massenhaft vorkommenden Strandhüpfer (Talitrus).

Nebria livida
Familie Carabidae, Laufkäfer

An den Seiten der Flügeldecken im 8. Zwischenraum von innen eine feine Punktreihe. Schwarz, Flügeldecken rotbraun gesäumt.
14-16 mm.
An sandigen Ufern, am Fuß von Küstendünen, tagsüber im feuchten Sand oder unter Steinen verborgen. Besonders aktiv von Mai bis September. Die Larven überwintern.

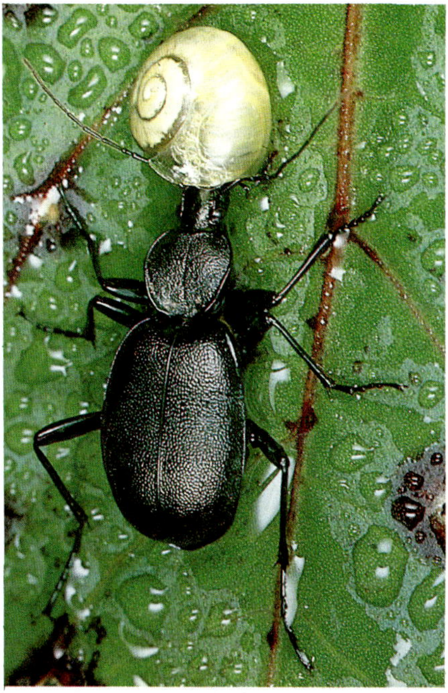
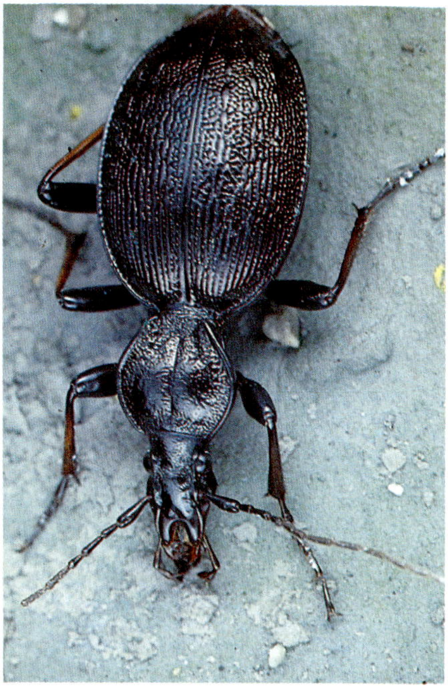
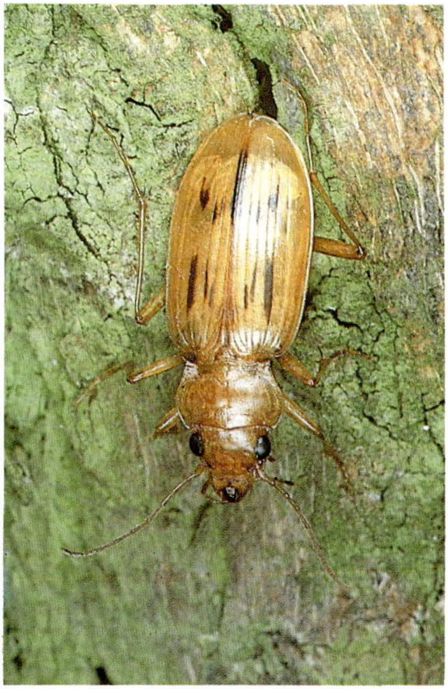
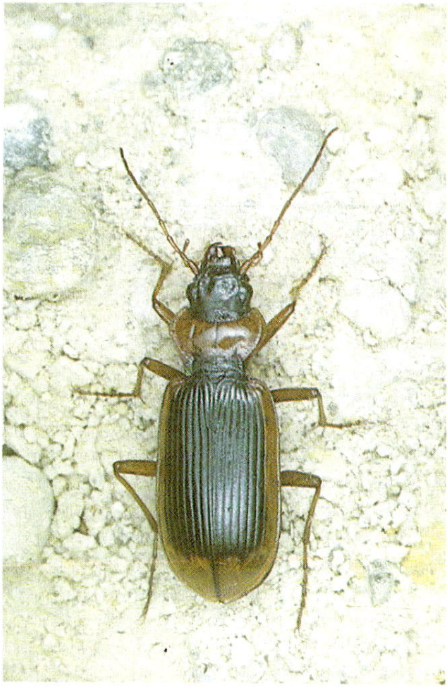

Notiophilus biguttatus
Familie Carabidae, Laufkäfer

Die vorquellenden Augen sind ein Gattungsmerkmal. Biguttatus ist kupferglänzend mit breiter, ungepunkteter, stark glänzender Längsfurche auf den Flügeldecken.
5-6 mm.
In lichten, frischen Laubwäldern, meist in der Nähe von Waldweihern. Die Käfer können recht gut schwimmen. Sie überwintern und sind von Mai bis August besonders rege. Nachtaktiv. Manche Tiere können fliegen, andere haben verkümmerte Hinterflügel.

Notiophilus palustris
Familie Carabidae, Laufkäfer

Flügeldecken bis auf das Hinterende glatt und glänzend und mit groben Punktstreifen, von denen der 2. von innen vor dem Hinterende aufhört. Unterschenkel bräunlich.
4,5-6 mm.
Auf feuchten Brachäckern und Feldwegen, auch an lichten Waldstellen, tagsüber verborgen, manchmal unter Steinen, aber auch unterwegs. Die Käfer schlüpfen im Herbst und vermehren sich nach der Überwinterung im Frühjahr.

Blethisa multipunctata
Familie Carabidae, Laufkäfer

Der Kopf mit den Augen ist so breit wie der Vorderrand des Halsschildes. Flügeldecken mit sehr feinen, unregelmäßigen Punktreihen und einigen großen, flachen Gruben.
11-13 mm.
An sumpfigen, schütter bewachsenen Ufern stehender Gewässer.

Omophron limbatum
Familie Carabidae, Laufkäfer

Umriß eiförmig. Gelblich mit olivgrüner Zeichnung in arttypischem Muster. 5-7 mm.
Im feuchten Bereich sandiger Ufer, an den zerstreuten Fundorten häufig. Tagsüber im feuchten Sand vergraben. Wenn man dort auf den Boden stampft, kommen die Käfer hervor, auch Hochwasser treibt sie ins Freie, wo sie sich aber bald wieder eingraben. In der Dämmerung laufen die Käfer auf der Suche nach Beute flink umher und fliegen in der späten Dämmerung auch ans Licht. Sie gehen auch freiwillig ins Wasser.

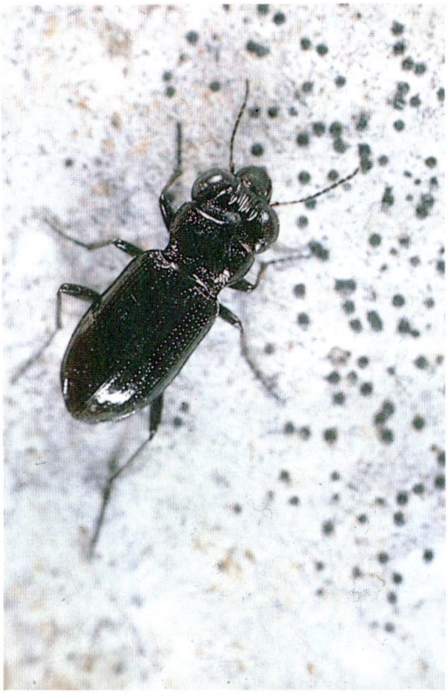
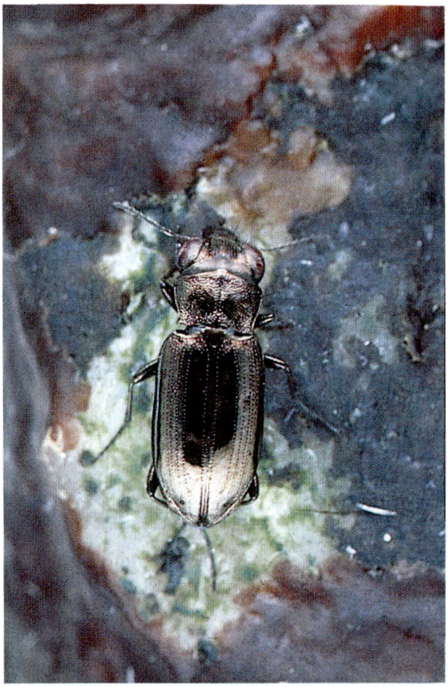
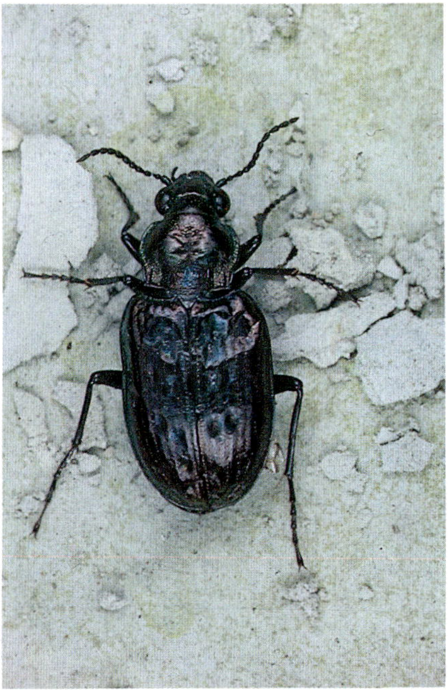
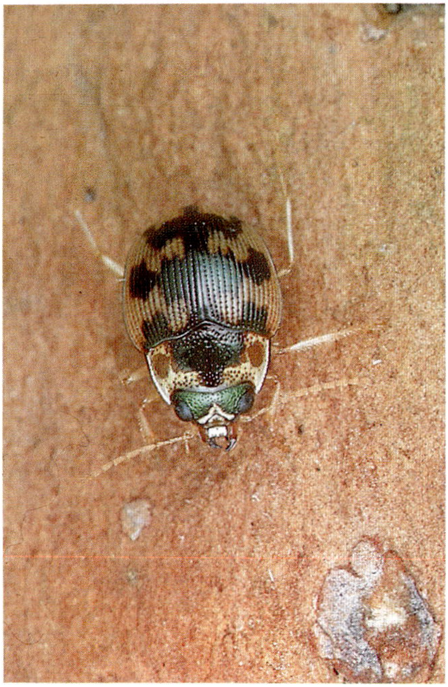

Elaphrus aureus
Familie Carabidae, Laufkäfer

Durch den großen Kopf mit vorgewölbten Augen einem Sandlaufkäfer ähnlich. Auf den Flügeldecken 4 Reihen zusammenfließender flacher Gruben, dazwischen fein punktiert. Halsschild mit 2 Grübchen und 3 Reihen flacher Spiegelflecke. Hell bronzefarbig. 7-9 mm.
Eher selten an schlammigen bis sandigen Ufern, tagsüber verborgen. Die Käfer überwintern und sind am ehesten von April bis Juni zu finden. Sie zirpen, indem sie ein geripptes Feld am Hinterleib über die Hinterkante der Flügeldecken streichen.

Elaphrus riparius
Familie Carabidae, Laufkäfer

Matt bronzegrün, auf den Flügeldecken Reihen von manchmal smaragdgrünen Augenflecken und ein großes glänzendes Feld nahe der Naht in der vorderen Hälfte. Beine metallisch grün.
6,5-7,5 mm.
Meist auf Kies und Schotter am Wasser, auch an schlammigen Ufern von Waldbächen und Tümpeln. Die Käfer schwimmen gut, sie sind tagaktiv und in allen Jahreszeiten vorhanden.

Loricera pilicornis
Familie Carabidae, Laufkäfer

Auf den Flügeldecken 11 oder 12 Punktreihen, im 3. Zwischenraum von innen 3 Einstiche. Die 6 innersten Fühlerglieder tragen lange Borsten.
7-8 mm.
Von September bis Ende April in Moos und Bodenstreu und unter Steinen in Laub- und Nadelwäldern, von Mai bis Juli an schlammigen Ufern, im Spätsommer auf Brachäckern.

Scarites laevigatus
Familie Carabidae, Laufkäfer

Flügeldecken weniger gerundet als bei buparius, schwarz glänzend mit undeutlichen Längsstreifen. 16-20 mm.
Auf Sandböden an den Küsten des Mittelmeers, grabend, überwiegend nächtlich, aber in den Morgenstunden auch tagsüber unterwegs. Im Frühling und Sommer.

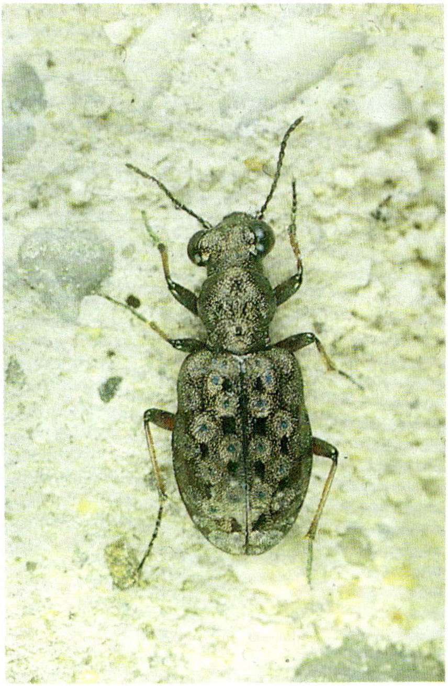
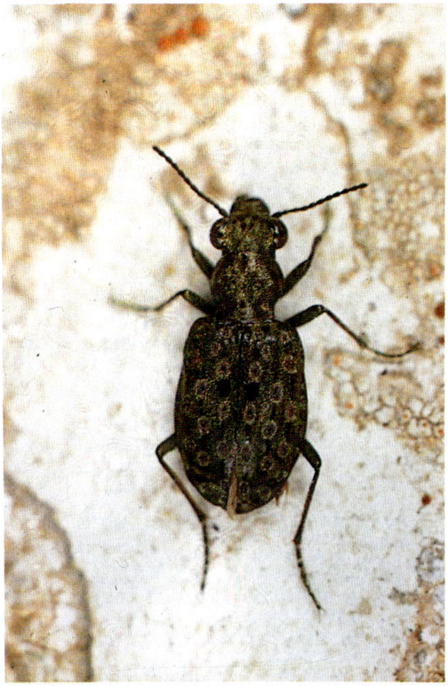
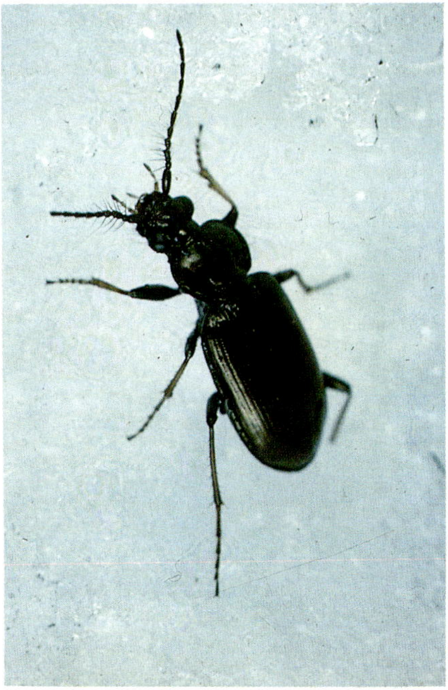
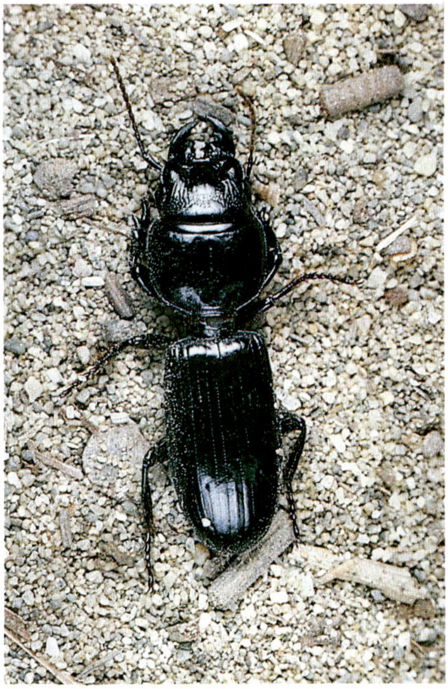

Scarites terricola
Familie Carabidae, Laufkäfer

Schildchen wie bei den nächsten Verwandten unsichtbar. Schwarz, Fühler und Füße bräunlich. Die Hinterecken des Halsschildes zu angedeuteten Zähnchen ausgezogen. 14-22 mm.
Die Käfer graben mit Kiefern und Vorderbeinen Röhren, in denen sie die Tage verbringen. Nachts auch räuberisch unterwegs. Nur auf salzhaltigen Böden. Von Neusiedler See an durch Südosteuropa und bis Japan verbreitet.

Broscus cephalotes
Familie Carabidae, Laufkäfer

Mit großem, breitem Kopf und herzförmigem Halsschild. Flügeldecken matt mit feinen Punktstreifen, walzenförmig, hart gepanzert. 17-22 mm.
Das erste Beinpaar ist zum Graben eingerichtet, verbreitert, mit Stacheln besetzt, am Unterschenkel mit einer "Putzscharte", in der die Fühler gereinigt werden. In Feldern, Kiesgruben, tagsüber in 10 bis 15 cm tiefen Höhlen, unter Erdschollen und Steinen, häufig auf den Nordseeinseln zwischen Strandhafer.
Die Käfer lauern im Höhleneingang auf Beute, sie verdauen sie durch Übergießen mit Magensaft. Beim Ergreifen stellen sie sich tot.

Scarites buparius
Familie Carabidae, Laufkäfer

Kopf und Kiefer sehr kräftig, Halsschild doppelt so breit wie lang und mit abgesetztem Seitenrand, hinten auffällig verengt. Flügeldecken mit 7 sehr feinen, undeutlichen Punktreihen und 3 Einstichen. Vorderbeine zum Graben eingerichtet. Glänzend schwarz. 25-38 mm.
Tagsüber im Eingang selbstgegrabener Erdhöhlen, aus denen der Käfer hervorstürzt, wenn eine Beute vorbeikommt. Manchmal auch im Sonnenschein unterwegs.
Im Frühjahr und Sommer häufig an sandigen Küsten des westlichen Mittelmeers.

Bembidion litorale
Familie Carabidae, Laufkäfer

Halsschild wenig breiter als lang, mit schwachem Bronzeglanz, oft auch mattgrün. Auf den Flügeldecken 4 matte, stumpf viereckige Einsenkungen. Unterschenkel der Hinterbeine schwärzlich. 5-6 mm.
An sonnigen, höchstens lückenhaft bewachsenen Ufern, wo die Käfer im Sonnenschein laufen und fliegen. Die Gattung Bembidium ist in Mitteleuropa mit etwa 100 Arten vertreten, alle leben auf feuchtem Grund, aber jede Art stellt sehr enge Bedingungen an die Bodenbeschaffenheit, so daß man kaum je 2 Arten am gleichen Ort findet.

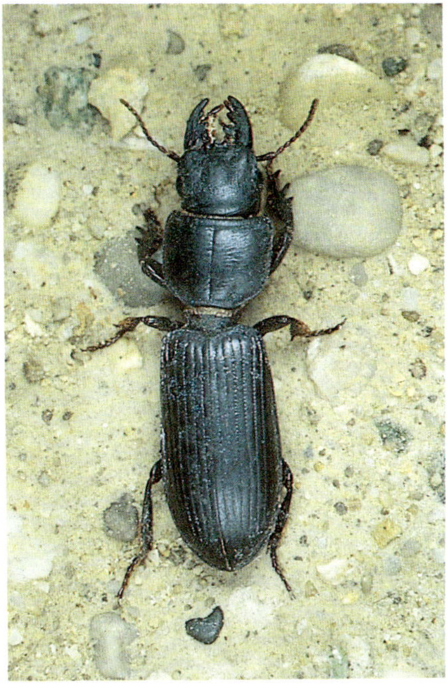
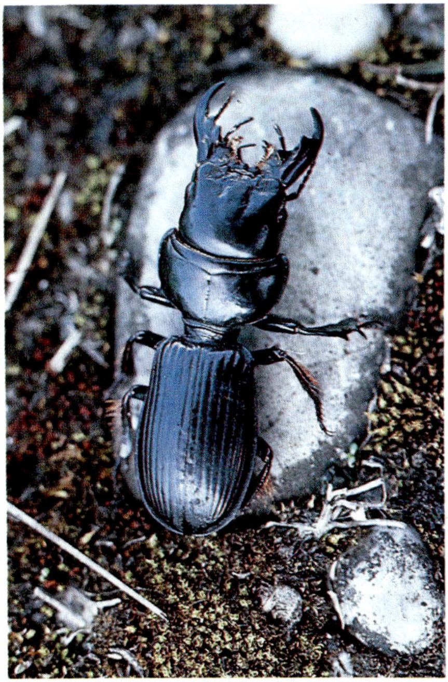
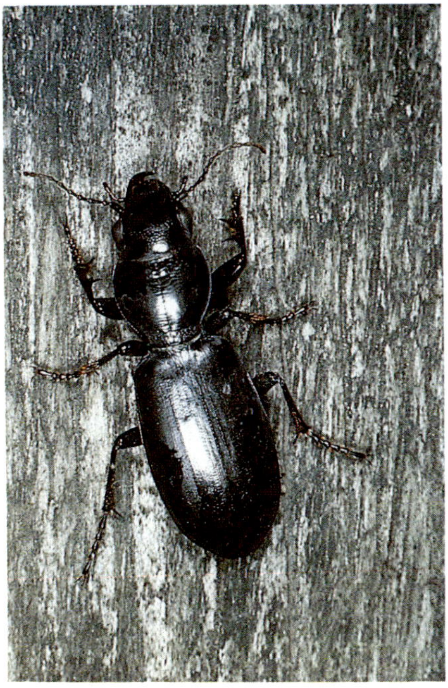
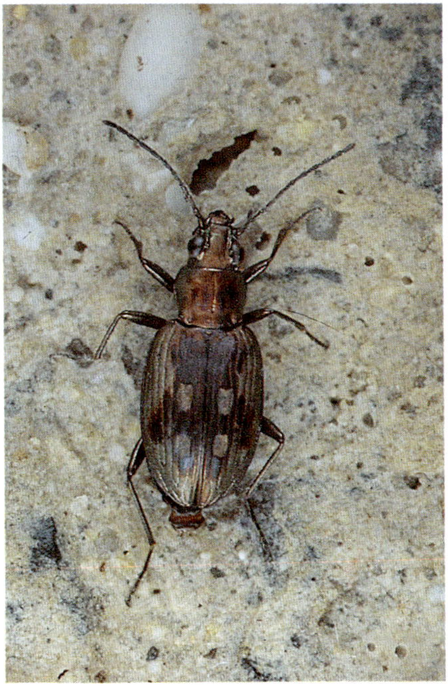

Bembidion illigeri
Familie Carabidae, Laufkäfer

Der vordere Fleck auf den Flügeldecken reicht weder bis zum Vorderrand noch bis zur Mitte. Der 6. Punktstreifen von innen erlischt im vorderen Drittel der Flügellänge.
3,8-4,5 mm.
Auf feuchtem, sandig-lehmigem Boden, gern in Lehmgruben und an Flußufern.
Die Gattung Bembidium ist in Mitteleuropa mit etwa 75 Arten vertreten, die meist an ganz spezielle Bodenbeschaffenheit gebunden sind, obwohl man das von einem Lauf- und Raubkäfer nicht erwarten würde.

Bembidion tricolor
Familie Carabidae, Laufkäfer

Flügeldecken zweifarbig, vorne rotbraun und hinten metallisch blau oder grün. Halsschild etwas länger als breit. Das innerste Fühlerglied rötlich.
4,3-5,2 mm.
An Gebirgsbächen und feuchten Flußufern, lokal verbreitet, aber an den meisten Fundorten häufig.

Stenolophus teutonus
Familie Carabidae, Laufkäfer

Kopf schwarz, Brust und vorderer Teil der Flügeldecken gelbrot. Mit arttypischem Körperumriß.
5,5-7 mm.
In Sumpfwiesen und unter feuchtem Angespül an Ufern, auch am Fuß von Küstendünen. Die Käfer überwintern. Der Bestand ist durch Trockenlegungen stark zurückgegangen.

Leistus ferrugineus
Familie Carabidae, Laufkäfer

Rotgelb. Halsschild mit arttypischem, herzförmigem Umriß. Der Kopf ist dunkler als der Halsschild.
6,5-8,5 mm.
In sandigen Kiefernwäldern, auf Brachland, auf Kalkboden. Die Käfer leben im Halmedickicht, unter zerfallenden Baumstrünken und manchmal auch auf Sträuchern.

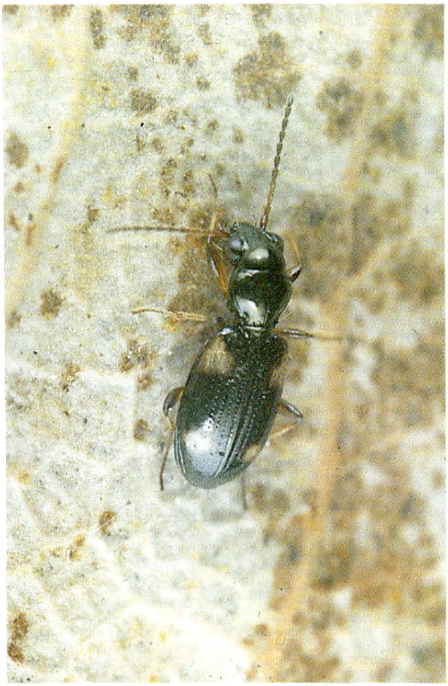
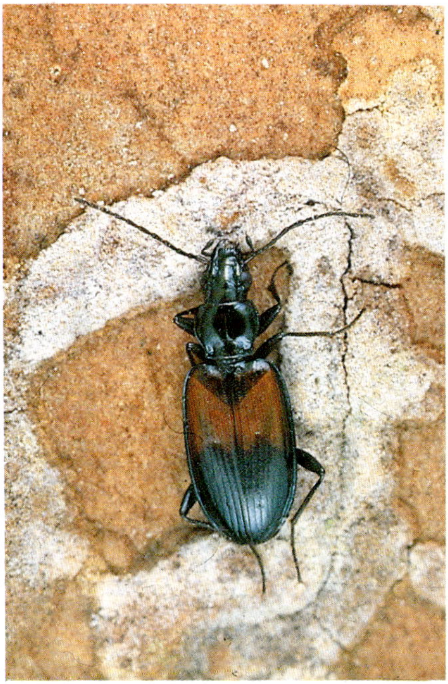
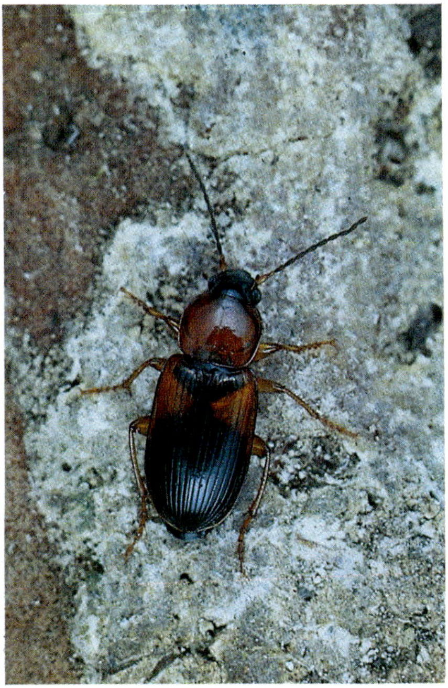
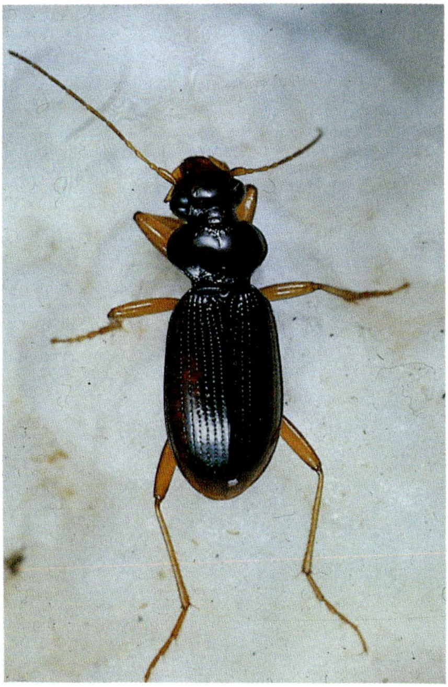

Pterostichus cupreus
Familie Carabidae, Laufkäfer

Flügeldecken breiter als der Halsschild, dieser mit arttypischem Umriß und Relief. Die 2 oder 3 innersten Fühlerglieder bräunlich.
10,5 bis 13,5 mm.
Häufig auf Brachäckern. Die Käfer überwintern, legen im Sommer ihre Eier und sterben im Herbst. einzelne erst im nächsten Frühjahr. Im August schlüpfen die Käfer der jungen Generation.

Pterostichus Jurnieri
Familie Carabidae, Laufkäfer

Auf den Flügeldecken im 3. Zwischenraum von innen 3 bis 5 große Einstiche. Die innere Längskerbe hinten am Halsschild ist doppelt so lang wie die äußere. Kopf und Halsschild sind dunkler als die kräftig metallglänzenden Flügeldecken.
Schenkel rot bis schwarz.
11-13 mm.
In den Alpen und den höchsten Mittelgebirgen.

Pterostichus oblongopunctatus
Familie Carabidae, Laufkäfer

Schwarz mit Erzglanz, Füße und Unterschenkel rotbraun. Halsschild herzförmig mit arttypischem Relief, auf den Flügeldecken im 3. Zwischenraum neben der Naht 4 bis 6 tiefe Einstiche.
9-12 mm.
Häufig vor allem in der Bodenstreu von feuchten Laubwäldern, aber auch im Nadelwald. Die Käfer schlüpfen im Herbst und überwintern.

Pterostichus coerulescens
Familie Carabidae, Laufkäfer

Kopf laum sichtbar punktiert, Halsschild hinten oben fast glatt, die Grübchen in den Hinterecken in arttypischer Lage. Seitenrand des Halsschildes hinten verbreitert und abgeflacht. Meist kupferrot, aber auch grün oder blau, Beine schwarz, Flügeldecken vorne verschmälert, Längsrillen tief.
8,5 bis 12 mm.
Im Berg- und Hügelland, nicht selten.

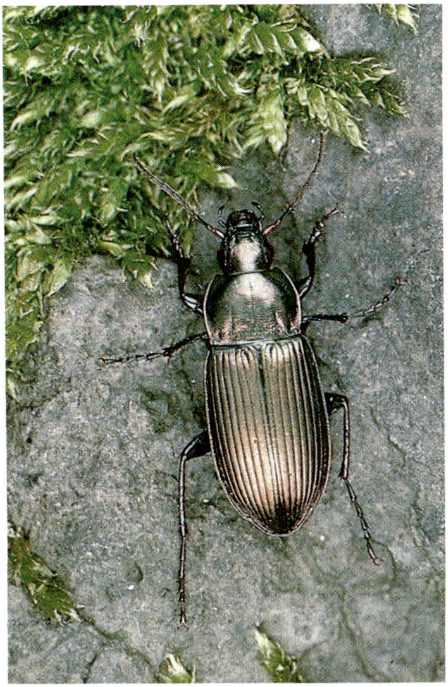
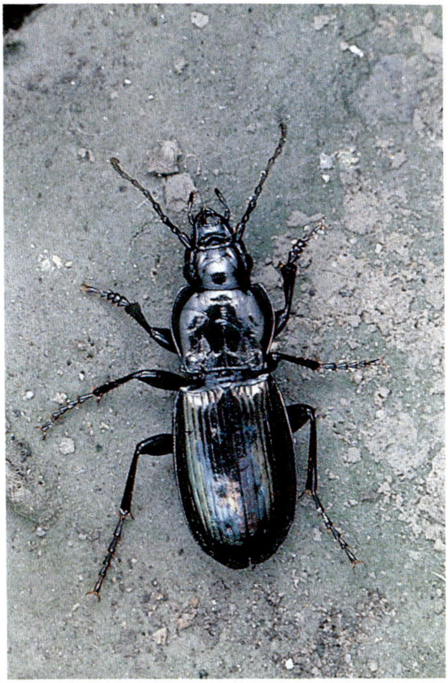
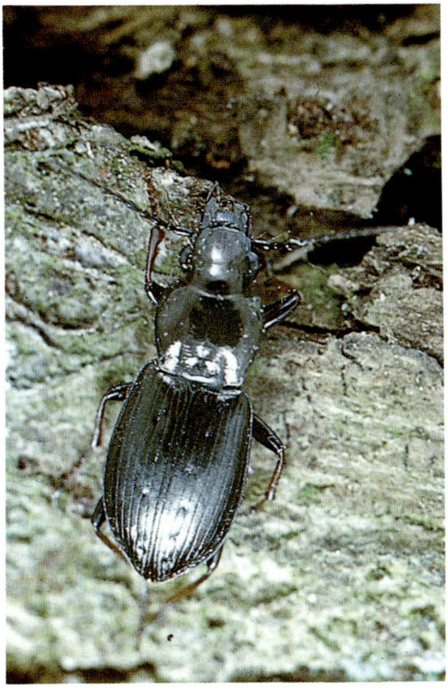
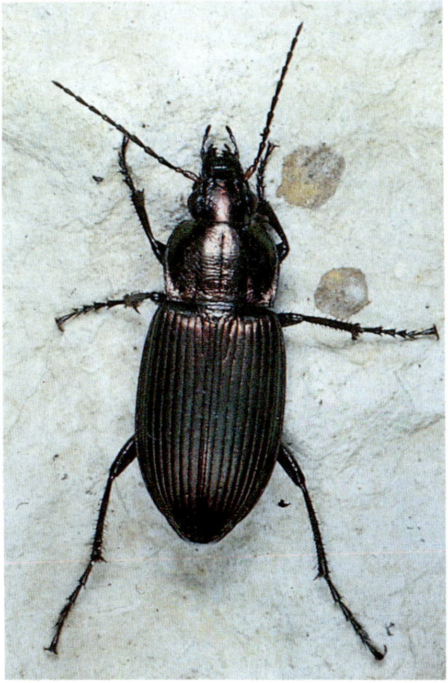

Pterostichus foveolatus
Familie Carabidae, Laufkäfer

Halsschild mit arttypischem Relief und Umriß. Der größte Enddorn an den Unterschenkeln der Hinterbeine ist nicht mehr als halb so lang wie das innerste Fußglied.
14-15 mm.
Nur in den Bergwäldern der Sudeten und Karpaten.

Pterostichus panzeri
Familie Carabidae, Laufkäfer

Schwarz, Beine bei manchen Tieren braun. Arttypisch sind Umriß und Relief des Halsschildes mit zwei nach vorne auseinanderweichenden Längsrinnen nahe dem Hinterrand.
13-15 mm.
In den Alpen bis zur Waldgrenze, tagsüber verborgen, etwa unter Steinen.

Pterostichus pilosus
Familie Carabidae, Laufkäfer

Halsschild hinten mit fast parallelen Seiten. Flügeldecken vorne gerade abgeschnitten und mit tiefen, breiten Einstichen. Leuchtend kupferig, seltener grün, Beine dunkel braunrot. Halsschild vorne und hinten quer eingedrückt und hinten verengt; am Seitenrand vor der Mitte 2 bis 4 Tastborsten.
14 bis 18 mm.
Ein prachtvoller Laufkäfer der Karpaten.

Pterostichus selmanni
Familie Carabidae, Laufkäfer

Halsschild breit und hinten gerundet (immer im Vergleich zu den anderen Pterostichus-Arten gedacht). Flügeldecken vorne mit "Nabelpunkt", die Einstiche auf ihnen klein und im 5. Zwischenraum von innen oft fehlend.
Schwarz mit mehr oder weniger starkem Kupfer- oder Grünglanz.
14 bis 18 mm.
In den Gebirgen im gemäßigten Europa von den Pyrenäen bis in den Südosten, von der Laubwaldzone bis in die Mattenregion.

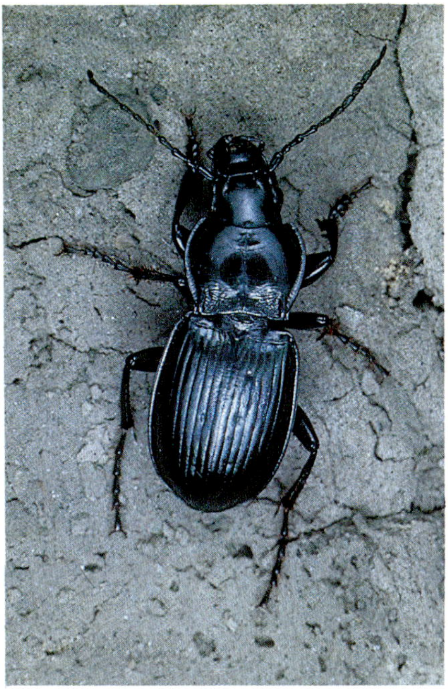
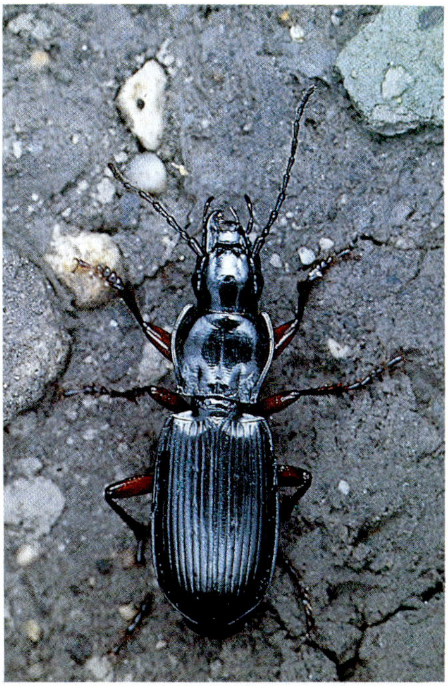
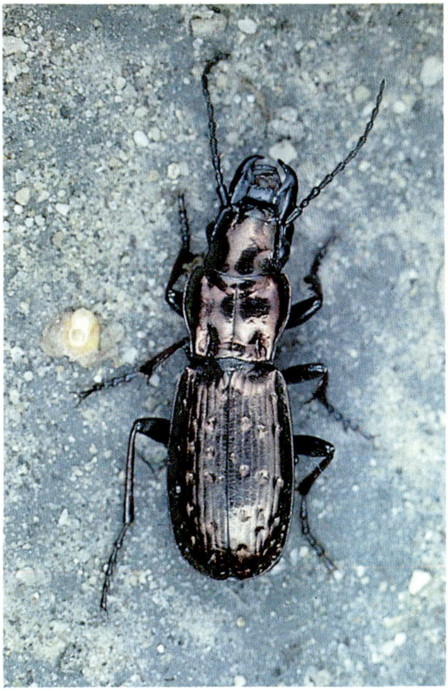
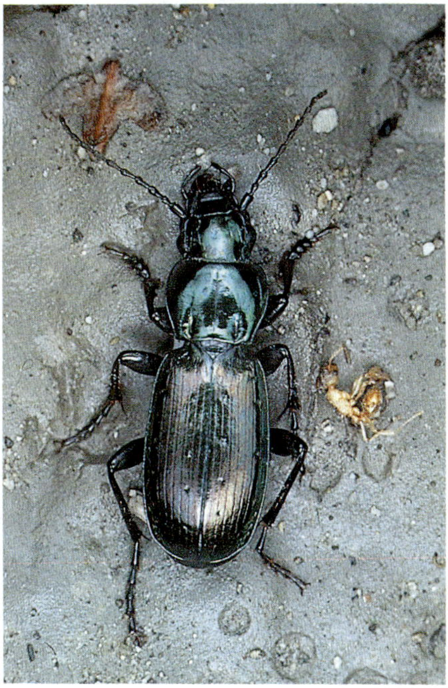

Pterostichus niger
Familie Carabidae, Laufkäfer

Einfarbig schwarz, Flügeldecken wenig glänzend und tief gefurcht, Halsschild fast quadratisch mit arttypischem Relief.
16-21 mm.
Die Vorderfüße der Männchen haben verbreiterte Glieder mit fedriger Sohlenbehaarung.
Von Mitte April bis Ende August vor allem im Bodenmulm in Wäldern. Häufig, aber auf Kalkboden selten.

Pterostichus (Oreophilus) xatarti
Familie Carabidae, Laufkäfer

Auf den Flügeldecken 3 bis 5 Einstiche im 3. Zwischenraum von innen. Kopf und Halsschild schwarz, Flügeldecken mit grünem bis kupfrigem Farbschimmer.
13-15 mm.
In Südeuropa, nördlich bis zum Elsaß.
Weit über 100 Pterostichus-Arten wurden aus Europa beschrieben. Im Mittelmeer hat fast jede Insel ihre eigene Art.

Pterostichus vulgaris
Familie Carabidae, Laufkäfer

Schwarz. Mit arttypischem Umriß des Halsschildes. Auf den Flügeldecken gewölbte, kaum punktierte Längsstreifen und 2 Einstiche im 3. Zwischenraum. Es gibt Exemplare mit und ohne Hinterflügel.
13-17 mm.
Häufig in Feldern und Brachen. Die Käfer fressen bei reichem Angebot täglich etwa das Dreifache ihres Körpergewichts an Raupen, benagen aber auch Erdbeeren. Sie können in 8 Sekunden 1 Meter laufen. Die Larve überwintert, die Jungkäfer erscheinen im Sommer, und die meisten sterben vor Wintereinbruch.

Pterostichus burmeisteri
Familie Carabidae, Laufkäfer

Prachtvoll kupfern, messingfarben oder metallisch grün, Brustschild mit arttypischem Relief mit Querrinnen vorne und hinten.
12-15 mm.
Vor allem unter Fallaub, Nadelstreu und Steinen in Wäldern, vor allem in Buchenwäldern im Berg- und Hügelland.
Zur Blütezeit des Käfersammelns hatte die Art auch einen deutschen Namen: Er hieß "Metallglänzender Herzhalsgrabläufer".

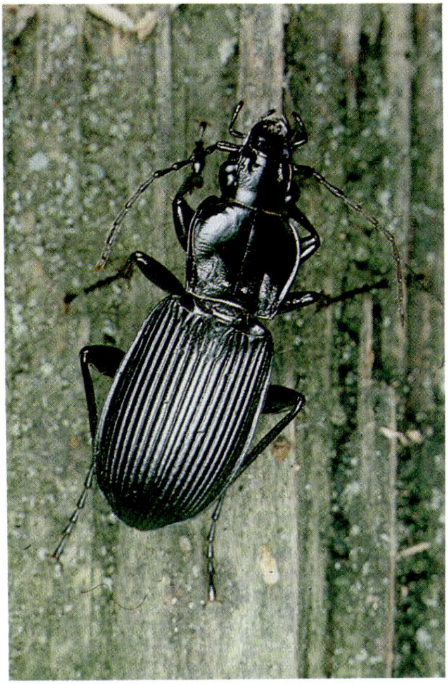
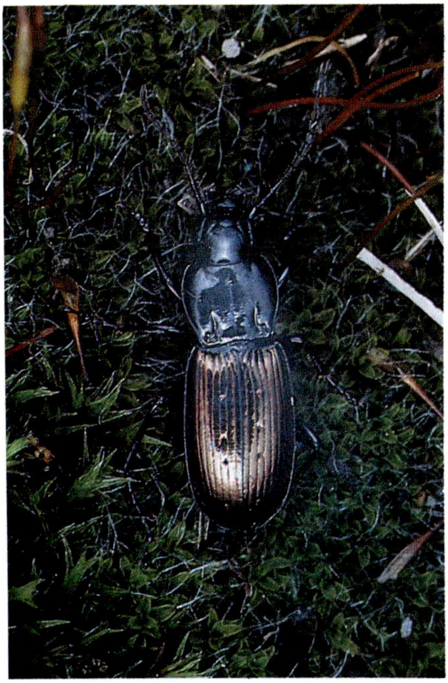
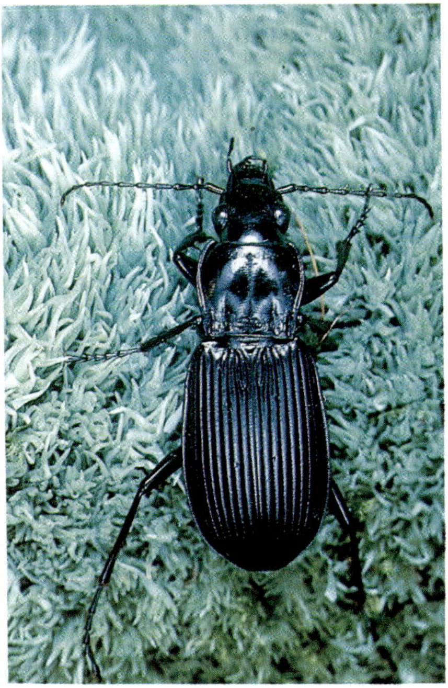
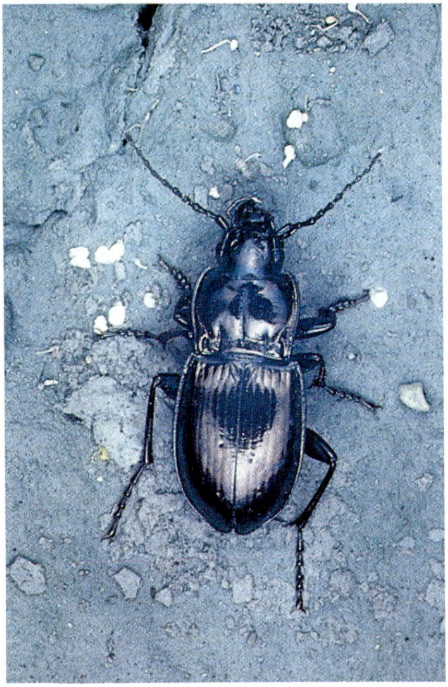

Pterostichus (Poecilus) lepidus
Familie Carabidae, Laufkäfer

Halsschild etwas breiter als lang und hinten mit 4 Längskerben. Flügeldecken fein längsgestreift und sehr fein punktiert. Prächtig glänzend kupferrot, blau, grün oder violett.
11 bis 13,5 mm.
Häufig auf sandigen Brachäckern, Heiden, Feldwegen. Teils im Sonnenschein unherlaufend, teil unter Steinen und Steinhaufen.
In Nord- und Mitteleuropa.

Harpalus aeneus
Familie Carabidae, Laufkäfer

Meist metallisch grün, aber auch kupferrot, blau oder schwarz, Antennen und Beine rotbraun. Hinterende der Flügeldecken ausgeschnitten.
8-12 mm.
An sonnig warmen Orten, in Gärten, Lichtungen, meist auf sandig lehmigem Boden. Häufig. Tagsüber unter Steinen oder Fallaub. Die Käfer schlüpfen im Juni/Juli, überwintern und vermehren sich im nächsten Frühsommer. Sie ernähren sich sowohl räuberisch als auch durch Benagen von Knospen und Samen.

Agonum sexpunctatum
Familie Carabidae, Laufkäfer

Halsschild leuchtend grün, Flügeldecken meist rotgolden, seltener auch grün, blau oder schwarz und mit je einer Reihe aus 4 bis 8 Einstichen im 3. Zwischenraum von innen.
7-9 mm.
Auf Feldwegen, an sonnigen Waldrändern, in eher feuchten Lagen. Tagsüber im Bodengrus verborgen, nachts auf Raubzug unterwegs. Die Käfer überwintern.

Agonum ericeti
Familie Carabidae, Laufkäfer

Halsschild hinten arttypisch verengt und in den Einsenkungen grob punktiert. Im 3. Zwischenraum neben der Naht liegen 3 bis 7 Einstiche. Meist prachtvoll goldengrün.
5-7 mm.
Sehr lokal verbreitet in verheidenden Hochmooren, vor allem im Gebirge (Alpen, Harz). Ericeti ist auch einer der wenigen Käfer des Hochmoors. Die Käfer laufen im Sonnenschein umher.

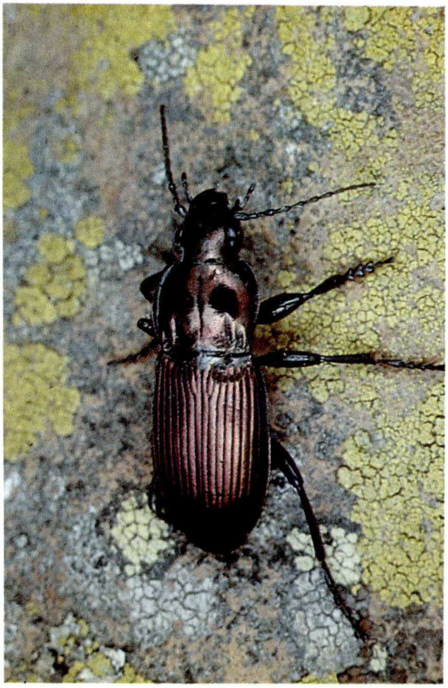
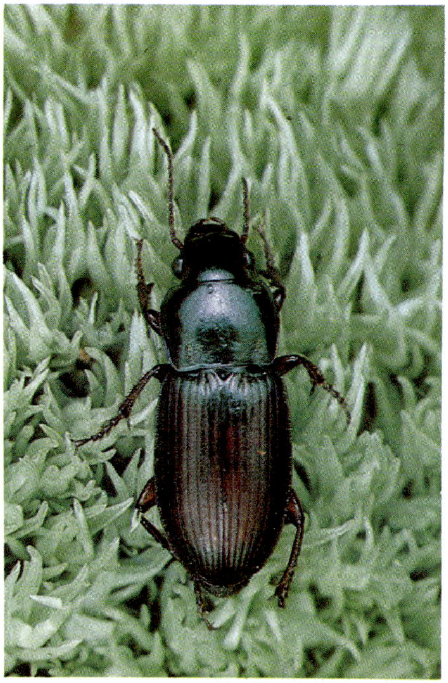
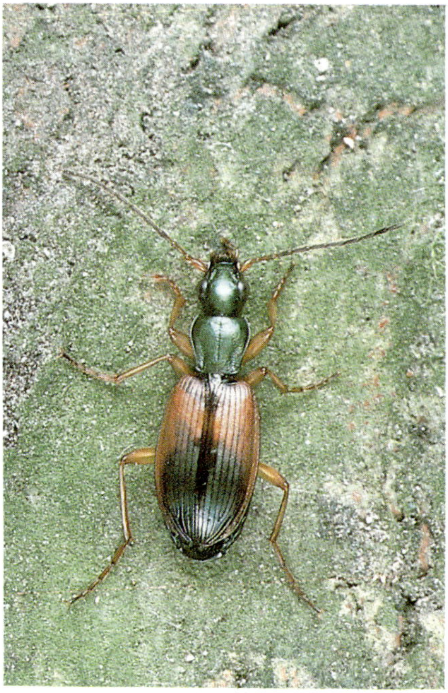
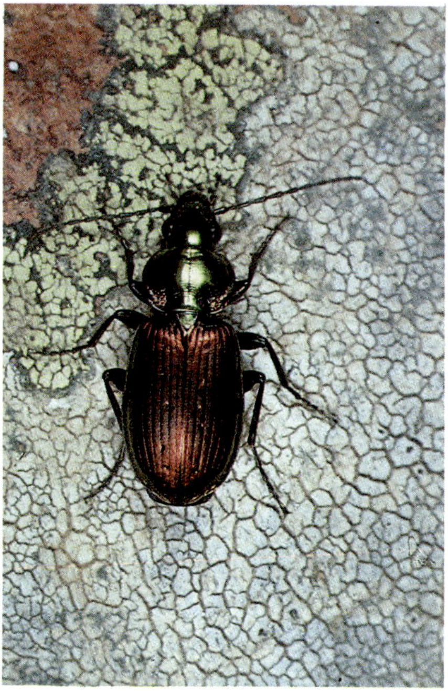

Abax schüppeli
Familie Carabidae, Laufkäfer

Der Halsschild ist an den Vorderecken etwa so breit wie die Flügeldecken am Vorderrand. Halsschild glänzend schwarz, Flügeldecken beim Weibchen mattschwarz. Der 7. Zwischenraum von innen ist kielartig hervorgehoben.
22-27 mm.
Heimisch in Süd- und Südosteuropa. Man findet die Käfer vor allem im Frühjahr, tagsüber unter Steinen.

Abax parallelepipedus (ater)
Familie Carabidae, Laufkäfer

Flügeldecken vorne 1 1/3 mal so breit wie der Vorderrand des Halsschildes. Die äußersten Fußglieder auf der Unterseite mit 2 größeren und einem kleineren Stachel.
18-22 mm.
Unter Fallaub und Bodengrus in eher feuchten Wäldern, häufig im Bergwald. Die Abax-Arten zerbeissen und verschlingen ihre Beute im Unterschied zu den Carabus-Arten, die sie mit Magensaft übergießen, ehe sie den Nahrungsbrei aufschlürfen.

Percus grandicollis
Familie Carabidae, Laufkäfer

Halsschild abgestutzt herzförmig. Auf den Flügeldecken undeutliche Längsstreifen und feine wellige Querlinien.
15-35 mm.
Nur auf Korsika und Sardinien, in mediterranen Macchien, tagsüber verborgen, nicht selten unter Steinen.

Calathus melanocephalus
Familie Carabidae, Laufkäfer

Schwarz, Halsschild und Beine bräunlich. Von den je 10 Längsstreifen auf den Flügeldecken ist der innerste unvollständig. Im 3. Zwischenraum einige Einstiche. Fühler ab dem 4. Glied behaart.
6-8 mm.
Häufig auf wenig bewachsenem Grund, auf Brachäckern, in lichten Kiefernwäldern, in Küsten- und Binnendünen. Tagsüber verborgen.

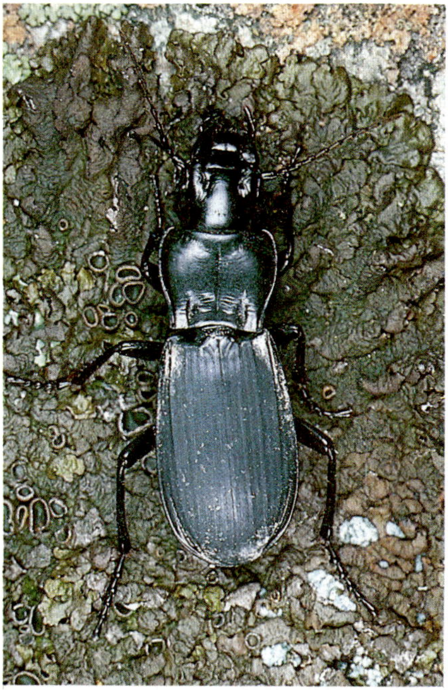
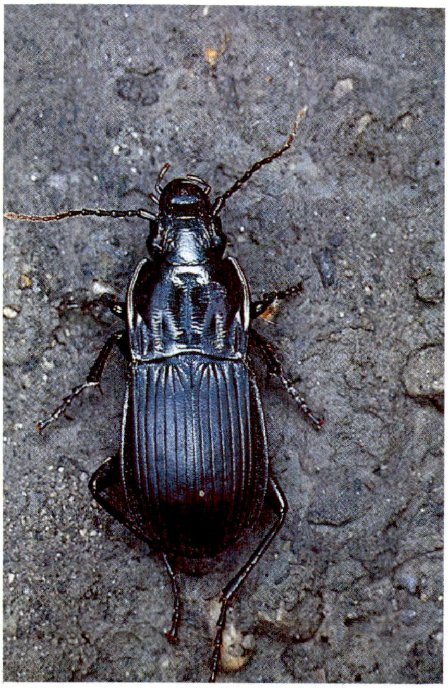
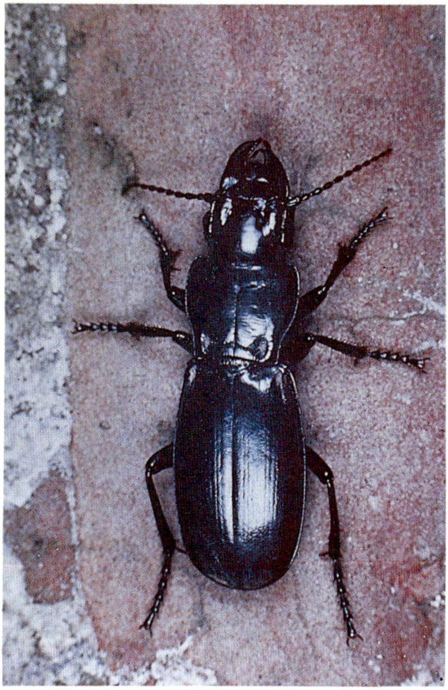
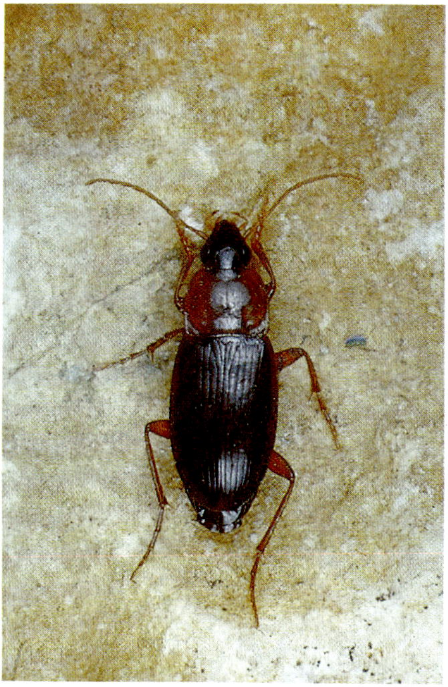

Amara aenea
Familie Carabidae, Laufkäfer

Kupferglänzend, auch grünlich, blau oder schwarz. Die Oberschenkel sind dunkler als die Unterschenkel. Halsschild mit arttypischem Relief.
6-8 mm.
Häufig an sonnigen Stellen mit kärglicher Vegetation. Die Käfer laufen im Sonnenschein flink umher. Sie überwältigen Insekten, benagen aber auch Pflanzen. Sie überwintern.

Amara nitida
Familie Carabidae, Laufkäfer

Unterschenkel und die drei innersten Fühlerglieder braun. Der Vorderrand des Halsschildes fast gerade und ohne vorspringende Ecken.
7 bis 7,5 mm.
Die Käfer laufen im Sonnenschein an spärlich bewachsenen, trockenen Orten umher, etwa auf Feldwegen, oder sie finden sich unter Steinen und dergleichen. Sie fressen vor allem Grasspitzen, erbeuten aber auch schwächere Insekten.

Platynus dorsalis
Familie Carabidae, Laufkäfer

Kopf und Halsschild etwa gleich breit und metallisch grün. Flügeldecken vorne durchscheinend bräunlich, hinten metallisch grün oder blau, sehr fein längsgestreift. Halsschild mit arttypischem Relief.
5,8-7,5 mm.
Häufig an Feldwegen und in Brachland, tagsüber verborgen, oft unter Steinen. Zuweilen bis in den Spätherbst in Scharen unter faulenden Pilzen. Die Käfer überwintern.

Chlaenius nitidulus
Familie Carabidae, Laufkäfer
Halsschild mit schmalem gelbem Rand. Flügeldecken mit breiterem gelbem Seitenrand und breit gelbem, vorne gezackt begrenztem Hinterende, dunkel behaart mit eingestreuten helleren Haaren. Fühler und Beine gelblich.
8,5 bis 11 mm.
Häufig an schlammigen Ufern in sonniger Lage unter Angespül.

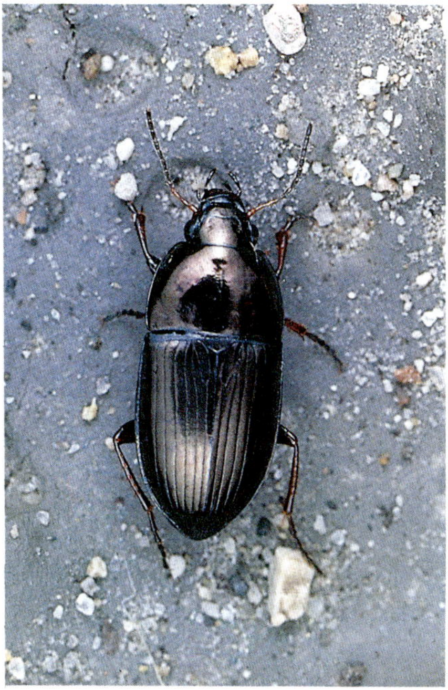
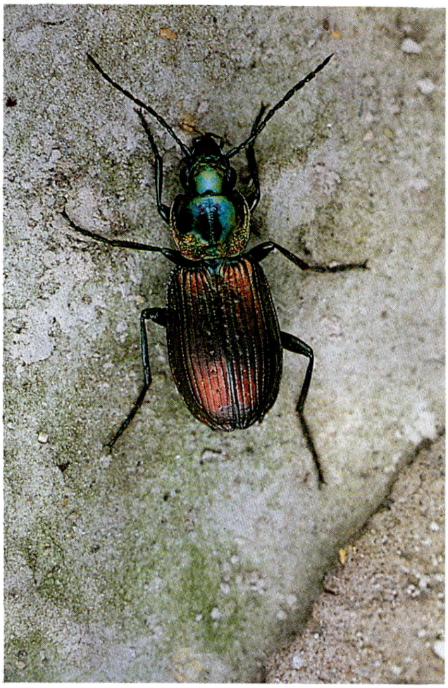
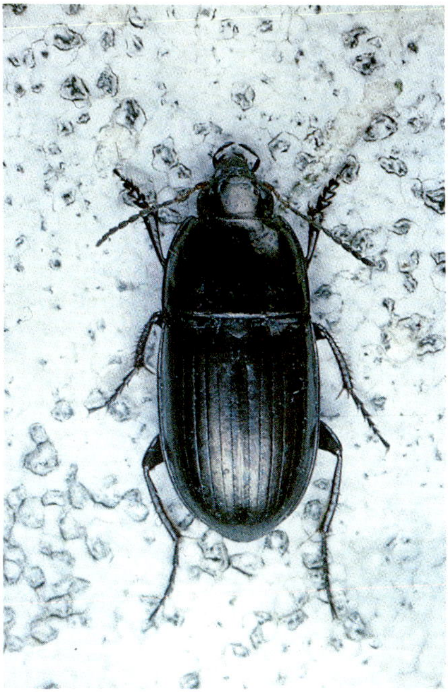
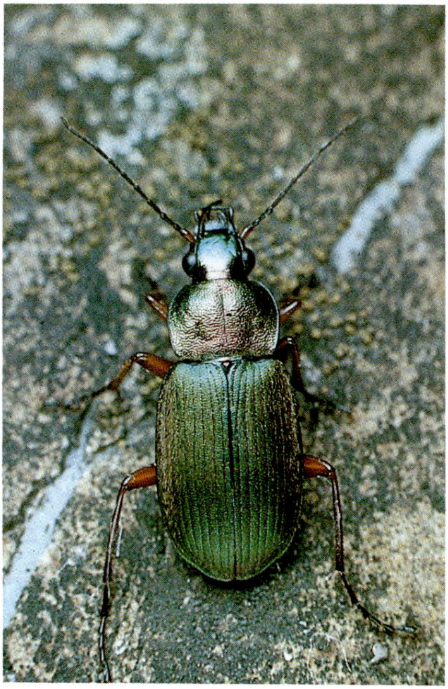

Chlaenius decipiens
Familie Carabidae, Laufkäfer

Prachtvoll blau, blaugrün oder seltener grün. Halsschild breiter als lang, am Vorderrand fast so breit wie am Hinterrand, an den Seiten fast gleichmäßig gerundet und auf der Oberseite locker und grob punktiert. Beine dunkelbraun bis schwarz.
11 bis 12 mm.
Häufig von Südfrankreich durch den Mittelmeerraum bis Südosteuropa, selten auch in Süddeutschland.

Chlaenius vestitus
Familie Carabidae, Laufkäfer

Flügeldecken fein filzig behaart und mit einem gelben, hinten breiteren Saum. Fühler und Beine gelb. Die Männchen, wie bei den meisten Laufkäfern, an breiteren Vorderfüßen von den Weibchen zu unterscheiden.
9–11 mm.
Häufig auf Schlamm und feuchtem Lehm in schattigen Lagen. Die Käfer fliegen an warmen Sommerabenden umher und kommen nach Einbruch der Dunkelheit zuweilen auch ans Licht.

Chlaenius tibialis (Kindermanni)
Familie Carabidae, Laufkäfer

In der Gattung Chlaenius sind die 3 innersten Fühlerglieder unbehaart, das innerste ist gelbrot, das 3. wie die folgenden schwarz. Füße schwarz. Halsschildseiten angedeutet S-förmig und meist kupferig bis violett. Flügeldecken mattgrün.
10–12,5 mm.
An sandigen bis schlammigen Ufern, vor allem im Berg- und Hügelland.

Chlaenius festivus
Familie Carabidae, Laufkäfer

Halsschild stellenweise mit eingestochenen Punkten. Das zweitäußerste Tasterglied innen mit einer Reihe aus 3 bis 4 langen Haaren. Der Bauch ist schwarz mit gelblichem Rand. Kopf und Halsschild goldgrün bis kupferig, Flügeldecken mattgrün, mehr oder weniger gelb gerandet.
14,5–16 mm.
Von Ostdeutschland an ostwärts verbreitet und häufig. An feuchten, sonnigen Stellen, meistens am Boden verkrochen und nachtaktiv. Im Juli und August fliegen die Käfer ans Licht. Sie überwintern im Boden.

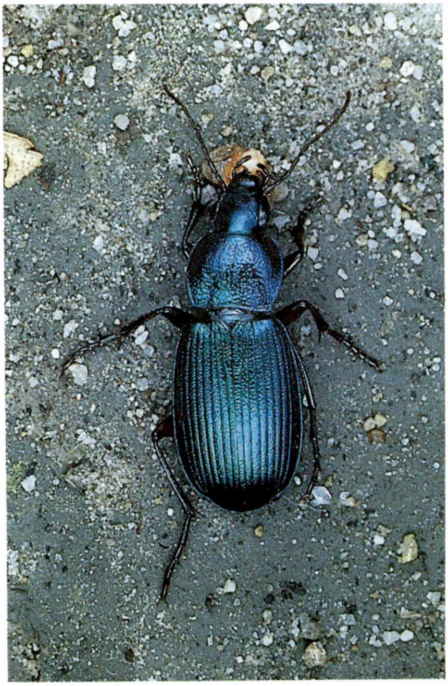
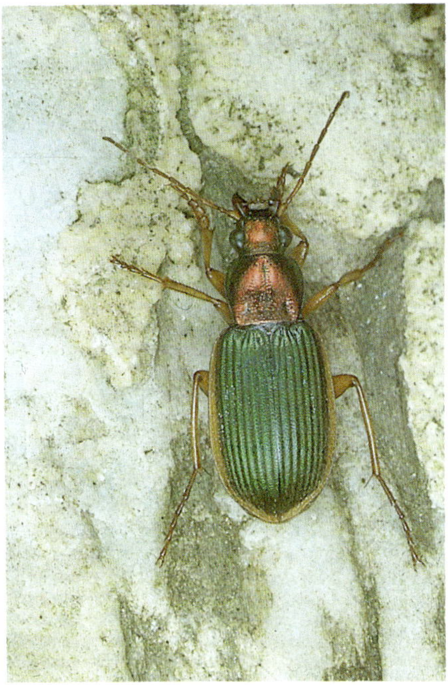
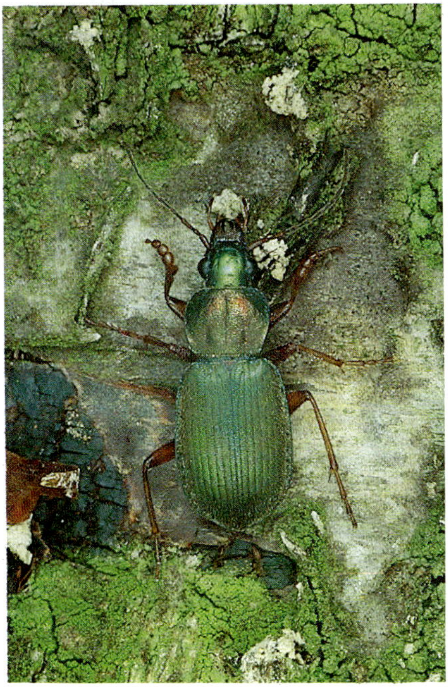
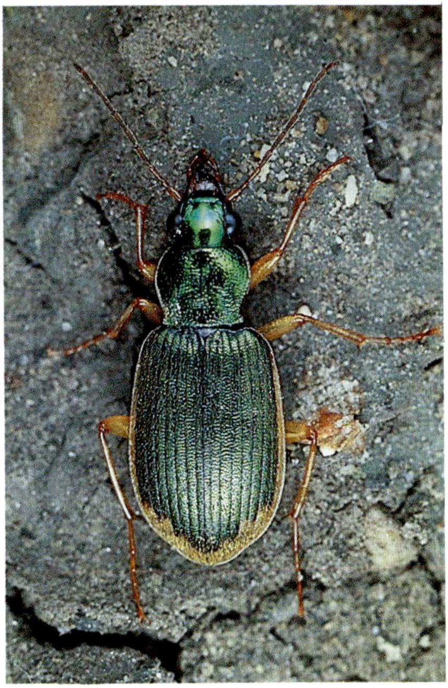

Dromius quadrimaculatus
Familie Carabidae, Laufkäfer

Halsschild rotbraun mit dunklen Seiten, auf den Flügeldecken je 2 gelbliche Flecke auf dunkelbraunem Grund.
5-6 mm.
Unter Steinen, Baummoos und lockerer Rinde, vor allem im Nadelwald.

Drypta dentata
Familie Carabidae, Laufkäfer

Kopf vorne schnauzenartig verlängert, Brust schmal, im Querschnitt rundlich. Metallisch grün oder blau, sehr fein behaart, Fühler und Beine bräunlich.
7-10 mm.
In Südeuropa unter Bodenvegetation an Gewässern. Meist findet man die Käfer im Frühling und Herbst. Sie überwintern im Bodenmulm.

Callistus lunatus
Familie Carabidae

Kopf schwarzblau, Halsschild gelbrot, Flügeldecken mit je 3 dunklen Flecken. Fein anliegend behaart.
6-7 mm.
Im Mittelmeerraum häufig unter Steinen an sonnig trockenen Orten, nördlich der Alpen in Wärmeinseln wie am Kaiserstuhl, im Nahe- und Moseltal, oft in Nachbarschaft zu Bombardierkäfern. Die Erwachsenen überwintern und laufen vor allem an warm-sonnigen Frühlingstagen flink umher.

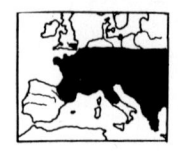

Ditomus clypeatus
Familie Carabidae, Laufkäfer

Der mächtige Kopf ist locker und unregelmäßig punktiert. Der Halsschild umfaßt mit seinen Vorderecken den Kopf und ist hinten stark eingeschnürt.
11-14 mm.
Oft auf Doldenblüten und auf Gräsern mit unreifen Samen, sonst auch am Boden und versteckt unter Steinen. Die Käfer fressen reifende Samen und Blütenteile und tragen Vorräte davon in ihre Erdbauten.
Mehr in Südeuropa.

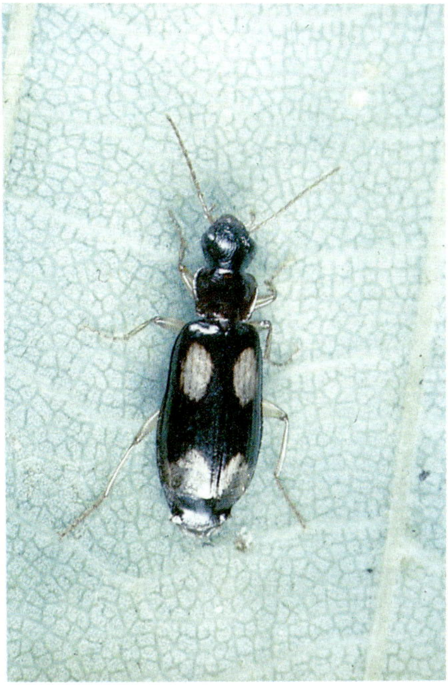
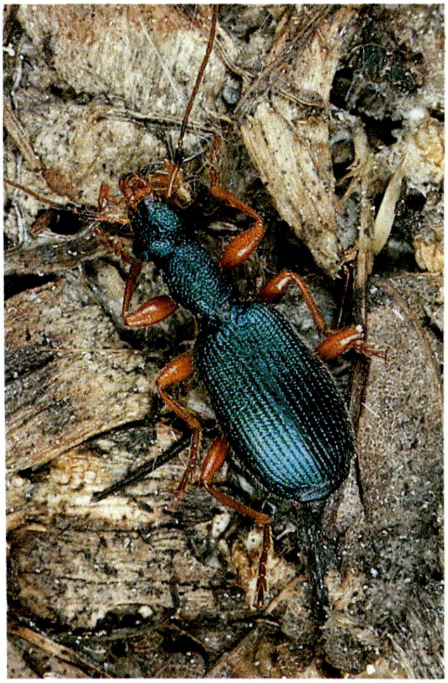
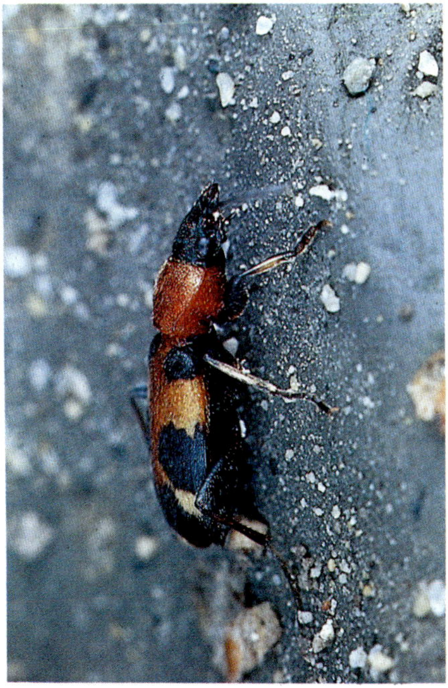
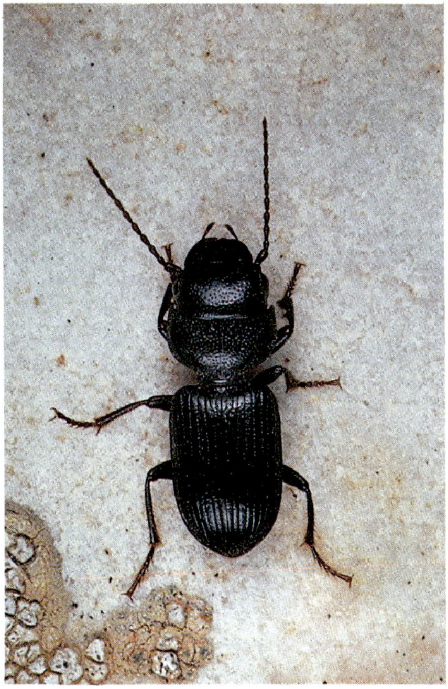

Panagaeus crux-major
Familie Carabidae, Laufkäfer

Halsschild scheibenförmig mit arttypischem Umriß. Die Flügelzeichnung ist etwas variabel, der hintere ziegelrote Fleck erreicht fast den Seitenrand.
7,5-8 mm.
Meist an sonnigen, feuchten bis sumpfigen Orten. Die Käfer schlüpfen im Herbst; im Frühjahr sind sie tag-, im Sommer mehr nachtaktiv, sie leben bis in den Herbst. Im Winter manchmal in Gesellschaften unter loser Rinde von Baumstrünken.
Zur Blütezeit des Käfersammelns, als für viele Arten deutsche Namen in Gebrauch waren, hieß die Art "Großkreuzscheuläufer".

Brachinus sclopeta
Familie Carabidae, Laufkäfer

Fühler einfarbig gelbrot. Flügeldecken fein längsgestreift mit einem schmalen gelbroten Fleck am vorderen Teil der Naht.
5-7 mm.
Nur in Südosteuropa, gesellig unter Steinen. Die Käfer stoßen wie die anderen Bombardierkäfer bei einer Störung eine Giftgaswolke aus, die hörbar verpufft. Dazu mischen die Käfer in einer Explosionskammer bis 28%-iges Wasserstoffsuperoxid mit Hydrochinon, die dann miteinander reagieren. Bei Dunkelheit soll man auch einen Lichtschein sehen. Es ist ein Rätsel, wie der Käfer sich nicht selber vergiftet.

Brachinus explodens,
Kleiner Bombardierkäfer
Familie Carabidae, Laufkäfer

Flügeldecken glänzend und fein behaart. Das von innen 3. und 4. Fühlerglied meist etwas dunkler als die übrigen.
4-6,5 mm.
Gewöhnlich gesellig unter Steinen in warm-trockenen Lagen. Die Käfer stoßen bei einer Störung mit hörbarem Verpuffen ein blaues Wölkchen Giftgas aus. Sie können mehrmals schießen. Der Schußapparat erfüllt fast den ganzen Hinterleib.
In Deutschland sehr zerstreut.

Haliplus ruficollis
Familie Haliplidae

Körperumriß tropfenförmig, hinter den Schultern am breitesten. Die Punkte auf den Flügeldecken werden zum Vorderrand hin nicht größer.
2-2,5 mm.
In verkrauteten Weihern mit sauberem Wasser, an den Fundorten meist in großer Zahl. Die Käfer schwimmen strampelnd vor allem mit den Hinterbeinen, die mit langen Schwimmhaaren versehen sind. Sie ernähren sich räuberisch und von Algen.
Auch im Winter rege unter dem Eis.

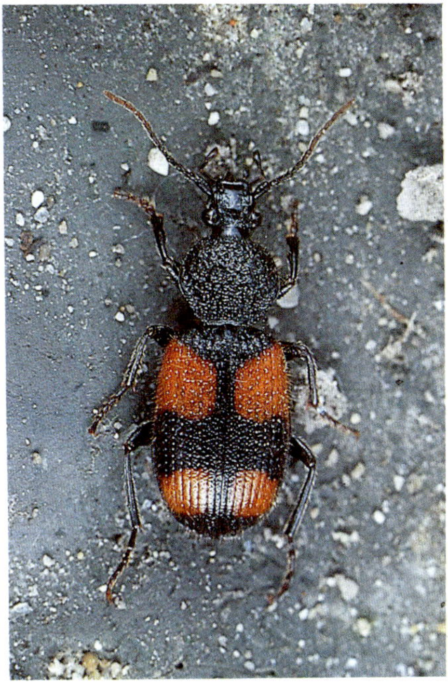
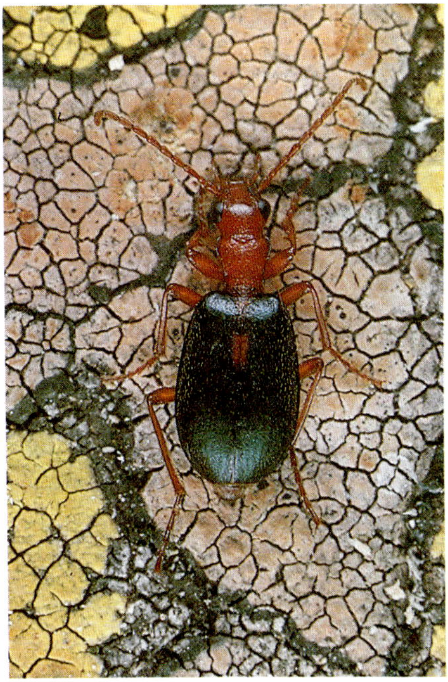
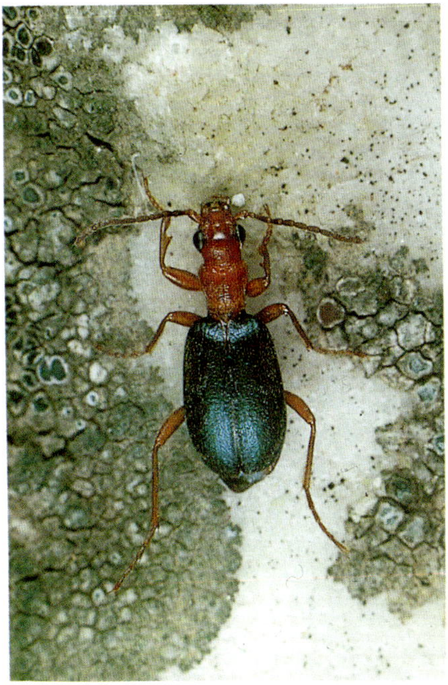
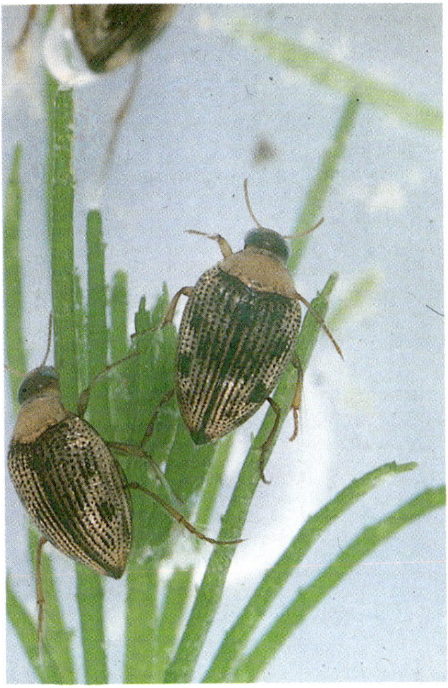

Dytiscus marginalis, Gelbrandkäfer Männchen
Familie Dytiscidae, Schwimmkäfer
Das innerste Fußglied der Vorderbeine trägt einen großen, einen kleineren und etwa 160 sehr kleine Saugnäpfe. Unterseite horngelb. 28-33 mm.
In stehenden Gewässern bei weitem der häufigste der großen Schwimmkäfer, gewöhnlich über schlammigem Grund. Bei Bedrohung scheiden die Käfer aus Nackendrüsen eine Milch aus, die ein auch in den Nebennieren der Säugetiere enthaltenes Sexualhormon (Cortexon) enthält. Aus einem Käfer kann man davon so viel gewinnen wie aus 1300 Rindern. Es dürfte hier als Wehrstoff dienen, Raubfische zumindest verschmähen die Käfer.
Der Gelbrand ist ein Raubkäfer, der selbst große Karpfen anfällt und Löcher in ihren Rücken nagt. Er kann auch beißen bis aufs Blut.

Dytiscus marginalis, Gelbrandkäfer Weibchen

Grünbraun, meistens mit Furchen auf den ersten 2 Dritteln der Flügeldecken, aber es gibt auch Tiere mit reduzierten bis fehlenden Furchen.
Die Käfer fliegen gut und freiwillig und landen manchmal irrtümlich auf den Glasdächern von Gewächshäusern. Nachts fliegen sie auch zum Licht. Die Weibchen stechen ihre Eier in die Stengel von Wasserpflanzen. Die Larven sind räuberisch und greifen auch Badende an. Ihr Giftbiß ist sehr schmerzhaft. Zur Verpuppung wälzen sie sich am Ufer über dem Wasserspiegel eine Höhle aus. Die Käfer können 5 Jahre alt werden und paaren sich sogar unter dem Eis.

Acilius sulcatus, Furchenschwimmer
Familie Dytiscidae, Schwimmkäfer

Auf der Stirn ein helles, dunkel eingefaßtes V-Zeichen. Flügeldecken der Männchen glatt, der Weibchen gefurcht, in den Furchen bräunliche Haare. 15-18 mm.
In Teichen, Wasserlöchern in Kiesgruben, in Altwässern. Sehr gute Schwimmer. Meist sieht man sie eilig aus der Tiefe aufsteigen, in einem Sekundenbruchteil Luft schöpfen und ebenso schnell wieder in der Tiefe verschwinden. Mit 0,5 m in der Sekunde erreichen sie einen gar nicht so schlechten Brustschwimmer (3 mal schneller als für das Sportabzeichen).
Irrgast in Gartenteichen.

Acilius canaliculatus
Familie Dytiscidae, Schwimmkäfer

Schlanker und kleiner als der Furchenschwimmer und mit anderer Stirnzeichnung: einem schwarzen V auf gelbem Grund. Die Weibchen mit längsgestreiften Flügeldecken. 14-16 mm.
In kleineren stehenden Gewässern, auch in Moorblänken. Die Käfer können unter Wasser mit den Flügeln summen. An warmen Sommerabenden können sie an Halmen aus dem Wasser klettern und davonfliegen, nachdem sie sich lange warmgesummt haben. Sie überwintern unter dem Eis.
Nicht in Südeuropa.

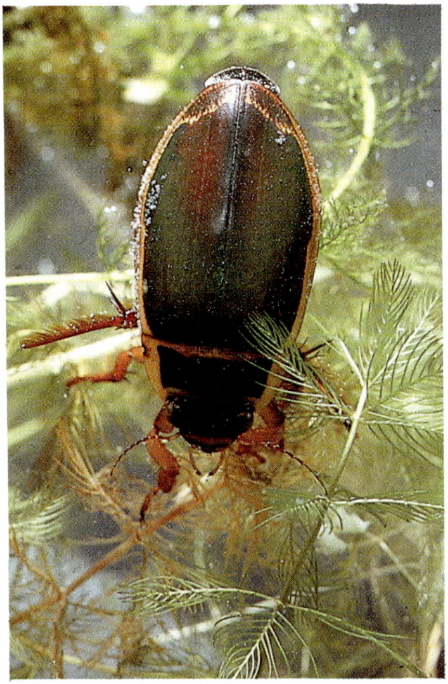
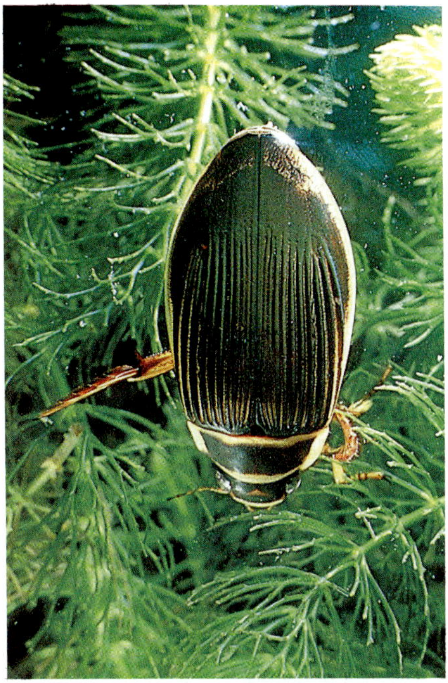
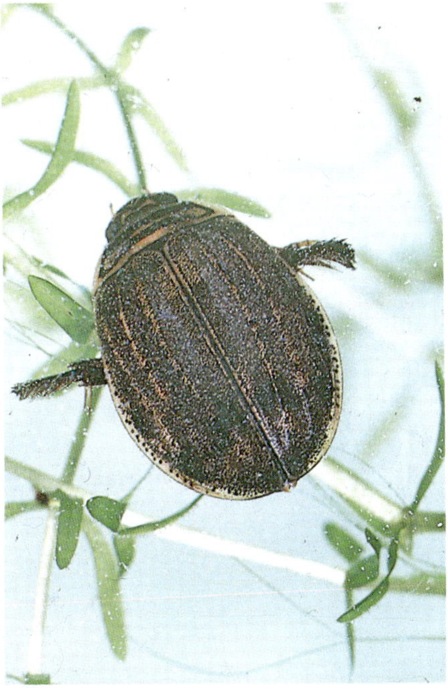
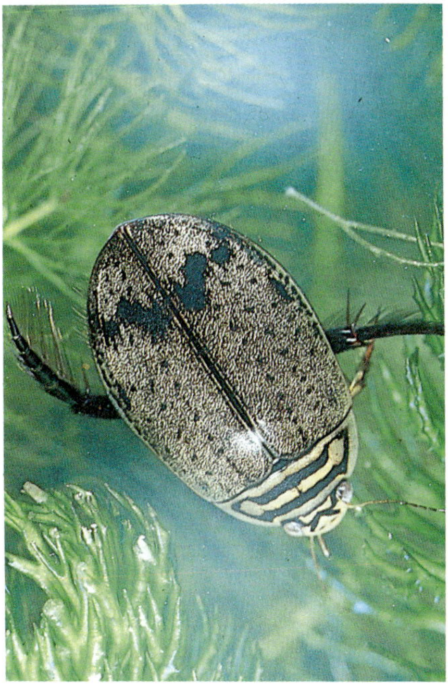

Cybister latermarginalis, Gaukler
Familie Dytiscidae, Schwimmkäfer

Breiter und flacher als der Gelbrand, Oberseite olivschwarz, Halsschild mit gelben Seiten, Unterseite gelb. Die Vorderfüße der Männchen tragen Saugnäpfe.
30-35 mm.
In warmen Tieflandseen, nordwärts bis zur Ostsee, häufig im Mittelmeerraum. Die Käfer sind sehr gute Schwimmer, aber an Land völlig unbeholfen. Sie können 5 Jahre alt werden.
Die bis 8 cm langen Larven sind giftig, ihr Biß ist sehr schmerzhaft und zerstört das Gewebe um die Bißwunde. Die Larven verpuppen sich am Ufer im Bodenmulm.

Ilybius fuliginosus
Familie Dytiscidae, Schwimmkäfer

Halschild und Flügeldecken mit rötlicher bis gelber Seitenbinde. Auf dem Scheitel 2 rötliche Flecke. 9-11 mm.
Das ganze Jahr über häufig in verkrauteten Tümpeln und Weihern. Die Weibchen stecken ihre Eier in Pflanzenstengel. Die Larven können nicht schwimmen, sie klettern meist in Wasserpflanzen und ernähren sich wie die Käfer räuberisch.

Graphoderes cinereus
Familie Dytiscidae, Schwimmkäfer

Halsschild vorne und hinten breit schwarz. Flügeldecken glatt und fein gelb gesprenkelt. Männchen mit etwa 28 kleinen Saugnäpfen an den Vorderbeinen und 14 Saugnäpfen an den Mittelbeinen. Sie dienen zum Festhalten an den Weibchen während der Begattung.
14-15 mm.
Nicht selten in verkrauteten Tümpeln und Weihern in Nord- und Mitteleuropa. Die Käfer überwintern unter dem Eis. Gut für das Insektenaquarium geeignet.

Colymbetes fuscus
Familie Ditiscidae, Schwimmkäfer

Flügeldecken fein gelb quergestreift, Halsschild mit verlaufenden gelben Seiten, Stirn mit 2 rötlichen Fleckchen, Bauch schwarz. Die Männchen tragen Saugnäpfe an den Vorderbeinen, mit denen sie sich bei der Paarung auf den Weibchen festsaugen.
16-17 mm.
Vor allem in verkrauteten stehenden Kleingewässern, auch einer der ersten Besiedler von Kiesgrubentümpeln und Gartenteichen. Die Käfer können zirpen, indem sie die Beine über eine Längsrippe auf der Bauchseite streichen. In allen Monaten zu finden.

Platambus maculatus
Fam. Dytiscidae, Schwimmkäfer

Auf dem Scheitel 2 helle Querflecke und vorne auf dem Halsschild eine helle Querbinde. Die Zeichnung der Flügeldecken ist sehr variabel.
7 bis 8,5 mm.
In Wiesenbächen, in Stillwasserbecken von Bergbächen, in der Brandungszone von Seen, immer in bewegten Wasser.

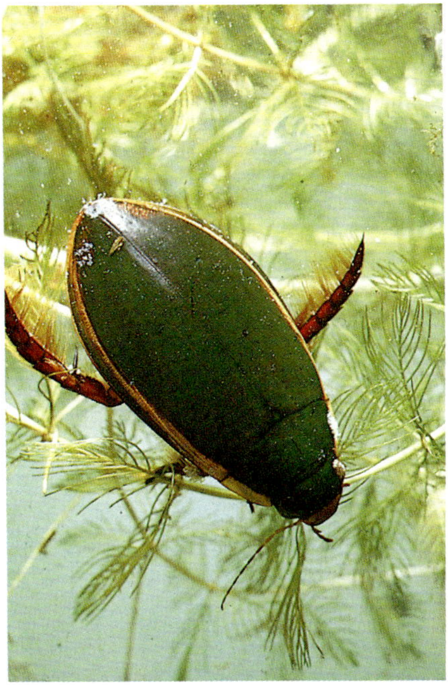
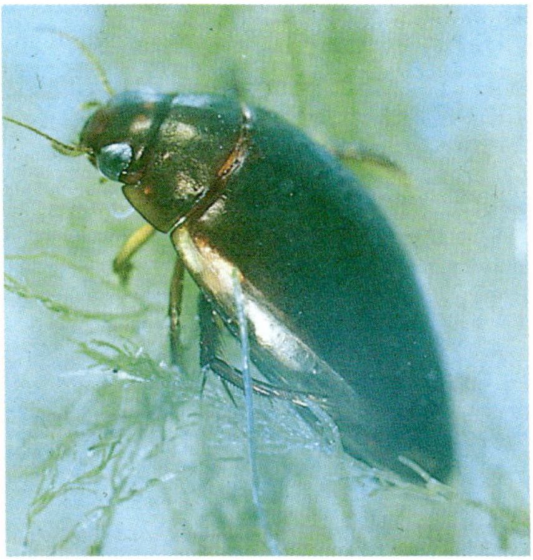
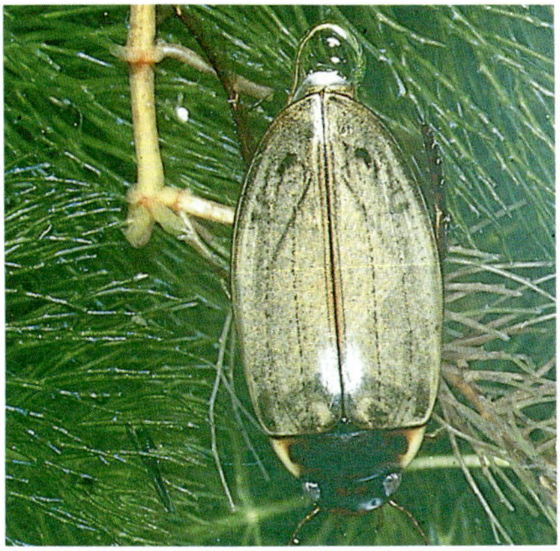
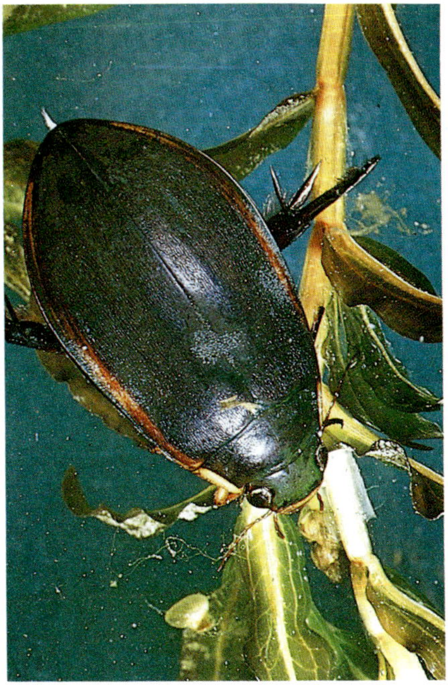
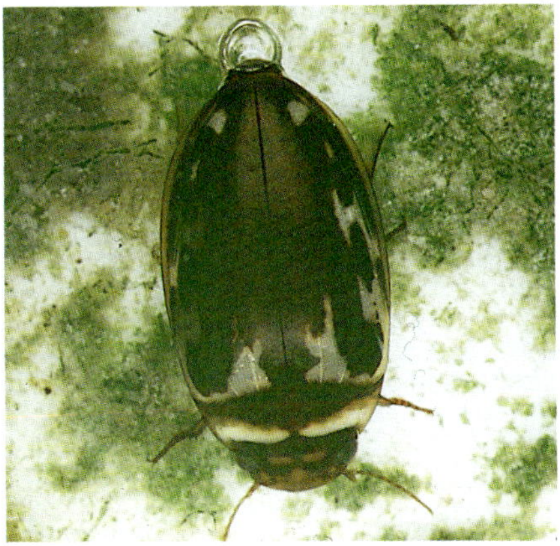

Agabus bipustulatus
Familie Dytiscidae, Schwimmkäfer

Schwarz mit schwachem Bleiglanz, auf dem Kopf 2 rötliche Flecken, Fühler und Vorderbeine rotbraun.
10-11 mm.
Häufig in verkrauteten Gewässern. Die Käfer sind gute Flieger und erscheinen oft auch in Gartenteichen. Sie erbeuten dort vor allem Mückenlarven. Die Larven verpuppen sich über dem Wasserspiegel im Bodengrus in einer aus Erdbröckchen gefertigten kugeligen "Puppenwiege".

Hyphydrus ovatus, Kugelschwimmer
Familie Dytiscidae, Schwimmkäfer

Fast kugelig, einfarbig warmbraun, fast immer mit einer Luftblase am Hinterende unterwegs.
4,5-5 mm.
In stehenden Gewässern mit Pflanzendickicht, zusammen mit den Larven. In allen Jahreszeiten.
An der Oberfläche der Blase kommt es zum Gasaustausch, sie hat also die Funktion einer Kieme. Da sich das Gas der Blase aber langsam im Wasser auflöst, so muß sie von Zeit zu Zeit neu an der Oberfläche aufgefüllt werden.

Gyrinus marinus
Familie Gyrinidae, Taumelkäfer

Flügeldecken hinten gerundet, die Punktreihen darauf gleich stark. Neben dem Schildchen 3 oder 4 Punkte in einer Schrägreihe.
4,5-7 mm.
Auf Weihern und Teichen, wo die Käfer im Sonnenschein in Kreisen umherschwimmen. Bedroht, werden sie sehr schnell und tauchen schließlich unter, wo sie sich am Gewässergrund anklammern.
Die Taumelkäfer haben 4 Augen, zwei über und zwei unter dem Wasserspiegel.

Agabus nebulosus
Familie Dytiscidae, Schwimmkäfer

In der Gattung Agabus sind die beiden Klauen der Hinterbeine gleich lang. Halschild mit 2 undeutlichen dunklen Flecken. Flügeldecken fein schwarz gesprenkelt. Unterseite schwarz.
8-9 mm.
In eher schattigen Teichen, an den Fundorten über viele Jahre anzutreffen.
Die Larven haben keine Schwimmhaare an den Beinen und können nicht schwimmen. Sie klettern an Wasserpflanzen und kommen nur selten zum Luftholen an die Oberfläche.

Deronectes duodecimpunctatus
Fam. Dytiscidae, Schwimmkäfer

In der Gattung Deronectes ist der Körper weniger kahnförmig, der Halschild fast herzförmig. Bei unserer Art ist er vor der Mitte am breitesten und dort so breit wie die Flügeldecken. Sein Vorder- und Hinterrand sind schwarz. Die Flügeldecken tragen 4 oft zusammenfließende Randflecke und ein Paar Mittelflecke auf schwarzem Grund.
5,5 bis 6 mm.
Im verkrauteten Weihern, lückenhaft verbreitet.

Sphaeridium scarabaeoides
Fam. Hydrophilidae, Wasserkäfer

Schwarz mit rotem Hinterende und meist auch rotem Schulterfleck. Halschild meist rot gesäumt. An den Hinterbeinen ist das innerste Fußglied viel länger als das zweitinnerste. Unterschenkel der Vorderbeine mit einem krummen Zahn.
5-7 mm.
Dieser "Wasserkäfer" schwimmt in frischem Kuhdung und wühlt auch in Roßäpfeln. Häufig vom Frühling bis in den Herbst.

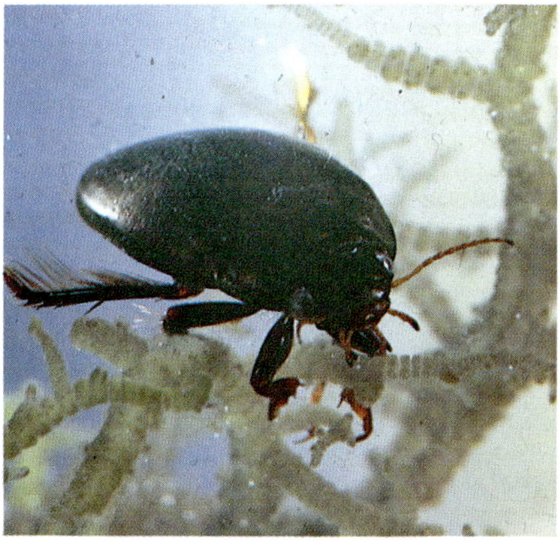
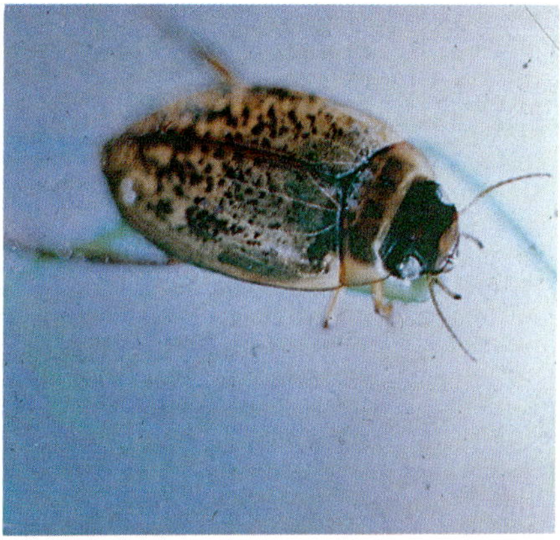
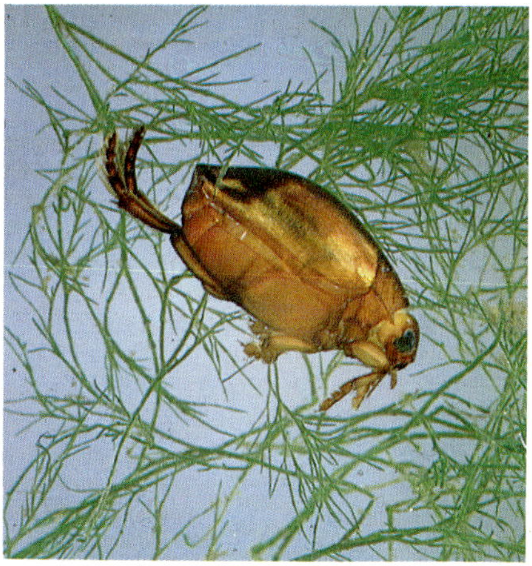
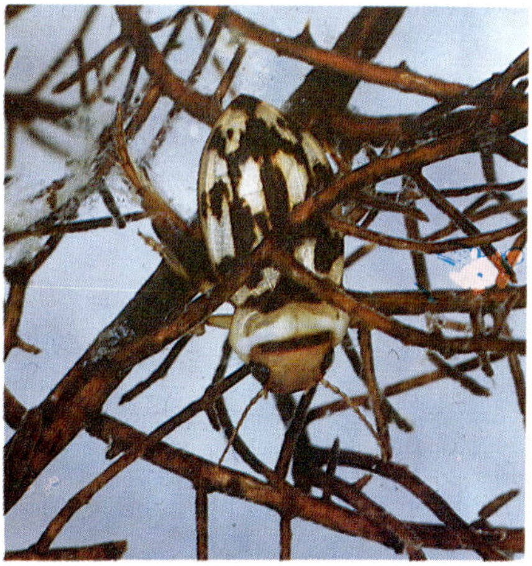
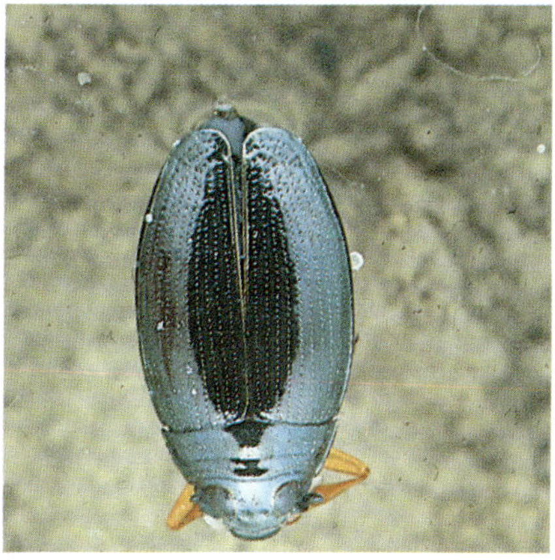
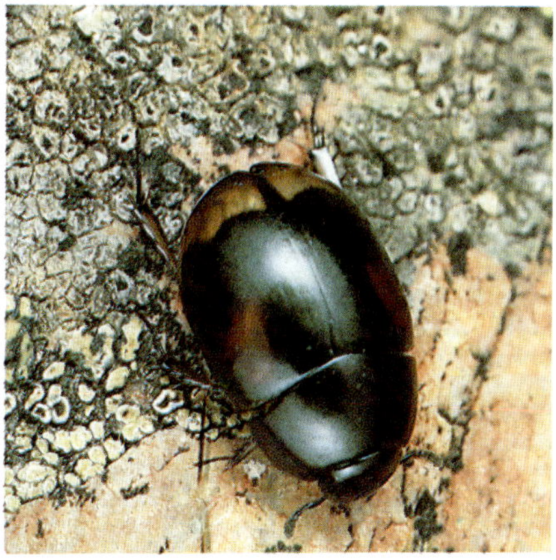

Helochares lividus
Familie Hydrophilidae, Wasserkäfer

Bräunlich, dicht und fein punktiert, Flügeldecken mit 2 sehr deutlichen Reihen aus gröberen Punkten. Auch auf der Stirn gröbere Punkte.
4-6 mm.
An pflanzenarmen Stellen in stehenden Kleingewässern. Die Weibchen tragen ab Ende Juli die Eier bis zum Schlüpfen der Larven an den Hinterbeinen angekittet, ein Ei in der Mitte, darum ein Halbkreis aus 7 Eiern, weitere 17 in einem zweiten, größeren Halbkreis und der Rest in einer 2. Schicht darüber.

Hydrobius fuscipes
Familie Hydrophilidae, Wasserkäfer

Flügeldecken mit 10 feinen Längsfurchen. Schwarz mit Braunglanz. In der Größe von allen nahen Verwandten verschieden.
6-9 mm.
Häufig vor allem im Frühjahr in kleinen, pflanzenreichen Teichen, oft in schattigen Lagen. Die Weibchen befestigen über ein weißes Band ihren schneeweißen, dosenförmigen Eikokon an Treibgut und Wasserpflanzen. Er enthält 15 bis 20 Eier.

Elmys maugetii
Familie Dryopidae, Hakenkäfer

Halsschild beiderseits mit einer Längs- und hinten mit einer Querfurche. Flügeldecken mit Reihen von kräftigen Punkten. In der Familie ist das äußerste Fühlerglied keulenförmig und länger als die vier innersten zusammen.
1,5 bis 2,5 mm.
In sauberen Bächen und Rinnsalen. Die Käfer können nicht schwimmen. Sie klammern sich mit ihren langen Klauen an Wassermoose oder kriechen langsam auf dem Gewässergrund.

Helochares obscurus
Fam. Hydrophilidae, Wasserkäfer

Rötlichbraun mit oder ohne Glanz. Dicht und fein punktiert. Der Halsschild ist im hinteren Drittel am breitesten, Hinterecken gerundet.
4,5 bis 6,5 mm.
Häufig in verkrauteten Klein- und Kleinstgewässern, wo die Käfer in den Wasserpflanzen träge herumklettern.
Manchmal schwimmen sie mit dem Bauch nach oben an der Wasseroberfläche.

Hydrous piceus, Kolbenwasserkäfer
Fam. Hydrophilidae, Wasserkäfer

Körper mit arttypischen Umriß, Fühler einfarbig gelbrot, Bauch mit Längskiel und gelbroten Seitenfleckchen.
34 bis 50 mm.
Haufig im Mittelmeerraum, selten nördlich der Alpen, aber noch aus Südschweden gemeldet. In größeren, krautreichen Weihern. Die Käfer fliegen an warmen Maiabenden und landen manchmal unter Straßenlaternen.

Dryops auriculatus
Familie Dryopidae, Hakenkäfer

Kopf immer schwarz, Körper schwarz bis gelbbraun, fein behaart und unbenetzbar, im Wasser von einer Lufthülle umgeben. Das äußerste Fußglied ist etwa so lang wie die 4 inneren zusammen.
4,5 bis 5,2 mm.
In stehenden und fließenden Gewässern, unter Steinen, an den Wurzeln von Wasserpflanzen, im Schlamm. Die trägen Käfer können nicht schwimmen und klammern sich mit ihren langen Klauen an den Gewässergrund. Sie überwintern.

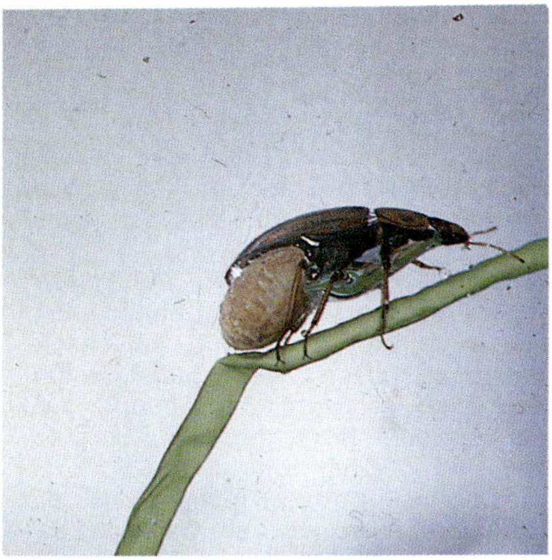
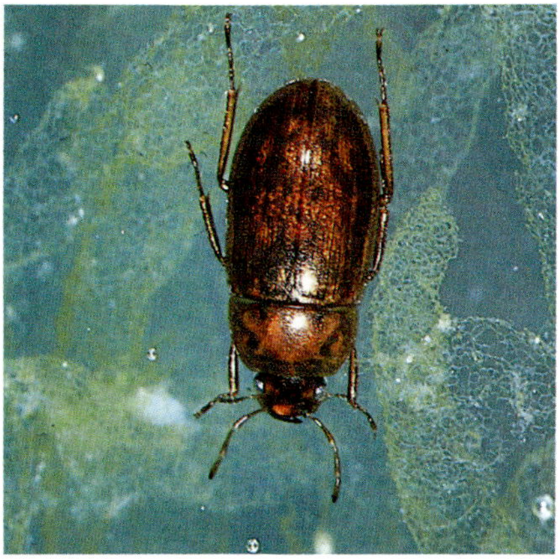
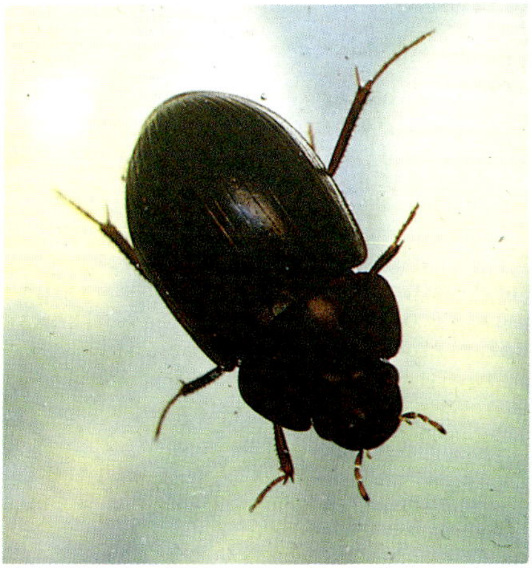
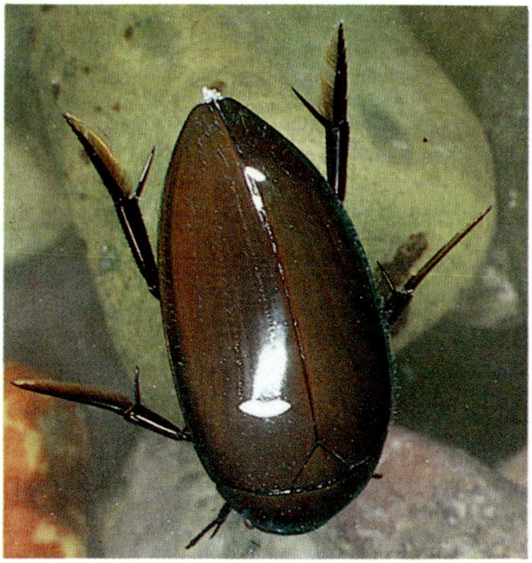
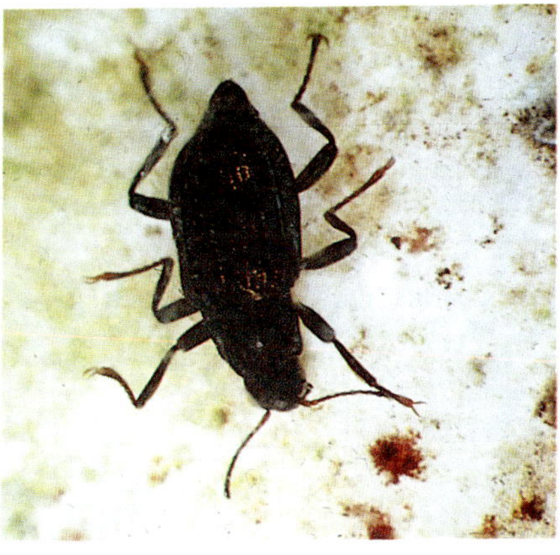
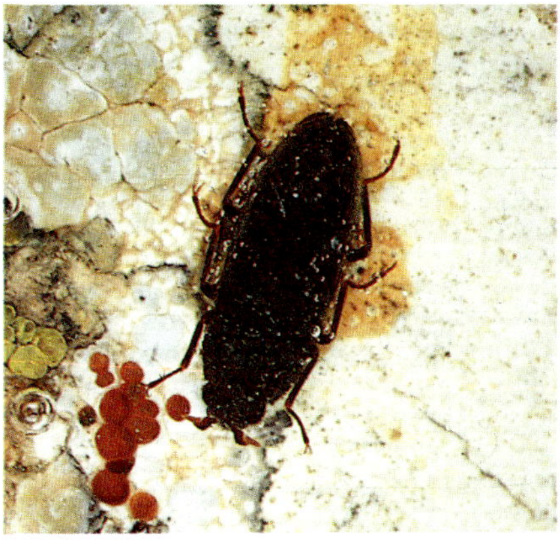

Hister sinuatus
Familie Histeridae, Stutzkäfer

Sehr ähnlich quadrimaculatus, aber die Unterschenkel der Vorderbeine nicht mit 3 Zähnen, sondern nur mit einem und körperwärts davon 2 flachen Höckern. Nur die 3 äußersten Punktstreifen auf den Flügeldecken gehen über die ganze Länge. Klein.
5-8 mm.
Häufig im Mittelmeerraum, nördlich der Alpen zerstreut.

Gnathoncus nanus
Familie Histeridae, Stutzkäfer

Die ganze Oberseite punktiert, die Punkte auf den Flügeldecken zum Vorderrand hin aufgelockert. Die Linien auf den Fügeldecken erlöschen etwa auf halber Länge.
1,8 bis 3 (4) mm.
Man findet die Käfer meist bei der herbstlichen Reinigung von Nistkästen, manchmal auch in Hühnerställen, unter Aas und faulenden Pilzen.

Hetaerius ferrugineus
Familie Histeridae, Stutzkäfer

Rundlich, auf den Flügeldecken 3 bis 4 feine Streifen und in Längsreihen stehende gelbe Härchen. Der kleinste in diesem Buch vorgestellte Käfer.
1,5-2 mm.
Die Tiere leben gesellig in Ameisennestern (im Bild der Kopf von Formica rufa), sie werden von den Ameisen beleckt und fliehen bei einer Störung flink in die Tiefe des Nestes. In sommerwarmen, trockenen Lagen. Am ehesten im März zu finden.

Hister quadrimaculatus
Familie Histeridae, Stutzkäfer

Die Unterschenkel der Vorderbeine mit 3 großen Zähnen. Die roten Flecken auf den Flügeldecken sind veränderlich in Form und Größe, sie können sogar fehlen.
7-11 mm.
Unter Kuhfladen und Roßäpfeln, in Kadavern und faulenden Pilzen, wo die Käfer anderen Insekten nachstellen. Wenn man sie berührt, pressen sie Fühler und Beine an den hart gepanzerten Körper und stellen sich tot.
Die Käfer sind Zwischenwirte für Eingeweidewürmer von Weidetieren. Nördlich der Alpen in Wärmegebieten, im Süden häufiger.

Hister unicolor
Familie Histeridae, Stutzkäfer

Hochglanzschwarz. Der äußerste und die 3 innersten Streifen auf den Flügeldecken sind stark verkürzt. Auf dem Halsschild erkennt man unter dem Mikroskop feine Rillen, die eckige Maschen bilden. Unterschenkel der Vorderbeine mit 3 breiten Zähnen in den äußeren 2 Dritteln der Gesamtlänge.
7-10 mm.
Nicht selten unter Kadavern und Kuhfladen, auch an blutenden Bäumen.

Hololepta plana
Familie Histeridae, Stutzkäfer

Ein flacher Spaltenschlüpfer, Flügeldecken nur mit Resten von Streifen am Vorderrand, glänzend.
8-9 mm.
Im Frühling unter der Rinde abgestorbener Pappeln, wo auch die Larven leben. Sie verpuppen sich im Herbst. Käfer und Larven stellen anderen Insekten nach. Mehr in Westeuropa, selten.

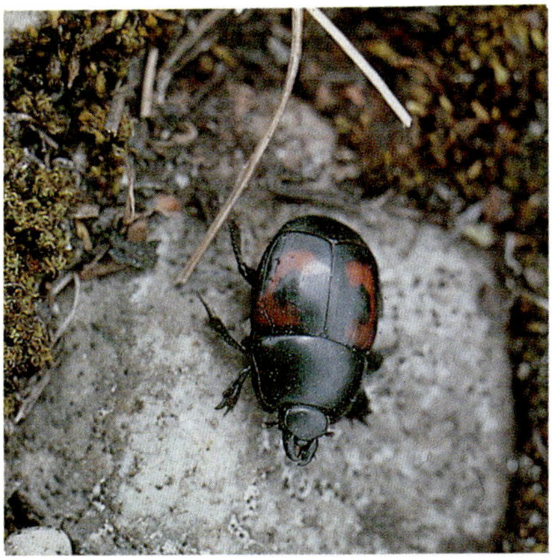
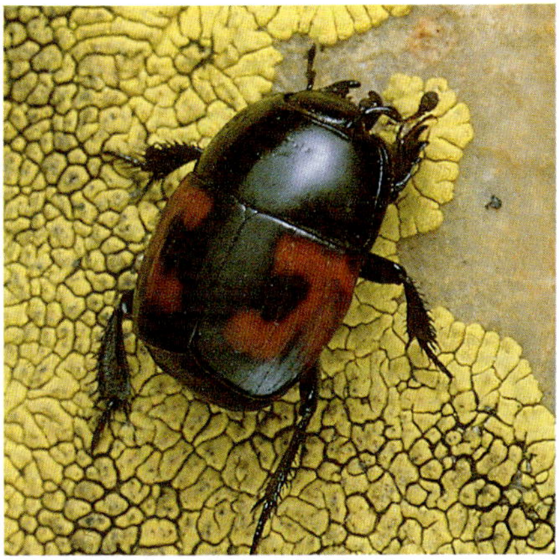
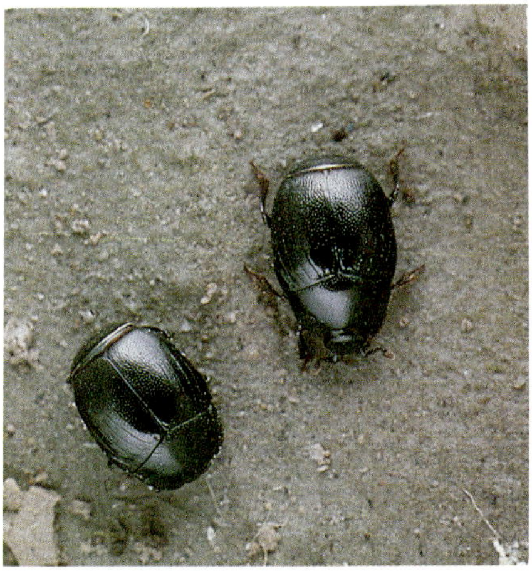
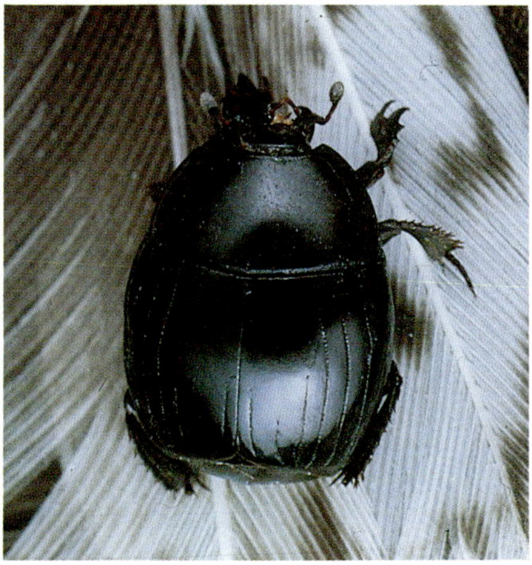
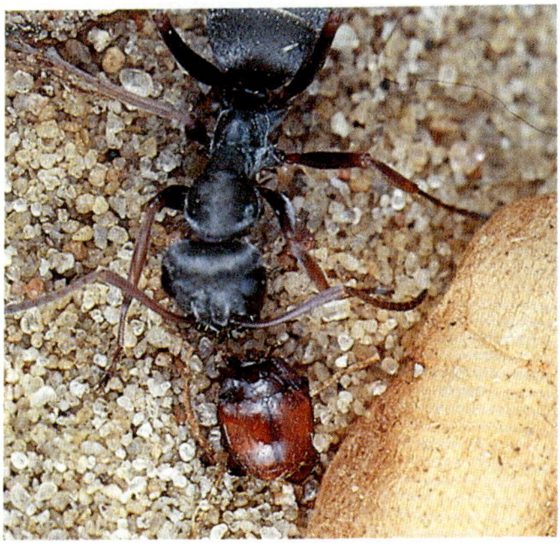
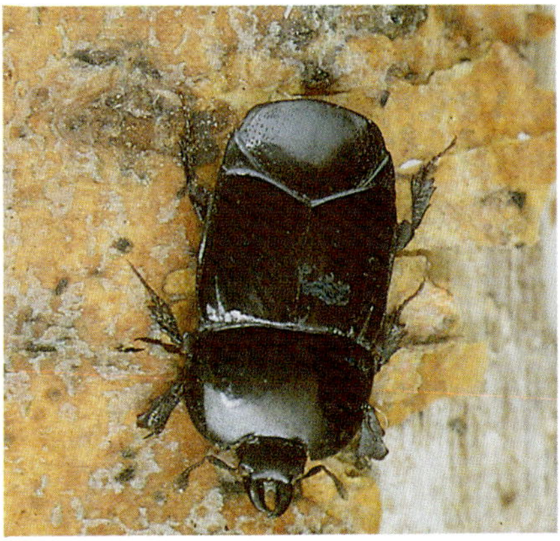

Necrophorus vespillo
Familie Silphidae, Aaskäfer

Vorder- und Hinterrand der Flügeldecken mit langen hellen Haaren. Fühlerkeule ab dem 2. Glied von innen braun. Unterschenkel der Hinterbeine arttypisch gekrümmt.
12-22 mm.
Vor allem auf Waldwiesen und Lichtungen, auf Weiden. Ab der Abenddämmerung fliegen die Käfer auf der Suche nach Aas umher. An größeren Kadavern ernähren sie sich selber, solche von Maulwurfgröße abwärts werden vergraben, wobei die Käfer störende Wurzeln durchbeißen. Die Weibchen füttern die Larven mit vorverdauter Nahrung. Bei so viel Pflege reichen bis zu 15 Eier pro Weibchen aus, um die Art zu erhalten.

Necrodes littoralis
Familie Silphidae, Aaskäfer

Halsschild rundlich schildförmig, die Rippen auf den Flügeldecken mit arttypischer Biegung, die drei äußersten Fühlerglieder mattrot.
15 bis 25 mm.
Von April bis September unter größeren Kadavern, etwa einem toten Hasen, auch an der Küste eingewühlt in faulende Tangmassen im Angespül.
Der Käfer fehlt in südlichen Italien und im nördlichen Skandinavien.

Dendrophilus punctatus
Familie Histeridae, Stutzkäfer

Halsschild und Flügeldecken deutlich punktiert. Die 4 inneren Streifen auf den Flügeldecken erlöschen auf halber Länge, der 2. von außen reicht über die ganze Länge.
2,6-4 mm.
Unter Dung, in Holzmulm, an blutenden Bäumen, in Nestern von Höhlenbrütern. Die Käfer wurden auch schon in Wespen- und Ameisennestern gefunden.

Necrophorus vespilloides
Familie Silphidae, Aaskäfer

Fühlerkeule ganz schwarz. Der Halsschild ist hinten weniger verengt als bei den anderen schwarzroten Totengräbern.
12-18 mm.
In Wäldern, zuweilen an faulenden Pilzen. Findet ein Männchen eine Tierleiche, so macht es an einem erhöhten Punkt eine Art Handstand und wedelt mit dem Hinterleib: Es "sterzelt". Dabei gibt es einen Lockduft für die Weibchen ab. Treffen sich mehrere Paare an einem Kadaver, so vertreibt ein Paar alle Mitbewerber. Dann vergräbt es den Fund.
Die Käfer zirpen, indem sie eine Art "Waschbrett" auf dem Hinterleibsende über eine "Schrill-Leiste" an den Flügeldecken streichen.

Necrophorus humator
Familie Silphidae, Aaskäfer

Einfarbig schwarz, nur die äußersten 3 Fühlerglieder rotgelb. Schlanker als Necrophorus germanicus.
15-28 mm.
Von April bis Oktober unter kleinen Tierleichen und faulenden Pilzen. Nachtaktiv.

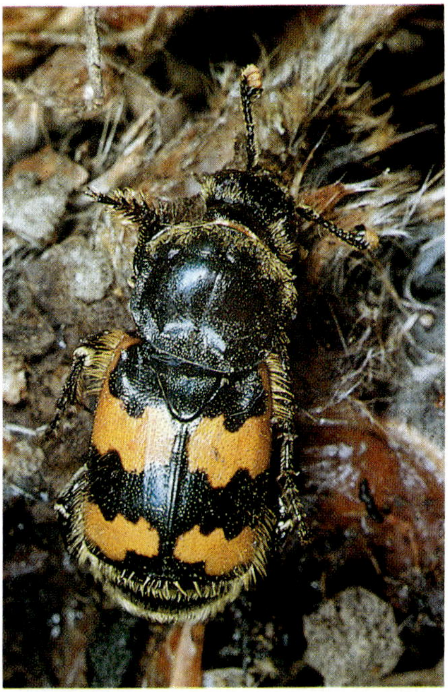
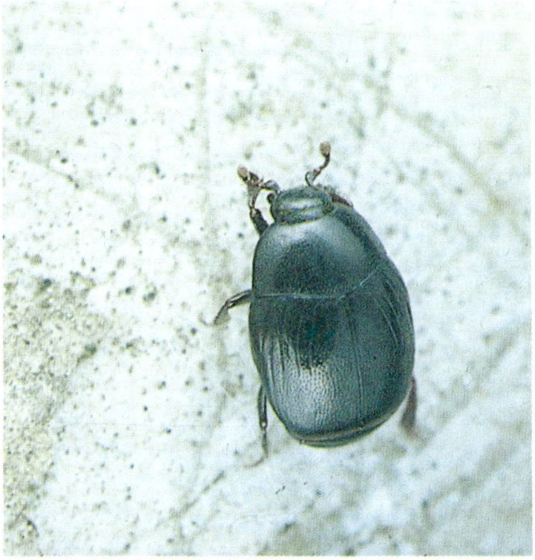
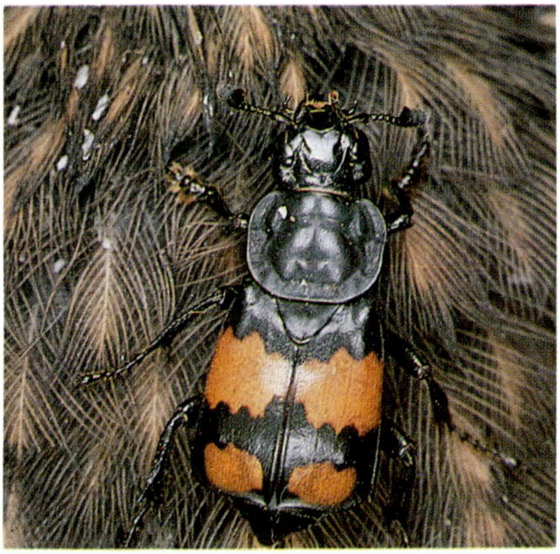
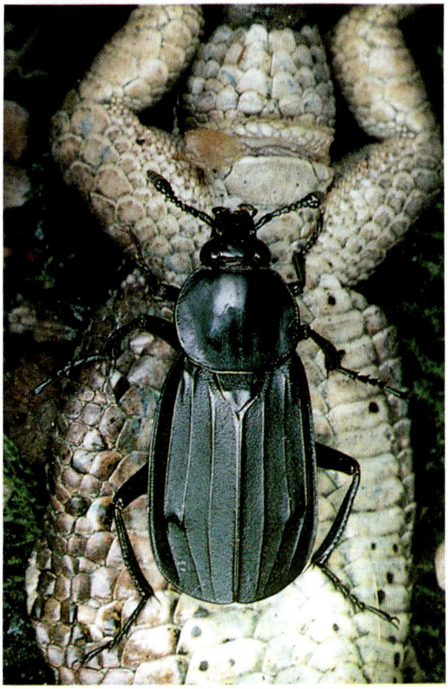
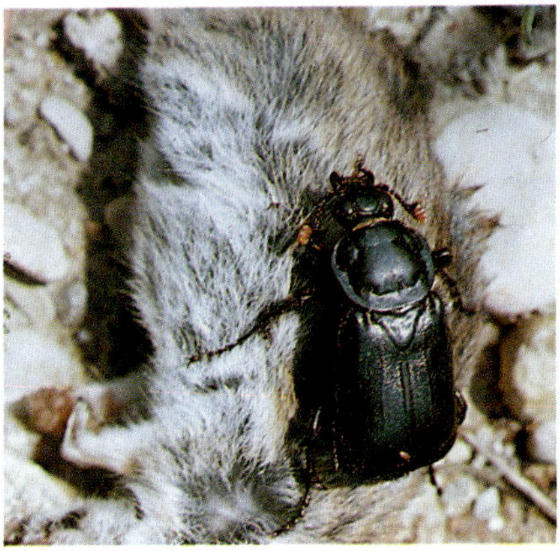

Silpha obscura
Familie Silphidae, Aaskäfer

Halsschild dichter gepunktet als die Flügeldecken. Auf diesen sind die Einstiche gerundet viereckig. Entlang der 3 Längsrippen liegen die Einstiche in sauberen Längsreihen. Das 8. Fühlerglied von innen ist halbkugelig.
14 bis 17 mm.
Häufig von April bis September unter Kadavern und auch an zertretenen Schnecken.

Phosphuga atrata
Familie Silphidae, Aaskäfer

Glänzend schwarz. Auf den Flügeldecken zwischen den Rippen recht grob punktiert. Kopf schlank und vorstreckbar.
10-16 mm.
In Wäldern und anderen feuchtschattigen Orten unter Moos, Steinen und abbrechender Rinde. Im Frühjahr und Herbst. Die Käfer sind nachtaktiv und überfallen Nackt- und Gehäuseschnecken, sie können das Schneckengehäuse mit einem Verdauungssekret auflösen. Die Käfer überwintern.

Silpha nigrita
Familie Silphidae, Aaskäfer

Höher gewölbt und mit stärkerem Glanz als die anderen Silpha-Arten und die Rippen auf den Flügeldecken viel schwächer.
12-16 mm.
An Kadavern, aber auch unter Moos, wo die Käfer Würmer, Schnecken und Insekten erbeuten. Meist findet man die Käfer, wenn man Steine umdreht.
In den Alpen, Pyrenäen und Karpaten.

Silpha tristis
Familie Silphidae, Aaskäfer

Sehr ähnlich Silpha obscura, aber zwischen den Rippen auf den Flügeldecken fein, dicht und gleichmäßig punktiert ohne abgesetzte Punktreihen entlang der Rippen. Relief des Halsschildes flacher.
13-16 mm.
An Aas, aber selten. Die Käfer sondern beim Ergreifen aus Mund und Hinterleib einen stinkenden Saft ab, sie sind überhaupt übelriechend, was wohl von ihrem Aufenthalt und ihrer Nahrung kommt.

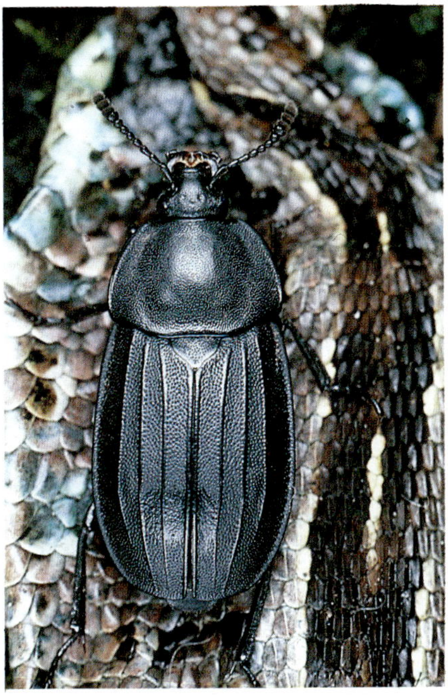
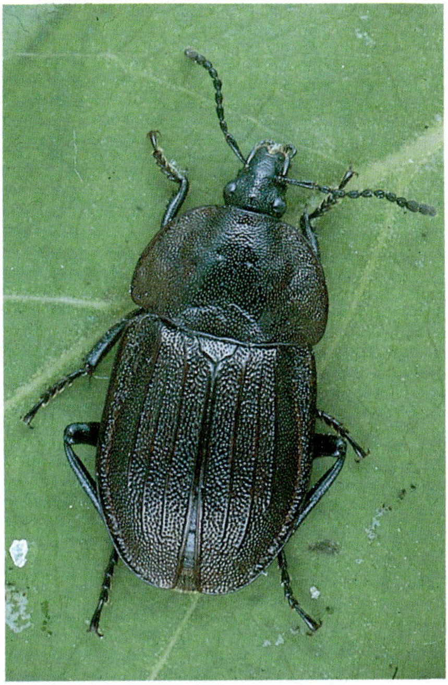
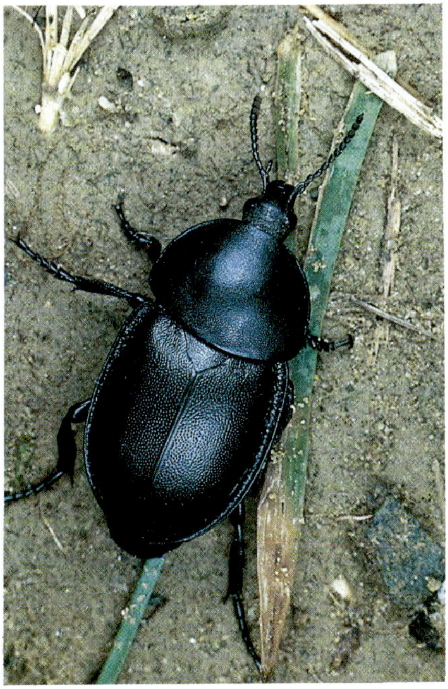
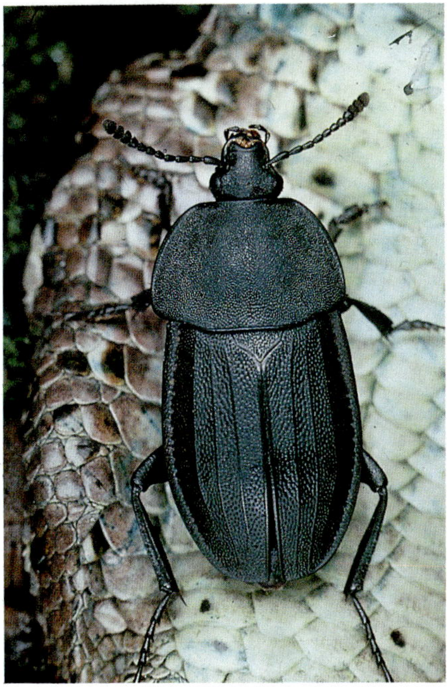

Silpha (Xylodrepa) quadripunctata
Familie Silphidae, Aaskäfer

Flügeldecken mit je 2 beulenartig vorgewölbten Flecken.
12-15 mm.
Vor allem in Eichenschonungen und Buchenstangenholz. Die Käfer klettern meist auf Zweigen, wo sie auf Raupen Jagd machen. Sie sind gute Flieger. Man findet sie vor allem im Herbst vor der Überwinterung. Wo es zu einer Massenvermehrung von Raupen kommt, sammeln sich die Käfer in großer Zahl. Die Larven jagen am Boden, aber auch auf Zweigen, wenn es dort viele Raupen gibt.

Oiceoptoma thoracica
Familie Silphidae, Aaskäfer

Der einzige Aaskäfer mit rotbraunem, mit feinen goldgelben Härchen bedecktem Halsschild.
12-16 mm.
Häufig unter Laub und Mulm in Wäldern. Die trägen Tiere versammeln sich an Aas, verrottenden Pilzen, Exkrementen und an Stinklorcheln, wo sie vor allem Jagd auf Fliegenmaden machen. Die Tiere sind wie andere Aaskäfer meist mit Milbenlarven besetzt, die sich so an neue Äser tragen lassen. Neben den Käfern finden man meist auch die flach gebauten schwarzen Larven. Sie wie die Käfer spucken beim Ergreifen ihren stinkenden Magensaft über den Angreifer.

Thanatophilus sinuatus
Familie Silphidae, Aaskäfer

Kopf behaart, Halsschild "gekammert", hinten mit 2 flachen Buchten. Auf den Flügeldecken sind die Zwischenräume zwischen den Rippen fein punktiert und matt, der Umriß ist arttypisch.
9-12 mm.
In Wäldern vom Vorfrühling an. Meist zu mehreren an faulendem Fleisch. Oft mit Milbenlarven besetzt, manchmal mit Tausenden, die sich von den gut fliegenden Käfern zu neuen Kadavern tragen lassen.

Astagobius angustatus
Familie Catopidae

Ein blinder, augenloser Höhlenkäfer.
4-6 mm.
In der Karsthöhle Volcja-Jama am Berg Nanos in Kroatien. Die Höhlenkäfer haben durch die Isolation eine große Zahl von Formen ausgebildet, die vielleicht Rassen, vielleicht auch Arten sind. Die Tiere leben in tiefen Spalten in Kalkgestein, wo sie zerfallendes Pflanzenmaterial fressen. Sie werden gefunden, wenn sie in große, für den Menschen gangbare Höhlen geraten. Man kann sie dort mit in Stoffetzen eingewickelten Käse anlocken. Sie bewegen sich nach Laufkäferart.

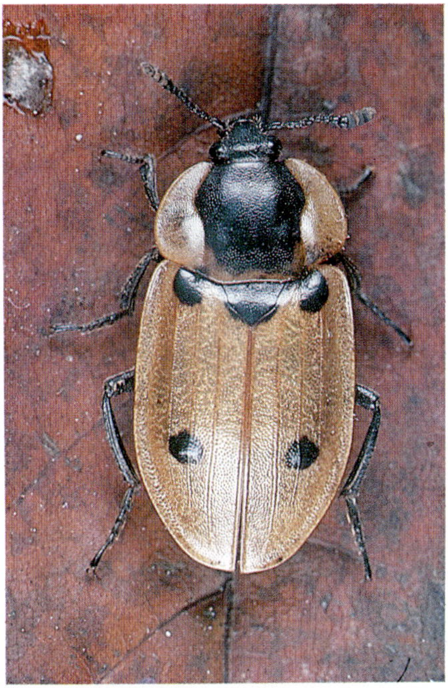
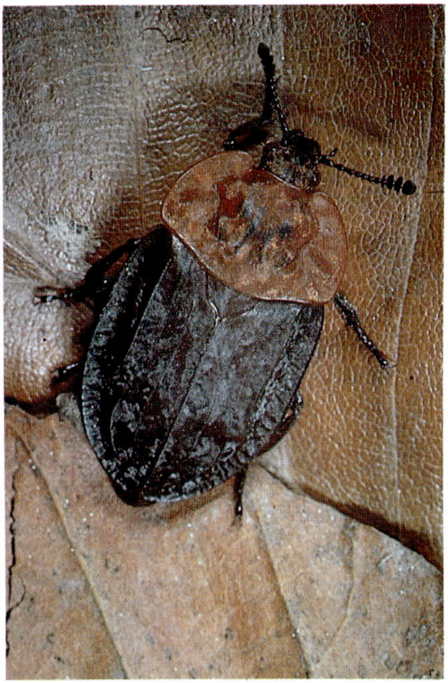
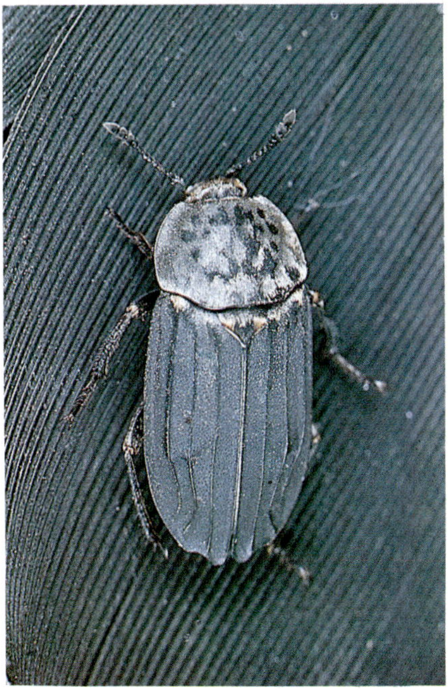
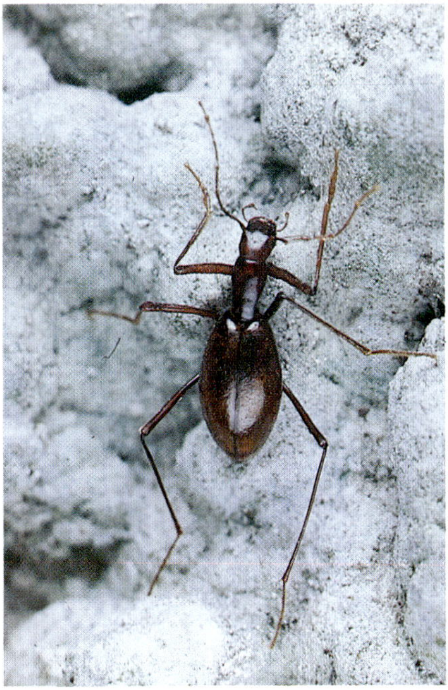

Scaphidium quadrimaculatum
Familie Scaphidiidae, Kahnkäfer

Rumpf kahnförmig, schwarz glänzend mit meist 4 roten Flecken auf den Flügeldecken, Fühler abgeflacht keulig.
5-6 mm.
Von April bis Oktober an und in Blätter- und Röhrenpilzen, Baumschwämmen und verpilzten morschen Stämmen. Meist im Laubwald, nicht selten.
Von Nordafrika bis Nordfinnland.

Leptodirus hohenwarti
Familie Catopidae

Augenlos, Fühler und Beine sehr dünn und lang. Bleich braun.
6-7 mm.
Der Käfer wurde 1832 als erster Höhlenkäfer entdeckt und zeigt besonders ausgeprägt die Merkmale eines Höhlenkäfers. Man findet die extrem trägen und schwachen Käfer (angepaßt an den Nahrungsarmen Lebensraum), wenn man in Lappen gewickelten Käse als Köder in Höhlen auslegt.
In den Höhlen des Karstgebirges.

Stenus bipunctatus
Fam. Staphylinidae, Kurzflügler

Augen groß, auf dem Hinterkopf ein stumpfer Längskiel, Flügeldecken mit einem runden hellen Fleck, Beine schwarz.
5-6 mm.
Häufig vom Frühjahr bis in den Herbst an Orten mit hoher Feuchtigkeit, etwa im Bodengrus am Rande von Gewässern.
Die Stenus-Arten sind Raubkäfer, die ihre Beute, vor allem die sehr flinken Springschwänze, mit einer halbkörperlang vorstreckbaren Schleuderzunge ergreifen.

Stenus tarsalis
fam. Staphylinidae, Kurzflügler

Hinterleib im Querschnitt fast kreisrund. Das 4. Fußglied von innen ist tief zweilappig und breiter als das 3. Das innerste Fühlerglied ist schwarz, die Füße sind bräunlich.
4-4,5 mm.
Häufig vom Frühjahr bis in den Herbst in der Krautschicht an Ufern. Gerät leicht beim Käschern in das Netz.

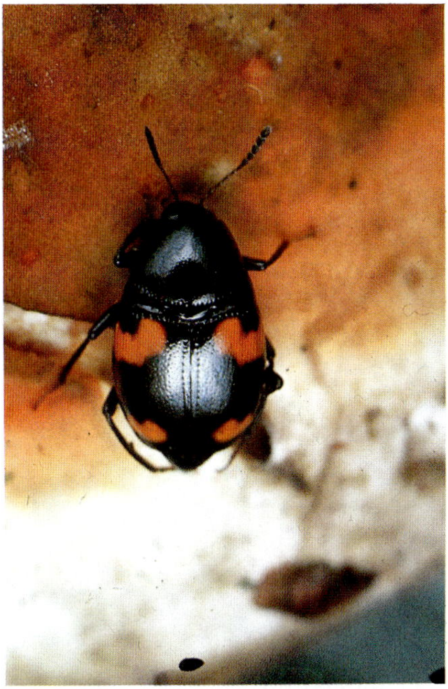

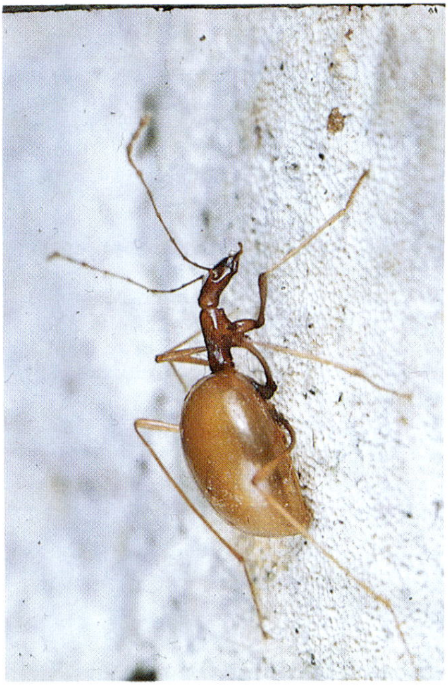

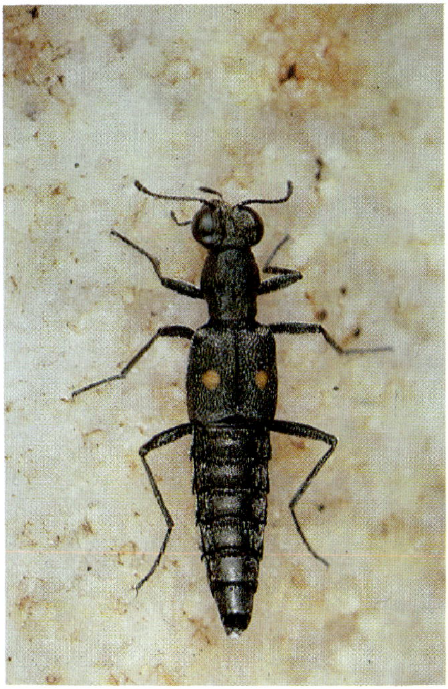

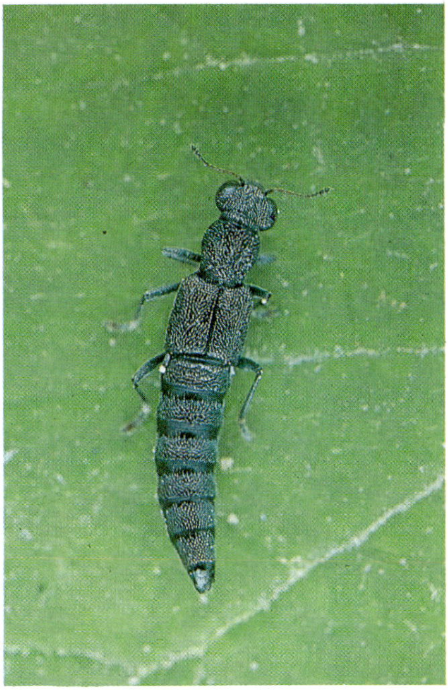

Paederus litoralis
Fam. Staphylinidae, Kurzflügler

Halsschild fast kugelig, vor der Mitte am breitesten und etwa so lang und breit wie die Flügeldecken zusammen breit sind. Fühler gelb, Beine gelb mit schwarzen Oberschenkeln.
7,5 bis 8,5 mm.
Häufig von März bis Oktober unter Steinen, Bodenmulm und Fallaub. Im Osten mehr in halbtrockenen Heiden und Magerrasen, im Westen mehr an sumpfigen Ufern, meist auf Sand- und Lehmgrund.

Paederus schoenherri
Fam. Staphylinidae, Kurzflügler

Flügeldecken kürzer als der hoch gewölbte Halsschild und nach hinten breiter werdend. Kiefer schwarz mit heller Spitze, Fühler und Beine mehr oder weniger gelblich.
8,5–10 mm.
Im Schotter und Angespül an Alpenflüssen und diesen in das Vorland folgend. Selten.

Paederus sanguinicollis
Fam. Staphylinidae, Kurzflügler

Flügeldecken fein schwarz behaart. Kopf und Hals breit, von arttypischem Umriß.
8 bis 10 mm.
Häufig und manchmal gesellig unter Geröll und Angespül an sandigen Ufern größerer Flüsse.

Paederus fuscipes
Fam. Staphylinidae, Weichkäfer

Halsschild länger als breit, Flügeldecken länger als der Halsschild und länger als zusammen breit.
6,5–7 mm.
Häufig unter Fallaub, Bodenmulm und ähnlichen Orten mit feuchtem Mikroklima. Wenn man die Tiere ergreift, so scheiden sie wie ihre Verwandten ein giftiges Sekret aus.

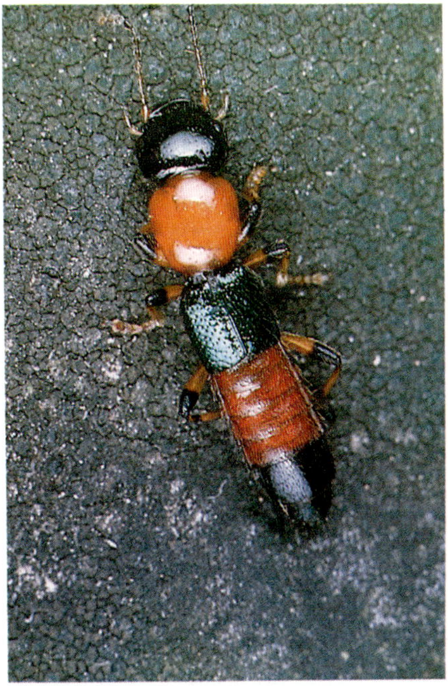
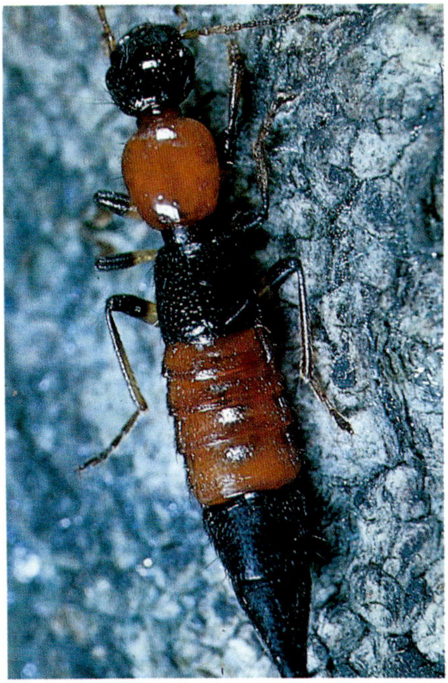
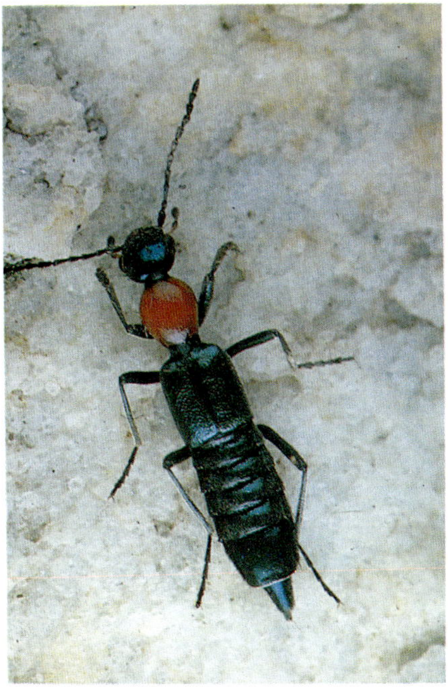
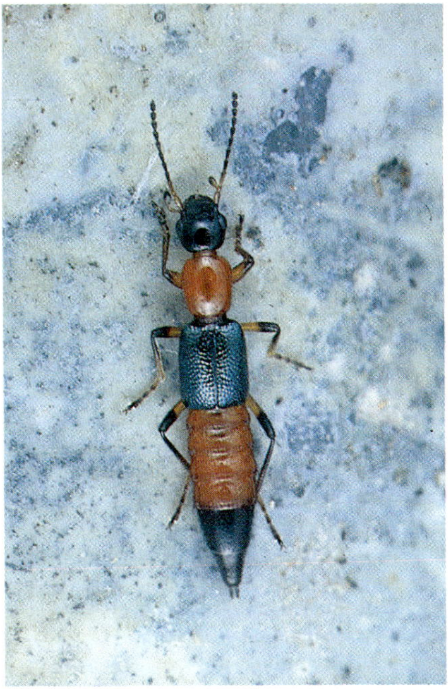

Staphylinus erythropterus
Fam. Staphylinidae, Kurzflügler

Nur auf dem 4. bis 6. Hinterleibssegment (von vorne) seitlich gelbe Haarflecke. Schildchen gelb behaart.
14-18 mm.
Stets an feuchten Orten. Unter Moos und Fallaub, an verwesenden Pflanzen und Tieren, wo die Käfer vor allem Fliegenlarven erbeuten.

Staphylinus caesareus
Familie Staphylinidae, Kurzflügler

Alle Rückenschilder des Hinterleibs mit Ausnahme des hintersten an den Seiten mit goldgelben Haarflecken.
17-25 mm.
Von Mai bis August unter Steinen, an Aas und Dung, aber auch am Boden unterwegs mit nach vorne gekrümmtem Hinterleib, vor allem gegen Abend und nach einem warmen Regen. Die Tiere erbeuten Insekten, Würmer und Schnecken. In die Enge getrieben, stellen sie sich mit gespreizten Beißzangen und hochgebogenem Hinterleib, und Ergriffene beißen kräftig zu. Die Larve überwintert.

Staphylinus similis
Fam. Staphylinidae, Kurzflügler

Die dichten Punkte auf Kopf und Halsschild lassen einen schmalen glänzenden Mittelstreifen frei. Die Flügeldecken sind matt. Hinterflügel verkümmert (in Unterschied zu olens).
12-20 mm.
Häufig vom Frühjahr bis in den Herbst, meist unter Steinen. Die Larven lauern in selbstgegrabenen Erdlöchern auf vorbeikommende Beute.

Staphylinus olens
Fam. Staphylinidae, Kurzflügler
Mattschwarz, die ganze Oberseite fein und dicht punktiert. Das vorletzte Hinterleibssegment mit hellem Saum. Flügeldecken mindestens so lang wie der Halsschild. Der größte Kurzflügler in Mitteleuropa.
20-32 mm.
Vor allem im Laubwald, meist unter modernden Pflanzen, wo die Käfer räuberisch leben. In der Not stellen sie sich mit geöffneten Kiefern zur Wehr, sie durchbeißen mit ihren 3 mm langen Kiefern leicht die menschliche Haut.

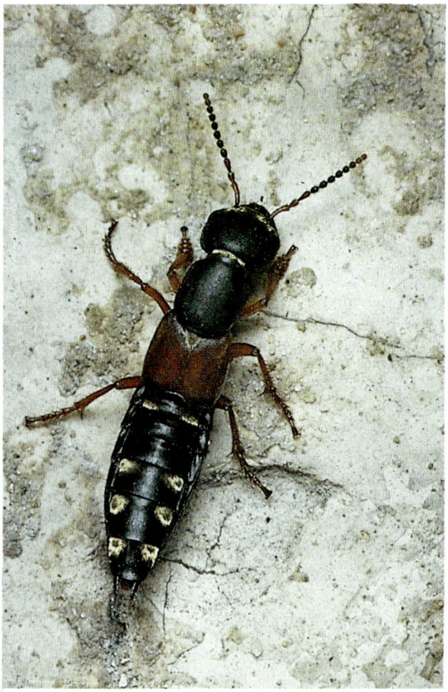
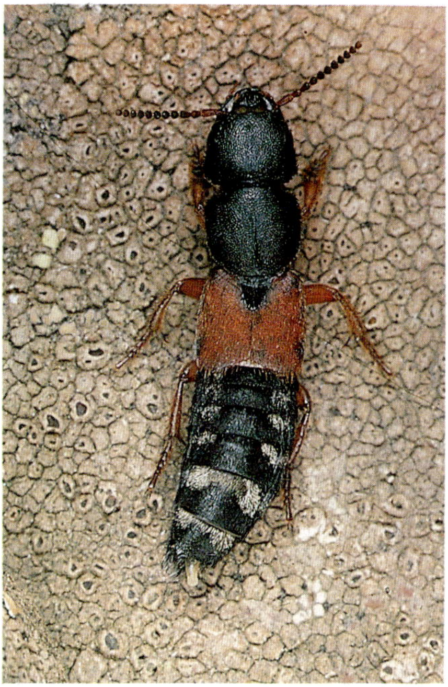
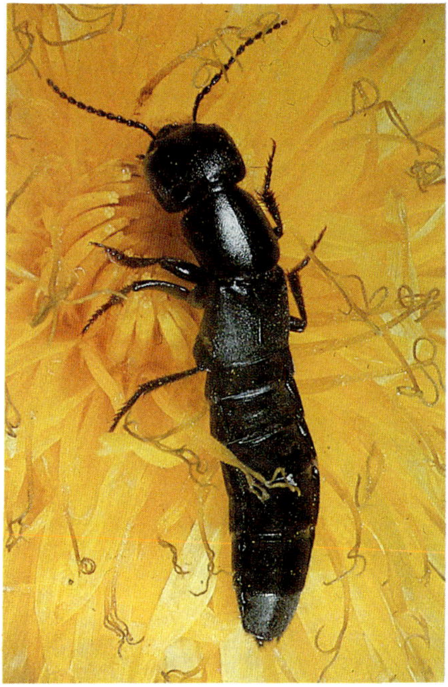
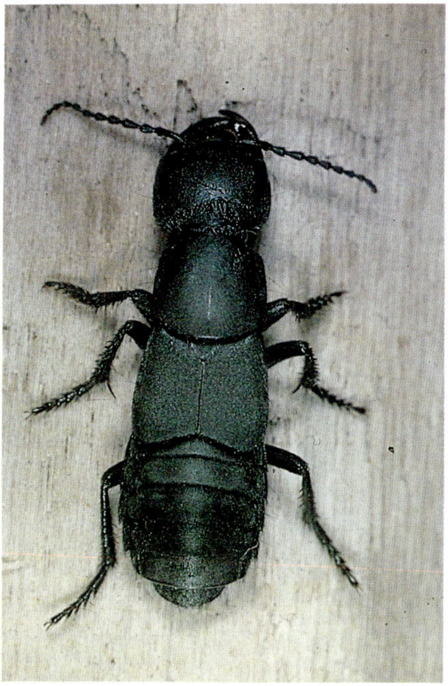

Ontholestes tesselatus
Fam. Staphylinidae, Kurzflügler

Die schwarze Grundfärbung teilweise von feinen gelbbraunen, auf den letzten Hinterleibsringen auch schwarzen Haaren verdeckt. Fühler innen hell, außen dunkel. Arttypisch sind auch die Formen von Kopf und Halsschild.
14-19 mm.
Nicht selten vom Frühling bis in den Herbst an vermoderndem Material, oft unter angetrockneten Kuhfladen. Räuberisch, wendig, wehrhaft und bissig.

Creophilus maxillosus
Fam. Staphylinidae, Kurzflügler

Auf den Flügeldecken je 4 bis 6 tiefe Einstiche.
Kopf und Halsschild glänzend schwarz. Auf Flügeldecken und Hinterleib formt eine aschgraue Behaarung ein arttypisches Muster. 15 bis 25 mm.
Von April bis November unter Kadavern und angetrockneten Kuhfladen, manchmal gesellig. Lebhaft, flink und bissig.
Von Afrika bis zum Nordkap.

Oxyporus rufus
fam. Staphylinidae, Kurzflügler

Kopf schwarz mit massigen Kiefern, Halsschild rotbraun, Hinterleib vorne rot, hinten schwarz.
7-12 mm.
Die Käfer beißen Gänge in größere Pilze, um die darin lebenden Insekten, vor allem Pilzmückenlarven, zu erbeuten. Vor allem in Champignons. Auch die Larven leben in Pilzen. Reif im Frühling und Sommer.

Philonthus splendens
Fam. Staphylinidae, Kurzflügler

Schwarz, die Flügeldecken mit Bronze-, der Körper mit Bleiglanz. Flügeldecken locker punktiert und länger als der glatte Halsschild.
10-14 mm.
Man findet die mit mächtigen Kiefern bewaffneten Raubkäfer bis auf den Winter in allen Jahreszeiten, am ehesten unter Aas und faulenden Pflanzenteilen.

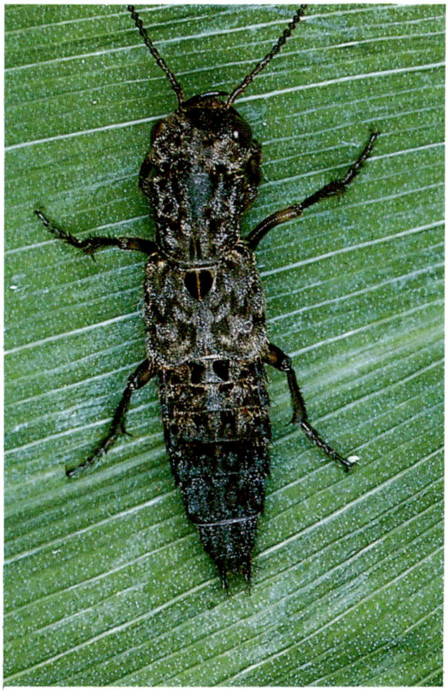
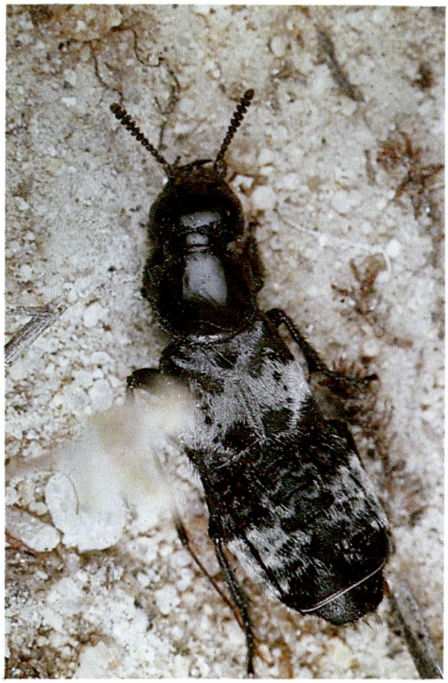
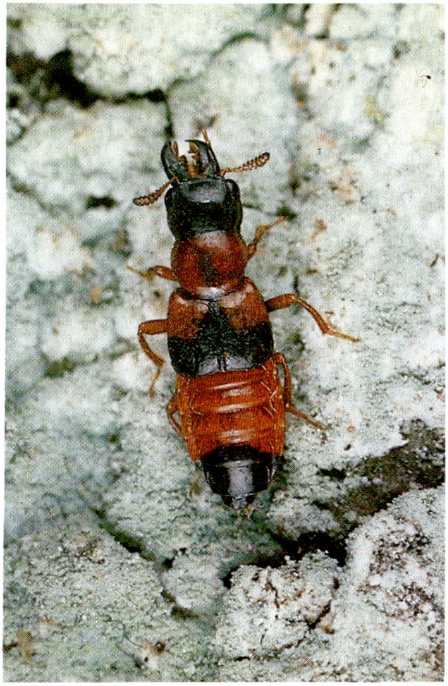
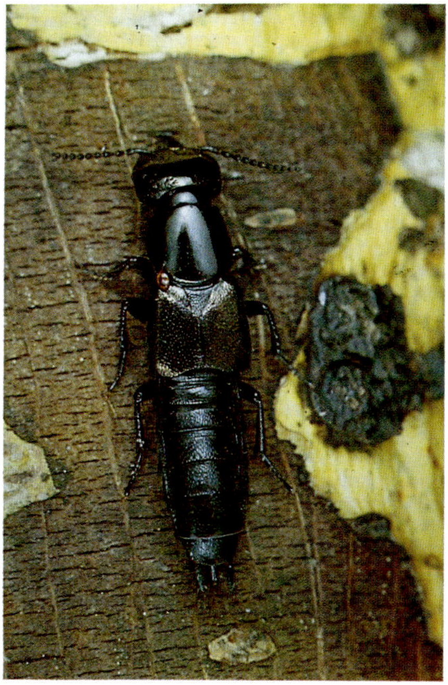

Tachinus pallipes
Fam. Staphylinidae, Kurzflügler

In der Gattung Tachinus tragen die vordersten Hinterleibsspangen beiderseits je einen Haarflecken. Bei pallipes sind die Flügeldecken zusammen etwas breiter als lang. Der Halsschild ist schwarz mit hellerem Seitenrand. Die Beine sind bräunlich.
5 bis 7 mm.
In Wäldern unter Kadavern, Exkrementen, in Komposthaufen, manchmal auch an blutenden Bäumen.

Tachyporus obtusus
Fam. taphylinidae, Kurzflügler

Das 5. und 6. Hinterleibssegment (wie immmer von der Körpermitte aus gezählt) und ein Band quer über die Flügelwurzel schwarz.
3,5-4 mm.
Unter Fallaub und Moos in frischen Wäldern. Einer der häufigsten Kurzflügler, besonders zahlreich im Herbst.

Lathrobium fulvipenne
Fam. Staphylinidae, Kurzflügler

Flügeldecken etwa so lang wie der Halsschild, braun mit schmal geschwärztem Vorderrand. Kopf und Halsschild etwa gleich dicht punktiert.
7-8 mm.
Häufig an feuchten Orten, etwa unter Angespül an Ufern. Vor allem im Frühjahr.

Aleochara curtula
Fam. Staphylinidae, Kurzflügler

Hinterleib glänzend und mit lockerer Punktierung. Flügeldecken rotbraun, an den Seiten dunkler, fein und nach hinten gekämmt gelblichbraun behaart.
5,5 bis 6 mm.
Häufig an Aas und unter faulenden Pflanzen.

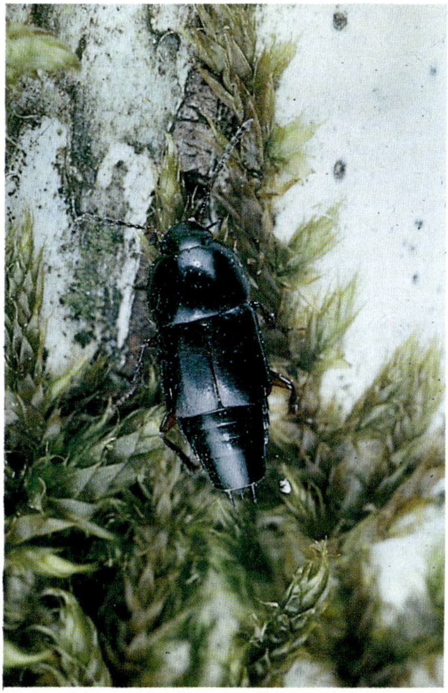

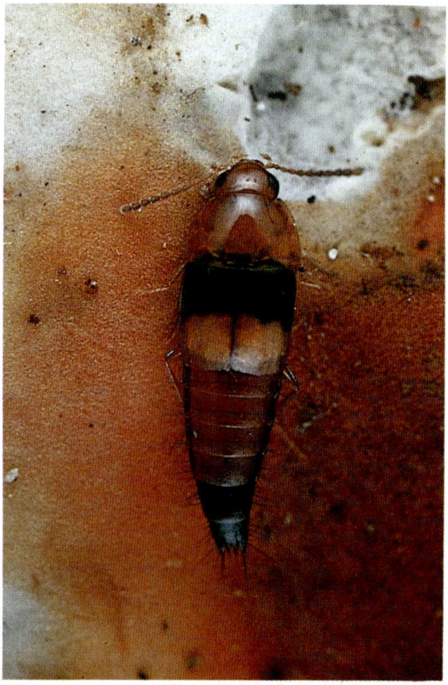

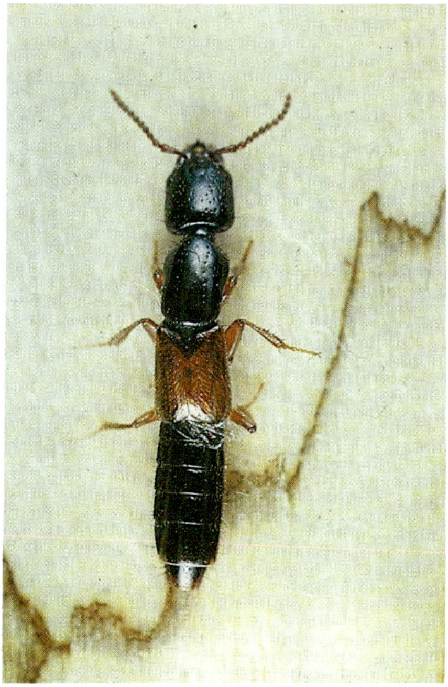

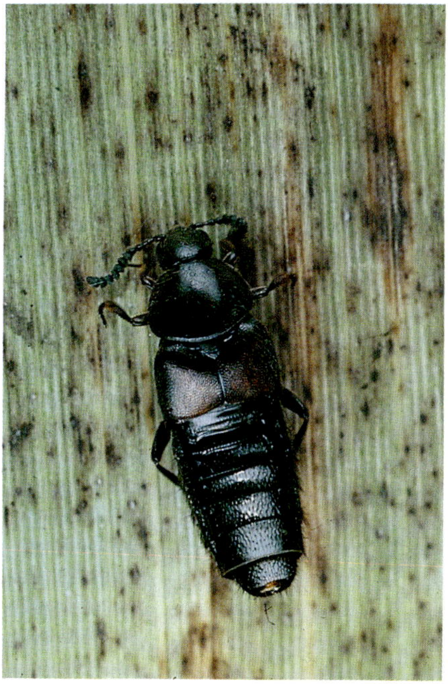

Atemeles emarginatus
Fam. Staphylinidae, Kurzflügler

Der Hinterrand der vordersten 3 freiliegenden Hinterleibsspangen ist wulstartig verdickt. Das 3. Fühlerglied von innen ist 1,5 mal so lang wie das 2.
4-4,5 mm.
Die Käfer überwintern tief in den Nestern von Knotenameisen, an warm-sonnigen Frühlingstagen steigen sie in die erwärmten obersten Etagen und können dann beim Steineumdrehen gefunden werden. Im Spätfrühling wandern sie in die Nester von Waldameisen (Formica), wo über Sommer auch die Larven heranwachsen. Die Käfer sind ohne Pflege durch die Ameisen nicht lebensfähig.

Dascillus cervinus
Familie Dascillidae

Die dunkle Grundfärbung ist durch eine dichte, feine Behaarung verdeckt. Die Männchen wirken daher grau, die Weibchen gelbbraun. Flügeldecken sehr fein längsgestreift.
10-11 mm.
Im Juni und Juli auf blühenden Büschen und Doldenblüten in trockenen Wiesen. Die Larven leben 2 Jahre an Graswurzeln. Bei Massenauftreten bringen sie die Wiesen zum vorzeitigen Vergilben.

Eusphalerum minutum
Fam. Staphylinidae, Kurzflügler

Der Kopf ist klein mit vorgewölbten Augen. Halsschild fein gepunktet und noch feiner genetzt. Flügeldecken mit gröberen Punkten. Braun mit helleren Flügeldecken und Beinen und nach außen dunkler werdenden Fühlern.
2 bis 2,3 mm.
Sehr häufig bis massenhaft von April bis August auf Blüten in feuchten bis sumpfigen Wiesen. In fast ganz Europa.

Lagria hirta
Familie Lagriidae

Glänzend schwarz bis schwarzbraun, fein behaart, die Flügeldecken weich, gelbbraun, stark behaart. Vorder- und Mittelfüße mit 5, die Hinterfüße mit 4 Gliedern. Beim Männchen sind die äußersten Fühlerglieder lang gestreckt.
7-10 mm.
Vom Frühling bis zum Spätsommer auf feuchten Wiesen und Lichtungen, meist in Wassernähe. Die Käfer fressen Laub, die Larven leben unter Fallaub und Kompost und verpuppen sich im Frühling.

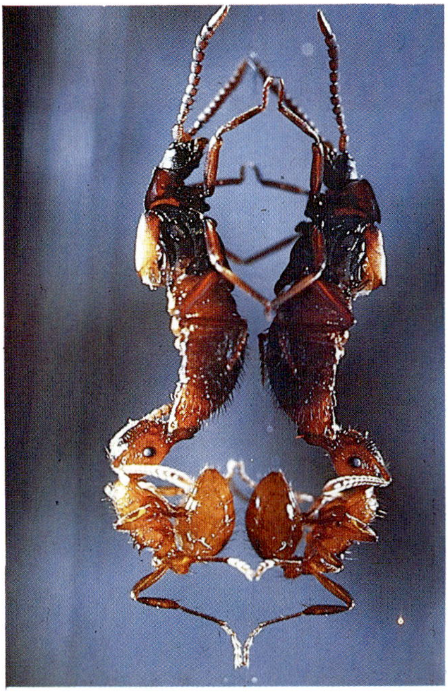
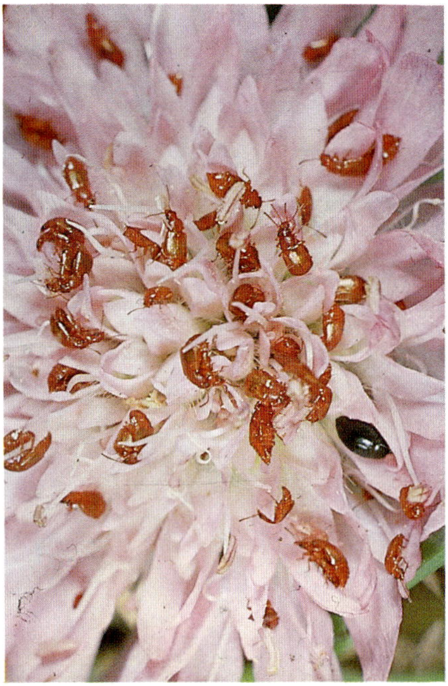
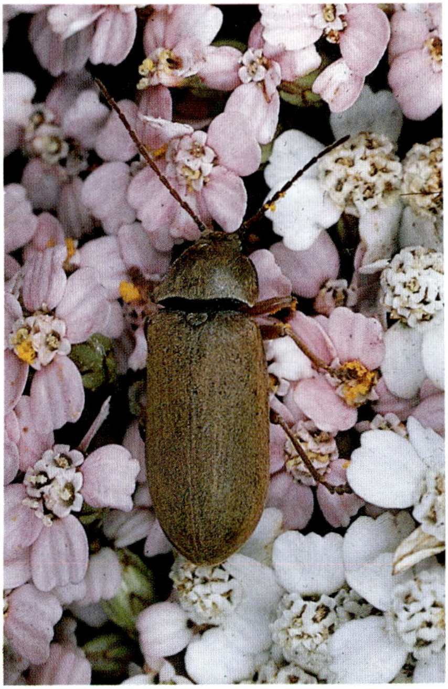
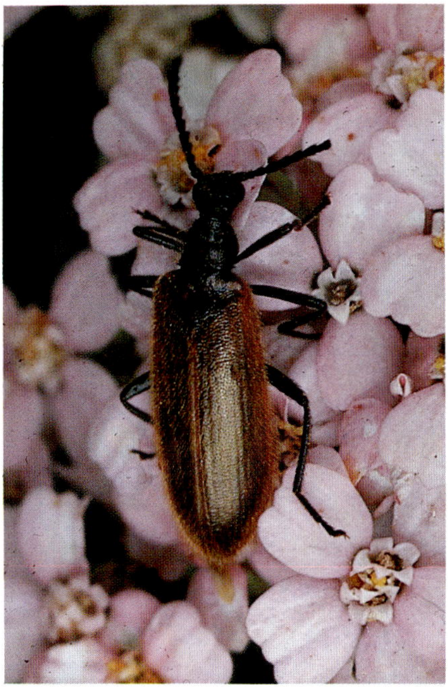

Heterocerus parallelus
Familie Heteroceridae, Sägekäfer

Flügeldecken matt, sehr fein punktiert und kurz behaart. Beine hell.
5-8 mm.
Gesellig in selbstgegrabenen Gängen im nassen Boden am lehmigen oder sandigen Ufern. Die Käfer können zirpen, indem sie die Hinterbeine an den Körperseiten reiben. Wenn man den Boden erschüttert, kommen sie hervor, fliegen davon und graben sich rasch wieder ein.

Ostoma ferruginea
Familie Peltidae (Ostomidae)

Auf den Flügeldecken je 6 Längsrippen und zwischen ihnen je 2 Punktreihen.
8-11 mm.
Der flache Körper kennzeichnet den Bewohner von Rindenritzen. In abgestorbenen, von Baumpilzen besiedelten Stämmen, auch in alten Bretterfußböden. Die Käfer fliegen in den Abendstunden. Die haarigen Larven leben in Baumschwämmen und morschem Holz, vor allem aber unter loser Rinde von Nadelbäumen.

Byrrhus pilula
Familie Byrrhidae, Pillenkäfer

Bräunlich bis rotbraun mit helleren, in Längsreihen stehenden Flecken. Fühlerwurzel rotbraun, Halsschild sehr fein gepunktet. Die Füße passen in Rinnen an den Unterschenkeln, diese passen in Rinnen an den Oberschenkeln und diese wie auch die Fühler in Rinnen am Körper. So kann der Käfer bei einer Störung zu einer kaum noch angreifbaren "Pille" werden. Flügeldecken an der Naht zusammengewachsen.
7,5-11 mm.
Meist in Wäldern auf Sand, unter Steinen und Moos. Die Käfer überwintern und werden meist im Frühjahr gefunden. Sie sind wohl die langsamsten aller Käfer, den Schildkröten vergleichbar.

Bostrychus capucinus, Kapuziner
Familie Bostrychidae, Bohrkäfer

Der Kapuzinerkäfer mit dem sehr rauhen Halsschild ist unverwechselbar trotz der extremen Größenunterschiede. Die kleinsten mit 6 mm Länge schlüpfen aus bereits zerfallenem Holz als Hungerformen.
6-15 mm.
Auf Baumstämmen, gern an Holzlagerplätzen. Die Käfer fliegen an warmen Tagen und legen ihre Eier in Rindenritzen. Die Larven bohren in totem, aber noch hartem Laubholz. Sie verpuppen sich nach ein- oder zweijähriger Entwicklung im Frühling und erscheinen ab Juni.

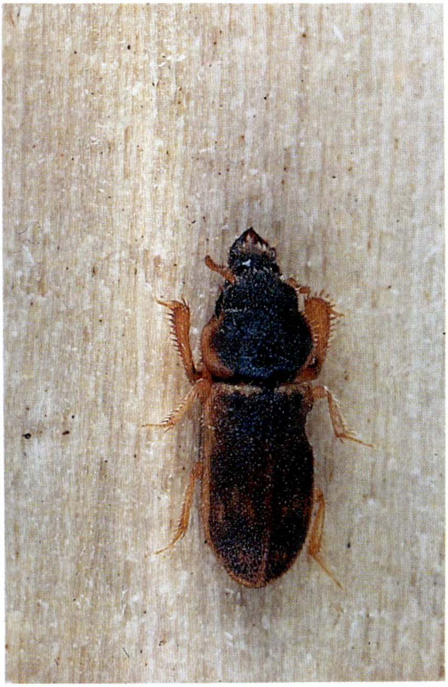
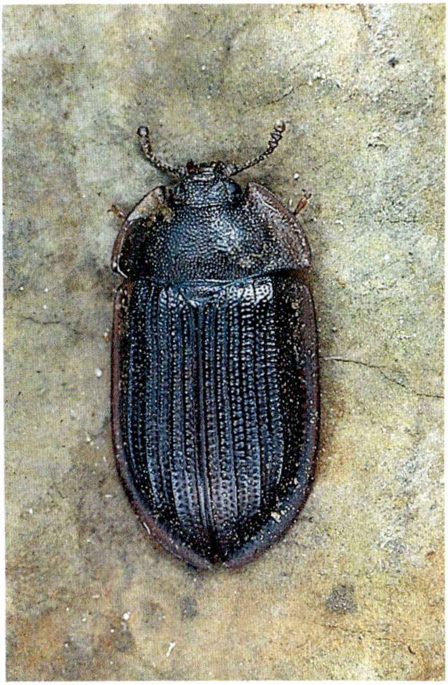
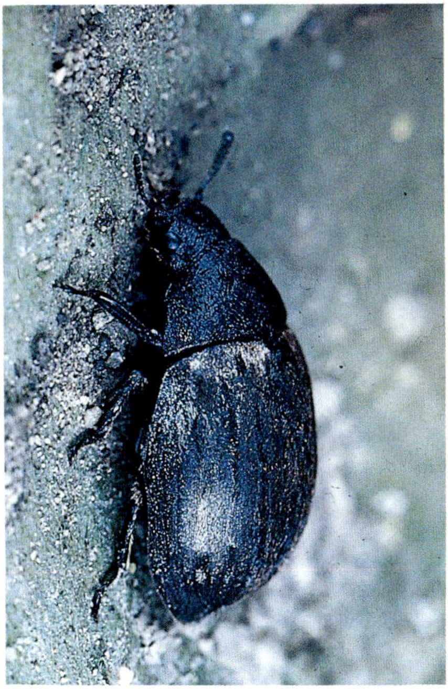
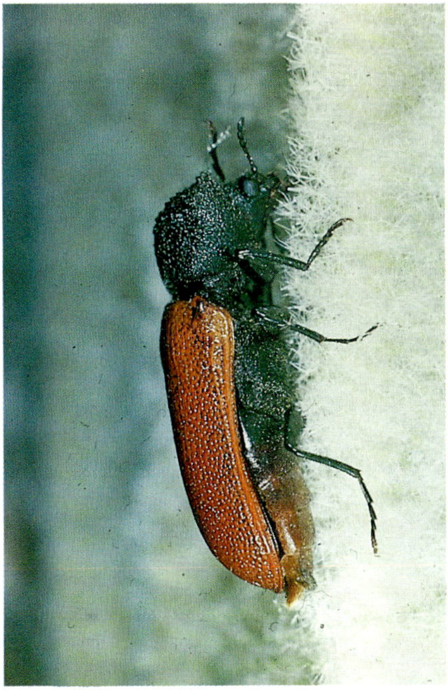

Chalcophora mariana
Familie Buprestidae, Prachtkäfer

Braun mit Bronzeglanz, Kopf mit Längsfurche, Halsschild und Flügeldecken mit messingglänzenden Furchen und Gruben. Der größte deutsche Prachtkäfer.
24-30 mm.
Meist vereinzelt in sandigen Kiefern- und Fichtenwäldern, von Mitteleuropa ostwärts verbreitet. Die Käfer erscheinen von Mai bis August (Oktober) und fliegen in der Wärme leicht und schnell. Meist sitzen sie auf gefällten Stämmen und Stubben.
Die bis 8 cm langen Larven leben unter der Rinde abgestorbener Fichten, die sie bis zum Zerfall in "Wurmmehl" verwandeln können.

Buprestis rustica
Familie Buprestidae, Prachtkäfer

Metallisch grün oder blau, manchmal auch kupferig. Der Kopf ist kräftig punktiert und hell behaart. Flügeldecken mit Punktreihen und einer Längsrippe nahe dem Seitenrand, dazu 2 oder 3 schwache Querdellen. Hinterende gabelig eingeschnitten.
12-18 (20) mm.
Von Juni bis September auf geschlagenem Nadelholz. Die Käfer fliegen bei warmem Wetter auf die geringste Störung davon.
Die Larve lebt 2 Jahre in morschem Holz, vor allem von Nadelbäumen.

Buprestis octoguttata
Familie Buprestidae, Prachtkäfer

Flügeldecken in der Hälfte angedeutet eingeschnürt, mit 4 queren gelben Flecken und vorne gelbem Seitenrand.
9-15 mm.
Von Juni bis August in Nadelwäldern, vor allem in Moorwäldern im Osten, nirgends häufig. Die Käfer sitzen in der Mittagssonne auf freiliegenden Wurzeln oder liegenden Stämmen. Die Larven leben in toten Wurzeln, Stümpfen und liegenden Stämmen. Von Nordafrika bis Südskandinavien.

Buprestis novemmaculata
Familie Buprestidae, Prachtkäfer

Schwarz mit bronzenem oder grünem Erzglanz, Unterseite kupferig. Flügeldecken mit je 4 gelben Schrägflecken von veränderlicher Größe, die auch zu einem Längsband zusammenfließen können. Stirn gelb mit schwarzen Punkten.
14-20 mm.
Von Juni bis Oktober, gern auf geschlagenem Kiefernholz. Von Nordafrika bis zur nordischen Waldgrenze verbreitet, aber nicht häufig. Die Larve lebt im Holz toter Nadelbäume.

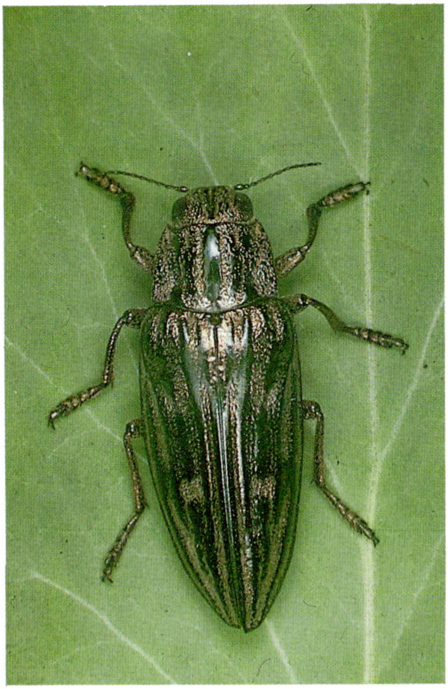
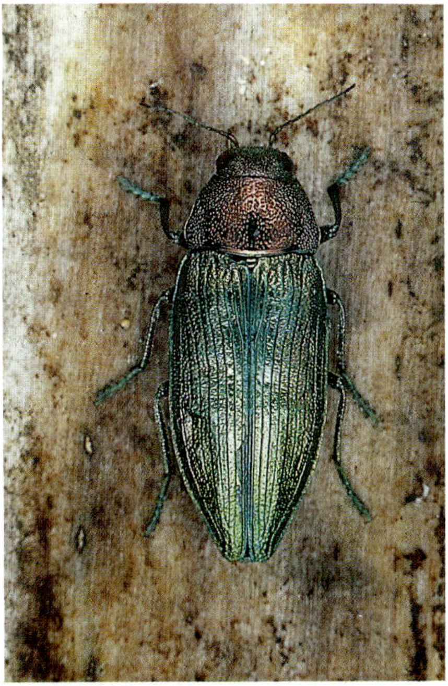
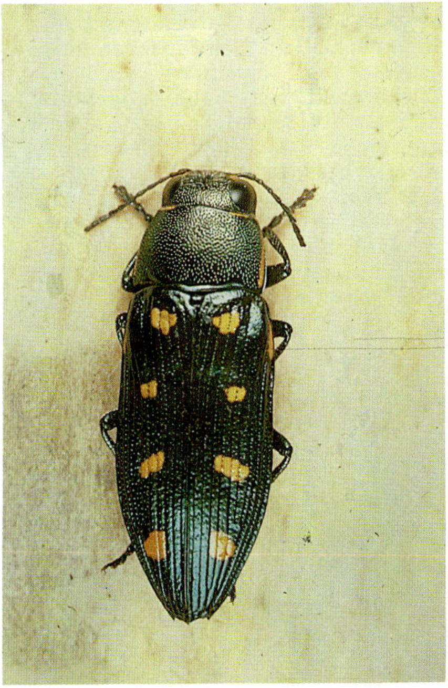
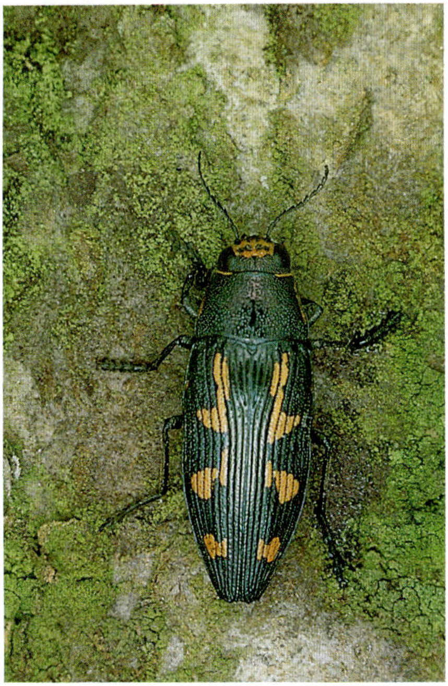

Buprestis haemorrhoidalis
Familie Buprestidae, Prachtkäfer

Sehr ähnlich Buprestis rustica, aber die Flügeldecken sind hinten quer abgeschnitten, der Körper ist etwas schlanker, der Halsschild lockerer und feiner punktiert. Vor den Augen einige gelbliche Fleckchen.
12 bis 20 mm.
Von Juni bis September in sonnigen Nadelwäldern. Nur in Osteuropa und auch da nicht häufig.

Dicerca aenea
Familie Buprestidae, Prachtkäfer

Fühler scharf gesägt und dunkel metallisch. Halsschild und Flügeldecken mit arttypischem Relief.
19–24 mm.
Im Sonnenschein auf den Stämmen kränkelnder Bäume, wo die Käfer ihre Eier in Rindenritzen legen. Verbreitet von Nordafrika bis Sibirien, aber nördlich der Alpen sehr lokal und selten.

Julodis onopordi
Familie Buprestidae, Prachtkäfer

Zylindrisch, metallisch grün oder bronzefarben mit Binden aus locker sitzender weißer Behaarung.
22–25 mm.
Von Mitte April bis Ende Juni. Die Käfer sitzen offen an Halmen und Zweigen, gern auf Zistrosen und Gräsern.
Im Mittelmeerraum, etwa so weit, wie der Ölbaum wächst. Stellenweise häufig. Die Larven leben nach Art von Engerlingen im Boden.

Dicerca acuminata
Familie Buprestidae, Prachtkäfer

In der Gattung Dicera sind die Flügeldecken zu Schwänzchen ausgezogen. Bei acuminata sind die Schwänzchen am Ende abgestutzt und am Außenrand glatt. Auch das reiche Relief des Halsschildes ist arttypisch.
16–18 mm.
Die Käfer sitzen an warmen Tagen von Juni bis August an kränkelnden Laubbäumen. In Mitteleuropa selten, im Osten häufiger.

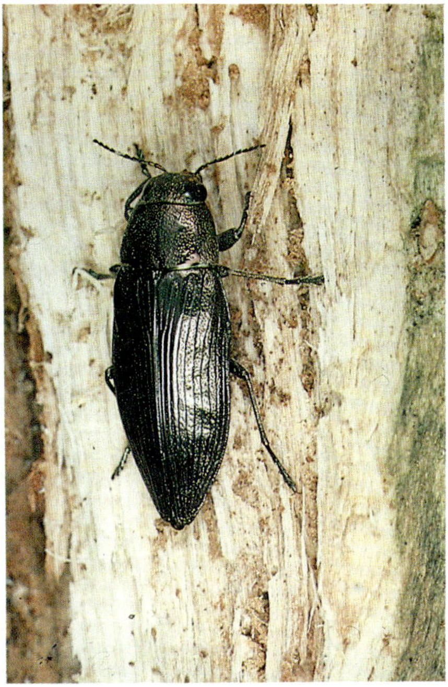
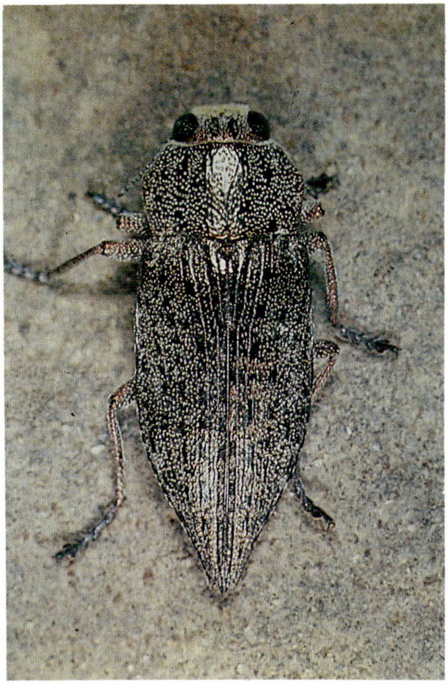
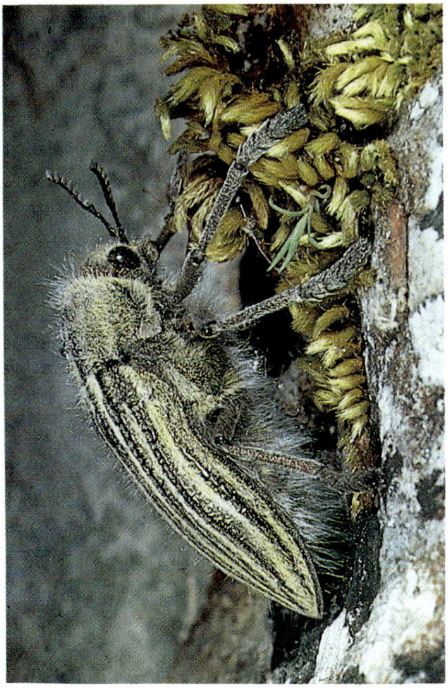
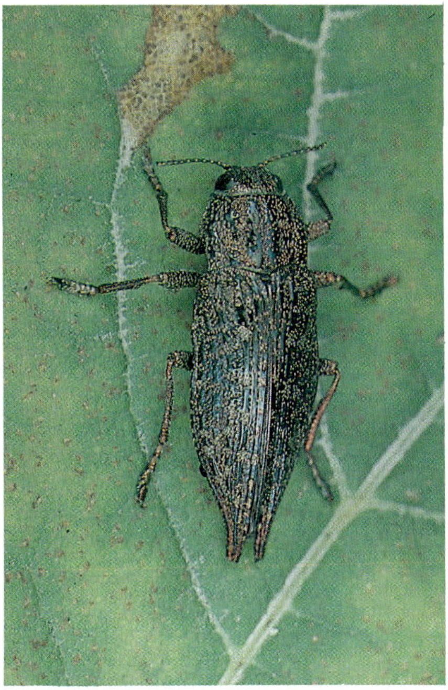

Melanophila picta
Familie Buprestidae, Prachtkäfer

Dunkelbraun mit schwachem Kupferglanz und kleinen gelben Flecken in wechselnder Zahl. Flügeldecken mit schwachen Rippen und dichten, unregelmäßig stehenden Punkten. Fühlerglieder vom viertinnersten an dreieckig.
9-12,5 mm.
Flugzeit Mai bis Juli. Auf geschlagenem Holz und auf Blüten. Die Larven leben in totem Holz von Pappeln und Weiden. In Süd- und Osteuropa.

Ptosima flavoguttata (11-maculata)
Familie Buprestidae, Prachtkäfer

Hochgewölbt, im Querschnitt fast drehrund, fein weißlich behaart, auf dem Halsschild nach vorne gekämmt. Meist mit einem Fleck auf dem Scheitel, 2 Flecke auf dem Halsschild und je 3 auf den Flügeldecken.
7-13 mm.
Auf Stämmen und Ästen, sehr lokal, mehr im Osten, an den Fundorten manchmal nicht selten.
Die Larven leben im Holz von Sauerkirsche.

Acmaeodera flavofasciata
Familie Buprestidae, Prachtkäfer

Ohne Schildchen zwischen den Flügeldecken, diese mit 5 gelbroten Querbinden, von denen vor allem die vorderste und hinterste in Punkte aufgelöst sind. Halsschild mehr als doppelt so breit wie lang, Flügeldecken mit 10 Punktstreifen. Unterseite kreideweiß beschuppt.
6,5 bis 11 mm.
Nicht selten in Südosteuropa bis nach Österreich und in die Südschweiz. Von Mai bis August auf Baumstämmen und Blüten. Die Larven leben unter der Rinde kränkelnder Bäume, vor allem an Fichten.

Acmaeodera pilosella
Familie Buprestidae, Prachtkäfer

Kupferglänzend, Flügeldecken hell gelblich mit bronzeglänzender Umrandung.
7-9 mm.
In der Mittagssonne auf Blüten von Löwenzahn, Sonnenröschen und Winden. Die Larven entwickeln sich in Eichen. Flugzeit Mai und Juni.
Mediterran, nördlich bis nach Südostfrankreich und zum Alpensüdrand.

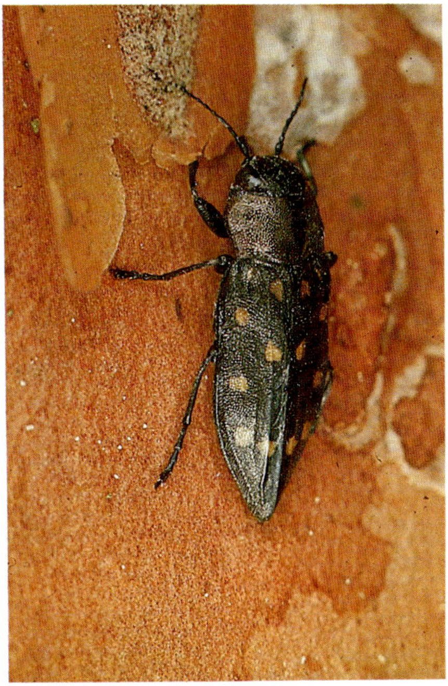
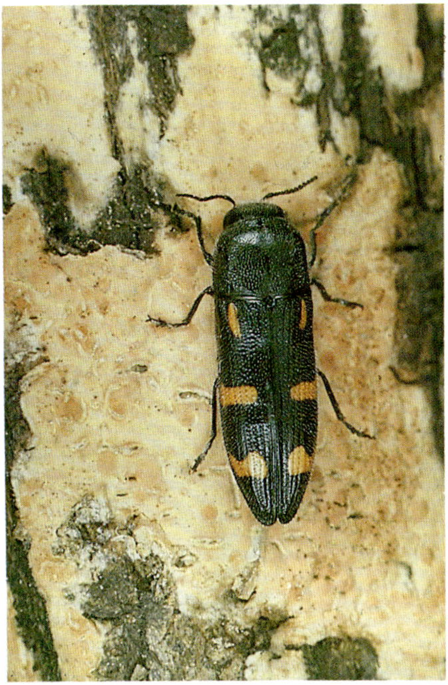
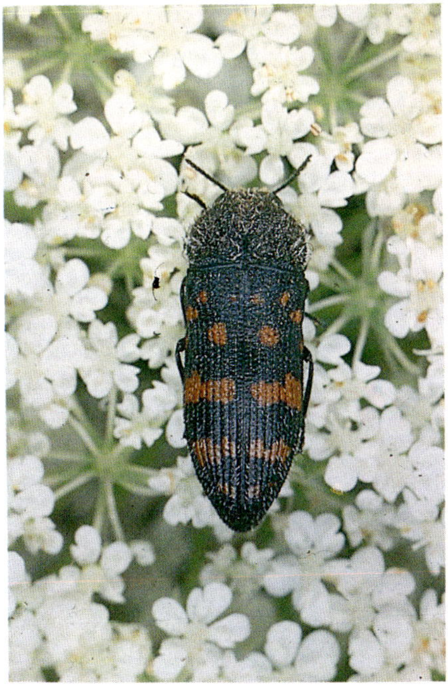
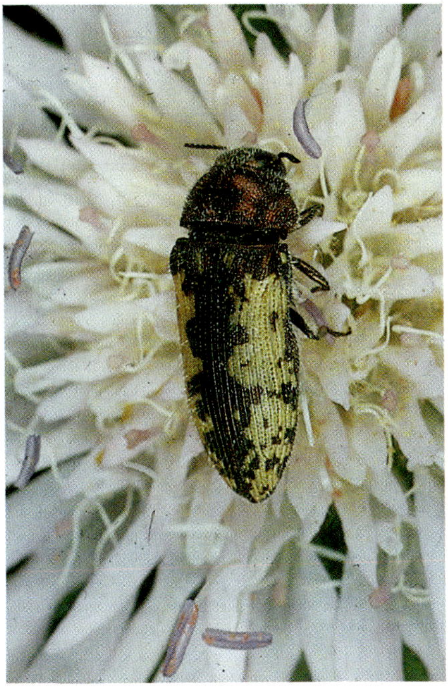

Acmaeodera degener
Familie Buprestidae, Prachtkäfer

Ohne Schildchen zwischen den Flügeldecken. Oberseite bis auf die hellen Flecken schwarz behaart. Halsschild mit deutlichem Rand, auf den Flügeldecken je 2 Reihen heller Flecke. Unterseite fein behaart.
7 bis 9 mm.
Auf Blüten und Eichenklaftern, von Nordafrika bis Südtirol, selten und lokal auch nördlich der Alpen.

Coroebus rubi
Familie Buprestidae, Prachtkäfer

Halsschild hinten beiderseits tief eingebuchtet und daneben gekielt. Flügeldecken mit 4 oder 5 zackigen, aus Haaren gebildeten Querbinden.
8-10 mm.
In Südeuropa, selten auch nördlich der Alpen auf Eichen. Im Süden werden die Käfer von einer Wespe (Cerceris bupresticida) erbeutet und als Larvenfutter eingetragen. Die Coreobus-Larven fressen unter der Rinde mittelstarker Eichenäste und bringen sie durch "Ringeln" zum Absterben.

Phaenops cyanea
Familie Buprestidae, Blattkäfer

Einfarbig blau, blaugrün bis schwarz, dicht und oft mit Punktpaaren punktiert. Fühler ab dem 3. Glied von innen schwach gesägt.
7-12 mm.
In lichten Kiefern- und Fichtenwäldern von Mai bis Juli an toten Kiefern, seltener an Fichtenholz. Die Käfer können im Sonnenschein so rasch wie eine Fliege starten. Die Larven erzeugen in und unter der Rinde kränkelnder Kiefern verschlungene Fraßgänge. Sie überwintern zweimal und verpuppen sich unter der Rinde.

Coroebus amethystinus
Familie Buprestidae, Prachtkäfer

Einfarbig leuchtend blau oder grün, sehr fein weiß behaart, Halsschild mehr als doppelt so breit wie lang. Kopf mit einer Längsfurche.
5-6 mm.
Im Mittelmeerraum, selten nördlich der Alpen. Die Larven minieren in den Stengeln von Disteln (Cirsium).

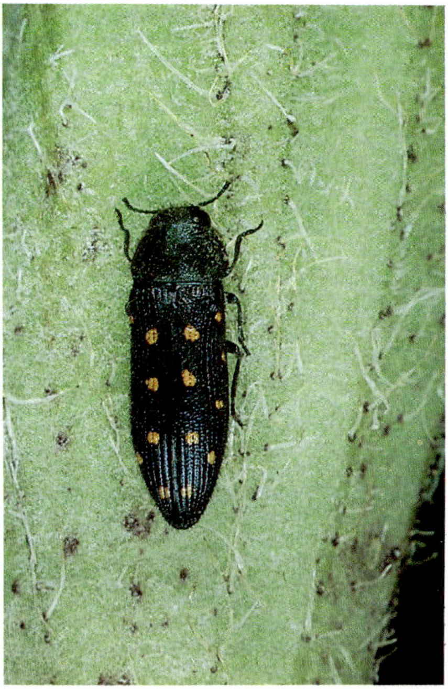
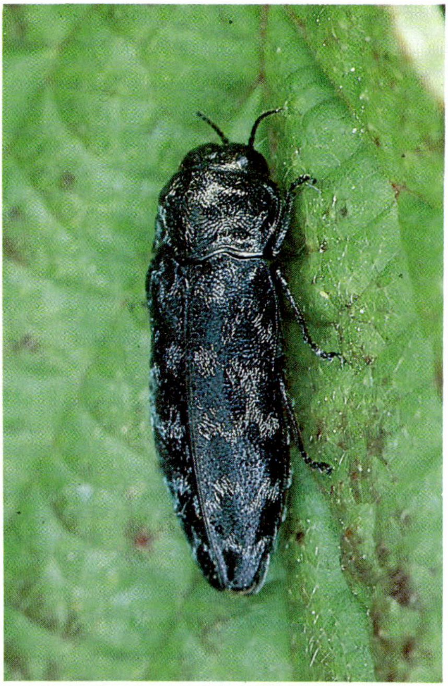
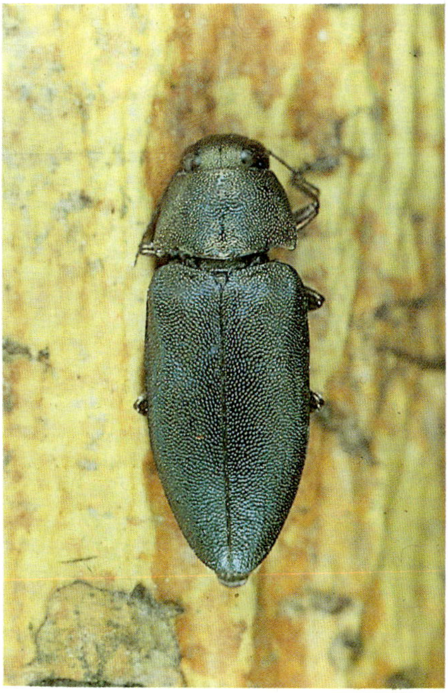
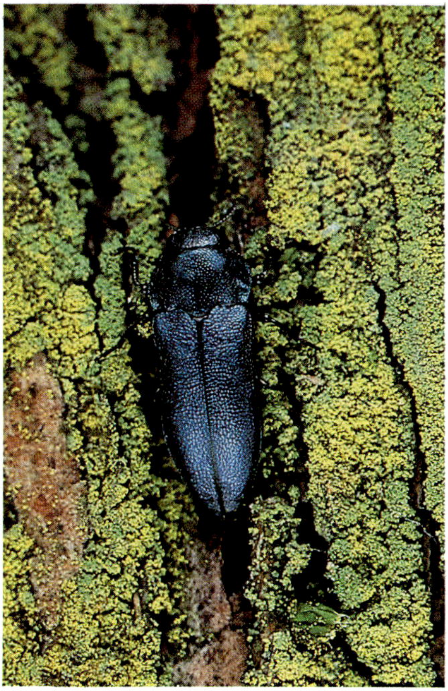

Aurigena (Perotis) lugubris
Familie Buprestidae, Prachtkäfer

Halsschild mit arttypischem Umriß und Relief mit 2 kleinen Punktgrübchen vor dem Schildchen. Auf den Flügeldecken je 3 bis 4 unterbrochene Rippen.
16-25 mm.
In Süd- und Südosteuropa, häufig im Frühsommer in Obstgärten und auf Pistazienbüschen. Der Käfer wurde auch schon nördlich der Alpen gefunden, vielleicht aber nur in Holzlieferungen eingeschleppt.

Capnodis tenebrionis
Familie Buprestidae, Prachtkäfer

Halsschild mattschwarz mit weißgrau gefüllten Senken und kleinen schwarzen Flecken. Flügeldecken schwarz mit kleineren weißen Flecken. Sehr hart gepanzert.
22-25 mm.
Von Mai bis September, nördlich der Alpen nur in Wärmeinseln und selten, im Süden häufig und in Steinobstgärten schädlich. Die Larven leben in morschen Ästen von Prunus-Arten, vor allem in Schlehen.

Capnodis cariosa
Familie Buprestidae, Prachtkäfer

Gedrungen, hoch gewölbt, speckglänzend schwarz, dicht gitterig punktiert mit glänzenden Abschnitten. Schildchen punktförmig, Flügeldecken kräftig längsgestreift und teils staubig, teil bronzefarben. Vor dem Schildchen auf dem Halsschild eine hufeisenförmige Grube und 3 große Spiegelflecke.
27-34 mm.
In ganz Italien und Südosteuropa. Die Larve wurde im Holz von Pistazien gefunden.

Capnodis porosa
Familie Buprestidae, Prachtkäfer

Düster und matt, mit arttypischem Muster von Einstichen auf dem Halsschild.
15-30 mm.
Im Mai und Juni auf Blüten und an den Stämmen von Prunus-Arten. Die Larven entwickeln sich unter der Rinde von Obstbäumen (Prunus). In Südosteuropa und der Türkei, nordwärts bis nach Ungarn.

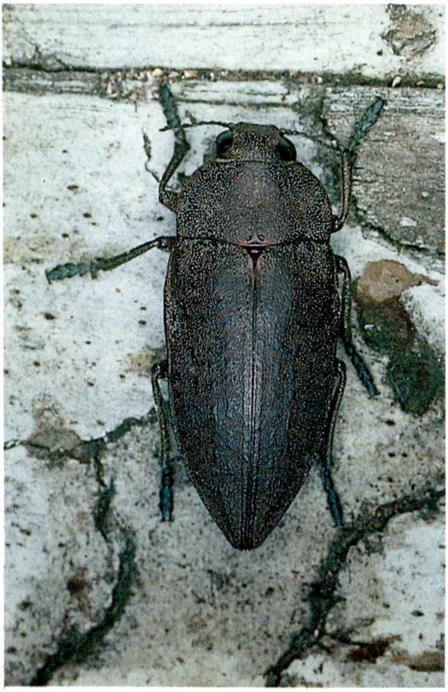
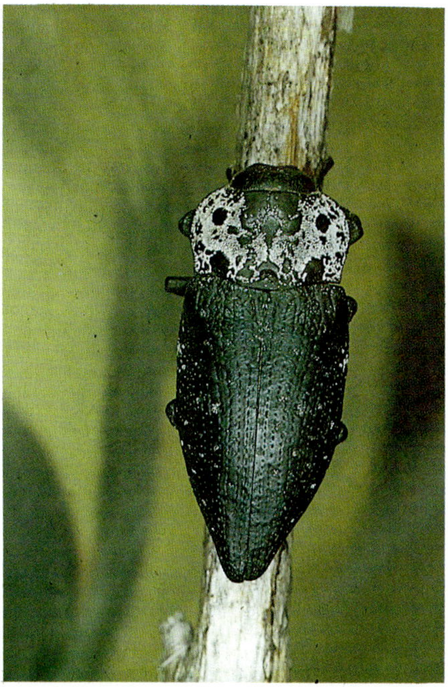
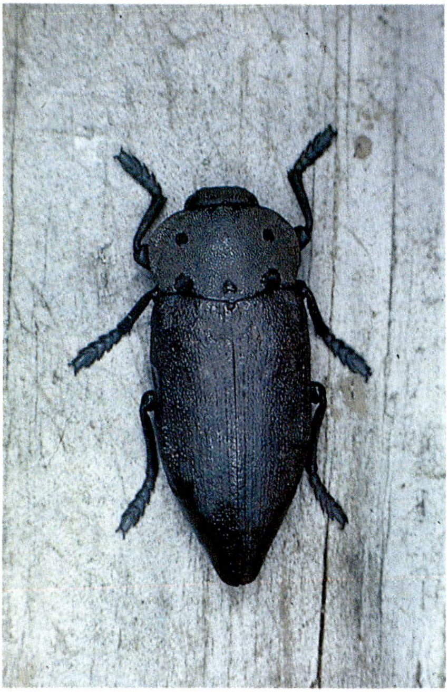
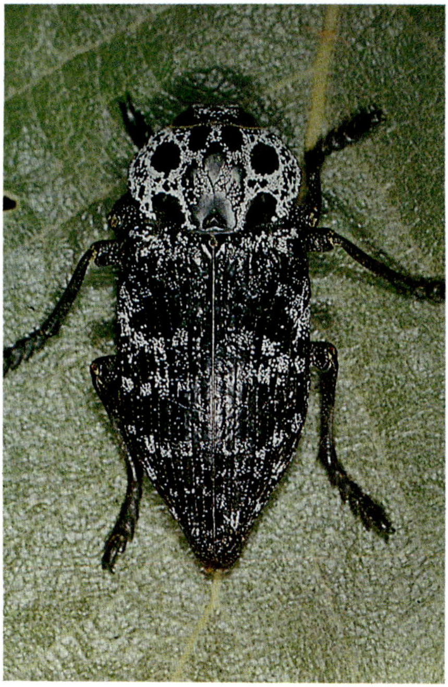

Anthaxia nitidula
Familie Buprestidae, Prachtkäfer

Männchen meist einfarbig goldengrün, Weibchen mit purpurrotem Vorderkörper und grünen oder blauen Flügeldecken. Auf dem Halsschild oft 2 schwarze Flecke. quergerunzelt.
Von April bis Juni (Juli) auf blühenden Rosen, Weißdorn und auf gelben Wiesenblumen, manchmal auch auf dürrem Holz. Die Käfer laufen im Sonnenschein flink umher und können blitzschnell auffliegen. Heimisch von Südeuropa bis nach Süddeutschland, aber nordwärts bis Südskandinavien.

Lampra (Scintillatrix) rutilans
Familie Buprestidae, Prachtkäfer

Prachtvoll metallgrün, zu den Seiten purpurrot. Flügeldecken mit einigen schwarzen Flecken. Halsschild mit arttypischem Umriß.
12-15 mm.
Von Ende Mai bis Juli (August) auf alten Lindenstämmen, besonders in Lindenalleen mit kränkelnden Bäumen, vor allem auf der Südseite. In warmen Sonnenschein zum blitzschnellen Auffliegen fähig. Die Larven leben 2 Jahre unter der Rinde in dicken Ästen und Stämmen, die sie abtöten können. Im Mittelmeerraum und dem östlichen Europa.

Anthaxia hungarica, Männchen
Familie Buprestidae, Prachtkäfer

Metallisch grün, manche Eemplare mit dunkleren Längsbinden auf dem Halsschild.
9-15 mm.
Häufig in Südeuropa auf Blüten in blühenden Heiden und Blumenwiesen.

Anthaxia hungarica, Weibchen
Familie Buprestidae, Prachtkäfer

Halsschild an den Seiten mit breiter roter Längsbinde.
9-15 mm.
Von April bis Juli auf Blüten. Die Larven entwickeln sich in Eichenholz.
Im Mittelmeerraum wohl der auffälligste Prachtkäfer, in Österreich noch häufig, selten in der Slowakei.

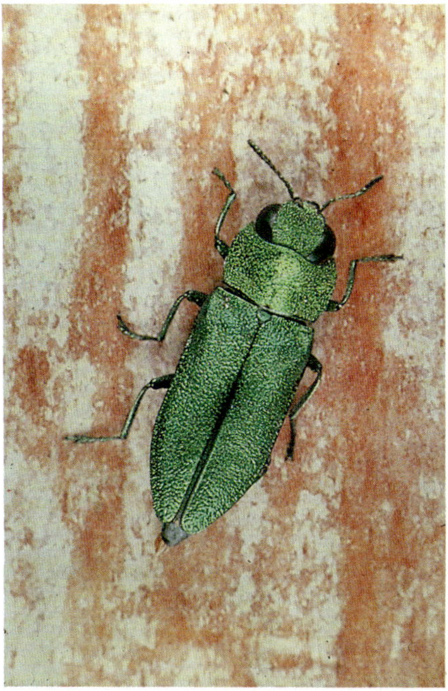
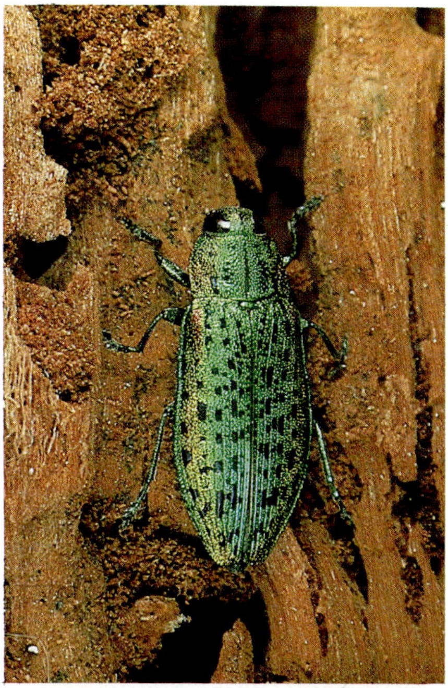
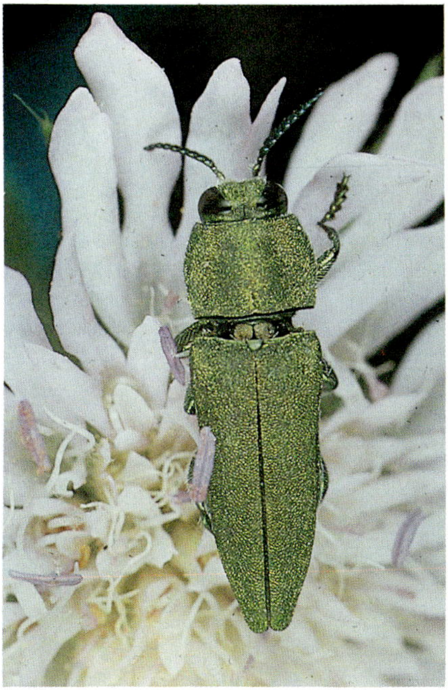
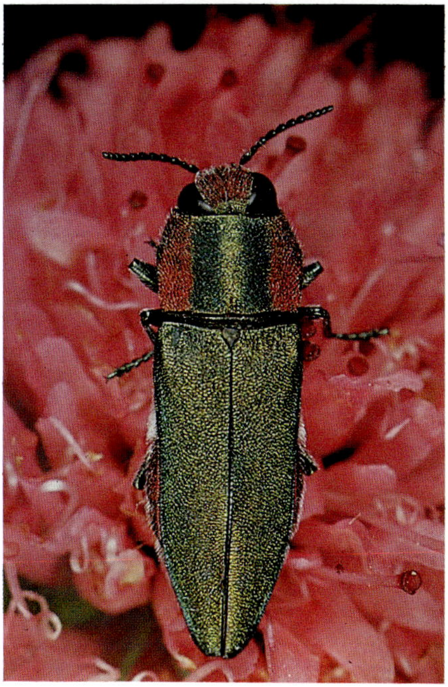

Anthaxia candens
Familie Buprestidae, Prachtkäfer

Kopf und Brust meist blau mit grünem Mittelstreif, der auf den Flügeldecken ausläuft. Beine blau, seltener auch grün.
8 bis 10 (12) mm.
Die Käfer überwintern und schwärmen an sehr warmen Maitagen zur Zeit der Kirschblüte, sie fressen an Blättern von Prunus-Arten und sind so flüchtig wie Fliegen. Sie werden 2 bis 3 Jahre alt.
Die Larven leben in der Bastschicht von kränkelnden Kirschen und Schlehenästen. Sie verpuppen sich in der Bastschicht. Die Käfer schlüpfen im Herbst und überwintern in der Puppenwiege.

Anthaxia salicis
Fam. Buprestidae, Prachtkäfer

Kopf und Brust blau oder grün, ebenso der Vorderrand der Flügeldecken, die vorne ein grünes, golden gerandetes Dreieck tragen. Sonst sind sie purpurrot und uneben.
6-8 mm.
Im Gebüsch in warmen Lagen, auf Zweigen und gelben Blüten. Von Mai bis Juli. Die Larven entwikkeln sich in Laubholz. Nördlich der Alpen nur an wenigen Orten.

Anthaxia fulgurans
Familie Buprestidae, Prachtkäfer

Halsschild grün mit 2 tiefen, schwarzblauen, von Längsrillen durchzogenen Gruben. Flügeldecken hinten an den Seiten mit groben Punkten in 2 Reihen und beim Männchen goldengrün, oft mit blauer Naht, beim Weibchen purpurrot, Naht und Vorderteil goldengrün.
5-6 mm.
Von Mai bis August auf Blüten wie von Schafgarbe, Wildrosen, Schneeball und Doldenblüten.
Häufig im Mittelmeerraum.

Anthaxia millefolii
Familie Buprestidae, Prachtkäfer

Der Seitenrand der Flügeldecken und der äußere Teil der Fühler sind fein sägeförmig. Grün bis bräunlichgrün mit feiner Oberflächenstruktur.
4-6 mm.
Im Sommer auf Blüten, die Larven in der Rinde von Laubbäumen. Von Nordafrika bis zum Alpensüdrand, lokal und selten auch nördlich der Alpen.

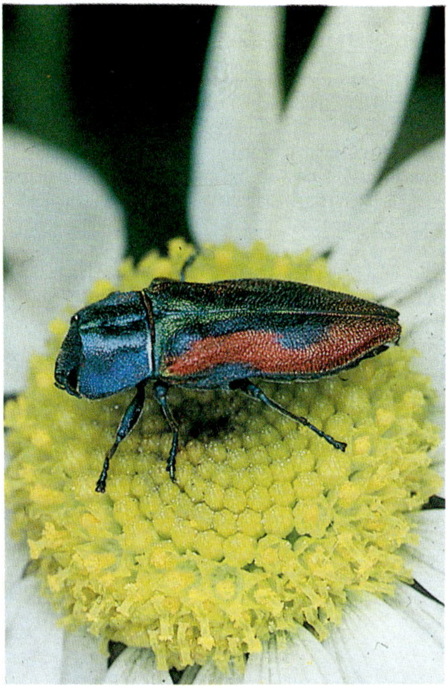
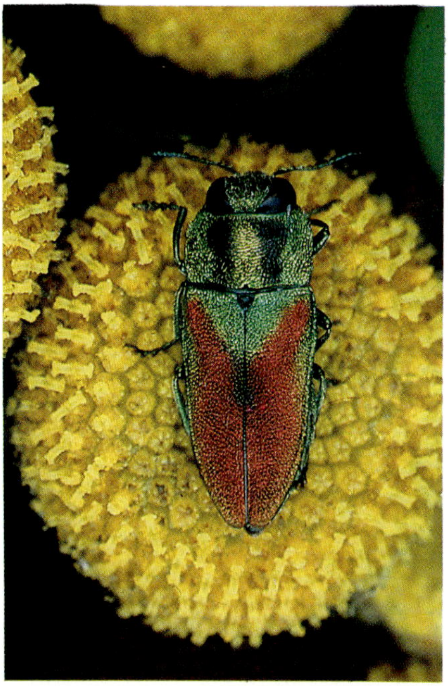
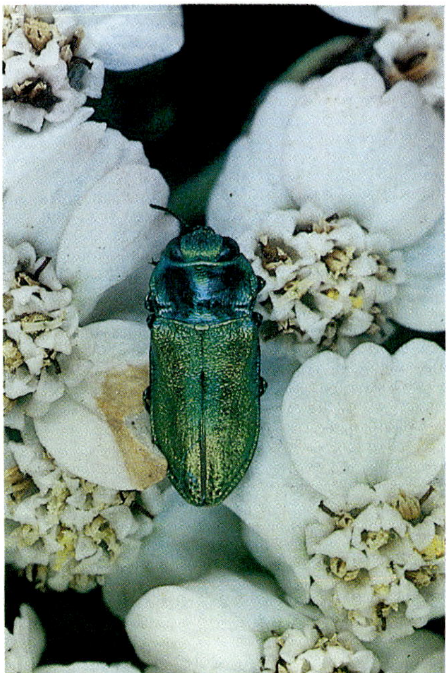
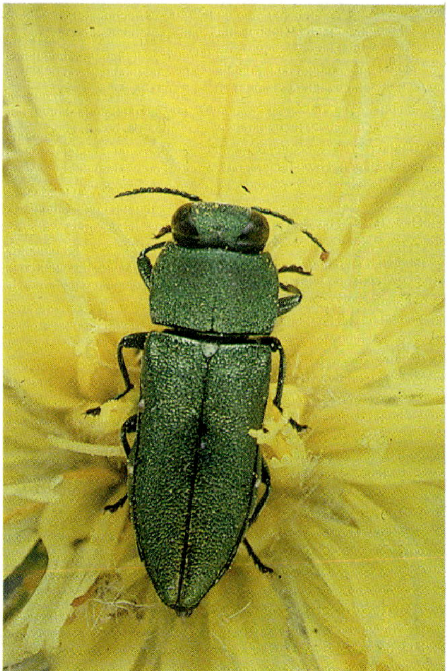

Anthaxia quadripunctata
Familie Buprestidae, Prachtkäfer

Breit und flachgedrückt, mit sehr breitem Scheitel. Unscheinbar bronzefarben, grob gekörnt und mit leichten Dellen, dabei oft 4 Eindrücke in einer Querreihe auf dem Halsschild.
4,5 bis 8 mm.
Im Juni und Juli auf Blüten am Waldrand, mit Vorliebe für die Farbe gelb. Oft zusammen mit Tropinota hirta. Die Larven leben in Kiefer und Fichte, selten auch in Lärche und Wacholder, meist auf der Südseite von Stämmchen, abgefallenen Ästen, Zaunlatten. Sie erzeugen dort während 2 Jahren gewundene, nach unten führende, mit wolkigem Bohrmehl gefüllte, scharfrandige Gänge mit sichtbaren Nagespuren.
In Deutschland die häufigste Anthaxia.

Agrilus biguttatus
Familie Buprestidae, Prachtkäfer

Flach, metallisch grün, goldengrün oder blaugrün, Weibchen meist mit goldengrünem Halsschild. Hinten auf den Flügeldecken neben der Naht je ein weißes Haarfleckchen.
9-12 mm.
Von Mai bis Juli auf Eichenstämmen. Die Larven leben in der Rinde von morschen Eichenästen und -Stümpfen. Verbreitet von Nordafrika bis Mittelschweden.

Agrilus viridis
Familie Buprestidae, Prachtkäfer

Metallisch grün, aber auch blau, kupferig, golden oder eisenschwarz. Kopf runzelig punktiert, Fühler tief gesägt, in den Einschnitten fein weiß behaart. Halsschild grob querrunzelig mit arttypischem Relief.
5-9 mm.
Im Juni und Juli an sonnigen Waldstellen, Forstschädling an jungen Buchen und Weiden. Die Weibchen legen ihre Eier an die Sonnenseite der Stämme und bedecken sie mit einem weißen Überzug. Die Larven fressen aufwärts geschlängelte und sich überkreuzende, bis 75 cm lange Gänge auf der Südseite unter der Rinde von kränkelnden Buchen, Eichen und anderen Laubbäumen, sogar an Brom- und Himbeere. Im Mai des dritten Jahres bohren sie sich zur Verpuppung tiefer ins Holz.

Agrilus cyanescens (coeruleus)
Familie Buprestidae, Prachtkäfer

Stirn tief gefurcht, Halsschild mit arttypischem Relief mit runzeligen Einsenkungen an den Seiten, Fühler schwach gesägt. Blau bis grün oder olivgrün.
5-7 mm.
Von Juni bis August auf Laubbäumen, vor allem auf Weiden, manchmal auch auf Blüten. Die Larven leben in Zweigen von Laubbäumen. Heimisch in Mittel- und Südeuropa.

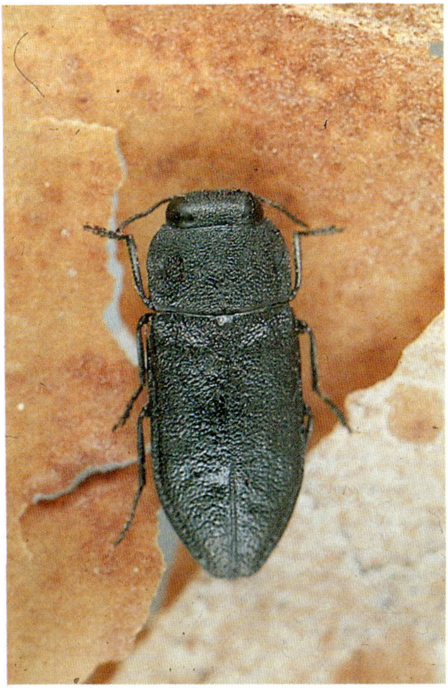
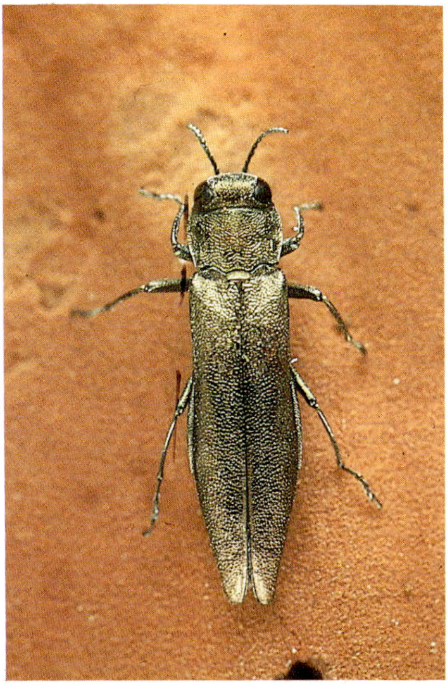
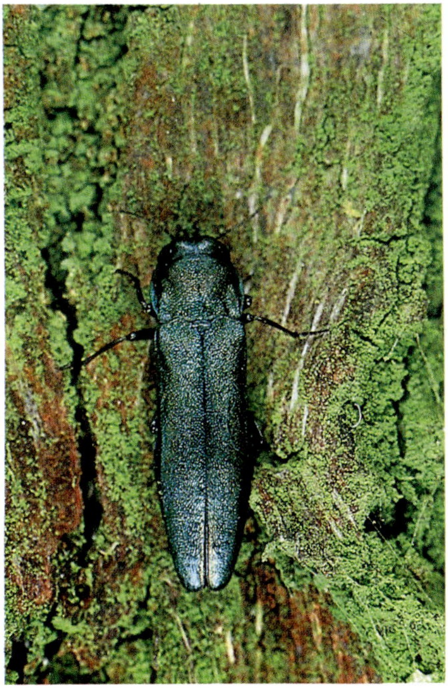
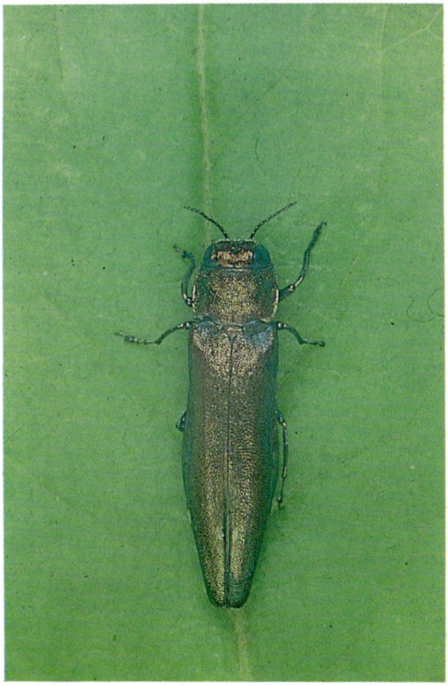

Ampedus balteatus
Familie Elateridae, Schnellkäfer

Etwa das hintere Drittel der Flügeldecken ist schwarz mit unscharfer Begrenzung. Dunkel behaart. 7-10 mm.
Im Mai und Juni häufig auf Doldenblüten und Baumstämmen in und bei lichten Wäldern. Die Larven entwickeln sich über 3 Jahre in morschem Holz von Laub- und Nadelbäumen, vor allem in Kiefern.

Ampedus sanguinolentus
Familie Elateridae, Schnellkäfer

Meist sicher zu bestimmen über den unscharf begrenzten dunklen Fleck auf den Flügeldecken, der ausnahmsweise auch fehlen kann. In diesem Fall entscheiden der Körperumriß und die Punktierung über die Artzugehörigkeit.
10 bis 12 mm.
Nicht selten von April bis September unter lockerer Rinde, im Mulm toter Bäume, wo sich auch die Larven über 2 oder 3 Jahre entwickeln, und manchmal auch auf Doldenblüten, besonders in und bei Auwäldern. Die Käfer schlüpfen schon im Herbst, bleiben aber bis zum Beginn der Flugzeit in ihrer Puppenhöhle.

Ampedus (Elater) sanguineus
Familie Elateridae, Schnellkäfer

Halsschild mit arttypischem Umriß und mit Mittelfurche über mehr als die halbe Länge. Fein behaart. 12-17,5 mm.
Von Mai bis Juli vor allem in lichten Kiefernwäldern, aber auch im Mischwald auf Blüten, gern Weißdorn und Dolden, auch in Rindenritzen. Die Larven entwickeln sich über mehrere Jahre, erst als Mulmfresser, später räuberisch in sehr morschem, feuchtem Holz, wo auch die Käfer überwintern.

Ampedus quadrisingatus
Familie Elateridae, Schnellkäfer

Fühler vom 3. Glied an nach außen sägeförmig. Flügeldecken gelblich, vorne mit 2 kleinen schwarzen Punkten.
10-12 mm.
An morschen Eichenstämmen. Sehr selten, aber von Frankreich bis Kroatien verbreitet.

Ampedus elegantulus
Familie Elateridae, Schnellkäfer

Flügeldecken am Hinterende schwarz und mit einem kleinen dunklen Fleck in Höhe der Schulter. Fühler vom viertinnersten Glied an gesägt.
8-9 mm.
An und in ausgefaulten Weiden. Sehr lokal und wahrscheinlich der seltenste der in diesem Buch vorgestellten Käfer.

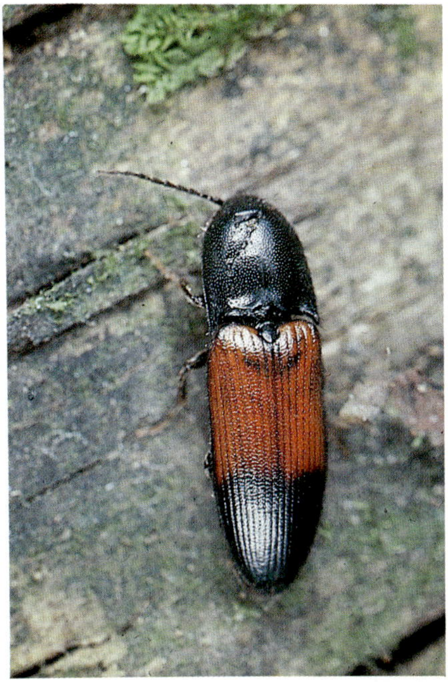
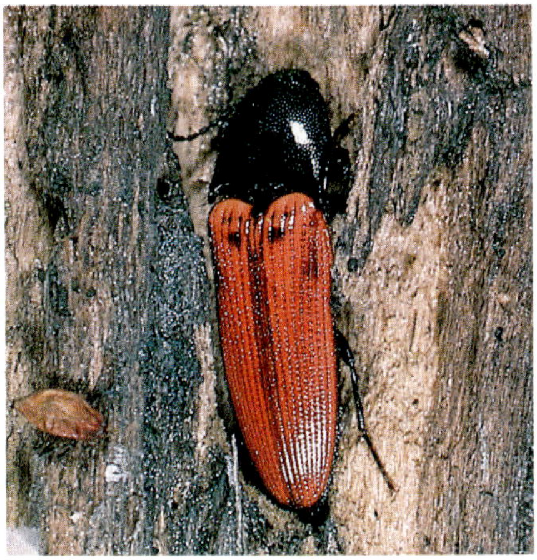
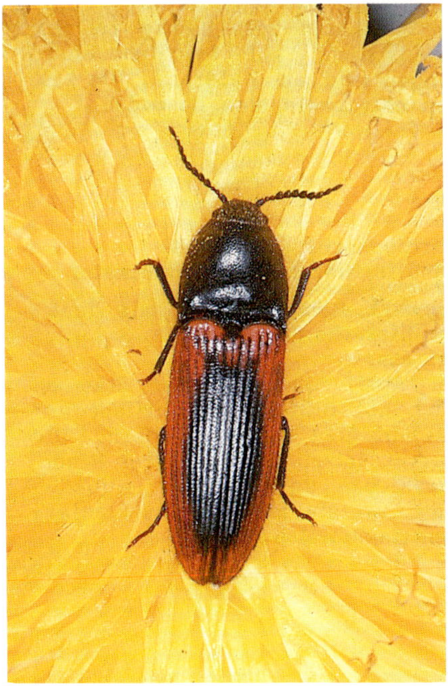
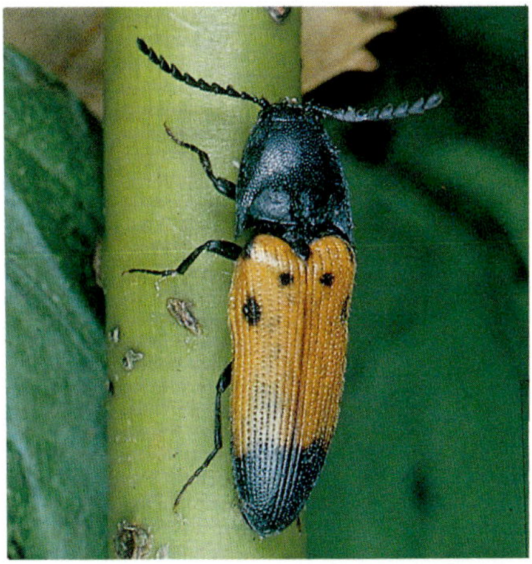
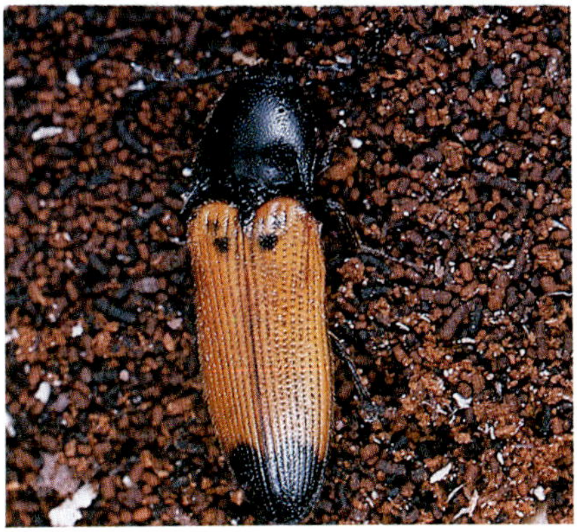

Melanotus rufipes
Familie Elateridae, Schnellkäfer

Halsschild gewölbt, breiter als lang und mit arttypischem Umriß. Braunschwarz, Beine braunschwarz bis rotbraun. Flügeldecken mit feinen Punktreihen, Schildchen viel länger als breit.
12-18 mm.
Häufig. Von Mai bis August bei Nacht auf Blüten und Büschen. Käfer fliegen auch ins Licht. Die Larven leben in Holzmulm.

Lacon quercus
Familie Elateridae, Schnellkäfer

Halsschild uneben, hell. Rotbraun mit einer Zeichnung aus langen gelblichen Haaren.
9-12 mm.
Im Mulm und unter lockerer Rinde an alten Eichenstümpfen, nachtaktiv. Von Oktober bis Mai, nicht leicht zu finden.

Dalopius marginatus
Familie Elateridae, Schnellkäfer

Schlank, heller oder dunkler braun mit dunklerem Rücken. Dicht gelblichgrau behaart. Fühler lang und dünn.
6-8 mm.
Häufig in Nadelwäldern über die Sommermonate. Meist sitzen die Käfer im Unterwuchs. Die Larven leben im Boden. Sie sollen sich von Wurzeln ernähren, aber auch die im Boden lebenden Insekten nicht verschmähen.

Ctenicera (Corymbites) pectinicornis
Familie Elateridae, Schnellkäfer

Metallisch grünlich bis messingglänzend. Flügeldecken fein anliegend behaart, Beine schwarz mit helleren Füßen. Fühler schwarz und beim Männchen sägeförmig mit arttypischer Form, beim Weibchen stark sägeförmig.
15-18 mm.
Im Juni und Juli häufig in der Krautschicht auf feuchten Lichtungen und am Waldrand. Die Larven entwickeln sich im Boden.

Cardiophorus gramineus
Familie Elateridae, Schnellkäfer

Schwarz, Halsschild rot mit dunkler Hinterkante.
8-9 mm.
Im April und Mai auf Stämmen oder auf Blüten, mit Vorliebe auf Doldenblüten und Weißdorn. Die Larven leben unter lockerer Rinde an Eichen und anderen Laubbäumen, wo sie anderen Insektenlarven nachstellen.

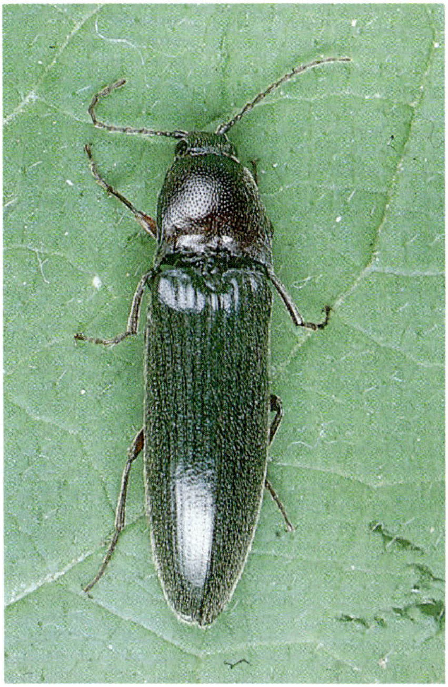
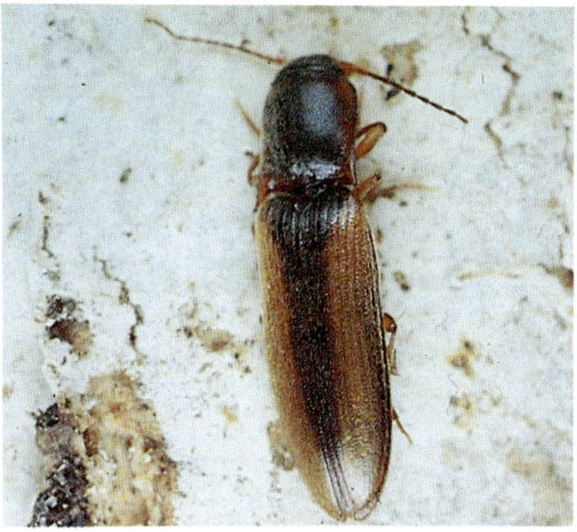
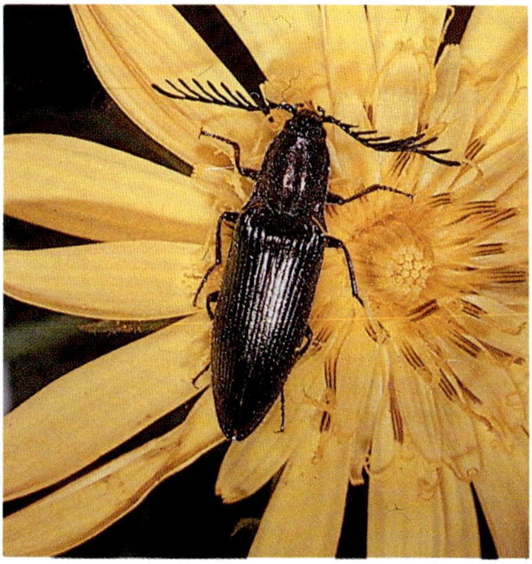
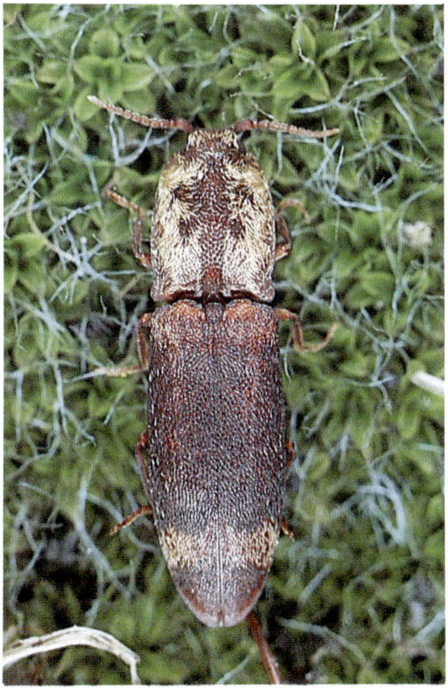
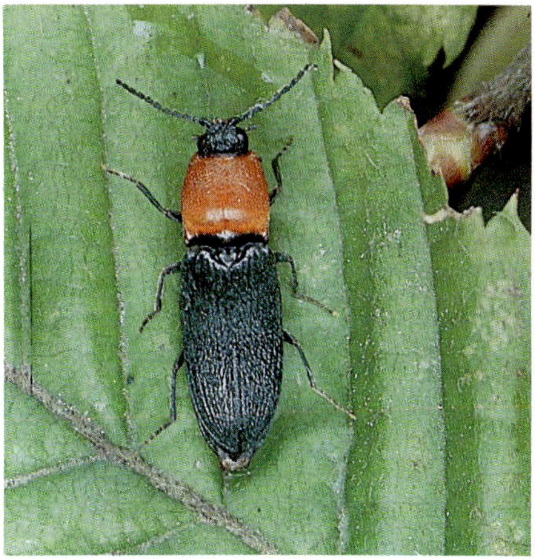

Brachylacon punctatus
Familie Elateridae, Schnellkäfer

Halsschild länger als breit und mit Mittelrinne. Flügeldecken unregelmäßig gepunktet. Mattschwarz, auf Halsschild und Flügeldecken schwarze und einzelne weiße Schuppen.
14-19 mm.
Meist verkrochen unter lockerer Rinde an Laub- und Nadelbäumen im Mittelmeerraum und Südosteuropa, sehr versteckt und daher selten gefunden.

Selastosomus aeneus
Familie Elateridae, Schnellkäfer

Die Fühler reichen nicht bis zu den Halsschildhinterecken. Halsschild mit arttypischem Umriß und Relief. Rücken mit schwachem Metallglanz, der messinggelb, rot, grün, blau bis violett sein kann. Beine meist braun, selten schwarz.
10-16 mm.
Häufig in Rindenritzen, auf Blüten und Blättern, unter Steinen und in zusammengerollten Halmen von März bis Oktober, vor allem im Juni und Juli.
In trockenen Wäldern, Heiden und Steppen. Die Larven entwickeln sich über 2 Jahre im Boden und benagen Wurzeln. Sie sind schon in Baumschulen schädlich geworden. Die Käfer schlüpfen im Herbst und überwintern in der Erde.

Adelocera murina
Familie Elateridae, Schnellkäfer

Für einen Schnellkäfer breit und flach, Schildchen länger als breit. Graue Härchen und weiße und braungraue bis rotbraune Schuppen bilden auf der Oberseite eine verwaschene Fleckung. Innerstes Fühlerglied schwarz, die restlichen bräunlich.
12-17 mm.
Häufig auf trockenen Wiesen und Lichtungen, im Mai und Juni, teils auf Blüten und Laub, teils unter Steinen. Die Larven leben räuberisch im Bodenmulm, sollen aber auch Wurzeln benagen.

Anostirus purpureus
Familie Elateridae, Schnellkäfer

Halsschild dicht wolkig rot behaart. Flügeldecken mit kräftigen Längsrippen. Fühler beim Männchen kammförmig, beim Weibchen sägeförmig.
10-14 mm.
Von April bis Juli auf frischen Trieben von Weiden, Eschen und anderen Laubbäumen und auf Blüten am Waldrand. Vor allem im Bergland. Die Larven entwickeln sich in verrottenden Wurzeln.

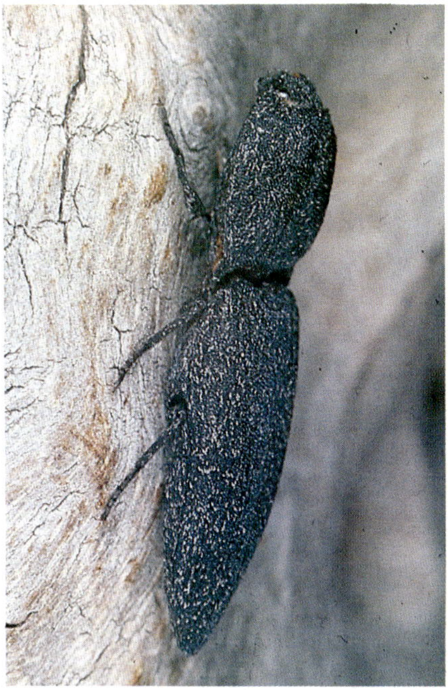
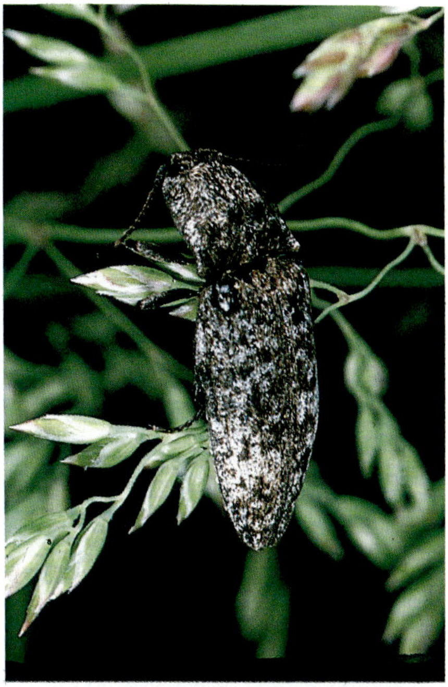
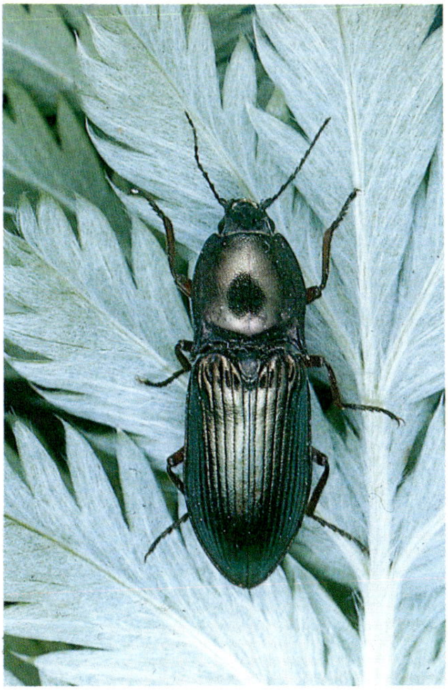
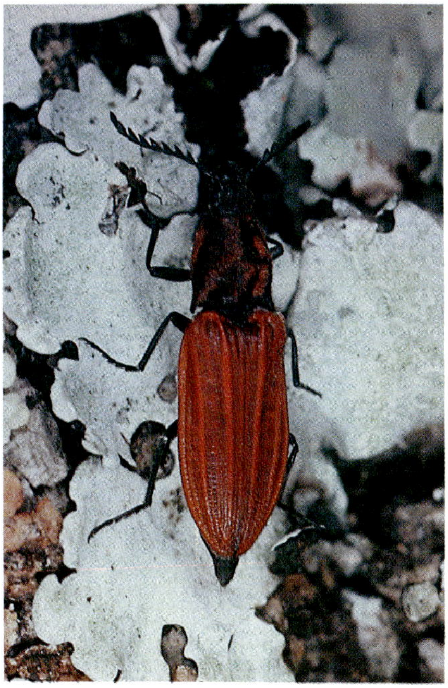

Denticollis rubens
Familie Elateridae, Schnellkäfer

Kopf vorgestreckt und mit großen Augen, Halsschild schmaler als die Flügeldecken und mit hakigen Hinterecken. Fühler der Weibchen sägeförmig, der Männchen kammförmig. Flügeldecken mit Längsrinnen und dazwischen fein gekörnt.
13-14 mm.
In Bergwiesen auf Blüten, manchmal auch in Holzmulm. Die Larven entwickeln sich über mehrere Jahre räuberisch in zerfallendem Holz. Selten.

Athous niger
Familie Elateridae, Schnellkäfer

Die Fühler der Männchen überragen, nach hinten gelegt, den Halsschild mit 2 oder 3 Gliedern. Schwarz mit grauen, selten auch rotbraunen Haaren, die auf den Flügeldecken nach hinten, auf dem Halsschild aber nach vorne gerichtet sind.
10-14 mm.
Häufig von Mai bis Juli auf Gebüsch. Die Larven leben im Boden.
Der Schnellapparat, mit dem die Tiere beim Ergreifen "knipsen", ist sehr kompliziert gebaut, und auch seine Aufgabe ist unklar. Wahrscheinlich dient er dazu, Feinde zu erschrecken oder abzuschütteln.

Athous haemorrhoidalis
Familie Elateridae, Schnellkäfer

Halsschild dicht punktiert und behaart und mit Mittelfurche. Die Fühlerglieder werden vom 2. bis zum 4. nach außen länger. Flügeldecken heller als der Halsschild.
10-14 mm.
Häufig vom späten Frühjahr bis Sommerende auf Weiden, Hasel und anderen Sträuchern.
Die Larven leben von Wurzeln. Die Käfer schlüpfen im August, bleiben aber meist bis zum Frühjahr im Erdboden.

Athous vittatus
Familie Elateridae, Schnellkäfer

In der Gattung Athous sind die Haare auf dem Halsschild nach vorne gestrichen, und der Halsschild ist länger als breit. Die Färbung von vittatus ist variabel, meist sind die Flügeldecken in Brauntönen mit etwas aufgehelltem Seitenrand. Der Bauch ist schwarz mit braunem Seitenrand und Hinterende.
8,5 bis 11 mm.
Häufig im Mai und Juni auf Blüten und Zweigen.

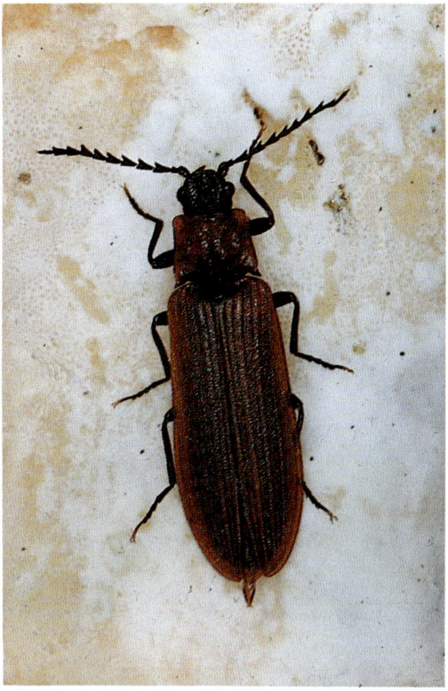
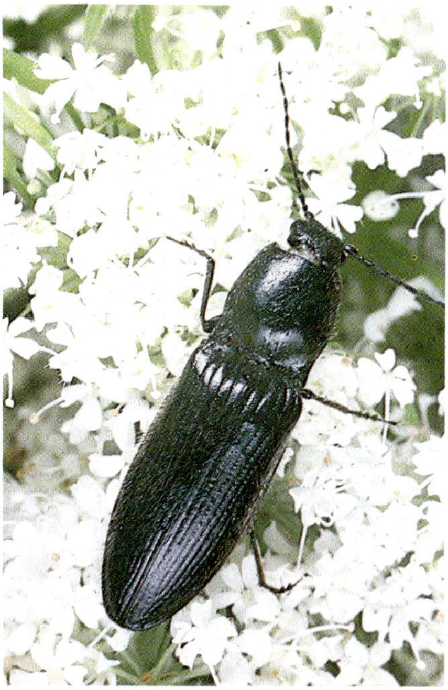
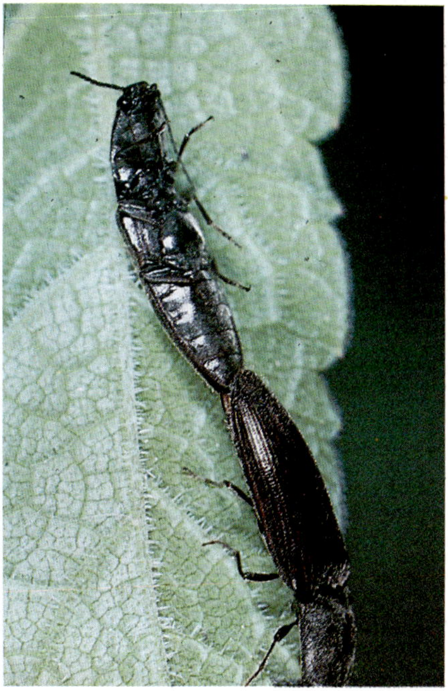
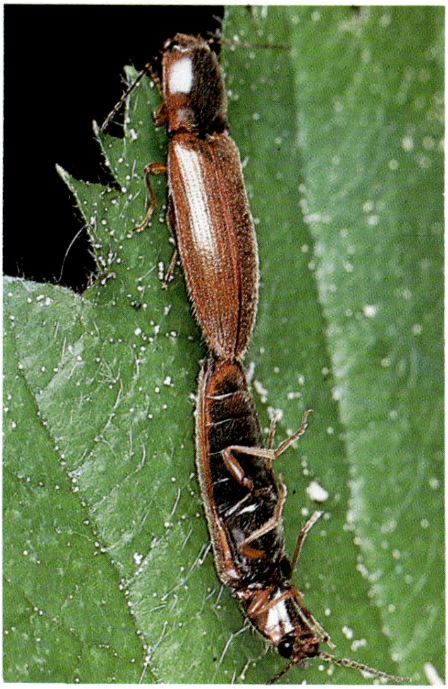

Harminius undulatus
Familie Elateridae, Schnellkäfer

Auf den Flügeldecken undeutliche gezackte Querbinden. Fühler vom 3. Glied an sägeförmig.
13-19 mm.
Von Juni bis August an Nadelbäumen und Klafterholz. In Bergwäldern (Harz, Sudeten), an Zweigen und Stämmen.
Die Larven leben im Mulm hohler Nadelbäume. Selten.

Steganostus rufus
Familie Elateridae, Schnellkäfer

Braunrot, sehr fein gelblich behaart. Größe!
20-26 mm.
Im Juni und Juli, tagsüber verborgen. Meist im Gebirge, auch da selten. Die Käfer fliegen an warmen Abenden. Manche findet man eingeschlossen in Harzausfluß.
Die Larven leben in verrottenden Wurzeln von Nadelbäumen.

Denticollis linearis
Familie Elateridae, Schnellkäfer

Augen groß, halbkugelig, Kopf vorgestreckt, Halsschild hoch gewölbt, mit Mittelfurche. Färbung variabel, oft mit rötlicher Brust. Fühler vom 3. Glied an gesägt.
9-12,5 mm.
Ein Schnellkäfer, der nicht schnellen und knacken kann. In Wäldern, wo die Käfer auf Kräutern, Doldenblüten und Stämmen sitzen.
Die Larven leben 2 bis 3 Jahre unter der Rinde abgestorbener Bäume. Sie sind Raubtiere, die auch überwinternde Amphibien annagen sollen.

Athous hirtus
Familie Elateridae, Schnellkäfer

Glänzend schwarz mit auffallender schwarzer und grauer Behaarung. Beim Männchen überragen die Fühler die Halsschildhiterecken um ein Glied. Die Weibchen sind etwas größer, gewölbter und breiter gebaut als die Männchen.
12 bis 17 mm.
Häufig im Mai und Juni auf Sträuchern, Krautern und Doldenblüten in der Nähe von Gebüsch.
Die Larven entwickeln sich über 2 Jahre im Boden als Wurzelfresser, nagen bei Gelegenheit aber auch andere Insekten an.

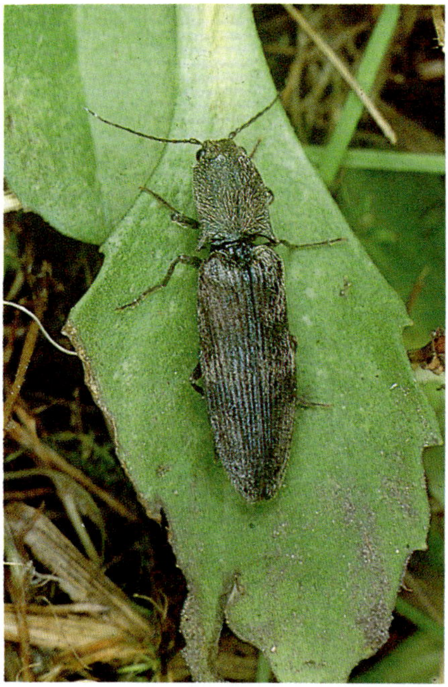

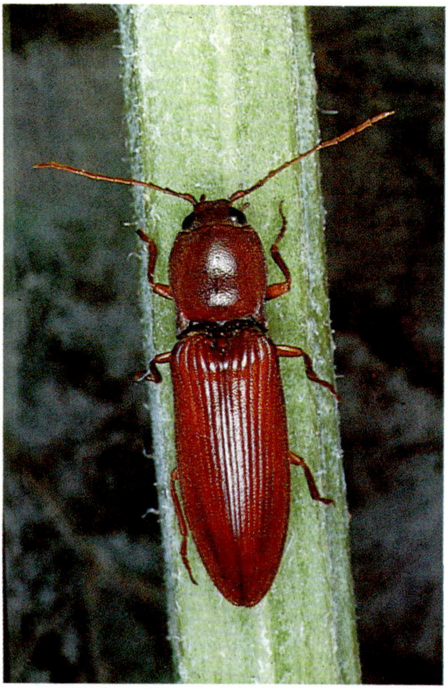

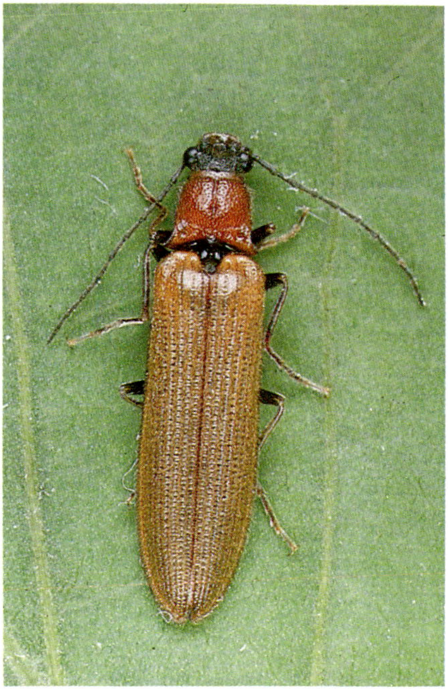

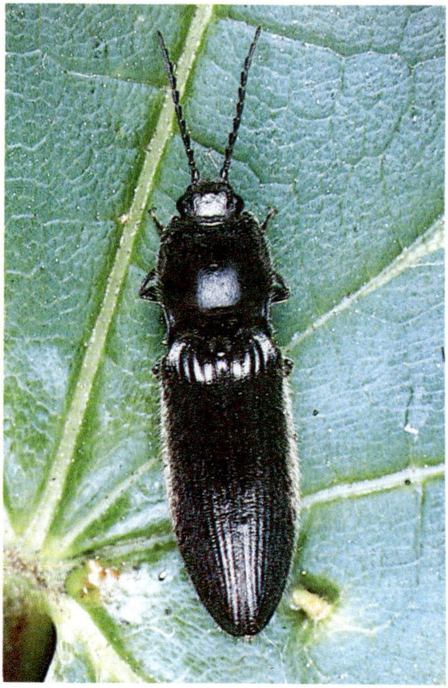

Lamprohiza (Phausis) splendidula
Kleiner Leuchtkäfer, Weibchen
Familie Lampyridae, Leuchtkäfer

Ohne Hinterflügel, die Flügeldecken sind verkümmert und reichen höchstens bis zur Mitte des vordersten Hinterleibssegments.
9-11 mm.
Im Juni und Juli in feuchtem Buschland und Wald. Die Weibchen leuchten an warmen Sommerabenden ruhig und viel kräftiger als die Männchen am Boden. Manchmal klettern sie zum Leuchten auch an einem Halm in die Höhe. Sie legen gelbe, kugelrunde Eier, die bereits sehr schwach leuchten. Die Larven findet man an Herbstabenden durch ihr Leuchten in der Bodenstreu. Sie fressen Schnecken.

Phospaenus atrata (hemipterus)
Familie Lampyridae, Leuchtkäfer

Auch die Männchen sind flugunfähig mit sehr kurzen Deckflügeln (im Bild).
Männchen 6-8, Weibchen um 10 mm.
Die Männchen kriechen im Juli und August bei Nacht langsam unter Gebüsch und Gras umher, sie leuchten nur sehr schwach. Die Weibchen sind völlig flügellos und leben sehr verborgen unter der Bodenvegetation. In Mitteleuropa sind nicht viele Fundorte bekannt, aber dort sind die Käfer nicht immer selten.

Drilus flavescens
Familie Drilidae

Männchen wie abgebildet mit ab dem 3. oder 4. Glied kammförmigen Fühlern; die bis 20 mm langen Weibchen sind völlig flügellos.
4,5-8,5 mm.
Im Mai und Juni am Waldboden, im Bodenwuchs und Unterholz. Die Weibchen und Larven findet man meist in alten Schneckenhäusern. Die Männchen nehmen keine Nahrung mehr zu sich, Weibchen und Larven erbeuten Schnecken. Die Larven überwintern zweimal.

Lamprohiza splendidula, Männchen
Familie Lampyridae, Leuchtkäfer

Leicht zu bestimmen durch die 2 Fenster über den Augen in dem weit vorgebauten Halsschild.
8 bis 10 mm.
Die Männchen schweben ab der letzten Dämmerung langsam und niedrig über den Unterwuchs in feuchten Wäldern. Die Flugzeit beginnt um den 20. Juni (Johanniskäfer), und erreicht in der ersten Juliwoche ihren Höhepunkt. In feuchten, lichten Wäldern können Hunderte von Männchen auf einen Blick fliegen - ein Naturschauspiel. Lange vor Mitternacht geht der Flug zuende, und ab Mitte Juli sind nur noch Nachtügler unterwegs.

Lampyris noctiluca, Weibchen
Familie Lampyridae, Leuchtkäfer

Ohne Flügelstummel, rotbraun, Körperseiten und eine Mittellinie heller. Augen kleiner als die der Männchen. Auf der Bauchseite Leuchtorgane.
16-18 mm.
Von Juni bis September in feuchtem Gras, nach Einbruch der Nacht mit hellem Licht. Verbreitet in Süddeutschland, seltener bis Südskandinavien.
Die erwachsenen Käfer nehmen keine Nahrung auf, die Larven erbeuten Schnecken.

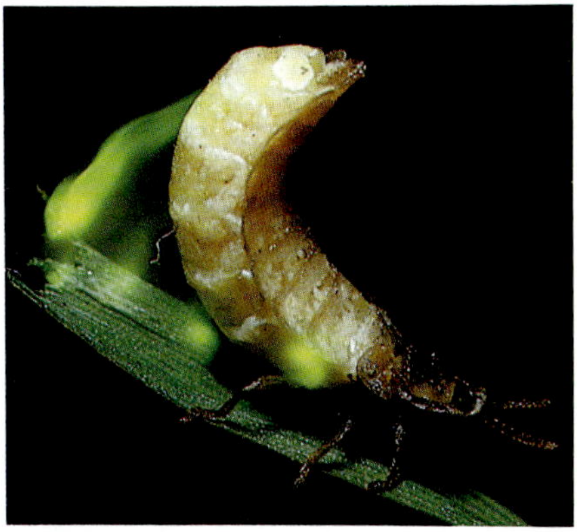
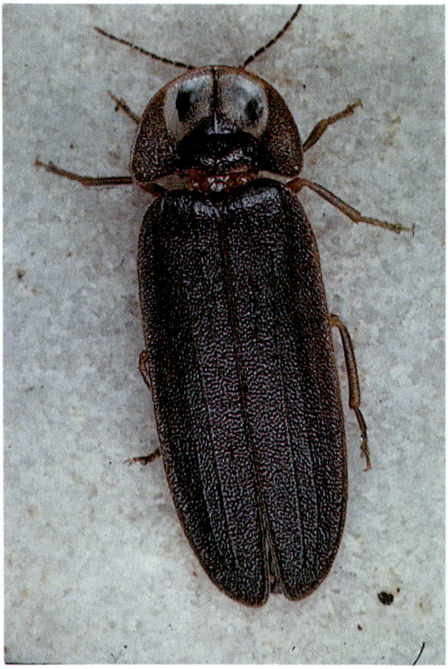
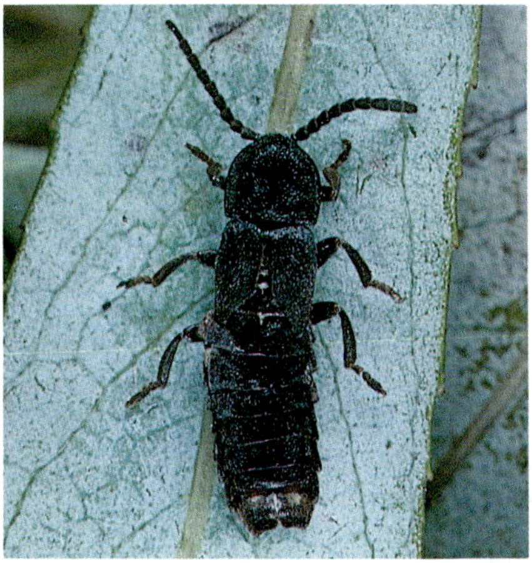
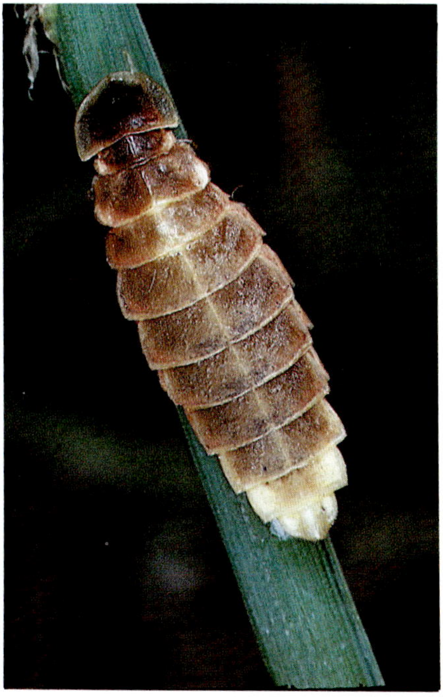
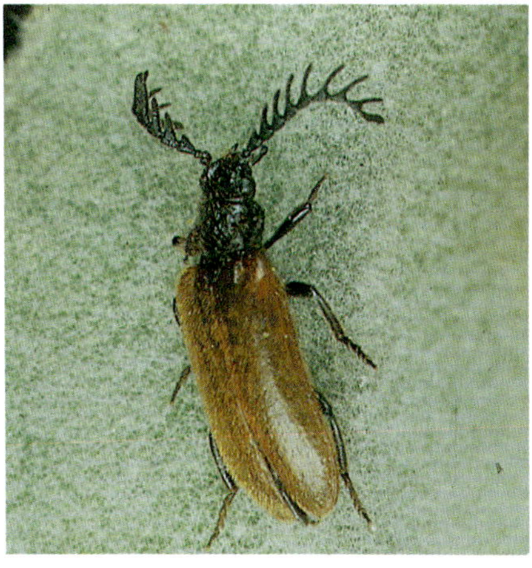

Luciola italica
Familie Lampyridae, Leuchtkäfer

Fühler dunkel, Brust und Beine rotbraun, Flügeldecken heller braun mit aufgehellter Naht. Auch die Weibchen haben Flügel.
5–6,5 mm.
Beide Geschlechter strahlen ein sehr helles Licht aus, das sie sekundenschnell an- und ausschalten können. In Italien und auf dem Balkan, nördlich bis Südtirol.

Lygistopterus sanguineus
Familie Lycidae

Kopf vorne verengt, keine Dellen auf Kopf und Halsschild, dieser aber mit einer Mittelrinne und kurzen Schrägrinnen. Oberseite dicht rot behaart.
6–12 mm.
Von Mai bis September, vor allem im Juni; ungenießbar und träge auf Doldenblüten.
Die Larven leben meist gesellig unter morscher Rinde und in Holzmulm, wo sie anderen Insekten nachstellen.

Dictyoperta aurora
Familie Lycidae, Rotdeckenkäfer

Halsschild mit auffallendem Relief mit roten Rippen und 5 dunkleren Senken. Flügeldecken gerippt und fein gegittert. Fühler schwarz.
8–13 mm.
Im Mai und Juni in feuchten bis frischen Wäldern, am Boden, manchmal auch auf Blüten. Träge, gesellig und ungenießbar.

Cantharis rustica
Familie Cantharidae, Weichkäfer

Flügeldecken schwarz, fein gerunzelt und fein und gleichmäßig behaart. Halsschild so breit wie die Flügeldecken. Das Gesicht, die innersten Fühlerglieder, die innere Schenkelhälfte rotbraun, auf dem rotbraunen Halsschild ein dunkler Fleck.
10–15 mm.
Häufig auf Kräutern und Gebüsch.

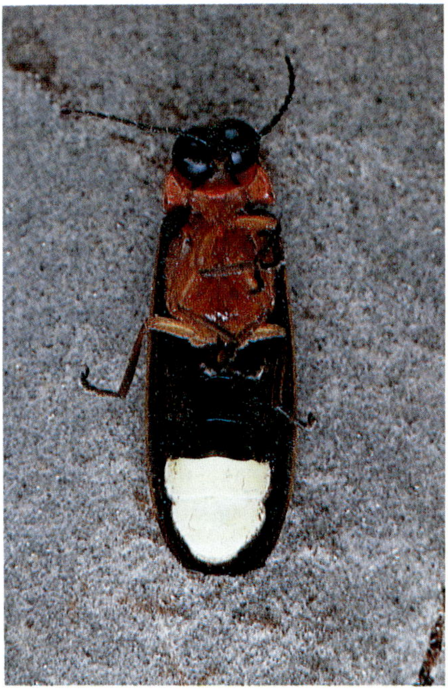

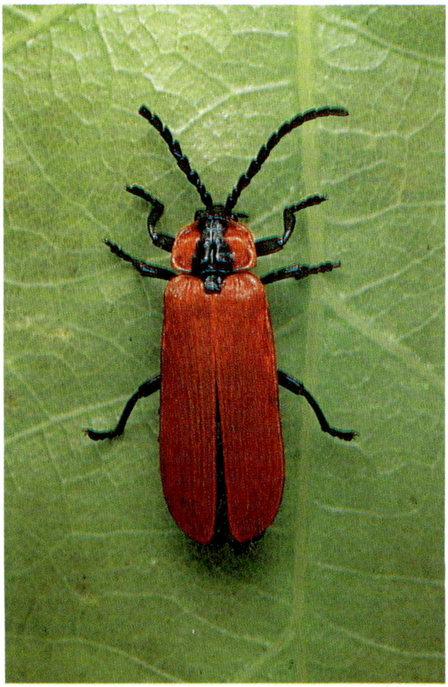

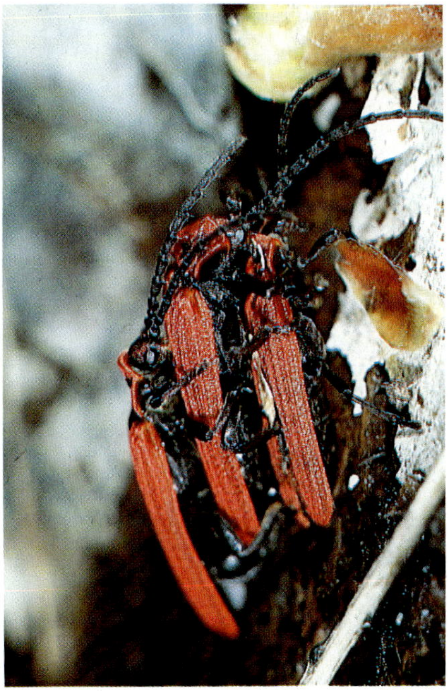

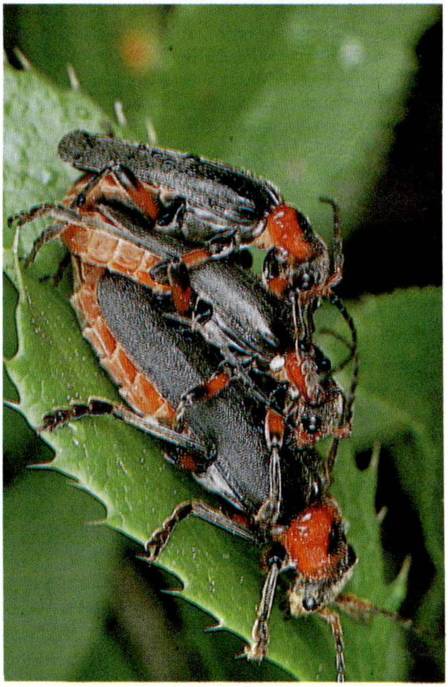

Cantharis obscura
Familie Cantharidae, Weichkäfer

Mattschwarz mit feiner anliegender Behaarung. Wangen, Oberkiefer und Brustschildseiten gelblich bis orangegelb. Fühler in beiden Geschlechtern fadenförmig.
9-13 mm.
Meist auf Eichengebüsch, auch in Obstgärten. Die Käfer fressen junges Laub und Blüten und sind bei Massenvermehrung schon schädlich geworden, weil sie Eichentriebe annagen, bis sie umkippen. Daneben vertilgen sie aber auch Blattläuse und andere Insekten.

Cantharis fusca
Familie Cantharidae, Weichkäfer

Die innersten Fühlerglieder rotgelb, Kopf und Halsschild rotgelb und beide mit dunklem Mittelfleck, sonst mattschwarz, behaart, weich.
11-15 mm.
Von Ende Mai bis Juli oft zahlreich bis massenhaft auf Blüten, wo die Käfer anderen Blütenbesuchern nachstellen, sie sind auch schon in Kiefernforsten schädlich geworden, weil sie junge Triebe durchbeißen.
Die allesfresserischen, samtschwarzen Larven überwintern erwachsen und kriechen zuweilen auf dem Schnee (Schneewurm). Sie verpuppen sich im April oder Mai.

Cantharis pellucida
Familie Cantharidae, Weichkäfer

Der Kopf vor den Augen, der Halsschild, die innersten Fühlerglieder und gewöhnlich auch die Oberschenkel hell. Unterschenkel schwarz. Halsschild schmaler als die Flügeldecken.
10-14 mm.
In Nord- und Mitteleuropa in frischen Wiesen, an Waldrändern, nicht selten.

Malthodes guttifer
Familie Cantharidae, Weichkäfer

Sehr zart. Beim Männchen ist der Kopf hinter den Augen konisch verengt, die Fühler sind etwa körperlang, beim Weibchen ist der Kopf breiter und die Fühler sind kürzer. Der Halsschild ist vor den spitzwinkeligen Hinterecken etwas eingeschnürt.
4-5 mm.
Im Mai und Juni auf Büschen und Blüten, in Nord- und Mitteleuropa.

Malthinus flaveolus
Familie Cantharidae, Weichkäfer

Flügeldecken verkürzt und mit einem gelben Fleck am Ende. Dahinter werden die Enden der Hautflügel sichtbar. Halsschild kaum breiter als lang und an den Seiten angedeutet eingeschnürt.
5-6,5 mm.
Die zarten Käferchen sitzen im Sommer auf Zweigen, Kräutern und Gras an Waldrändern und im Buschland.

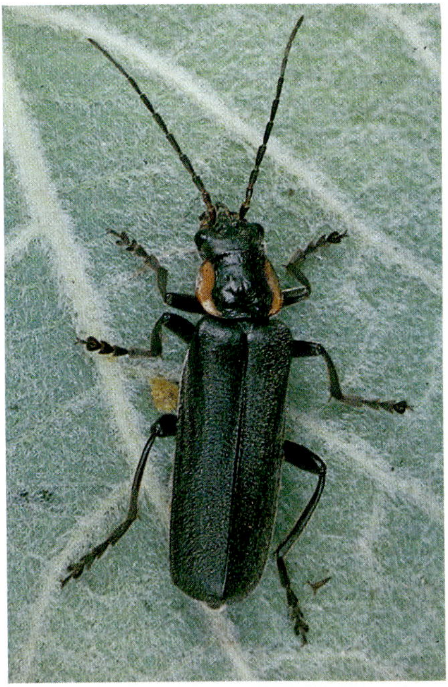
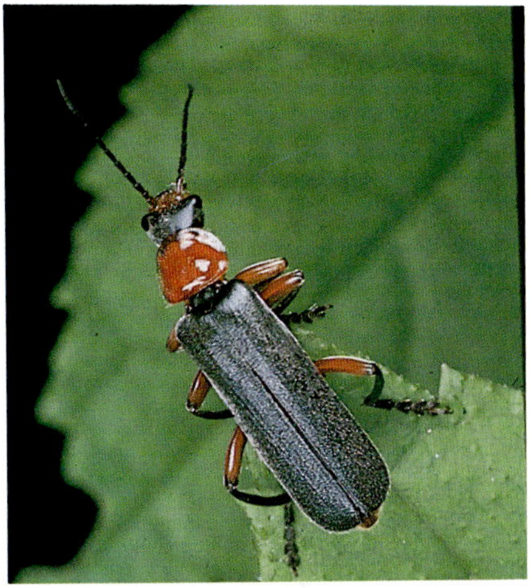
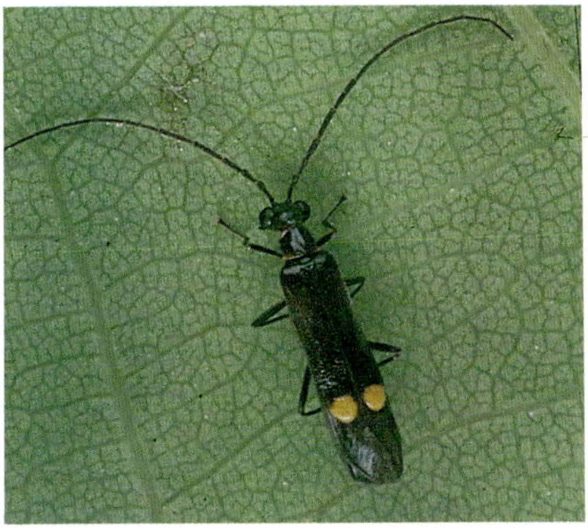
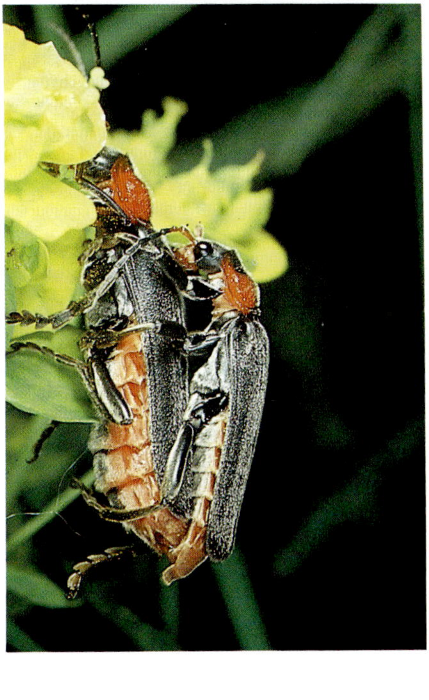
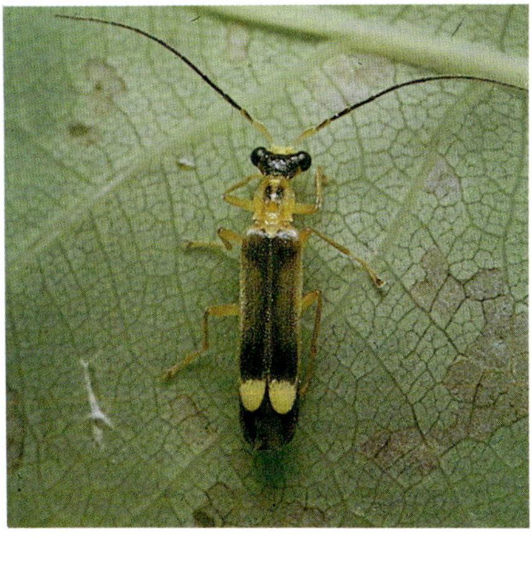

Rhagonycha fulva
Familie Catharidae, Weichkäfer

Rotbraun, Deckflügel hinten verdunkelt. Halsschild von arttypischer Form.
7-10 mm.
Im Juli und August auf Wiesen und Lichtungen, an Wegrändern, meist massenhaft auf Blüten. Stunden vor dem Ausbruch eines Gewitters ziehen sich die Käfer auf die Unterseite von Blättern zurück. Die Larven leben am Boden und ernähren sich räuberisch.

Dermestes lardarius, Speckkäfer
Familie Dermestidae, Speckkäfer

Gundfärbung schwärzlich, die vordere Hälfte der Flügeldecken grau behaart mit schwarzen Flecken und gezackter Begrenzung.
7-9 mm.
Im Süden im Freien unter vertrockneten Kadavern und auch auf Blüten, in den Nestern von Wespen und Prozessionsspinnern, weiter nördlich in Häusern, Hühnerställen und Taubenschlägen. Die Larven benagen Leder- und Wollwaren und Hartwurst.

Dermestes frischi
Familie Dermestidae, Speckkäfer

Unterseite kreideweiß behaart mit je einem großen schwarzen Seitenfleck auf den Hinterleibsspangen. Oberseite unklar gezeichnet mit mehr oder weniger dicht verstreuten weißen oder gelblichen Härchen.
6-9 mm.
Unter und in kleinen vertrockneten Kadavern, auch toten Fischen, oft zahlreich im Frühjahr und Sommer; die Käfer werden auch von Aasgeruch der Aronstabblüten angezogen. Ursprünglich in Nordamerika, heute weltweit verschleppt.

Dermestes laniarius
Familie Dermestidae, Speckkäfer

Oberseite ohne Muster mit grauweißen und schwarzen Härchen bedeckt. Bauch kreideweiß behaart bis auf schwarze Flecken auf den Hinterleibsspangen mit arttypischem Muster. Fühler rotbraun, Schildchen gelblich behaart. Halsschild so breit wie die Flügeldecken.
6,5-8 mm.
Häufig in der Feldflur unter trockenen Kadavern und faulenden Pflanzenteilen.

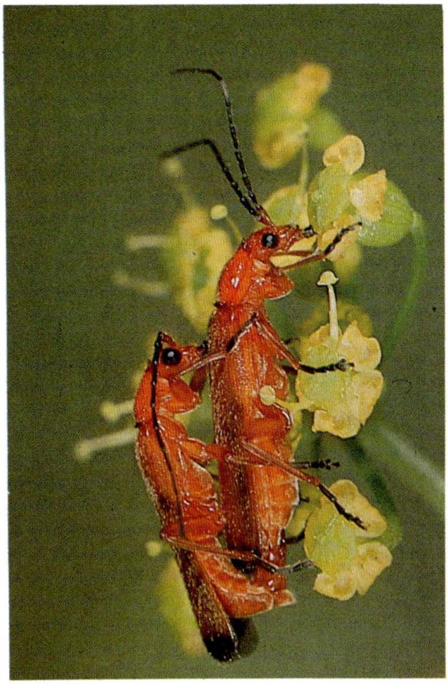
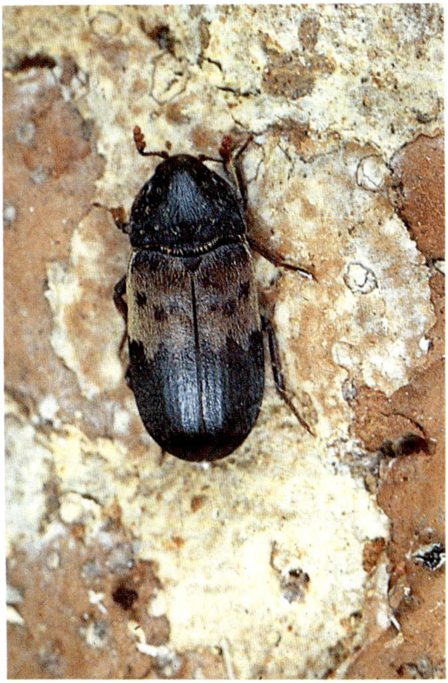
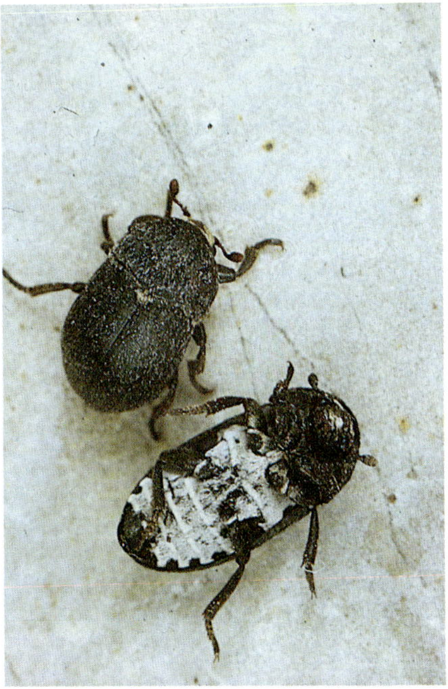
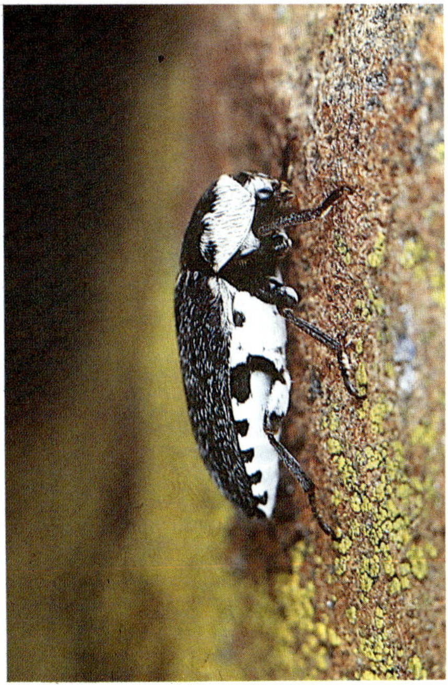

Anthrenus museorum, Museumskäfer
Familie Dermestidae, Pelzkäfer

Die schwarze Grundfärbung ist verdeckt von hellen und dunklen, spatelförmigen Haaren, die ein arttypisches Muster bilden.
2-3 mm.
Die Käfer als Pollenfresser auf Blüten, die Larven in Häusern, wo sie vertrocknete Insekten suchen und fressen. Die Junglarven kriechen durch haarfeine Ritzen und sind der größte Feind von Insektensammlungen, sie fressen aber auch Hartwurst, Käse und Leder. Die Larven überwintern.

Attagenus trifasciatus
Familie Dermestidae, Speckkäfer

Die Käfer der Gattung Attagenus besitzen ein einzelnes Auge auf der Stirn. Die Art ist zu erkennen an 3 hellen und hell behaarten Binden auf den Flügeldecken, dazu noch je ein helles Fleckchen beiderseits vom Schildchen.
3 bis 4 mm.
Im Frühsommer in Südeuropa einer der häufigsten Käfer auf vielerlei Blumen, im Bild auf Rosenlauch. Selten und lokal auch nördlich der Alpen.

Ptilinus pectinicornis
Familie Anobiidae, Pochkäfer

Antennen beim Männchen kammförmig, beim Weibchen sägeförmig.
3-5 mm.
Die Käfer findet man meist von Mai bis Juli an toten, stehenden Baumstämmen, vor allem an Buchen und Weiden. Die befallenen Bäume können von Tausenden von Bohrlöchern durchsiebt sein, aus denen Bohrmehl regnet, so daß die Bäume von gelbem Staub bedeckt sind. Manchmal befallen die Käfer auch alte Möbel.

Anthrenus scrophulariae
Familie Dermestidae, Speckkäfer

Auf der Oberseite bilden schwarze, ziegelrote und weiße Schuppen ein wenig konstantes Muster mit einem roten Längsband entlang der Flügelnaht und 3 unterbrochenen gezackten Querbändern auf den Flügeldecken, wobei die roten Farben noch zu Lebzeiten des Käfers vergilben.
2,5-3,8 mm.
Von Mai bis Juli auf blühenden Obstbäumen, Ebereschen und Doldenblüten, aber auch in Vogelnestern und ganzjährig in Häusern, wo die Larven Pelze, Häute und Wolle verzehren.

Anobium punctatum
Familie Anobiidae, Pochkäfer

Zylindrisch, Halsschild oben stumpf buckelig. Die Flügeldecken mit Punktreihen und streifiger, seidiger Behaarung.
3 bis 4 mm.
Käfer und Larven leben in trokkenem totem Holz, fast immer in Gebäuden, in Deckenbalken, Möbeln, Skulpturen. Aus dem befallenen Holz rieselt das Bohrmehl. Die Käfer können mit dem Kopf gegen die Wände der Bohrgänge schlagen, so daß feine Ohren in der Stille der Nacht das Klopfen wahrnehmen (Totenuhr).

Stegobium paniceum, Brotkäfer
Familie Anobiidae, Pochkäfer

Warmbraun, auf der Oberseite kurz und dazwischen länger behaart. Kopf unter dem Halsschild verborgen.
2-3 mm.
In Vorratslagern ganzjährig in allen Entwicklungsstadien, und, wenn niemand eingreift, auch massenhaft. Die Larven durchlöchern trockenes Brot, Dörrobst, Schokolade, selbst schärfste Gewürze und zuckerhaltige Tabletten aller Art.

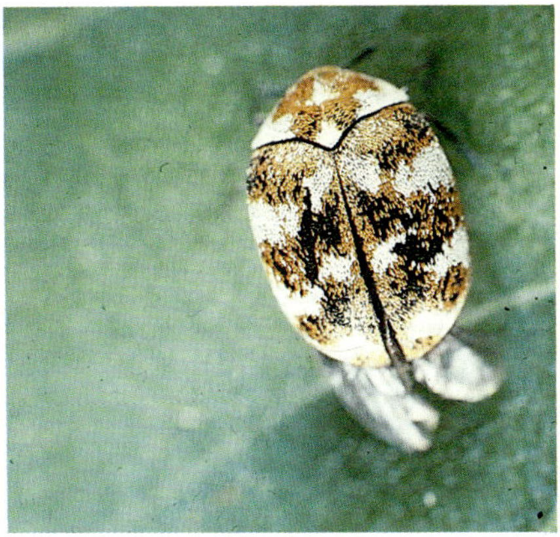
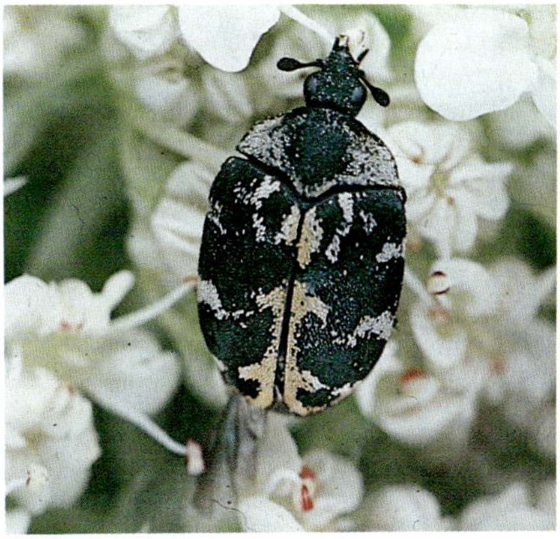
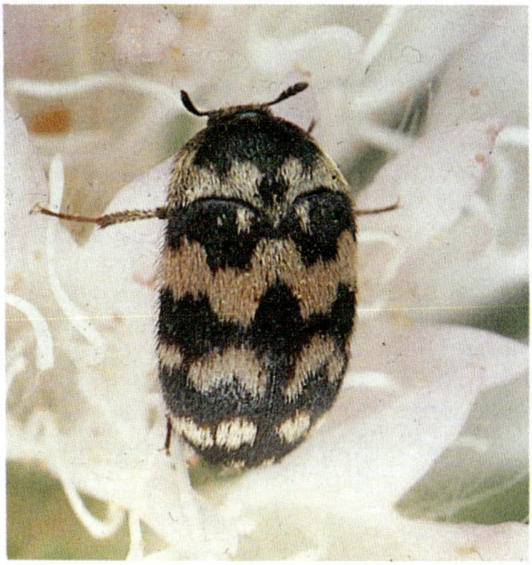
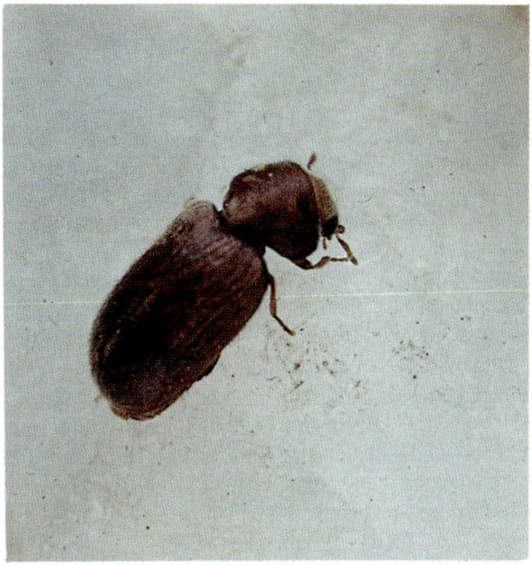
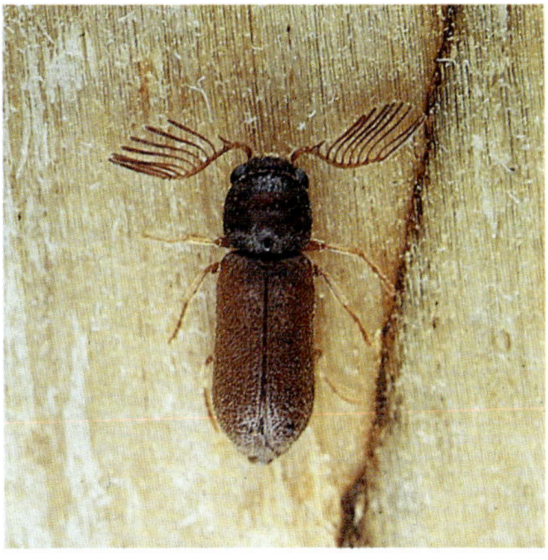
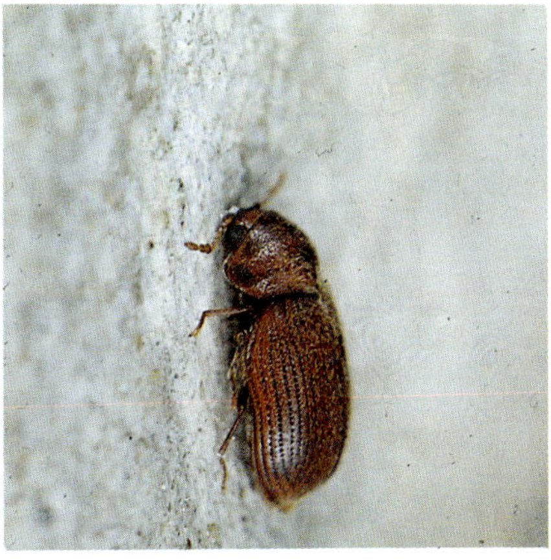

Hedobia imperialis
Familie Anobiidae, Pochkäfer

Düsterbraun mit einem recht variablen Muster aus weißlichen, spatelförmigen Haaren auf Halsschild und Flügeldecken. Halsschild hoch gekielt und vorne über den Kopf reichend.
3,5-5,5 mm.
Die trägen Käfer findet man im Mai/Juni und August/September auf Blüten in und bei lichten Laubwäldern und in Parkanlagen. Sie fliegen auch weit herum und sitzen später an Hauswänden. Die Larven leben in nicht zu trockenem Holz von Eichen, Buchen und weiteren Laubbäumen.

Gibbium psylloides
Familie Ptinidae, Diebskäfer

Die Flügeldecken sind an der Naht zusammengewachsen und bilden eine hohe hohle Blase.
2,5 bis 3 mm.
In Mitteleuropa lokal in Vorratskammern, in Fußbodenritzen und Druschabfällen, an den Fundorten in Bäckereien, Ställen und Komposthaufen meist in großer Zahl. Die Käfer werden mehr als 18 Monate alt. Sie wurden weltweit verschleppt, so daß man ihre Urheimat gar nicht kennt.

Anisostoma humeralis
Familie Liodidae, Trüffelkäfer

Halsschild fein rötlich gesäumt, Flügeldecken locker und kurz behaart mit Einstichen in Doppelreihen.
2,7-4 mm.
An Baumpilzen, in von Pilzen durchwachsenem Moderholz, manchmal auch an blutenden Bäumen. Die Käfer überwintern.

Niptus hololeucus, Messingkäfer
Familie Ptinidae, Diebskäfer

Golden behaart mit Seidenglanz.
4-4,5 mm.
Ganzjährig in Häusern, wo die Käfer an Leder, Bürsten, Tabak, Schnupftabak, Tapetenkleister, Papier, Textilien und trockenen Vorräten tierischer und pflanzlicher Herkunft fressen. Wo sie sich einmal eingenistet haben, sind sie nur mit massivem Gifteinsatz zu vertreiben. Heute in allen Erdteilen, doch mit unbekannter Herkunft.

Ptinus fur, Kräuterdieb
Familie Ptinidae, Diebskäfer

Heller oder dunkler braun mit hellen, in Form und Klarheit sehr variablen Querflecken auf den Flügeldecken. Das Männchen ist viel schlanker als das Weibchen.
2,8-4,2 mm.
In Häusern ganzjährig und in mehreren Generationen, draußen im Frühjahr und Sommer, in Vogelnestern und zerfallendem trockenem Holz. Die Larven fressen trockenes tierisches und pflanzliches Material wie Dörrobst, Geräuchertes, Gewürze, Papier, Korken, Filz und Sägemehl.

Tritoma bipustulata
Familie Erotylidae, Faulholzkäfer

Eiförmig, hochgewölbt, glänzend schwarz mit rotem Fleck an der Flügelwurzel, der auch auf Halsschild und Kopf übergreifen kann.
3,5-4 mm.
Als Pilzfresser häufig in Baumpilzen, vor allem an Erlen und Buchen, meist zusammen mit den Larven. Manchmal auch in verpilztem Holz. Die Käfer überwintern.

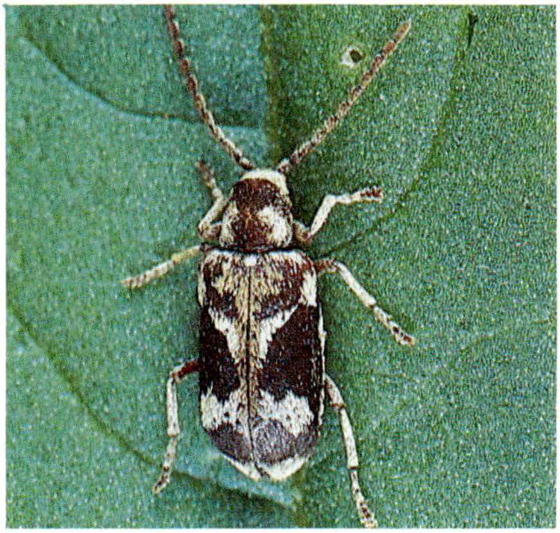
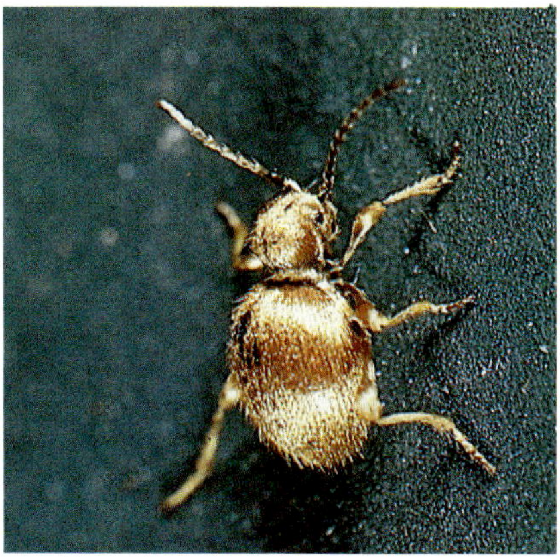
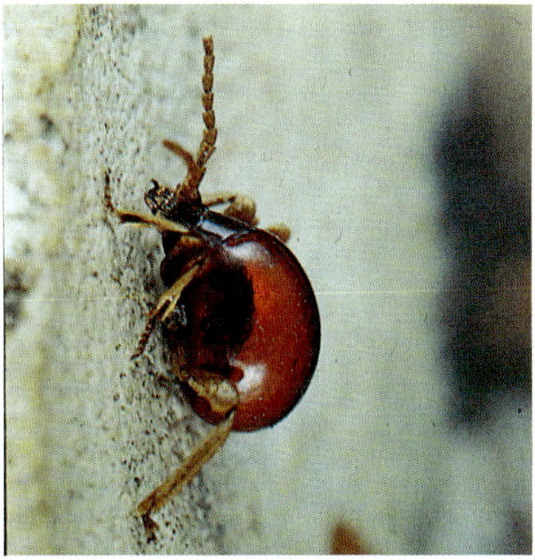
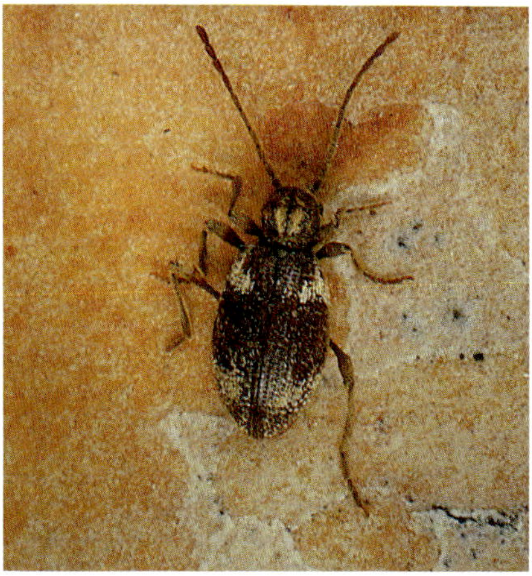
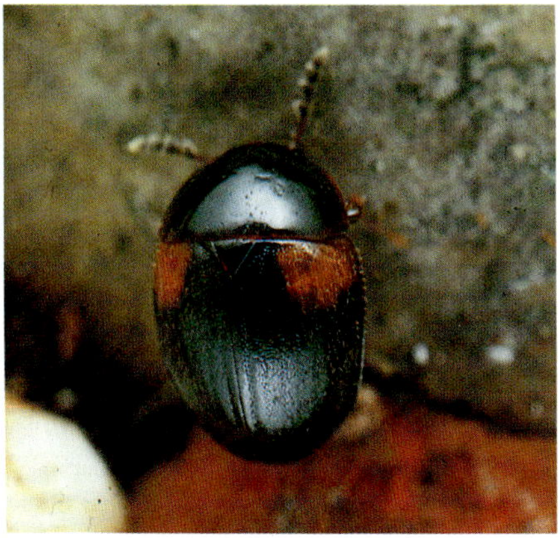
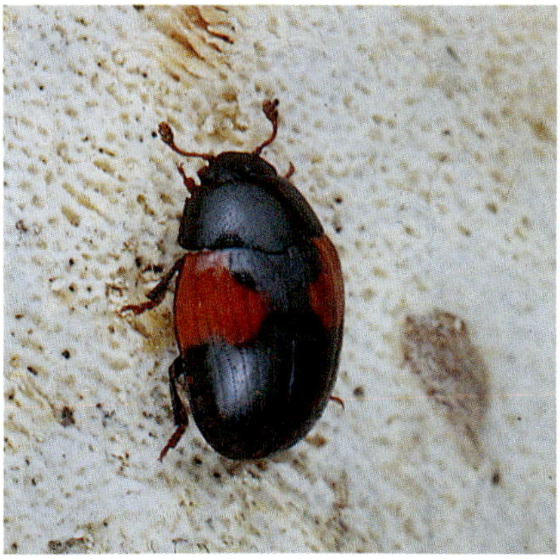

Triplax russica
Familie Erotylidae

Halsschildseiten mit aufgebogenem Rand, Fühler dunkelbraun mit dreigliedriger Keule. Unterseite rotbraun.
4,5-6,5 mm.
In und an Baumschwämmen der Gattung Polyporus und unter verpilzter Rinde, vor allem an Laubbäumen. Gesellig.
Von den Gebirgen Nordafrikas bis an die nördliche Waldgrenze.

Opilo mollis
Familie Cleridae, Buntkäfer

Flügeldecken stark glänzend und hinten am breitesten, die Grübchen darauf nur mit der Lupe zu sehen. Der von innen 7. Zwischenraum kielartig erhaben. Auf jeder Flügeldecke 3 verwaschen gelbe, veränderliche Flecke.
9-13 mm.
Von Mai bis Juli auf Stämmen in Laubwäldern, wo die Käfer unter lockerer Rinde Insekten jagen. Mit Holz in alle Erdteile verschleppt, nicht selten in Mitteleuropa.

Thanasimus formicarius, Ameisenbuntkäfer
Familie Cleridae, Buntkäfer

Flügeldecken grob punktiert, Brust rot. Die weißen Binden auf den Flügeldecken bestehen aus feinen Härchen.
7-11 mm.
Die Käfer laufen ruckartig an Stämmen umher, vor allem auf der Schattenseite, sie sind sehr scheu und können auffliegen wie eine Fliege. Vor allem auf kränkelnden oder gefällten Kiefern, in großer Zahl, wo es viele Borkenkäfer gibt, die Hauptnahrung der Käfer und ihrer rosaroten Larven.
Mit Hölzern in alle Nadelholzgebiete der Erde verschleppt.

Thanasimus rufipes
Familie Cleridae, Buntkäfer

Beine (meist) rot, der vordere weiße Querstreifen grenzt (meist) direkt an den roten Abschnitt der Flügeldecken. Brust unterseits schwarz, Hinterleib rot.
6-8 mm.
In Nadelwald, vor allem auf Kiefern in Nord- und Mitteleuropa, südwärts bis Dalmatien. Bei kühlem Wetter unter lockerer Rinde. Käfer und Larven erbeuten holzbohrende Insekten.

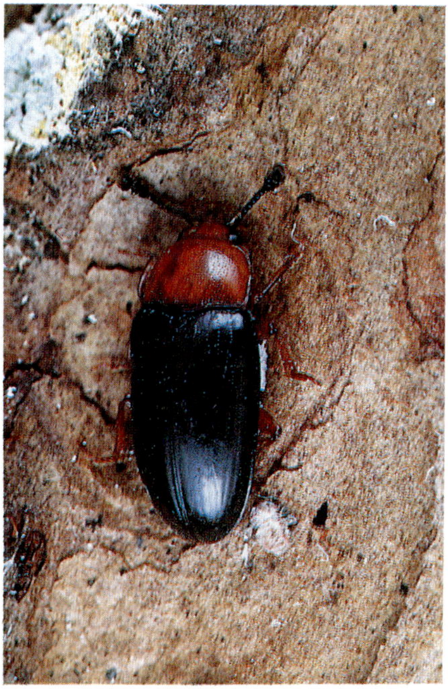

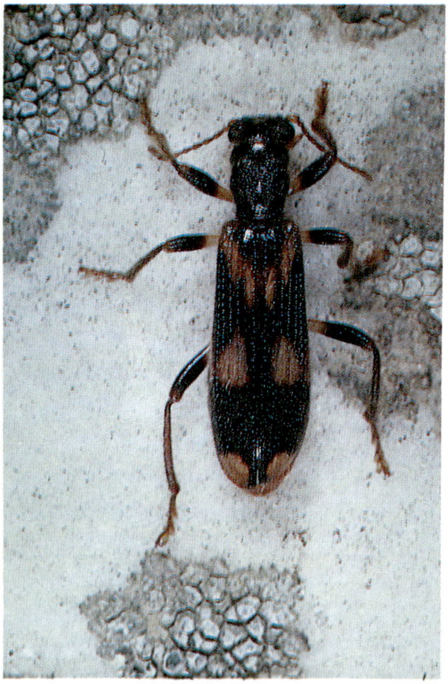

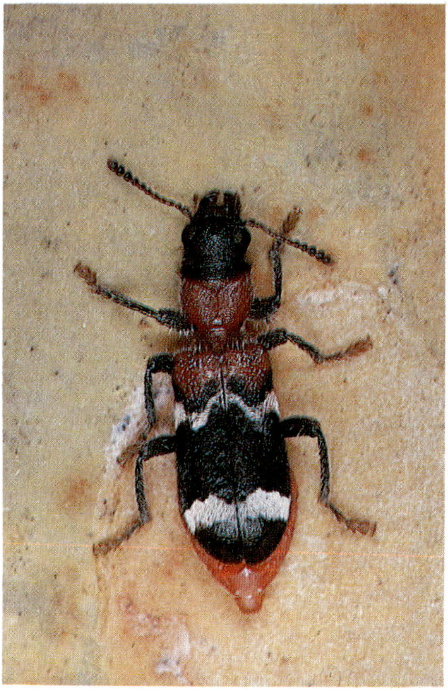

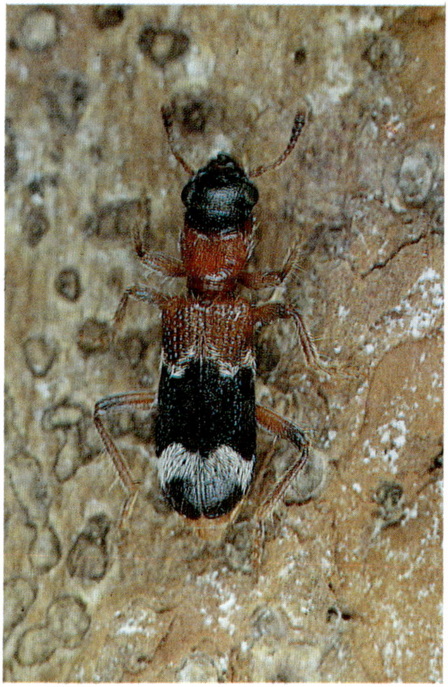

Clerus mutillarius, Ameisenbuntkäfer
Familie Cleridae, Buntkäfer

Augen groß, Kopf und Brust schwarz, Hinterende der Flügeldecken mit weißen Haaren.
11-15 mm.
Auf Stämmen, meist auf geschlagenem Holz in Eichenwäldern, im Frühjahr und Sommer. Im Sonnenschein sehr scheu und flüchtig. Vermag kräftig zu beißen. Von Nordafrika bis Mitteleuropa, hier nicht häufig und nur in den wärmsten Lagen. Käfer und Larven jagen Holzinsekten.

Tilloidea unifaciata
Familie Cleridae, Buntkäfer

Halsschild hinten fast stielartig verengt und feiner punktiert als die Flügeldecken. Fühler vom 4. Glied an sägeförmig. Flügeldecken vorne bis zur weißen Querbinde mit kräftigen Punktreihen, dahinter glatt. Vorderkörper lang abstehend schwarz behaart.
4-8 mm.
Von Mai bis Juli auf Stämmen, Lagerholz und manchmal auch auf blühenden Sträuchern wie Himbeeren. Die Käfer erbeuten holzfressende Insekten. In West- und Südosteuropa, selten auch in wärmsten Lagen in Mitteleuropa.

Trichodes alvearius
Familie Cleridae, Buntkäfer

Die vordere der schwarzen bis schwarzblauen Flügelbinden gewinkelt, die Naht zwischen den beiden Flügeldecken schwarz, Flügelhinterenden rot.
10-17 mm.
Auf Blüten, vor allem auf Doldenblüten von Mai bis Juli. Die Larve entwickelt sich in den Nestern von Mauerbienen und anderen Solitärbienen, sie soll auch schon in Bienenstöcken gefunden worden sein.
Von Nordafrika bis Mitteleuropa, nördlich der Alpen selten.

Trichodes apiarius, Bienenwolf
Familie Cleridae, Buntkäfer

Der vorderste dunkle Querstreif ist nicht geknickt, die Flügelspitzen sind schwarz, die Naht ist nicht durchlaufend schwarz. Manche Tiere mit blauem bis violettem Glanz.
9-13 mm.
Die Käfer leben auf Blüten und überfallen andere Blütenbesucher, fressen auch Blütenstaub. Die Larven sollen sich bei Solitärbienen und in Bienenstöcken entwickeln.
Von Nordafrika bis Dänemark.

Trichodes favarius
Familie Cleridae, Buntkäfer

Die vorderste dunkle Flügelbinde leicht V-förmig, das Hinterende und die Naht schwarz, darüber hinaus ist die Zeichnung veränderlich. Flügeldecken dicht und grob punktiert.
8-18 mm.
Im Sommer auf Blüten, vor allem von Doldenblütlern, wo die Käfer Pollen fressen und auch andere Insekten erbeuten.
Die Larven entwickeln sich in den Nestern von Wildbienen.
In Südeuropa und Kleinasien, selten bis ins Burgenland. In Süd- und Osteuropa leben noch etwa 20 weitere Trichodes-Arten.

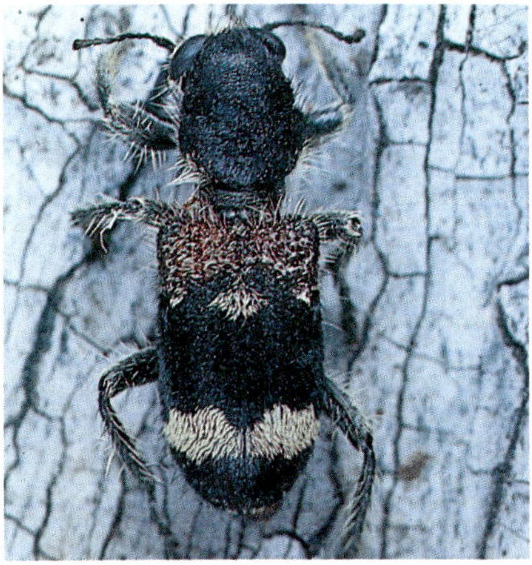
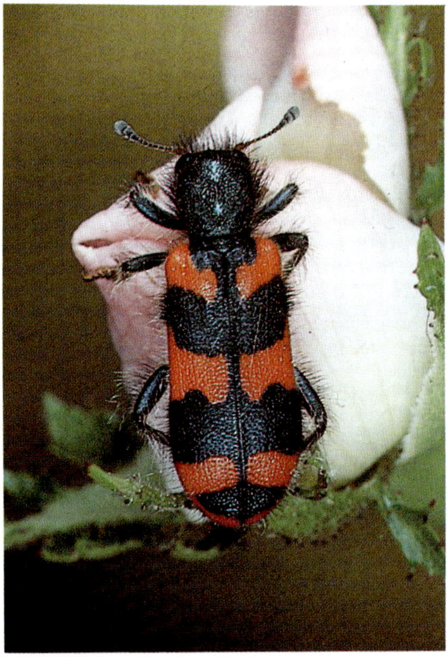
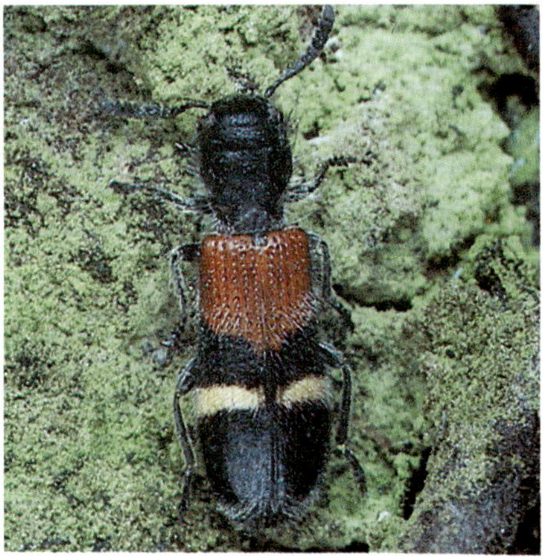
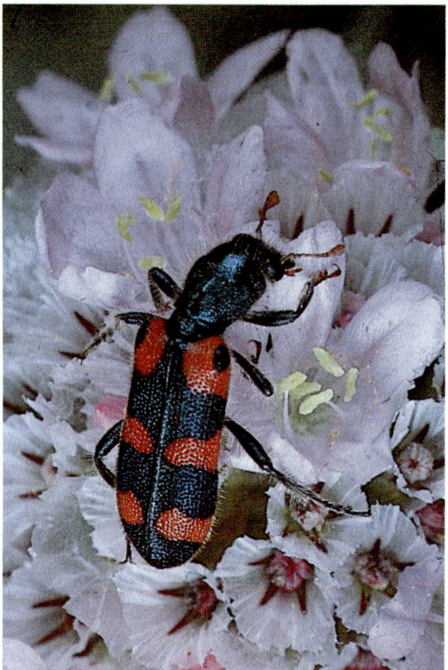
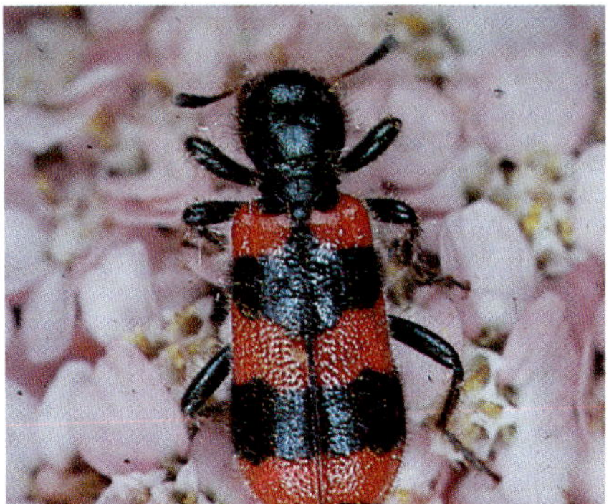

Malachius bipustulatus
Familie Malachiidae, Zipfelkäfer

Stirn gelbrot, kleine rote Flecke auf Halsschild und Flügeldecken. Die Fühler der Männchen mit roten Fortsätzen am 2. bis 4. Glied von innen. 5,5 bis 6 mm.
Vom Frühjahr bis zum Spätsommer, vor allem in Juni und Juli in Blumenwiesen, wo die Tiere mit ihren speziell dafür gebauten Mundteilen Pollen aufnehmen, aber auch kleine Insekten nicht verschmähen. Die Männchen tragen auf der Stirn eine Drüse, deren Sekret beim Balzspiel vom Weibchen beknabbert wird.
Die Larven leben räuberisch in Rindenritzen und Holzmulm.

Malachius rubidus
Familie Malachiidae, Zipfelkäfer

Flügeldecken rot mit einem schwarzen Band entlang der Naht bis zur halben Flügellänge. Beim Männchen ist das zweitinnerste Fühlerglied beilartig nach außen vergrößert. Stirn bis vor die Fühlerwurzeln dunkel.
5-6 mm.
Im Sommer auf Blüten und Gräsern. Selten.

Anthocomus rufus
Familie Malachiidae, Zipfelkäfer

Halsschild mit schwarzer, metallglänzender Mitte und roten Seiten. Flügeldecken einfarbig rot, Beine schwarz, nur die Unterschenkel der Vorderbeine heller.
6-7 mm.
Von April bis Juni auf Blüten und Gräsern. Im Mittelmeerraum.

Anthocomus coccineus
Familie Malachiidae, Zipfelkäfer

Flügeldecken und Halsschildseiten scharlachrot, sonst schwarzgrün, flaumig anliegend behaart. Männchen schlank und mit einer Drüsengrube am Hinterende der Flügeldecken, Weibchen hinten etwas mehr gerundet.
4-5 mm.
Der einzige Zipfelkäfer mit einer Flugzeit von August bis Oktober. In Sumpfwiesen auf blühenden Gräsern, vor allem auf blühendem Schilf. Die Larven stellen in morschem Holz den dort lebenden Insektenlarven nach.

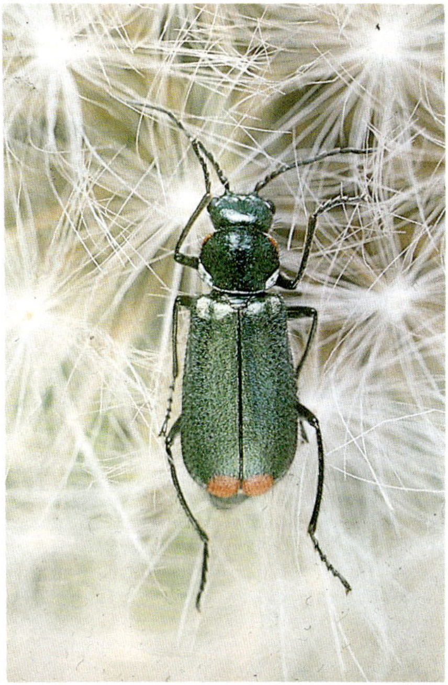

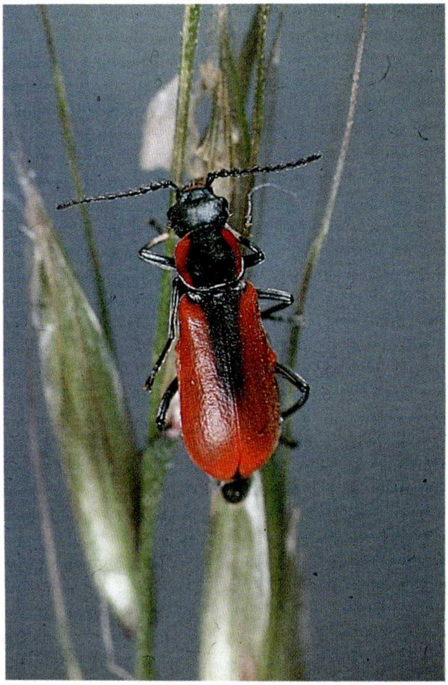

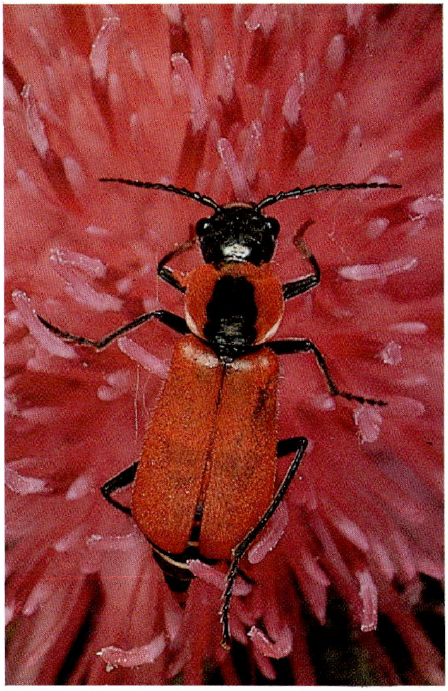

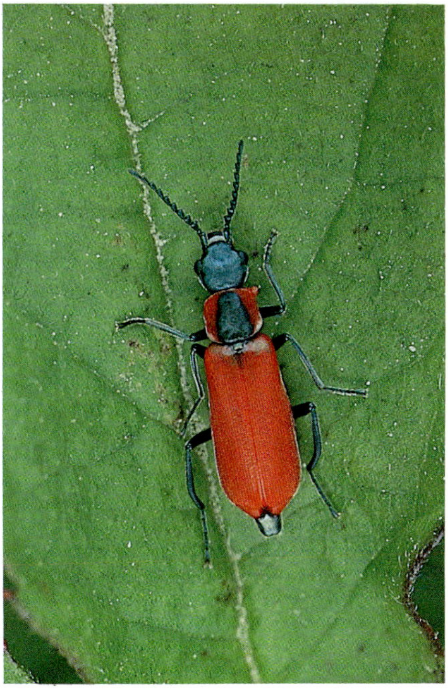

Malachius aeneus
Familie Malachiidae, Zipfelkäfer

Kupfer- bis dunkelgrün bis blau mit 2 roten Fleckchen auf dem Halsschild. Die Flügeldecken sind grün mit rotem Hinterende, beim Weibchen ist der grüne Bereich zu einem Dreieck am Vorderende reduziert. Das 2. und 3. Fühlerglied von innen ist bei den Männchen gezähnt.
6-8 mm.
Im Juni und Juli auf Blüten. Auf eine Reizung stülpen die Käfer an den Brustseiten rote Blasen aus.

Die Larven können sich im Dach strohgedeckter Häuser entwickeln.

Anthocomus bipunctatus
Familie Malachiidae, Zipfelkäfer

Flügeldecken rot mit einem schwarzen Querband und schwarzem Dreieck um das Schildchen. Halsschild schwarz mit Grünglanz.
3 bis 3,5 mm.
Im Frühjahr nicht selten in warmen Lagen auf Blüten und Büschen. Die Käfer fliegen im Sonnenschein und landen nicht selten an Zäunen und Mauern, wo sie dann auffallen.

Cyllodes ater
Familie Nitidulidae, Glanzkäfer

Fast halbkugelig gewölbt, Schildchen dreieckig und breiter als lang. Die Unterschenkel ohne Zähne, am äußeren Ende verbreitert und spitz eckig. Meist schwarz, aber auch an Kopf und Halsschild mehr oder weniger ausgedehnt rot.
3,5-4,5 mm.
In und an Baumschwämmen, vor allem an Buchen. An den Fundorten meist in größerer Zahl.

Hylecoetus dermestoides, Werftkäfer
Fam. Lymexylonidae, Werftkäfer

Antennen in beiden Geschlechtern gesägt. Beim Männchen tragen die Kieferntaster einen Federbusch, der als Geruchsorgan gedeutet wird. Lehmgrau bis schwärzlich, Flügelspitzen etwas verdunkelt.
7-18 mm.
Im Mai und Juni auf geschlagenem Holz. Die Käfer nehmen keine Nahrung mehr zu sich und leben nur wenige Tage. Die Larven bohren in kranken oder toten Bäumen und schieben das Bohrmehl aus dem Gang, so daß befallene Bäume davon bestäubt sind. Sie ernähren sich von Pilzen (Ambrosia), die in den Gängen wachsen und sie später schwarz färben. Die Pilzsporen werden bei der Eiablage mitgebracht. Später reguliert die Larve durch Öffnen und Schließen des Ganges die Luftfeuchtigkeit zugunsten des Pilzes.

Uleiota planata
Familie Cucujidae

Flach, Halsschild mit Kielen, Runzeln und Seitenzähnen. Fühler etwa körperlang. Die Männchen mit einem sichelförmigen Zahn auf den Oberkiefern.
4,5-5,5 mm.
Im Frühjahr und Herbst unter lockerer feuchter Rinde toter Laubbäume, meist an liegenden Stämmen, an den Fundorten in großer Zahl. Bei Berührung stellen sich die Käfer tot.

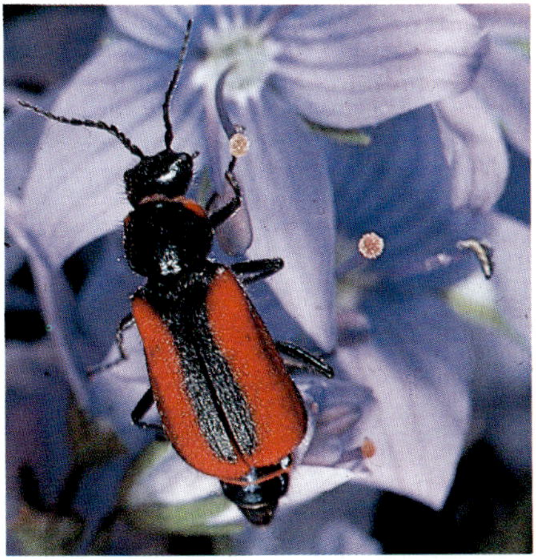
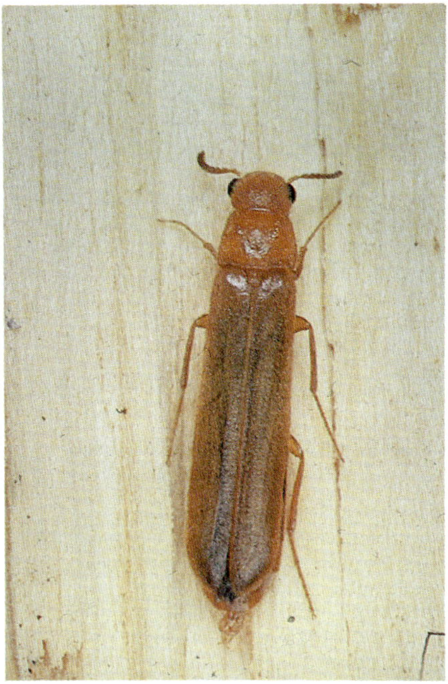
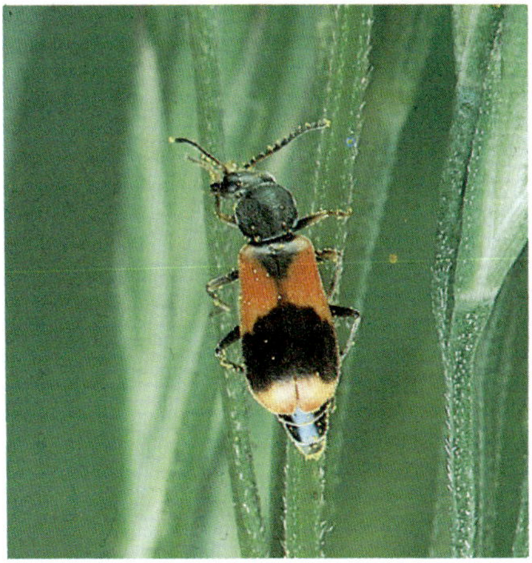
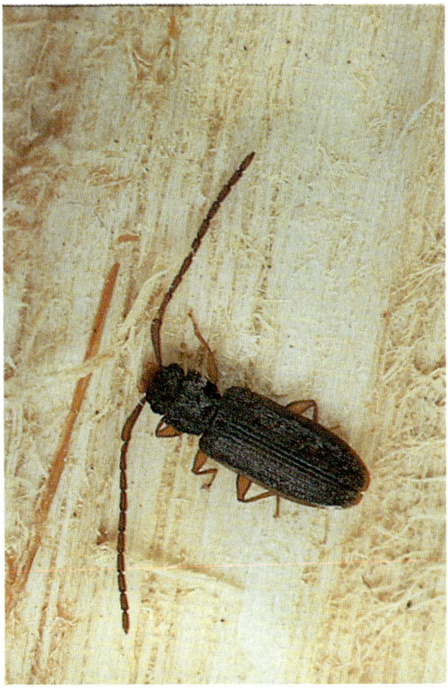
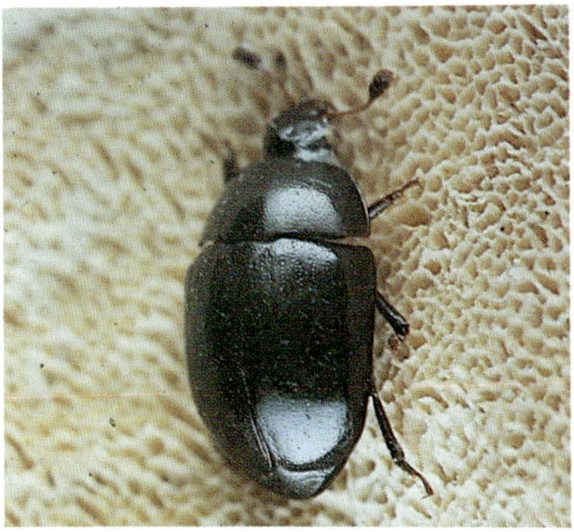

Oryzaephilus surinamensis
Familie Cucujidae (Silvaniidae)

Braun bis schwarzbraun, am Halsschild beiderseits je 6 stumpfe Zähnchen. Auf den Flügeldecken in Längsreihen feine Haare.
2,5-3,5 mm.
Ganzjährig in Lebensmittelvorräten, wo die Käfer und ihre Larven anderen Insekten nachstellen. Selten auch im Freien, etwa in Komposthaufen oder unter verrottender Rinde.
Weltweit eingebürgert.

Cucujus cinnaberinus
Familie Cucujidae, Plattkäfer

Bis auf Fühler, Kiefer, Augen und Beine scharlachrot, Halsschild mit arttypischem Relief. Die Männchen haben kürzere Flügeldecken als die Weibchen.
11-15 mm.
Käfer und Larven leben unter lockerer Rinde von Laub- und Nadelbäumen, vor allem an Eichen. Sie ernähren sich räuberisch von Holzinsekten und überwintern in Rindenritzen. Selten.

Glischrochilus quadripustulatus
Familie Nitidulidae, Glanzkäfer

Schwarzglänzend, kahl, fein punktiert, mit 4 roten Flecken auf den Flügeldecken.
3-6,5 mm.
Von März bis November in Buchen- und Fichtenwäldern. Meist findet man mehrere Käfer am gärenden Saft blutender Bäume oder unter lockerer Rinde. Die Larven leben unter lockerer Rinde und in den Gängen von Borkenkäfern.

Glischrochilus quadriguttatus
Fam. Nitidulidae, Glanzkäfer

Bestimmung über den ovalen und aufgewölbten Körperumriß und über Form und Lage der gelben bis rotgelben Flecke auf den Flügeldecken.
3,2 bis 5,5 mm.
Von März bis November unter Baumrinde, in den Bohrgängen von Holzinselten, im Frühsommer auch einzeln oder in Gesellschaften an blutenden Bäumen. Nicht häufig.

Rhizobius chrysomelinus
Fam. Coccinellidae, Marienkäfer

Einer der vielen winzigen, ungefleckten Marienkäfer. Anliegend behaart. Halsschild vor dem Schildchen verdunkelt, auf den Flügeldecken meist ein gebogener länglicher Schattenwisch. Augen mit nur etwa 100 Einzelaugen.
3 bis 3,3 mm.
Als Blattlausfresser häufig und ganzjährig auf Nadelbäumen, im Winter in Rindenritzen, nach Herbststürmen auch am Boden.

Prostomis mandibularis
Familie Cucujidae, Plattkäfer

Die gewaltigen Oberkiefer sind ungleich: Einer ist kürzer, breiter und außen mehr gebogen als der andere.
5-6 mm.
Sehr verstreut, mehr in Ost- und Nordeuropa, an den Fundorten aber gesellig in zerfallendem, sehr nassem Hloz in feuchten Wäldern, zusammen mit den ebenfalls mit sehr kräftigen Kiefern bewaffneten Larven.

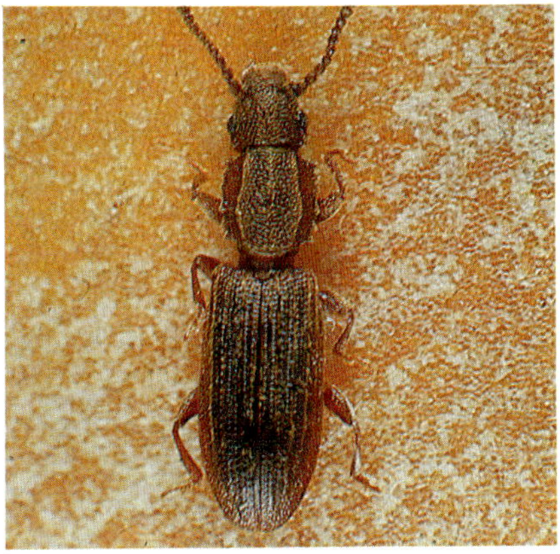
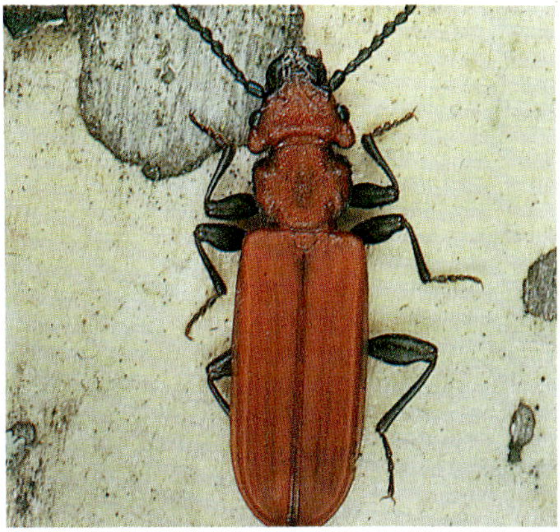
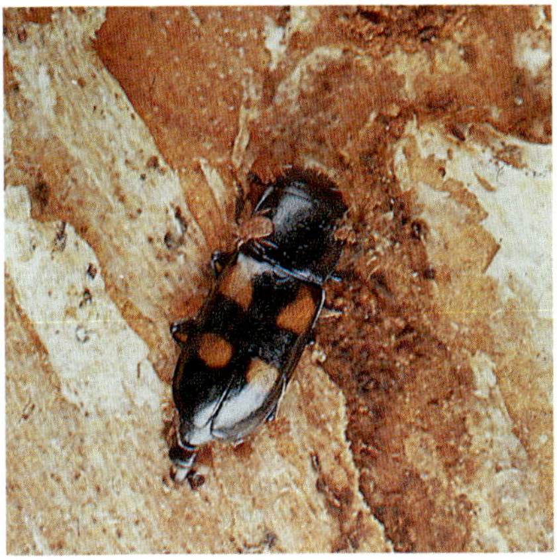
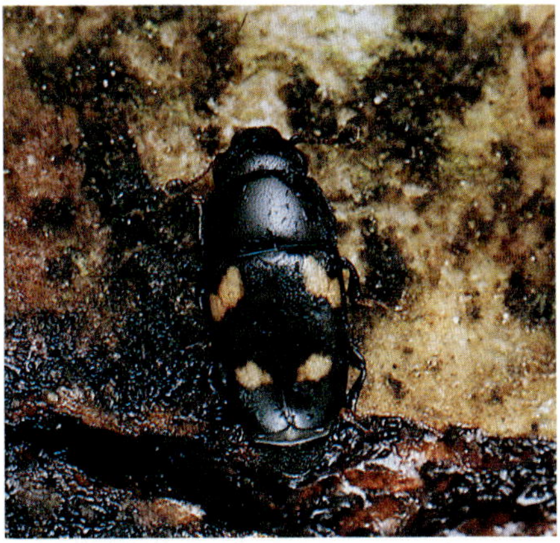
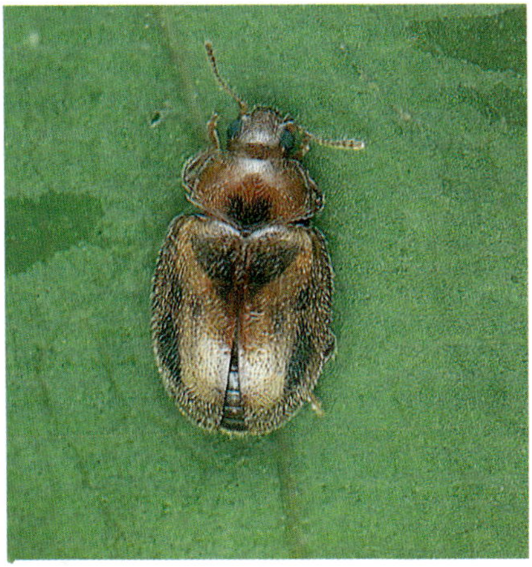
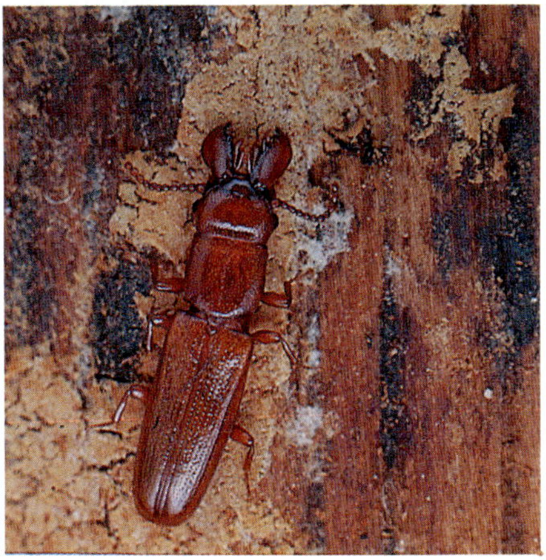

Meligethes aeneus Rapsglanzkäfer
Familie Nitidulidae

Schwarz mit mehr oder weniger starkem grünen, blauen oder violetten Metallglanz, fein punktiert und dicht anliegend behaart. 2. Fühlerglied von innen gelbbraun. 1,5-2,7 mm.
Die Käfer überwintern und fliegen im Vorfrühling auf Huflattichblüten. Später findet man sie meist in großer Zahl auf Blüten, mit Vorliebe von Kreuzblütlern, wo sie Blütenteile und Blättchen benagen und Knospen aushöhlen. Die Larven fressen vor allem Blütenstaub von Kreuzblütlern.

Adalia conglomerata
Fam. Coccinellidae, Marienkäfer

Leicht kenntlich an der schwarzen, zweimal verdickten Naht. Auf der Stirn ein heller Fleck, auf dem Halsschild ein schwarzes M. Die Flecke auf den Flügeldecken können verschwinden oder zusammenfließen.
3,5 bis 4,5 mm.

Hippodamia tredecimpunctata
Fam. Coccinellidae, Marienkäfer

Für einen Marienkäfer schlank und weniger hoch gewölbt. Meist mit 13 Flecken auf den Flügeldecken und einem großen und 2 kleinern Seitenflecken auf dem Halsschild. Die Zeichnung ist sehr variabel, die Oberschenkel sind immer schwarz, die Unterschenkel gelblich.
4,5-7 mm.
In nassen Wiesen und an verkrauteten Ufern, meist auf Schilf, Sumpfgräsern, Igelkolben und Uferweiden. Die Käfer schlüpfen im Spätsommer und ziehen sich im Oktober zur Überwinterung zurück, mit Vorliebe in dürres Schilf. Im April werden sie wieder rege.

Subcoccinella vigintiduopunctata
Fam. Coccinellidae, Marienkäfer

Oberseite fein behaart, rotbraun bis orange, auf den Flügeldecken meist 24 Punkte an festen Plätzen, die aber teilweise oder gänzlich fehlen oder zusammenfließen können. 3 bis 4 mm.
Im September und Oktober und vom Frühjahr bis Juli in Wiesen und auf Büschen. Käfer und Larven fressen unter anderen an Schmetterlingsblütlern und haben schon Klee- und Luzernefelder kahlgefressen.

Epilachna elaterii (chrysomelina)
Fam. Coccinellidae, Marienkäfer

Hoch gewölbt, fein behaart, braunrot mit 12 paarigen, großen bis kleinen Punkten in festen Lagen auf den Flügeldecken, die auch zusammenfließen können. Mit oder ohne hellen Hof.
7 bis 9 mm.
Die Käfer und ihre einfarbig gelben Larven leben auf und fressen an Blättern von Kürbisgewächsen. Häufig im Mittelmeerraum, an wenigen Orten auch in Mitteleuropa.

Adonia variegata
Fam. Coccinellidae, Marienkäfer

Für einen Marienkäfer schlank und flach. Der Halsschild vorne und an den Seiten weiß, in der Mitte oft eine vierfingerige schwarze Zeichnung. Auf den roten, vorne meist weißlich aufgehellten Flügeldecken Flecke in ungerader Zahl zwischen 1 und 13. 3,5-5 mm.
Im Sommer häufig auf Pflanzen der Brachäcker, überwinternd. Verbreitet vom Äquator bis über den Polarkreis.

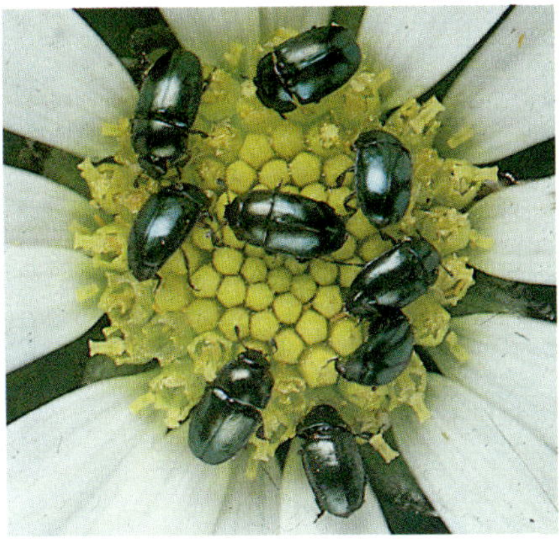
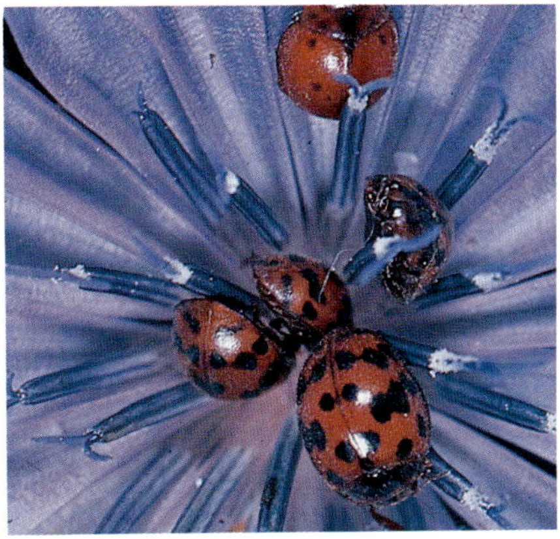
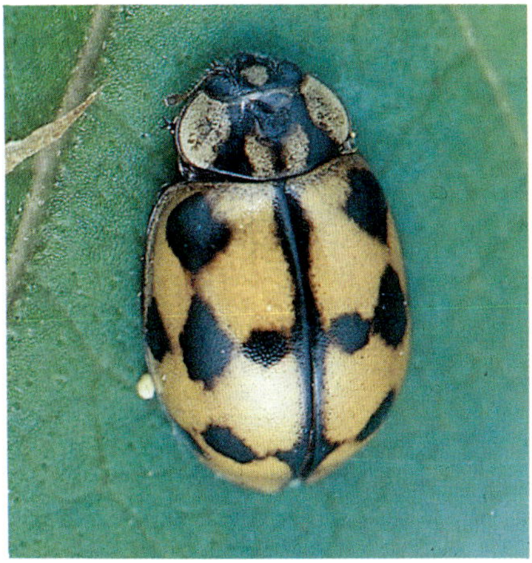
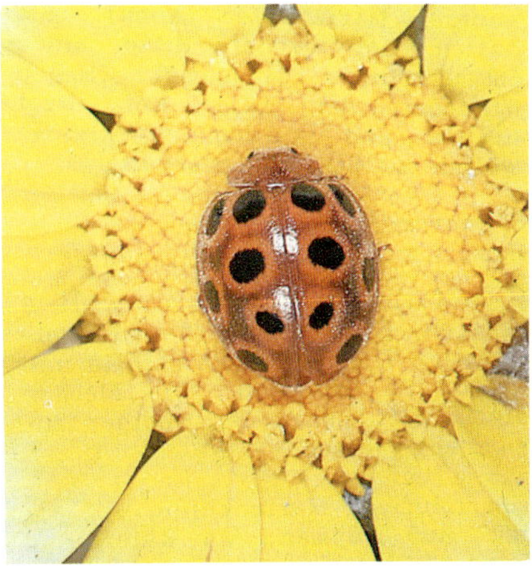
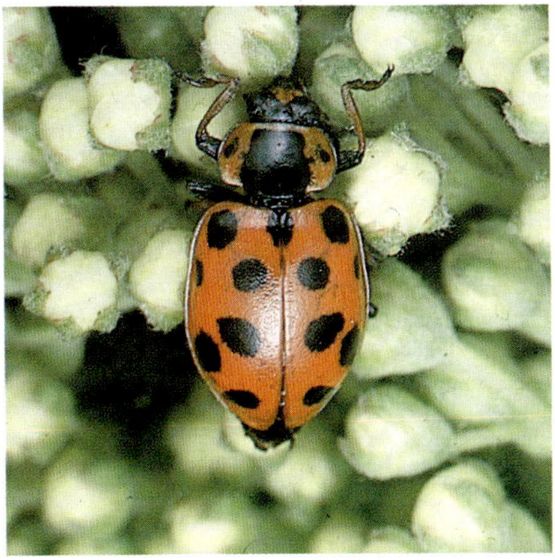
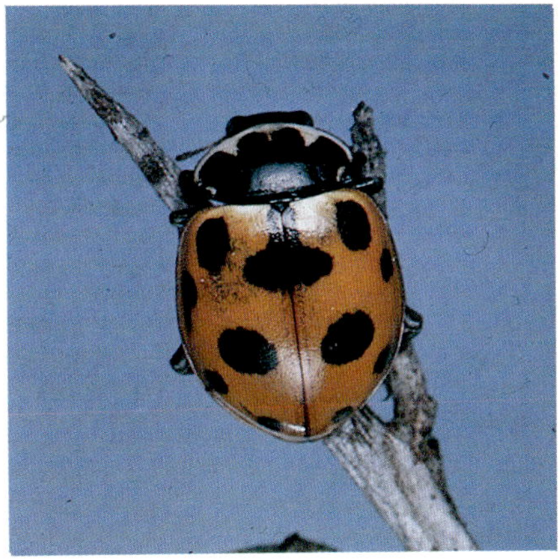

Coccinella septempunctata
Siebenpunkt
Fam. Coccinellidae, Marienkäfer

Der weiße Fleck auf dem Halsschild greift auf die Unterseite über, wo er in einen weißen Saum über 1/3 der Halsschildlänge übergeht. Auf den Flügeldecken 7 schwarze Punkte von variabler Größe.
5,5 bis 8 mm.
Sehr häufig und in allen Monaten in Bewegung, manchmal noch auf dem Schnee. Die Käfer pressen bei Berührung an vorbereiteten Schwachstellen an den Beingelenken Tropfen ihres gelben, bitter schmeckenden Blutes hervor (wie andere Marienkäfer auch). Sie halten bei großer Hitze einen Sommerschlaf. Manchmal fliegen Millionen der Käfer aufs Meer hinaus und werden zu kleinen Wällen am Strand angespült.

Synharmonia conglobata
Fam. Coccinellidae, Marienkäfer

Grundfarbe gelb bis rosa mit 8 eckigen Flecken auf den Flügeldecken, 7 auf dem Halsschild und einer auf dem Kopf. Die Flecken sind meist mehr oder weniger zusammengeflossen.
3,5-5 mm.
Ein häufiger Marienkäfer, vor allem auf Bäumen, wo Käfer und Larven Blattläuse jagen. Die Käfer überwintern in Rindenritzen.

Anisosticta novemdecimpunctata
Familie Coccinellidae, Marienkäfer

Ein etwas schlankerer Marienkäfer mit 6 Flecken auf dem Halsschild und je 9 auf den Flügeldecken, ein weiterer um das Schildchen, Kopf mit schwarzem Hinterrand.
3-4 mm.
Von März bis Oktober auf Sumpfpflanzen, wo die Käfer Blattläusen nachstellen. Am häufigsten im August und September.

Coccinella quinquepunctata
Fam. Coccinellidae, Marienkäfer

Auf den Flügeldecken ein Fleck um das Schildchen, zwei große runde in der Mitte und dahinter an den Seiten zwei kleine, die auch fehlen oder mit den großen verschmelzen können.
Klein: 3-5 mm.
Eher selten, am häufigsten auf Blüten und Sträuchern in der Ufervegetation. Blattlausfresser, Überwinterung im Bodenmulm.

Anatis ocellata
Fam. Coccinellidae, Marienkäfer
Der größte europäische Marienkäfer. Der kleinste wird knapp 1 mm lang. Die schwarzen Flecke auf den Flügeldecken gelb gesäumt. Halsschild immer schwarzweiß.
8-9 mm.
Vor allem auf Nadelbäumen, wo Käfer und Larven von Blattläusen leben. Ein Käfer verzehrt davon in seinem Leben über 2000. Die Käfer überwintern – oft gesellig – in der Bodenstreu oder in Rindenritzen.

Propylaea quatuordecimpunctata
Fam. Coccinellidae, Marienkäfer

Kopf gelb mit schwarzer Dreieckszeichnung. Halsschild mit 4 bis 8 manchmal zusammenfließenden Punkten, Flügeldecken schwarzgelb gewürfelt mit dunkler Naht. Sehr variabel.
4-6 mm.
Häufig in Wiesen und Wäldern. Die Käfer können 2 Jahre alt werden. Sie fressen Blattläuse.

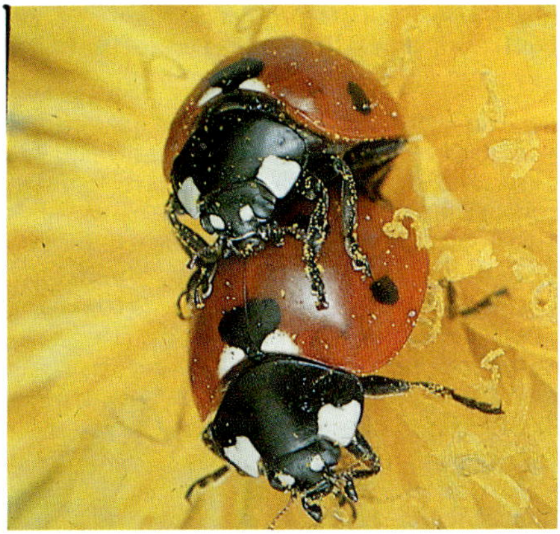
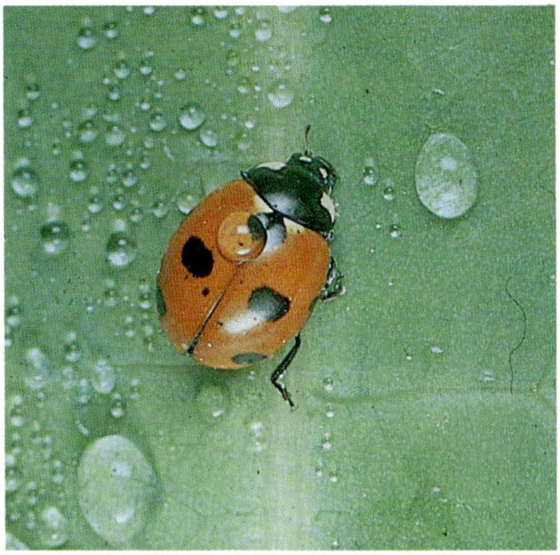
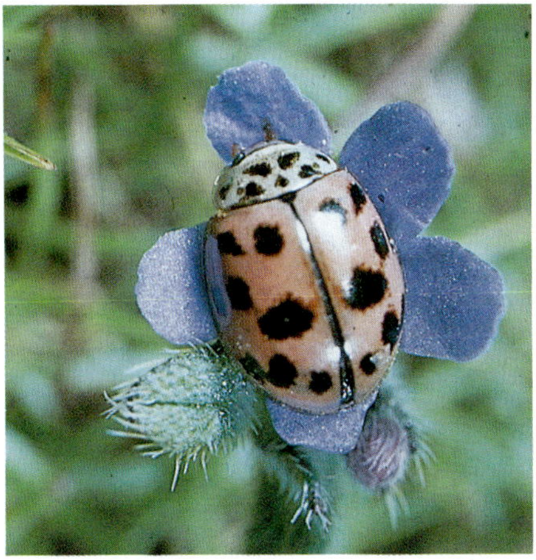
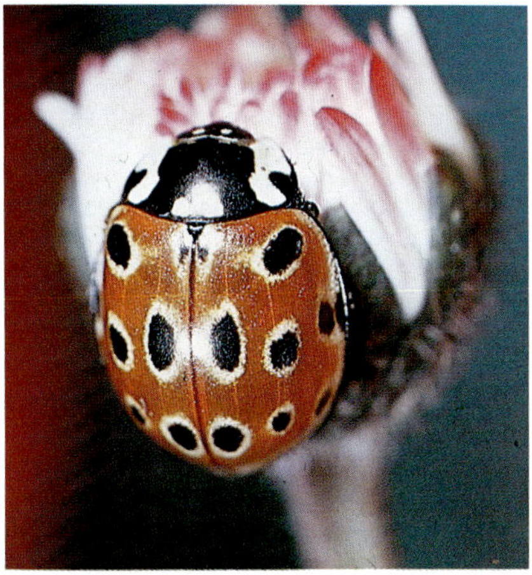
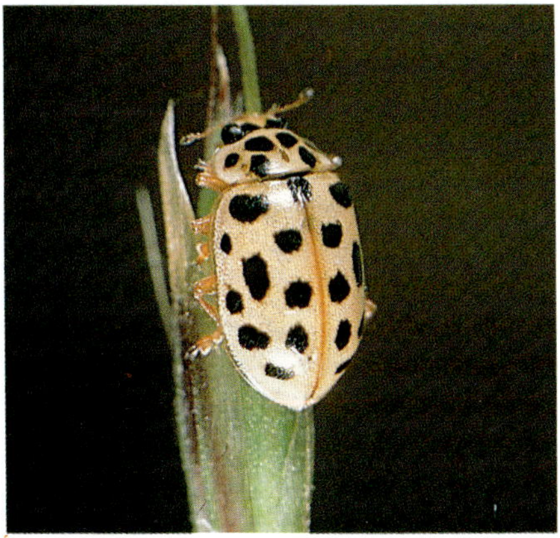
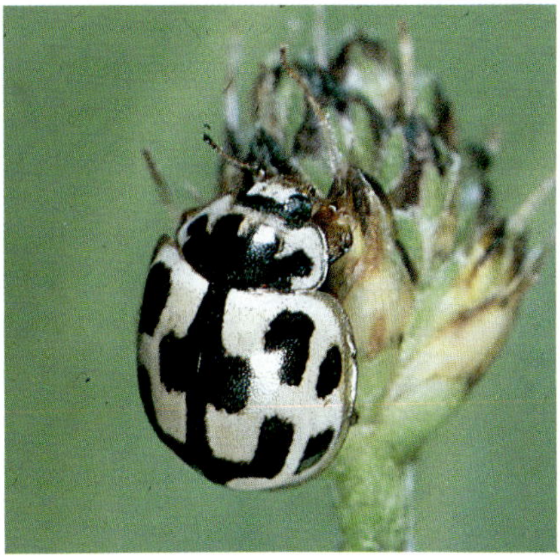

Tytthaspis sedecimpunctata
Fam. Coccinellidae, Marienkäfer

Schildchen winzig, Naht schwarz, Fühler und Beine gelb, Halsschild mit 6 und jede Flügeldecke mit 8 Flecken, die bei vielen Tieren mehr oder weniger verschmolzen sind.
2,5-3 mm.
Trockenheitsliebend, oft auf Dünen und sandigen Feldern. Die Käfer überwintern oft gesellig in eingerollten Blättern oder dergleichen. Sie fressen Blattläuse.

Calvia quatuordecimguttata
Fam. Coccinellidae, Marienkäfer

Auf den Flügeldecken je 7 Flecke: vorne einer, dann 3 etwa in gleicher Höhe, dahinter 2 und dahinter noch einer.
4,5-6 mm.
Die Käfer leben meist hoch in Bäumen, aber zur Zeit des Laubfalls findet man sie, zusammen mit einem halben Dutzend weiterer Marienkäferarten, auf Zäunen und Geländern unter Bäumen, wo sie versuchen, wieder in die Höhe zu kriechen. Sie fressen Blattläuse und Blattflöhe und sie überwintern.

Adalia decempunctata
Fam. Coccinellidae, Marienkäfer

Oberseite sehr variabel, ein sicheres Kennzeichen liegt auf der Unterseite: Zwischen Vorder- und Mittelbeinen jederseits ein weißer Strich. Auch die Form der Fußkrallen ist arttypisch.
3,5-5 mm.
Auf Laubbäumen einer der häufigsten Marienkäfer, gern in Lindenalleen, aber auch in der Krautschicht. Die Käfer fliegen viel herum und sitzen danach auch an Hauswänden. Sie überwintern im Bodenmulm.

Harmonia quadripunctata
Fam. Coccinellidae, Marienkäfer

Halsschild heller als die Flügeldecken und mit 5 größeren und 6 kleineren Flecken. Auf den Flügeldecken 0 bis 8 längliche schwarze Flecke.
5,5-6 mm.
Vom Frühjahr bis in den Herbst, vor allem in Kiefernwäldern, Blattlausjäger. Die Käfer fliegen zuweilen in der späten Dämmerung ins Licht. Sie überwintern in Rindenritzen, manchmal in kleinen Gesellschaften.

Calvia decemguttata
Fam. Coccinellidae, Marienkäfer

Hell braunrot, Halsschild mit verwaschener weißlicher Zeichnung. Auf jeder Flügeldecke 5 etwas längliche, gelbweiße, sich wenig abhebende Flecke. Unterseite gelblich. Flügeldecken stärker punktiert als Kopf und Halsschild.
5-6,5 mm.
Meist an Linden, Weiden und Holunder, eher selten. Die Käfer überwintern in der Bodenstreu.

Adalia bipunctata, Zweipunktmarienkäfer Fam. Coccinellidae

Die Zeichnung der Flügeldecken reicht von einfarbig rot bis einfarbig schwarz, der Halsschild meistens mit weißen Seitenmonden und 2 weißen Fleckchen am Hinterrand. Fühler bräunlich mit dunklerer Spitze. Halsschild fein und locker, Flügeldecken stärker und dichter punktiert. Seitenrand der Flügeldecken deutlich aufgebogen.
3,5-5,5 mm.
Der häufigste Marienkäfer, oft in großer Zahl in und bei Blattlauskolonien. Viele überwintern in Mauerritzen, manche gelangen auch in Wohnungen, wo sie aber bald vertrocknen.
Heimisch auch im tropischen Afrika.

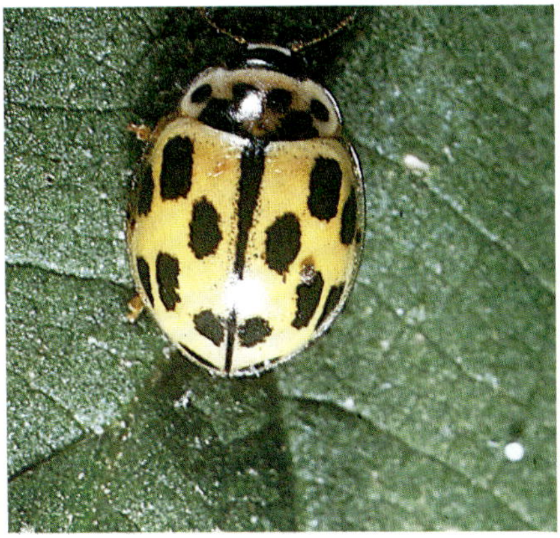

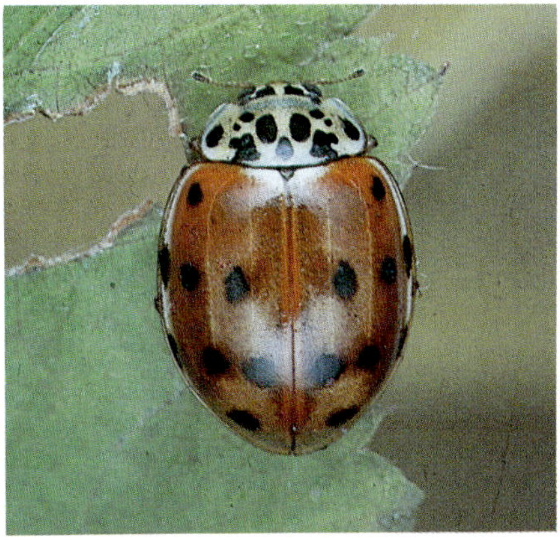

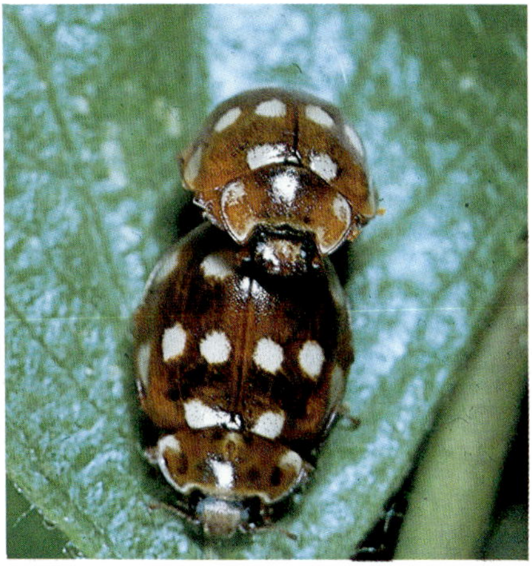

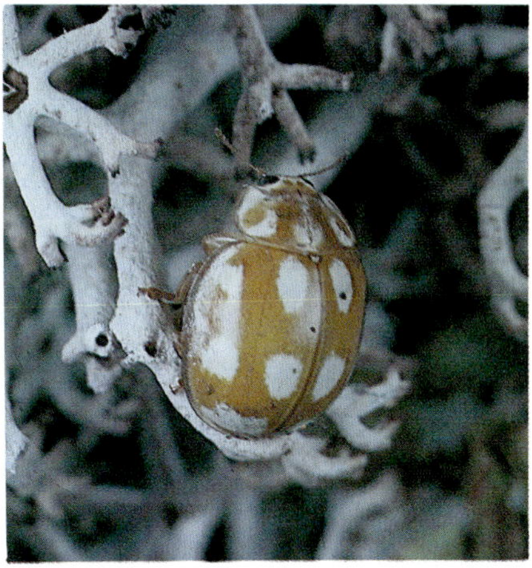

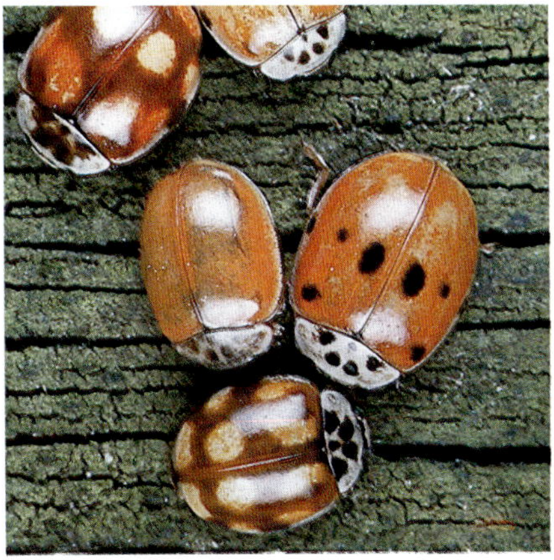

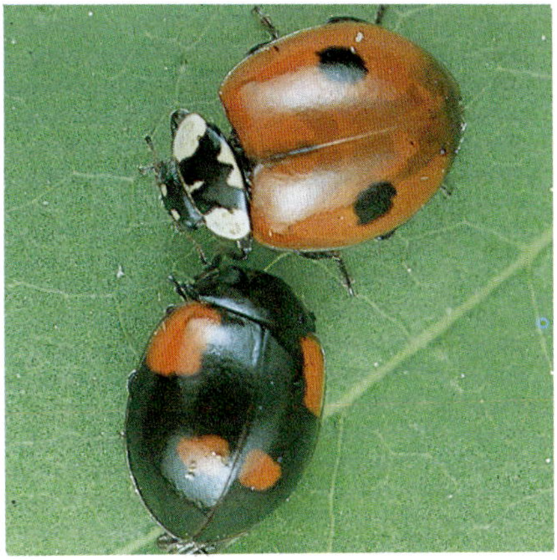

Chilocorus renipustulatus
Fam. Coccinellidae, Marienkäfer

Fast halbkugelig. Halsschild hinten halbkreisförmig gerundet. Lackschwarz mit je einem querovalen Fleck auf den Flügeldekken. Fühler gelbbraun.
4-5 mm.
Auf Büschen und Bäumen. Hauptnahrung Schild- und Blattläuse. Eher selten.

Coccinella hieroglyphica
Fam. Coccinellidae, Marienkäfer

Klein, hoch gewölbt. Auf den Flügeldecken längliche, mehr oder weniger verschmolzene schwarze Flecke auf gelbem oder rosagelbem Grund.
3,5-4,5 mm.
Von Mai bis Oktober in oder bei Blattlauskolonien in Heiden und Mooren, meist an Nadelbäumen und Heidekraut.

Aphidecta obliterata
Fam. Coccinellidae, Marienkäfer

Sehr variabel gefärbt. Oft sind die Flügeldecken gelbbraun, hinten mit einem länglichen Schatten. Halsschild mit 4 oder 5 schwarzen Flecken, aus denen man sich ein M denken kann. Auch auf der Stirn eine schwarze Zeichnung.
3,3-5 mm.
In Nadelwäldern und Gärten mit Nadelbäumen. Die Käfer überwintern in Rindenritzen und sind von April bis Oktober auf der Jagd nach Blattläusen.
Verbreitet vor allem im Gebirge.

Neomyzia oblongoguttata
Fam. Coccinellidae, Marienkäfer

Halsschild an den Seiten gelb gesäumt. Die Flecke auf den Flügeldecken in die Länge gezogen und oft zusammengeflossen.
Klauen in der Mitte mit einem Zahn (Mikroskop).
6-8 mm.
In Nadelwäldern, vor allem auf Kiefern. Die Käfer fressen Blattläuse und überwintern im Bodenmulm.

Exochomus quadripustulatus
Fam. Coccinellidae, Marienkäfer

Nahezu halbkugelig. Bei den Vorderecken der Flügeldecken ein hufeisenförmiger und dahinter ein kleiner ovaler roter bis gelber Fleck. Die Flecken können sich ausdehnen bis zu einfarbig gelbroten Flügeldecken.
3-5 mm.
Auf Nadelbäumen, selten auf Laubbäumen, wo die Käfer Blatt- und Schildläuse fressen. Sie überwintern.
Heimisch auch in Asien und Afrika.

Thea vingtiduopunctata
Fam. Coccinellidae, Marienkäfer

Auf dem Halsschild 5 schwarze Flecke in M-Stellung, weitere 22 auf den Flügeleldecken.
3-4,5 mm.
Häufig und auffallend in der Nähe von Pflanzen mit Mehltaubefall. Die Käfer fressen Mehltau und überwintern im Bodenmulm. Verbreitet von Nordafrika bis Nordnorwegen.

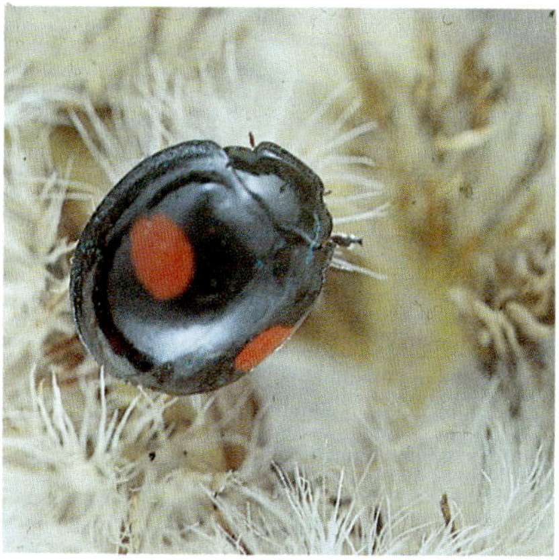
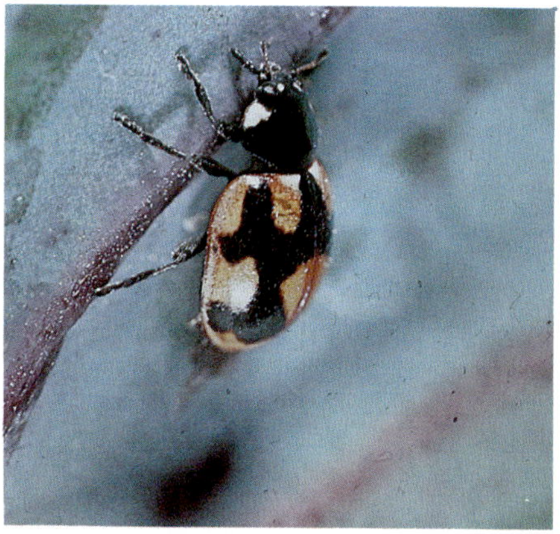
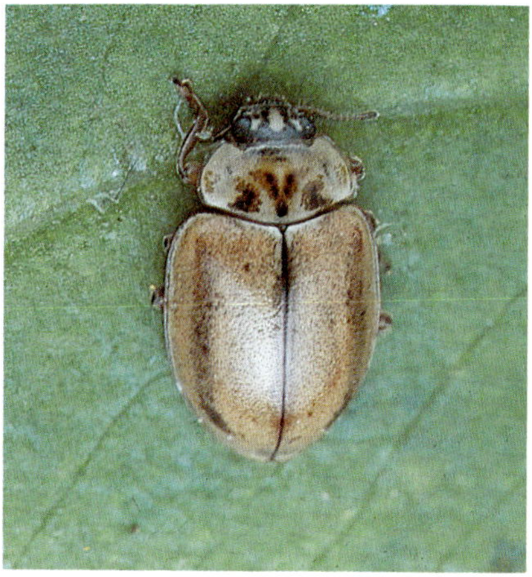
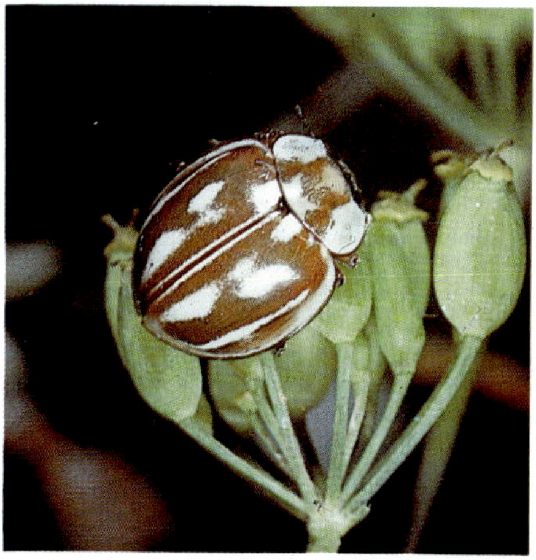
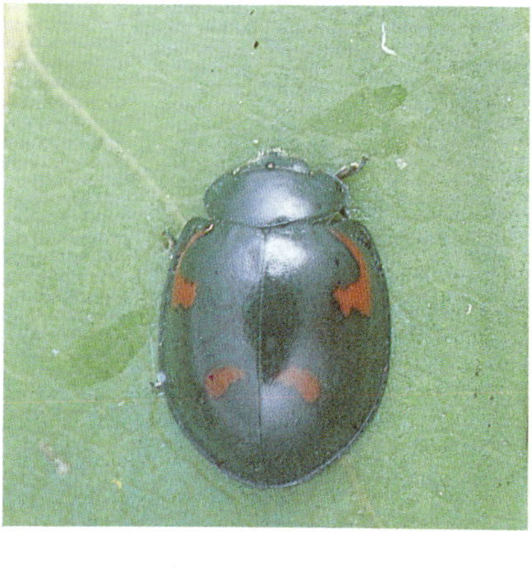
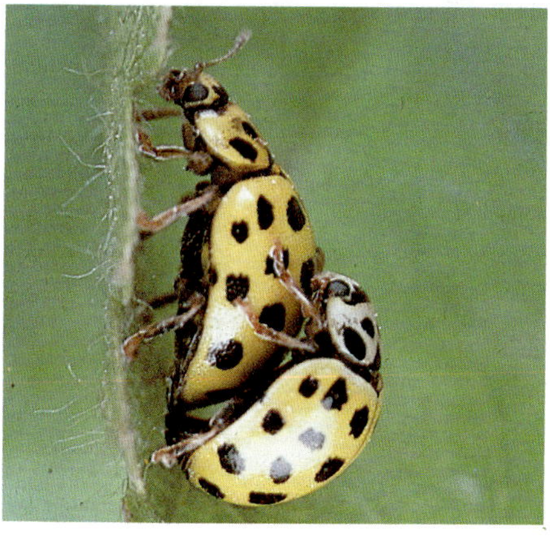

Chilocorus bipustulatus
Familie Coccinellidae, Marienkäfer

Von oben gesehen fast kreisrund, Kopf bräunlich, auf den Flügeldecken je 3 bis 4 hellrote Punkte, die auch zu einem Querband verschmelzen können. Unterseite und Beine hellbraun.
3-4 mm.
Häufig auf Nadelbäumen, wo die Käfer wie auch ihre Larven Blattläuse erbeuten.

Mycetina cruciata
Familie Endomychidae, Pilzkäfer

Meist rot mit schwarzer Kreuzzeichnung auf den Flügeldecken. Wenig aufgewölbt (als Spaltenkriecher).
3,8-4,5 mm.
In eher feuchten Wäldern, selten. Käfer und Larven fressen Pilze und Pilzfäden unter morscher Rinde, im Mulm alter Bäume, vor allem von Buchen und in Baumschwämmen der Gattung Polypora. In urigen Bergwäldern an und in morschem Holz. Nur im Osten häufiger.

Mycetophagus quadripustulatus
Familie Mycetophagidae

Flach gebaut. Die innersten 4 und das äußerste Fühlerglied hell. Flügeldecken mit je 11 Punktreihen und je 2 roten Flecken, die auch fehlen können. Goldgelb behaart.
5-6 mm.
Von April bis September meist gesellig auf Baumschwämmen, vor allem von der Gattung Polyporus und meist an Eiche und Esche, manchmal auch unter von Pilzen durchwucherter Baumrinde.

Endomychus coccineus
Familie Endomychidae, Pilzkäfer

Ein Hochglanzkäfer mit schwarzem Mittelband auf dem Halsschild und 4 veränderlichen schwarzen Flekken auf den Flügeldecken.
4-6 mm.
In kühlen und feuchten Wäldern meist gesellig unter der Rinde von toten, verpilzten Laubbäumen und als Pilzfresser an und in Pilzen, vor allem an Buche und Birke. Die Larven leben an den gleichen Orten.

Lycoperdina succinta
Familie Endomychidae, Pilzkäfer

Halsschild hinten mit 2 Längsrinnen; vor dem Hinterrand mit einer Querrinne. Füße dreigliedrig. Rotbraun mit einer verwaschen schwarzen Querbinde über den Flügeldecken.
3,5-5 mm.
Vom Herbst bis in den Frühling in Pilzen, vor allem in Bovisten, manchmal auch unter verpilzter Baumrinde. Die Käfer überwintern in vertrockneten Bovisten, und auch die Larven findet man im Sommer in Stäublingen.

Mycetophagus atomarius
Familie Mycetophagidae

Flügeldecken mit einer einigermaßen konstanten gelblichen Zeichnung: ein großer Schulterfleck, dahinter ein gewelltes Band und weitere Flecke. Das äußerste Fühlerglied ist um die Hälfte länger als das vorletzte, alle Füße sind viergliedrig.
4 bis 5 mm.
In Laubwald an und in trockeneneren Baumschwämmen und unter verpilzter Rinde.

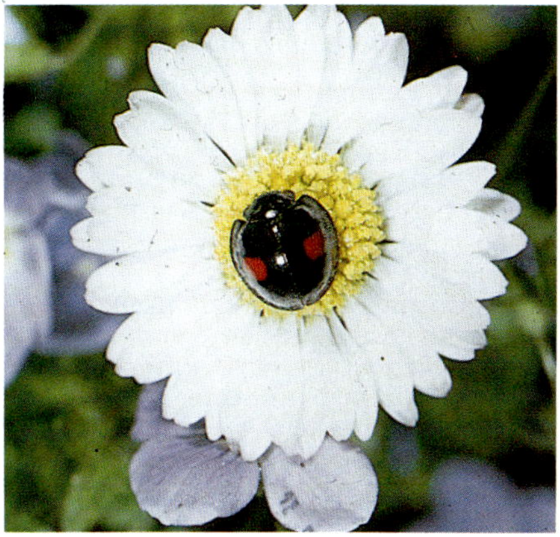
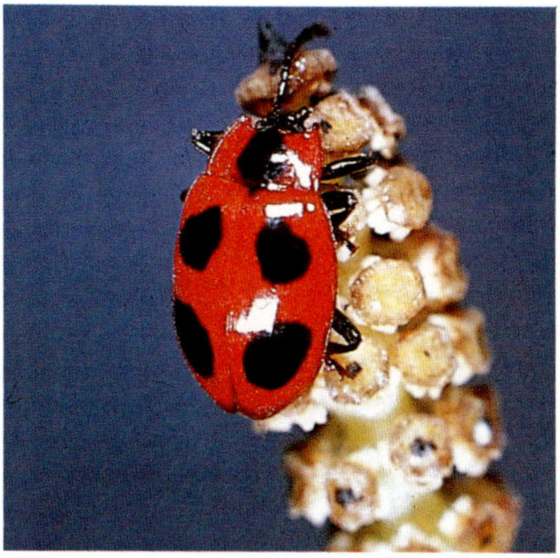
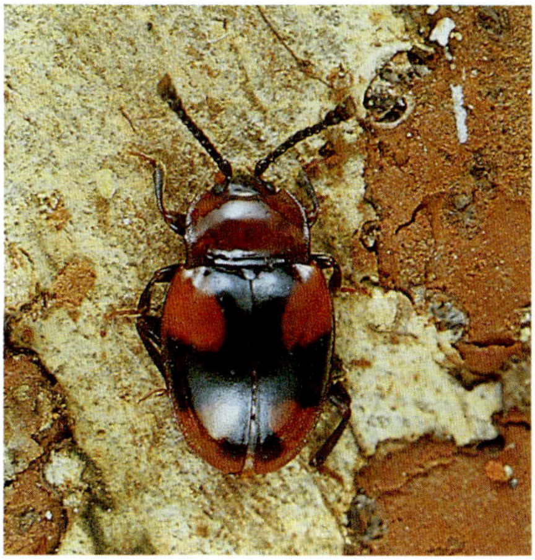
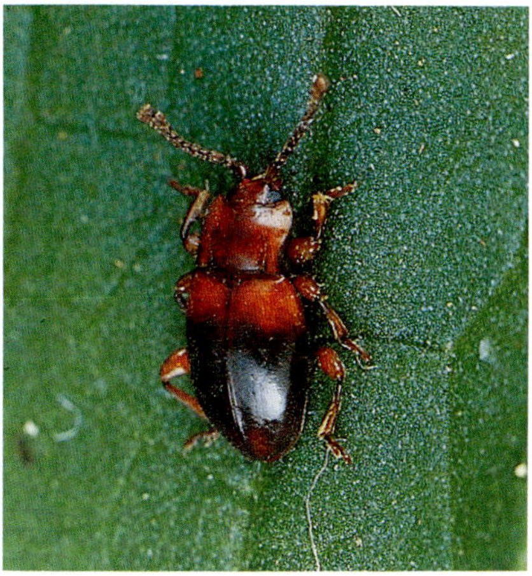
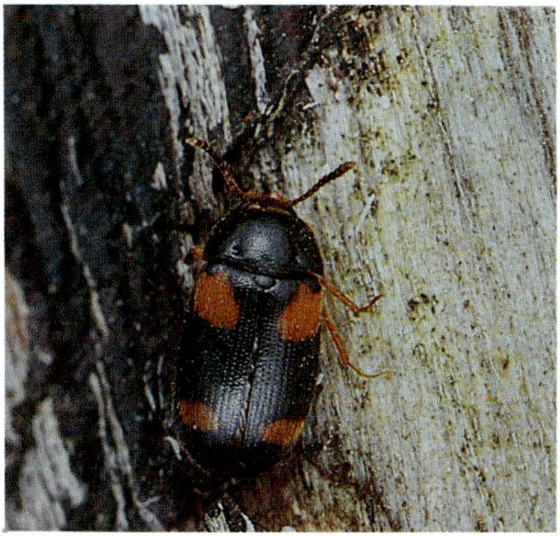
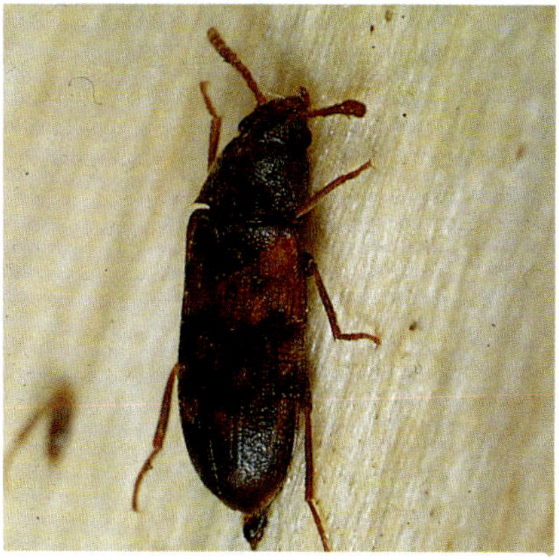

Heterocerus parallelus
Familie Heteroceridae, Sägekäfer

Halschild mit hellem Seitenrand, Beine hell. Die größte Heterocerus art, alle Käfer mit mehr als 6 mm Länge sind "parallelus".
5 bis 7,5 mm.
Gesellig im feuchten Sand oder Lehm an der Küste. Wenn man bei den Kolonien auf den Boden stampft oder Wasser ausgießt, kommen die Käfer gleich hervor, um sofort wegzufliegen und sich in der Nähe wieder einzugraben.

Hypophloeus (Paraphloeus) bicolor
Fam. Tenebrionidae, Schwarzkäfer

Halsschild locker und grob punktiert, Fühler ab dem 5. Glied von innen allmählich etwas verdickt. Die Flügeldecken sind im vorderen Drittel braun, in den hinteren zwei Dritteln schwarz.
3,5 bis 4 mm.
Von Juni bis September unter der Rinde von Laubbäumen, oft als Räuber in den Gängen von Borkenkäfern. Die Larven leben an den gleichen Orten.

Hypophloeus unicolor
Fam. Tenebrionidae, Schwarzkäfer

Sehr schmal, drehrund, glänzend braun.
5-7 mm.
Von Mai bis Juli unter der Rinde von Laub- und seltener auch von Nadelbäumen, meist in Borkenkäfergängen, wo die Käfer den Larven der Borkenkäfer nachstellen. Manchmal auch in Baumschwämmen.

Boletophagus reticulatus
Fam. Tenebrionidae, Schwarzkäfer

Kopf und Halsschild matt, mit nach vorne ragenden Vorderecken und schwach gezähnten Seitenrändern. Flach punktiert. Flügeldecken glänzend, mit groben Punktreihen und sehr fein gerippt.
6-8 mm.
Von Mai bis Juli in und an Baumpilzen an Laubbäumen, vor allem Buchen. Manchmal auch unter lockerer Rinde und an toten Vögeln. Gesellig, nachtaktiv.

Melasia culinaris
Fam. Tenebrionidae, Schwarzkäfer

Glänzend rotbraun, Unterschenkel außen gezähnt, Halsschild mit einer Rinne entlang dem Hinterrand und beim Männchen vorne mit einer von Beulen umgebenen Eindellung.
10 bis 11,5 mm.
Im Frühjahr und Sommer im Mulm unter lockerer Kiefern- und fichtenrinde, meist in dem von den Larven anderer Käfer zurückgelassenen Grus.
Lückenhaft verbreitet an sandigtrockenen Standorten, etwa in den Heidewäldern Brandenburgs.

Tribolium madens
Familie Tenebrionidae, Schwarzkäfer

Fühlerkeule dreigliedrig. Düsterbraun, Fühler und Beine rotbraun, auf den Flügeldecken zwischen den Rillen deutliche Kielchen, nicht aber im innersten Zwischenraum. 3,5-4,5 mm.
In Strohabfällen, trockenem Brot, Mehl. Vom östlichen Deutschland ostwärts.

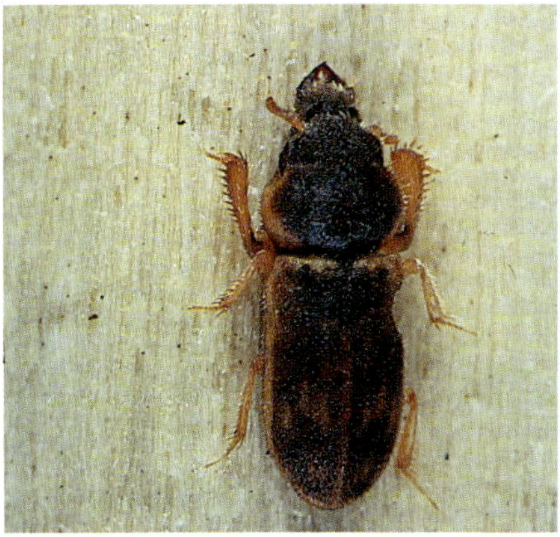
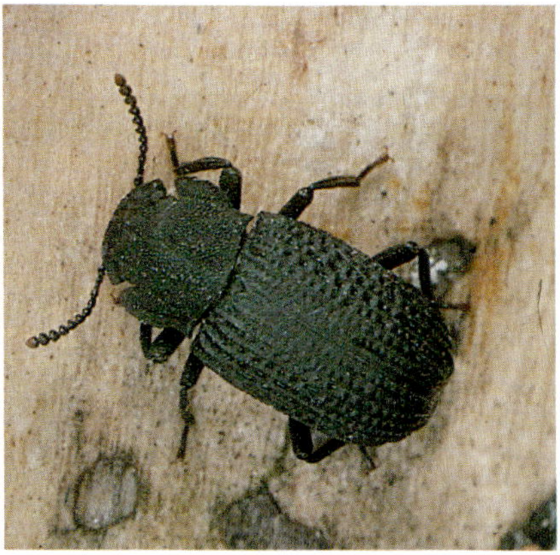
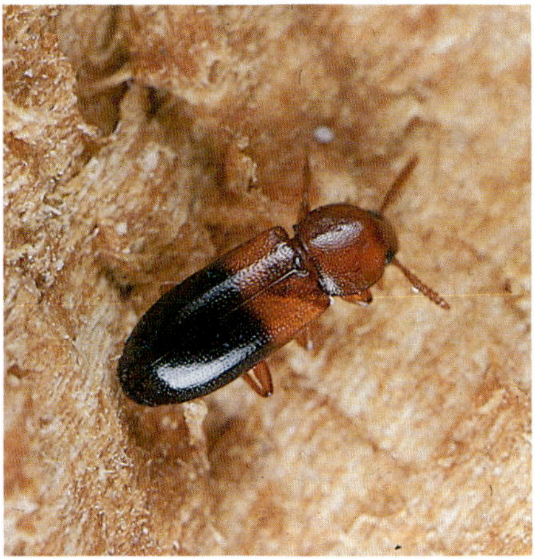
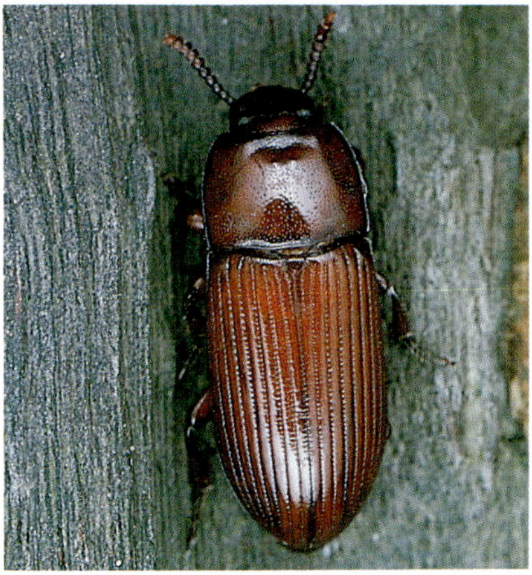
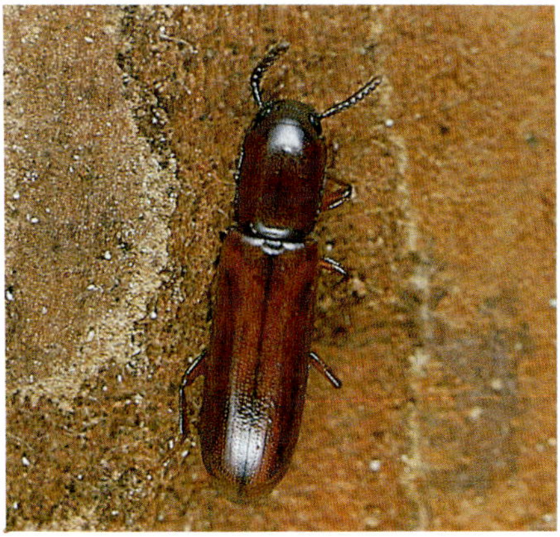
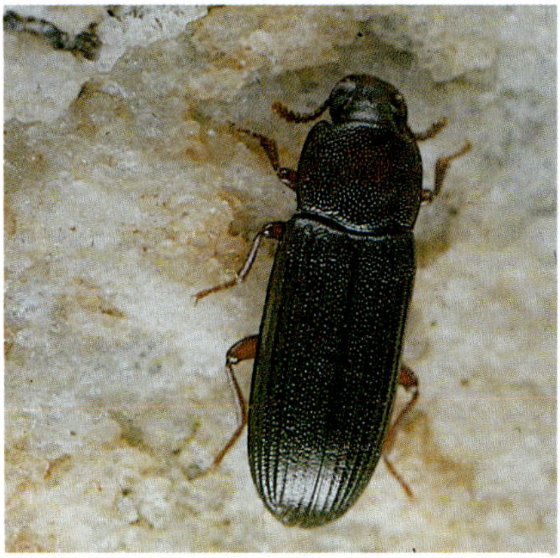

Blaps mortisaga
Familie Tenebrionidae, Finsterkäfer

Mattschwarz mit Ölglanz, die Flügeldecken hinten zu stumpfen Spitzen ausgezogen. Zwischen den Fußkrallen ein gerundet dreieckiger Fortsatz. Das viert- bis siebtinnerste Fühlerglied beträchtlich länger als breit.
20-31 mm.
In Mitteleuropa vor allem in Ställen, Scheunen und Gartenhäusern, wo sich Käfer und Larven von verrottendem tierischem und pflanzlichem Material ernähren. Die trägen Käfer erheben sich bei einer Störung und können ein übelriechendes und auf der Haut Blasen ziehendes Gift gegen den Angreifer spritzen.
Die Käfer werden bis 5 Jahre alt.

Sepidium bidentatum
Fam. Tenebrionidae, Schwarzkäfer

Halsschild an den Seiten buckelig. Flügeldecken mit kräftigen Rücken- und Seitenrippen. Halsschild lang, in der Mitte buckelig, aufgewölbt und ohne Längsrinne.
10-13 mm.
Auf trockenen Böden und unter Steinen, in Süditalien, Sizilien und Nordafrika, wo zahlreiche Verwandte leben; alle sind einfarbig schwarz, aber durch sehr markante Formen und Oberflächen gekennzeichnet.

Blaps lethifera
Familie Tenebrionidae

Sehr ähnlich Blaps mortisaga, aber die Fühlerglieder Nr. 4 bis 7 von innen kaum länger als breit, Halsschild deutlich länger breit, Halschild deutlich breiter als lang. Zwischen den Klauen ein breiter, querabgeschnittener Fortsatz. Flügeldecken der Männchen zu etwa 2 mm langen Spitzen ausgezogen.
20-27 mm.
In feuchten Kellern, bei ind in Ställen und Schuppen, im Süden auch unter Steinen in Steppenbiotopen und in Zieselbauten. Wie alls Blaps-Arten mit widerlichem Geruch. Von Nordafrika bis Südskandinavien.

Diaperis boleti
Familie Tenebrionidae, Dunkelkäfer

Hoch gewölbt, glatt, mit rotgelben Querbinden.
6-9 mm.
In warmen Laubwäldern mit alten Bäumen unter Fallaub, in von Pilzfäden durchwuchertem morschem Holz und an Pilzen. Vor allem und oft in großer Zahl an Porlingen. Auch die Larven leben in und von Baumpilzen.

Hoplocephala haemorrhoidalis
Fam. Tenebrionidae, Schwarzkäfer

Die Fühler reichen nicht bis zum Hinterrand des Halsschildes, dieses ist breiter als lang. Kahl, glänzend, mit Punktreihen auf den bis auf das Hinterende schwarzen Flügeldecken. Die Männchen tragen zwischen den Augen 2 kurze gerade Hörner.
5,5 bis 6 mm.
An Baumschwämmen in urigen Wäldern, vor allem an Buchen.

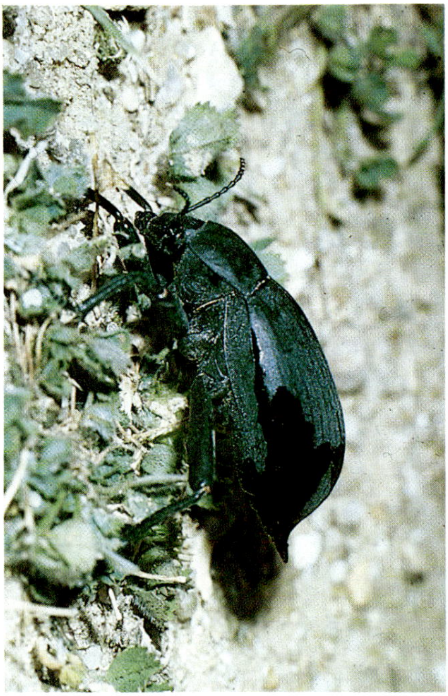
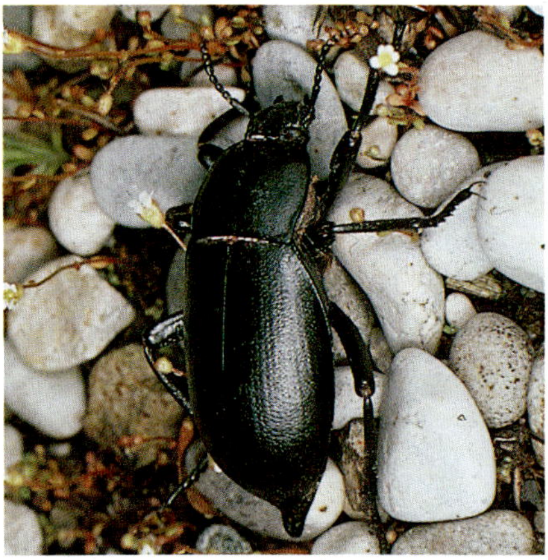
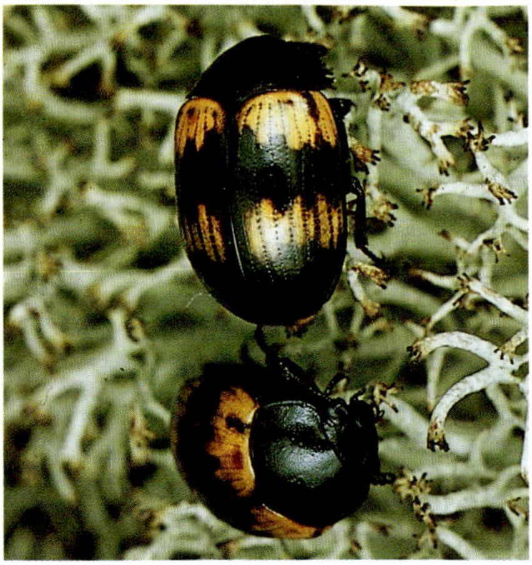
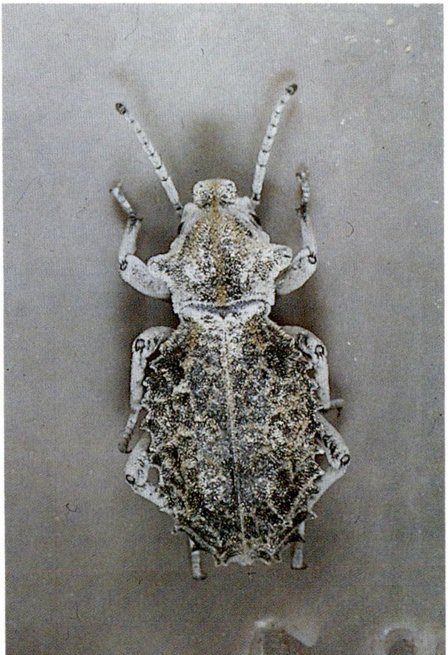
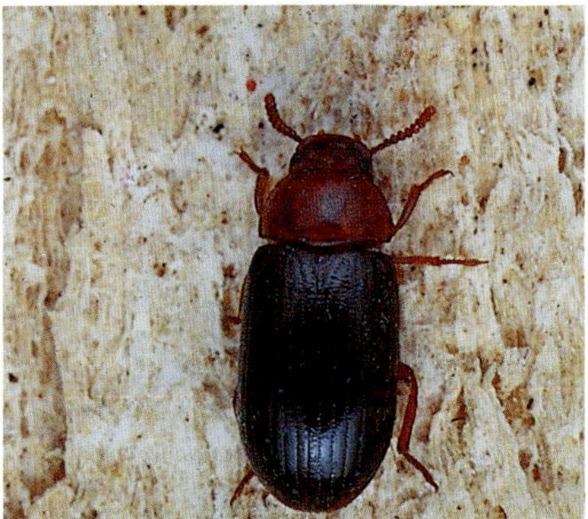

Stenomax aeneus
Familie Tenebrionidae

Hinten auf den Flügeldecken je ein kleiner Grat, der in eine Spitze ausläuft, die mit der anderen Stitze eine kleine Gabel bildet. 12 bis 16 mm.
Auf den ersten Blick ein Laufkäfer, aber viel langsamer und träger und auch in einem anderen Lebensraum: In Rindenritzen, unter lockerer Borke, in Vogelnistkästen, manchmal in Gesellschaften. Vom Vorfrühling an.

Tenebrio molitor, Mehlkäfer
Fam. Tenebrionidae, Finsterkäfer

Halsschild breiter als lang und dicht und fein punktiert. Fühler sehr kurz, das äußerste Fühlerglied so lang wie breit. Glänzend kastanienbraun bis schwarz. 12-18 mm.
Vereinzelt in hohlen Bäumen und unter Rinde, häufiger in Taubenschlägen, öfter und oft massenhaft zusammen mit den Larven in Getreideprodukten. Die Käfer fliegen nachts ins Licht.
Die Larven (Mehlwürmer) werden in Zoogeschäften als Futter für Vögel und Reptilien angeboten, sind aber als Hauptfutter zu fett.

Ditoma crenata
Familie Colydiidae, Rindenkäfer

Halsschild vorne und hinten eckig und an den Seiten gekörnt, Fühlerkeule zweigliedrig. Flügeldecken meist undeutlich zweifarbig. 2,6-3,5 mm.
Vom Frühling bis in den Herbst unter lockerer, noch feuchter Rinde von Stubben und liegenden Stämmen, vor allem von Buchen. Gewöhnlich mehrere zusammen. Die Käfer ernähren sich vor allem von den Überresten anderer Insekten.

Colydium elongatum
Familie Colydiidae, Rindenkäfer

Halsschild etwa 1,5 mal so lang wie breit, mit Einstichen und Mittelfurche. Flügeldecken hinten ohne Spalt zusammenstoßend. 3,5-7 mm.
In den Gängen holzbohrender Insekten in Laub- und Nadelbäumen.

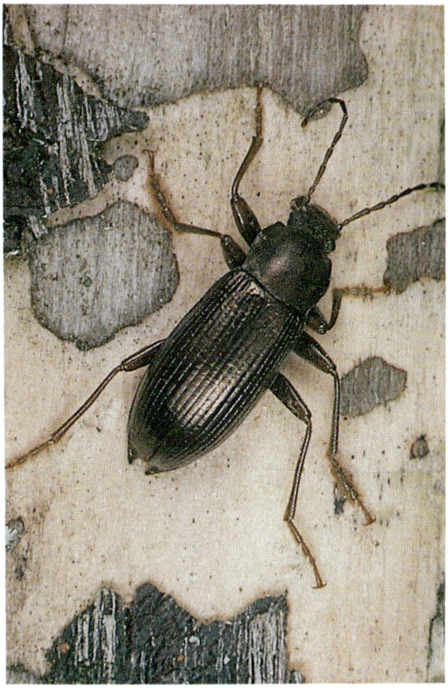
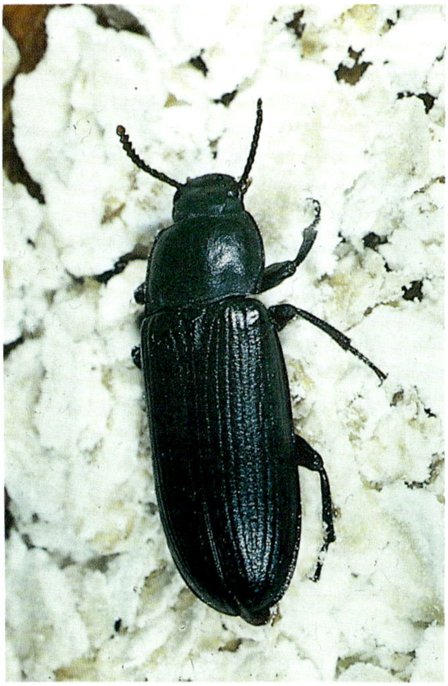
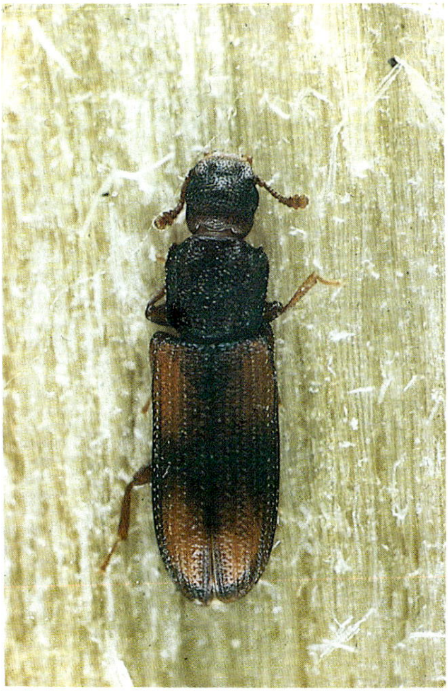
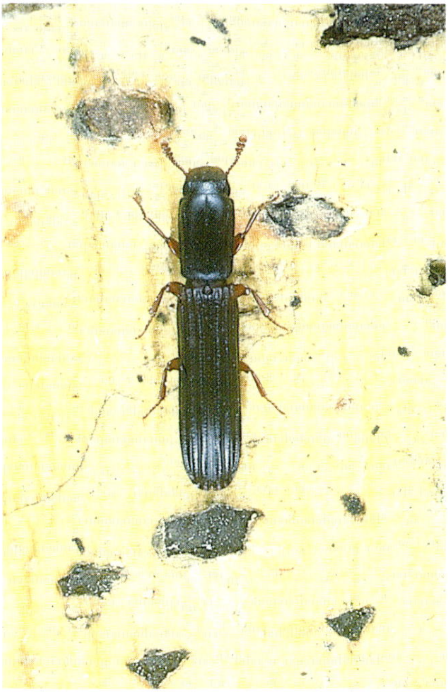

Endophloeus Markovichianus
Familie Colydidae, Rindenkäfer

Halsschild sehr breit, mit 2 Längsrippen und gezahntem Seitenrand, Flügeldecken höckerig, mit Borsten und Haaren.
4-7 mm.
An dürren Bäumen unter Rindenmoos, Flechten und lockerer Borke, meist gesellig. Die Larven leben unter der Rinde alter Eichen, wo sie sich vom Kot von Bockkäferlarven ernähren.
Sehr lokal in alten Wäldern, mehr in Osteuropa.

Orthocerus clavicornis
Familie Colydidae, Rindenkäfer

Die 3 innersten Fühlerglieder mit hellen, die äußeren mit langen schwarzen Haaren.
3,2-5 mm.
Von April bis September in der Lockerschicht sandiger Böden, meist in lichten Wäldern. Verflogene Tiere auch an Hauswänden. Die Käfer leben räuberisch von Milben und Kleinstinsekten. Sie überwintern erwachsen.

Omophlus lepturoides
Familie Alleculidae

Kopf und Halsschild schwarz, Flügeldecken rotbraun. Die beiden vordersten Beinpaare mit 5, das hintere mit 4 Gliedern (Familienmerkmal). Antennen 11-gliedrig.
11-16 mm.
Im Mai und Juni auf Blüten und können fliegen. Die Larven benagen Wurzeln. In Deutschland nur im Südwesten, an den Fundorten meist häufig.

Cteniopus flavus
Familie Alleculidae

Schwefelgelb, selten auch dunkler, fein seidig behaart.
7-9 mm.
Von Mai bis Juli (August) auf Doldenblüten wie Wilder Möhre und Bärenklau, auch auf Schafgarbe und anderen Blüten. An den Fundorten in wintermilden Lagen, etwa am Meeresstrand, gewöhnlich häufig bis massenhaft.
Die Larven fressen sehr unauffällig an Wurzeln.

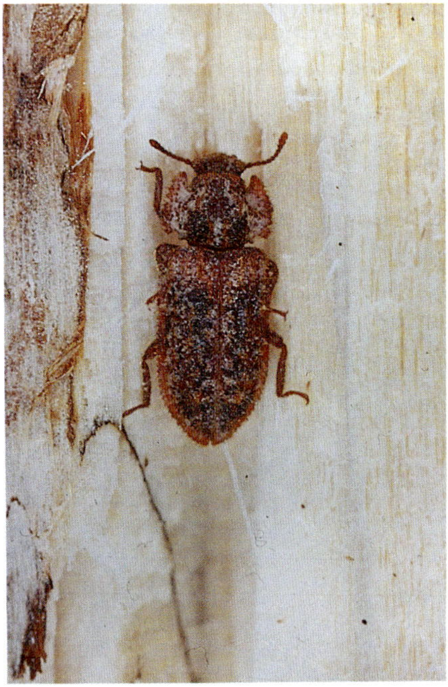
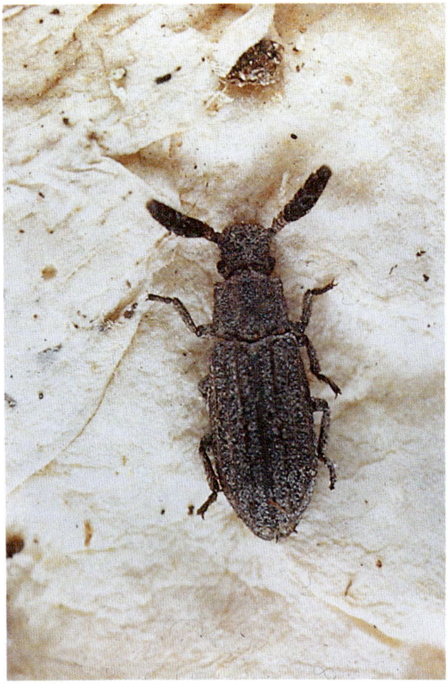
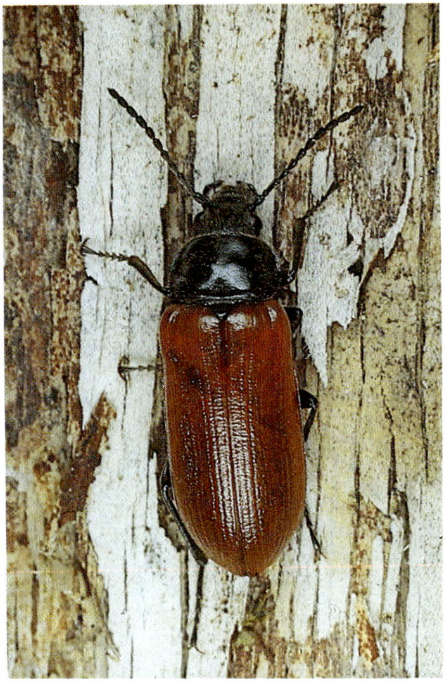
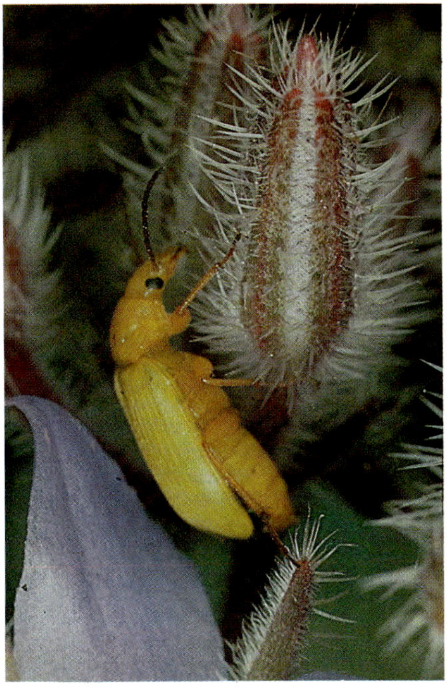

Gonodera luperus
Familie Alleculidae

Meist schwarz, aber auch heller bis gelbbraun oder mit rotbraunen Flügeldecken. Das 4. Fühlerglied von innen ist viel länger und dunkler als das 3.
6,5-9 mm.
Auf blühenden Sträuchern am Waldrand, gern auf Kieferzweigen.

Pyrochroa serraticornis
Fam. Pyrochroidae, Feuerkäfer

Ziegel- bis scharlachrot, auch der gerundet dreieckige Kopf und die Unterseite. Fühler beim Männchen kurz kammförmig.
10-14 mm.
Im Mai und Juni in und bei Laubwäldern auf Blüten, Blättern und totem Holz. Eher selten. Die sehr flachen Larven leben 2 oder 3 Jahre räuberisch unter morscher Rinde, wo sie sich auch verpuppen.

Pyrochroa coccinea
Familie Pyrochroidae, Feuerkäfer

Kopf und Unterseite schwarz, sonst scharlachrot. Fühler der Männchen leicht kammförmig, der Weibchen sägeförmig (gekämmt und gesägt).
14-18 mm.
Im Juni und Juli in Auwäldern und auf Waldwiesen, unter der Rinde von toten Laubbäumen und als Pollenfresser auf Blüten am Waldrand.
Die flachen Larven leben 2 Jahre räuberisch unter feuchter Rinde an toten stehenden und gestürzten Bäumen, die schon von Bock- und Prachtkäferlarven besiedelt sind.

Mordella pumila
Familie Mordellidae, Stachelkäfer

Schmal, mit lang und spitz ausgezogenem Hinterleibsende. Dunkel, schwärzlich behaart. Hinterecken des Halsschildes kantig und und scharf.
3-4 mm.
Von Mai bis Juli sehr häufig auf Blüten in Blumenwiesen. Die Käfer können mit dem Stachel ungerichtete hüpfende Bewegungen machen (warum?) und leicht davonfliegen.

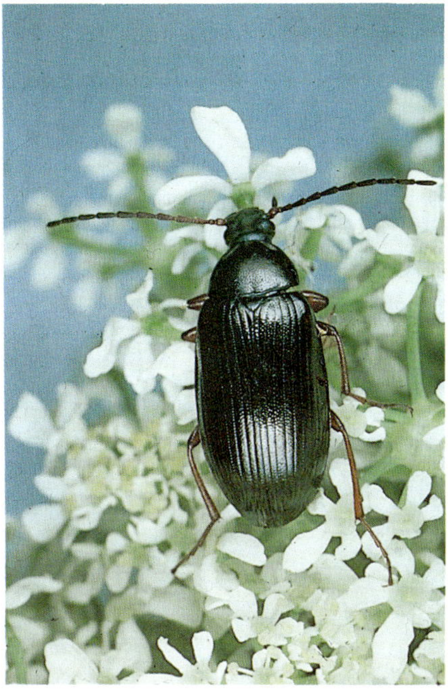
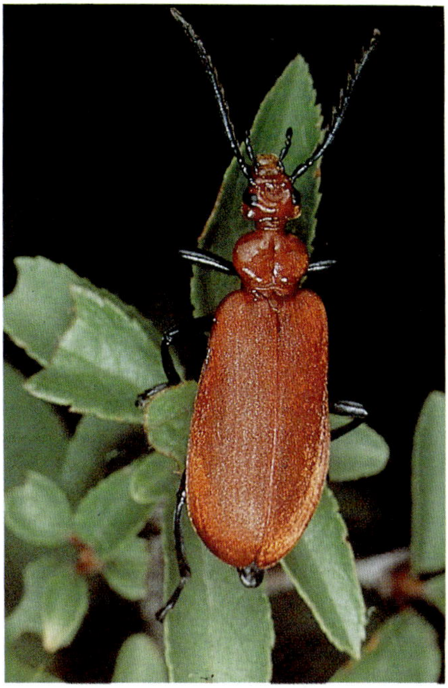
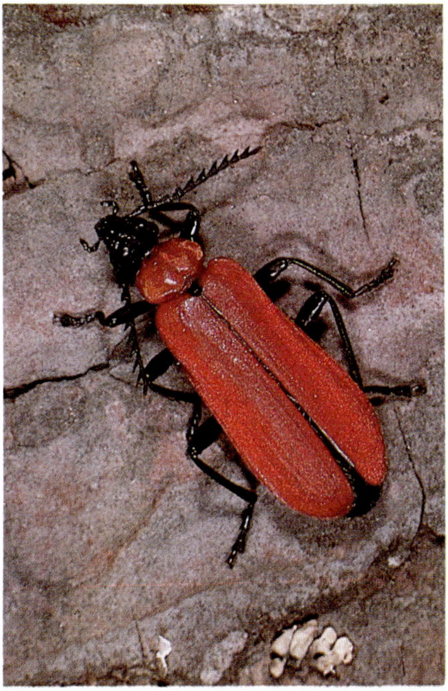
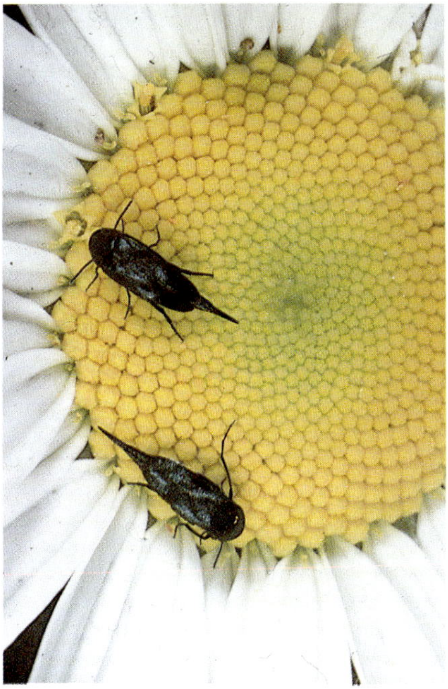

Varimorda fasciata
Familie Mordellidae, Stachelkäfer

Schwarz mit sehr variabler Zeichnung aus silberweißen bis messingfarbenen Haaren. Meist findet man vorne auf den Flügeldecken ein in der Mitte dunkleres Dreieck und einen Fleck hinter der Mitte. Das 6. bis 10. Fühlerglied von innen schwach gesägt und etwas länger als breit. Hinterrand des Halsschildes mit hellen Haaren. 5,5–8,5 mm.
Von Mai bis August auf Blüten am Waldrand oder zwischen Gebüsch. Die Käfer wühlen in den Staubgefäßen, bewegen sich bei einer Störung springend-purzelnd und fliegen leicht davon. Die Larven entwickeln sich in feuchtem Holzmulm.

Trox sabulosus
Fam. Trogidae, Erdkäfer

Fühler hell, die beiden innersten Glieder abstehend behaart. Flügeldecken höckerig und hell behaart. 8–9 mm.
Die Käfer zirpen, indem sie den Hinterleib über eine Kante an den Flügeldecken streichen. In sandigen Gebieten unter trockenen Kadavern, Knochen, Fellen und Horn.

Trox scaber
Familie Trogidae, Erdkäfer

Halsschild und Flügeldecken am Rand mit hellen Börstchen, Flügeldecken sehr schwach buckelig. An den Oberschenkeln der Vorderbeine Rinnen, in die die Käfer beim Totstellen die Unterschenkel einschlagen. Schwärzlich, nur die Fühler rostbraun. 5–7 mm.
Von April bis Oktober auf sandigen Feldern unter ausgetrockneten Kadavern. Die Käfer können zirpen und fliegen bei Nacht Lichtquellen an.

Aesalus scarabaeoides
Familie Lucanidae, Hirschkäfer

Die bei uns einzige Art der Gattung wird auch als Vertreter einer artenarmen Familie, der Aesalidae, gesehen. Die äußersten 3 der 10 Fühlerglieder bilden einen Fächer. Auf den Flügeldecken in Büscheln zusammenstehende Haare. Beim Männchen sind die Oberkiefer an der Spitze aufgebogen. 5–7 mm.
Weit verbreitet, aber überall selten. Am ehesten zu finden im Mulm zerfallender Eichenstümpfe in Bergwäldern, manchmal auch im Buchenmulm, wo sich die Larven über 3 Jahre entwickeln.

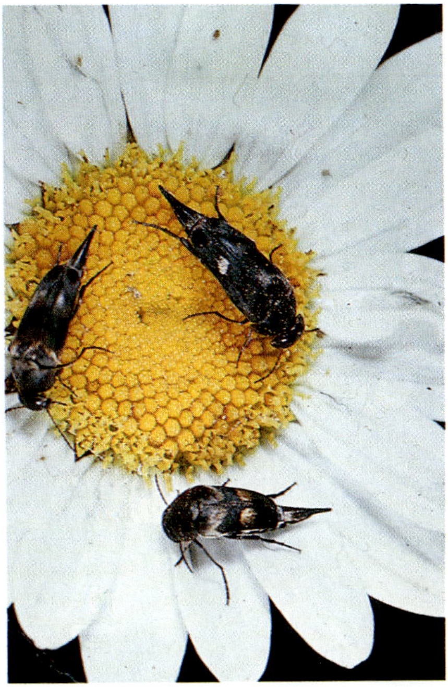
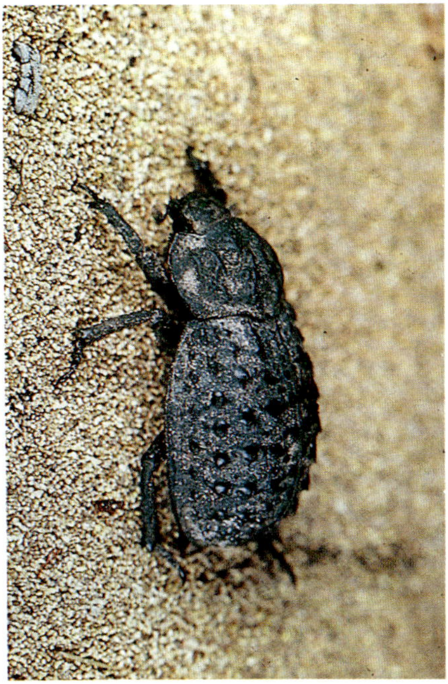
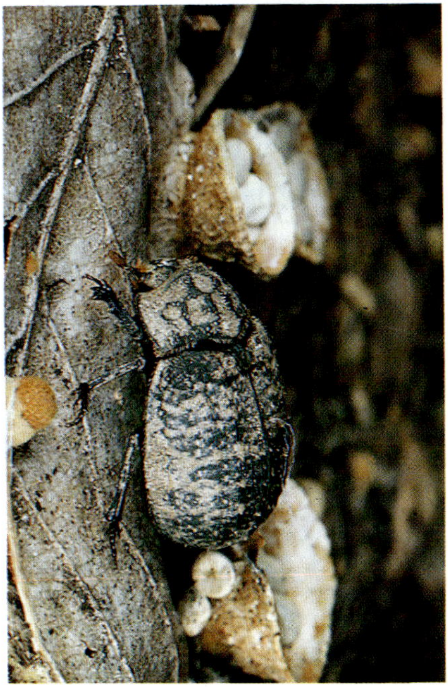
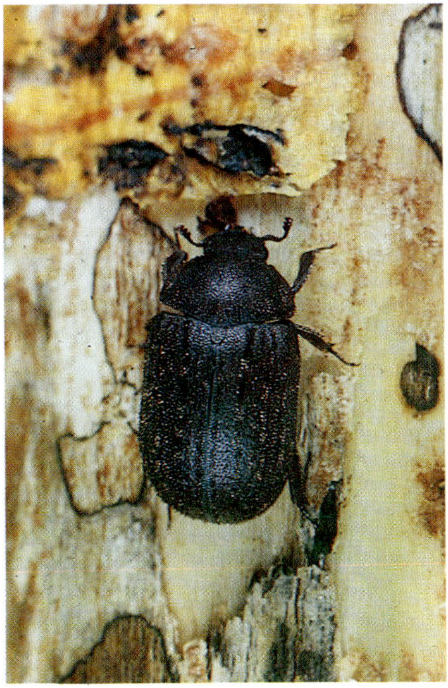

Byturus tomentosus, Himbeerkäfer
Familie Byturidae, Blütenfresser

Jungkäfer hellbraun, später mehr braungrau. Fühler 11-gliedrig mit 3-gliedriger Keule.
3,2-4 mm.
Von Mai bis Juli als Pollenfresser in Blüten, vor allem auf Himbeere, wo die Käfer auch ihre Eier ablegen. Die rosagrauen Larven werden zusammen mit den Himbeeren reif, manche Ernten sind zu 100 % "verwurmt". Zur Verpuppung lassen sich die Larven zu Boden fallen. Die Käfer schlüpfen im August und überwintern in der Bodenstreu.

Henicopus hirtus
Fam. Melyridae (Dasytidae)

An innersten Fußglied der Vorderbeine ein nach innen gebogener Haken.
Schwarz, lang abstehend behaart.
5,5 bis 9 mm.
Heimisch und häufig in Süd- und Südosteuropa, nördlich bis ins Burgenland. Im Sommer auf Blüten und Halmen in Blumenwiesen.

Meloe violacea, Maiwurm
Familie Meloidae, Ölkäfer

Kopf und Halsschild mit eingestreuten punktförmigen Vertiefungen. Mehr oder weniger metallisch blau oder violett.
10-32 mm.
Die Käfer kriechen im Mai und Juni am Boden. Das Weibchen legt etwa 1000 Eier in ein selbstgegrabenes Erdloch. Die jungen Larven ersteigen Blüten und lassen sich von Wildbienen in die Nester eintragen, wo sie Eier und Vorräte verzehren. Sie verpuppen sich im Herbst.

Lytta vesicatoria, Spanische Fliege
Familie Meloidae, Ölkäfer

Grün, goldgrün bis blaugrün, manchmal mit gelben Enden der Flügeldecken. Fühler schwarz, Unterseite kupferrot.
9-21 mm.
Im Juni und Juni auf Weidenzweigen, Blüten und Gebüsch, das sie zuweilen kahlfressen. Die Käfer haben einen üblen Geruch, den man oft riecht, ehe man die Käfer sieht. Bei Berührung pressen sie Gifttropfen aus den Kniegelenken. Das Gift, Cantharidin, ist stärker als Zyankali, es verätzt die Schleimhäute und zerstört die Nieren. Es war ein Wirkstoff des "aqua tofana", eines Gifttrunks, mit dem vor allem die Medici ihren Reichtum mehrten. In geringer Dosis bewirkt das Gift beim Mann eine Erektion.
Die Larven entwickeln sich in den Nestern von Wildbienen.

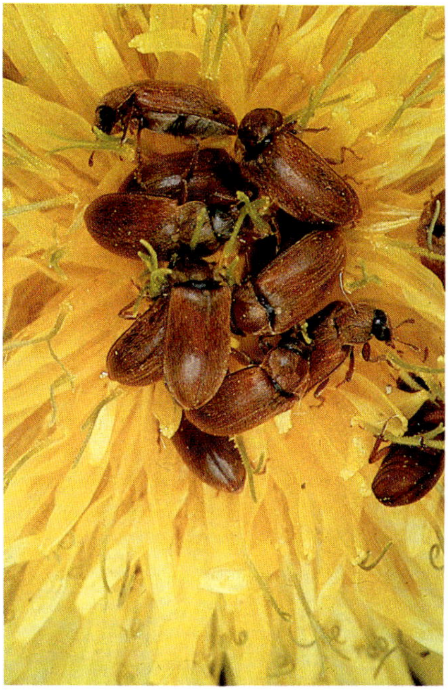
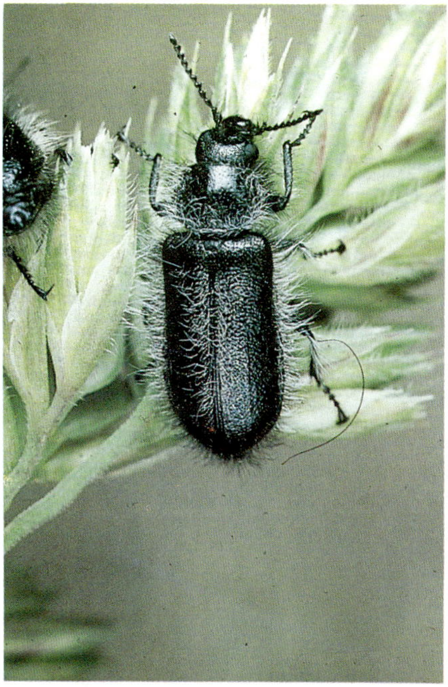
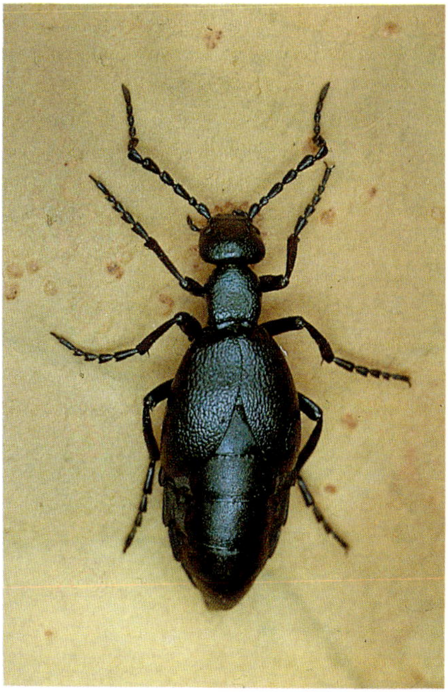
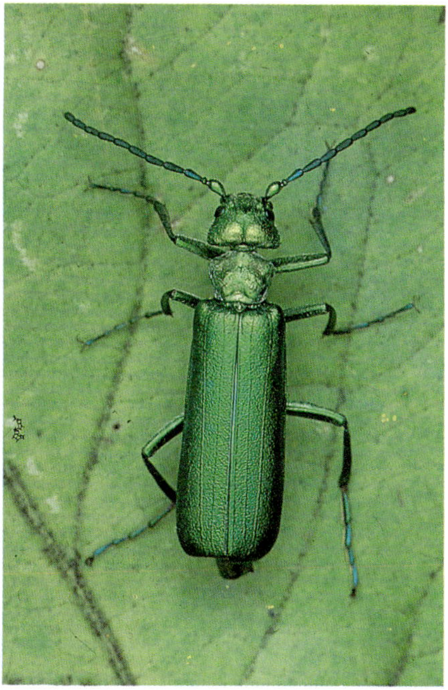

Cerocoma Muehlfeldi
Familie Meloidae, Ölkäfer

Die Flügeldecken fein behaart und mit mattem Schimmer, Männchen mit bizarren Fühlern, auch Füße und Unterschenkel der Vorderbeine sind verbreitert und gezähnt.
8-13 mm.
Im Hochsommer auf Kamille, Schafgarbe und anderen Blüten, wo die Käfer Pollen fressen und mit den dafür besonders eingerichteten Mundteilen Nektar saugen. Die Fühler sind Sitz von Duftdrüsen, die bei der Balz in Funktion sind. Die Junglarven lassen sich von Grabwespen eintragen, töten die Grabwespenlarve und verzehren die für sie eingetragenen Vorräte. Im östlichen Mittelmeerraum, an den sehr verstreuten Fundorten meist häufig, nordwärts bis Österreich.

Cerocoma schaefferi
Familie Meloidae, Ölkäfer

Körper einfarbig metallisch, Beine und Fühler rotgelb. Die 3 äußeren Fühlerglieder der Männchen fast normal geformt, das äußerste rundlich und länger als breit. Halsschild mit Mittelrippe.
8-10 mm.
Im Mai und Juni auf Blüten, vor allem auf Schafgarbe, Kamillen, Zistrosen und Disteln.
Nördlich der Alpen selten.

Cerocoma schreberi
Familie Meloidae, Ölkäfer

Im Unterschied zu den anderen Cerocoma-Arten mit zumindest teilweise rotgelbem Bauch. Männchen mit bizarren, Weibchen mit normalen und wie die Beine schwarzen Fühlern.
10-12 mm.
Die Käfer sitzen von Mai bis Juli auf Blüten, vor allem auf Schafgarbe und anderen Korbblütlern. Bei der Balz fächelt das Männchen dem Weibchen Duftstoffe zu, die in den Fühlern erzeugt werden. Verbreitet im Mittelmeerraum, selten und lokal auch nördlich der Alpen. Die Larven parasitieren an Grabwespenlarven der Gattung Tachytes.

Zonabris polymorpha
Familie Meloidae, Ölkäfer

Schwarz mit 2 gelben Binden auf den Flügeldecken, dazu je ein gelber Fleck an der Flügelwurzel und an der Spitze.
11-14 mm.
Von Juli bis September auf Blüten im Mittelmeerraum.
Die Tiere sind giftig durch Cantharidin wie die anderen Meloidae, das Gift wurde im Altertum zur Herstellung von Medizin und auch für Hinrichtungen mit dem Giftbecher verwendet. Auch von vergiftetem Weidevieh wird berichtet. Die Larven entwickeln sich in den Gelegen von großen Heuschrecken.

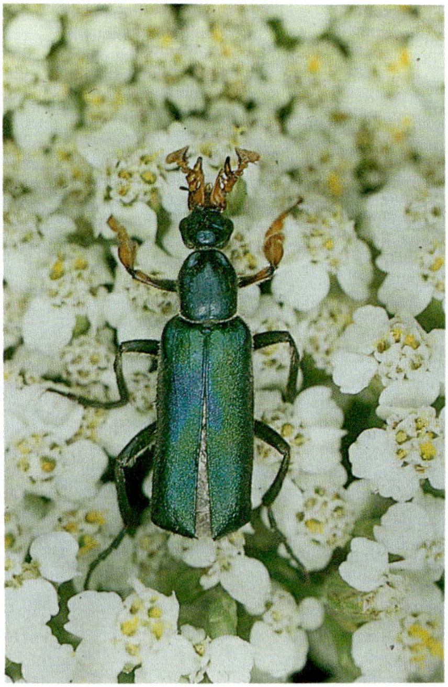
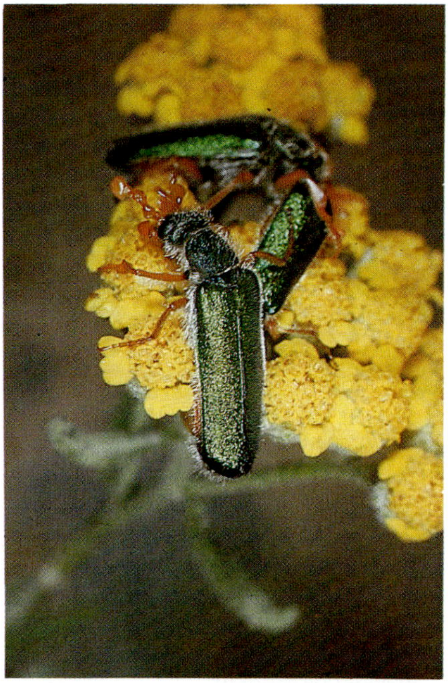
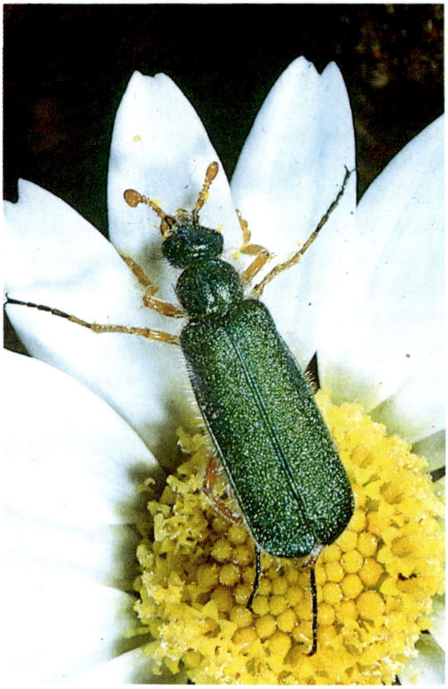
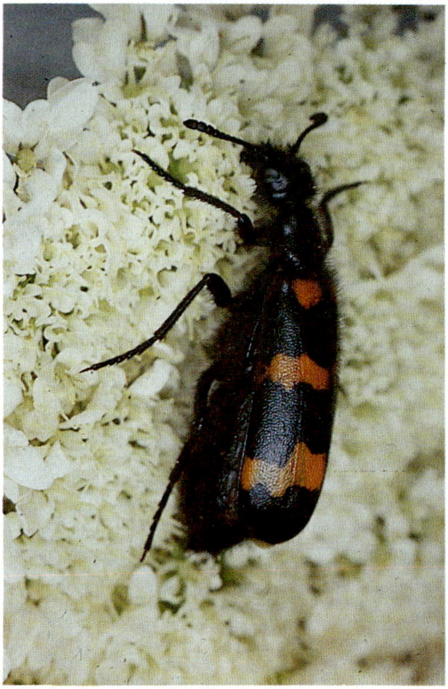

Zonabris quadripunctata
Familie Meloidae, Ölkäfer

Kopf und Brust schwarz behaart, Flügeldecken rot bis gelb, mit 2 schwarzen Punkten vor der Mitte, von denen der innere weiter hinten steht, 2 Punkten hinter der Flügelmitte auf gleicher Höhe und breit schwarzen Flügelenden.
13-16 mm.
Im Mittelmeerraum an Harzklee (Proalea bituminosa). Die trägen Tiere enthalten das starke Gift Cantharidin.
Die Gattung Zonabris ist im Süden mit etwa 50 Arten vertreten, wobei fast jede Insel ihre eigene Art beherbergt. Viele leben nur an bestimmten Pflanzen. Die Käfer erscheinen schlagartig bei Frühlingseinzug, hängen in Massen an den Halmen und sind Tage später wieder verschwunden.
Entwicklung in den Gelegen von Heuschrecken.

Macrosiagon tricuspidata
Familie Rhippiphoridae, Fächerkäfer

Kopf breit, Flügeldecken klaffend und kürzer als die hinteren häutigen Flügel.
5-12 mm.
Von Juni bis August auf Blüten, vor allem an Dolden- und Schmetterlingsblütlern. In Süd- und im südlichen Mitteleuropa, überall selten.
Aus den Eiern schlüpfen winzige, flinke Larven, die sich von Wildbienen (Odyneres, Megachile) in die Nester tragen lassen, wo sie erst die Bienenlarve und dann die Vorräte verzehren. Dabei wandeln sie sich in eine zweite, madenähnliche Larvenform um.

die Nester tragen lassen, wo sie erst die Bienenlarve und dann

Metoecus paradoxus
Fam. Rhipiphoridae, Fächerkäfer

Männchen (im Bild) mit lang kammförmigen, Weibchen mit sägeförmigen Fühlern. Der Halsschild verdeckt das Schildchen. Flügeldecken klaffend.
8-12 mm.
Die Käfer findet man ab Juni, meist aber von August bis Oktober in der Nähe unterirdischer Wespennester und auf Blüten. Die Junglarven lauern auf Blüten und lassen sich in Wespennester tragen. Dort leben sie als Parasiten in und an Wespenlarven, vor allem bei Paravespula vulgaris. Sie verpuppen sich in der Zelle. Nicht häufig. Foto: Hans Pfletschinger.

Pentodon idiota
Familie Dynastidae, Nashornkäfer

Auf den ersten Blick ein großer, braunschwarzer Mistkäfer, aber dieser wäre auf der Unterseite metallisch grün oder blau, Pentodon ist auf der Unterseite schokoladenbraun. Auch die "Grabscheite" an den Vorderbeinen sehen anders aus.
25-33 mm.
In Steppenbiotopen Südosteuropas bis zum Neusiedler See.

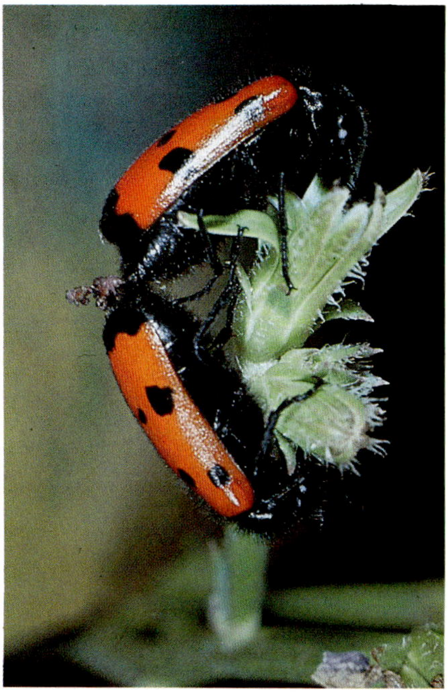
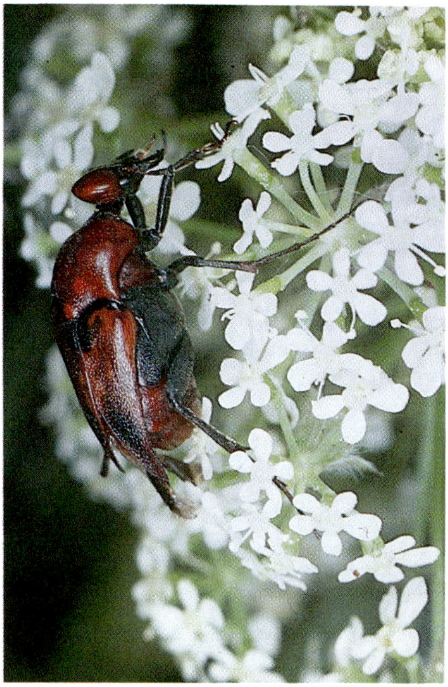
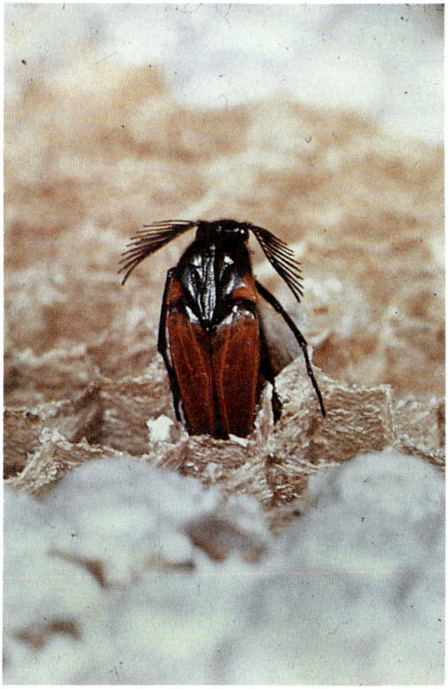
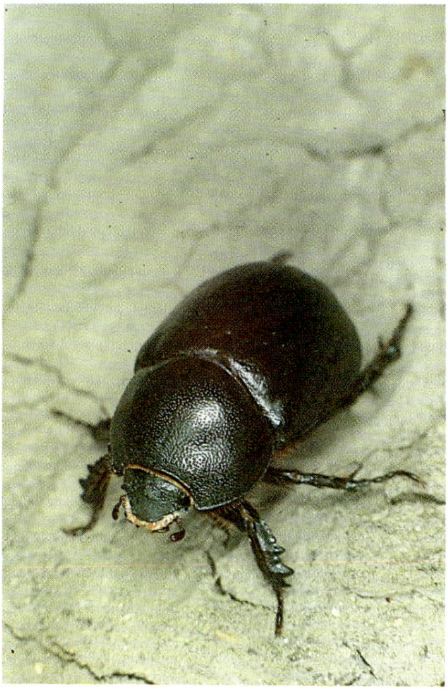

Oryctes nasicornis, Nashornkäfer
Männchen
Familie Dynastidae

Männchen mit mehr oder weniger gebogenem Kopfhorn und einer dreihöckerigen Querleiste auf dem Halsschild. Bei kleineren Männchen sind Horn und Leiste nur schwach ausgebildet.
25-39 mm.
In warmen, lichten Laubwäldern, gern bei Sägemühlen, auch bei Gärtnereien mit großen, mehrere Jahre ruhenden Komposthaufen. Die Käfer fliegen an warmen Sommerabenden umher.
Die Larven entwickeln sich in 3 bis 5 Jahren in Haufen aus Holzabfällen, verrottenden Stämmen und in Komposthaufen. Sie werden 12 cm lang und verpuppen sich in einer hühnereigroßen Höhlung mit durch Sekret verfestigen Wänden.

Lucanus cervus, Hirschkäfer
Männchen
Familie Lucanidae, Hirschkäfer

Je nach den Lebensbedingungen der Larve 25 bis 75 mm lang und damit der größte Käfer Europas. Je größer das Tier, desto breiter der Kopf und desto länger die Zangen.
In urigen Eichenwäldern, im Balkan stellenweise sehr häufig. Die Männchen fliegen an warmen Juniabenden mit Gebrumm umher und kommen später abends auch zum Licht.
Die Engerlinge leben in hohlen Eichen und Eichenstrünken, selten auch in Birke und Esche. Wo die Wälder intensiv bewirtschaftet werden, kann der Hirschkäfer nicht überleben.

Oryctes Nasicornis, Nashornkäfer
Weibchen
Familie Dynastidae

Auf dem Kopf ein kleiner Querkiel, Halsschild vorne leicht eingesenkt und mit einem Querkiel vor der Mitte.
25-39 mm.
Bis zur Jahrhundertmitte massenhaft bei Gerbereien in den Haufen verbrauchter Eichenlohe. Mit dem Verschwinden der Lohgerberei vielerorts ausgestorben, aber noch weit verbreitet im Mittelmeerraum, wo noch eine 2. Art (Phyllognathus Silenus) lebt. Sie ist breiter gebaut und wird nur 20 mm lang.

Lucanus cervus, Hirschkäfer
Weibchen

Schon durch die Größe von 30 bis 45 mm unverwechselbar. Kiefer nicht vergrößert, aber scharf. Mit ihnen fügen die Weibchen den Bäumen blutende Wunden zu, um den Saft aufzulecken. Auch die Männchen kommen zu diesen Käferkneipen. Dabei kommt es zu Raufereien unter den Geweihten mit Ausheben, Würfen und Löcher-in-die-Flügeldecken-Kneifen. Weiter zerschroten die Weibchen mit den Kiefern totes Holz, um eine Nische für die Eiablage zu schaffen.
Die Engerlinge wachsen über 5 bis 8 Jahre zu 11 cm Länge heran und wälzen sich dann eine Höhlung aus, die bei den Männchen geräumig genug ist, um das "Geweih" auszustrecken.

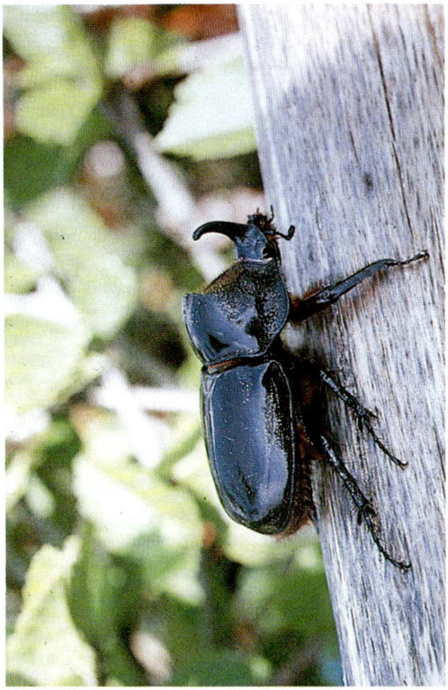
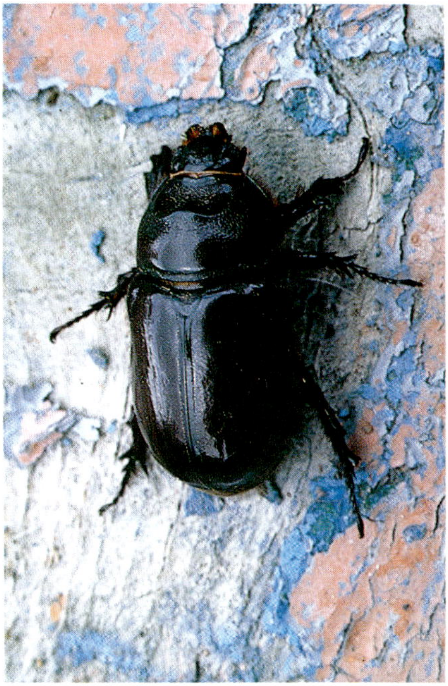
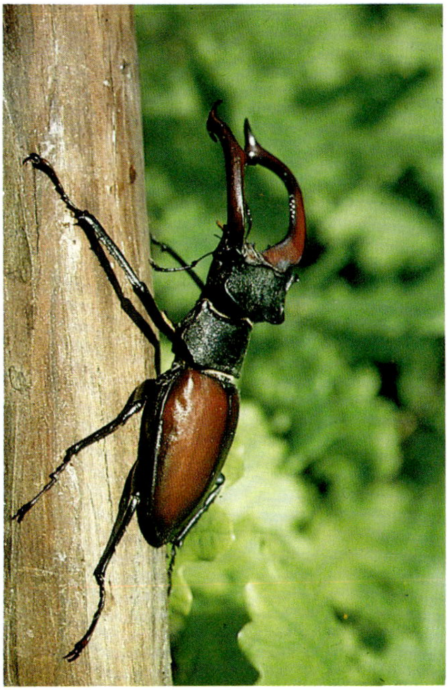
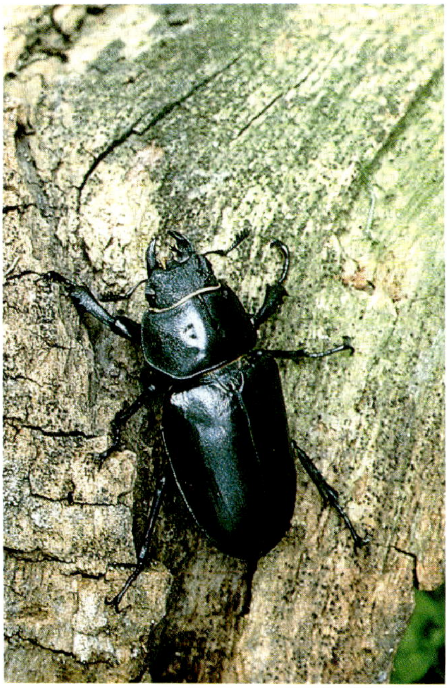

**Sinodendron cylindricum,
Kopfhornschröter**
Familie Lucanidae, Hirschkäfer

Männchen mit Kopfhorn, Weibchen an dessen Stelle eine kleine Spitze. 12-16 mm.
An größere Buchenwälder mit Urwaldcharakter gebunden. Meist in verrottendem Buchenholz, wo sich die Larven in 2 oder 3 Jahren entwickeln. Die Käfer schlüpfen schon im Sommer, verlassen die Puppenhöhle aber erst im nächsten Frühjahr. Die Käfer sind sehr träge. Sie saugen an blutenden Bäumen und fliegen an warmen Mai- und Juniabenden schwerfällig umher.

**Dorcus paralleopipedus,
Balkenschröter**
Familie Lucanidae, Hirschkäfer

Kopf und Halsschild beim Männchen grob und fein punktiert, beim Weibchen glänzend. Fühlerfächer 4-gliedrig. Die Oberkiefer der Männchen sind etwas vergrößert.
In warmen Laubwäldern, wo sich die Larven in verrottendem Holz entwickeln, meist in umgestürzten Stämmen und dicken Stümpfen. Die trägen Käfer findet man von April bis Oktober, vor allem von Mai bis August. Sie verbergen sich am Tage und fliegen vom frühen Abend an.

Systenocerus caraboides
Familie Lucanidae, Hirschkäfer

Halsschild gleichmäßig dicht punktiert und von arttypischem Umriß. Kieferaußenseite bogig gekrümmt. Männchen mit blauem, Weibchen mit grünem Metallglanz, selten violett oder bronzefarben. Beide Geschlechter von gleicher Gestalt, etwas gedrungener als caprea. 10-14 mm.
Die Larve entwickelt sich über 3 Jahre in anbrüchigem oder totem Holz von Buchen und Eichen, selten auch in Esche und Kiefer. Die Käfer schlüpfen im Herbst, kommen aber erst im Mai hervor und benagen Knospen und Blätter. Im Sonnenschein fliegen sie umher.

Platycerus caprea
Familie Lucanidae, Hirschkäfer

Halsschild von arttypischem Umriß und locker gepunktet. Kiefer am Außenrand stumpfwinkelig nach innen geknickt. Schlanker und größer als caraboides. Metallisch blau, grün oder violett.
13-15 mm.
In urigen Bergwäldern. Die Käfer fliegen an sonnig-warmen Tagen vom Frühjahr bis in den Hochsommer. Die Larven entwickeln sich meist in Eichen und Buchen.

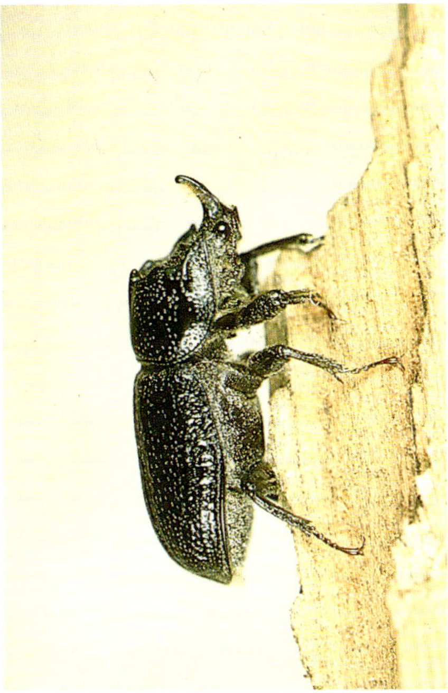
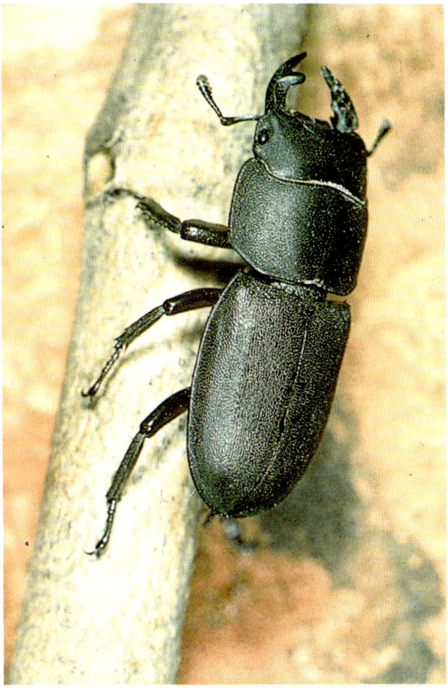
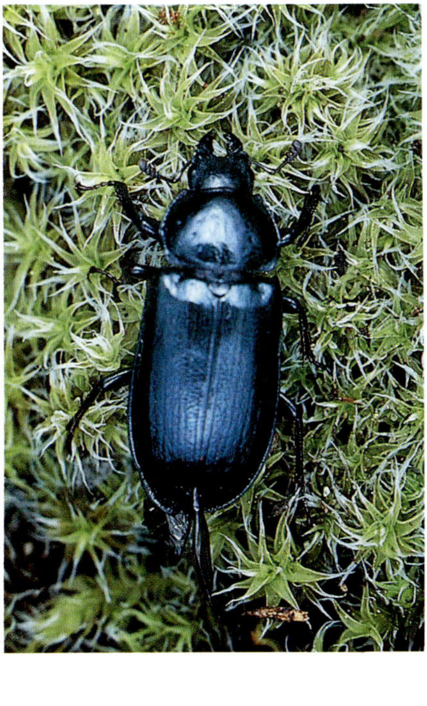
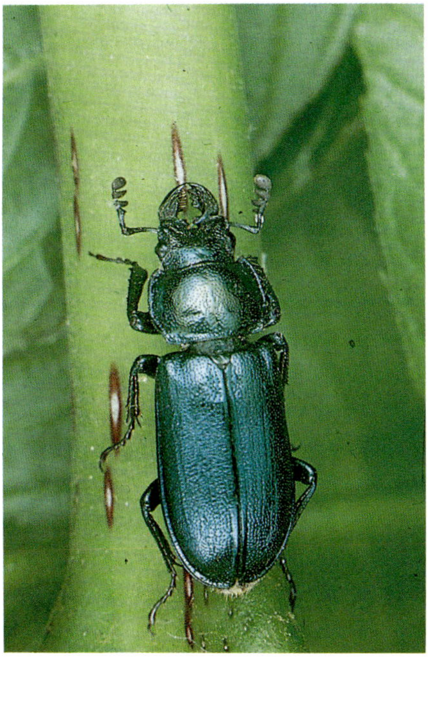

Ceruchus chrysomelimus
Familie Lucanidae, Hirschkäfer

Glänzend schwarz, wie hoch poliert. Kopf und Brust fein punktiert, Fühler und Taster rötlich. Männchen mit kräftigen, innen zweimal gezähnten Oberkiefern.
12-15 mm.
Im Juni und Juli in Bergwäldern, selten. Die Larven leben 2 oder 3 Jahre in rotfaulem Holz, vor allem von Nadelbäumen. Sie verpuppen sich im Herbst, und die Käfer überwintern in der Puppenwiege.

Geotrupes vernalis
Frühlingsmistkäfer
Fam. Scarabaeidae, Blatthornkäfer

Flügeldecken höchstens sehr undeutlich längsgestreift. Metallisch blau oder grün, manche Käfer so leuchtend wie Rosenkäfer.
14-20 mm.
Vor allem auf sonnigen, sandigen Waldwegen, unter Dung, faulenden Pilzen und an Aas. Die Käfer fliegen im Sonnenschein. Die Eltern arbeiten bei der Brutfürsorge zusammen: Erst bringen sie den Dung in Vorratsstollen nahe der Oberfläche und dann von dort über einen Schacht in eine Höhle, wo sie eine hühnereigroße Dungpille fertigen und mit einem Ei belegen. Die Jungkäfer schlüpfen Ende Juli.

Geotrupes stercorarius
Fam. Scarabaeidae, Blatthornkäfer

Halsschild oben fast glatt, nur an den Seiten gepunktet. Auf den Flügeldecken je 7 Streifen. Unser größter Mistkäfer, fast so groß wie ein Maikäfer.
16-25 mm.
Auf Viehweiden, mit Vorliebe für Kuhfladen. Die Käfer graben nach der Überwinterung einen 30 bis 40 cm tiefen Schacht mit Brutkammern, die sie mit Mist vollstopfen und mit je einem Ei belegen.
Vor Jahrzehnten noch jedem Dörfler alltäglich, heute selten geworden.

Geotrupes stercorosus (silvaticus)
Fam. Scarabaeidae, Blatthornkäfer

Halsschild auf der ganzen Fläche locker und unregelmäßig gepunktet. 7 Rippen auf den Flügeldecken. Schwarz mit blauem, violettem oder grünem Metallglanz.
12-19 mm.
Im Wald und heute meist der häufigste Mistkäfer. Mit Vorliebe für Roßäpfel. Das Paar fertigt von April bis Juli unter dem Mistballen einen Schacht mit bis zu 8 abzweigenden Brutstollen, die mit Mist gefüllt und je einem Ei belegt werden. Die Larven können durch Reiben der Hinter- an den Mittelbeinen zirpen. Warum? Sie überwintern fast erwachsen und verpuppen sich im Mai. Ab September findet man unter Dung die jungen Käfer, die dann überwintern.

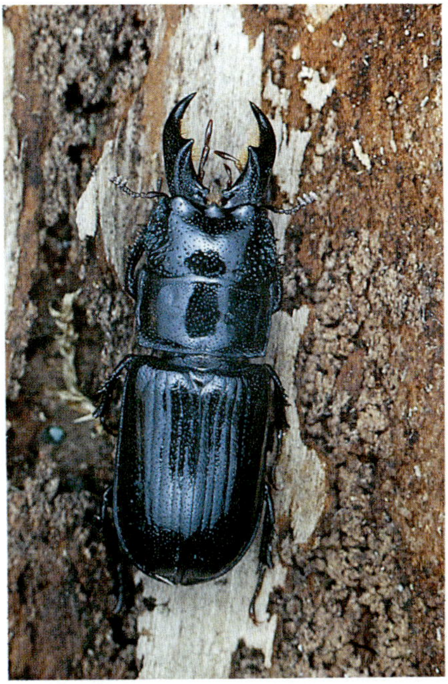
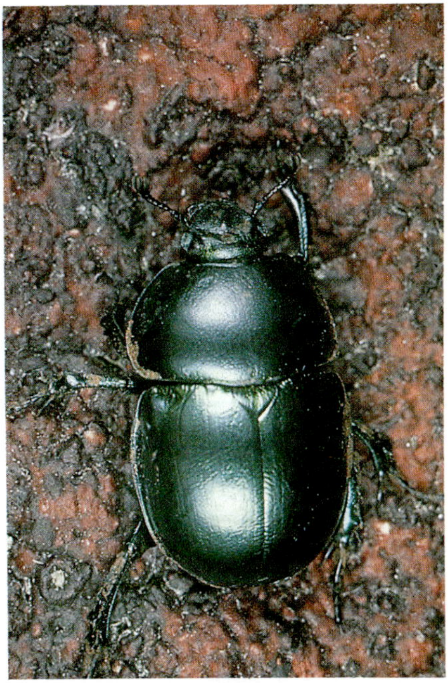
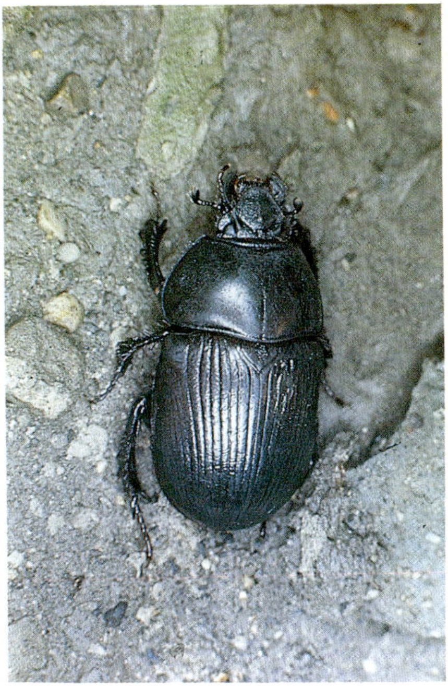
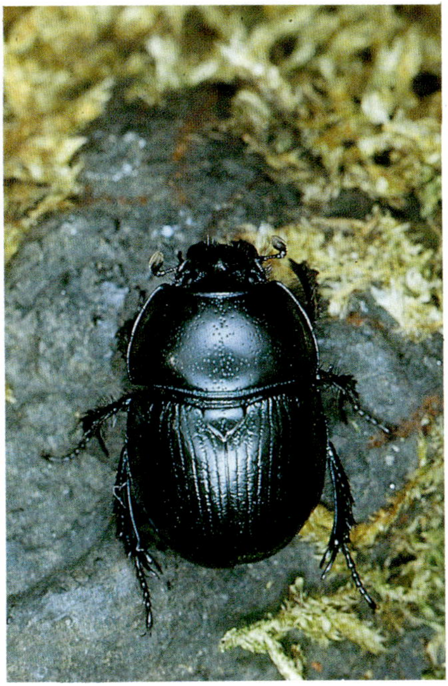

Typhoeus typhoeus, Stierkäfer
Fam. Scarabaeidae, Blatthornkäfer

Glänzend schwarz, Männchen mit drei Brusthörnern, Weibchen unbewaffnet.
12-20 mm.
Auf leichten, sandigen Böden ab Ende Februar, im Mittelmeerraum ohne Winterruhe. Gern in der Nähe von Kaninchenbauen. Die Käfer verbringen die meiste Zeit vergraben oder unter Schafsmist, oft paarweise, bei Insekten etwas Ungewöhnliches. Zur Brutfürsorge gräbt das Weibchen einen bis 150 cm tiefen Schacht, während das Männchen den Aushub auf seinen Hörnern ins Freie schafft. Vom Schacht zweigen bis spannenlange Stollen ab, die mit vom Männchen zerschrotetem Schafsmist oder Kaninchenpillen vollgestopft werden. Die Larven verpuppen sich im Herbst, und die Jungkäfer überwintern im Brutbau.

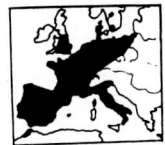

Copris hispanus,
Spanischer Mondhornkäfer
Fam. Scarabaeidae, Blatthornkäfer

Das Horn der Männchen ist länger und stärker gekrümmt als bei lunaris und glatt. Beim Weibchen ist es kurz und spitz. Halsschild körnig punktiert.
15-22 (30) mm.
Im Frühling und Sommer in Südeuropa, meist in Küstennähe, gern an Roßäpfeln und Schafsmist. Die Weibchen graben eine gut faustgroße Höhle, in der sie aus Mist einige Kugeln fertigen, die sie mit je einem Ei belegen.

Lethrus apterus, Rebenschneider
Fam. Scarabaeidae, Blatthornkäfer

Mattschwarz, mit großem Kopf und mächtigen Kiefern, die beim Männchen an der Unterseite einen langen Zahn tragen. 10-20 mm.
In Steppenbiotopen in Südosteuropa, häufig in den Weinbaugebieten Ungarns. Die Käfer graben im April und Mai bis metertiefe Röhren auch in festen Boden und stapeln darin abgebissene Pflanzenteile. Während das Weibchen gräbt, wacht das Männchen im Eingang und vertreibt Rivalen, oder es schneidet Grünzeug und bringt es zum Eingang. "Verwitwete" Weibchen können auch alleine für den Nachwuchs sorgen. Die Larven entwickeln sich in 6 bis 8 taubeneigroßen Brutkammern. Die Jungkäfer überwintern im Brutbau. Ein Weibchen gräbt in seinem Leben nur eine Anlage.

Copris lunaris, Mondhornkäfer
Fam. Scarabaeidae, Blatthornkäfer

Das Horn des Männchens hinten mit einem fein gezähnten Grat, kürzer und gerader als bei Copris hispanus. Vorderrand des Halsschildes nicht eingebuchtet.
17-23 mm.
In steinigen Steppen. Im Mai und Juni bohren die Käfer gut spannenlange Gänge unter frischen Dung, die in eine Brutkammer führen. Der Aushub wird zu einem Hügel aufgetürmt. Manchmal arbeiten Männchen und Weibchen zusammen. Tage später teilt das Weibchen den eingebrachten Dung in bis zu 8 Brutbirnen, die jede mit einem Ei belegt werden. Im Oktober erscheinen Jungkäfer und Mütter über der Erde. Dämmerungs- und nachtaktiv. Die Jungkäfer überwintern. In Süd- und lokal auch in Mitteleuropa.

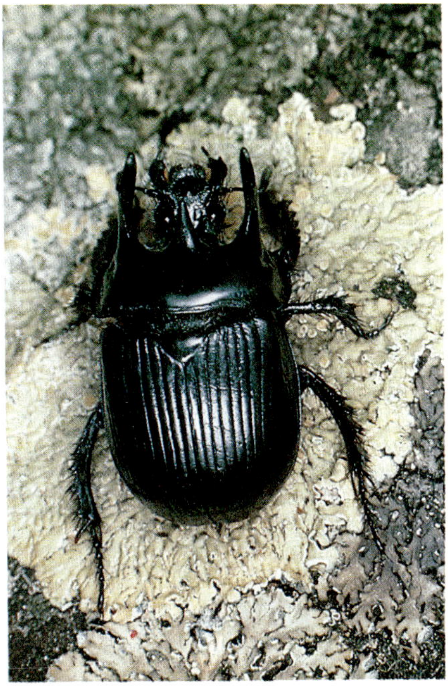
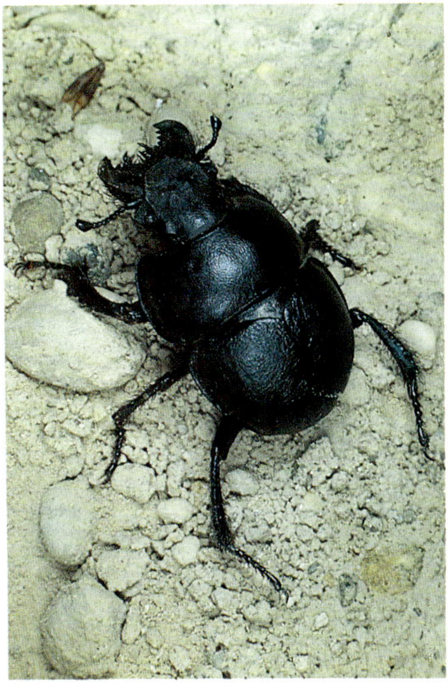
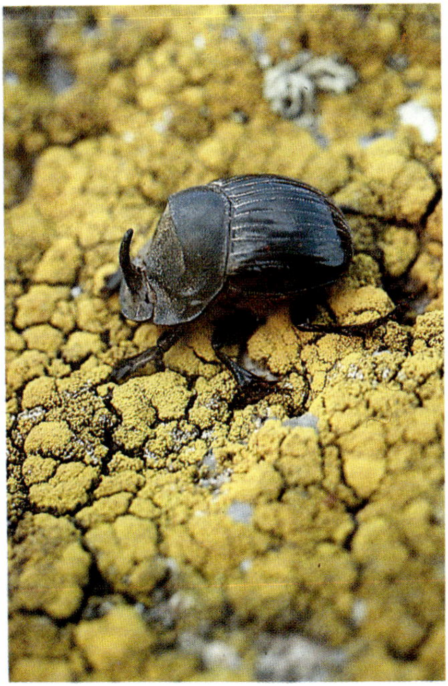
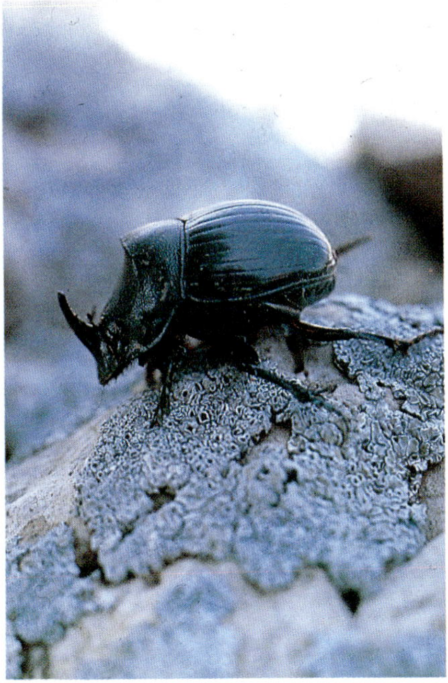

Odontaeus armiger
Fam. Scarabaeidae, Blatthornkäfer

Unverwechselbar. Das Kopfhorn der Männchen ist bei großen Tieren im Verhältnis zum Körper am größten. Die Käfer können es etwas bewegen. Die Weibchen sind hornlos.
7-10 mm.
Die Käfer fliegen an stillen, warmen Früh- und Spätsommerabenden niedrig über Wiesen und kommen bei Dunkelheit auch zum Licht. Sie wurden, wenn auch selten, an Dung gefunden. Nirgends häufig.

Ontophagus lemur
Fam. Scarabaeidae, Blatthornkäfer

Mit arttypischer Flügeldeckenzeichnung und 4 winzigen Spitzen auf dem Halsschild. 5-8 mm.
Meist unter Schaf- und Kuhdung auf sandigen Böden, auch unter kleinen Äsern, etwa unter einer toten Schnecke, ferner an Marderlosung. Viel flinker als die behäbigen Mistkäfer. Das Paar gräbt einen spannentiefen Schacht, und jeder trägt, rückwärts schreitend, Dungladungen ein, die mit einem Ei belegt und dann mit einem Erdpfropf abgedeckt werden. Die Käfer erscheinen im Spätsommer und überwintern im Boden.

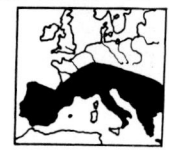

Aphodius fimetarius
Fam. Scarabaeidae, Blatthornkäfer

Flügeldecken rotbraun mit arttypischer Längsriefung.
5-8 mm.
Die Käfer und ihre Larven leben in Dung, bevorzugt in Roßäpfeln. Sie brauchen und treiben keine Brutpflege, da sie als kleine Käfer ihre Entwicklung beenden können, ehe der Dung zerfallen ist. Die Käfer überwintern und sind vom Vorfrühling bis in den Oktober aktiv. An warmen Abenden fliegen sie umher. 2 Generationen jährlich. Die Käfer dienen verschiedenen Parasiten, etwa dem Rinderbandwurm, als Zwischenwirte.

Aphodius mixtus
Fam. Scarabaeidae, Blatthornkäfer

Schildchen punktiert, die Zwischenräume zwischen den Rillen auf den Flügeldecken sehr fein punktiert. Färbung zwischen schwarz und braun, manchmal undeutlich gefleckt.
5-6,5 mm.
An Schafsmist in den Alpen und im Voralpenland.

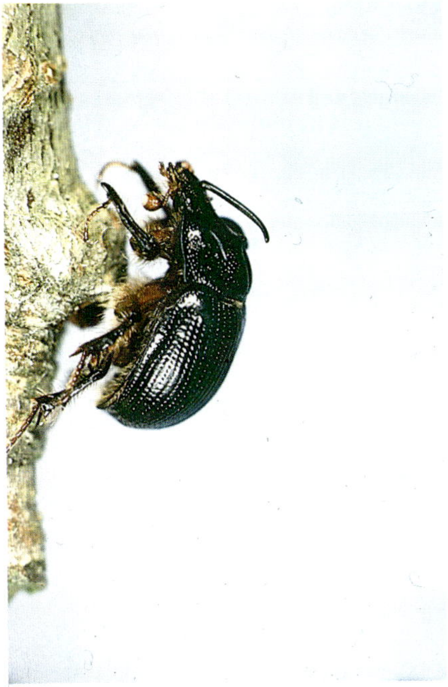
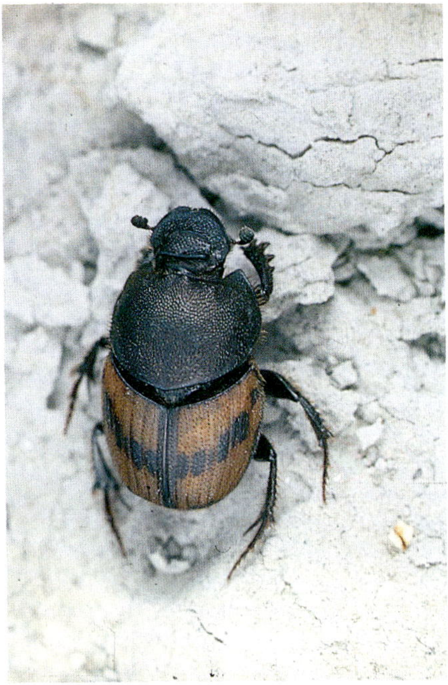
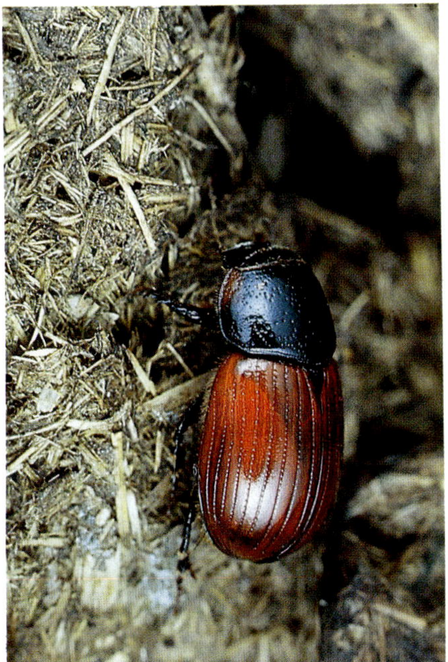
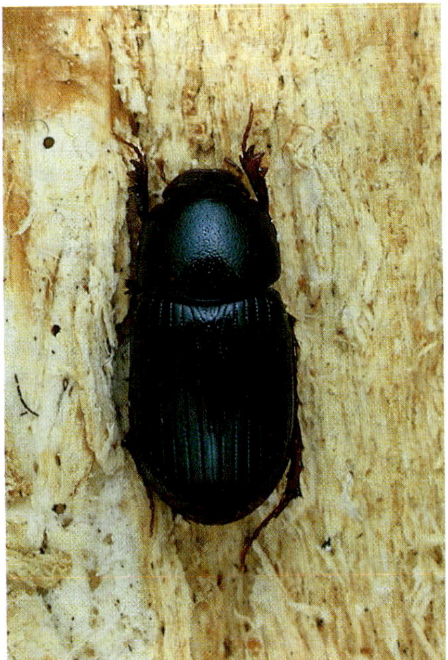

Aphodius rufipes
Fam. Scarabaeidae, Blatthornkäfer

Schwarzbraun bis schwarz, Fühler bräunlich. Halsschild sehr fein punktiert und mit abgeflachten Seitenrändern. Eine der größten Aphodius-Arten:
10-13 mm.
In und unter Dung, vor allem unter Kuhfladen. Die Käfer legen ihre Eier in den Dung, den die Larven im Wettlauf mit der Austrocknung verzehren. Zur Verpuppung bohren sie sich in den Boden. Häufig. Die Käfer fliegen gut und kommen nachts ans Licht. Sie übertragen Eingeweidewürmer des Rindes, indem sie die Wurmeier verzehren. Frißt die Kuh versehentlich den infizierten Käfer, so ist der Kreislauf für den Parasiten geschlossen.

Aphodius obscurus
Fam. Scarabaeidae, Blatthornkäfer

Zu bestimmen über das Relief der Flügeldecken: Die Zwischenräume sind fein gepunktet. Färbung schwarz, Flügeldecken bei manchen Tieren rotbraun.
6,5-8 mm.

Aphodius obscurus
Fam. Scarabaeidae, Blatthornkäfer

Halsschild dicht punktiert, Schildchen dreieckig. Die Längsnähte auf den Flügeldecken sind schwach eingestochen, die Zwischenräume fein punktiert.
Eine große Aphodius-Art.
6,5-8 mm.
Spezialist an Schaf- und Ziegenmist. Nicht in den Tiefebenen.

Sisyphus schaefferi
Fam. Scarabaeidae, Blatthornkäfer

Matt schwarz mit feiner gelblicher bis dunkelbrauner Behaarung. Flügeldecken kurz, Hinterbeine sehr lang mit stark gebogenen Unterschenkeln.
8-10 mm.
Im April und Mai auf warmen Kalkböden. Im warmen Sonnenschein fertigen die Käfer paarweise aus Schafdung erbsengroße Pillen, die sie mit rasender Hast davonrollen, bis das Weibchen sie vergräbt und zu einer Brutbirne formt. Ein Weibchen fertigt bis 8 Birnen mit je einem Ei. Im Juli erscheinen die Jungkäfer und leben bis zur Überwinterung unter Dungfladen. Nördlich der Alpen nur an warmen Orten.

Scarabaeus sacer, heiliger Pillendreher
Fam. Scarabaeidae, Blatthornkäfer

Fast glanzlos schwarz, Flügeldecken undeutlich längsgestreift. Stirnspaten mit 6 Zähnen, Fühler dunkelbraun mit hellerer Keule. Unterschenkel der Vorderbeine innen mit 2 schwachen Höckern.
28-32 mm.
Im Mittelmeerraum, nach Norden selten, aber bis Südtirol und Südfrankreich. Im Frühjahr. Die Käfer vergraben Dungkugeln und formen daraus für jede Larve eine faustgroße Brutbirne.

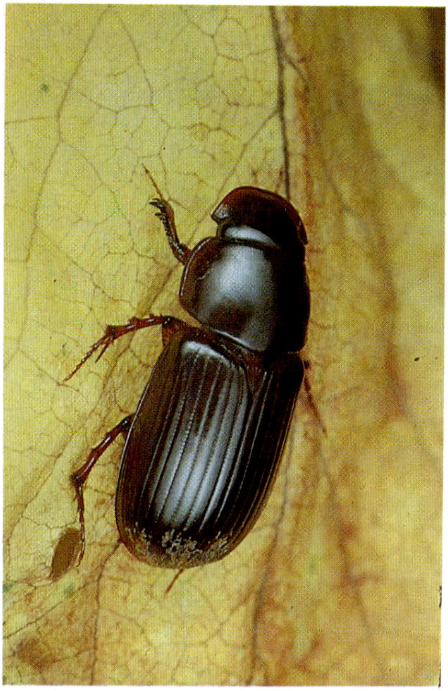
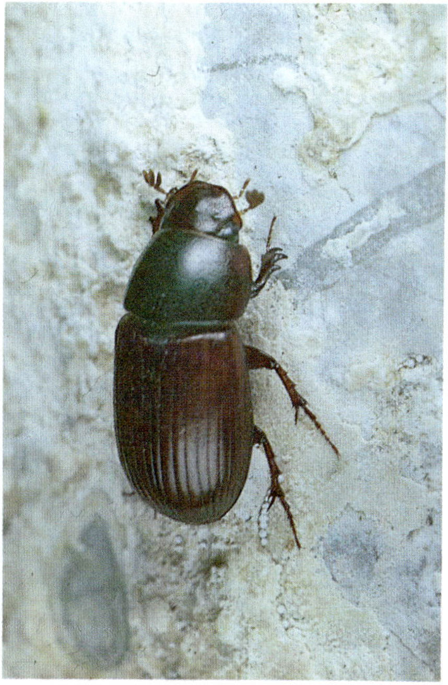
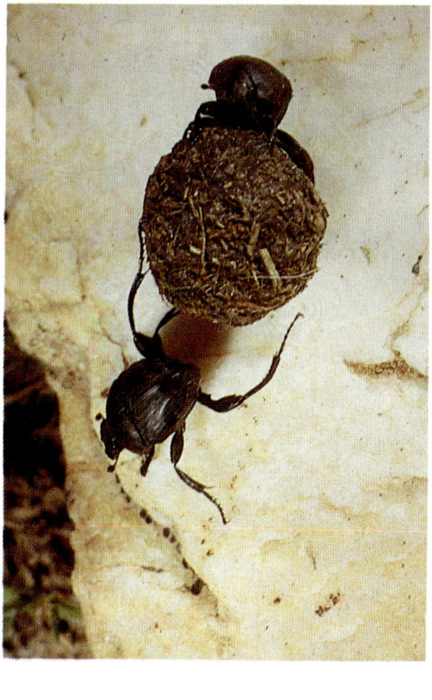
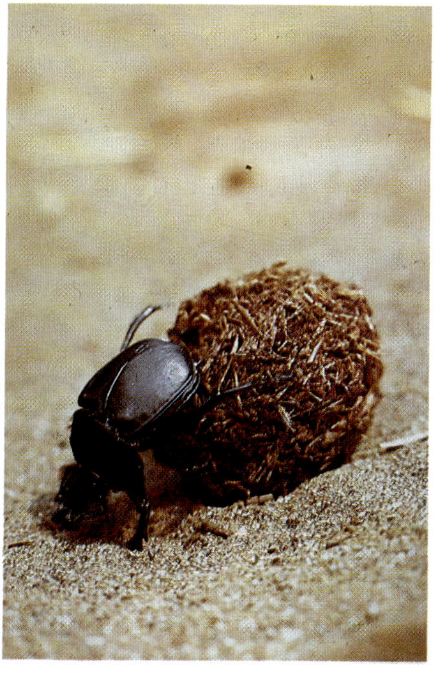

Scarabaeus semipunctatus
Fam. Scarabaeidae, Blatthornkäfer

Unverwechselbar durch die verstreuten, großen, trichterförmigen Einstiche auf dem Halsschild. Die Flügeldecken sind schwach längsgestreift.
18 bis 24 mm.
In Küstendünen im westlichen Mittelmeerraum und an der spanischen Atlantikküste. Reif vom Frühjahr bis in den Frühsommer und besonders aktiv in den Morgen- und Nachmittagsstunden, wenn die Käfer mit Gebrumm umherfliegen, bei frischen Exkrementen der verschiedensten Herkunft landen und mit rasender Eile einem Ballen herausstechen und rückwärts schreitend davonrollen.

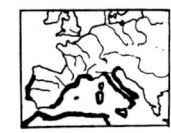

Scarabaeus laticollis
Fam. Scarabaeidae, Blatthornkäfer

In der Gattung Scarabaeus fehlen die beim Graben hinderlichen Fußglieder an den Vorderbeinen, die von der Puppe noch angelegt werden. Arttypisch ist der sehr breite, mit großen Einstichen übersäte Halsschild. Die Flügeldecken sind kräftig längsgestreift.
15–23 mm.
Häufig in Dünengebieten am Mittelmeer, wo die Käfer oft bei minutenalten Ekrementen landen, hastig einen Ballen mit dem sechszackigen Stirnschild herausschneiden und davonrollen, um ihn nahebei zu vergraben: der beste Schutz vor Austrocknung und Mitbewerbern.

Scarabaeus pius
Fam. Scarabaeidae, Blatthornkäfer

Die Kopfoberseite gleichmäßig und viel dichter punktiert als der Halsschild. Beine mit Säumen aus schwarzen Wimpern. Unterschenkel der Vorderbeine innen ohne Zähne.
20–30 mm.
Im Frühjahr auf Sandboden. Die Käfer schneiden mit dem Stirnschild walnußgroße Kotballen ab und wälzen sie davon, wobei sie sich zur Kugel rollen.
Im Mittelmeerraum bis in die Südalpen.

Gymnopleurus mopsus
Fam. Scarabaeidae, Blatthornkäfer

Mattschwarz. Stirnschild mit einer Einkerbung in der Mitte. Auf dem Scheitel bilden 2 erhabene Schräglinien ein nach vorne offenes V. Schildchen nicht sichtbar.
12–16 mm.
Auf warmen Schafweiden, wo die Käfer aus Schafsmist Kugeln fertigen zum Fortrollen und Vergraben. Die Käfer fliegen im Sonnenschein mühelos auf und halten, wie alle Pillendreher, im Flug die Flügeldecken geschlossen. In Südeuropa, lokal auch nördlich der Alpen bis nach Mainz.

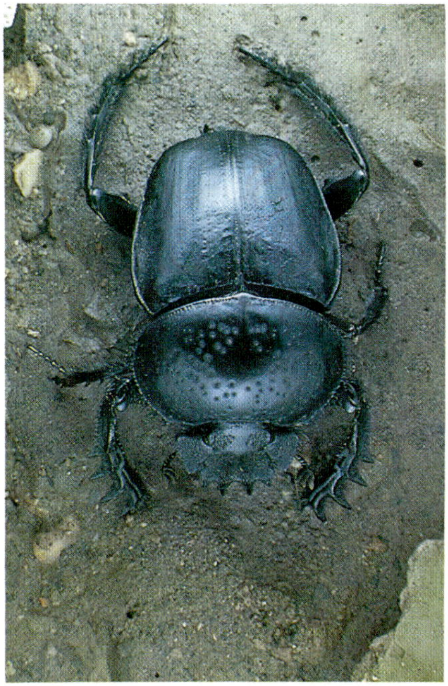
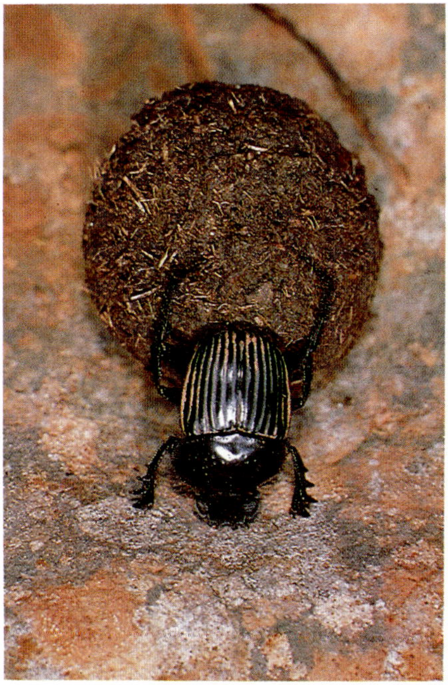
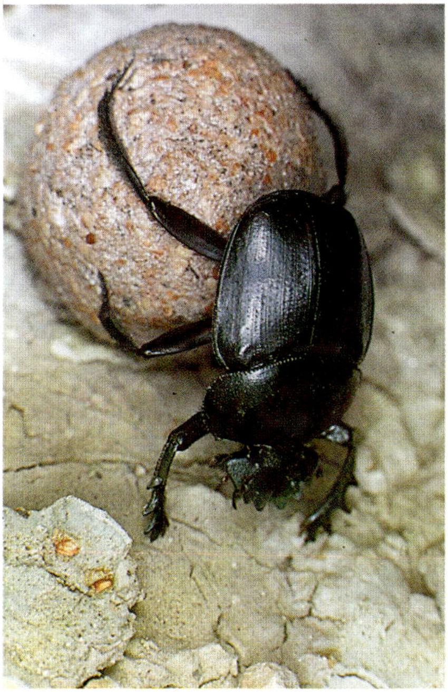
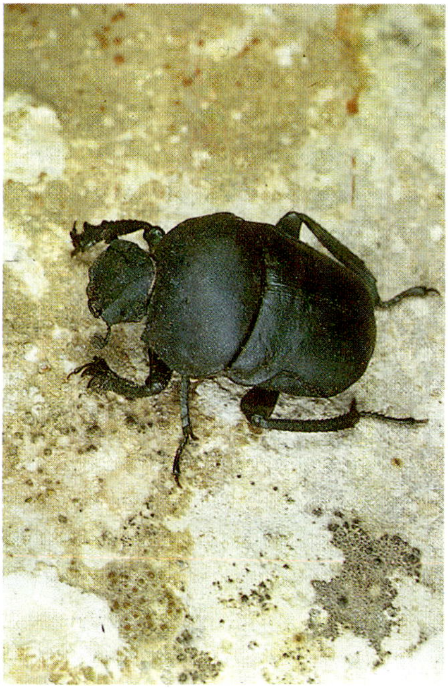

Melolontha hippocastani, Waldmaikäfer
Fam. Scarabaeidae, Blatthornkäfer

Halsschild meist braun, dunkler als die Flügeldecken, die zumindest vorne schwarz gerandet sind. Das letzte Hinterleibssegment in eine Spitze ausgezogen, die in der Mitte etwas eingeschnürt ist.
20-26 mm.
Mitte April und Mai, meist in sandigen Gegenden. Dic Käfer fressen am liebsten Eiche, verschmähen aber auch Lärche nicht. Die Schwärmzeit beginnt, wenn die Mittagstemperatur 20 Grad übersteigt. Die Männchen sterben kurz nach der Paarung.
Die Engerlinge leben 3 bis 5 Jahre als Wurzelfresser. Sie sind in Weingärten und Baumschulen schädlich geworden.

Melolontha melolontha, Feldmaikäfer
Fam. Scarabaeidae, Blatthornkäfer

Hinterleib zu einer stumpfen, sich gleichmäßig verjüngenden Spitze ausgezogen. Die 7 Fühlerblätter der Männchen sind etwa so lang wie der Abstand zwischen den Augen, die 6 Fühlerblätter der Weibchen sind etwa halb so lang.
20-25 (30) mm.
Die Käfer schlüpfen gegen Sommerende im Boden, kommen Anfang Mai hervor und schwärmen dann an warmen Abenden um Bäume am Waldrand. Bei Massenvorkommen merkt man die Nähe der Käfer schon am Geruch. Sie fressen dann ganze Wälder kahl. Bis 1850 wurden sie mancherorts gegessen (Maikäfersuppe). Sie taugen weniger als Viehfutter, da sie Eingeweidewürmer übertragen.

Anoxia orientalis
Fam. Scrabaeidae, Blatthornkäfer

Kopf und Halschild schwarzbraun, fein hell behaart. Flügeldecken kastanienbraun, kurz und anliegend fleckig behaart.
Schenkel und füße heller braun.
23-32 mm.
23-32 mm.
Von Ungarn an durch die Balkanländer verbreitet. Flugzeit im Hochsommer.

Polyphyllo fullo, Walker
Fam. Scarabaeidae, Blatthornkäfer

Flügeldecken durch Felder mit weißen Härchen marmoriert. Fühlerfächer sehr lang und beim Männchen mit 7, beim Weibchen mit 5 Blättern.
25-36 mm.
Von Ende Juni bis August in sandigen Gegenden, meist mit Strand- oder Binnendünen. Die Käfer fressen an Nadel- und Laubbäumen und fliegen von der späten Dämmerung bis tief in die Nacht, sie kommen auch zum Licht. Die Engerlinge leben 3 bis 4 Jahre in bewachsenen Dünen.
Lokal in Mittel- häufiger in Südeuropa.

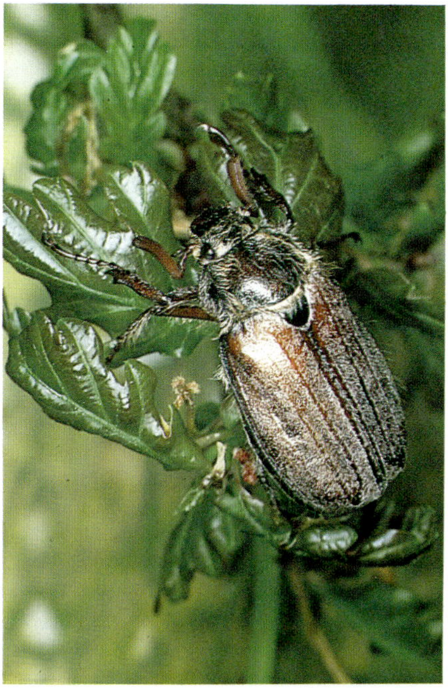
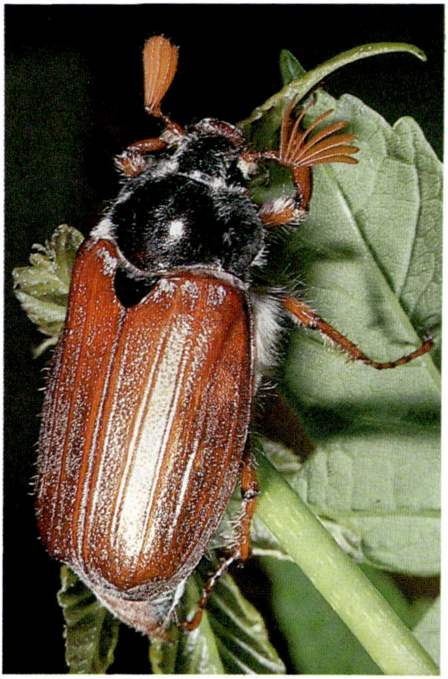
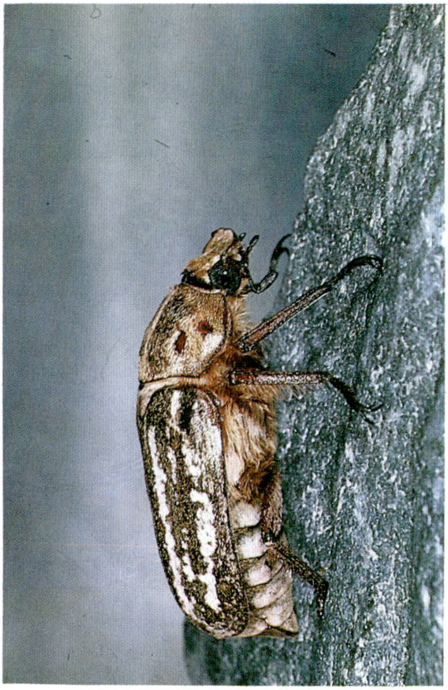
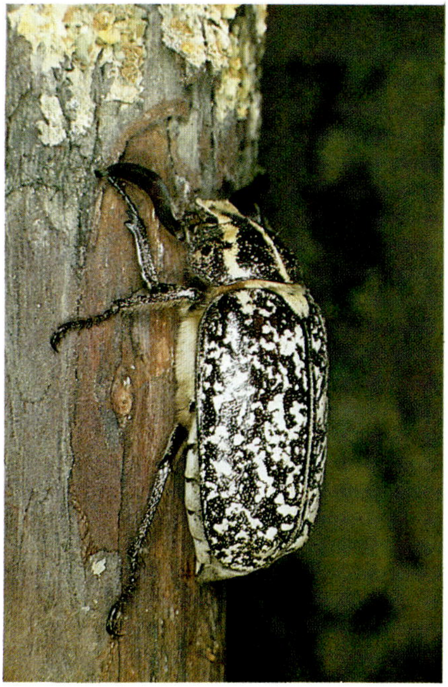

Trichius fasciatus, Pinselkäfer
Fam. Scarabaeidae, Blatthornkäfer

Vorderkörper ockerbraun und dicht behaart. Flügeldecken gelb bis orange (Form rosea) mit 3 schwarzen Querbinden von wechselnder Form. Die Unterschenkel der Mittelbeine tragen einen Zahn und einen Einschnitt.
10-13 mm.
Im Juni und Juli auf Blüten, gern auf Thymian. Die Käfer fliegen im Sonnenschein.
Die Engerlinge leben 2 Jahre im Holzmulm.

Valgus hemipterus
Fam. Scarabaeidae, Blatthornkäfer

Körper gerundet viereckig, Flügeldecken verkürzt. Beim Weibchen ist das letzte Hinterleibssegment zu einer Spitze ausgezogen, mit der es das Ei tief in Rindenritzen unterbringt. Die Zeichnung besteht aus hellen Schuppen auf dunklem Grund.
7-9 mm.

Homaloplia ruricola
Fam. Scarabaeidae, Blatthornkäfer

Halsschild locker punktiert und abstehend behaart. Flügeldecken braun mit dunkler Einfassung und je 10 Punktstreifen.
5-7 mm.
Im Juli und August auf Blüten, vor allem an sandigen Orten. Die Käfer fliegen im Sonnenschein niedrig über die Wiesen. Die Larven fressen Wurzeln.

Trichius rosaceus (zonatus)
Fam. Scarabaeidae, Blatthornkäfer

Sehr ähnlich fasciatus, nur sind die Unterschenkel der Mittelbeine ohne Zahn und Kerbe (Lupe).
Die vordersten 2 oder 3 Bauchspangen am Hinterleib sind seidig weiß behaart.
10-12 mm.
Auf Wiesen, großen Lichtungen, auf Doldenblüten, Brombeere und Himbeere im Frühjahr und Sommer.
Von Nordafrika bis Südschweden, in Westeuropa stellenweise der häufigste Pinselkäfer.

Von Mai bis Juli auf Blüten. Die Käfer fliegen im Sonnenschein. Die Larven entwickeln sich in morschem Holz und sind nach einem Jahr erwachsen. Die Käfer schlüpfen im Herbst und überwintern in der Puppenwiege.

Anisoplia cyathiagera
Fam. Scarabaeidae, Blatthornkäfer

In der Gattung Anisoplia ist der Kopf vorne schnauzenartig verlängert, die "Schnauze" ist eingeschnürt und vorne aufgebogen.
Der Halsschild von cyathiagera ist kurz flaumig behaart, auf den Flügeldecken finden sich schwarze und gelbliche Anteile in sehr veränderlichem Muster, beiderseits neben dem Schildchen ein weißer Filzfleck, Halsschild meist metallisch grün.
11-13,5 mm.
Als Pollenfresser auf blühenden Gräsern, nördlich der Alpen nur in sommerwarmen Lagen. Die Larven leben an Graswurzeln.

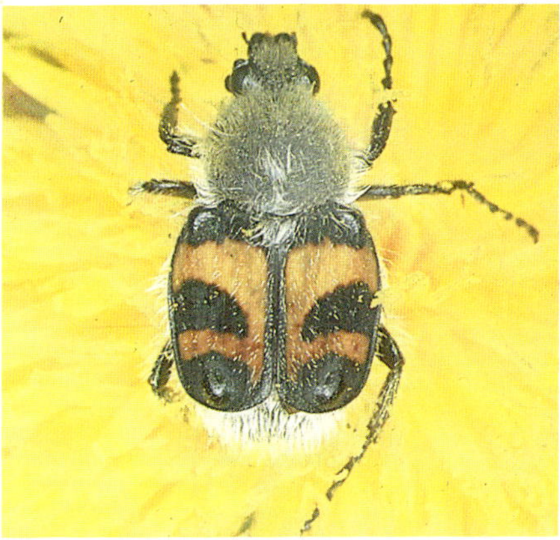
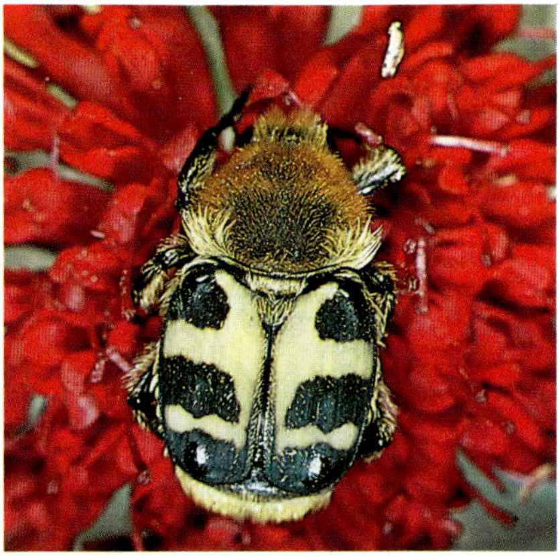
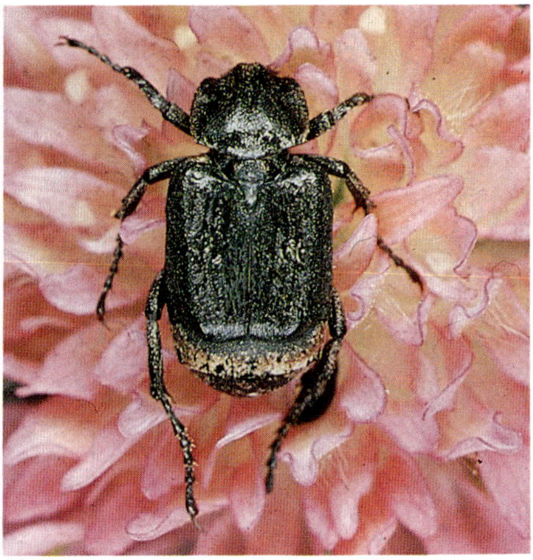
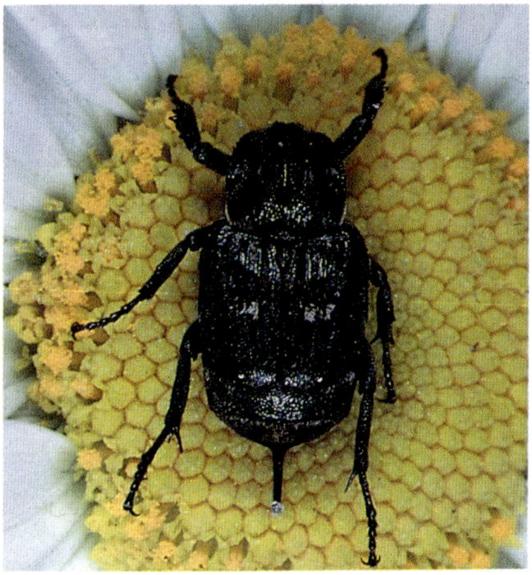
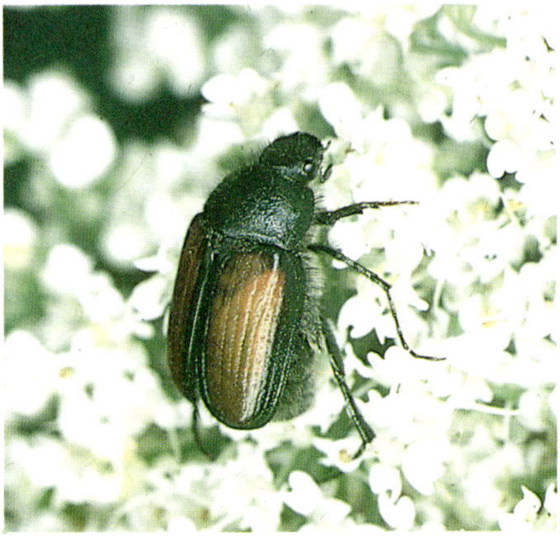
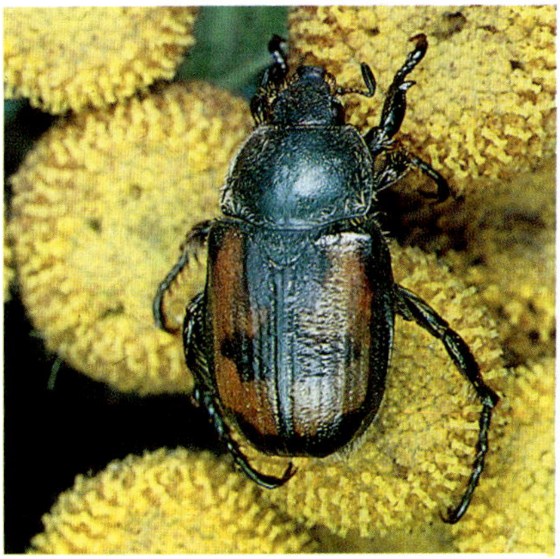

Hoplia coerulea
Fam. Scarabaeidae, Blatthornkäfer

Die Männchen auf der Oberseite strahlend blau, auf der Unterseite silberig golden beschuppt. Die Weibchen sind graubraun.
8-11 mm.
Von den Vogesen bis Nordspanien, auf sandigen, trockenen Wiesen, vor allem in Dünen, vor allem in den Mittagsstunden an Halmen und auf Disteln. Im Süden ab Mai, im Norden bis in den Juli, an den Fundorten oft in großer Zahl. Die Käfer wurden früher massenhaft gesammelt und zusammen mit Strohblumen zu Hutschmuck verarbeitet.

Hoplia farinosa
Fam. Scarabaeidae, Blatthornkäfer

Der ganze Körper ist mit silbrig grünen bis gelbbraunen Schuppen bedeckt.
9-11 mm.
In Blumenwiesen, vor allem an der Küste. Die Käfer sitzen gerne in Blüten. Hauptflugzeit Juli.
Die Engerlinge fressen an Graswurzeln und sind nach 2 Jahren erwachsen.

Phyllopertha horticola
Gartenlaubkäfer
Fam. Scarabaeidae, Blatthornkäfer

Flach, behaart, Brust mit grünem oder blauem Metallglanz. Flügeldecken deutlich längsgestreift.
8-12 mm.
Zuweilen massenhaft in sonnigem Grasland im Juni und Juli. Die Käfer schwärmen im Sonnenschein und befressen gerne Laub und Blüten von Rosen.
Die Larven leben 5 bis 10 cm tief im Boden, bei Dürre und im Winter bis in 30 cm Tiefe. Sie entwickeln sich je nach Bodenwärme in bis zu 3 Jahren und sind schon an Getreide schädlich geworden.

Serica brunnea
Fam. Scarabaeidae, Blatthornkäfer

Eiförmig, kleinköpfig, großäugig. Auf den Flügeldecken 9 deutliche und ein undeutlicher Punktstreifen.
8 bis 11 mm.
Vor allem in sandigen Gegenden nicht selten mit einer Hauptflugzeit von Juni bis August. Tagsüber in der Bodenstreu verborgen. Die Männchen schwärmen vom Abend bis in die Nacht und kommen dabei auch ans Licht.
Die Engerlinge fressen vor allem Graswurzeln und entwickeln sich in 2 Jahren. Verbreitet von Mittelitalien bis Mittelschweden.

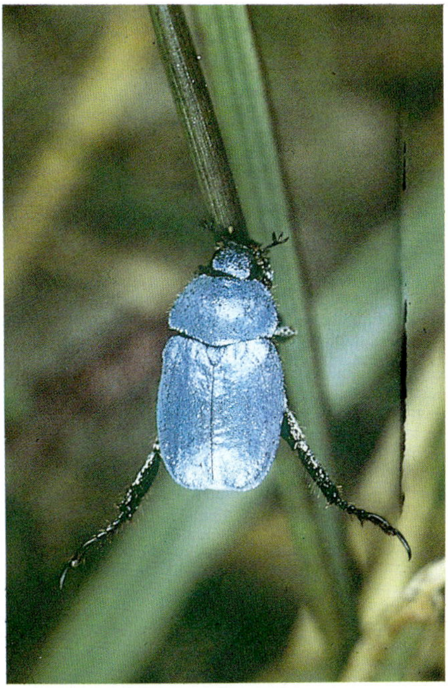
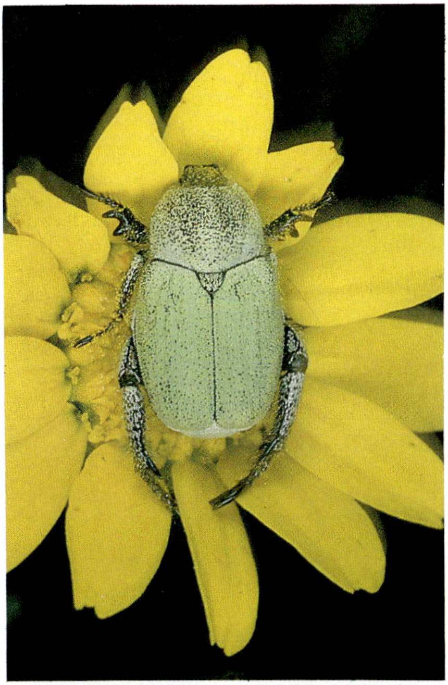
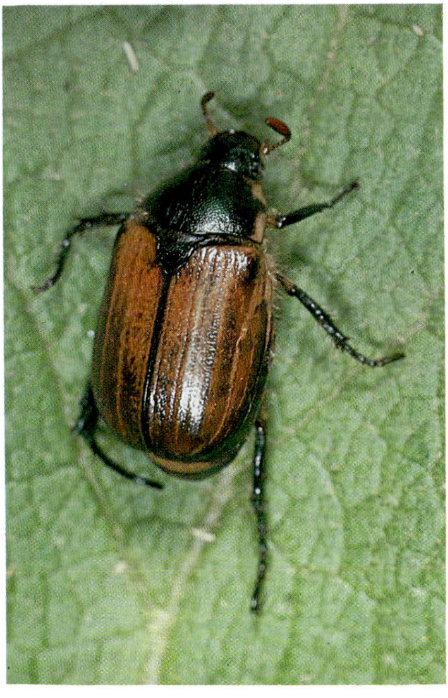
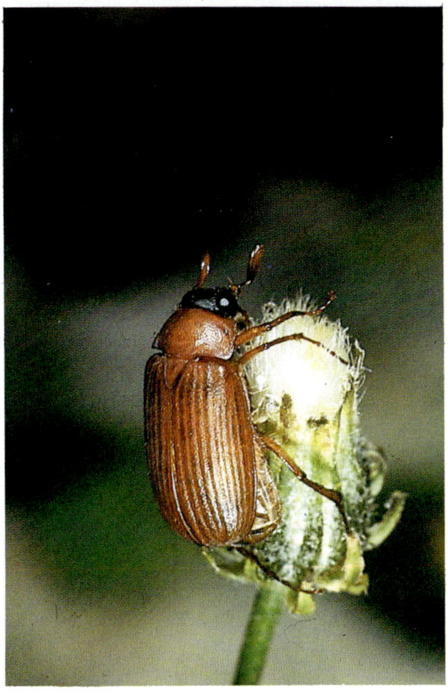

Serica brunnea
Fam. Scarabaeidae, Blatthornkäfer

Matt gelbbraun, Flügeldecken längsgestreift, unregelmäßig gepunktet und hinter der Mitte am breitesten. Halsschild zerstreut punktiert. 8-10 mm.
An Laub und Gras in Misch- und Nadelwäldern, vor allem auf Sandboden. Die Käfer fliegen an warmen Juli- und Augustabenden und kommen im Dunkeln gern ans Licht.
Die Larven fressen Wurzeln und entwickeln sich über 2 Jahre.

Amphimallon solstitiale, Junikäfer
Fam. Scarabaeidae, Blatthornkäfer

Ledergelb, Scheitel und Halsschild dunkler. Halsschild, Beine und Hinterleibsende behaart. Unterschenkel der Vorderbeine beim Männchen mit ein oder zwei, beim Weibchen mit 3 Zähnen. Antennen mit 9 Gliedern, 3 davon im Fächer.
14-18 mm.
Im Juni und Juli fliegen die Käfer in der Abenddämmerung um freistehende Laubbäume. Der Flug beginnt an einem der ersten sommerlichen Juniabende und hört gegen 9 Uhr so schlagartig auf, wie er begonnen hatte. Die Käfer fressen Laub, die Engerlinge Wurzeln, sie sind schon an Feldfrüchten schädlich gewesen.

Mimela aurata
Fam. Scarabaeidae, Blatthornkäfer

Halsschild oben locker, aber tief punktiert und vorne mit einer Mittelfurche. Flügeldecken runzelig punktiert und mit undeutlichen Punktstreifen. Oberseite grün, Unterseite kupferig, Fühler rotbraun bis rot.
16-22 mm.
Von den Ostalpen an in den Gebirgen Südosteuropas und damit der nördlichste Vertreter einer artenreichen Gruppe metallisch grüner bis goldglänzender tropischer Blatthornkäfer.

Osmoderma eremita, Eremit
Familie Cetonidae, Rosenkäfer

Schwarz bis braunschwarz mit Kupferglanz. Halsschild mit Mittelfurche, Flügeldecken mit ausgeprägten Schultern. Die Käfer haben einen eigenartigen Geruch.
24-30 mm.
Vor allem in der ersten Augusthälfte an ausfließendem Baumsaft und im Mulm hohler Bäume, wo sich auch über mehrere Jahre die Larven entwickeln.

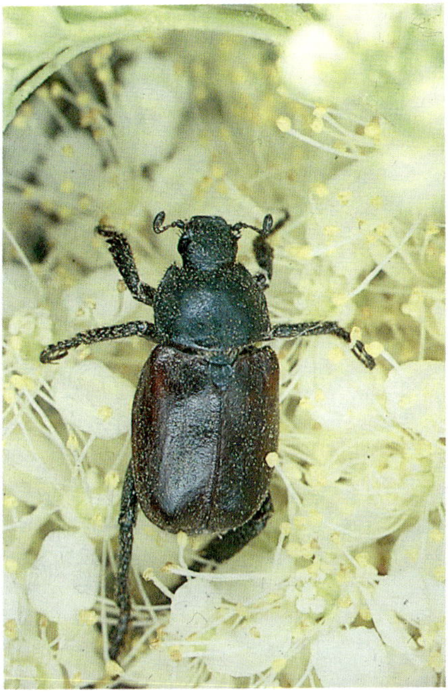
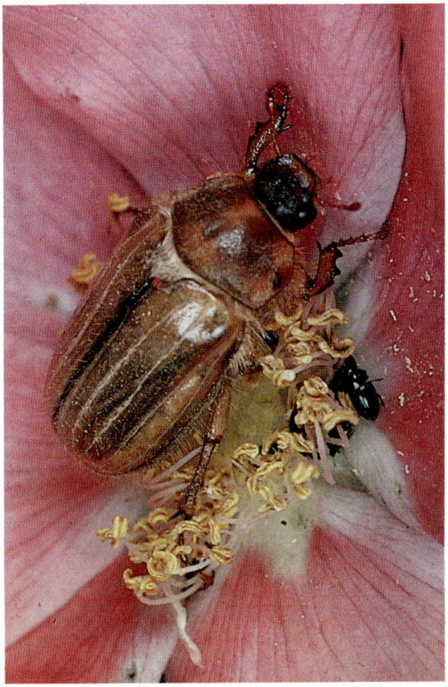
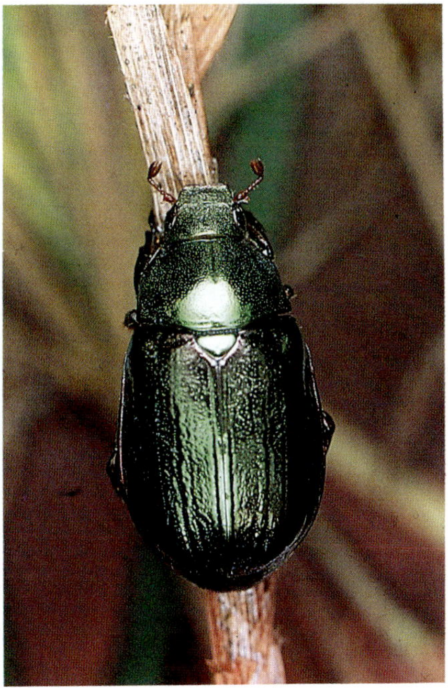
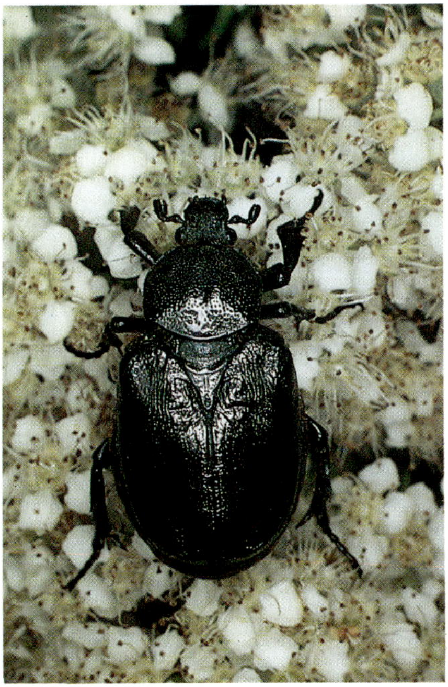

Potosia cuprea
Familie Cetonidae, Rosenkäfer

Schlanker als die Cetonia-Arten. Meist bronzegrün mit weißen Punkten und Querstrichen. Halsschild in der Mitte locker, am Rande dichter punktiert. Knie mit weißen Haarbüscheln.
14-23 mm.
Von Mitte Mai bis Ende Juli auf Lichtungen, in lichten Laub- und Mischwäldern, meist auf Blüten und an blutenden Bäumen.
Die Larven leben in verrottendem Holz und von verrottendem Nestmaterial in Ameisennestern, vor allem bei der Roten Waldameise.

Potosia aeruginosa
Familie Cetonidae, Rosenkäfer

Goldgrün, glatt und glänzend, Flügeldecken sehr fein und locker punktiert, ohne Vertiefungen und Fleckchen.
22-28 mm.
Im Mai und Juni auf blühenden Büschen und an blutenden Bäumen, vor allem Eichen. Die Käfer fliegen an warmen Tagen (wie alle Rosenkäfer mit geschlossenen Flügeldecken). Die Larven entwickeln sich über 3 Jahre im Mulm hohler Eichen und wurden auch schon im verrottenden Eintrag in Vogelnisthöhlen gefunden.
Nördlich der Alpen selten.

Cetonia aurata, Rosenkäfer
Familie Cetonidae, Rosenkäfer

Goldengrün, im Süden auch grünviolett. Auf den Flügeldecken 2 breite, flache Rippen, die nach vorne undeutlich werden und zusammenstoßen. Dazu rahmweiße Querflecke, der längste am Anfang des hinteren Drittels. Unterseite kupferrot. 14-20 mm.
Von Mitte Mai bis August in Buschland auf Blüten, gern auf Dolden, Disteln, Holunder, Rosen, auch an blutenden Bäumen. Die Käfer fliegen im Sonnenschein mit geschlossenen Flügeldecken.
Die Larven leben in Holzmulm und verrottenden Pflanzen und verpuppen sich in einer innen glatt ausgestrichenen, verleimten Höhlung. Nordwärts bis zum Polarkreis.

Potosia affinis
Familie Cetonidae, Rosenkäfer

Halsschild von arttypischem Umriß. Die Punktierung des Kopfes ist zwischen den Augen verdichtet und bildet oft netzartige Muster. Einfarbig dunkelgrün, goldengrün oder dunkel kupferrot.
18-23 mm.
Nördlich der Alpen selten und auf die wärmsten Lagen beschränkt, im Süden nicht selten auf Blüten, gern an blühender Edelkastanie und auch an blutenden Bäumen.

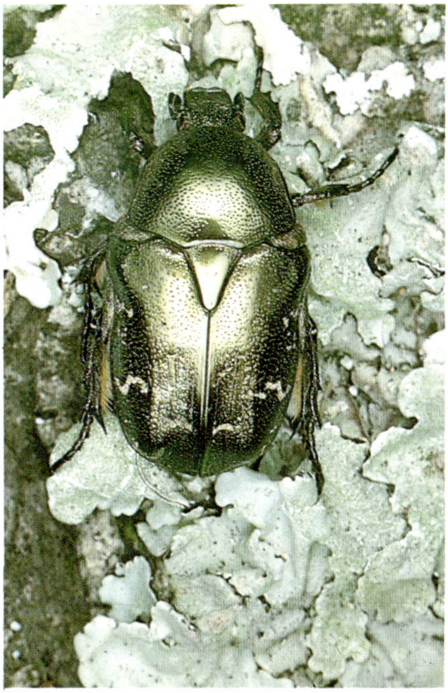
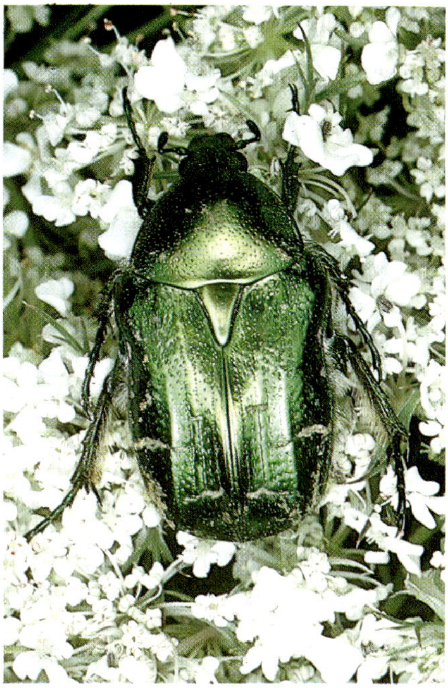
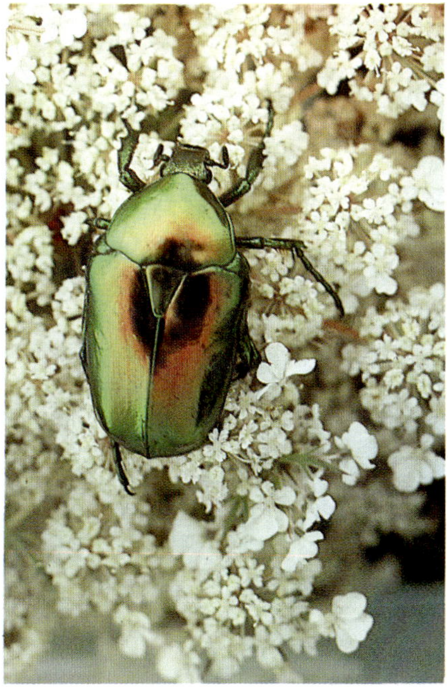
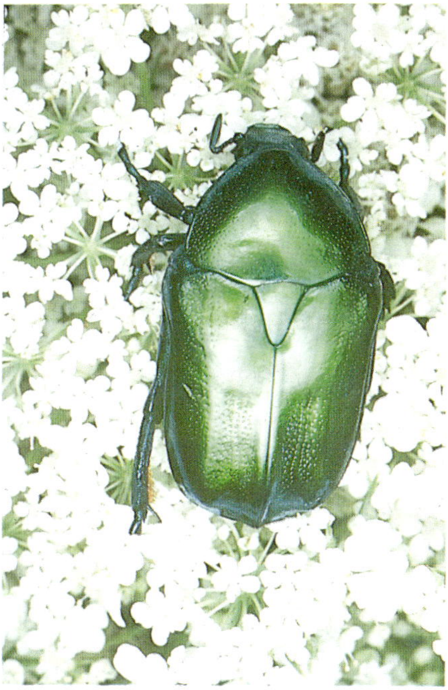

Potosia hungarica
Familie Cetonidae, Rosenkäfer

Flügeldecken ohne Rippen, dicht und regellos punktiert. Mattgrün, mit oder ohne weiße Flecke. Knie weiß.
14-20 mm.
Im Frühsommer auf Blüten. Von Österreich ostwärts bis über Kleinasien hinaus verbreitet.

Protaecia (Potosia) angustata
Familie Cetonidae, Rosenkäfer

Auf der Oberseite und an den Knien keine Flecke. Der Halsschild ist gleichmäßig fein gepunktet, nur zum Hinterrand lockern die Punkte auf. Nahe der Halsschildmitte meist zwei kleine Dellen. Dunkelgrün bis bronzerot oder blau, Unterseite dunkler.
18 bis 25 mm.
Von Mai bis August auf Blüten, gern auf Disteln und Hartriegel. In Südeuropa bis zum Alpensüdrand.

Protaecia afflicta
Familie Cetonidae, Rosenkäfer

Schwärzlich mit leichten Metallfarben und ohne Flecke, Kopf grob und reichlich punktiert, Oberseite sehr fein samtig behaart. Unterseite mit starkem Metallglanz, Beine mit weißen Kniemakeln.
18 bis 27 mm.
Häufig von April bis Mai (Juni) von Griechenland durch Kleinasien bis Ägypten. Nach Rosenkäferart auf Blüten, mit Vorliebe eingewühlt in Disteln.

Protaecia morio
Familie Cetonidae, Rosenkäfer

Matt schwarz, haarlos. Die Naht ist beiderseits von einem glatten Wulst begleitet, daneben undeutliche Punktreihen. Knie mit weißem Fleck, Flügeldecken mit oder ohne kleine weiße Punkte.
12-17 mm.
Häufig im Frühjahr und Sommer im Mittelmeerraum, vor allem auf Distelblüten, aber auch an blutenden Bäumen und überreifem Obst.

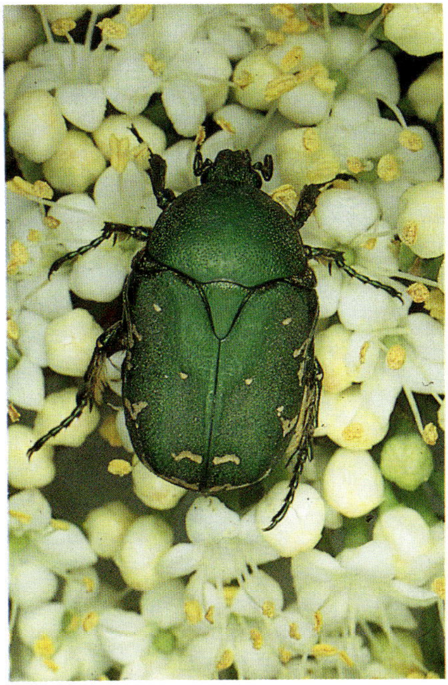
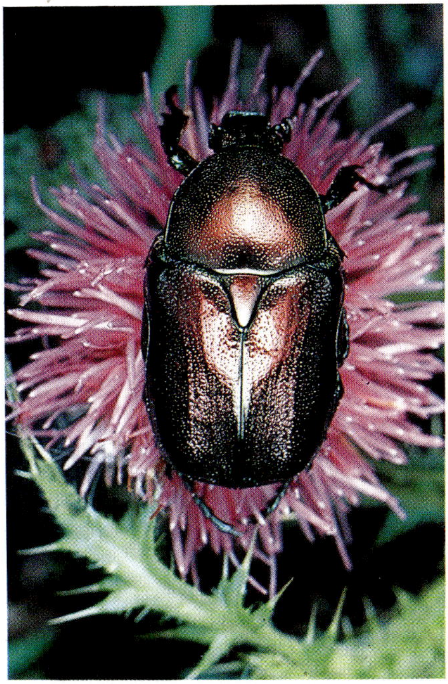
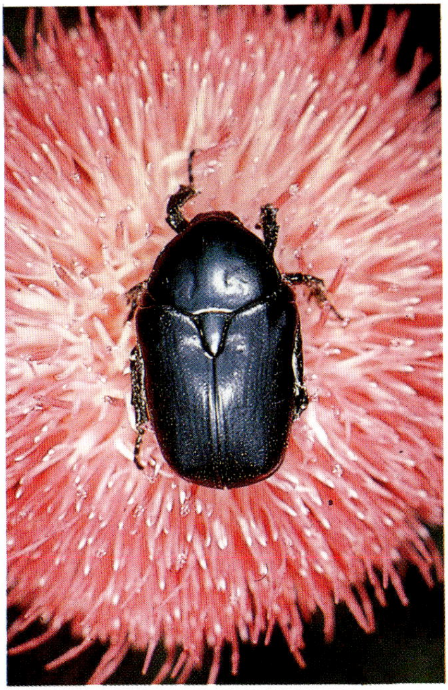
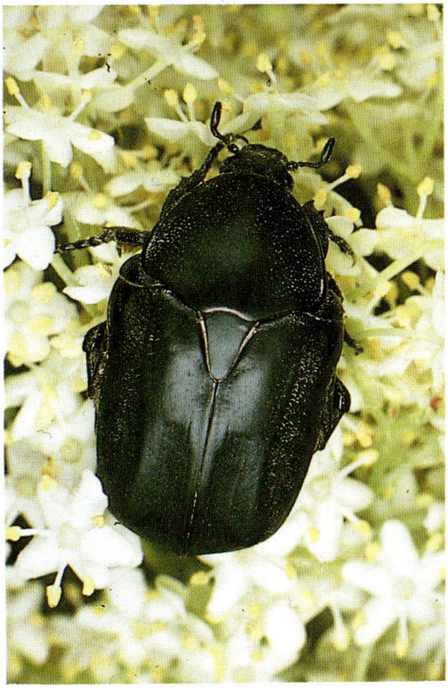

Gnorimus variabilis
Familie Cetonidae, Rosenkäfer

Halschild dicht punktiert, Flügeldecken lederartig gerunzelt und schwach längsgestreift und mit meist je 2 mattweißen bis gelbweißen eingesenkten Fleckchen. 16 bis 20 mm.
Im Mai und Juni an kränkelnden Laubbäumen und auf Blüten, dämmerungs- und nachtaktiv. Heimisch in Süd- und Mitteleuropa, aber nur im Osten häufiger.

Gnorimus nobilis
Familie Cetonidae, Rosenkäfer

Grün bis blau, der Halschild schmaler als die Flügeldecken und durch eine Einschnürung von ihnen getrennt. Auf den Flügeldecken meist weißliche Fleckchen und Schrägstrichelchen. 15-18 mm.
Von Mai bis Juli in Heckenlandschaften auf Blüten, gern auf Schirmblüten, Rosen und Schneeball. Die Käfer können rasch auffliegen und schwärmen im Sonnenschein. Die Larven leben im morschen Holz von Laubbäumen. Verbreitet im Bergland Südeuropas, aber noch bis Südskandinavien nachgewiesen.

Oxythyrea funesta
Familie Cetonidae, Rosenkäfer

Glänzend schwarz mit Kupferglanz, Halsschild und Flügeldecken weitläufig punktiert und mit hellen Flecken, Halsschild mit weißem Saum und 2 Längsreihen aus je 3 weißen Fleckchen. 8-12 mm.
Von April bis August, vor allem im Mai und Juni auf Dolden- und Korbblütlern.
Von Nordafrika bis Mitteleuropa, im Süden häufig, nördlich der Alpen selten.

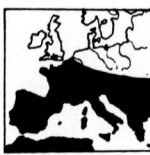

Oxythyrea cinctella
Familie Cetonidae, Rosenkäfer

Glänzend schwarz mit Schneeflecken. Halsschild mit weißem Seitenrand und 2 weißen Fleckchen am Hinterrand. 8 bis 14 mm.
Vor allem im März und April mit Nachzüglern bis weit in den Sommer auf Blüten, vor allem auf Obstbäumen, Rosen und Gräsern. Häufig, manchmal massenhaft an sonnig - trockenen Orten von Makedonien über den östlichen Mittelmeerraum bis Israel.

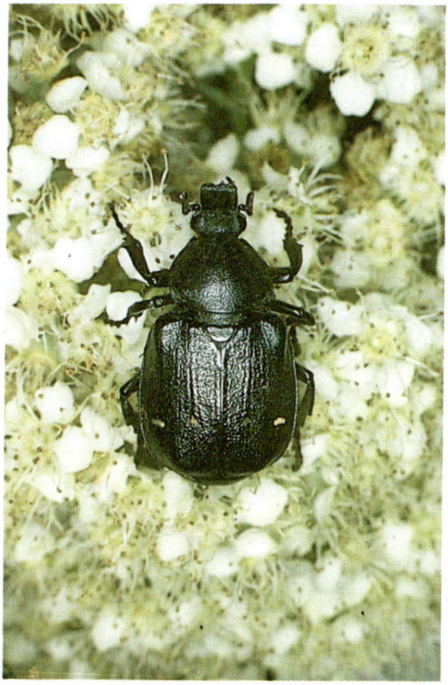
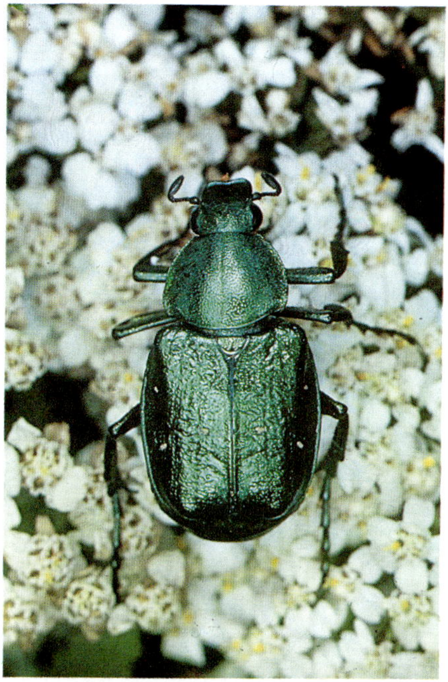
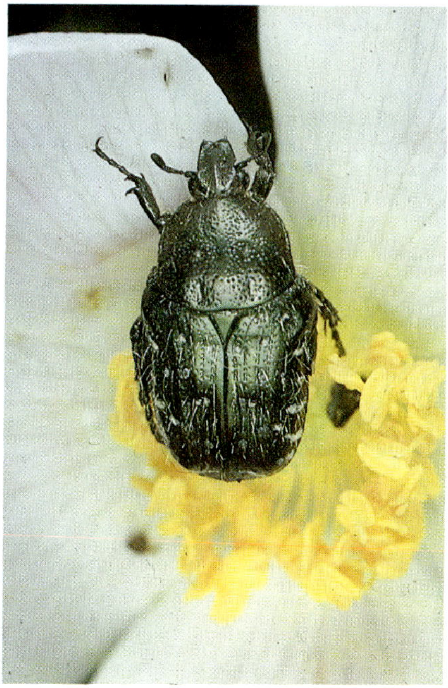
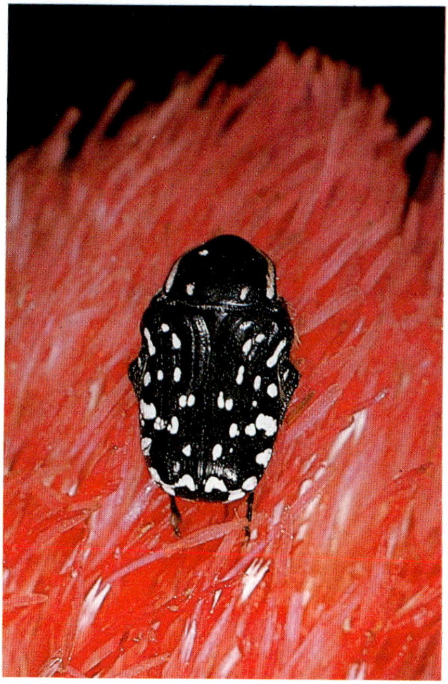

Epicometis hirta
Familie Cetonidae, Rosenkäfer

Schwarz, reich behaart. Auf den Flügeldecken einige weiße Flecke und auf dem Halsschild ein glatter Längskiel, die Seiten schuppig gerunzelt.
8-11 mm.
Als Pollenfresser auf blühenden Kräutern, Sträuchern und Obstbäumen, gern auf Habichtskraut. Vom ersten Frühling an bis Juni (Juli) in Süd- und selten auch im südlichen Mitteleuropa. Die Engerlinge leben in der Erde und fressen verrottende Pflanzenteile. Sie verpuppen sich im Spätsommer, wenig später schlüpfen die Käfer und überwintern im Boden.

Oedemera femorata
Fam. Oedemeridae, Sceinbockkäfer

Gelbbraun, Beine ell mit dunklen Knien, zwiscen den Augen und auf

Oedemera femorata
Fam. Oedemeridae, Scheinbockkäfer

Gelbbraun, zwischen den Augen und auf dem Halsschild dunkler, Beine hell mit dunklen Knien.
8-13 mm.
Im Juni und Juli in Blumenwiesen, Pollenfresser. Die Larven leben und überwintern in den Stengeln und Wurzeln von Kräutern.
In Südeuropa häufig, nördlich der Alpen nur an wenigen warmen Orten.

Oedemera nobilis
Fam. Oedemeridae, Scheinbockkäfer

Halsschild so lang wie breit und mit arttypischem Relief. Der ganze Körper metallisch goldengrün bis blau. Die Oberschenkel der Hinterbeine beim Männchen keulig verdickt, beim Weibchen normal.
8-11 mm.
Von April bis Juli auf Blüten mit offen zugänglichem Blütenstaub. In Südeuropa häufig, nördlich der Alpen nur lokal.

Oedemera podagrariae
Fam. Oedemridae, Scheinbockkäfer

Die gelbbraunen Flügel hinten zugespitzt und klaffend. Die Beine sind beim Weibchen normal, beim Männchen sind die Oberschenkel der Hinterbeine keulig verdickt und zur Hälfte schwarz. Kopf und Brust sind dunkel erzgrün.
8-13 mm.
Beim Weibchen ist der Kopf dunkel, der Halsschild gelbbraun. Unterseite meist gelblich.
Von Mai bis Juli auf Blüten und Laub. Die Larven leben in Stengeln und Wurzeln und überwintern.

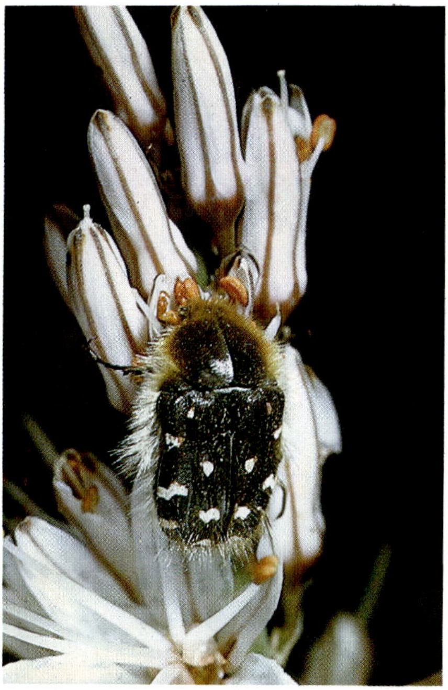
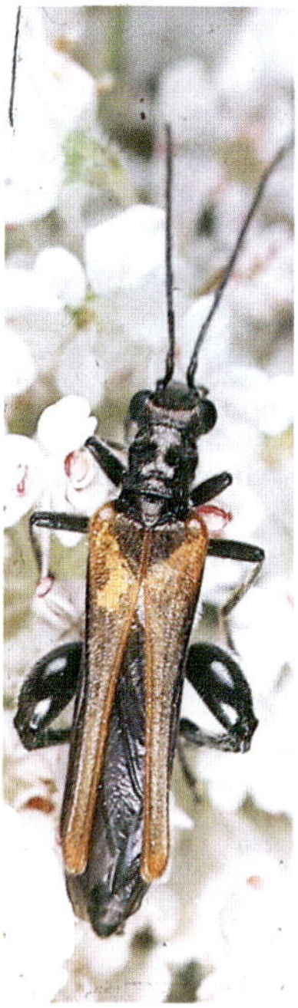
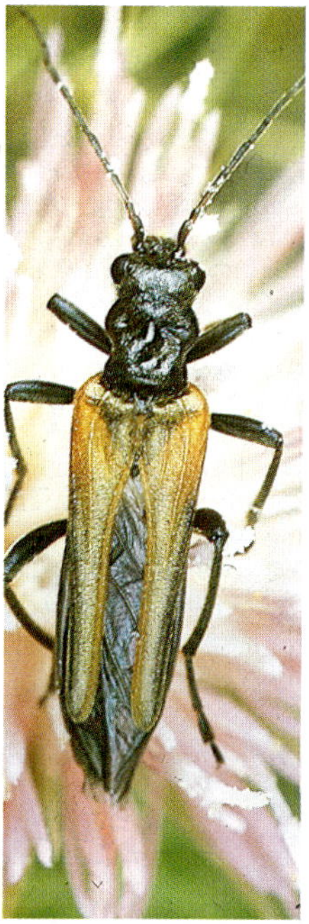
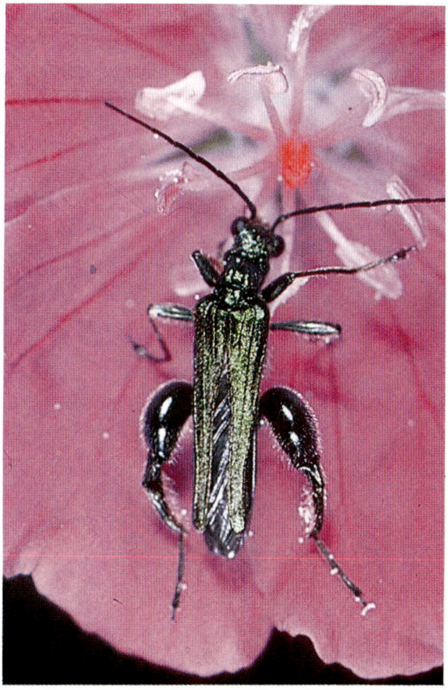
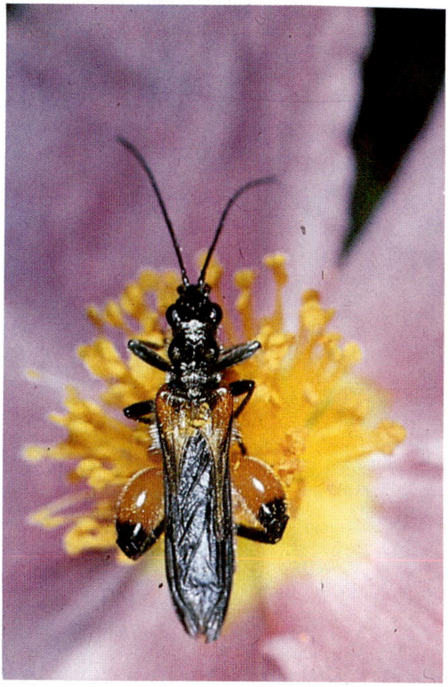

Nacerda melanura
Fam. Oedemeridae, Scheinbockkäfer

Flügeldecken gelblich mit verdunkelten Hinterenden, sehr kurz und anliegend behaart. Vordere Unterschenkel mit einem, die übrigen mit 2 Dornen. Auf den ersten Blick ein Bockkäfer, aber mit 4 Fußgliedern. Böcke haben nur 3.
9-13 mm.
An totem Holz. Die Larven leben in feuchtem, verrottendem Nadelholz, etwa in Holzbrücken, auch in Kellern. Im Sommer erscheinen dann die Käfer in Wohnungen und an Hauswänden.
Von Amerika aus weltweit eingeschleppt.

Nacerda ustulata
Fam. Oedemeridae, Scheinbockkäfer

Bockkäferähnlich, aber mit 4 statt 3 Fußgliedern. Flügeldecken mit 3 oder 4 Rippen und nach außen gerichteter, zumindest teilweise gelblicher Behaarung. Oberschenkel der Vorderbeine mit einem Dorn am äußeren Ende und Oberschenkel der Mittelbeine beim Männchen mit einem großen stumpfen Zahn. Fühler und Knie schwarz.
Halsschild und Flügeldecken der Weibchen gelblich, der Männchen mehr oder weniger ausgedehnt dunkelbraun.
8 bis 12 mm.
Im Sommer auf Blüten.

Chrysanthia nigricornis
Fam. Oedemeridae, Scheinbockkäfer

Kopf etwas schwächer punktiert als der Halsschild, dieser ohne Mittelfurche, Augen vorgequollen. Flügeldecken hinten etwas klaffend und abstehend schwarz behaart. Metallisch grün oder blau, etwas matt.
5-8 mm.
Im Sommer auf Blüten am Waldrand. Die Larven entwickeln sich in Totholz.

Chrysanthia viridissima
Fam. Oedemeridae, Scheinbockkäfer

Grün bis goldengrün, Fühler dunkler und Beine dunkel metallisch. Kopf glänzend, spärlich punktiert. Halsschild länger als breit, mehrfach eingedellt und grob punktiert. Die Flügeldecken sind grob punktiert und sowohl fein anliegend als auch abstehend hell behaart. 7-10 mm.
Auf Sommerblumen, gern auf Dolden und Skabiosen. Die Larven entwickeln sich in morschem Holz.

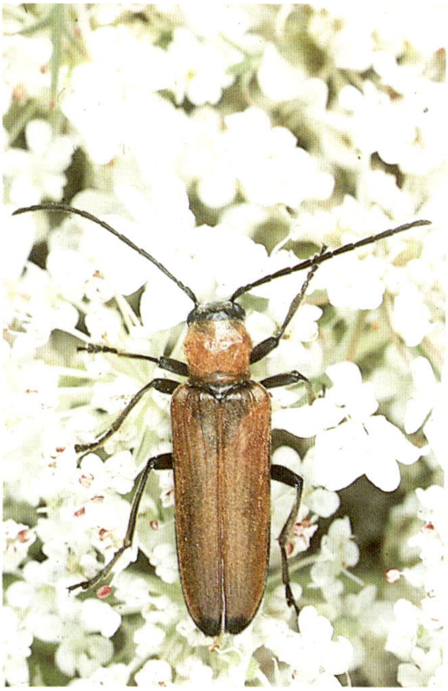
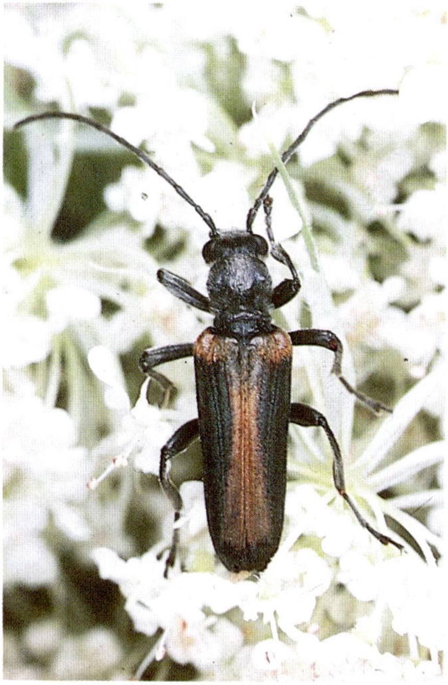
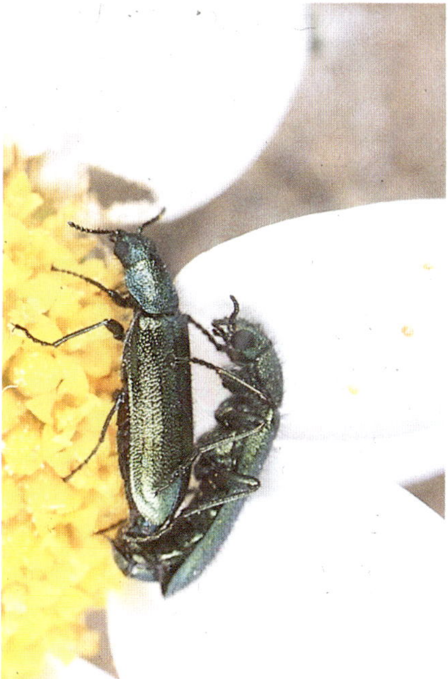
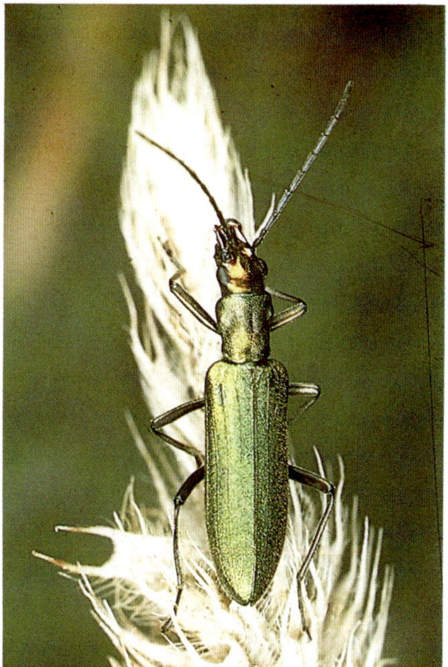

Oedemera virenscens
Fam. Oedemeridae, Scheinbockkäfer

Metallisch dunkelgrün, oben spärlich anliegend weiß behaart. Kopf und Halsschild runzelig, Augen groß, Halsschild so breit wie lang, Flügeldecken nach hinten verschmälert. Hinterschenkel der Männchen etwas verdickt.
8-12 mm.
Im Juli und August in Waldwiesen auf Blüten. Häufig. Die Männchen fliegen in den Abendstunden.
Die Larven leben in den Stengelen verschiedener Kräuter.

Prionus coriaceus, Sägebock
Familie Cerambycidae, Bockkäfer

Glänzend kastanienbraun bis schwarzbraun. Brustseiten mit 3 Dornen. Die Antennen sind beim Männchen kräftig, beim Weibchen angedeutet gesägt.
18-45 mm.
In Juli und August auf den Stämmen alter Bäume und auf Baumstümpfen, oft auf Buchen, tagsüber in Rindenritzen versteckt. Die Käfer fliegen an warmen Abenden umher und kommen bei Dunkelheit ans Licht.
Die Larven leben 3 Jahre in morschem Holz, gehen aber zur Verpuppung in die Erde, wo sie eine mit Sekret verfestigte Höhle auswälzen. Die Puppenruhe dauert einige Wochen.

Ergates faber, Mulmbock
Familie Cerambycidae, Bockkäfer

Flach. Halsschildseiten mit einem großen Zahn und daneben fein gesägt. Fühler beim Weibchen etwa halb-, beim Männchen mehr als körperlang.
25-60 mm.
Im August und September vor allem in alten Fichten- und Kiefernwäldern, wo die Käfer abends und nachts umherfliegen.
Die Larven entwickeln sich in sonnig und etwas feucht liegenden Baumstümpfen, meist von Kiefern. Sie verpuppen sich im Holz, und der Käfer beißt sich durch ein fingerdickes, ovales Schlupfloch ins Freie.
Mehr in Osteuropa, selten.

Megopis (Aegosoma) scabricornis
Familie Cerambycidae, Bockkäfer

Vom dritten Fühlerglied nach außen werden die Glieder zunehmend kleiner. Beim Männchen sind sie mit Dörnchen besetzt. Halsschild dicht gekörnt.
30-48 mm.
In Wäldern mit alten Laubbäumen von Ende Juni bis in den September. Dämmerungs- und nachtaktiv.
Die Larven leben in morschem Holz. Lückenhaft verbreitet, gewöhnlich selten.

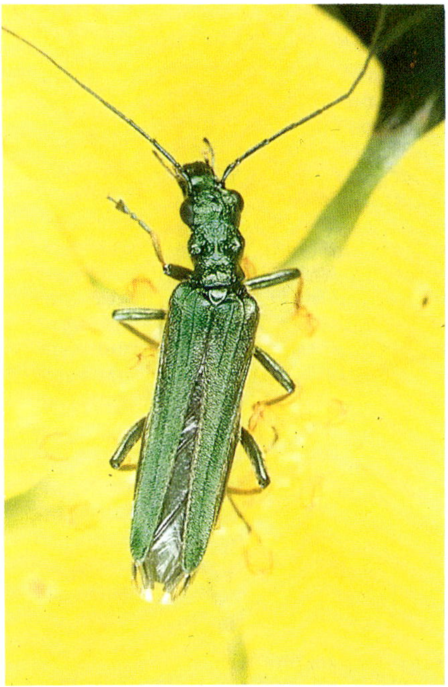
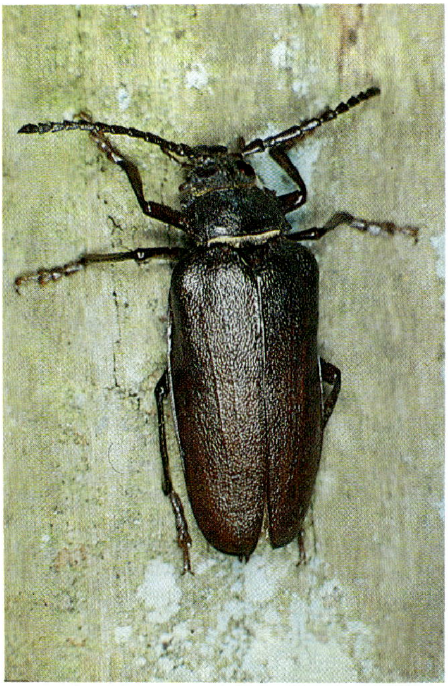
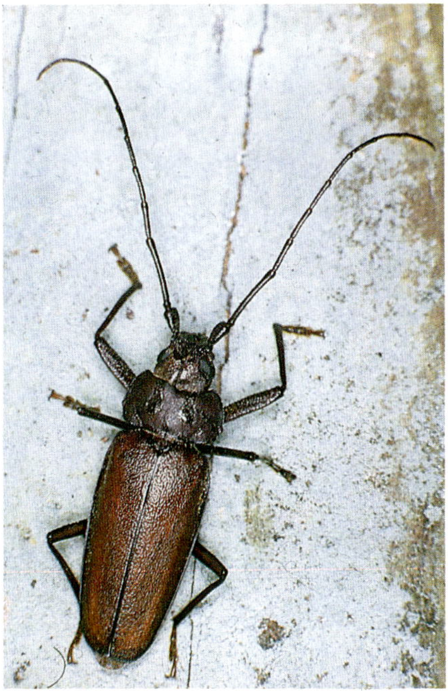
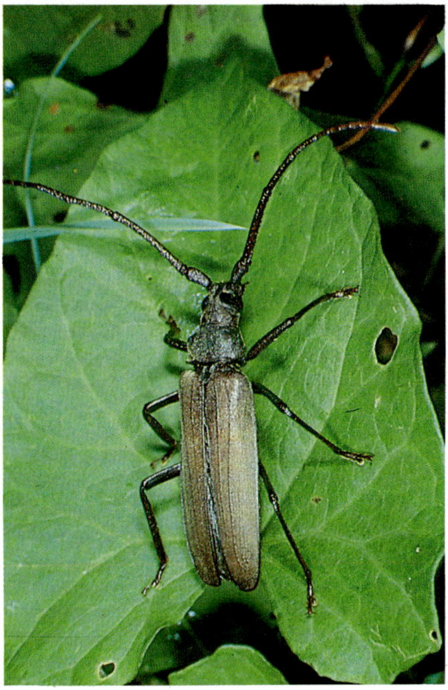

**Rhagium inquisitor,
Kleiner Zangenbock**
Familie Cerambycidae, Bockkäfer

Graubraun mit glänzenden Rippen und 2 angedeuteten Querbinden auf den Flügeldecken. Die Augen sind größer als bei den anderen Rhagium-Arten und liegen mehr hinten am Kopf. Antennen kurz.
10–21 mm.
Häufig von Mai bis August an Stämmen und Klafterholz. Die Larven entwickeln sich in 2 oder 3 Jahren unter der Rinde verrottender Nadelbäume und verpuppen sich oft schon im Herbst in einer sauber genagten Puppenwiege, in der dann die Käfer überwintern.

Rhagium mordax
Familie Cerambycidae, Bockkäfer

Halsschild mit einem Seitendorn. Die Augen liegen weit vorne am Kopf. In der Mitte der Flügeldecken ein schwarzer Randfleck, der beiderseits von gelblichen Binden eingefaßt ist.
13–22 mm.
Im Mai und Juni (bis August) auf Blüten in Waldwiesen, nicht selten. Die Larven nagen Gänge unter der Rinde morscher Bäume. Nach zweijähriger Entwicklung fertigen sie eine ovale, mit groben Spänen eingefaßte Puppenwiege, in der die Jungkäfer überwintern.

Rhagium bifasciatum
Familie Cerambycidae, Bockkäfer

Ein schlanke Rhagium-Art. Brust mit Mittelstreifen, Flügeldecken dunkel, zum Hinterende und zum Seitenrand rotbraun werdend und mit 2 hellen schrägen Querbinden. Die Fühler sind beim Männchen halb körperlang, beim Weibchen reichen sie etwas über die Flügelwurzel.
12–22 mm.
Im Juni und Juli (August). Die Käfer sitzen meist an Baumstämmen, seltener auch auf Blüten. Die Larven nagen tief in morschem Holz, wo die frisch geschlüpften Käfer auch überwintern.

Rhagium sycophanta
Familie Cerambycidae, Bockkäfer

Zwischen Schildchen und Schulter ein Höcker auf der Flügelwurzel. Beine kräftig. Auf den Flügeldecken 2 helle Querbinden.
17–30 mm.
Vor allem im Juni auf Blüten und an blutenden Bäumen. Selten. Die Larven leben 2 Jahre unter der Rinde morscher Eichen.

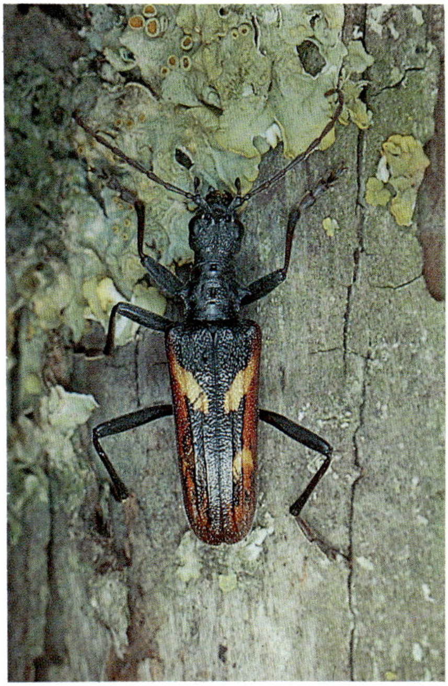
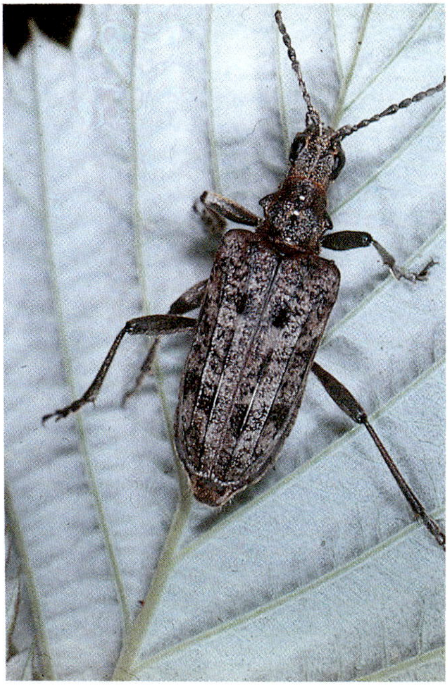
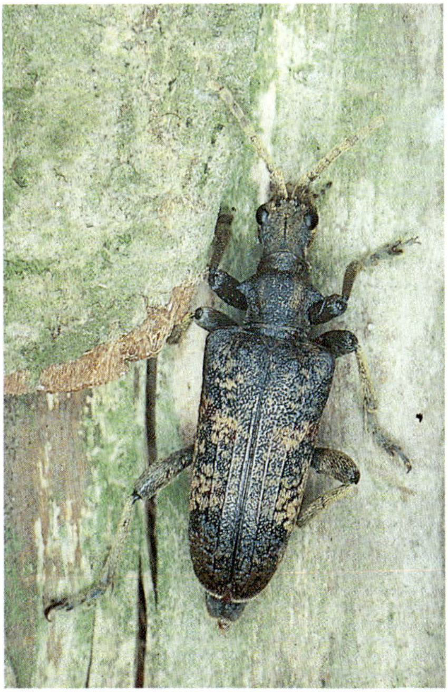
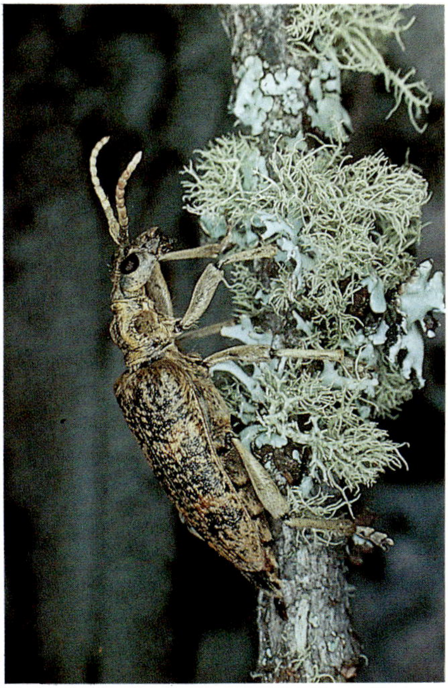

Tetropium fuscum
Familie Cerambycidae, Bockkäfer

Halsschild matt, dicht und runzelig punktiert. Flügeldecken in Wurzelnähe gelbbraun behaart.
10-14 mm.
Von Anfang Mai bis in den August in Nadelwäldern, eher selten. Die Larven entwickeln sich in durch Windbruch, Borkenkäfer oder andere Ursachen geschwächten Fichten und Tannen, wo sie erst unter der Rinde leben und später im Holz, wo sie sich auch in einem Hakengang wieder unter der Rinde verpuppen. Das Bohrloch ist oval.

Tetropium castaneum
Familie Cerambycidae, Bockkäfer

In der Gattung Tetropium ist der Abstand zwischen den Augen viel größer als der größte Augendurchmesser, und alle Oberschenkel sind verdickt. Bei castaneum ist der Halsschild an den Seiten glänzend schwarz und auf dem Rücken fein und dicht gekörnt und weniger dicht punktiert. Die Flügeldecken sind längsgerippt und wie die Beine braun bis schwarz.
10-18 mm.
Nicht selten von Mai bis Juli in Fichtenwäldern. Die älteren Larven leben tief im Holz kranker oder toter Fichten und in Fichtenstubben.

Hoplosia fennica
Familie Cerambycidae, Bockkäfer

Halsschild mit Seitendorn, schwachem Kiel und daneben je 1 oder 2 schwache Beulen. Flügeldecken wolkig behaart mit eingestreuten glänzend schwarzen Fleckchen. Fühler abstehend behaart und hellgrau geringelt.
11-13 mm.
Im Mai und Juni an Linden, nirgends häufig. Die Larven entwickeln sich in dürren Lindenästen.

Criocephalus rusticus
Familie Cerambycidae, Bockkäfer

Mattbraun, fein und dicht punktiert und sehr fein und anliegend behaart (auch die Augen). Auf dem Halsschild zwei tropfenförmige Längseindrücke.
8-25 mm.
Im Juli und August in Kiefernwäldern. Die Eier werden an Kiefernstümpfe oder frisch gefällte Stämme gelegt, wo die Larven erst unter der Rinde und später im Holz bohren. Sie hinterlassen die Bohrgänge fest vollgestopft mit Bohrmehl. Die Käfer schlüpfen nach 2 Jahren, manchmal in einem neu erbauten Haus.

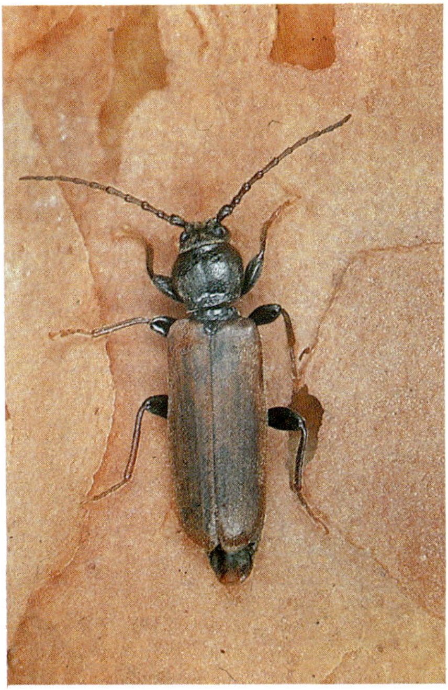
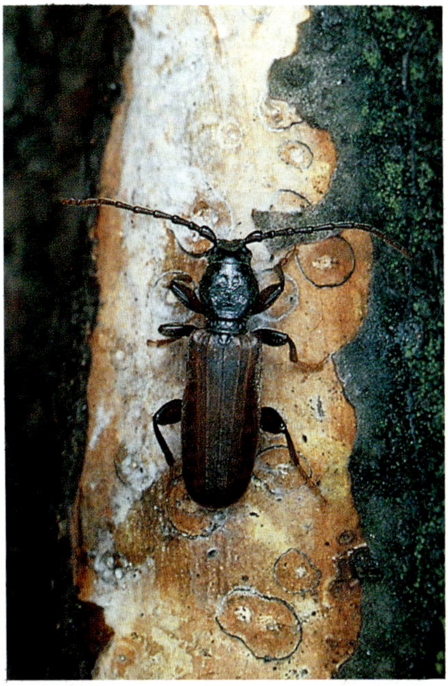
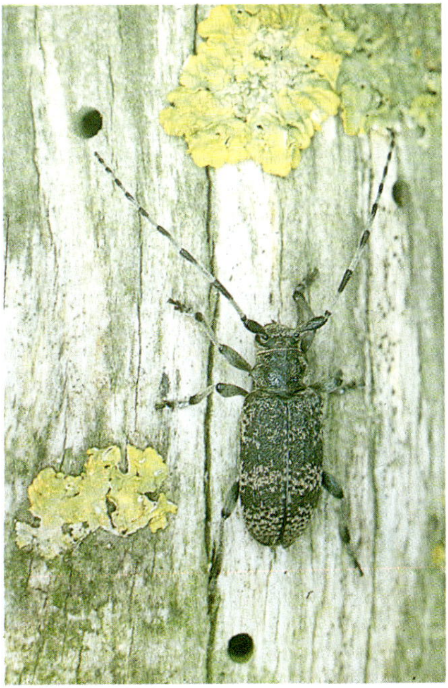
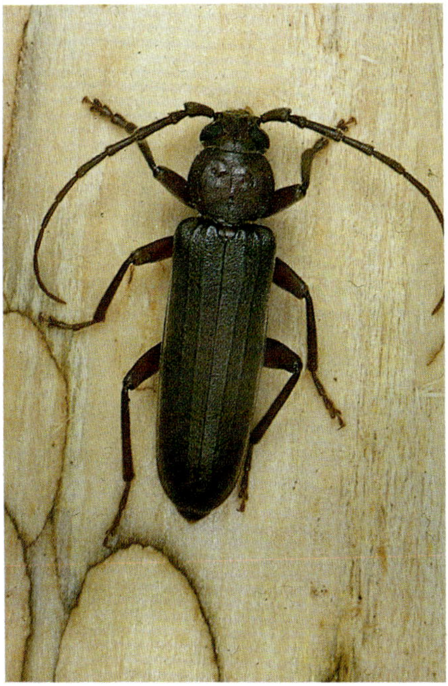

Asemum striatum, Düsterbock
Familie Cerambycidae, Bockkäfer

Plump, düster zwischen dunkelbraun und schwarz, Halsschild mit 2 Dellen nahe der Mitte und etwa so breit wie die Flügeldecken. Die Fühler reichen etwa bis zur Körpermitte.
8 bis 23 mm.
Nicht selten von Mai bis August in Nadelwäldern, wo sich die Käfer an sonnig liegendem Klafterholz und frischen Stubben aufhalten. Tagsüber verborgen, werden sie am späten nachmittag munter und fliegen bis in die Nacht.
Die Larven leben in frisch geschlagenem Nadelholz und werden gelegentlich mit Bauholz verschleppt. Die Käfer hinterlassen beim Schlüpfen ovale Löcher, die mehr als doppelt so breit wie hoch sind.

Gaurotes virginea
Familie Cerambycidae, Bockkäfer

Halsschild rot oder schwarz und an den Seiten mit einem stumpfen Höcker. Flügeldecken dicht grob punktiert, schwarz mit blauem oder grünem Glanz. Hinterleib rotbraun.
9-12 mm.
Von Mai bis Juli (August) auf Blüten, gern auf Hartriegel und Doldenblüten, vor allem vormittags und am Waldrand.
Die Larven leben vor allem in vermoderndem Nadelholz. Nach 2 Jahren verpuppen sie sich in der Erde in einer ausgewälzten Höhlung.

Stenocorus meridianus
Familie Cerambycidae, Bockkäfer

Halsschild vorne und hinten eingeschnürt, schwarz, Flügeldecken braun bis schwarz, an ihrem Vorderrand einzelne längere Haare.
15-24 mm.
Von Mai bis Juli auf Blüten und Sträuchern am Waldrand. Die Larven leben in kränkelnden Laubbäumen.

Gaurotes excellens
Familie Cerambycidae, Bockkäfer

Halsschild vorne und hinten eingeschnürt, mit gerundeten Seitenhöckern und kurzer Mittelfurche. Hinterleib auf der Unterseite schwarz (anders als bei Gaurotes virginea). Die Oberseite grünblau, blau oder violett.
13 bis 15 mm.
In Bergwäldern auf Heckenkirsche, deren Laub die Käfer fressen. Die Larven entwickeln sich in den Wurzeln von Heckenkirschen.
In den Gebirgen Südosteuropas von den Karpaten an. Selten.

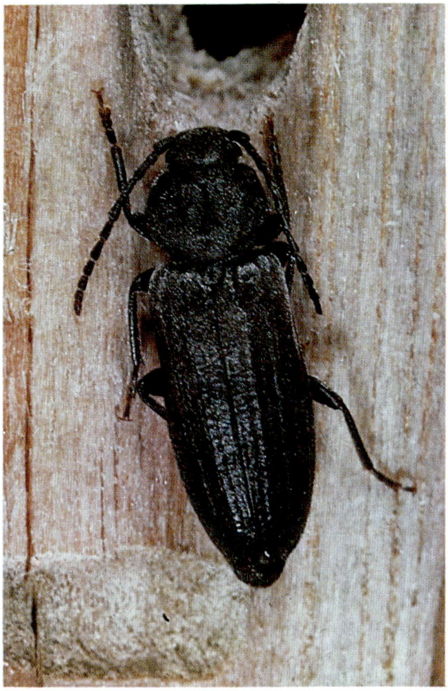
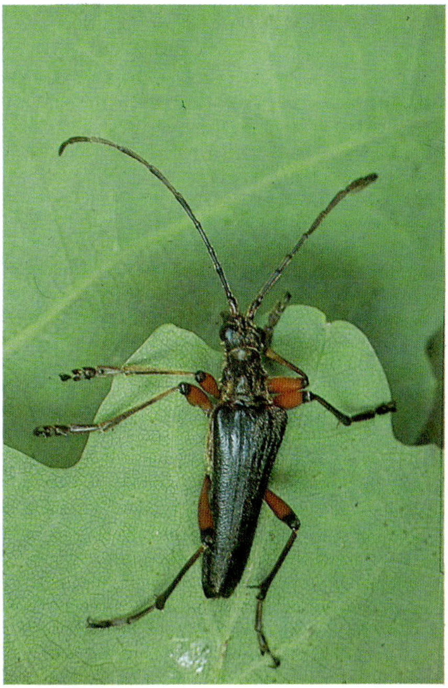
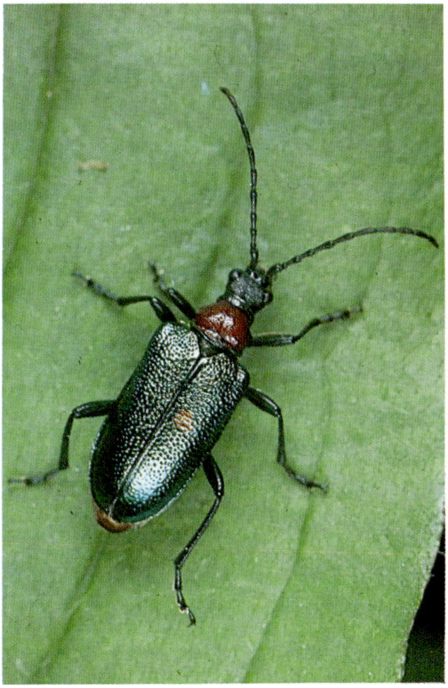
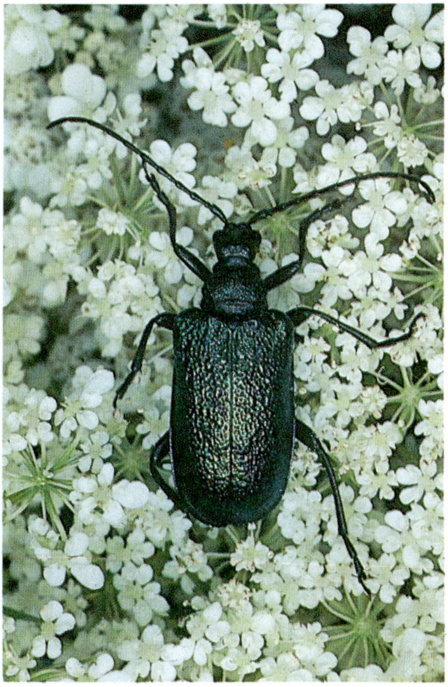

Acmaeops collaris
Familie Cerambycidae, Bockkäfer

Flügeldecken glänzend blauschwarz, fein gepunktet und abstehend schwarz behaart. Brust rotbraun bis schwarz, auf der Unterseite gelbbraun, fast kugelig und ohne Seitendorn.
6,5-9 mm.
Von Ende April bis Juli auf Blüten. Die Larven leben unter der Rinde von toten, freiliegenden Wurzeln von Laubbäumen, meist in den Bohrgängen anderer holzfressender Insekten. Zur Verpuppung gehen sie in die Erde.

Cortodera villosa
Familie Cerambycidae, Bockkäfer

In der Gattung Cortodera liegen die Augen weit vorne am Kopf. Bei villosa sind Kopf und Halsschild fein behaart. Die Flügeldecken sind grob und tief punktiert, glänzend schwarz und mit schwachem Blauglanz. Die Beine sind rotbraun.
8 bis 11 mm.
Als Pollenfresser im Mai und Juni auf Blüten, vor allem auf Kreuzblütlern wie Rauken und Kressen. Auch auf frischem Totholz. Heimisch in Südosteuropa bis in die Südalpen.

Acimerus Schäfferi
Familie Cerambycidae, Bockkäfer

Flügeldecken nach hinten sehr schmal, rostrot, beim Weibchen mit einer hellen Querbinde. Kopf und Brust schwarz mit hellen Haaren. Fühlerglieder knotig.
15-22 mm.
Im Gebirge an den Stämmen von Eichen und Ulmen. Sehr lokal, an den Fundroten aber nicht selten. In Deutschland nur im Osten und Südosten.

Pachyta quadrimaculata
Familie Cerambycidae, Bockkäfer

Kopf und Brust mattschwarz, grob bis fein runzelig punktiert und lang abstehend behaart. Flügeldecken vorne grob und hinten feiner punktiert und mit 4 scharfen schwarzen Flecken.
11-20 mm.
Von Juni (Mai) bis August auf Blüten in Waldwiesen. Vor allem in Nadelwäldern der Mittelgebirge und des Nordens. Die Larven entwickeln sich in Nadelholz.

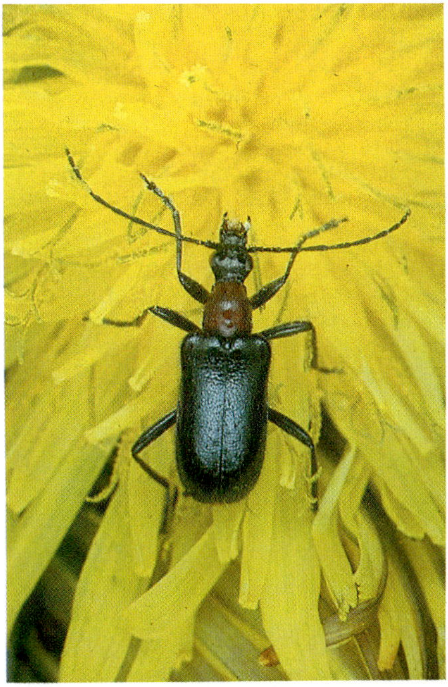
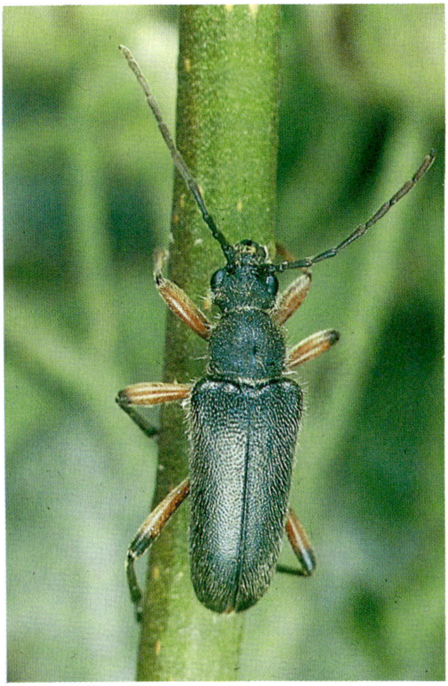
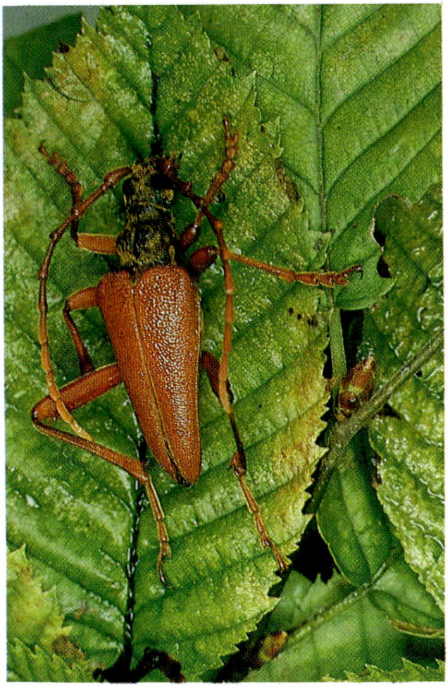
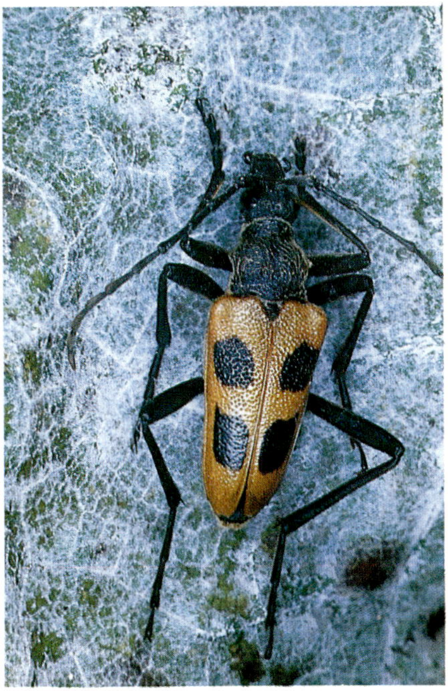

Evodinus interrogationis
Familie Cerambycidae, Bockkäfer

Kopf und Brust schwarz und sehr dicht runzelig punktiert. Flügeldecken glänzend, fein behaart, gelblich mit überaus variabler dunkler Zeichnung.
11-14 mm.
Von Juni bis August auf Blumen, gern auf Spiraea und Enzian. In den Alpen, Vogesen, dem Zentralmassiv und Erzgebirge und wieder in Nordeuropa.

Evodinus clathratus
Familie Cerambycidae, Bockkäfer

Düster gefärbt mit gelblichen, netzförmig zusammenhängenden Fleckchen vor allem hinten auf den Flügeldecken und von sehr unterschiedlicher Ausdehnung von fast schwarz bis fast einfarbig gelb.
10-12 mm.
Von Juni bis August auf Blüten wie von Kälberkropf und Dost und an Erlenstämmen. In den Alpen, dem Erzgebirge den Karpaten und in Nordeuropa.

Leptura rubra, Rothalsbock
Männchen
Familie Cerambycidae, Bockkäfer

Männchen mit schwarzem, Weibchen mit rotbraunem Halsschild und 2 bräunlichen Flecken auf der Stirn. Flügeldecken hell behaart, Unterschenkel und Füße bräunlich. Die Männchen zirpen, wenn man sie ergreift.
10-19 mm.
Häufig von Ende Mai bis September auf Baumstämmen, manchmal auch auf Blüten. Im Sonnenschein eifrige Flieger.
Die Larven leben in verrottenden Wurzeln, toten Stämmen mit abgefallener Rinde, manchmal auch im Zaunpfählen und Telegraphenmasten aus Nadelholz. Sie verpuppen sich im Holz.

Leptura rubra, Rothalsbock
Weibchen
Familie Cerambycidae, Bockkäfer

Die Flügeldecken sind in beiden Geschlechtern hell behaart und gleichmäßig punktiert. Die Oberschenkel sind schwarz, die Unterschenkel und Füße braun.
Die Larven beherbergen wie wohl alle holzfressenden Insektenlarven in Seitentaschen des Darmes Mikroorganismen (hier Hefepilze), die die stickstoffhaltigen Bestandteile des Darminhalts so verändern, daß die Larve sie zum Aufbau von Körpereiweiß nutzen kann. Mit diesen helfern kann die Larve in einer so einseitigen Nahrung wie von totem Holz heranwachsen.

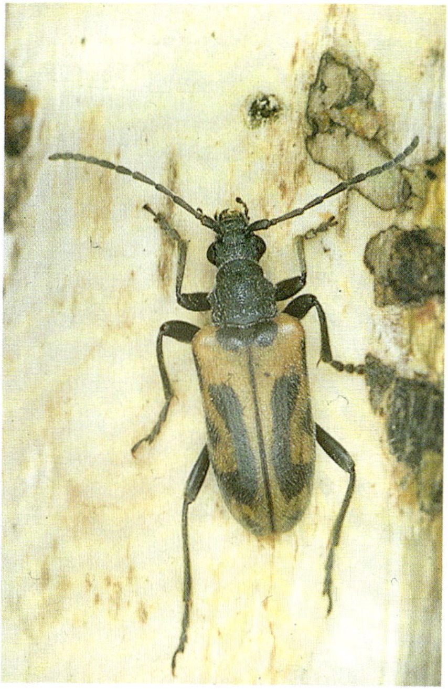
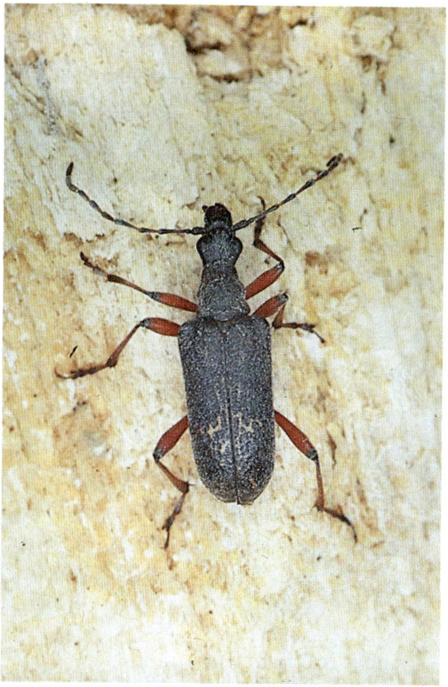
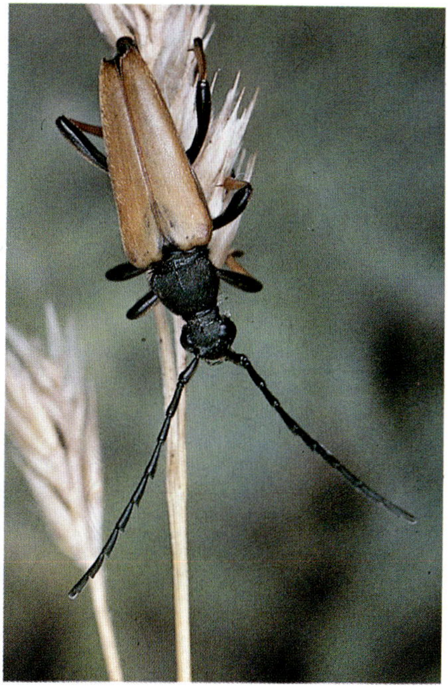
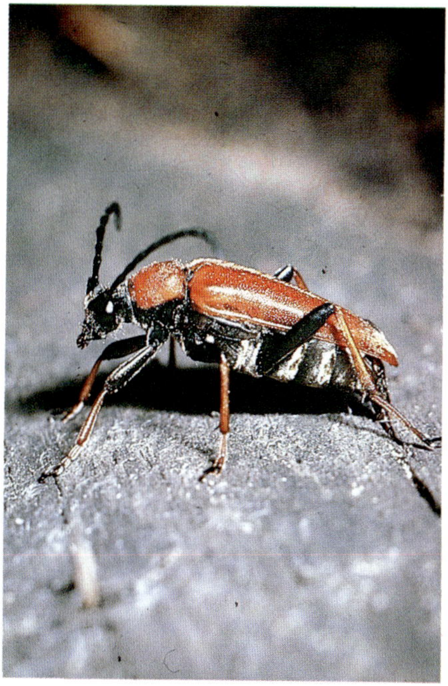

Leptura livida
Familie Cerambycidae, Bockkäfer

Halsschild locker, aber tief punktiert. Flügeldecken lang behaart. Fühler vom 3. Innenglied an verdickt und schwarz behaart. Grundfarbe schwarzbraun.
7-9 mm.
Vom Mai bis August als Pollen- und Nektarfresser auf Blüten am Waldrand, gern auf Schafgarbe. Die Larven leben in Holz.

Leptura virens
Familie Cerambycidae, Bockkäfer

Eine blaßgrüne bis grüngraue Behaarung verdeckt die schwarze Grundfärbung. Die äußeren Fühlerglieder sind gelblich und schwarz geringelt. Die ganze Oberseite ist dicht runzelig punktiert.
15-20 mm.
Von Juni bis August in Bergwäldern auf Blüten, gern auf Disteln und Holunder.

Leptura dubia
Familie Cerambycidae, Bockkäfer

Halsschild deutlich länger als breit und mit arttypischem Umriss und deutlicher Mittellinie. Flügeldecken der Männchen bräunlich mit verdunkeltem Rand, beim Weibchen rotbraun mit schwarzem Rand und schwarzer Spitze.
9-16 mm.
Im Juni und Juli (August) in Bergwäldern auf Blüten. Die Larven bohren in Nadelholz.

Brachyleptura tesserula
Familie Cerambycidae, Bockkäfer

Mit einem dunklen Fleck mitten auf den Flügeldecken.
13-16 mm.
Nur in den Karpaten und auch dort nicht überall, auf Blüten, vor allem von Doldenblütlern und Rosen.

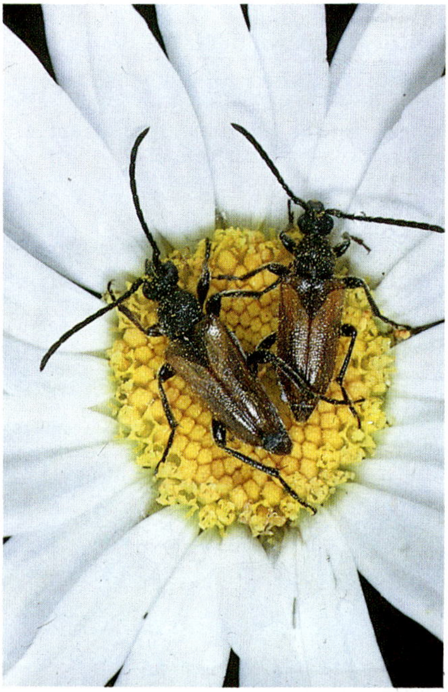
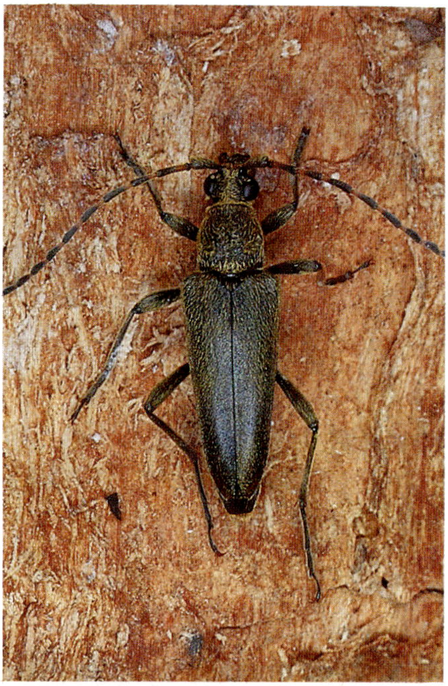
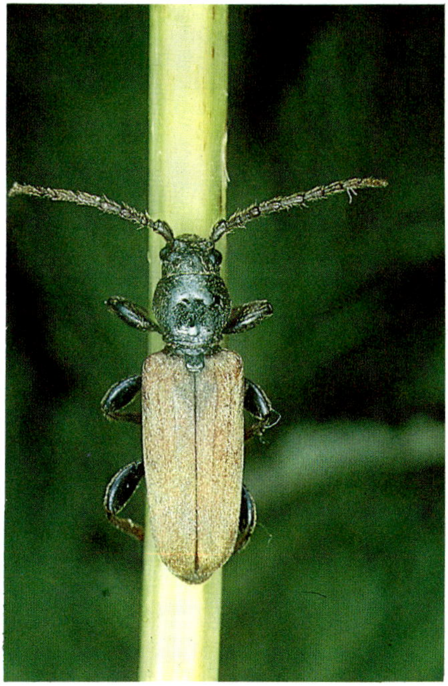
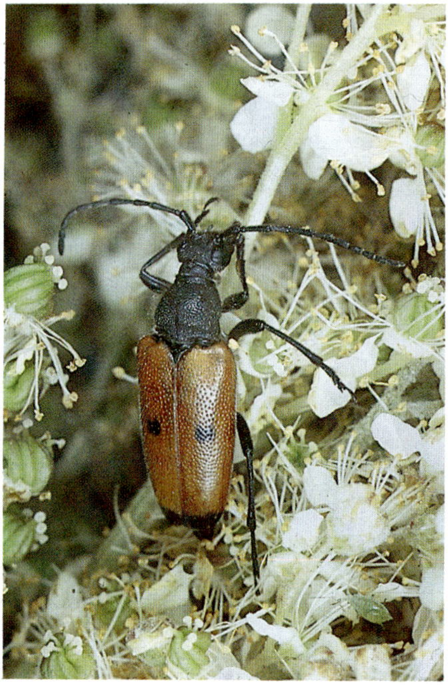

Leptura cordigera
Familie Cerambycidae, Bockkäfer

Auf jeder Flügeldecke ein schwarzer, sich mit dem Gegenüber zu einem Herzen ergänzender Fleck, die Naht dahinter und die Hinterenden schwarz. Auf dem roten Teil der Flügeldecken gelbliche, auf dem schwarzen Teil schwarze Haare.
14-19 mm.
Auf Blüten wie Rosen und Doldenblüten. Sehr lückenhaft verbreitet in Mittel- und Südosteuropa.

Leptura scutellata
Familie Cerambycidae, Bockkäfer

Einfarbig schwarz, sehr grob, nur an den Hinterenden der Flügeldecken etwas feiner punktiert. Fühler in der äußeren Hälfte angedeutet gesägt.
14 bis 18 mm.
Auf Blüten in Waldwiesen, nur im Osten häufiger. Die Larven entwickeln sich in frischtotem Holz von Laub- und Nadelbäumen.

Leptura rufipes
Familie Cerambycidae, Bockkäfer

Matt schwarz, dicht und grob punktiert, abstehend behaart. Ober- und der halbe Unterschenkel rotbraun.
9-11 mm.
Im Mai und Juni auf blühenden Büschen und Doldenblüten. Selten. Die Larven entwickeln sich im Holz.

Leptura sexguttata
Familie Cerambycidae, Bockkäfer

Auf den Flügeldecken je 3 große rötlichbraune Quermakel wechselnder Größe, die bei manchen Käfern verschmolzen sind oder fehlen. Flügeldecken mit lockerer, grober Punktur, Kopf und Halsschild feiner punktiert, Unterseite seidig behaart.
9-11 mm.
Von Mai bis Juli im Bergland auf Blüten (Dolden, blühende Sträucher), an Stämmen von Weiden und Buchen und an geschlagenem Holz. Nicht häufig.

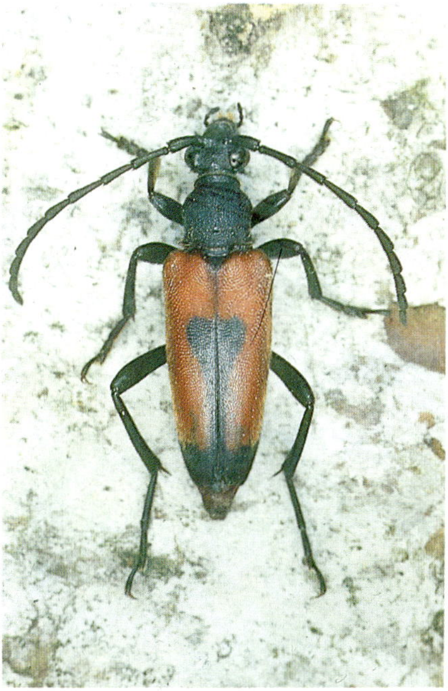
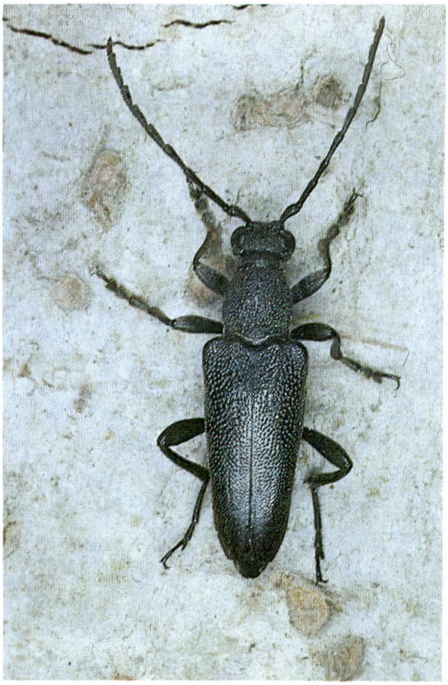
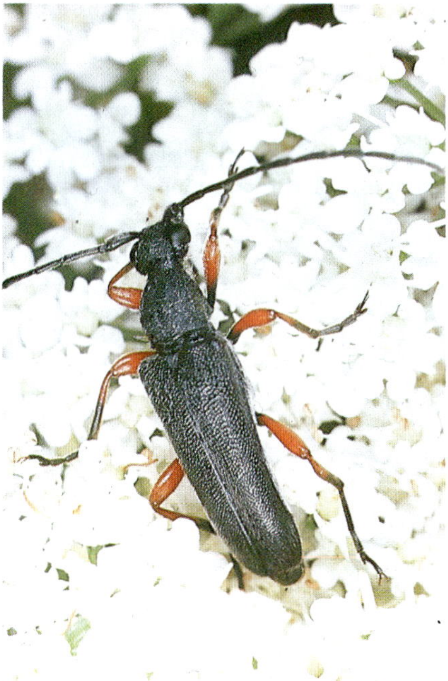
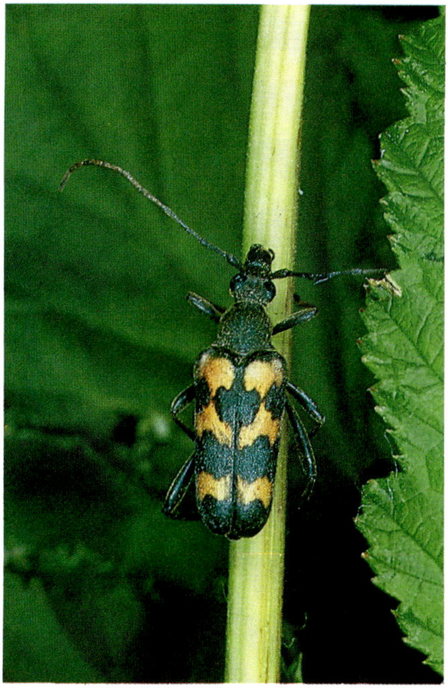

Vadonia livida
Familie Cerambycidae, Bockkäfer

Flügeldecken hell behaart und locker, aber sehr kräftig punktiert.
7-9 mm.
Von Juni bis August in lichten Wäldern auf Blüten, gern auf Schafgarbe, Doldenblüten und Margeriten, also Blüten mit leicht zugänglichem Pollen. Nicht selten. Die Larven fressen Wurzeln.

Julodia cerambyciformis
Familie Cerambycidae, Bockkäfer

Kopf und Brust schwarz, Flügeldecken beim Männchen gelb, beim Weibchen rostrot mir 3 sehr variablen Querreihen aus schwarzen Flecken; die Naht ist immer hell. Halsschild vorne eingeschnürt, hinten mit einer in der Mitte unterbrochenen Querrinne und spitzen Hinterecken. Sehr gedrungen.
6 bis 15 mm.
Von Ende Mai bis August nicht selten auf Waldblumen. Die Käfer fliegen bei einer Störung unschwer davon. Die Larven leben in Laubholz, vor allem in den Wurzeln. Zur Verpuppung verlassen sie das Holz, Puppenruhe in der Erde.

Julodia sexmaculata
Familie Cerambycidae, Bockkäfer

In der Gattung Julodia sind die Halsschildhinterecken spitz. Bei sexmaculata sind die Flügeldecken 3 mal länger als breit. Sie tragen 3 schwarze Querbinden, von denen die vorderste meist zweimal unterbrochen ist.
8-11 mm.
Im Mai und Juni im Bergland auf Dolden und Korbblüten. Die Larven entwickeln sich in Baumwurzeln.

Strangalia maculata
Familie Cerambycidae, Bockkäfer

Flügeldecken mit sehr variabler Zeichnung von fast einfarbig gelb bis fast einfarbig schwarz. Die beiden innersten Fühlerglieder sind schwarz, die übrigen zweifarbig braun-schwarz. Das Männchen hat am Innenrand der Unterschenkel der Hinterbeine 2 Zähne.
14-20 mm.
Von Mai bis August (September) häufig auf Disteln und Doldenblüten, vor allem nachmittags. Pollenfresser. Die Larven leben 3 Jahre in feuchtem, abgestorbenem Holz von Laubbäumen, selten auch von Nadelbäumen.

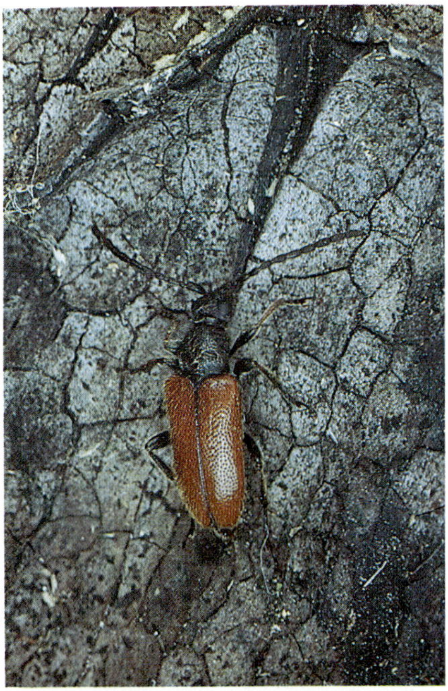
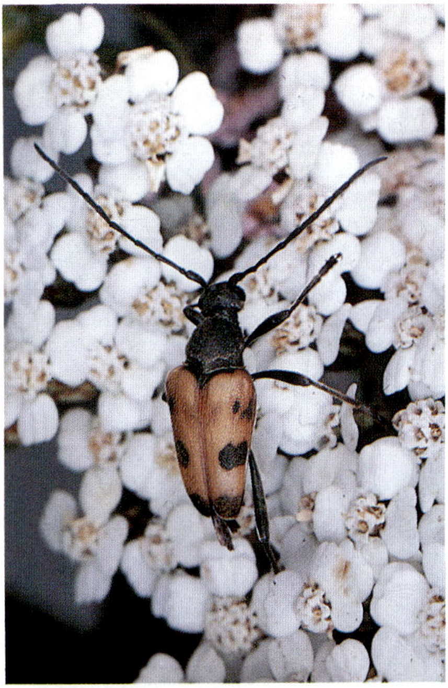
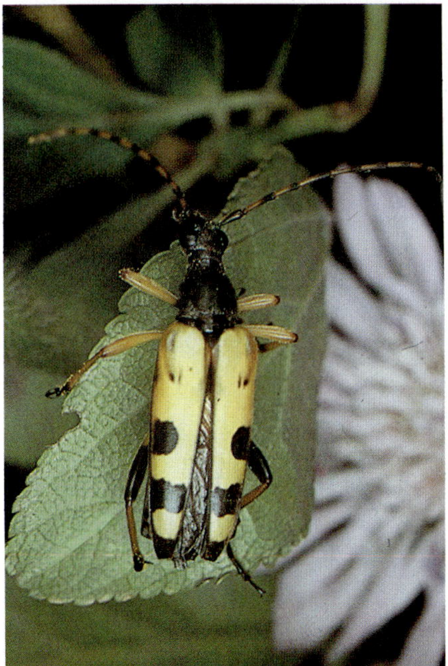
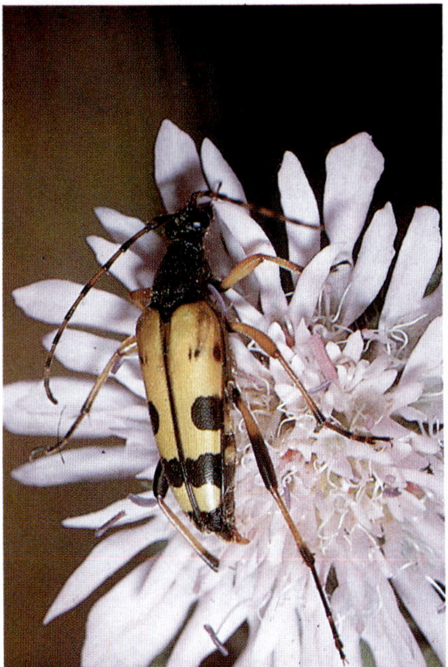

Strangalia attenuata
Familie Cerambycidae, Bockkäfer

Sehr schlank. Die 5 äußersten Fühlerglieder braun und mit je einer flachen Einsenkung (Lupe). Auf den Flügeldecken 4 an der Naht unterbrochene, gerade, rötlichgelbe Querbinden.
11-15 mm.
Im Juli und August auf Doldenblüten in und bei feuchten Wäldern. Die Larven entwickeln sich in morschem Holz. In Mitteleuropa nicht häufig und nach Norden seltener werdend.

Strangalia arcuata
Familie Cerambycidae, Bockkäfer

Sehr schlank. Die vorderste der 4 gelben Flügelbinden ist als nach hinten offener Bogen ausgebildet. Die Fühler der Männchen sind innen schwarz und außen gelb, und die Oberschenkel ihrer Vorderbeine sind braun mit schwarzem Längsstrich. Beim Weibchen sind Fühler und Beine hellbraun.
12-16 mm.
Im Sommer auf Blüten am Waldrand. In Nord- und Mitteleuropa, aber nirgends häufig.

Strangalia septempunctata
Familie Cerambycidae, Bockkäfer

Vorderbeine, alle Füße und die Oberschenkel der Hinterbeine gelbbraun. Ein Querfleck auf dem Scheitel, auf den Flügeldecken insgesamt 7 sehr variable dunkle Flecke.
8-11 mm.
Von Thüringen ost- und südostwärts bis in die Türkei, im Sommer auf Blüten.

Strangalia aethiops
Familie Cerambycidae, Bockkäfer

Schwarz, Halsschild vorne eingeschnürt und etwas länger als breit. Flügeldecken anliegend behaart, meist schwarz bis grau, Unterseite hellgrau behaart.
11-15 mm.
Im Mai und Juni auf Blüten in feuchten Wiesen und an Baumstämmen im Auwald, meist an Erlen. An den zerstreuten Fundorten nicht selten, fehlt aber im mediterranen Klima. Die Larven leben in Laubholz.

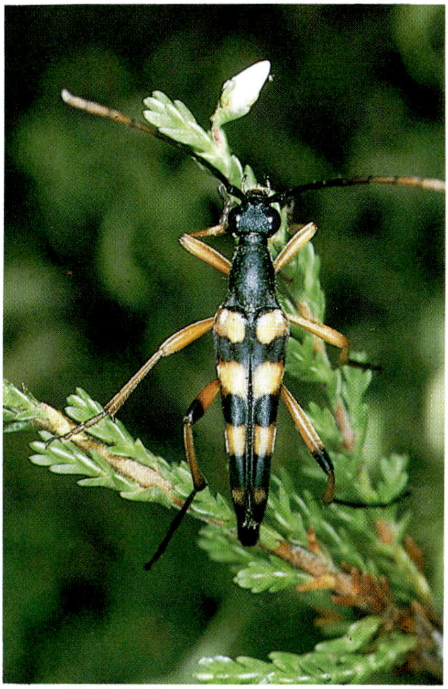

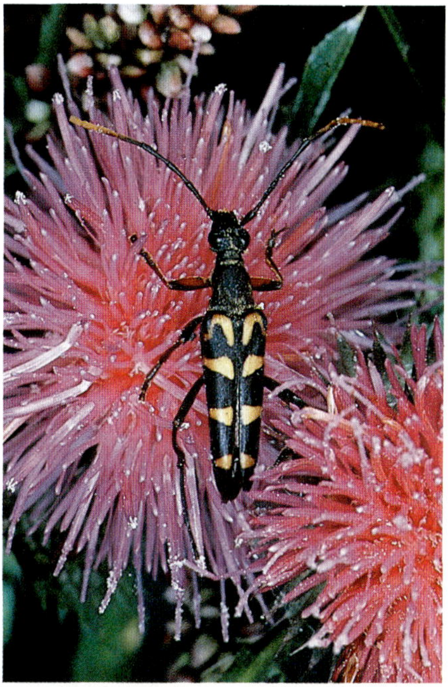

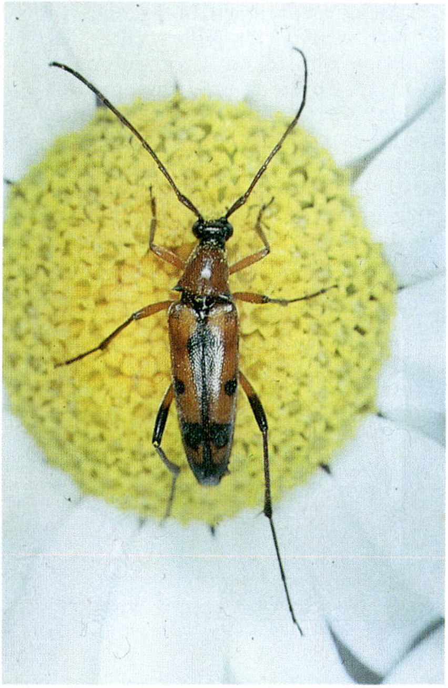

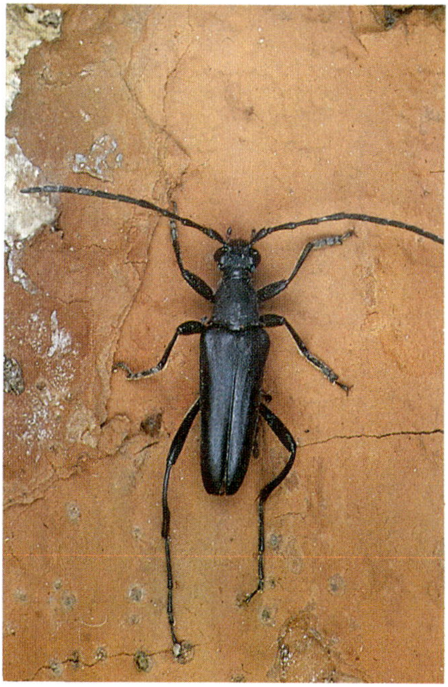

Strangalia melanura
Familie Cerambycidae, Bockkäfer

Weibchen mit rotbraunen, am Hinterende und an der Naht verdunkelten Flügeldecken, beim Männchen sind sie gelbbraun und an den Rändern breit verdunkelt. Flügeldecken anliegend dunkel behaart, Unterseite immer schwarz. 6-9 mm.
Häufig von Mai bis September auf Doldenblüten, Schafgarbe, Skabiosen und anderen Blüten auf Lichtungen und am Waldrand. Die Larven entwickeln sich in morschen, am Boden liegenden Ästen.

Strangalia bifasciata
Familie Cerambycidae, Bockkäfer

Kopf und Brust schwarz, die Flügeldecken rotbraun mit schwarzer Naht und verdunkeltem Hinterende, beim Weibchen auch mit 2 schwarzen Querbinden. Hinterleib auf der Unterseite bräunlich. Das äußerste Fühlerglied ist länger als das vorletzte. 7-10 mm.
Von Juni bis September auf Blüten an sonnigen Waldrändern, vor allem auf Brombeere, Schafgarbe und Doldenblüten. Die Larven leben in Laubhölzern. In Mitteleuropa nur in warmen Lagen, nach Norden selten werdend.

Strangalia quadrifasciata
Familie Cerambycidae, Bockkäfer

Halsschild breiter als lang, Fühler beim Männchen schwarz, beim Weibchen schwarz mit bräunlicher Spitze, Beine schwarz, nur bei manchen Weibchen sind die Vorderbeine teilweise braun. 11-19 mm.
Meist vereinzelt in feuchten Wäldern auf Blüten oder auf Holz, im Osten häufiger. Flugzeit von Mitte Juni bis Ende August. Die Larven entwickeln sich in morschem, immer feuchtem Holz.

Strangalia aurulenta
Familie Cerambycidae, Bockkäfer

Bei allen Strangalia-Arten ist der Halsschild im Unterschied zu den sonst ähnlichen Leptura-Arten hinten zu Spitzen ausgezogen. Bei aurulenta sind der Hinterkopf und Vorder- und Hinterrand des Halsschildes dicht glänzend gelb behaart. Flügeldecken mit 4 gelben Querbinden von sehr veränderlicher Form. Fühler beim Männchen schwarz, beim Weibchen braun. 13-23 mm.
Vereinzelt im Juli und August auf Blüten und Holz in und bei sonnigen Laubwäldern. Die Larven entwickeln sich in liegenden Stämmen oder Stümpfen von Laubbäumen.

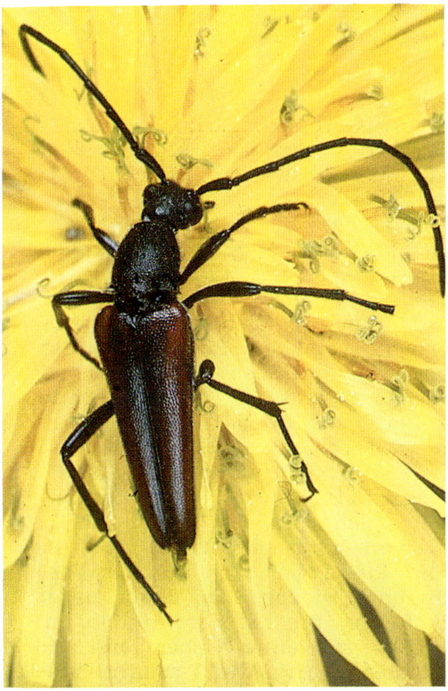
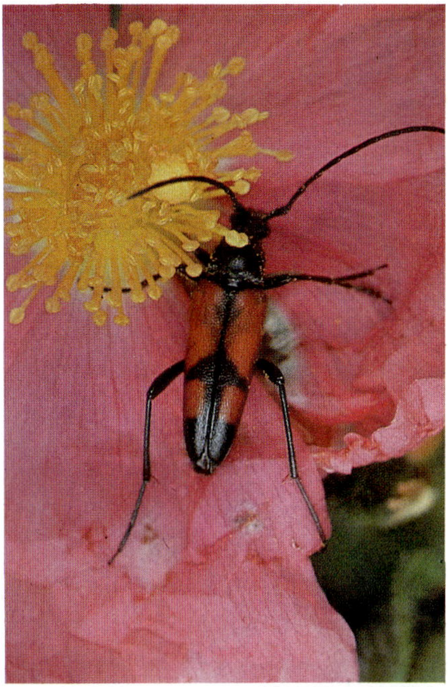
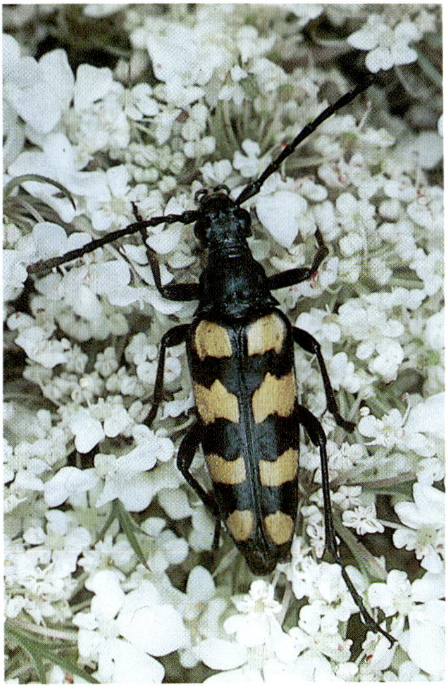
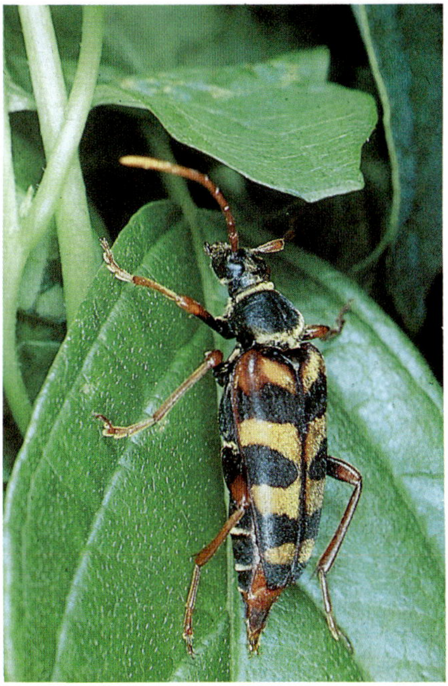

Cerambyx scopoli
Familie Cerambycidae, Bockkäfer

Glänzend pechschwarz, der Halsschild sehr runzelig und mit Seitendornen. Flügeldecken hinten stumpf gerundet.
17-28 mm.
Von Mai bis Juli auf Blüten (Dolden, Holunder, Weißdorn, Rosen) und an Klafterholz. Die Larven entwickeln sich über 2 Jahre in Stubben und gestürzten Stämmen von Laubbäumen. Vor der Verpuppung nagen sie sich zur Oberfläche durch und verschließen die Öffnung mit einem Pfropf aus Genagsel und einem kalkig weißen Drüsensekret.
In Süd- und Mitteleuropa.

Cerambyx velutinus
Familie Cerambycidae, Bockkäfer

Das 2. Fühlerglied von innen ist etwa so breit wie lang. Halsschild ohne Kiel, Flügeldecken hinten mit einer kleinen Spitze. Braun, Oberseite fein grau behaart. Die Fühler der Männchen sind viel länger, beim Weibchen deutlich kürzer als der Körper.
36 (25) bis 56 mm.
Im Mittelmeerraum, nördlich bis Südtirol, in alten Laubwäldern. Tagsüber in Rindenritzen verborgen, die Käfer schwärmen in der Dämmerung und Nacht.
Die Larven entwickeln sich im Holz von Flaum- und Steineichen.

Cerambyx cerdo Heldbock
Familie Cerambycidae, Bockkäfer

Braunschwarz, haarlos, Fühler beim Männchen mehr als, beim Weibchen etwa körperlang und mit rotbraunen Spitzen. Flügeldeckennaht hinten zu einer kleinen Spitze verlängert.
24-53 mm.
Von Mai bis August in warmen Laubwäldern mit altem Baumbestand, tagsüber unter lockerer Rinde oder in dichtem Laub verborgen, meist an Eichen. Ab der Dämmerung fliegen die Männchen umher. Die Käfer fressen Laub und trinken Baumsaft.
Die Larven entwickeln sich in 3 bis 5 Jahren in alten Eichen, selten auch in anderen Laubbäumen, im 1. Jahr in der Rinde, im 2. im Bast und im dritten tief im Holz. Sie nagen sich vor der Verpuppung wieder bis dicht unter die Rinde. Die Käfer schlüpfen im Herbst, erscheinen aber erst im nächsten Mai. Alte, sonnig stehende Eichen können über viele Jahrzehnte die Käfer beherbergen.

Trichoferus (Hesperandrius) **pallidus**
Familie Cerambycidae, Bockkäfer

Rötlichgelb, auf den Flügeldecken eine vorne scharf begrenzte und hinten verlaufende Querbinde.
15-20 mm.
In Mittel- und Südeuropa, aber sehr lokal und selten. Von Ende Juni bis August an alten Eichen und Buchen. Die Männchen fliegen in der Morgensonne 1/2 9 bis 9 Uhr langsam um abgestorbene Äste, später laufen sie auf den Ästen und Stämmen.

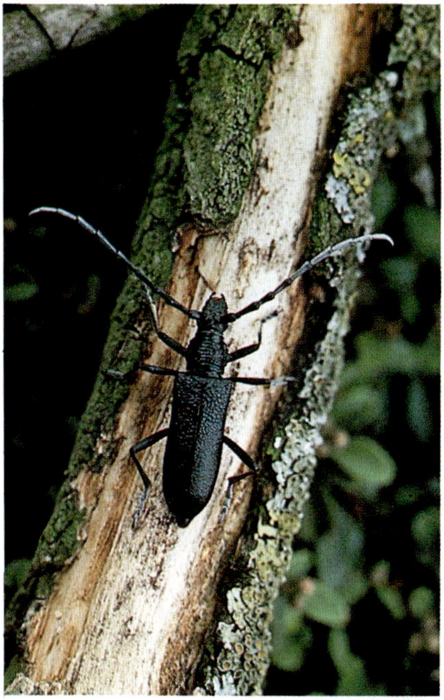
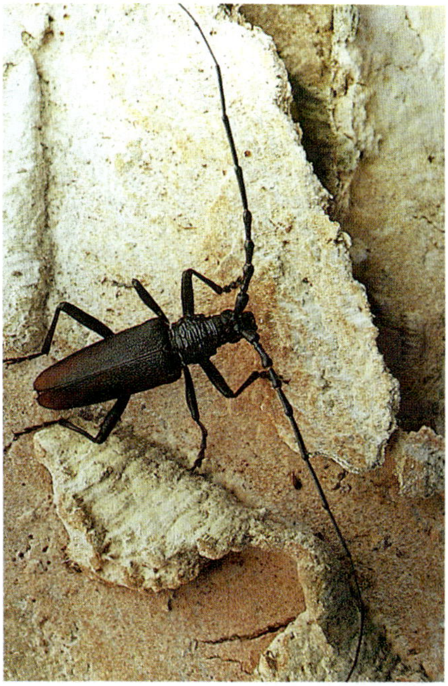
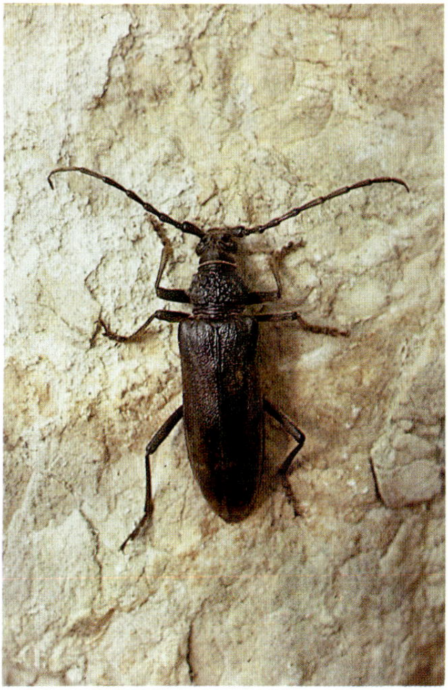
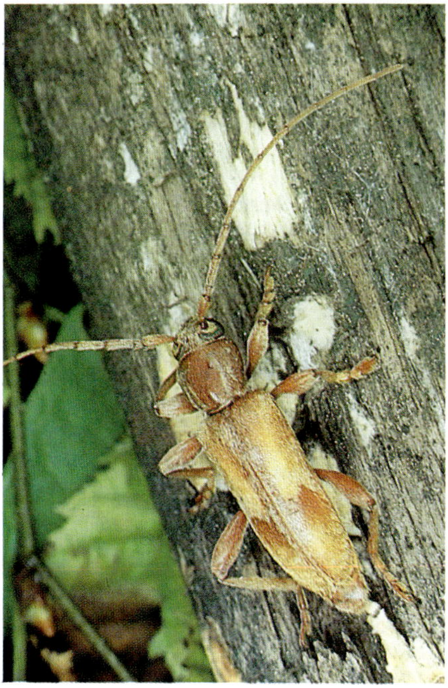

Obrium brunneum
Familie Cerambycidae, Bockkäfer

Zart, Halsschild gestreckt, dicht punktiert, lang behaart und mit Seitenhöckern. Die Stirn ist beim Männchen so breit und beim Weibchen breiter als der Augendurchmesser an der längsten Stelle.
4-7 mm.
Von Mai bis August häufig auf Blüten am Waldrand. Die Larven entwickeln sich in toten Ästen von Nadelbäumen.

Molorchus minor
Familie Cerambycidae, Bockkäfer

Flügeldecken knapp halb so lang wie der Hinterleib und mit einer hellen Schrägrippe. Das 3. Fühlerglied von innen ist viel länger als das erste. Fühler der Männchen mit 12, der Weibchen mit 11 Gliedern. Oberschenkel auffällig verdickt.
6-16 mm.
Nicht selten von Mai bis Juli auf Blüten wie Weißdorn, Holunder und Doldenblüten und auf Kieferzweigen. Die Larven leben 2 Jahre im Holz von Nadelbäumen, vor allem in dürren Kiefernästen, auch in Zaunpfählen. Sie verpuppen sich tief im Holz, wo auch der Käfer überwintert.

Stenopterus rufus
Familie Cerambycidae, Bockkäfer

Mit klaffenden, hinten verschmälerten Flügeldecken, die gelbbraun bis fast schwarz sein können. Oberschenkel der Vorder- und Mittelbeine schwarz und keulig verdickt.
8-16 mm.
Von Mai bis August auf Blüten an sonnigen Waldrändern, meist auf Dolden, Schafgarbe und Margeriten.
Wärmeliebend, in Mitteleuropa eher selten, südwärts bis Nordafrika. Die Larven leben im Holz von Laubbäumen.

Stenopterus ater
Familie Cerambycidae, Bockkäfer

Weibchen ganz schwarz mit weißen Haarfeldern, Männchen mit braunen, hinten geschwärzten Flügeldecken, diese hinten klaffend. Oberschenkel der Hinterbeine aufgetrieben und beim Männchen zweifarbig. Halsschild mit Beulen und abstehend behaart.
8-12 (14) mm.
Auf Blüten, vor allem auf Dolden und Margeriten. Flugzeit Juni bis August. Häufig im Mittelmeerraum. Nordwärts bis ins Elsaß und im Osten in die Tschechei verbreitet.

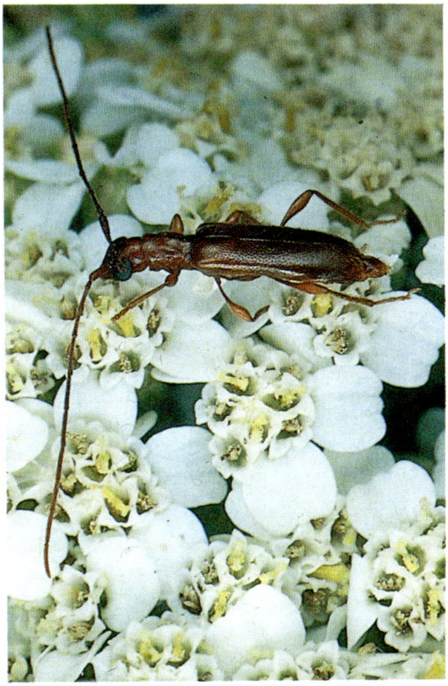
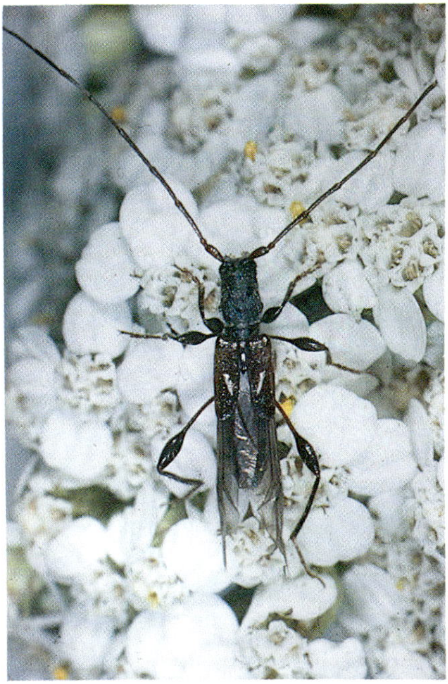
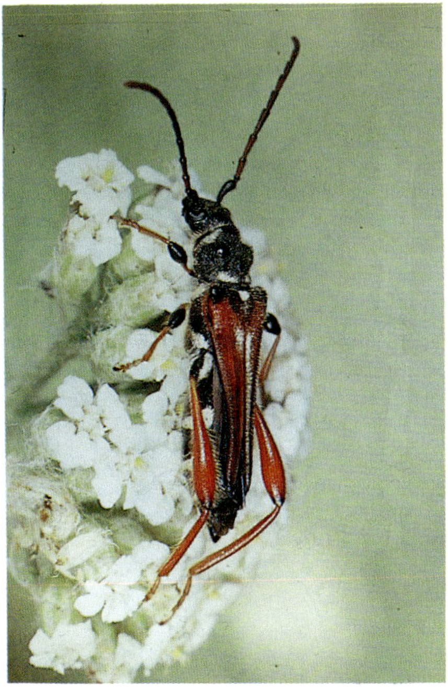
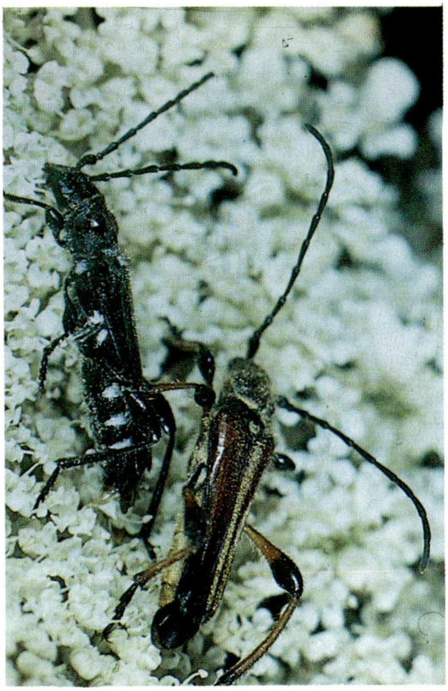

Carthallum ebulinum
Familie Cerambycidae, Bockkäfer

Kopf und Brust schwarz oder rot, Flügeldecken metallisch grün. 8–12 mm.
Von April bis Juni auf Disteln, Doldenblüten und Kreuzblütlern. Die Larven sollen in den Stengeln von Hederich minieren. Nicht selten im Mittelmeerraum, so weit der Ölbaum gedeiht.

Aromia moschata, Moschusbock
Familie Cerambycidae, Bockkäfer

Metallisch grün bis kupferig, blau oder fast schwarz. Brust höckerig und mit Seitendornen. Fühler der Männchen mehr, der Weibchen weniger als körperlang. Die Käfer verströmen intensiven Moschusgeruch. 13–24 mm.
Vor allem von Mitte Juli bis Mitte August in Wiesengründen mit alten Weiden, auf Blüten und Zweigen, an kühlen Tagen am Boden verborgen. Auch an saftenden Weidenstämmen. In der Wärme gute Flieger. Die Eier werden in Rindenritzen an alten Weiden gelegt, seltener an Erlen und Pappeln. Die Larven leben mehrere Jahre im gesunden Holz.

Rosalia alpina, Alpenbock
Familie Cerambycidae, Bockkäfer

Taubenblau bis blaugrau mit matt schwarzen, hell gesäumten Flecken von sehr verschiedener Form und Größe. 15–38 mm.
Von Juni bis September in montanen Buchenwäldern, im Osten auch auf Hainbuche. Die Käfer fressen Laub und trinken Baumsaft. Die Larven leben mehrere Jahre in kränkelnden oder toten, noch stehenden Buchen. Liegendes Holz und Baumstümpfe sind fatale Fallen für die eierlegenden Weibchen, da dort das Holz vermodert, ehe die Larven ihre Verwandlung beenden konnten.

Hylotrupes bajulus, Hausbock
Familie Cerambycidae, Bockkäfer

Oberseite vor allem beim Männchen grauweiß behaart mit 2 oft nur angedeuteten hellen Binden auf den Flügeldecken. Auf dem Halsschild 2 längliche glänzende Beulen, Weibchen mit kurzer Legeröhre.
Männchen 8–15, Weibchen 17–22 mm. Die Larven leben in totem, trockenem Nadelholz, das die Käfer durch ein ovales Schlupfloch verlassen. Altes Holz wird nicht befallen, wohl aber solches, das frisch geschlagen verarbeitet wird. Vor allem des Hausbocks wegen wurden viele Neubauten mit hochgiftigen Holzschutzmitteln imprägniert, das die Gesundheit von Tausenden von Menschen zerstört hat.

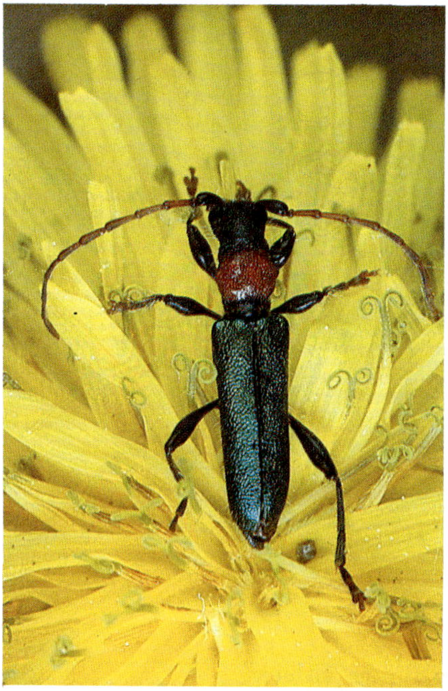
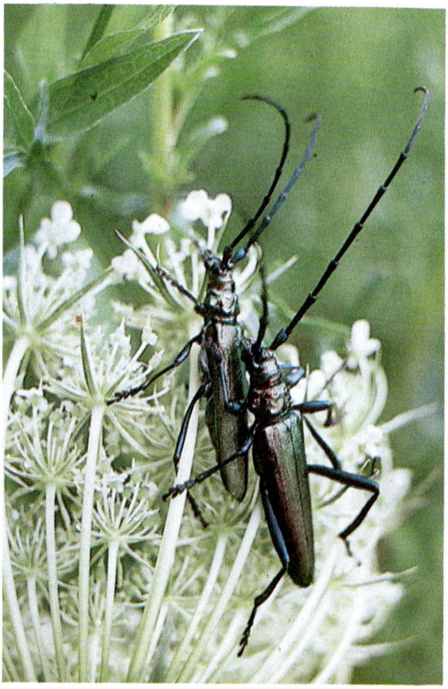
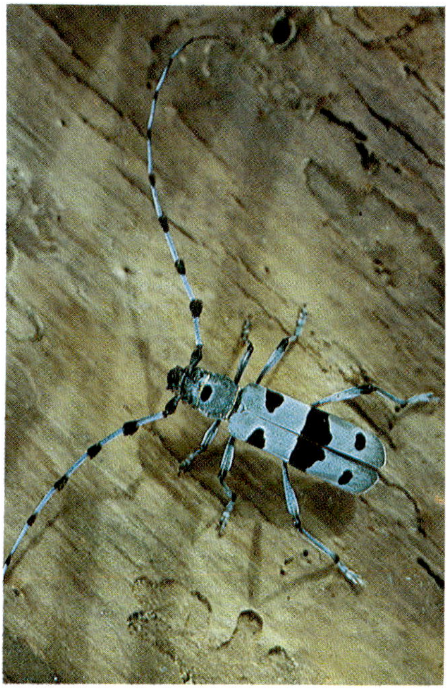
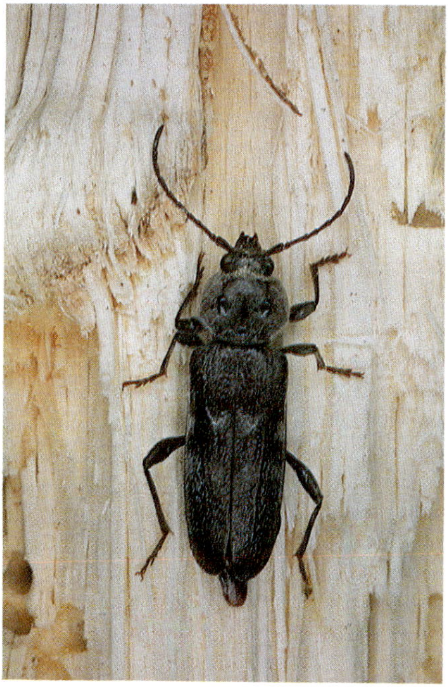

Rhopalopus clavipes
Familie Cerambycidae, Bockkäfer

Halsschild mattschwarz und grob runzelig punktiert. Die Fühlerglieder vom drittinnersten an mit einem feinen Dorn am äußeren Ende. Halsschild mit Seitenbuckel. 16-22 mm.
Von Mai bis Juli an Weiden, Pappeln, Eichen, Obstbäumen, auf Blüten und auf Klafterholz. Nicht häufig. Die Larven nagen unter der Rinde von Laubbäumen.

Pyrrhidium sanguineum
Familie Cerambycidae, Bockkäfer

Die Oberseite dicht samtig-seidig rot behaart, Halsschild mit Seitenhöcker, Oberschenkel breit und flach.
8-12 mm.
In Eichenwäldern von April bis Juni, oft gesellig auf Rinde und Laub, gern auf geschlagenen Stämmen. Die Larven leben in kranken oder abgetrennten Zweigen von Eiche, seltener auch von Buche oder in Zaunpfählen. Sie nagen erst unter der Rinde, vor und zur Verpuppung bis fingertief im Holz.

Callidium violaceum
Familie Cerambycidae, Bockkäfer

Brust grob, Flügeldecken feiner punktiert und sehr fein behaart. Die Fühler erreichen in beiden Geschlechtern nicht das hintere Körperende. Metallisch blau, grün oder violett.
11(8)-16 mm.
Von Mai bis August auf Holz in Nadelwäldern. Die Larve lebt 2 Jahre unter der Rinde von Nadelbäumen (selten auch in Laubbäumen), gern in geschlagenem Holz. Vor der Verpuppung geht sie tief ins Holz. Manchmal mit Bauholz in Neubauten eingeschleppt, wo sich auch Folgegenerationen entwickeln können.

Callidium aeneum
Familie Cerambycidae, Bockkäfer

Oberseite metallisch grün bis bronzefarben, die Flügeldecken am Hinterende bräunlich und ganz markant gerunzelt. Halsschild sehr fein punktiert.
9-15 mm.
Von Mai bis Juli auf Stämmen in montanen Nadelwäldern, nicht häufig. Die Larven leben in totem Nadelholz.

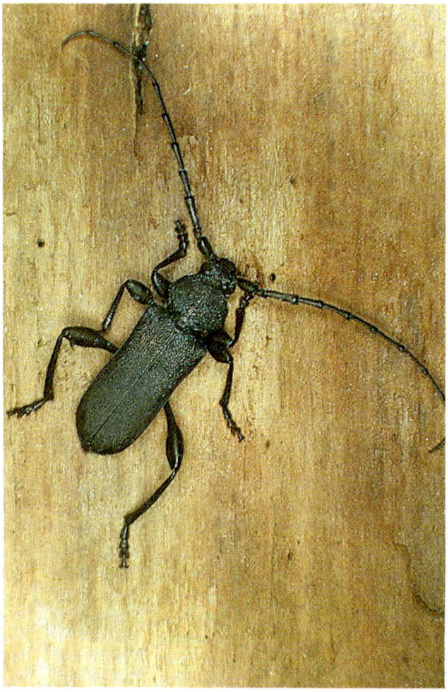
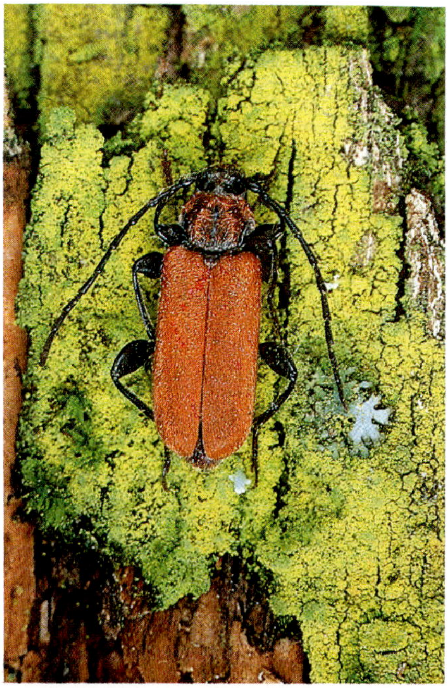
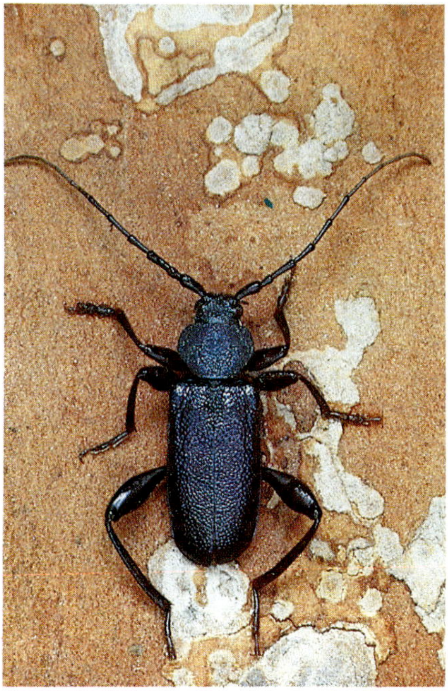
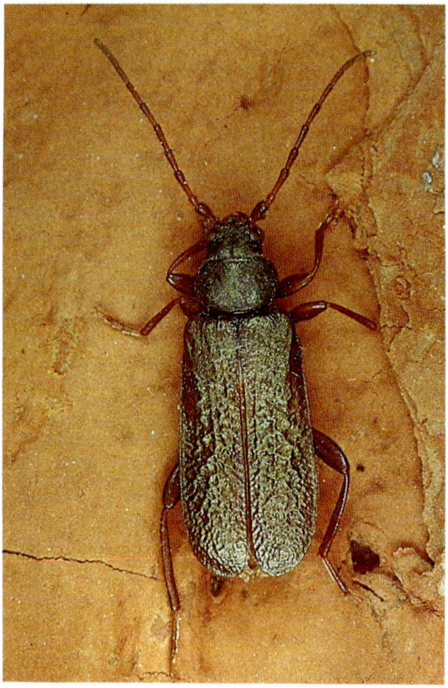

Semanotus undatus
Familie Cerambycidae, Bockkäfer

Breit und flach gebaut, Beine kräftig mit kantigen Schenkeln. Die zackigen Querbinden auf den Flügeldecken sind an der Naht unterbrochen und mit dem Seitenrand schmal verbunden. 7-14 mm.
In Kiefernwäldern auf alten Bäumen und auf gelagertem Holz. Mit großen Verbreitungslücken in Nord- und Mitteleuropa.

Xylotrechus arvicola
Familie Cerambycidae, Bockkäfer

Schwarz, Fühler und Beine gelbbraun, Flügelwurzel rötlich. Halsschild grob gerunzelt, vorne mit feinem, aufgebogenem Saum, mit arttypischem Umriß und wie die Flügeldecken mit einem Muster aus gelben Haarflecken. 8-17 mm.
Eher selten von Mai bis Juli in Bergwäldern, meist auf Klafterholz und auf Holzlagerplätzen, vor allem auf Buchen. Die Larven entwickeln sich in kränkelnden Ästen von Eichen.

Plagionotus floralis
Familie Cerambycidae, Bockkäfer

Brust kugelig mit 2 gelben Querstreifen, Fühler und Beine bräunlich, Flügeldecken schmal und mit 5 gelben Querbinden. 8-16 mm.
Von Juli bis August auf Dolden, Skabiosen, Schafgarbe und anderen Blüten.
Recht selten im Mittelmeerraum, sehr selten auch nördlich der Alpen. Die Larven wurden in den Stengeln großwüchsiger Wolfsmilchgewächse gefunden, die Käfer fliegen aber auch an Orten, wo keine Wolfsmilch vorkommt.

Phymatodes alni
Familie Cerambycidae, Bockkäfer

Flügeldecken im vorderen Drittel bräunlich, dahinter 2 aus hellen Haaren gebildete Querbinden. 4-6,5 mm.
April bis Juni (Juli) in Eichenwäldern, gern auf geschlagenem Holz und auf Zweighaufen, manchmal auch auf Blüten.
Die Larven erst unter der Rinde, später im Holz von trockenen Ästen von Laubbäumen.

Xylotrechus antilope
Familie Cerambycidae, Bockkäfer

Halsschild in Querreihen grob gekörnt, Flügelbinden mit arttypischem Muster, vorne mit einem kleinen Schrägstrich. 8-13 mm.
In Nord- und Mitteleuropa in Kiefern- und Eichenwäldern, am ehesten im Juni und Juli auf geschlagenen Eichen. Sie gelten als selten, vielleicht weil sie in der Baumwipfelzone leben. Sie sind im Sonnenschein sehr flink und starten mühelos zum Flug. Die Larven sollen sich in Eichenzweigen entwickeln.

Plagionotus arcuatus
Familie Cerambycidae, Bockkäfer

Schwärzlich und kurz dunkel behaart, auf den Flügeldecken eine etwas veränderliche gelbe Zeichnung mit einem gelben Fleck hinter dem gelben Schildchen. Fühlerglieder leicht eckig, der Abstand zwischen den Fühlerwurzeln ist kleiner als der Augenabstand. Flügeldecken hinten abgerundet. 6-20 mm.
Von Mai bis Juli auf liegenden Stämmen, nicht auf Blüten, bei warmem Wetter sehr flink.
Die Larven entwickeln sich über 2 Jahre in liegenden, berindeten

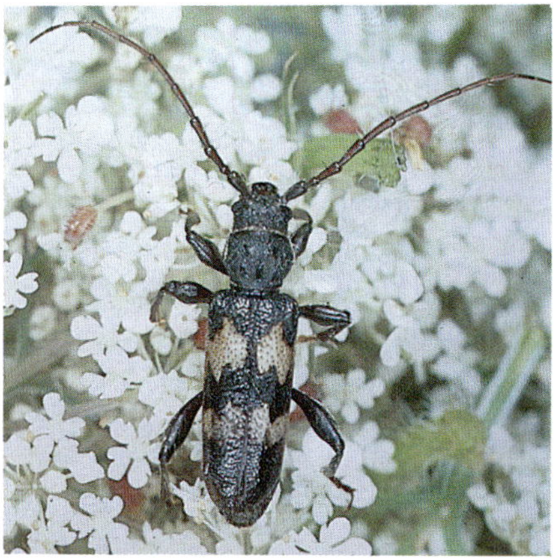
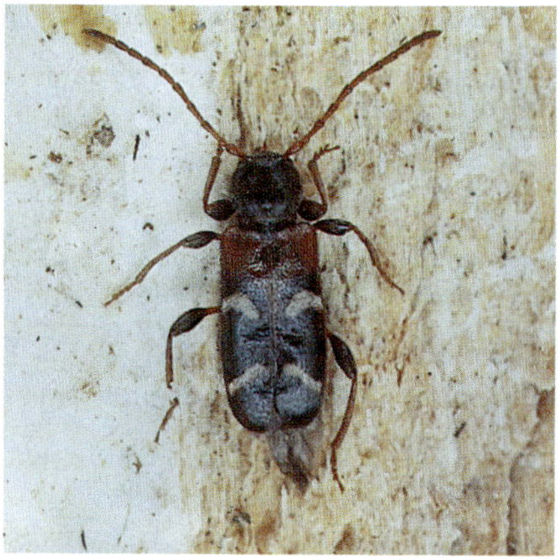
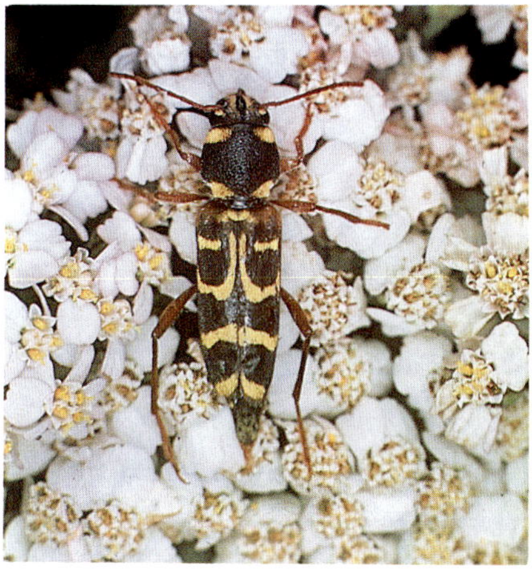
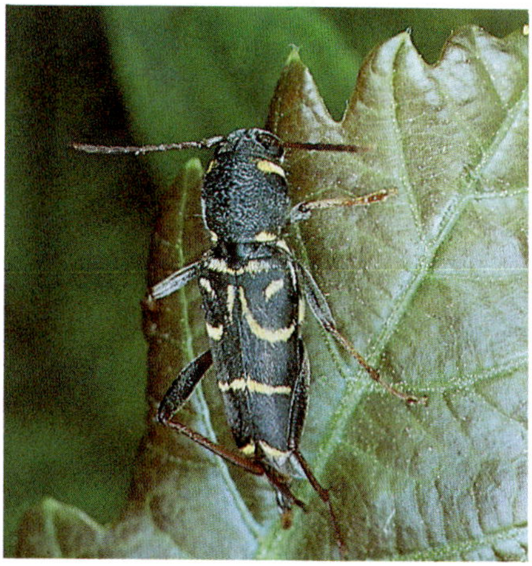
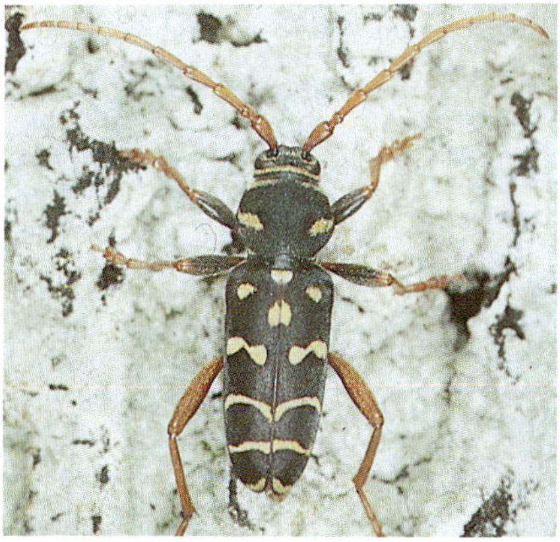
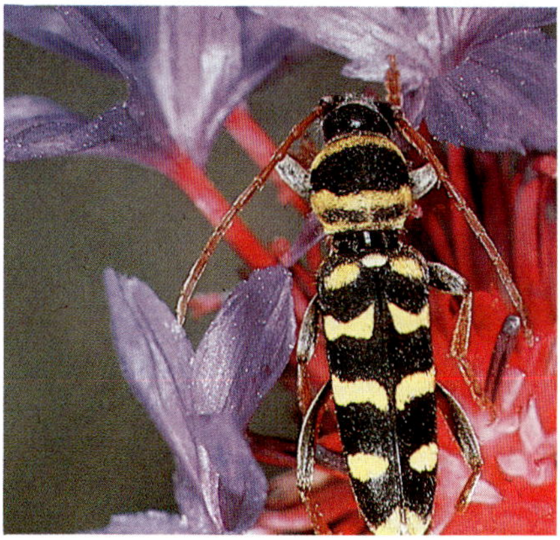

Stämmen und frischen Strünken von Eichen und anderen Laubbäumen, erst unter der Rinde, später und zur Verpuppung im Holz.

Clytus arietis, Widderbock
Familie Cerambycidae, Bockkäfer

Mattschwarz mit 3 hellgelben Flügelbinden. Fühler braungelb, außen leicht verdickt und geschwärzt, Beine rotgelb. Die vorderste gelbe Binde auf den Flügeln ist gerade und steht senkrecht zur Naht. 7-14 mm.
Vor allem im Juni nicht selten auf Blüten und in der Sonne liegendem Klafterholz. Die Käfer sind flink und fliegen mühelos auf, in ihren Bewegungen sind sie auffallend wespenartig, was ihr Wespenkostüm noch wirksamer macht.
Die Larven leben 2 Jahre in totem Laubholz, vor allem von Weiden und Weißdorn.

Clytus rhamni
Familie Cerambycidae, Bockkäfer

Sehr ähnlich arietis, aber die Fühler sind wie die Beine auf ganzer Länge rötlichgelb. Der Halsschild mit starkem Glanz und sehr dicht punktiert. Flügeldecken locker punktiert.
6-11 mm.
Häufig von Mai bis Juli auf Dolden- und Korbblüten, auch auf blühendem Weißdorn, Brombeeren und Rosen.
Die Larven leben in toten Ästen von Laubbäumen.

Clytus lama
Familie Cerambycidae, Bockkäfer

Fühler einfarbig rotgelb und nach außen nicht verdickt. Auf den Flügeldecken an den Schultern ein kurzer gelber Schrägstrich, Schildchen nur hinten gelb.
8 bis 14 mm.
Im Juni und Juli (August) auf Blüten, vor allem auf Dolden und auf Baumstämmen und den Nadelwäldern der Gebirge, im Sonnenschein lebhaft und flink.
Die Larven entwickeln sich in morschen Nadelbäumen, auch in geschlagenem Holz und in frischem Bauholz.
Die Larve nagt unter der Rinde, die Puppe ruht tiefer im Holz.

Clytus tropicus
Familie Cerambycidae, Bockkäfer

Halsschild ohne lange Haare. Flügeldecken vorne mit einem braunen Fleck, die vorderste gelbe Makel sehr schräg gestellt, Hinterenden schwarz.
10-19 mm.
Von Mai bis Juli auf Stämmen und Laub sowie auf Klafterholz von Eichen in warmen Lagen. Die Käfer sind flink und fliegen mühelos davon. Die Larven leben in kränkelnden Eichenästen im Wipfelbereich.

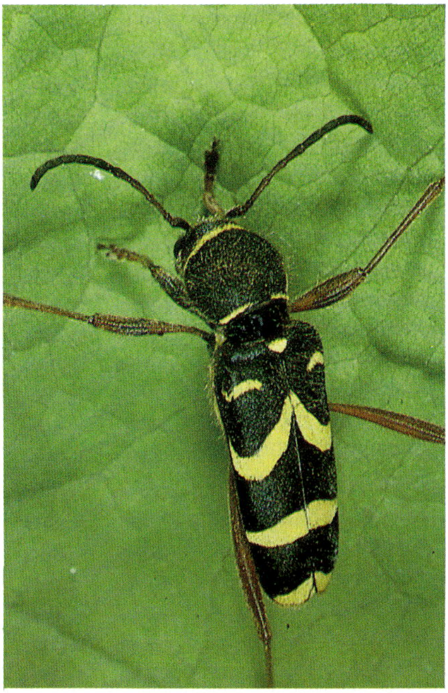
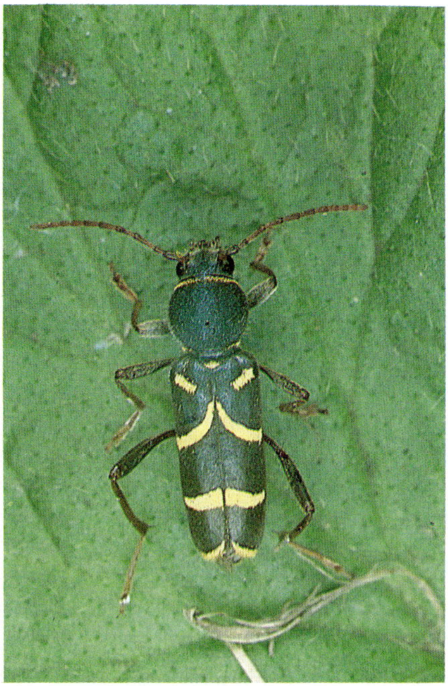
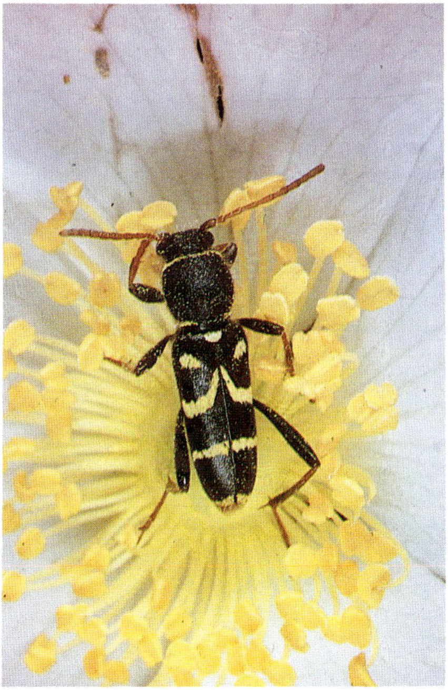
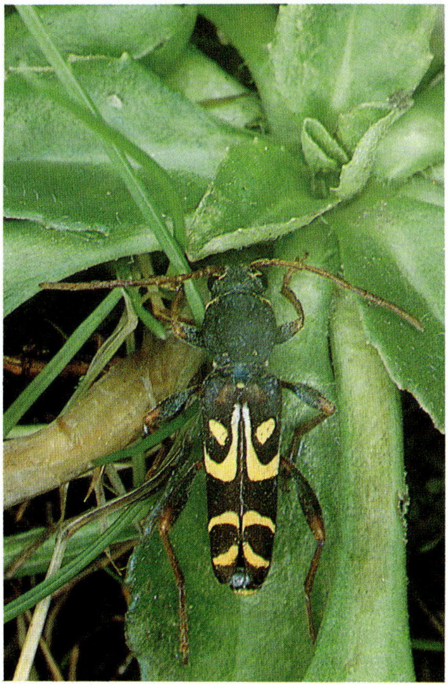

Xylotrechus rusticus
Familie Cerambycidae, Bockkäfer

Die Xylotrechus-Arten sind kenntlich am großen Kopf mit einigen Längsriefen zwischen den Fühlern. Rusticus ist düster gefärbt mit grauer Behaarung, die auf dem Halsschild einige Längs- und auf den Flügeldecken 2 oder 3 Querbinden bildet.
9-17 (20) mm.
Nicht selten von Mai bis Juli an Stämmen und unter wegbrechender Rinde von Laubbäumen, gern auf Klafterholz. Die Käfer sind in der Wärme sehr flink und können rasch davonfliegen.

Plagionotus Bobelayei
Familie Cerambycidae, Bockkäfer

Auf den Halsschild eine gelbe Querbinde am Vorderrand und eine breitere am Hinterrand. Flügeldecken kontrastreich schwarz-gelb gezeichnet.
16 bis 20 mm.
Der prachtvolle "Wespenbock" ist von Griechenland ostwärts bis über den Kaukasus verbreitet, er wurde auch schon aus Sardinien gemeldet.

Clytanthus hungaricus
Familie Cerambycidae, Bockkäfer

Flügeldecken glänzend, Halsschild kugelig, lang abstehend behaart, dicht und flach punktiert. Fühler und Beine schwarz.
7-10 mm.
In Südosteuropa, westlich bis Wien.

Clytanthus herbsti
Familie Cerambycidae, Bockkäfer

Mit grau- bis gelbgrüner Behaarung, die auf Halsschild und Flügeldecken ein markantes Muster bildet; der Halsschild kann auch ungefleckt sein. Die Weibchen sind neben den Männchen an dichterer, kürzerer und flacher anliegender Behaarung des Halsschildes kenntlich.
10-15 mm.
Auf Blüten, gern auf Holunder und Königskerze von Juni bis August. Weit verbreitet, aber nicht häufig.

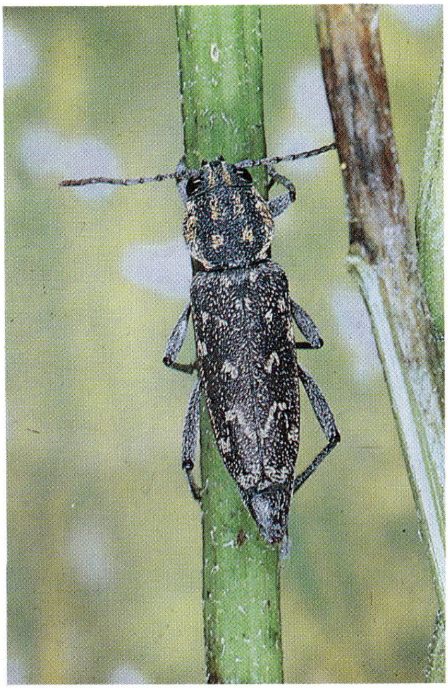
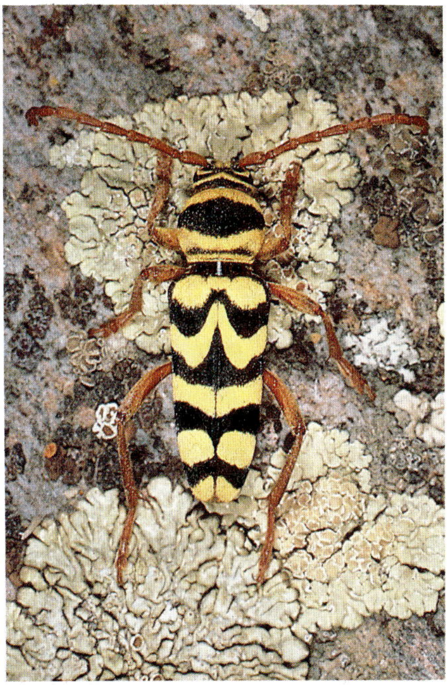
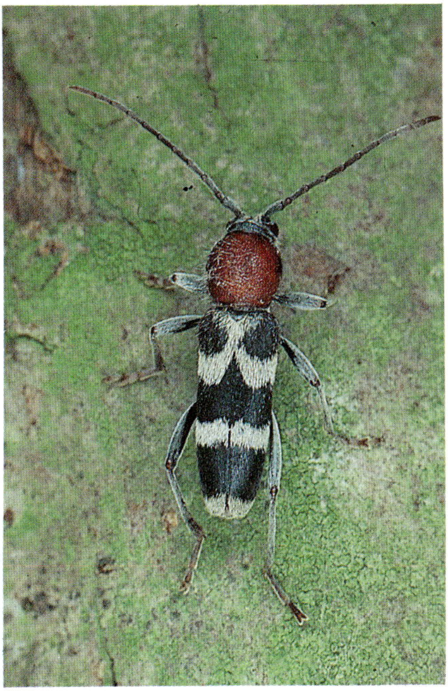
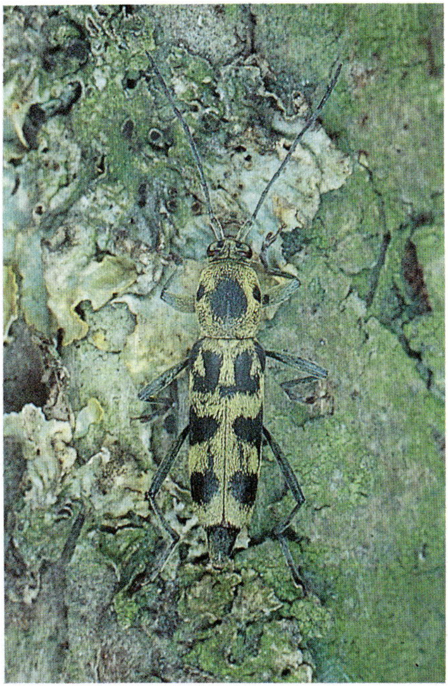

Chlorophorus varius
Familie Cerambycidae, Bockkäfer

Grünlich- bis zitronengelb behaart mit in Form und Größe variablen schwarzen Flecken auf Halsschild und Flügeldecken, die sich teils an der Naht berühren.
8-14 mm.
Im Juni und Juli mit Nachzüglern bis in den Herbst auf Blüten, vor allem auf Doldenblüten. Die Larven leben in morschem Holz wie in den Strünken alter Weinstöcke.
In Südeuropa, sehr selten auch nördlich der Alpen.

Clythantus speciosus
Familie Cerambycidae, Bockkäfer

Halsschild groß, kugelig, mit 3 kleinen weißen Haarflecken. Auf den Flügeldecken ein weißer Fleck und dahinter 2 Bögen.
13-22 mm.
Selten im mittleren und südlichen Deutschland auf Wiesenblumen und blühenden Sträuchern. Die Larven leben in kränkelnden Ästen von Laubhölzern.

Anaglyptus mysticus
Familie Cerambycidae, Bockkäfer

Flügeldecken vorne rotbraun, dahinter 3 aus hellen Haaren bestehende schräge Binden.
6-13 mm.
Von Mai bis Juli (August) als Pollenfresser auf Blüten, meist Holunder, Hartriegel und Weißdorn. Inselhaft verbreitet.
Die Larven entwickeln sich über 2 Jahre in rindenlosem trockenem Laubholz, etwa in abgestorbenen Ästen. Die Jungkäfer überwintern.

Plagionotus detritus
Familie Cerambycidae, Borkenkäfer

Kopf und Halsschild mit in Form und Verlauf recht variablen gelben Querbinden.
12(10)-19 mm.
In alten, sonnigen Eichenwäldern, wo die Käfer von Mai bis August im Sonnenschein meist auf totem oder geschlagenem Holz umherlaufen.
In Mittel- und Südeuropa.

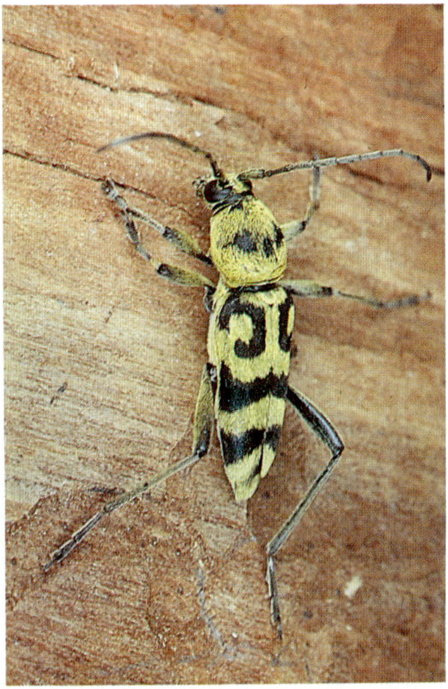
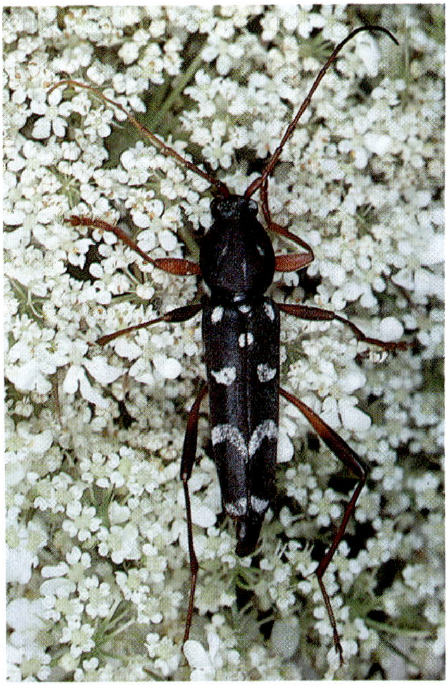
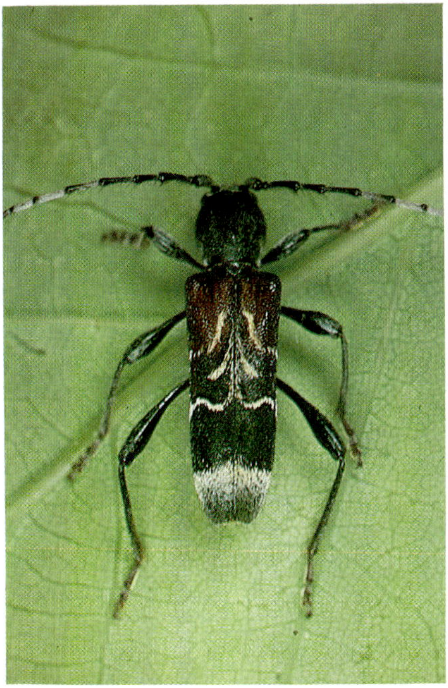
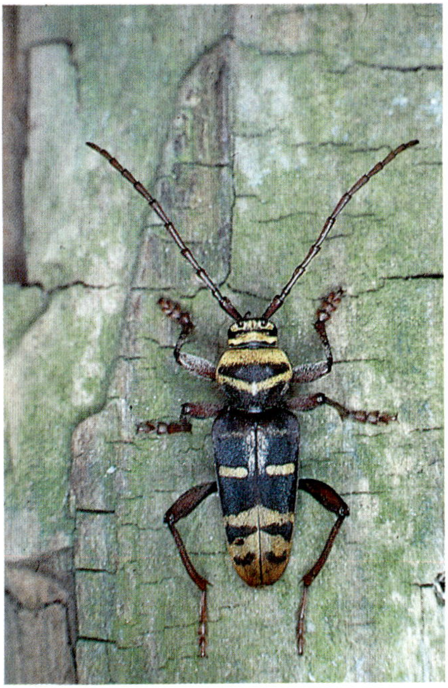

Chlorophorus (Clythantus) **sartor**
Familie Cerambycidae, Bockkäfer

Auf dem Halsschild grau behaart. Die weißen Haarbinden auf den Flügeldecken zur Naht hin nach vorne gebogen.
6–9 mm.
Häufig im Juni und Juli auf Blüten, vor allem auf Doldenblüten. Die Larven leben in Laubholz.

Chlorophorus pilosus
Familie Cerambycidae, Bockkäfer

Halsschild ohne Flecke, Flügeldecken mit je 4 schwarzen Flecken, die auch reduziert oder nicht vorhanden sein können.
12–17 mm.
Auf Doldenblüten, an Telegraphenmasten und Holzzäunen. Die Käfer fliegen manchmal schwitzende Personen an.
Die Larven leben in trockenen Holz von Eichen und anderen Laubbäumen.

Chlorophorus figuratus
Familie Cerambycidae, Bockkäfer

In der von der vordersten hellen Flügelbinde umschlossenen Fläche liegt ein kleiner aschgrauer Fleck. Kopf und Halsschild schwarz und abstehend behaart.
6–9 (13) mm.
Im Juni und Juli (August) auf blühenden Büschen wie Holunder und auf Doldenblüten, auch auf Baumstämmen. Die Larven entwickeln sich im Holz von Birken, Pappeln und Espen.
In Südeuropa häufig, nördlich der Alpen selten.

Purpuricenus budensis
Familie Cerambycidae, Bockkäfer

Flügeldecken zinnoberrot mit breitem schwarzem Saum, Halsschild schwarz mit roten Seitenflecken oder rotem Vorderrand. Viele Zeichnungsvarianten wurden beschrieben.
13–20 mm.
Im Hochsommer auf Blüten, häufig. Die Larve wurde im Holz kränkelnder Eichen und Feigen gefunden.
Im östlichen Mittelmeerraum von Istrien bis Syrien.

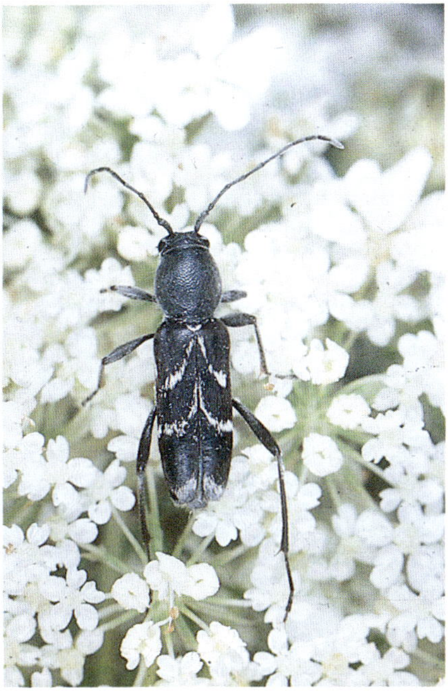
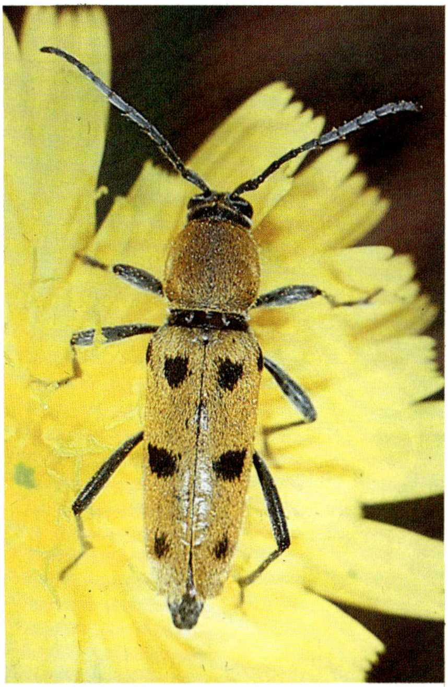
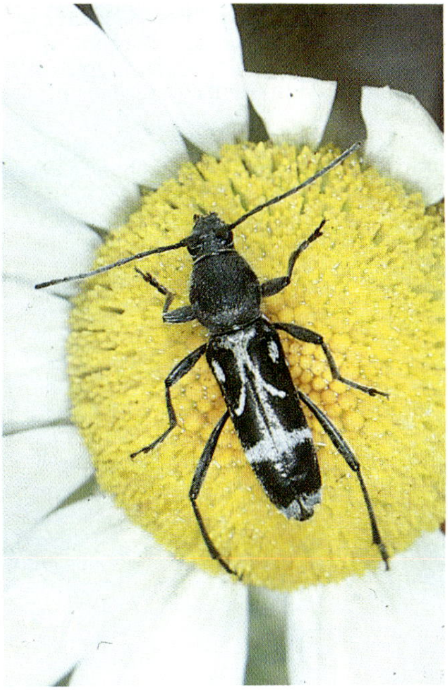
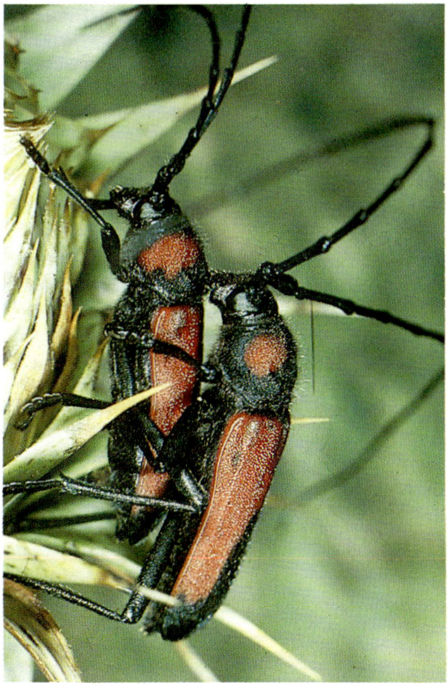

Purpuricenus Desfontanei
Familie Cerambycidae, Bockkäfer

Bestimmung über die samtig rote Zeichnung, die das hintere Drittel der Flügeldecken schwarz läßt. 14 bis 22 mm.
Im Mai und Juni in Macchien und Gebüsch, gern auf blühendem Christusdorn, mancherorts zusammen mit budensis und dalmatinus. In Griechenland und der Türkei, auch an den Fundorten nicht häufig.

Purpuricenus dalmatinus
Familie Cerambycidae, Bockkäfer

In der artenarmen Gattung Purpuricenus bildet eine dichte rote Behaarung eine recht variable Zeichnung auf mattschwarzem Grund. Bei dalmatinus sind die Seitendornen am Halsschild kräftig entwickelt, und in der vorderen Hälfte liegen 2 samtig schwarze Flecke. Die rote Zeichnung auf den Flügeldecken ist veränderlich. 14 bis 20 mm.
Nicht selten in Dalmatien und Griechenland. Im Mai und Juni auf Disteln, Dolden, blühendem Wein und an weiteren Blüten. Südwärts bis Syrien. Die Käfer fliegen im Sonnenschein.

Morimus funereus, Trauerbock
Familie Cerambycidae, Bockkäfer

Schwarz, Flügeldecken dicht gepickelt und mit 4 queren, samtschwarzen Flecken. Fast nußartig hart gepanzert. Träge und flugunfähig.
20-35 mm.
In Südeuropa, selten auch in Österrreich und der Tschechei. Im Mai und Juni an Totholz. Die Larven entwickeln sich in Buchen- und Eichenholz und wurden öfter mit Holztransporten an Orte verschleppt, wo der Käfer nicht heimisch ist.

Lamia textor, Weberbock
Familie Cerambycidae, Bockkäfer

Ein plumper und träger schwärzlicher Käfer mit Seitendornen am Halsschild und kleinen hellen Haarflecken auf den Flügeldecken. 15-28 mm.
Vom Mai bis September im Mulm hohler Weiden oder kriechend am Boden unter Weidengebüsch. Die Larven leben in frisch abgestorbenem Weichholz, vor allem in Weiden.

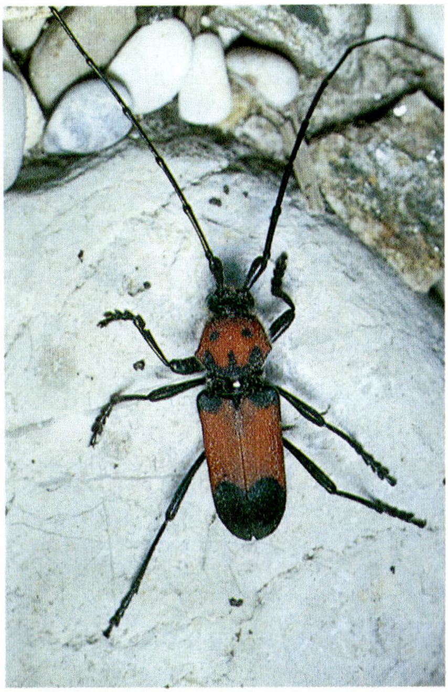
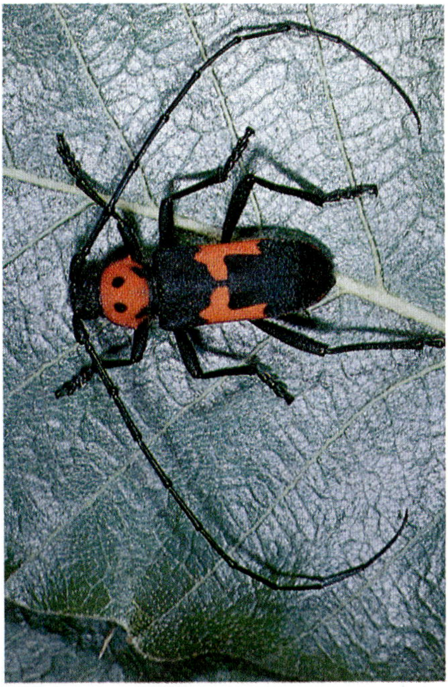
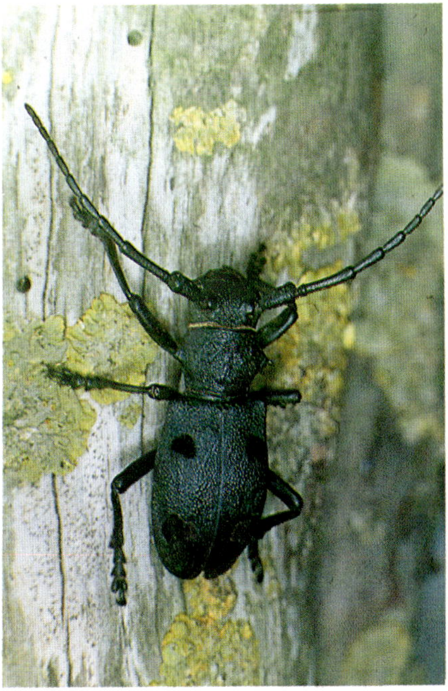
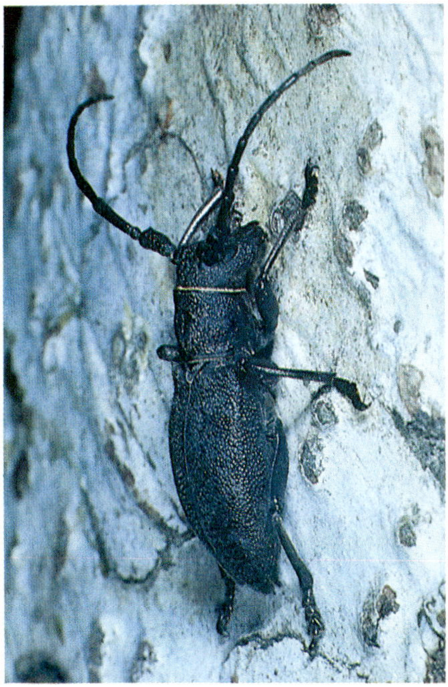

Dorcadion fulvum
Familie Cerambycidae, Bockkäfer

Flügeldecken, Beine und die innersten Fühlerglieder rotbraun, bis schwarz, Scheitel mit 2 bräunlich-samtigen Haarflecken. Halsschild an den Seiten sehr kräftig punktiert und mit breiter Mittelfurche.
13-16 mm.
Von März bis Juni am Boden in Steppenbiotopen (Erdbock), tagaktiv, bei trübem Wetter verborgen, etwa unter Steinen. Träge und flugunfähig mit an der Naht zusammengewachsenen Flügeldecken. Die Larven leben an und in Wurzeln von Steppenpflanzen. In Osteuropa.

Dorcadion pedestre
Familie Cerambycidae, Bockkäfer

Über Kopf, Halsschild und Flügelnaht zieht sich eine feine helle Linie, sonst sind die Käfer kahl und dunkel glänzend. Das innerste Fühlerglied und die Beine sind braun.
11-17 mm.
Selten in Bayern, vielleicht auch schon ausgerottet. In Österreich die häufigste Dorcadionart und weit verbreitet in den Balkanländern.
Von April bis Juni auf warmen Lehmböden (Neusiedler See). Die Larven leben an Wurzeln.

Dorcadion decipiens
Familie Cerambycidae, Bockkäfer

Flügeldecken beim Weibchen wenig, beim Männchen fast gar nicht bauchig und dunkelbraun mit weißlich behaarter Naht, dazu je 2 graubraune Binden.
11 bis 14 mm.
In warmen Steppen von der Slowakei an im südöstlichen Europa. Die Käfer und ihre Larven sind wie alle 350 Dorcadion-Arten Grasfresser, die Larven an den Wurzeln.

Dorcadion arenarium
Familie Cerambycidae, Bockkäfer

Die Gattung Dorcadion (Erdböcke) ist in Südosteuropa mit etwa 50 einander sehr ähnlichen Arten vertreten. Arenarium ist zu bestimmen über die Form des Halsschildes mit einem kleinen, stumpfen Seitendorn. Beide Geschlechter sehen gleich aus.
13-15 mm.
In Steppenbiotopen in den Balkanländern, westlich bis Istrien. Die flugunfähigen Käfer laufen am Boden.

Dorcadion Scopolii
Familie Cerambycidae, Bockkäfer

In der Gattung Dorcadion sind die Flügeldecken zusammengewachsen und die häutigen Flügel verkümmert. Bei Scopolii geht eine weiße Längsbinde über Kopf und Halsschild. Auf den Flügeldecken ist das weiße Nahtband schmaler als die Seitenbänder.
10-13 mm.
Von April bis in den Sommer in Steppen und schwach genutzen Weiden. Tagaktiv, aber unauffällig. Die Dorcadion-Larven haben 3 Paar Brustbeine, sie benagen Graswurzeln und entwickeln sich in 2 Jahren.
Scopolii ist in Mitteleuropa wohl ausgerottet. Heimisch in Südosteuropa.

Dorcadion vulgaris
Familie Cerambycidae

Glänzend schwarz, ohne Haarbinden, Oberseite sehr locker und sehr grob punktiert, wobei die Einstiche auf den Flügeldecken teilweise undeutliche Reihen bilden.
11 bis 16 mm.
In Steppenbiotopen in Osteuropa. In der Biologie nicht von den anderen Dorcadionarten verschieden.

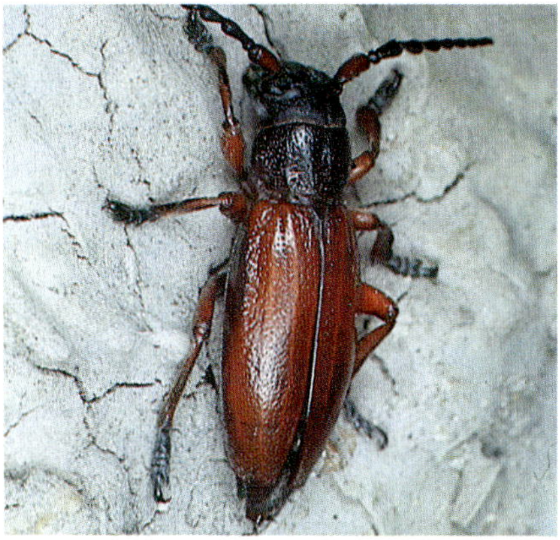
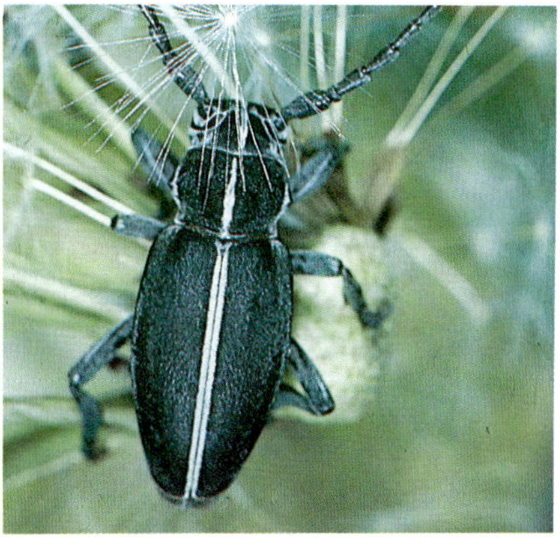
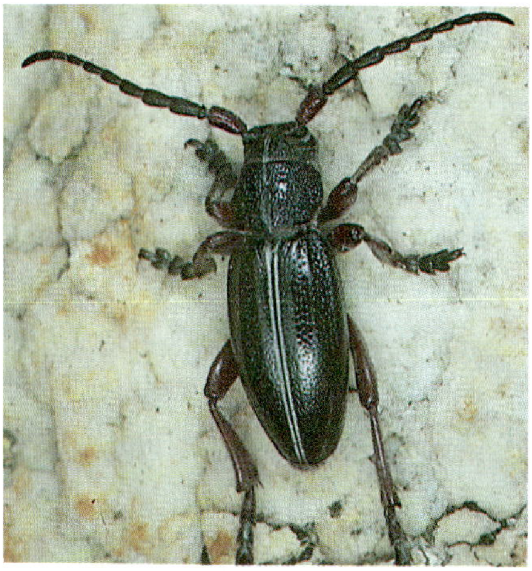
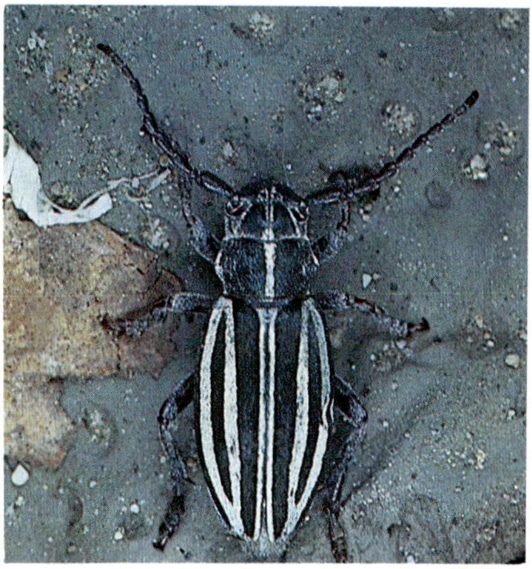
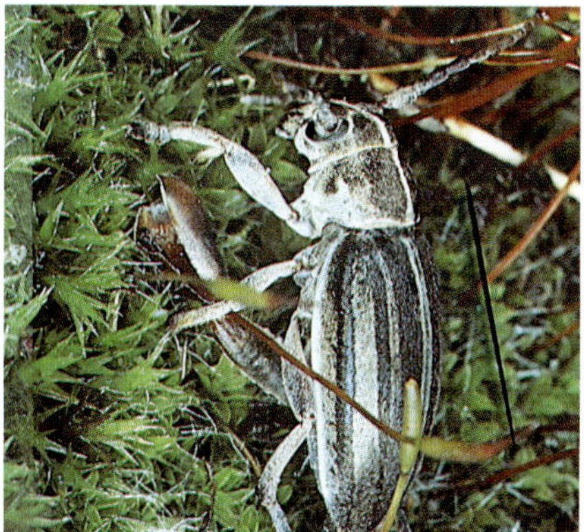
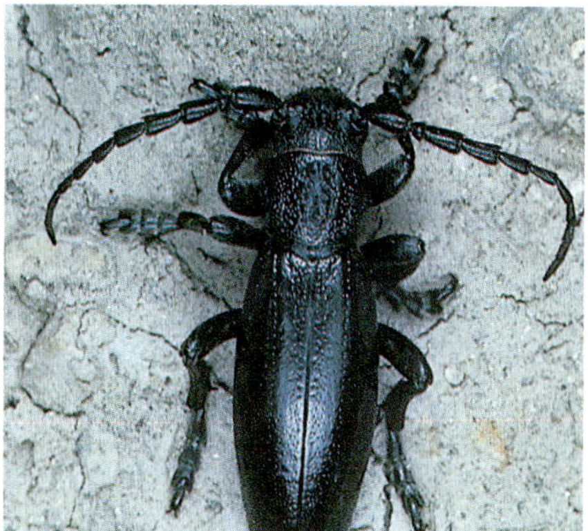

Dorcadion fuliginator
Familie Cerambycidae, Bockkäfer

Flügeldecken meist hell längsgestreift, Fühler knotig verdickt, Halsschild mit spitzem Seitendorn.
10-15 mm.
Von April bis Juni auf schütteren Trocken- und Halbtrockenrasen. Käfer und Larven fressen Gras. Zur Eiablage graben sich die Weibchen in die Erde, nagen einen Spalt in einen Grasstengel, legen ein Ei hinein und kneifen den Spalt mit den Kiefern wieder zu.
Der einzige Erdbock in Zentraleuropa.

Monochamus sartor
Familie Cerambycidae, Bockkäfer

Glänzend schwarz, sehr fein hell behaart. Auf den Flügeldecken im vorderen Drittel schwache Dellen und beim Männchen undeutliche, beim Weibchen klarere Flecke aus weißgrauen Haaren. Schildchen halbmondförmig und rahmgelb behaart.
21-35 mm.
Von Juni bis August (September) in Wäldern. Im Sonnenschein auf geschlagenem Holz und umherfliegend.
Eier meist in geschlagenen, nicht entrindeten Fichten und Kiefern. Die Larven leben 3 Jahre im Holz und haben schon Holzbauten zum Einsturz gebracht. Heute selten.

Monochamus saltuarius
Familie Cerambycidae, Bockkäfer

Sehr ähnlich sutor, aber auf dem Halsschild 2 gelbliche Fleckchen und auf den Flügeldecken samtig schwarze Bereiche. Das halbmondförmige Schildchen ist bis auf einen unvollständigen Mittelstrich gelblich behaart. Fühler beim Männchen dunkel, beim Weibchen hell und dunkel geringelt.
13-18 mm.
Die Käfer benagen die Rinde junger Zweige von Nadelbäumen. In Bergfichtenwäldern, selten in den Alpen und Karpaten, aber ostwärts bis Japan verbreitet.
Die Larven bohren tief im Holz.

Monochamus sutor
Familie Cerambycidae, Bockkäfer

Fühler der Männchen etwa 2 mal körperlang und schwarz, beim Weibchen reichlich körperlang und ab dem 3. Glied von innen hell geringelt. Das Schildchen nur an den Seiten weiß behaart, in der Mitte glatt und unbehaart.
15-24 mm.
Von Juni bis September auf liegenden, noch berindeten Stämmen von Nadelholz, in der Mittagssonne umherfliegend.
Die Larven fressen im Alter tief in Nadelholz, wo sie sich auch verpuppen. Die Antennen der Puppe liegen zur Spirale gerollt auf der Brust. Die Käfer nagen ein rundes Schlupfloch.

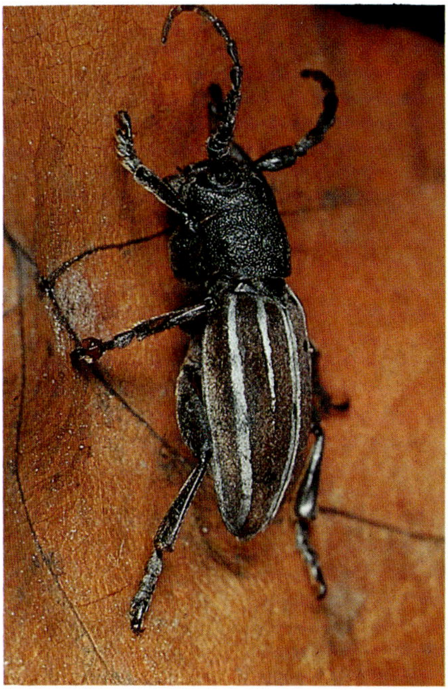
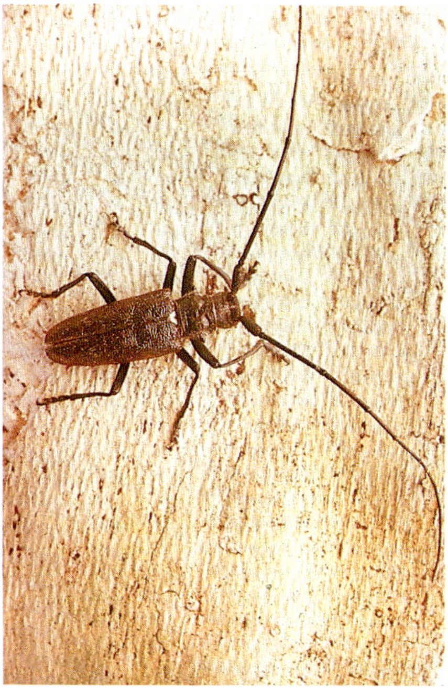
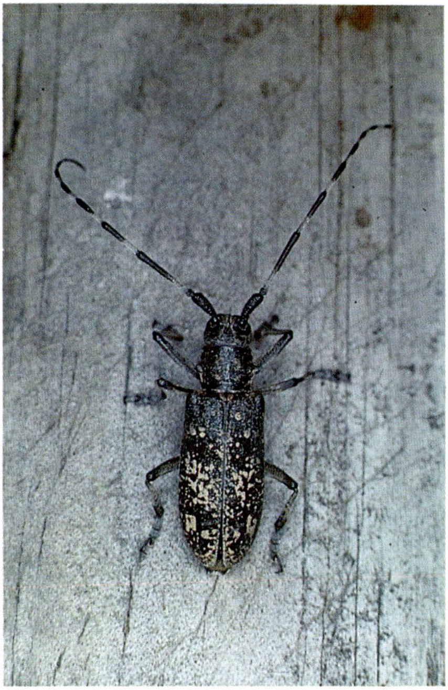
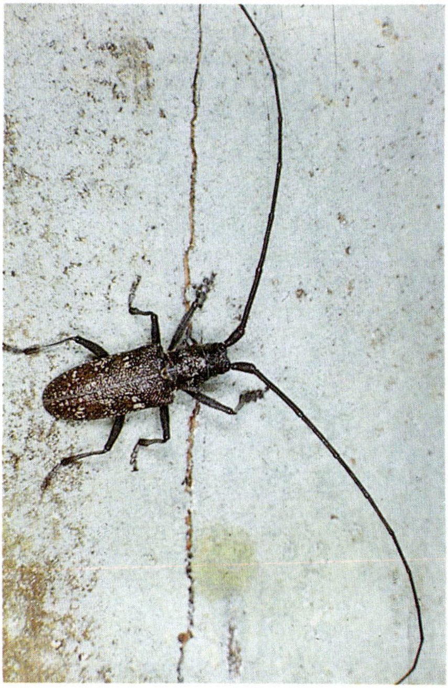

Monochamus galloprovincialis
Familie Cerambycidae, Bockkäfer

Dunkel graubraun mit Bronzeglanz, Flügeldecken mit hellgrauen und dunkelbräunlichen Haarflecken marmoriert und mit 3 angedeuteten hellen Binden. Auf dem Schildchen ein V aus gelblichen Haaren.
18-25 mm.
Von Juni bis September an Zweigen und Stämmen von Kiefern, auch auf gefällten Eichen.
In Mitteleuropa sehr lokal, häufiger im Süden.

Mesosa nebulosa
Familie Cerambycidae, Bockkäfer

Halsschild ohne Seitendornen. Auf den Flügeldecken angedeutete, in der Mitte meist unterbrochene helle Querbinde.
9-15 mm.
Von April bis August nicht selten, aber meist in der Wipfelzone von Laubbäumen, nur manchmal auch auf liegenden Stämmen.
Die Larven entwickeln sich in verrottenden Ästen. Die Käfer schlüpfen im Herbst und überwintern im Holz.

Pogonocherus fasciculatus
Familie Cerambycidae, Bockkäfer

Auf den Flügeldecken vor der Mitte ein Querband aus hellgrauen Haaren. Stirn locker abstehend behaart. Fügeldecken hinten nicht in Spitzen ausgezogen.
5 bis 6,5 mm.
Von März bis Oktober auf Fichten- und Kiefernreisig.
Die Larven fertigen vor der Verpuppung ein Schlupfloch für den nicht zum Nagen befähigten Käfer und verstopfen es mit einem Pfropf aus Nagespänen. Die Käfer schlüpfen im Herbst und überwintern in den Bruthölzern.

Mesosa (Haplocnemia) cucurlionides
Familie Cerambycidae, Bockkäfer

Auf dem Halsschild 4 und auf den Flügeldecken je 2 samtschwarze Flecke in gelben Haarringen.
10-16 mm.
Vom Frühling bis in den Herbst auf Baumstrünken und absterbenden Laubbäumen.
Die Larven entwickeln sich in totem Holz, vor allem in Zweigen von Laubbäumen. Überall selten.

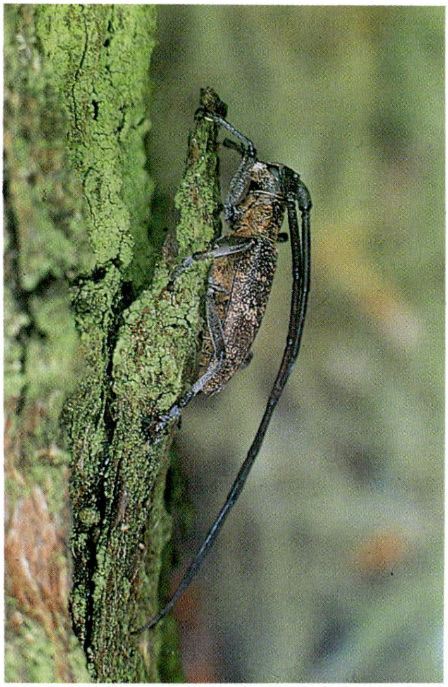

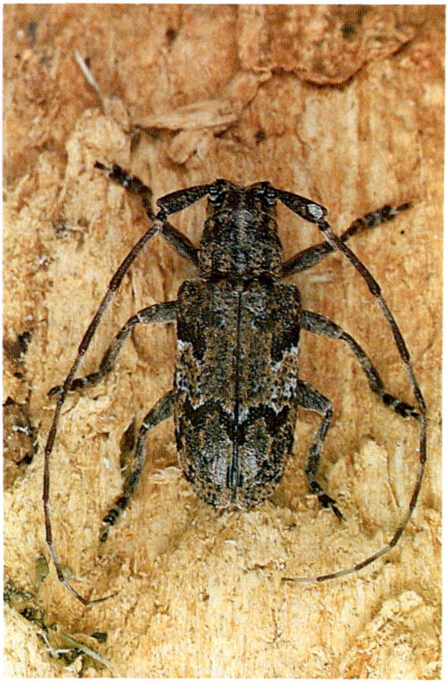

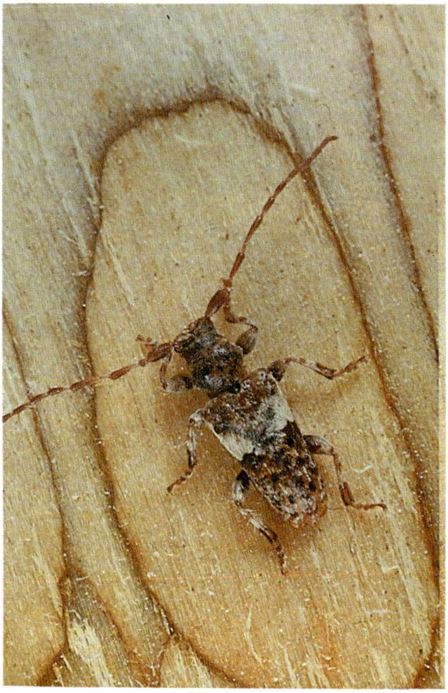

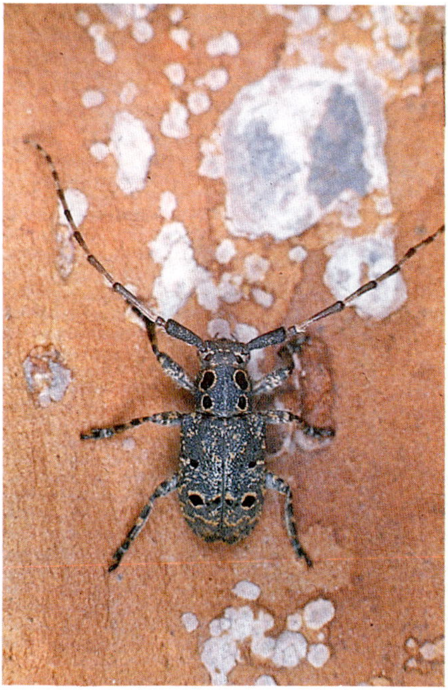

Pogonocherus hispidus
Familie Cerambycidae, Bockkäfer

Halsschild breiter als lang und mit spitzem Seitenhöcker. Flügeldecken hinten in einen Zahn ausgezogen, mit je 2 schwarzen Haarbüscheln auf der innersten Längsrippe und einem nahe dem Vorderrand. Dazu vorne ein schräger Eindruck.
4 bis 6 mm.
In Laub- und Mischwäldern, in Hecken. Die Käfer überwintern in Moos und Waldstreu und sind von Mai bis Oktober aktiv. Die Larven entwickeln sich in fingerdicken Ästen von Laub- und Nadelbäumen, auch in frischen Reisighaufen.

Pogonocherus ovatus
Familie Cerambycidae, Bockkäfer

Flügeldecken mit einer dunkelbraunen Schrägbinde und oben bis zum Hinterrand locker, aber tief punktiert. Schildchen hell behaart.
4 bis 5 mm.
Nicht selten, aber unauffällig von April bis Juli auf dürrem Reisig. Die Käfer überwintern unter lockerer Rinde. Heimisch in Nord- und Mitteleuropa.

Acanthoderes clavipes
Familie Cerambycidae, Bockkäfer

Die schwarze Grundfärbung wird durch ein Muster aus grauen, braunen und gelblichen Haaren verdeckt, die auf den Flügeldecken 3 Querbänder andeuten. Fühler und Beine hell und dunkel geringelt. Halsschild mit 2 spitzen Seiten- und 2 stumpfen Rückenhöckern.
12-17 mm.
Von Juni bis August im Laubwald auf geschlagenen Stämmen. Die Larven bohren unter der Rinde von totem Laubholz, und die Käfer nagen sich nach 2-jähriger Entwicklung ein rundes Schlupfloch.

Exocentrus adspersus
Familie Cerambycidae, Bockkäfer

Fühler mit locker stehenden langen Haaren, Halsschild mit nach hinten gerichteten Seitendornen, Flügeldecken fein behaart.
5 bis 8 mm.
Von Juni bis August auf kränkelndem oder geschlagenem Holz. Die Larven entwickeln sich in dürren Ästen von Laubbäumen, vor allem von Birken.
In Mitteleuropa sehr zerstreut, häufiger im gemäßigten Mittelmeerraum.

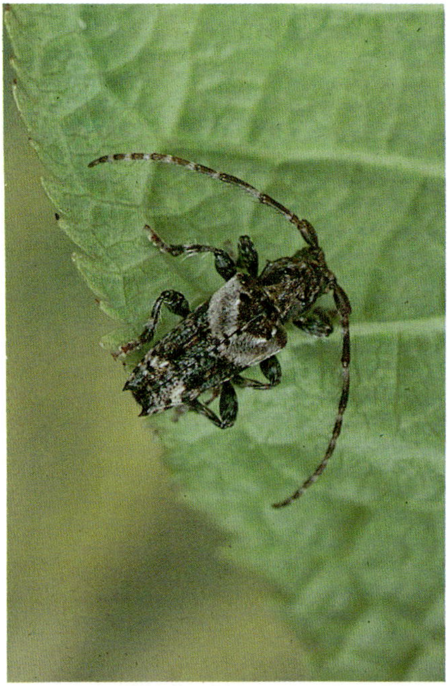
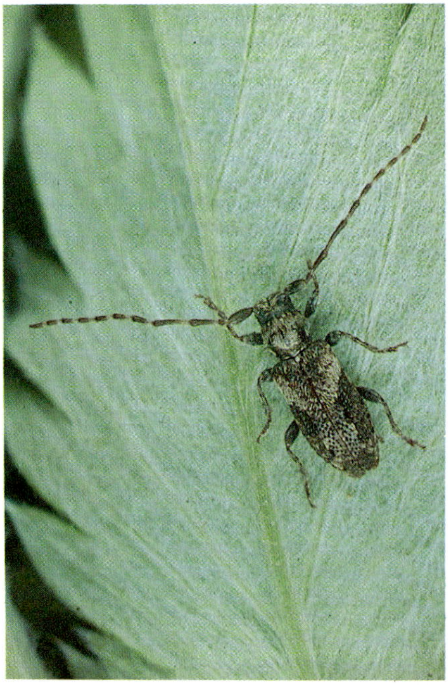
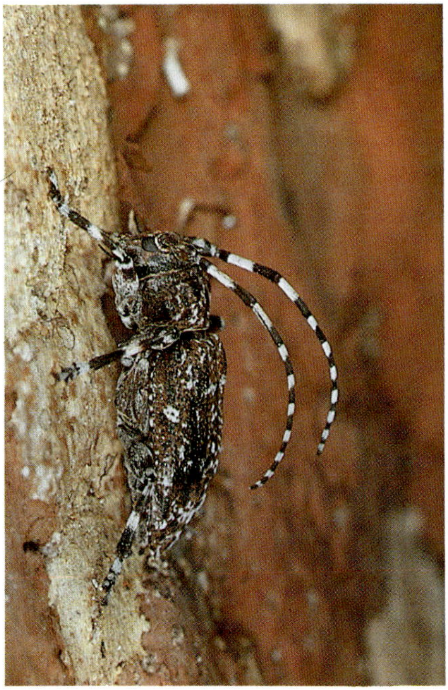
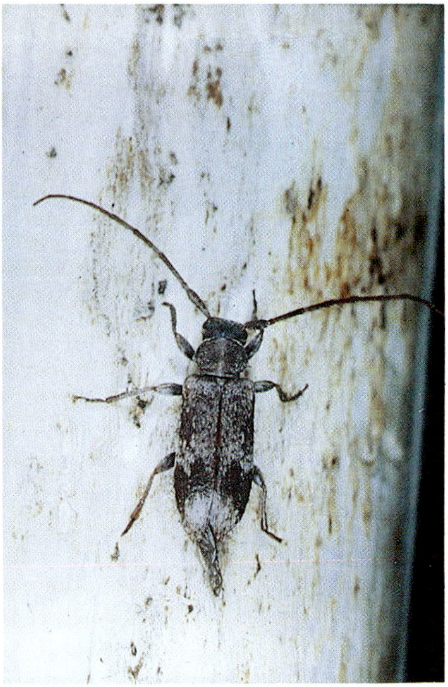

Leiopus nebulosus
Familie Cerambycidae, Bockkäfer

Halsschild ungefleckt und mit einem nach hinten gerichteten Seitendorn. Fühler mit langen, abstehenden Haaren besetzt (Lupe). Auf den Flügeldecken eine angedeutete rahmfarbene Mittelbinde zwischen zwei dunkleren Querbinden. Am Hinterende schräg abgestutzt.
6-10 mm.
Nicht selten von Mai bis August im Laubwald auf Reisig und geschlagenem Holz. Entwicklung unter der Rinde von feucht liegendem Totholz, manche Käfer schlüpfen schon im Herbst und überwintern unter der Rinde.

Acanthocinus griseus
Familie Cerambycidae, Bockkäfer

Eine aschgraue Behaarung verdeckt die braune Grundfärbung. Flügeldecken mit 2 bräunlichen verwaschenen Querbinden, von denen die hintere breiter ist. Das innerste Hinterfußglied ist länger als die übrigen zusammengenommen.
10-12 mm.
Vom Frühling bis in den Herbst auf abgestorbenen Nadelbäumen und Eichen. Lückenhaft verbreitet, selten.

Acanthocinus aedilis,
Zimmermannsbock
Familie Cerambycidae, Bockkäfer

Auf dem Halsschild 4 gelbliche Fleckchen in einer Querreihe. Flügeldecken nur angedeutet gerippt. Das innerste Glied der Hinterfüße ist knapp halb so lang wie der ganze Fuß. Die Fühler sind beim Männchen 5 mal, beim Weibchen 2 mal so lang wie der Körper. 12-20 mm.
Ab Ende März, meist aber im Mai und Juni mit Nachzüglern bis Oktober auf Klafterholz in Nadelwald und auf Baumstrünken. Die Larven leben ein Jahr in und unter der Rinde von Fichten und Kiefern, meist in toten Bäumen. Die Jungkäfer überwintern.

Agapanthia Kirbyi
Familie Cerambycidae, Bockkäfer

Halschild mit aus Haaren gebildetem Mittelstreif, Flügeldecken vorne kaum behaart, so daß die gekörnte dunkle Oberfläche erscheint. An den mittleren Fühlergliedern Büschel aus schwarzen Haaren.
14 bis 28 mm.
Heimisch im Mittelmeerraum, im Frühsommer auf Blüten. Nicht häufig.

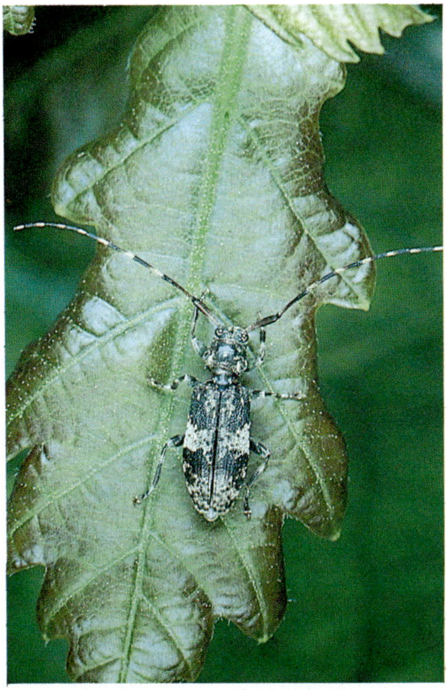
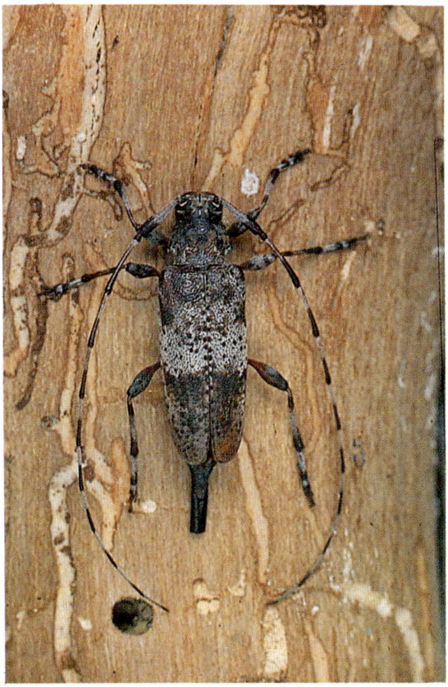
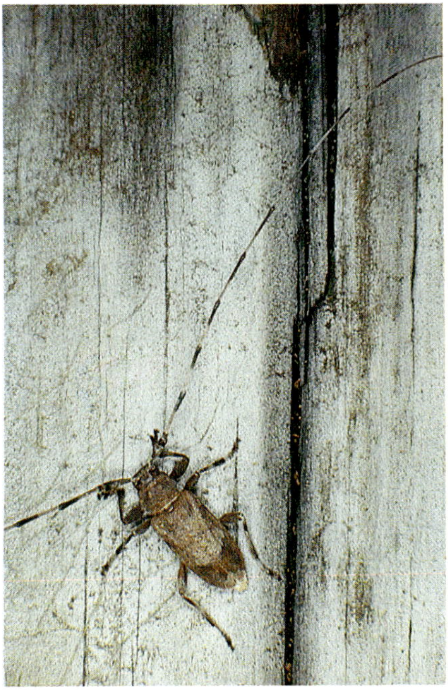
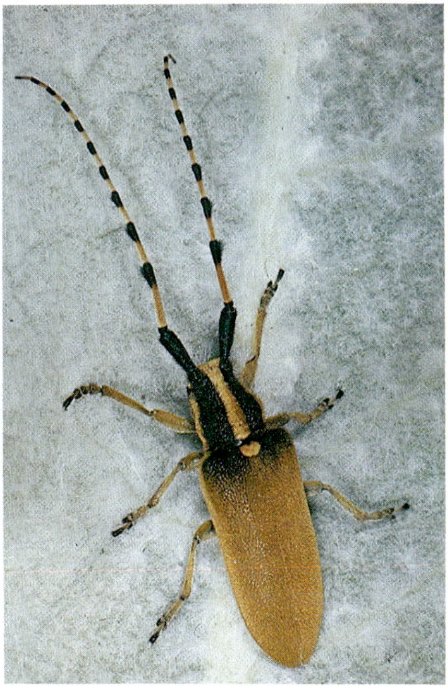

Agapanthia villosoviridescens
Distelbock
Familie Cerambycidae, Bockkäfer
Grundfarbe schwärzlich, Flügeldecken mit samtigen gelben Haarflecken. Fühler kräftig hellgrau geringelt, abstehend behaart. Halsschild mit 3 hellen Längsbinden. 10-23 mm.
Im Mai und Juni mit Nachzüglern bis September auf Blüten am Waldrand, vor allem auf Disteln. Zur Eiablage nagt das Weibchen ein Loch in einen Distelstengel, legt ein Ei hinein und verschließt es mit Exkrementen. Die Larven fressen sich im Stengel abwärts und verpuppen sich dicht über dem Boden. Man hat sie auch in anderen Hochstauden gefunden.

Agapanthia Dahli, Distelbock
Familie Cerambycidae, Bockkäfer
Auf den Flügeldecken fleckig fein und vorne zusätzlich lang abstehend behaart. Halsschild mit einer Mittellinie aus hellen Haaren. An einigen der inneren Fühlerglieder schwarze Haarbüschel. 15-20 mm.
In den Sommermonaten auf Disteln, wo die Larven in den Stengeln minieren. In Mittel- und häufig in Südeuropa.

Agapanthia cardui
Familie Cerambycidae, Bockkäfer

Mit einem aus hellen Haaren gebildeten Längsstrich entlang der Flügelnaht, Flügeldecken mit schwach grünlichem Glanz und gleichmäßig behaart. Fühler undeutlich hell geringelt.
7-13 mm.
Häufig im Mittelmeerraum, nördlich der Alpen in Wärmeinseln; an den Fundorten, warmtrockenen Distelfluren im Mai und Juni, auf Halmen und Blüten. Die Larven entwickeln sich in den Stengeln hoher Kräuter.

Saperda scalaris, Leiterbock
Familie Cerambycidae, Bockkäfer

Reich gezeichnet mit gelben bis gelbgrünen Haarflecken, die entlang der Naht auf den Flügeldecken ein fünfzähniges Längsband bilden.
12-18 mm.
Vereinzelt von April bis Juni in eher feuchten Laubwäldern. Die Männchen leben im Wipfelbereich und zeigen sich selten auf Blüten, sie sind gute Flieger. Die Weibchen sitzen auf absterbendem und totem Holz von Laubbäumen. Zur Eiablage beißen sie einen Spalt in die Rinde. Die Larven nagen im ersten Jahr in der Rinde, im 2. tiefer im Holz. Die Käfer fressen Laub.

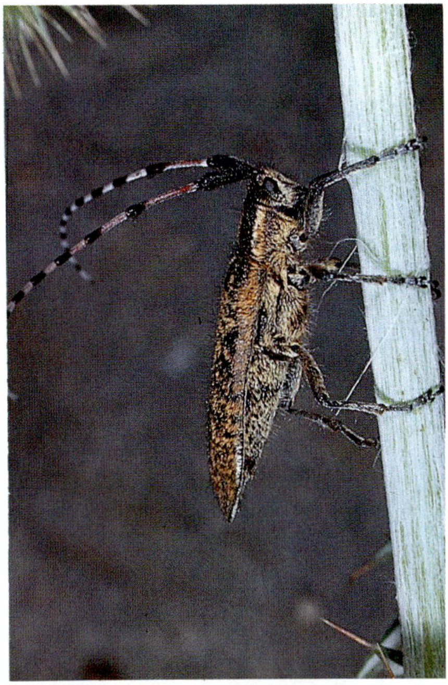
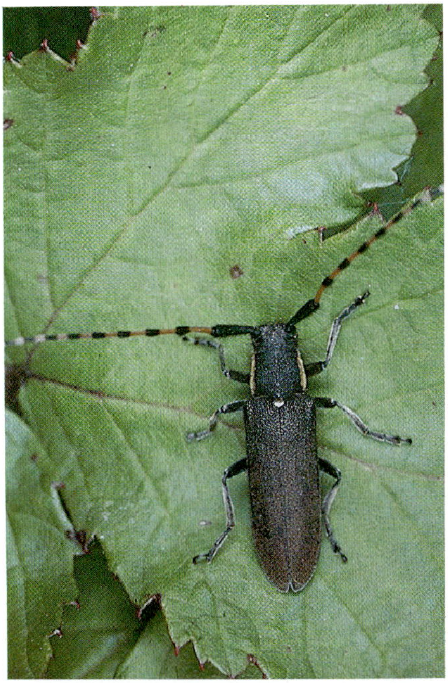
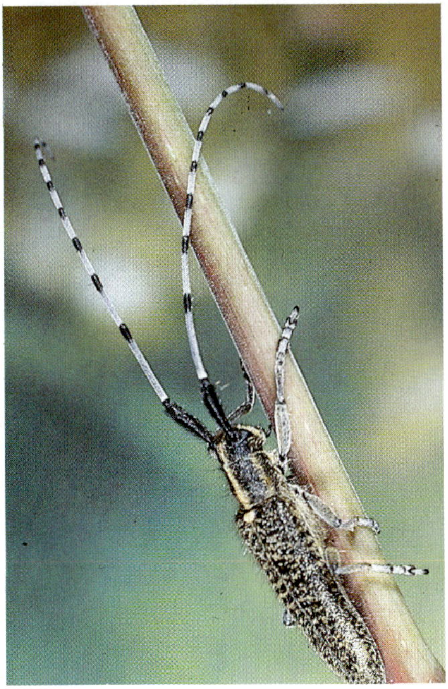
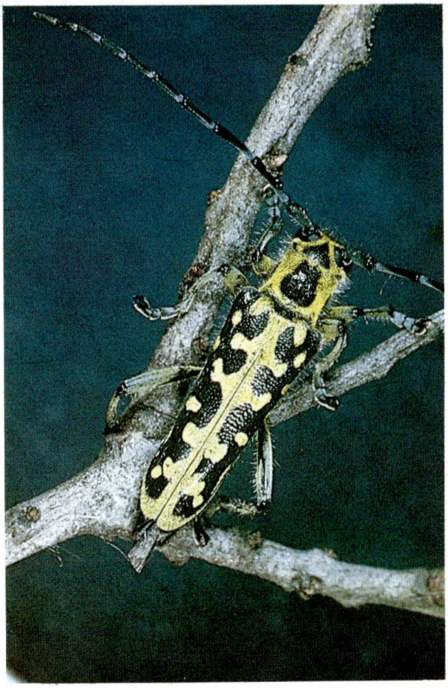

Agapanthia violacea
Familie Cerambycidae, Bockkäfer

Flügeldecken nur in der hinteren Hälfte deutlich behaart. Fühler nicht geringelt. Halsschild mit 3 undeutlichen hellen Längsbinden. 8-13 mm.
Im Mai und Juni (Nachzügler bis August) in Wiesen auf Laub und Blüten. Die Larven entwickeln sich in den Stengeln von Kräutern. Vor der Verpuppung nagen sie den Stengel vor und hinter sich an, so daß er nach dem herbstlichen Dürrewerden abbricht. Außerdem verschließen sie die ausgefressene Röhre vorne und hinten mit Genagsel.

Agapanthia irrorata
Familie Cerambycidae, Bockkäfer

Auf dem Halsschild an den Seiten und in der Mitte je ein heller Haarstreif, keine Seitendornen. Flügeldecken vorne grob gerunzelt und zum Hinterende feiner gepunktet und Reihen aus weißen Haarflecken. Die beiden innersten Fühlergleider schwarz, die äußeren schwarzweiß geringelt. 13 bis 18,5 mm.
Heimisch in Süditalien und auf den Inseln von Korsika bis Sizilien. Flugzeit Mai und Juni.

Saperda punctata
Familie Cerambycidae, Bockkäfer

Bläulichgrün behaart mit 4 bis 6 kleinen schwarzen Flecken auf dem Halsschild und je 6 auf den Flügeldecken, durch die man sich 2 Kreise denken kann.
12-18 mm.
Von Mai bis Juli auf Ulmen, wo sich die Larven in Stämmen und dicken Zweigen entwickeln. In Südeuropa, lokal und selten auch nördlich der Alpen.

Saperda perforata
Familie Cerambycidae, Bockkäfer

Gelblichgrün bis aschgrau behaart mit meist je 5 schwarzen Flecken variabler Größe auf den Flügeldecken. Auf dem Halsschild zwei dunkle Längsbinden, Fühler kontrastreich geringelt.
12-20 mm.
Die Käfer zeigen sich zwischen Juni und August vor allem am späten Nachmittag auf geschlagenen Pappeln. In der Abenddämmerung fliegen sie umher und kommen in der Dunkelheit auch ans Licht. Selten.

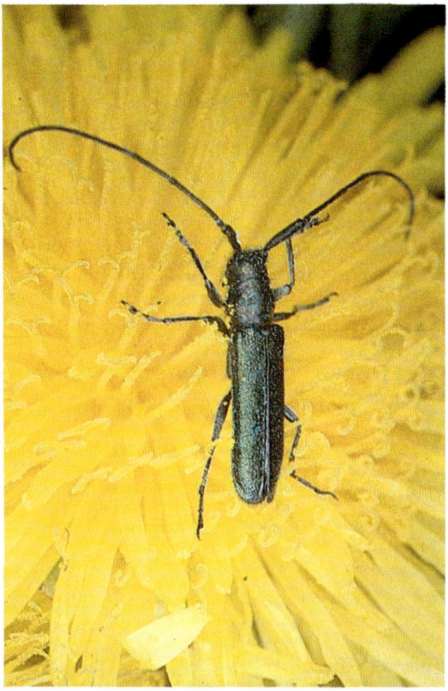
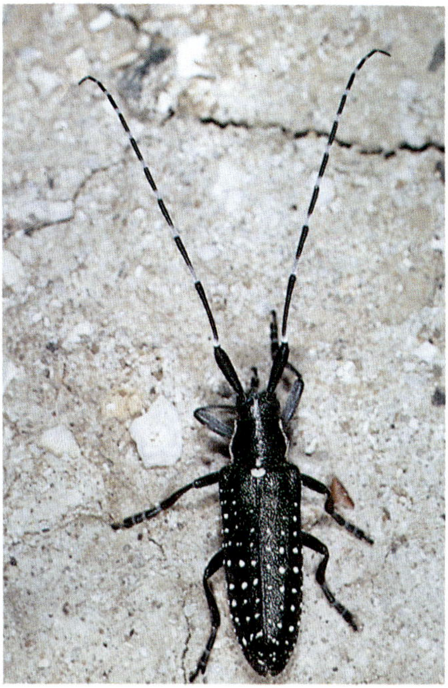
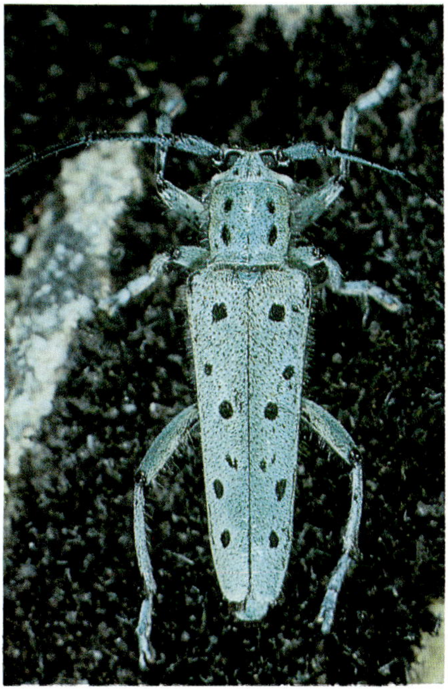
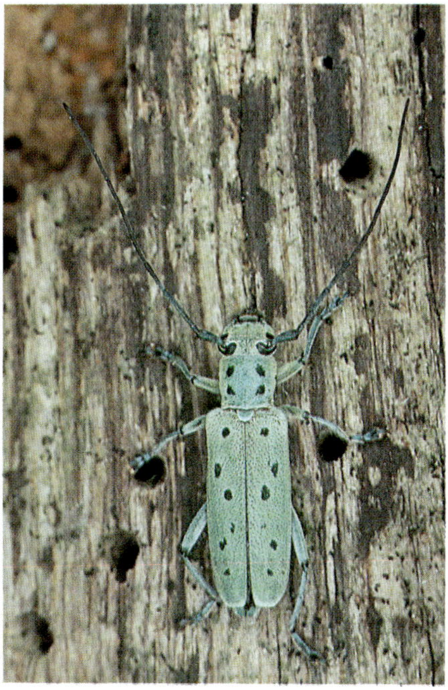

Saperda octopunctata
Familie Cerambycidae, Bockkäfer

Die schwarze Grundfärbung verschwindet unter einer hell grünlichen Behaarung. Halsschild mit 2 bis 4, Flügeldecken mit je 4, selten auch nur 3 in einer Längsreihe stehenden schwarzen Fleckchen.
14-16 mm.
Von Mai bis Juli auf geschlagenen Linden und Pappeln.

Saperda populnea
Familie Cerambycidae, Bockkäfer

Dicht gelblich behaart, auf den Flügeldecken je 4 bis 6 helle Haarflecke in einer Längsreihe. Fühler hell und dunkel geringelt.
9-15 mm.
Von Anfang Mai bis Ende Juni auf Ästen und Laub von Espen, Pappeln und Weiden. Die Weibchen beißen zur Eiablage ein Loch in einen Zweig und nagen darunter eine hufeisenförmige Furche. Vielleicht wird dadurch die Abwehr der Pflanze gegen den Eindringling geschwächt. Wo sich die Larve im Zweig entwickelt und später verpuppt, entsteht eine keulige Verdickung.

Saperda carcharias
Großer Pappelbock, Weibchen
Familie Cerambycidae, Bockkäfer

Vom Männchen durch den mehr walzenförmigen Körper zu unterscheiden.
Die Weibchen nagen an Stellen mit mittelstarker Rinde, bei Stämmchen am Wurzelhals, bei großen Bäumen im Kronenbereich eine Nische bis auf den Bast und legen darin ein Ei. Die Larve schlüpft im nächsten Mai, frißt im ersten Sommer unter der Rinde, im zweiten tief im Holz und verpuppt sich im 3. Frühjahr. Das Schlupfloch des Käfers ist fast kreisrund. Die Larve kann Stämmchen und Äste bis 3 cm Dicke zum Absterben bringen und macht dickere anfällig gegen Windbruch.

Saperda carcharias
Großer Pappelbock, Männchen
Familie Cerambycidae, Bockkäfer

Die schwarze Grundfärbung verschwindet unter dicht samtiger, gelblicher Behaarung. Flügeldecken dicht schwarzglänzend gekörnt.
20 bis 30 mm.
Von Ende Juni bis August und bis in den September auf Pappeln, Espen und Weiden, vor allem in Alleen, am Waldrand und an Bachläufen. Die Käfer sitzen am Tage an Stämmen, Zweigen und Laub und fressen ausgezackte Löcher in die Blätter. Nach Sonnenuntergang schwärmen die Männchen um die Baumkronen.

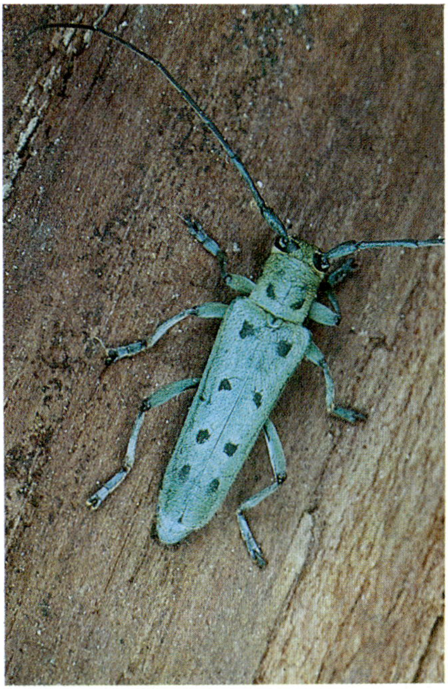
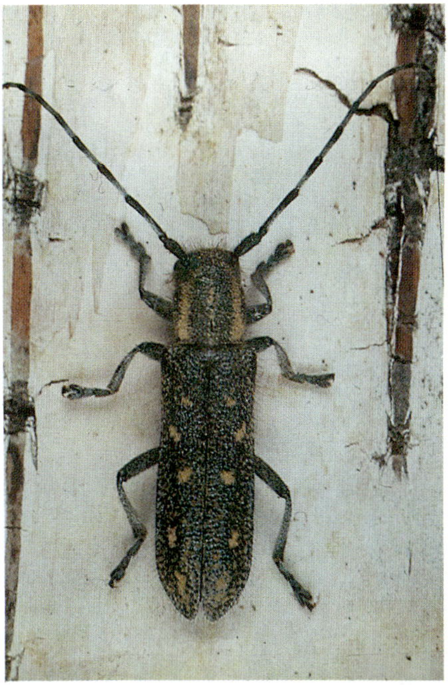
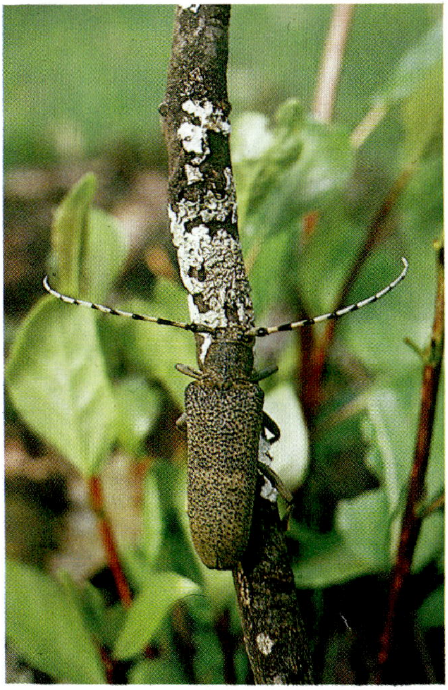
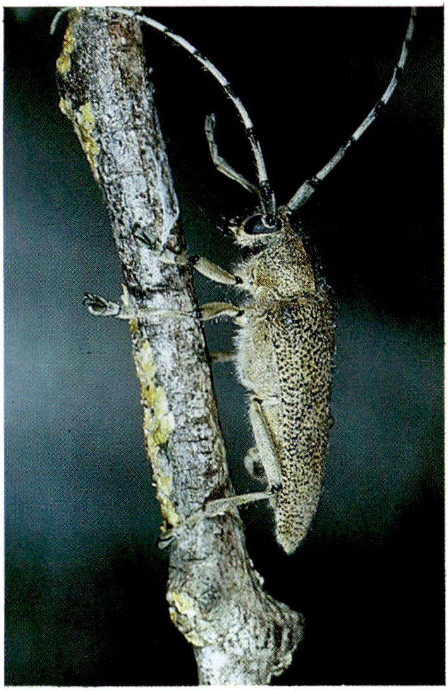

Phytoecia icterica
Familie Cerambycidae, Bockkäfer

Die Böcke der Gattung Phytoecia sind etwas walzenförmig, die Flügeldecken der Männchen mäßig, der Weibchen kaum nach hinten verengt. Icterica ist schwarz mit feiner grauer Behaarung. Auf dem Halsschild bildet dichte helle Behaarung eine Mittellinie. Alle Beine sind rötlichgelb.
7-12 mm.
Von Mai bis Juli auf Kräutern, vor allem auf Doldenblüten. Die Larven entwickeln sich vor allem in den Stengeln von Wilder Möhe und Pastinak.
Nicht häufig.

Phytoecia nigripes
Familie Cerambycidae, Bockkäfer

Breiter gebaut als die ähnlich gefärbten Obera-Arten. Flügeldecken schwärzlich, fein grau behaart. Auf dem rotbraunen Halsschild 2 schwarze Punkte.
10-16 mm.
Von Mai bis Juli auf Blüten und Blättern von Wiesenblumen. Die Larven fressen sich in den Stengeln von Doldenblütlern abwärts und verpuppen sich in der Wurzel. Von Bayern an südostwärts verbreitet.

Phytoecia pustulata
Familie Cerambycidae, Bockkäfer

Halsschild viel länger als breit, etwas runzelig, in der Mitte ein verwaschen rötlicher, etwas erhöhter Längsfleck.
5,5-8,5 mm.
Im Mai und Juni in Blumenwiesen, gern auf Blüten und Blättern von Schafgarbe. Die Larven entwickeln sich in den Stengeln von Schafgarbe und an deren Kräutern.
In Mittel- und Südeuropa.

Phytoecia argus
Familie Cerambycidae, Bockkäfer

Flügeldecken schwarz, dicht gelbgrau behaart, am Seitenrand mit einem schwarzen, haarlosen Längsstrich, kräftig gepunktet. Füße bräunlich.
10-16 mm.
In Südosteuropa, westlich bis in die Julischen Alpen und nach Venetien.

Phytoecia nigricornis
Familie Cerambycidae, Bockkäfer

Auf dem Halsschild heben sich 3 helle Haarbinden ab; Schildchen hell behaart, Beine schwarz bis auf ein Fleckchen an den Vorderbeinen. Flügeldecken fein anliegend behaart.
8-12 mm.
Von Mai bis Juli auf sonnigem Ödland, meist auf Rainfarn, Goldrute und Beifuß, den Futterpflanzen der Raupen. Vereinzelt.

Phytoecia coerulescens
Familie Cerambycidae, Bockkäfer

Eine grünlichgraue Behaarung verdeckt die schwarze Grundfarbe und bildet auf dem Halsschild 3 undeutliche Längsbinden. In der vorderen Körperhälfte lang abstehend behaart. Oberkiefer mit 2 Zähnen.
8-14 mm.
Nördlich der Alpen nur in sonnigwarmen Heiden auf Natterkopf, Ochsenzunge, Hundszunge und weiteren Boraginaceen. Von Mai bis Juli. Die Larven fressen sich in den Stengeln von Kräutern abwärts bis zum Wurzelhals, wo sie sich verpuppen.

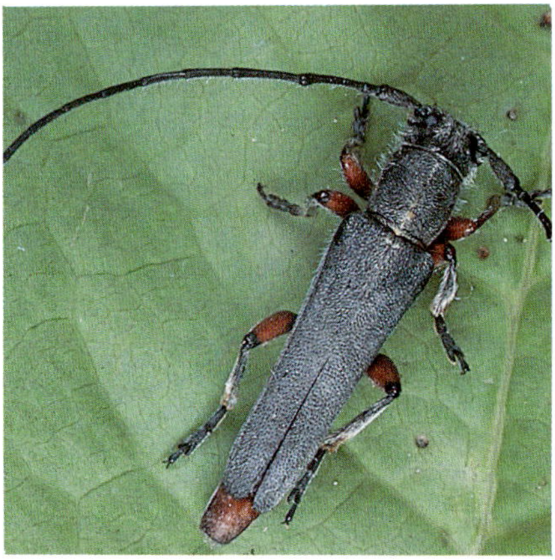
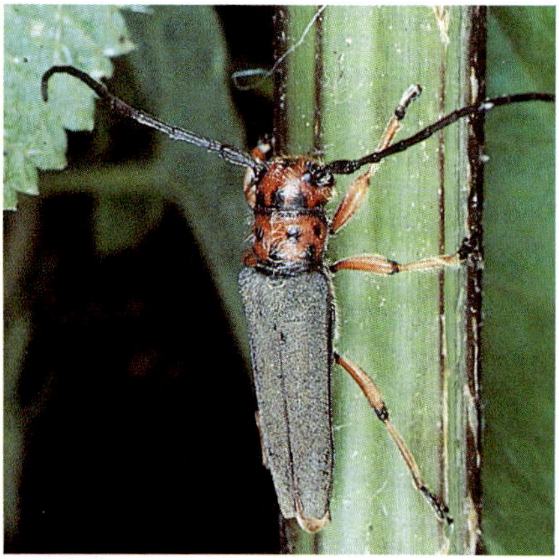
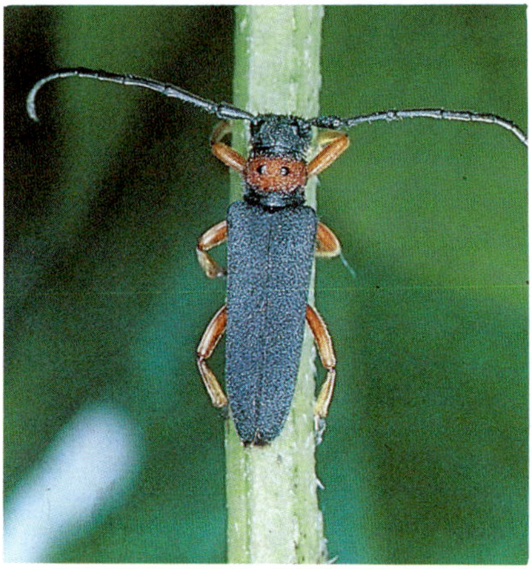
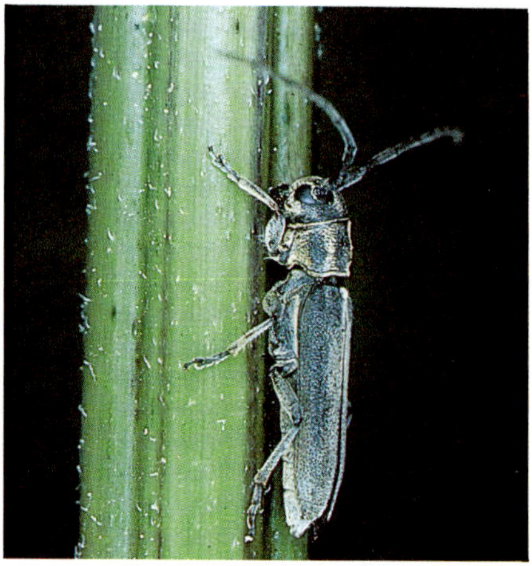
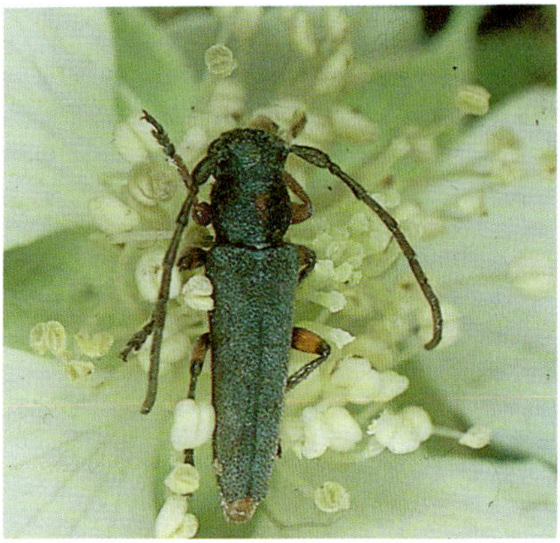
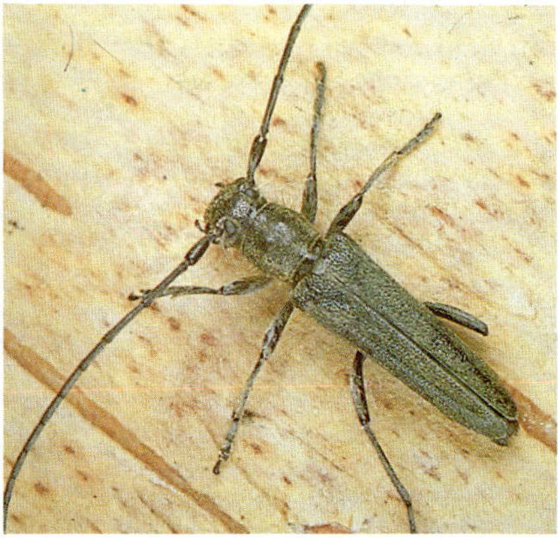

Oberea pupillata
Familie Cerambycidae, Bockkäfer

An den Seiten des Halsschildes 2 schwarze Flecke. Schildchen bräunlich, Flügeldecken am Vorderrand mit bräunlichem Wisch.
16-18 mm.
Von Mai bis Juli an Heckenkirsche, lokal und auch an den Fundorten nicht häufig. Die Larven entwickeln sich in den Stengeln von Geißblatt und Heckenkirsche (Lonicera).

Oberea oculata
Familie Cerambycidae, Bockkäfer

Brust braunrot mit 2 schwarzen Punkten. Die Flügeldecken sind düstergrau mit feinen grauen Haaren, etwas aufgeschlagenem Außenrand und gelbrotem Vorderrand. Von Juni bis September auf Weidenlaub. Die Käfer fressen Stengel und Rinde, die Weibchen nagen zur Eiablage eine Einische in einen Zweig, und die Larven leben im Mark frischer Weidenschößlinge, wobei sie die Abfälle durch Auswurflöcher entfernen.

Donacia aquatica
Familie Chrysomelidae, Blattkäfer

Strahlend grün mit einem purpurnen bis violetten Streifen entlang der Flügelnaht. Beine glanzlos schwarz mit feiner goldener Behaarung, Fühler schwarz. Oberschenkel der Hinterbeine mit einem Zahn.
6-10 mm.
Von Mai bis August auf Uferpflanzen, vor allem auf Seggen und Igelkolben.
Die Larven der Schilfkäfer entwickeln sich unter Wasser in Wasserpflanzen. Zum Atmen stechen sie mit hohlen Dornen am 8. Hinterleibssegment einen luftgefüllten Zwischenzellraum an. Die Käfer schlüpfen im Herbst und überwintern in einem Gespinst unter Wasser.

Donacia polita
Fam. Chrysomelidae, Blattkäfer

Halsschild von oben gesehen etwa quadratisch, weniger dicht punktiert und nicht quergerunzelt. Flügeldecken glänzend mit einer schwachen schrägen Eindellung im vorderen Drittel. Hinterschenkel der Männchen mit 2 Zähnen und stark verdickt, beim Weibchen mit einem schwachen Zahn.
6,5-8 mm.
In Südeuropa auf Sumpfpflanzen.

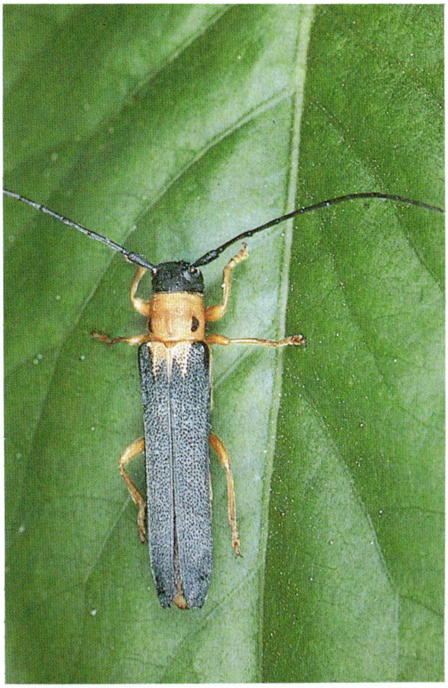
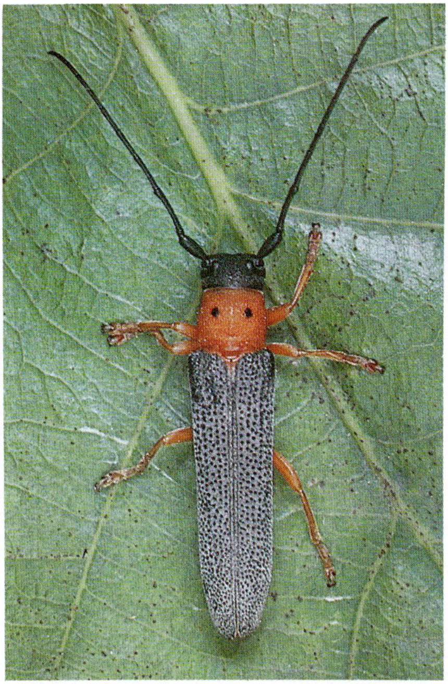
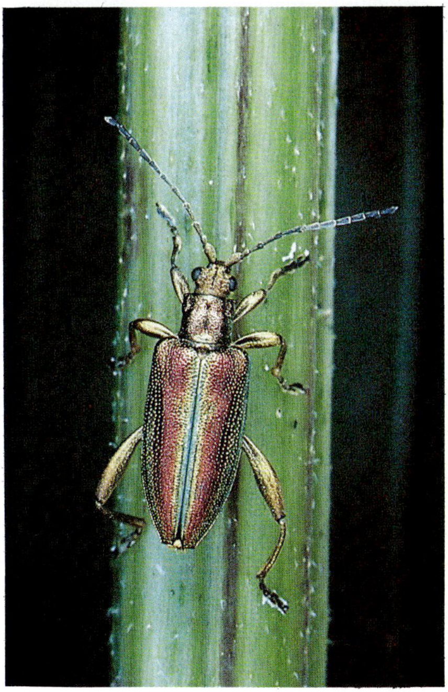
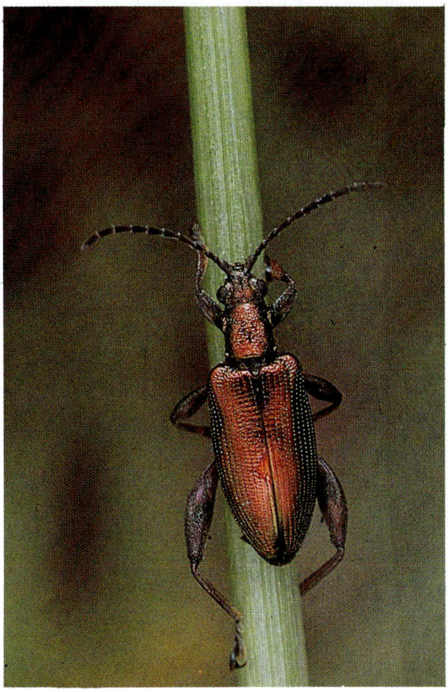

Donacia bicolor
Fam. Chrysomelidae, Blattkäfer

Goldbronzen bis bronzen, selten auch kupferig oder blau. Flügeldecken mit 2 schrägen Einsenkungen nahe der Naht und 2 weiteren vor und hinter der Mitte über dem Seitenrand. Unterseite und Schenkel goldgelb behaart.
8,5-11 mm.
Nicht selten von Mai bis August auf Pfeilkraut, Wasserschwaden und anderen Sumpfpflanzen. Die Larve lebt unter Wasser an Igelkolben.

Donacia simplex
Fam. Chrysomelidae, Blattkäfer

Der Kopf, über die Augen gemessen, ist fast so breit wie der Halsschild, die Schenkel sind ohne Zahn, der Rücken wenig und meist kupferig glänzend, aber auch grün oder blau, die Beine sind bis auf die Knie dunkel metallisch. Die Flügeldecken wirken hinten wie abgeschnitten.
7-9 mm.
Von Juni bis August auf Seggen und Wasserschwaden, nicht selten.

Donacia sparganii
Fam. Chrysomelidae, Blattkäfer

Der Halsschild ist breiter als lang und sehr fein und dicht gerunzelt und ohne Punkte. Auf den Flügeldecken je 2 sehr flache Eindrücke. Die Punktstreifen gehen auf der Schulterbeule in ungeordnete Punkte über. Die Oberschenkel der Hinterbeine tragen Dornen und erreichen nicht das Hinterende der Flügeldecken.
7-9 mm.
Von Juni bis August auf Igelkolben und Schwanenblume. Selten.

Donacia clavipes
Fam. Chrysomelidae, Schilfkäfer

Flügeldecken von arttypischem Umriß, seitliche Vorsprünge am Halsschild stumpf, der selber schwach punktiert ist. Goldengrün, manche auch kupferig oder blau, Antennen und Beine metallisch gelb bis rotbraun. Oberschenkel wenig geschwollen, ohne Dorn, die der Hinterbeine reichen etwa bis zum Hinterende der Flügeldecken.
7-12 mm.
Auf Sumpfpflanzen, meist über dem Wasser, südwärts bis Sardinien.

Donacia crassipes
Fam. Chrysomelidae, Blattkäfer

Flügeldecken nicht quergerunzelt, Halsschild fast glatt, hintere Oberschenkel auffallend gekrümmt und an der Unterseite mit einem Zahn. Färbung metallisch blau, golden oder grün.
9-13 mm.
Im Hoch- und Spätsommer auf Schwimmblättern wie Seerosen und Laichkraut.

Donacia impressa
Fam. Chrysomelidae, Blattkäfer

Halsschild dicht und kräftig punktiert und mit etwas vorspringenden Vorderecken. Oberschenkel mit einem kleinen Zahn. Auf den Flügeldecken im ersten Streifen neben der Naht sehr fein schräg- bis längsgerunzelt.
6-10 mm.
Im Mai auf Seggen über und am Wasser, häufig.

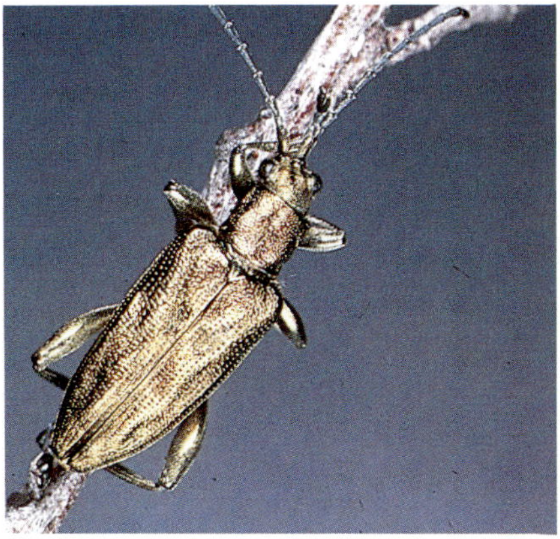
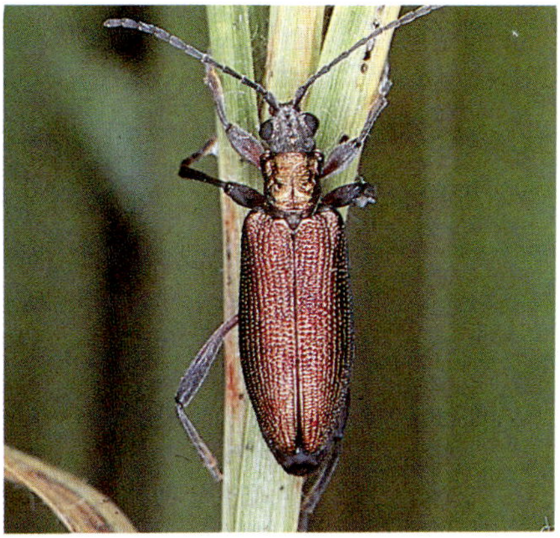
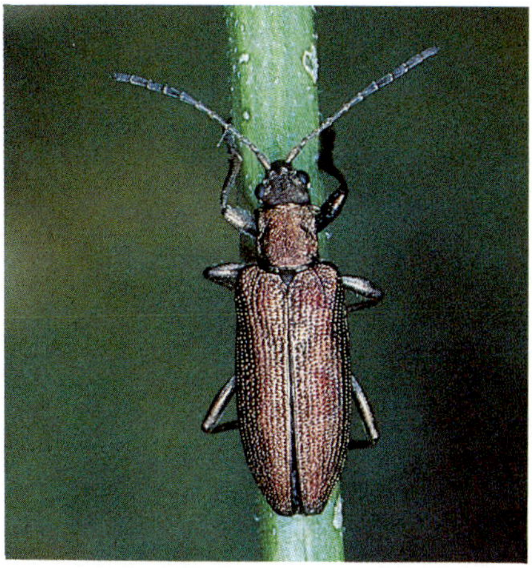
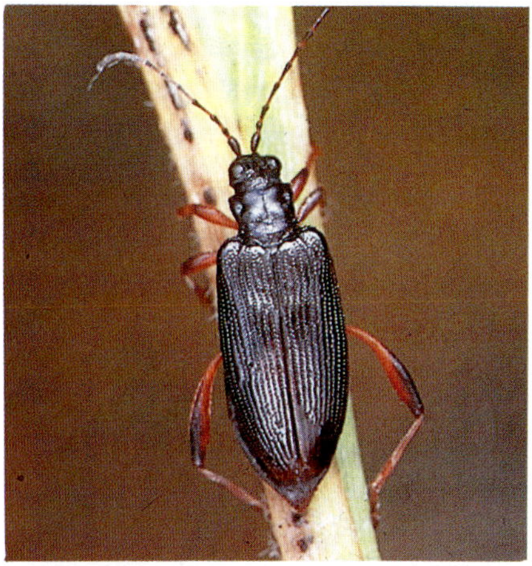
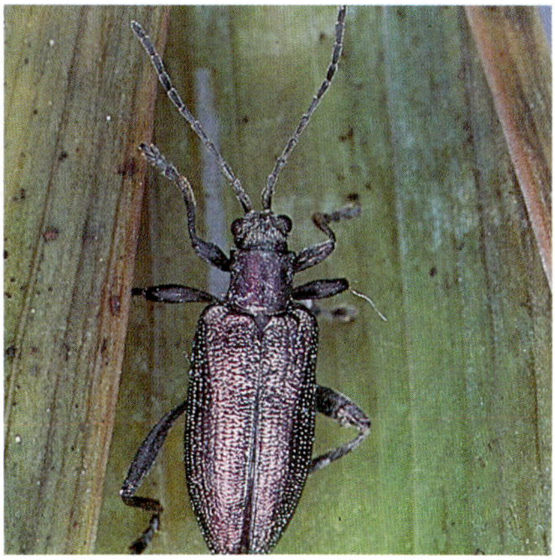
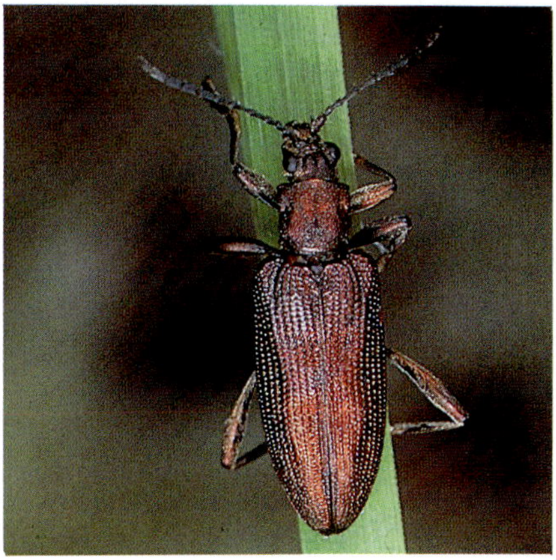

Donacia obscura
Fam. Chrysomelidae, Blattkäfer

Halsschild dicht runzelig punktiert; der Vorderrand ist schmal aufgebogen und geht an den Seiten in ein Zähnchen über (Lupe). Die Flügeldecken sind dunkel mit Bronzeglanz und am Vorderrand unregelmäßig punktiert.
8,5-10 mm.
Im Mai auf blühenden Binsen und Seggen, recht selten.

Plateumaris consimilis
Fam. Chrysomelidae, Blattkäfer

Die Gattung ist kenntlich an den höher als bei Donacia gewölbten Flügeldecken und an einem Zahn am Oberschenkel der Hinterbeine. Bei consimilis sind die Flügeldecken fein und dicht quer gerunzelt, nur der innerste Zwischenraum neben der Naht ist glatt. Halsschild fein und dicht punktiert. Färbung metallisch von rot oder grün bis schwärzlich.
6-9 mm.
Von Mai bis Juli häufig auf Seggen (Carex) und Sumpfdotterblume. In fast ganz Europa und weiter ostwärts bis Japan.

Donacia Malinowskyi
Fam. Chrysomelidae, Blattkäfer

Flügeldecken fein gestreift, oben locker und auf der Schulterbeule in Reihen punktiert. Dunkel metallisch grün bis violett, an den Seiten meistens goldengrün.
7-10 mm.
Im Juni an Schilf und Wasserschwaden, auch auf Froschbiß, häufig an Stengeln unter Wasser. Vor allem in Nord- und Osteuropa.

Plateumaris sericea
Fam. Chrysomelidae, Blattkäfer

Oberseite metallisch glänzend von fast schwarz bis purpurrot, blau grün oder kupferig. Halsschild sehr fein und gleichmäßig punktiert mit einer Seitenbeule hinter dem kantigen Vorderrand. Das innerste Fühlerglied ist 1,5 mal, das 4. zweimal so lang wie das zweite.
7-11 mm.
Häufig über Sommer in der Sumpfvegetation.

Plateumaris braccata
Fam. Chrysomelidae, Blattkäfer

Die Plateumaris-Arten sind höher gewölbt als die Donacia-Arten, und die Naht zwischen den Flügeldecken wird bei ihnen hinten breiter. Braccata hat grob quergerunzelte Flügeldecken und vorne an den Halsschildseiten eine kräftige Beule. Meist schwarz mit Violettglanz, Halsschild auch mit Grün- oder Blauglanz.
9-12 mm.
Vor allem im Juni, an Schilf.

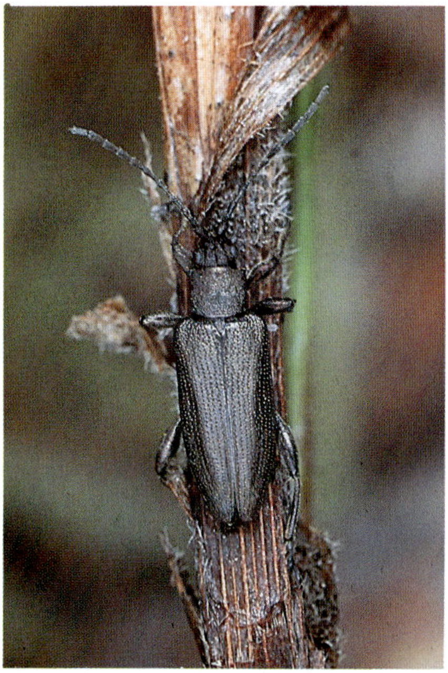

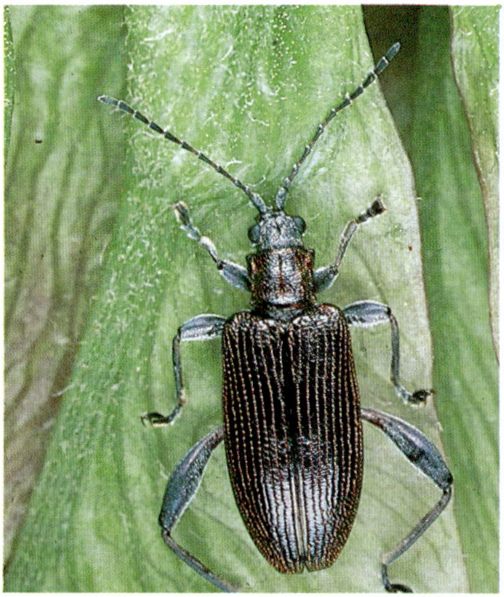

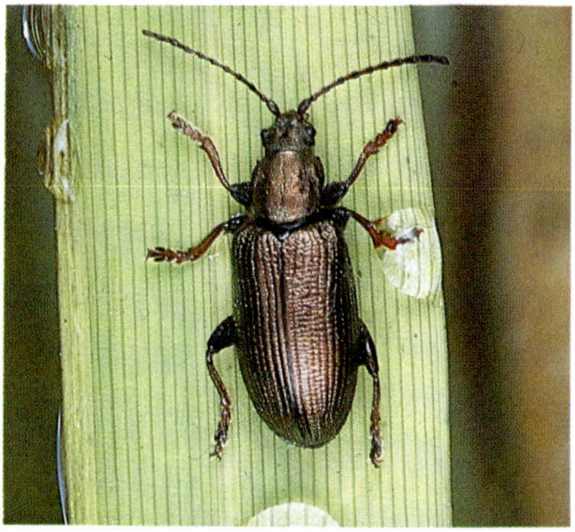

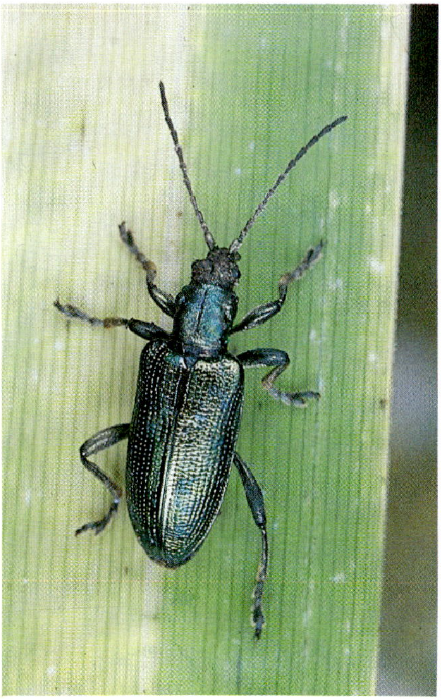

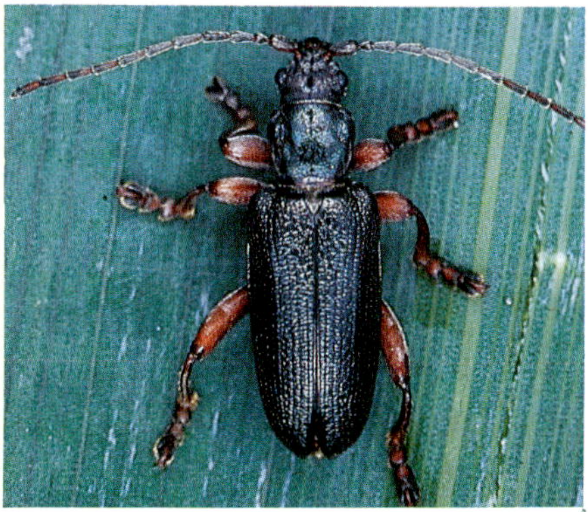

Oulema melanopus
Fam. Chrysomelidae, Blattkäfer

Halsschild braunrot, Kopf und Flügeldecken blau, bei manchen Tieren auch grün oder schwarz. Beine größtenteils braunrot. Das zweitinnerste Fühlerglied so lang wie breit.
4-4,5 mm.
Von Ende April bis Juni und wieder vom Juli bis in den Herbst, wenn sich die Käfer zur Überwinterung verstecken. Auf Wiesen, wo sie bei Massenauftreten schädlich werden. Die Käfer fliegen weit und sitzen später bis in die Großstädte an Hauswänden. Einer der häufigsten Käfer.

Oulema (Lema) cyanella
Fam. Chrysomelidae, Blattkäfer

Einfarbig blau, seltener auch grün oder schwarz. Halsschild hinter der Mitte runzelig eingeschnürt.
3 bis 4 mm.
Sehr häufig von April bis August in feuchten Wiesen, wo die Käfer und ihre Larven an Disteln leben und fressen.

Crioceris duodecimpunctata
Fam. Chrysomelidae, Blattkäfer

Kopf rot, Halsschild gelbrot, Flügeldecken mit je 6 veränderlichen schwarzen Punkten.
5-6,5 mm.
Von Juni (Mai) bis August (Oktober) auf Spargel. Die Käfer überwintern und erscheinen nach dem Austreiben der Sprosse. Die Weibchen kleben ihre Eier einzeln an Spargeltriebe, die Larven fressen vor allem an den halbreifen Beeren. Sie verpuppen sich im Boden. Die Käfer haben schon ganze Spargelfelder kahlgefressen.

Oulema lichenis
Fam. Chrysomelidae, Blattkäfer

Der Halsschild ist hinten eingeschnürt und trägt an der verengten Stelle höchstens einzelne größere Einstiche. Meist metallisch blau, aber auch grün oder schwarz. Fühler und Beine dunkel.
3-4 mm.
Käfer und Larven fressen feine Streifen aus den Blättern von Gras und Getreide. Eine Allerweltsart. Eine Generation pro Jahr von April bis Oktober.

Crioceris quatuordecimpunctata
Fam. Chrysomelidae, Blattkäfer

Auf dem Halsschild 4 oder 5 schwarze Flecke. Die Flecke auf den Flügeldecken können alle oder einige fehlen oder mit den Nachbarn verschmelzen. Die Käfer können zirpen.
5-6,5 mm.
Im Frühsommer und Sommer auf Spargel. Käfer und Larven leben offen, wie es sich nur geschützte Tiere leisten können: Die Larven sind von einer schmierig-schleimigen Schicht bedeckt.

Crioceris paracenthesis
Fam. Chrysomelidae, Blattkäfer

Halsschild rotbraun, Flügeldecken rotgelb mit schwarzer Naht und schwarzen Schultern, dazu je ein Seitenfleck und hinten eine schwarze Binde. Beine zweifarbig schwarz und braun.
4 bis 4,5 mm.
Im Mai und Juni auf Spargel. Heimisch in Südeuropa.

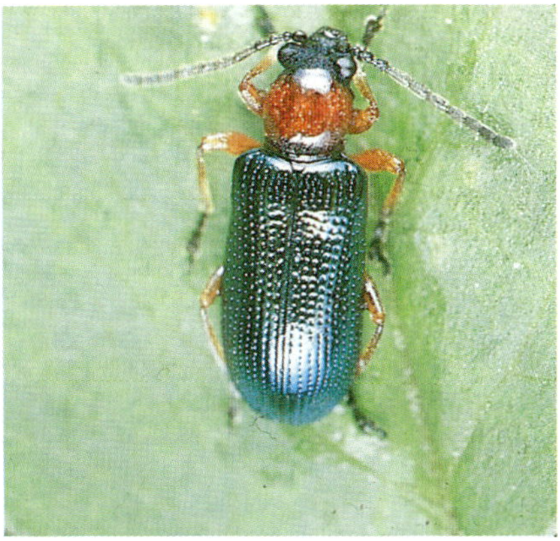
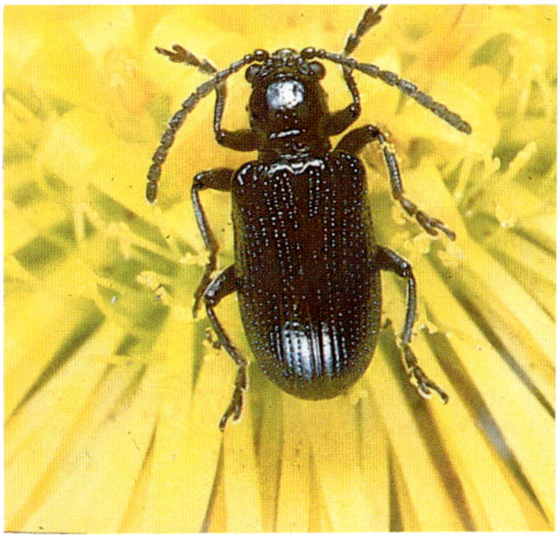
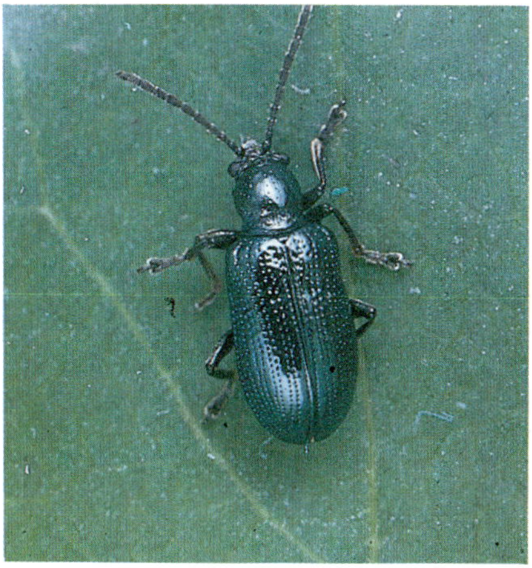
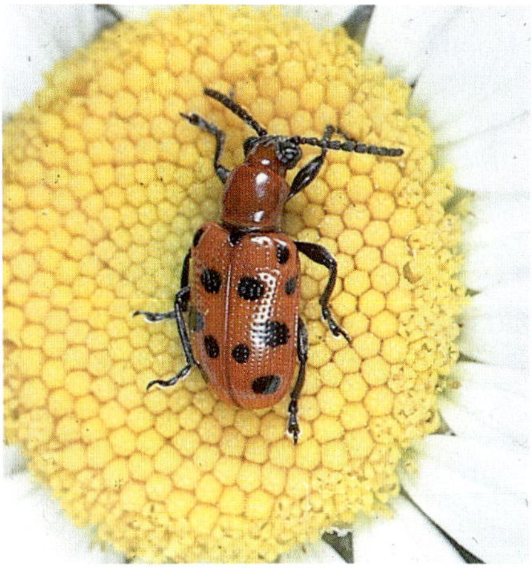
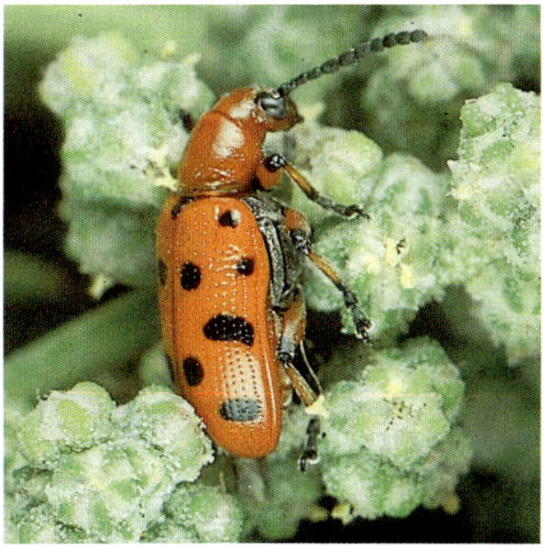
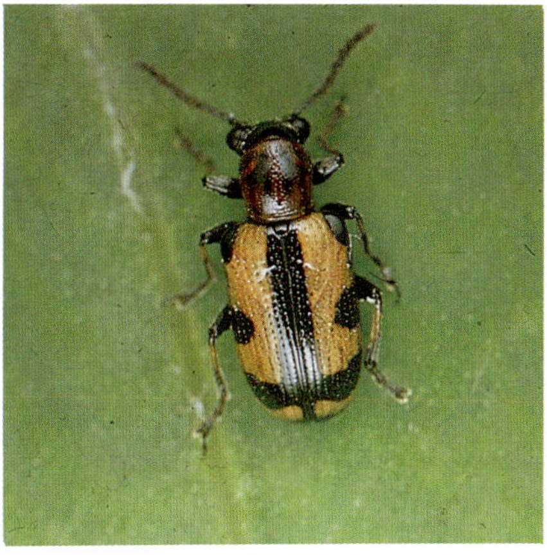

Lilioceris merdigera
Fam. Chrysomelidae, Blattkäfer

Meist sind Fühler, Knie, Füße und Teile des Bauches schwarz, selten auch mehr oder weniger rot.
6–7,5 mm.
In Wiesen auf Lilien wie Türkenbund, Weißwurz, Maiglöckchen und Salomonssiegel, wo Käfer und ihre mit Schleim bedeckten Larven die Blätter mehr oder weniger zerfressen. Die Eier werden mit einer schützenden Hülle aus Darminhalt bedeckt und in Gruppen an die Futterpflanzen geklebt. Die Käfer überwintern. Sie können laut zirpen (Hähnchen).

Lilioceris lilii, Lilienhähnchen
Fam. Chrysomelidae, Blattkäfer

Brust und Flügeldecken scharlachrot, Kopf meist schwarz, aber auch mehr oder weniger rot, Beine und Fühler schwarz.
6–8 mm.
Käfer und Larven von April bis August auf Lilien, wo die Larven lange Streifen aus den Blättern nagen. Die Käfer fressen Löcher in den Blattrand. 2 oder 3 Generationen pro Jahr. Die Käfer leben 2 Jahre. Oft und auffallend in Ziergärten.

Lachnaea sexpunctata
Fam. Chrysomelidae, Blattkäfer

Halsschild metallisch dunkelgrün, blau oder schwarz und wollig hell behaart. Flügeldecken mit 6 schwarzen Punkten. Beim Männchen sind die Vorderbeine auffallend lang.
9–13 mm.
Von Ende April bis Anfang Juli auf Gebüsch, vor allem an Eichen, an sonnigen Waldrändern. Die Larven leben in einem festen, aus Erde gebauten Köcher in Ameisennestern. Verbreitet und häufig in Südwesteuropa, lokal und meist selten im südlichen Mitteleuropa.

Lachnaea italica
Fam. Chrysomelidae, Blattkäfer

Kopf und Halsschild ducht wollig behaart, Stirn eng längsgerunzelt, die Vorderbeine der Männchen auffallend lang, ihre Unterschenkel ganz leicht gekrümmt. Halsschild metallisch grün, Flügeldecken rotbraun mit je 3 schwarzen Flecken.
7,5–10 mm.
In Italien bis in die südlichen Alpentäler. Im Mai und Juni vor allem auf Brombeere.

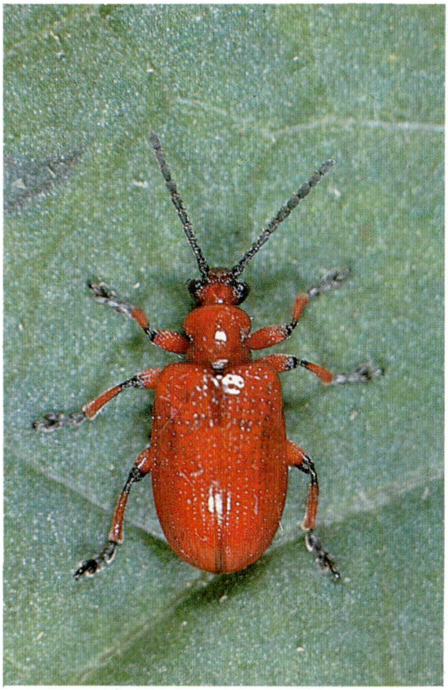
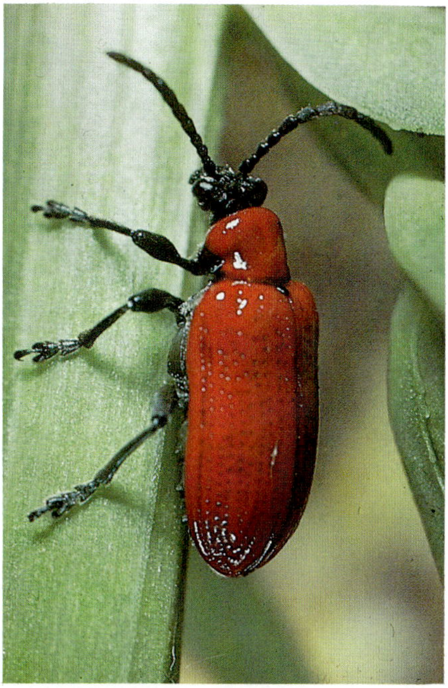
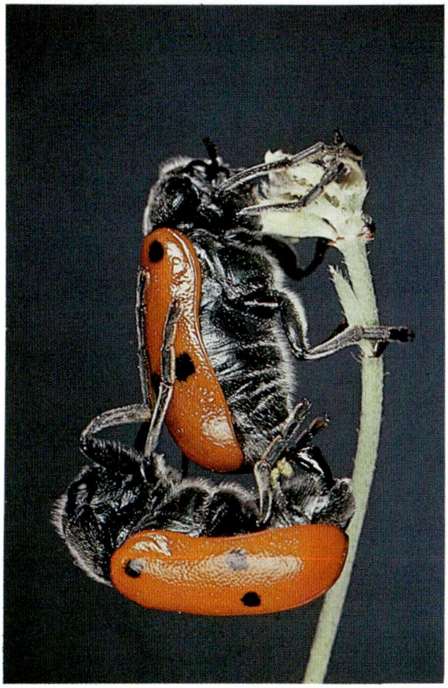
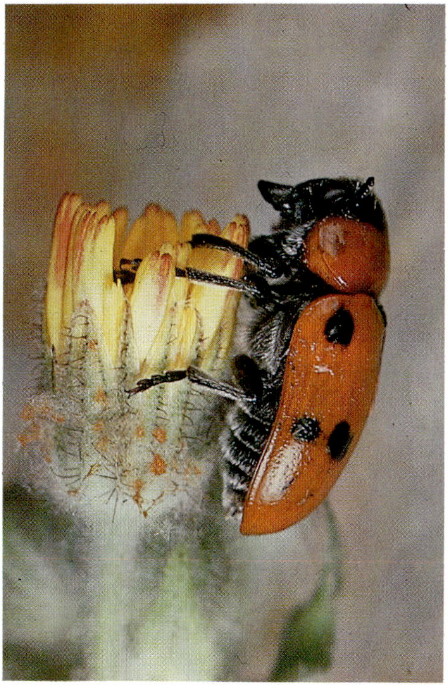

Clytra laeviscula
Fam. Chrysomelidae, Blattkäfer

Der hintere Flügeldeckenfleck ist breit und nähert sich dem Flügelrand. Der Halsschild ist bis auf wenige Randpunkte glatt und glänzend, wie poliert.
7-11 mm.
Von Mai bis August auf Büschen und Kräutern, wo die Käfer Blätter benagen. Die Weibchen bekleben die Eier nach der Ablage mit einem erhärtenden Sekret und lassen sie fallen. Sie werden von Ameisen ins Nest getragen, wo sich die Larven von Abfällen und Ameiseneiern ernähren. Sie fertigen sich einen Köcher aus Erde und Kot, den sie zur Verpuppung mit einem Pfropf verschließen. Manche Weibchen legen die Eier auch direkt auf die Ameisenhaufen.

Smaragdina cyanea
Fam. Chrysomelidae, Blattkäfer

Halsschild rotgelb, Flügeldecken dicht und stark punktiert.
4,5-6,5 mm.
Von April bis August an sonnigen Waldrändern auf den Blättern von Weißdorn, Hasel und Weiden, die sie mit Fraßlöchern durchsieben. Die Larven leben in der Bodenstreu von welkenden Pflanzenteilen. Sie stecken wie die Cryptocephalus-Arten in einem aus Erde und Kot gefertigten Köcher.

Cryptocephalus pini
Fam. Chrysomelidae, Blattkäfer

Halsschild fein und sehr dicht, Flügeldecken weniger dicht aber etwas kräftiger punktiert. Braungelb, Füße und innerste Fühlerglieder gelb.
3,5-5 mm.
Im Herbst in Kiefern- und Fichtenschonungen, meist auf den Zweigspitzen an sonnigen Waldsäumen. Lückenhaft verbreitet, an den Fundorten aber manchmal zahlreich.

Tituboea macropus
Fam. Chrysomelidae, Blattkäfer

Glänzend rotgelb, Schildchen, Fühlerenden, Füße und zwei veränderliche Flecke auf jeder Flügeldecke schwarz.
5-7 mm.
Von Mai bis Juli auf Wiesenblumen (Bocksbart, Klee), in der Mittagshitze verborgen. In Südeuropa, nordwärts bis an den Alpenrand und nach Wien.
Im Foto ein Weibchen bei der Eiablage.

Cryptocephalus virens
Fam. Chrysomelidae, Blattkäfer

Halsschild in der Mitte glatt, an den Seiten mit wenigen sehr feinen Punkten. Schwarz mit Grünglanz.
4,5-5,5 mm.
Im Sommer auf Blüten. In Süd- und Südosteuropa, nördlich der Alpen sehr lokal an sommerwarmen Orten.

Cryptocephalus sexpunctatus
Fam. Chrysomelidae, Blattkäfer

Auf den Flügeldecken je 3 schwarze Flecke, der Schulterfleck ist langgezogen, der hinterste ist der größte, er kann eingeschnürt oder zweigeteilt sein.
4,5-6,5 mm.
Von Mai bis August auf Eichen, Weiden, Birken und Hasel, im Bergland.

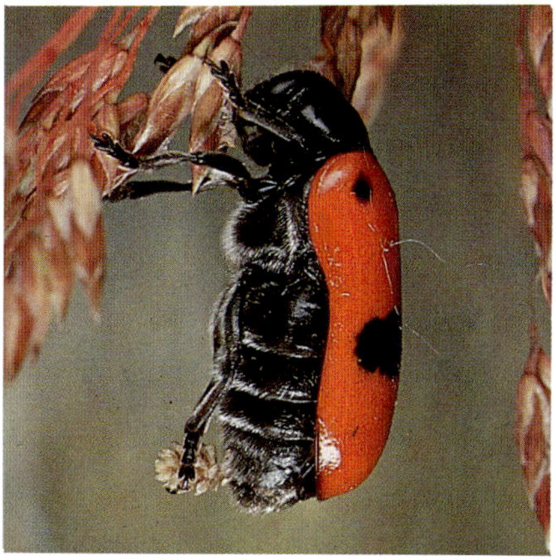
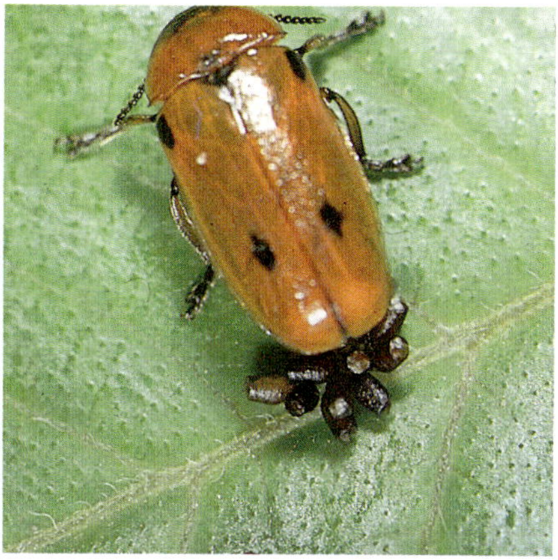
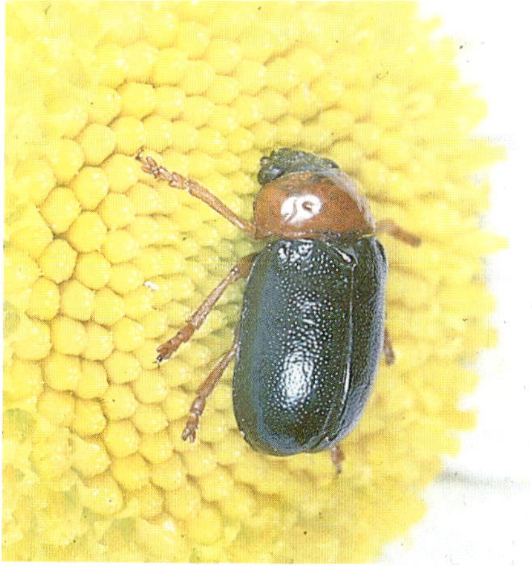
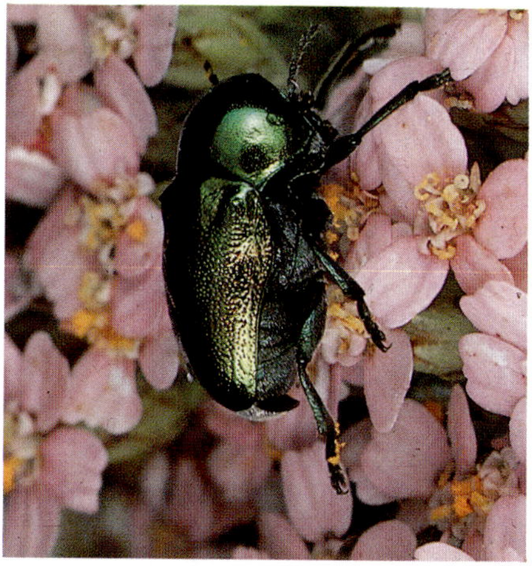
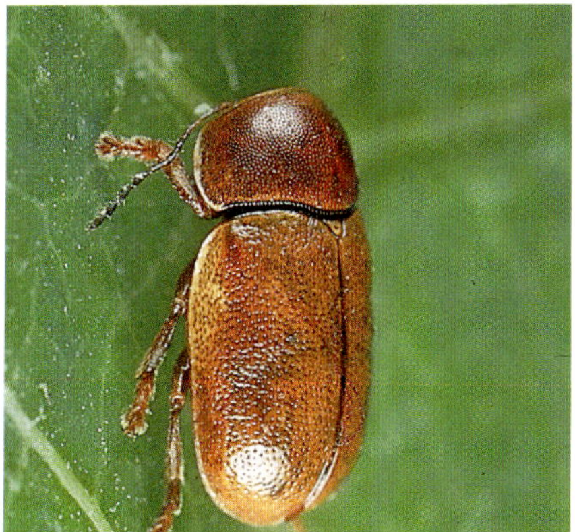
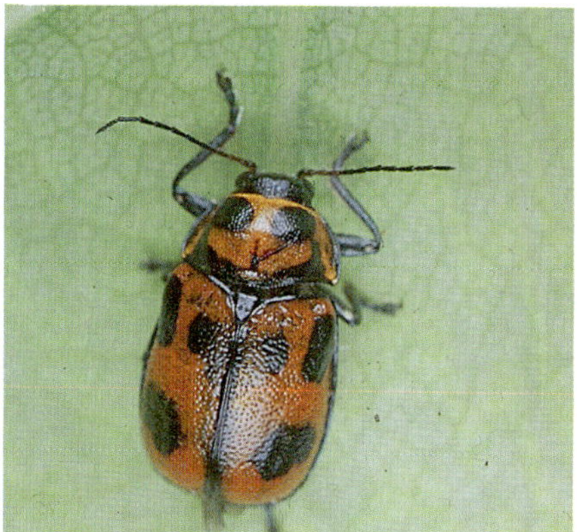

Cryptocephalus moraei
Fam. Chrysomelidae, Blattkäfer

Glänzend schwarz mit gelben bis orangeroten sehr veränderlichen Flecken und wie genäht wirkenden Einstichen auf den Flügeldecken. Halsschild fein und locker punktiert. Auch am Kopf veränderliche gelbrote Flecke.
3-5 mm.
Von Ende Mai bis in den August auf Wiesenblumen, mit Vorliebe für Johanniskraut. Die Larven stecken wie alle Cryptocephalus-Larven in einem Erdköcher und leben in der Mulmschicht.

Cryptocephalus sericeus
Fam. Chrysomelidae, Blattkäfer

Metallisch grün, goldgrün, purpurn oder blau, manchmal in mehreren Farbspielen auf einer Blüte oder in Paarung. Halsschild feiner punktiert als die Flügeldecken. Die innersten 5 Fühlerglieder metallisch.
5-7 mm.
Sehr häufig von Mai bis Juli in Blumenwiesen, mit Vorliebe für gelbe Korbblüten. Bei einer Störung ziehen die Käfer (wie alle Cryptocephalus-Arten) die Beine an und fallen ab.

Cryptocephalus biguttatus
Familie Blattkäfer, Chrysomelidae

Glänzend schwarz bis auf einen gelbroten Querfleck auf den Flügeldecken sowie bräunliche Fühlerwurzeln.
4,5-6 mm.
Verstreut, an den Fundorten, auf warmen Blumenwiesen am Waldrand, auf den Zweigen von Weiden und Hasel nicht selten. Flugzeit Mai bis Juli.

Cryptocephalus schaefferi
Fam. Chrysomelidae, Blattkäfer

Gedrungen, metallisch grün, blau, aber auch golden oder purpurrot, Fühler schwarz. Halsschild kugelig, gleichmäßig und dicht punktiert, am Hinterrand oben mit 2 Dellen und schmaler glatter Mittellinie. Flügeldecken sehr dicht und gröber punktiert und am Vorderrand eingedellt.
7-8 mm.
Häufig im Juni und Juli in sonnigen Magerrasen auf Korbblütlern, gern auf Löwenzahn, aber auch auf Skabiosen und Natterkopf.

Cryptocephalus bipunctatus
Fam. Chrysomelidae, Blattkäfer

Halsschild glatt wie poliert, Flügeldecken rot mit schwarzer Naht und schwarzem Saum und einem kleinen Flecken vorn und einem größeren hinten, die auch zu einem Band zusammenfließen können.
4-6 mm.
Von Mai bis Juli nicht selten auf Blättern in Gebüsch am Waldrand, manchmal auch auf Blüten. Wie alle Cryptocephalus-Arten lassen sich die Käfer sehr leicht fallen.

Cryptocephalus crassus
Fam. Chrysomelidae, Blattkäfer

Gedrungen, glänzend schwarz, Fühler an der Wurzel, Vorderbeine und alle Füße bräunlich. Männchen mit gelber, Weibchen mit gelb gefleckter Stirn. Flügeldecken mit feinen Punktreihen.
3,5-5 mm.
Auf Sommerwiesen in Südeuropa, nordwärts bis zum Elsaß.

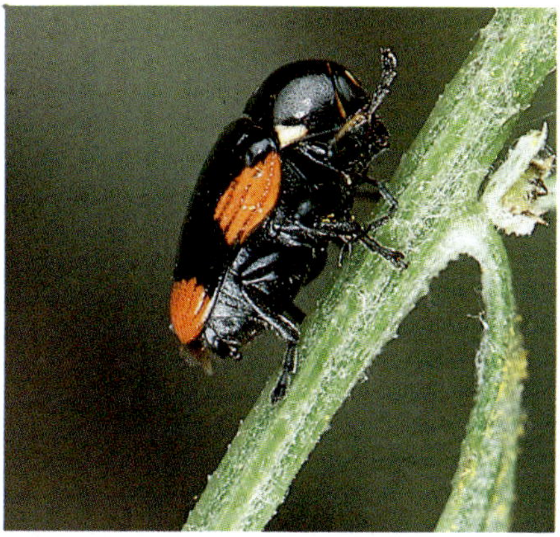
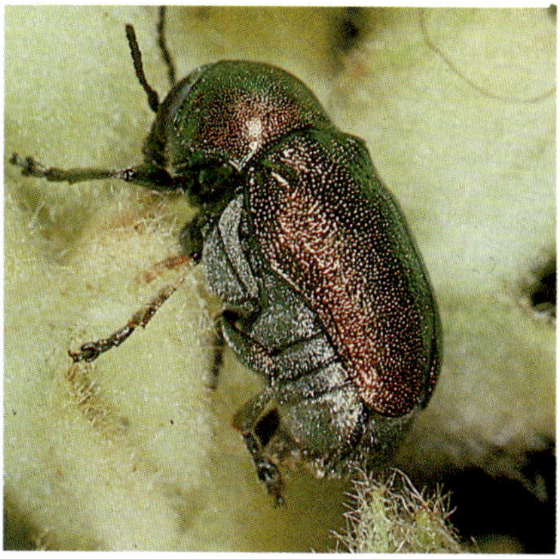
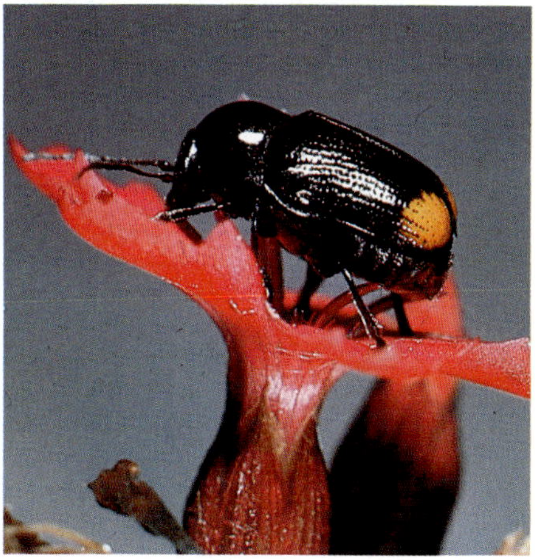
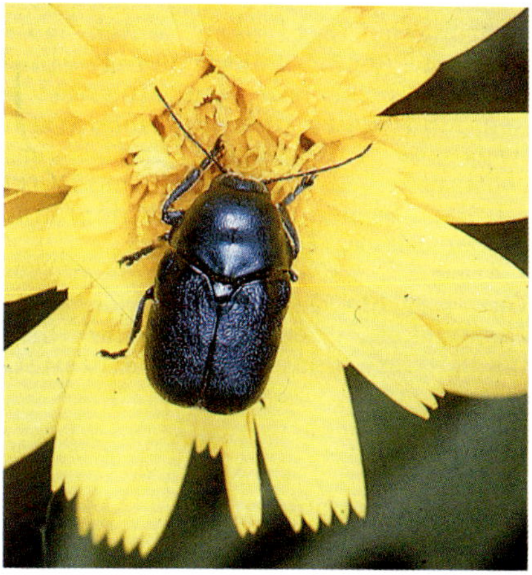
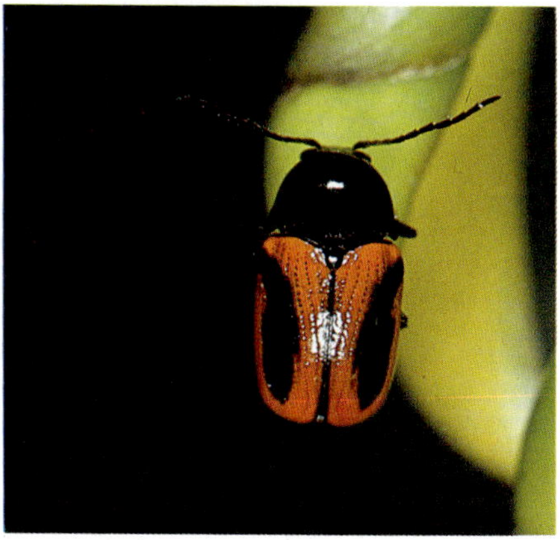
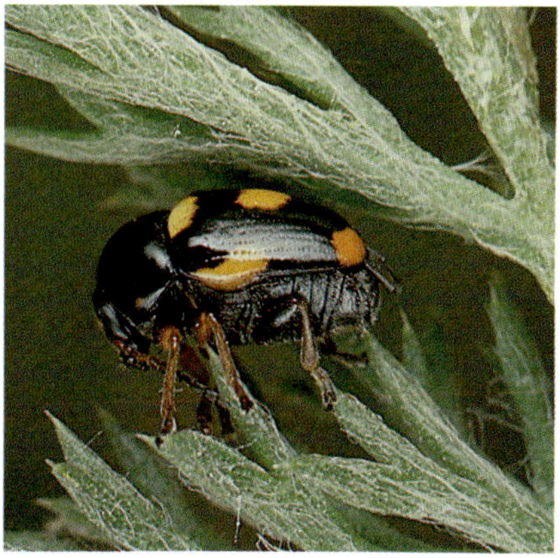

Cryptocephalus octopunctatus
Fam. Chrysomelidae, Blattkäfer

Halsschild schwarz mit leichtem Grünglanz und mit 3 elfenbeinweißen Längsstreifen. Auf den Flügeldecken je 3 bis 4 schwarze Flecke, die bei manchen Tieren fehlen.
5-6 mm.
In trockenen Wiesen auf Gras und Kräutern, auf Weiden- und Birkengebüsch. Vor allem im Mai, Nachzügler bis September.

Pachybrachys sinuatus
Fam. Chrysomelidae, Blattkäfer

Gedrungen, mit nach unten geneigtem Kopf. Fühler lang. Die gelben Flecke auf den Flügeldecken sind etwas über die schwarze Umgebung erhoben und von schwarzen Einstichen durchsiebt. An den Beinen bei den Knien ein gelber Fleck, Füße schwarz.
3-4 mm.
Von Mai bis Juli auf Weiden und Tamarisken, von Süden her bis ins mittlere Deutschland verbreitet.

Chrysomela limbata
Fam. Chrysomelidae, Blattkäfer

Seiten- und Vorderrand der Flügeldecken rot, die Flügeldecken sind fein und dicht punktiert, dazwischen liegen größere Einstiche in Längsreihen. Die Männchen sind schlank, die Weibchen von eiförmigem Umriß.
6-10 mm.
Vereinzelt in trockenen, sandigen Heiden, tagsüber meist unter Steinen.

Coptocephala scopolina
Fam. Chrysomelidae, Blattkäfer

Auf den Flügeldecken eine auf der Naht unterbrochene und hinten eine durchgehende schwarze Querbinde. Halsschild rotbraun.
5 bis 7 mm.
Im Juni und Juli in trockenen Magerrasen auf Kalkgrund, die Käfer sitzen meist in Blüten, gern auf Fenchel, und lassen sich auf eine Erschütterung hin mit angezogenen Beinen fallen.
Nördlich der Alpen nur zerstreut.

Pachybrachys tesselatus
Fam. Chrysomelidae, Blattkäfer

Auf den Flügeldecken eine etwas erhabene gelbe Zeichnung ohne schwarze Einstiche. Am Hinterleibsende zwei gelbe Fleckchen, Oberschenkel außen mit einem gelben Abschnitt.
3,8 bis 4 mm.
An jungen Trieben von Eiche, Hasel, Weiden, Birken und weiteren Laubholzarten.
Heimisch in Südeuropa, lokal in warmen Lagen auch in Mitteleuropa.

Leptinotarsa decimlineata, Kartoffelkäfer
Fam. Chrysomelidae, Blattkäfer

Die Käfer überwintern im Boden und leben in 1 oder 2 Generationen mit ihren Larven an Kartoffeln, in Massen, wo sie nicht bekämpft werden. 1877 wude der Käfer zum ersten Mal aus Amerika nach Europa eingeschleppt. Mit Pestiziden ist es bis heute gelungen, die Besiedlung von Engländl zu verhindern, obwohl die Käfer gut fliegen. Bekämpfung mit einem Mittel, das den Käfern den Geschmack verdirbt, so daß sie auf den Kartoffelblättern verhungern.

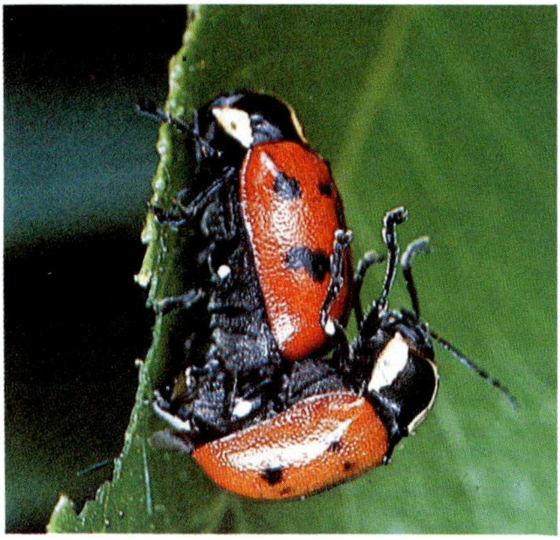
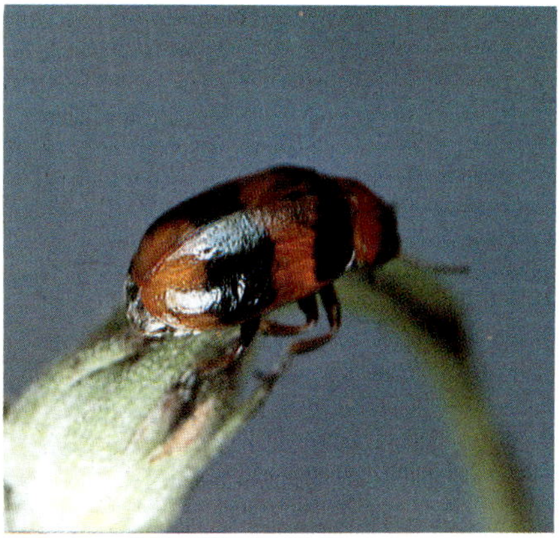
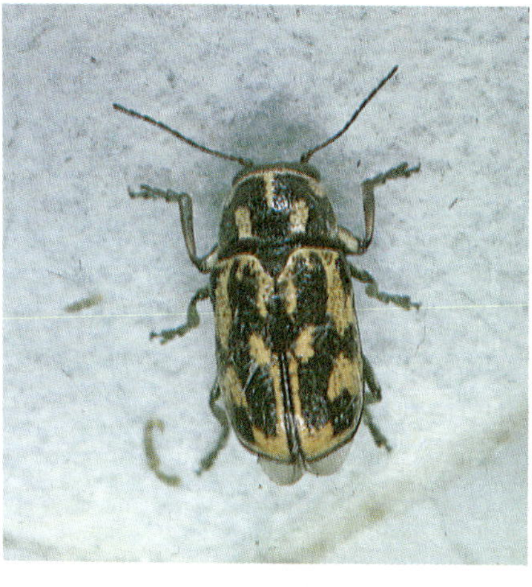
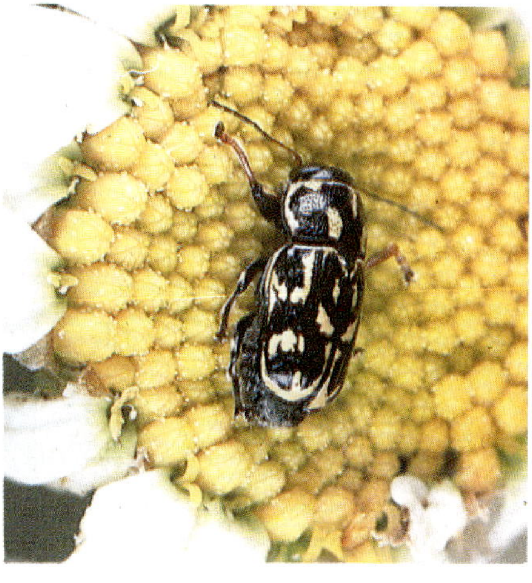
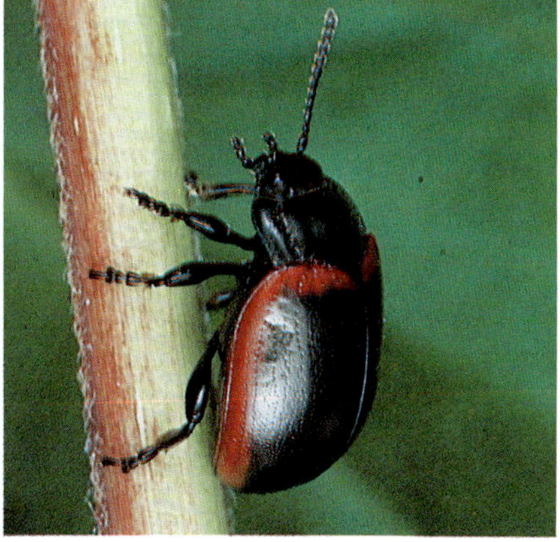
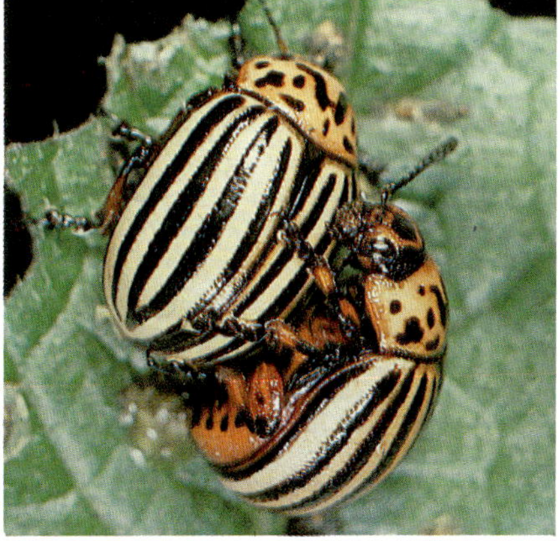

Chrysomela sanguinolenta
Fam. Chrysomelidae, Blattkäfer

Ampedus (Elater) sanguinolentus
Familie Elateridae, Schnellkäfer

Scharlachrot mit einem mehr oder weniger ausgedehnten schwarzen Fleck auf den Flügeldecken (der auch fehlen kann). Halsschild gleichmäßig punktiert und ohne deutliche Mittelfurche.
10-12 mm.
Von April bis August, meist im Mulm zerfallender Strünke von Weiden, Pappeln und Eichen. Nicht häufig. Vor allem in Auwäldern, auch auf alten Stämmen, im Unterwuchs und auf Doldenblüten. Die Weibchen legen ihre Eier in die Rinde zerfallender Baumstümpfe, wo die Larven über 2 oder 3 Jahre räuberisch leben.

Chrysomela varians
Fam. Chrysomelidae, Blattkäfer

Körper länger als breit und hoch gewölbt. Halsschild ohne deutlichen Randwulst. Flügeldecken unregelmäßig dicht punktiert. Metallisch grün, kupferig, goldgrün, dunkelblau oder schwärzlich violett.
4,5-6 mm.
Von Mai bis September auf Johanniskraut, im Hochsommer verborgen. Aus den Eiern schlüpfen schon nach wenigen Minuten die Larven. Puppenruhe in der Erde. 2 oder 3 Generationen pro Jahr.

Chrysomela diversipes (violacea)
Fam. Chrysomelidae, Blattkäfer

Halsschild an den Seiten gröber gepunktet, schwarzblau, vereinzelt auch erzgrün, Füße rotbraun und vor allem beim Männchen sehr breit. Die beiden innersten Fühlerglieder braun.
6 bis 10 mm.
Von April bis Oktober vor allem an Labkraut und Gundermann.

Chrysomela americana
Familie Chrysomelidae, Blattkäfer

Auf den stark glänzenden, goldgrünen oder goldroten Flügeldecken abwechselnd kupferne und purpurne Längsbinden. Die Halsschildseiten sind stark punktiert, aber nicht wulstig abgesetzt. Auf den Flügeldecken sind die Punkte paarweise genähert und lassen 9 Längsreihen erkennen.
7-8 mm.
Mediterran, nördlich der Alpen nur in den wärmsten Lagen. Im Sommer auf Pflanzen, vor allem auf Rosmarin und Lavendel.

Chrysomela polita
Fam. Chrysomelidae, Blattkäfer

Kopf und Halsschild bronzeglänzend grün, Flügeldecken glänzend bräunlich. Die innersten Fühlerglieder aufgehellt. Halsschild oben fein punktiert, mit breitem Randwulst, der durch eine in der Mitte unterbrochene Reihe grober Punkte abgeteilt wird.
6,5-8,5 mm.
Feuchtigkeitsliebend. Vom Frühling bis in den Herbst in Wiesen und an Grabenböschungen auf Salbei, Minzen, Dost und anderen Lippenblütlern.

Chrysomela graminis
Fam. Chrysomelidae, Blattkäfer

Golden- bis kupfergrün, Seitenrand des Halsschildes nicht durch eine Furche abgesetzt und am Rande mit gröberen Punkten als in der Mitte. Von den Punkten auf den Flügeldecken strahlen feine Rinnen aus.
7-11 mm.
Von Ende Mai bis September nicht selten auf Schafgarbe, Margeriten, Rainfarn, Ziest und weiteren Kräutern.

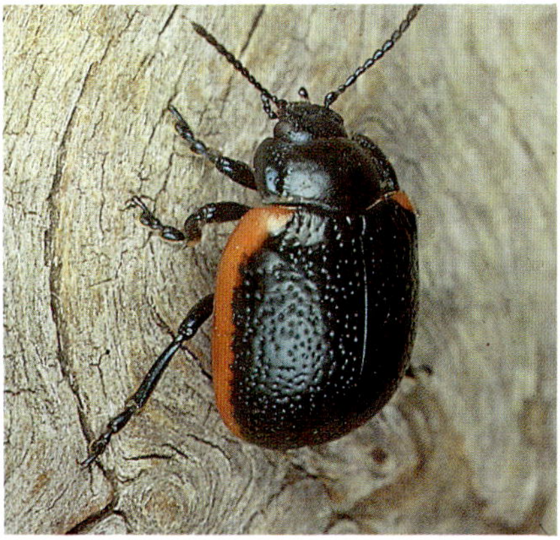
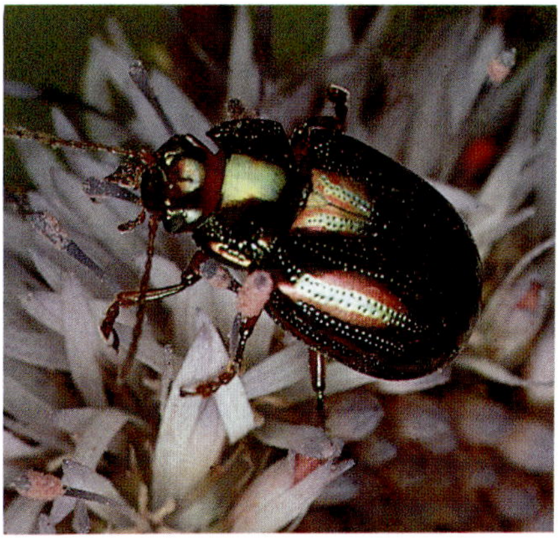
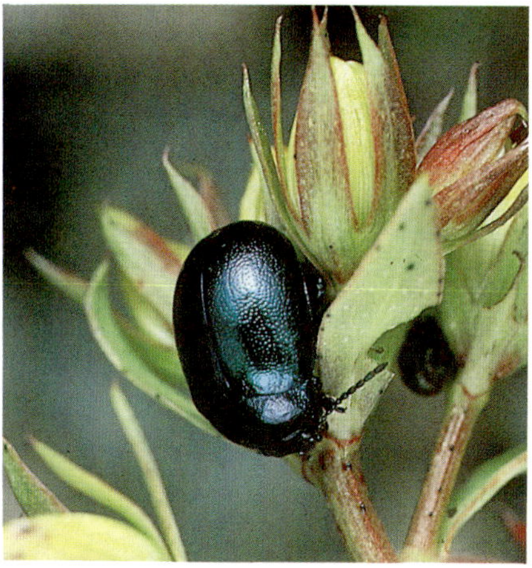
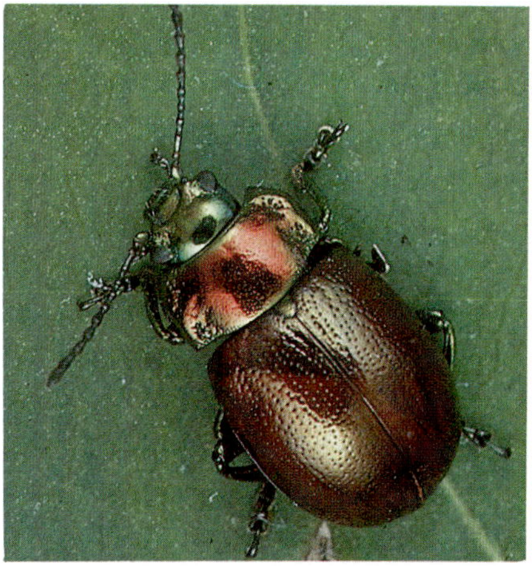
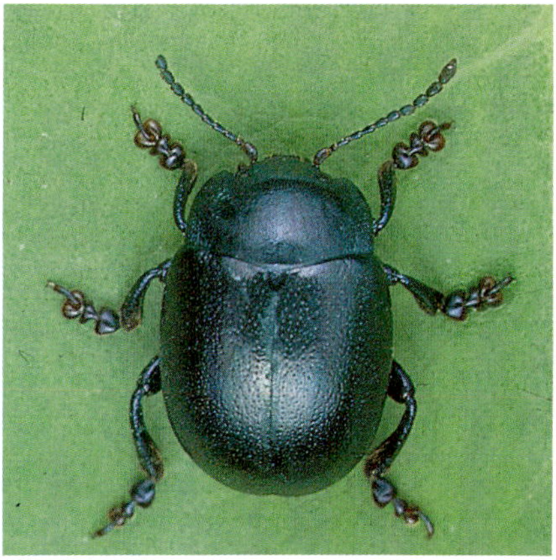
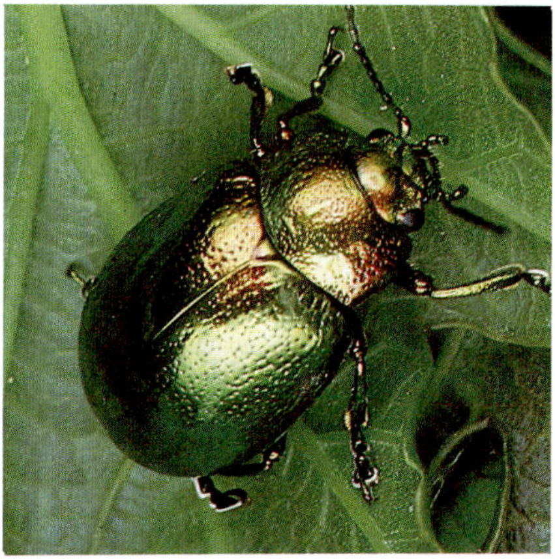

Chrysomela hyperici
Fam. Chrysomelidae, Blattkäfer

Dunkel grün, blau oder schwarz mit Bronzeglanz. Halsschild oben sehr fein punktiert, dazwischen mit noch feineren Rillen. Der Seitenwulst ist hinten durch eine Furche, vorne durch eine Punktreihe abgetrennt. Auf den Flügeldecken Reihen von vorne größeren Doppelpunkten.
6-7 mm.
Von April bis Oktober gesellig und zusammen mit den Larven an Johanniskraut. Die Käfer überwintern. Im Süden bis Nordafrika.

Chrysomela cerealis
Fam. Chrysomelidae, Blattkäfer

Halsschild und Flügeldecken meist mit metallisch farbigen Längsstreifen, Fühler und Beine dunkel metallisch. Flügeldecken punktiert in angedeuteten Längsreihen, Halsschild mit breitem, nach vorne schwächer werdenden Seitenwulst.
6-7 mm.
Von Juni bis Oktober offen und auffallend an Minzen und anderen Lippenblütlern an warm-trockenen Standorten.

Chrysochloa cacaliae
Fam. Chrysomelidae, Blattkäfer

Halsschild mit breitem Seitenwulst und am Hinterrand leicht eingebuchtet. Fühlerglieder etwa 1,5 mal länger als breit. Färbung oft metallisch grün mit blauer Naht, aber auch goldengrün, dunkelblau oder feuergolden.
8-11 mm.
Häufig von Juni bis August auf Greiskraut, Alpendost und anderen Korbblütlern.
In den Alpen, Sudeten und Karpaten.

Chrysomela coerulans
Fam. Chrysomelidae, Blattkäfer

Die Punkte auf dem Halsschild werden zu den Seiten dichter, dieser mit etwa parallelen Seiten und einem durch grobe Einstiche abgetrennten Seitenwulst. Auf den Flügeldecken grobe und feine Punkte. Metallisch blau, grün oder kupferig mit blauen Längswischen und Säumen. Fühler und Beine in der Körperfarbe.
6-9 mm.
Von Mai bis August mancherorts massenhaft auf Minzen auf feuchten Weiden und Bergwiesen. In Mittel- und Südeuropa.

Chrysochus asclepiadeus
Familie Blattkäfer, Chrysomelidae

Meist veilchenblau, Fühler und Füße schwarz. Scheitel mit einer Längsfruche, Halsschild viel feiner punktiert als Kopf und Flügeldecken.
8-10 mm.
Nur auf Schwalbenwurz (Vincetoxicum). Meist sitzen mehrere Käfer auf den Blättern, die Larven entwickeln sich an den Wurzeln. Verbreitet im Mittelmeerraum in trockenen, sandigen Wäldern. Selten und lokal auch an warmen Orten nördlich der Alpen.

Chrysochloa gloriosa
Fam. Chrysomelidae, Blattkäfer

Gestreckter als die Chrysomela-Arten. Färbung sehr veränderlich von glänzend schwarz bis zu kräftigen Metallfarben, mit oder ohne Längsbinden. Arttypisch sind Dichte und Stärke der Punktierung auf den Flügeldecken und - von der Seite gesehen - der Körperumriß.
Von Juli bis September auf Bergwiesen, gern auf Doldenblüten.

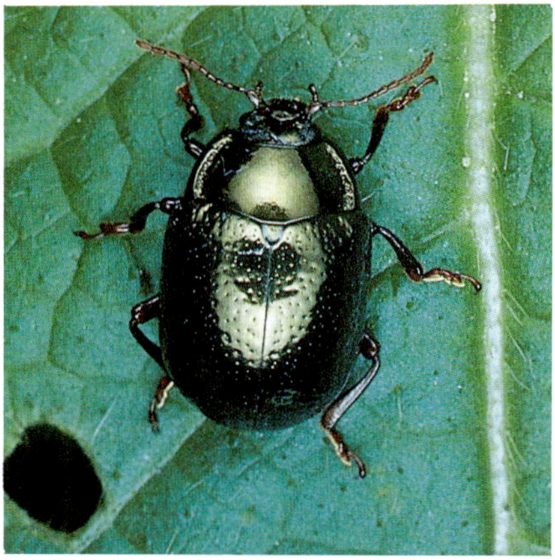
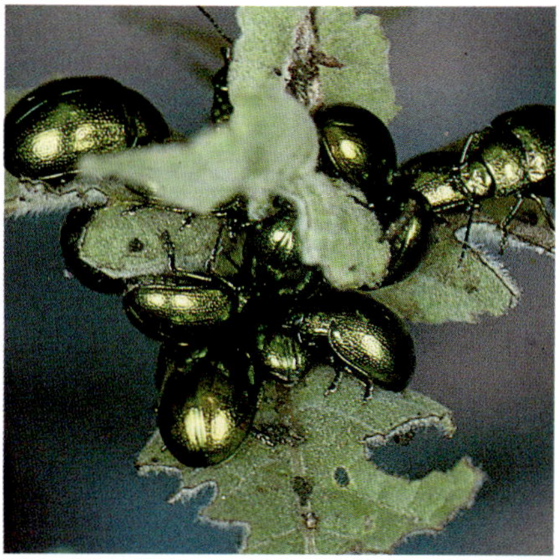
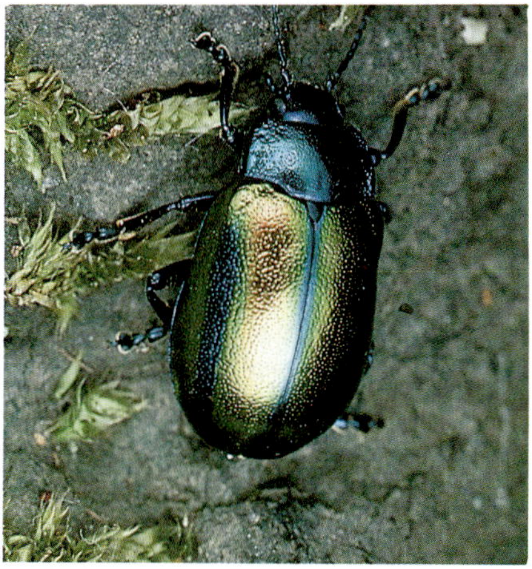
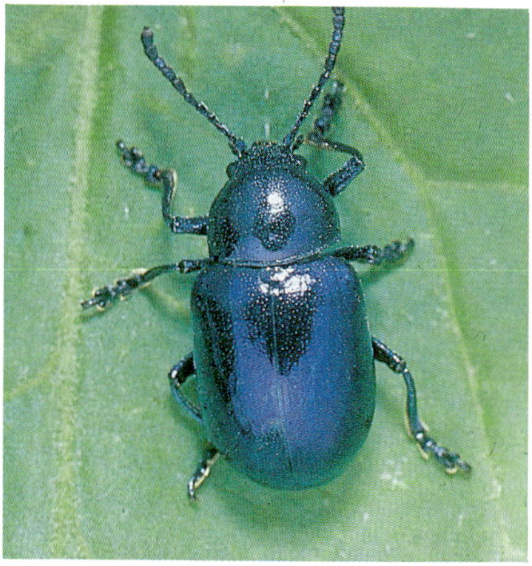
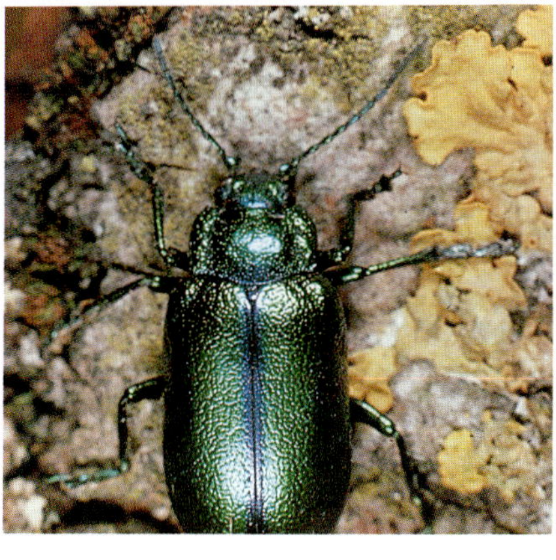
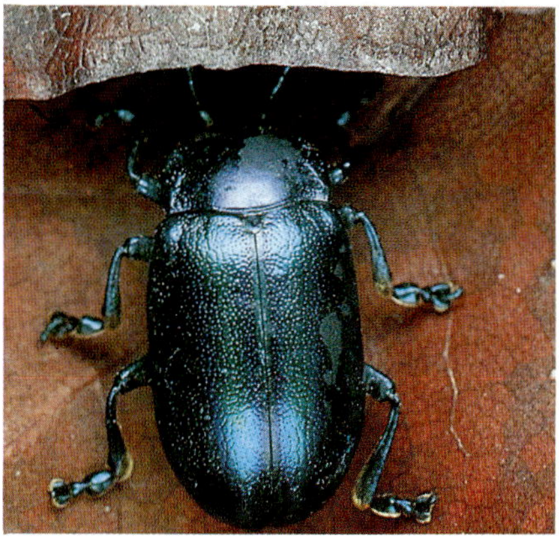

Entomoscelis adonidis
Familie Chrysomelidae, Blattkäfer

Oberseite rot mit arttypischer schwarzer Zeichnung, Unterseite schwarz. Entlang der Naht zwischen den Flügeldecken eine Längsrinne.
7-10 mm.
Meist auf Sonnenröschen (Adonis), seltener auf Disteln, Pestwurz, Löffelkraut und weiteren Pflanzen. Die Käfer schlüpfen im Mai und ziehen sich wenig später zu einem Sommerschlaf zurück, den sie im Süden nur nach den seltenen Sommerregen unterbrechen. Nördlich der Alpen auf warme Lagen im Osten und Südosten beschränkt.

Melasoma populi, Pappelblattkäfer
Kopf und Brust schwarz mit grünlichem Metallglanz. Rings um den Flügelrand eine einfache Punktreihe, hinteres Flügelende fein schwarz.
10-11 mm.
Von Mai bis August auf Pappel und Weide, die sie zuweilen kahl fressen. Jährlich 2 bis 3 Generationen, so daß man gleichzeitig Eier, Larven, Puppen und Käfer finden kann. Die Larven scheiden bei Berührung Tropfen von giftigem Salizylaldehyd aus.

Melasoma saliceti
Fam. Chrysomelidae, Blattkäfer

Ein Doppelgänger des Pappelblattkäfers, aber ohne schwarzes Fleckchen am Hinterende der Flügeldecken. Diese am Außenrand mit einer doppelten Punktreihe. Das 3. Fühlerglied von innen ist etwa anderthalb so lang wie das vierte.
6-10 mm.
Auf Weiden in Flußauen, vor allem auf Purpurweide, an den Fundstellen in großer Zahl. Die Käfer überwintern im Fallaub.

Dlochrysa fastuosa
Fam. Chrysomelidae, Blattkäfer

Goldenrot, grün, blauviolett, Halsschildrand und Naht oft blau, die 3 innersten Fühlerglieder bräunlich. Entlang der Naht und hinter den Schultern ein violetter Längswisch. Die Klauenglieder tragen nahe der Spitze einen Zahn. Augen oval, nicht nierenförmig wie bei den nächsten Verwandten.
5-6 mm.
Von April bis August, vor allem im Juni und Juli auf Taubnessel, Ziest und Hohlzahn, manchmal in großen Gesellschaften.

Gastroidea viridula
Fam. Chrysomelidae, Blattkäfer

Einfarbig metallisch grün, seltener blau oder kupferig, Unterseite metallisch schwarz. Halsschild feiner punktiert als die Flügeldecken.
4-6 mm.
Den Sommer über häufig bis massenhaft auf breitblättrigen Ampferarten, die sie mit Fraßlöchern durchsieben, seltener auf Knöterich und Kreuzblütlern. Die Weibchen meist mit von Eiern aufgetriebenem Hinterleib, der von den Flügeldecken nicht mehr ganz bedeckt wird, dazu oft mit einem Männchen huckepack. Oft krabbeln auch mehrere Männchen auf einem Weibchen herum.

Gastroidea polygoni
Fam. Chrysomelidae, Blattkäfer

Halsschild, Beine und die 4 innersten Fühlerglieder bräunlich, die Flügeldecken verworren punktiert und metallisch blau, grün oder violett.
4-5 mm.
Von Mai bis September auf Brachland, Schuttplätzen, Feldrainen. Häufig, aber unauffällig auf Knöterich, selten auch auf Ampfer.

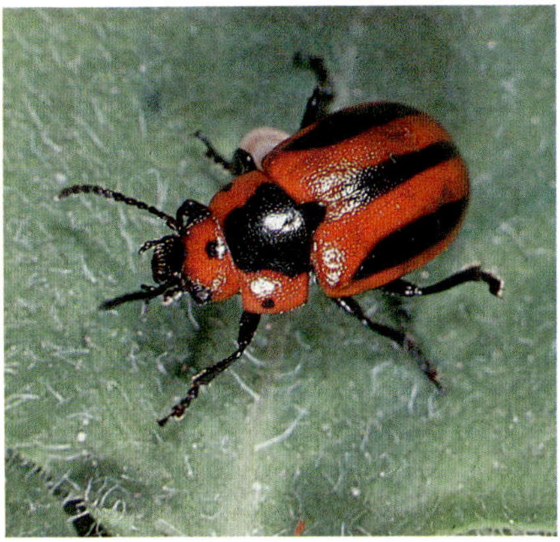
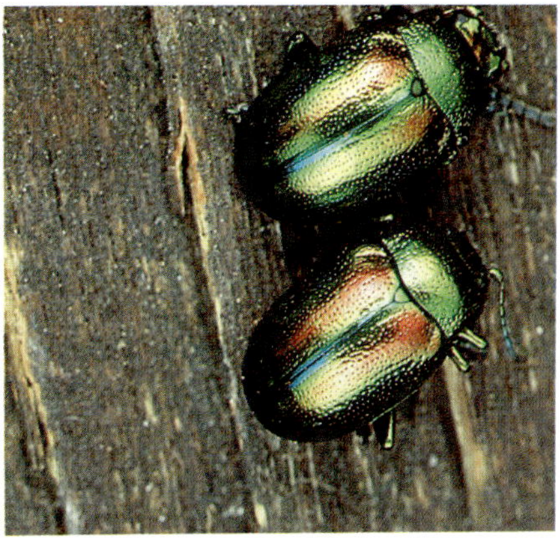
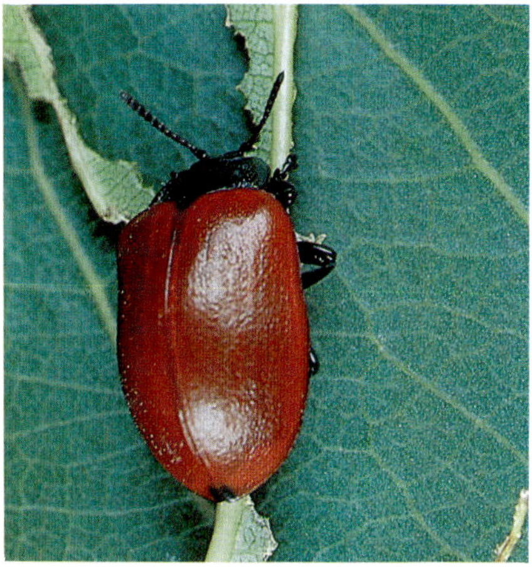
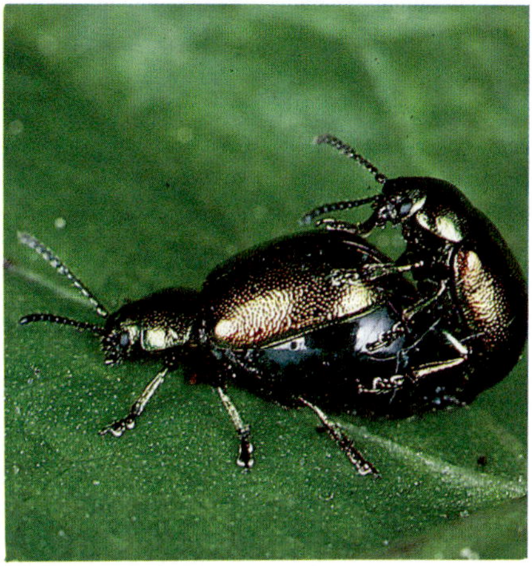
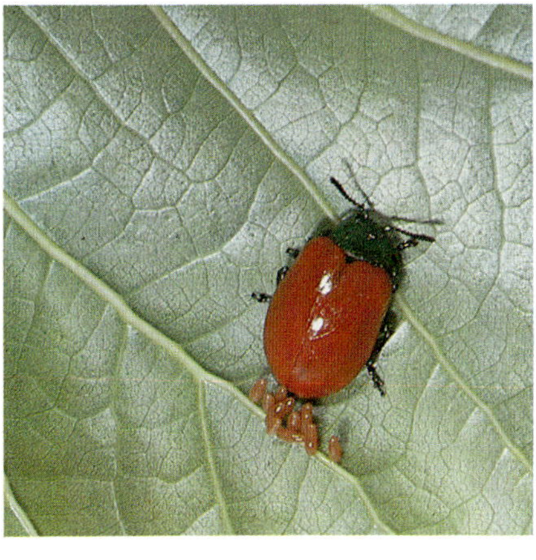
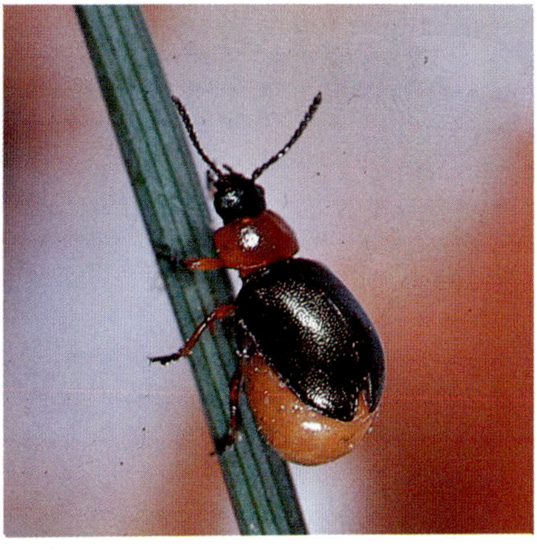

Melasoma vigintipunctata
Fam. Chrysomelidae, Blattkäfer

Flügeldecken mit schwarzer Naht und 20 wenig veränderlichen schwarzen Flecken auf gelbem bis rosagelbem Grund. Seitenränder des Halsschildes gelb.
6,5-8,5 mm.
Von April bis August auf Weiden in Wassernähe, zusammen mit den Larven und Puppen, die kopfunten in der zieharmonikaartig auseinandergezogenen letzen Larvenhaut an der Blattunterseite hängen.

Phytodecta quinquepunctata
Fam. Chrysomelidae, Blattkäfer

Halsschild grob punktiert. Flügeldecken mit sehr groben Punktreihen. Äußere Fühlerglieder schmal. Färbung rotgelb mit 5 schwarzen Flecken, aber variabel zwischen einfarbig schwarz und einfarbig rotgelb.
5 bis 6,5 mm.
Meist auf dem Laub von Schlehen und Weiden an feuchten, schattigen Orten. Stellenweise häufig.

Phytodecta pallidus
Fam. Chrysomelidae, Blattkäfer

Flügeldecken ohne Schulterbeule und mit unregelmäßigen Punktreihen, die sich am Hinterende bis auf die Reihe entlang der Naht völlig auflösen. Hinterende etwas zugespitzt.
4-5,5 mm.
Im Mai und Juni vor allem auf Eberesche, auch auf Hasel, Weide und weiteren Sträuchern. In Nord- und Mitteleuropa.

Labidostomis taxicornis
Fam. Chrysomelidae, Blattkäfer

Kopf und Halsschild mit schwach blauem oder grünem Metallglanz, Flügeldecken rotgelb. Unterschenkel der Vorderbeine länger als der Halsschild und sensenartig gekrümmt. Fühler vom 4. Glied von innen an sägeförmig.
7-12 mm.
Auf Ampfer. Im südwestlichen Europa.

Phytodecta viminalis
Fam. Chrysomelidae, Blattkäfer

Brust und Flügeldecken rotbraun, ein dunkler Fleck hinten auf dem Halsschild, weitere 5 sehr variable dunkle Flecke auf den Flügeldecken. Schildchen schwarz. Beine schwarz, die Fühler auf der Unterseite hell, nur die 4 äußersten Glieder dunkel.
5,5-7 mm.
Im Mai und Juni an Weiden, vor allem an Ohr- und Aschweide, die manchmal kahlgefressen werden. Die Larven schlüpfen Minuten nach der Eiablage.

Phytodecta fornicata
Familie Chrysomelidae, Blattkäfer

Halsschild hinter der Mitte mit zwei schwarzen, bei manchen Tieren reduzierten Flecken. Schildchen und 7 Flecke auf den Flügeldecken schwarz.
5-7 mm.
Im Sommer auf Weide und Vogelbeere, im Mittelmeerraum und in Osteuropa, sehr lokal auch nördlich der Alpen.

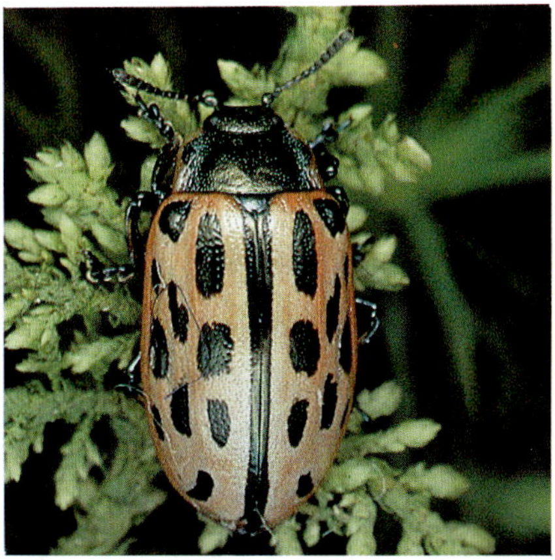
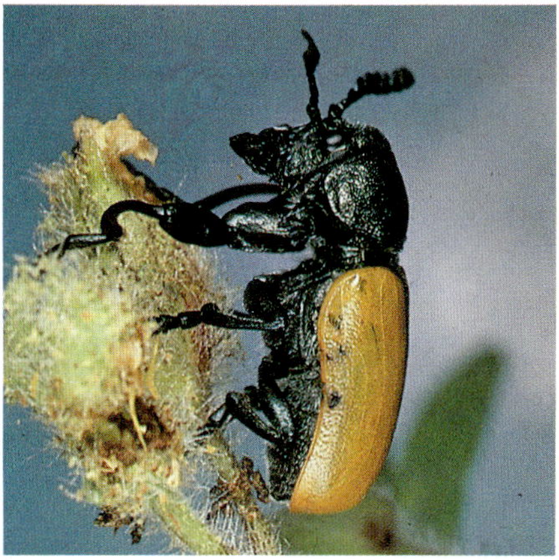
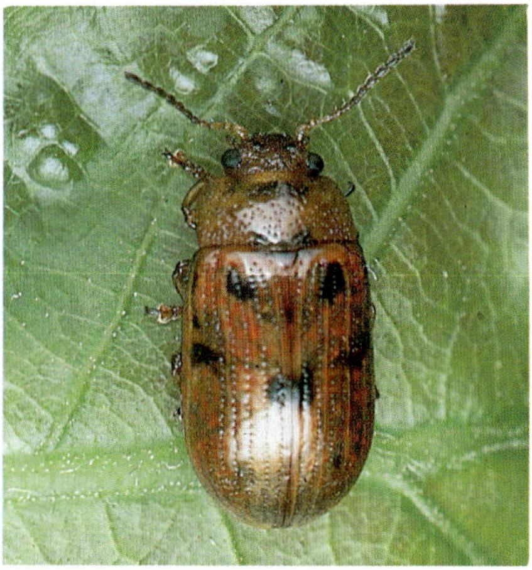
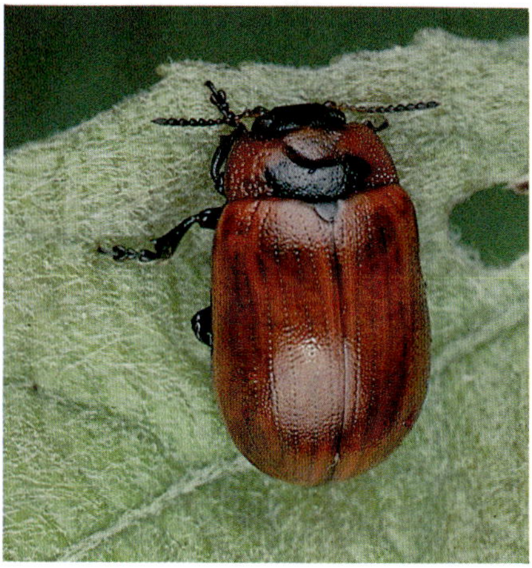
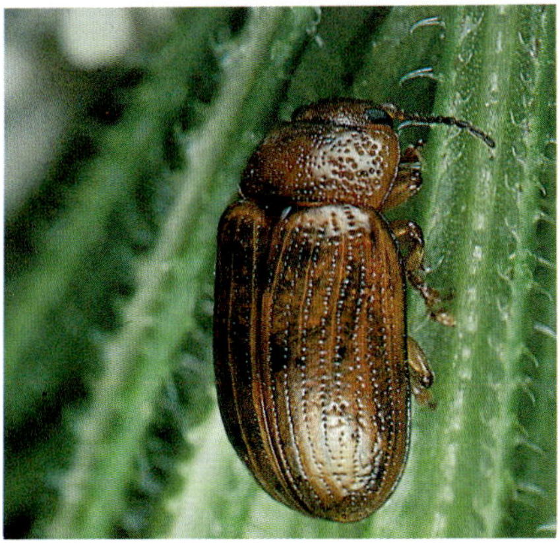
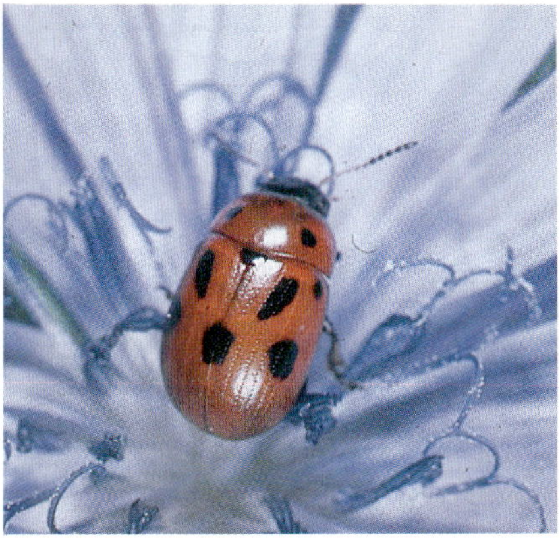

Phyllodecta vitellinae
Fam. Chrysomelidae, Blattkäfer

Dunkelgrün, manche auch blau, kupferig oder schwarz. Die Fühler weniger als halb körperlang. Das 2. Fühlerglied von innen ist kürzer und dicker als das 3. Auf den Flügeldecken zwischen der 7. und 9. Punktreihe von innen zusätzliche eingestreute Punkte. 4-5 mm.
Von April bis September an Espen, Weiden und Pappeln, zuweilen in großer Zahl. Oft 2 Generationen pro Jahr. Die Käfer legen ihre Eier in zwei Reihen an die Blätter, die Larven skelettieren das Laub in gedrängten Kolonnen. Die Käfer überwintern am Boden oder in Rindenritzen.

Timarcha nicaeensis
Fam. Chrysomelidae, Blattkäfer

Halschild in der Mitte am breitesten und wie die Flügeldecken sehr dicht und fein gepunktet und mit grünem oder violettem Glanz. Das 2. Fühlerglied ist etwas länger als breit und das 3. ist etwa doppelt so lang wie breit.
10 bis 16 mm.
In Südfrankreich, Nord- und Mittelitalien.

Galeruca tanaceti
Fam. Chrysomelidae, Blattkäfer

Mattschwarz mit grober Punktierung und oft mit undeutlichen Rippen auf den Flügeldecken. Beim eiertragenden Weibchen bedecken die Flügeldecken nur teilweise den angeschwollenen Hinterleib. Die Seiten des Halsschildes sind vorne etwas hochgebogen.
6-11 mm.
Von Juni bis Oktober (November) auf Kräutern. Die Käfer legen ihre dottergelben Eier in Klumpen an Pflanzenteile.

Timarcha tenebricoa
Fam. Chrysomelidae, Blattkäfer

Fast halbkugelig, Halschild nach hinten herzförmig verengt. Flugunfähig. Der größte deutsche Blattkäfer. 12-20 mm.
In Steppen, Brachland, Weiden. Die Käfer erscheinen im ersten Frühling und sind nachtaktiv, am Tage verborgen in der Bodenstreu oder unter Steinen. An kühlen, bewölkten Tagen und nach Starkregen auch am Tage unterwegs. Wenn man die Käfer ergreift, spucken sie ein orangerotes Wehrsekret. Futter für Käfer und Larven ist Labkraut. Die knickerdikken, bronzeschwarzen Larven sitzen träge und offen auf den Futterpflanzen.
Häufig im Süden, nördlich der Alpen selten.

Timarcha pratensis
Fam. Chrysomelidae, Blattkäfer

Schwarz, Flügeldecken grob punktiert und mit scharfer, durchgehender Kante über dem Seitenrand. Männchen glänzend, Weibchen matt. Hinterfüße der Weibchen auf der Sohle bis auf einen blanken Mittelstreifen behaart.
10-13 mm.
In Südeuropa, nordwärts bis in die Slowakei.

Galeruca interrupta
Fam. Chrysomelidae, Blattkäfer

Halsschild dunkelbraun mit aufgehelltem Rand, Flügeldecken braun mit unterbrochenen, dunkleren Rippen.
5,5-8,5 mm.
An trockenen, sandigen Orten an Beifuß. Meist findet man an den Pflanzen die Larven. Wenn man den Boden unter den Futterpflanzen aufgräbt, so findet man ab April gewöhnlich mehrere der Käfer. Nicht selten.

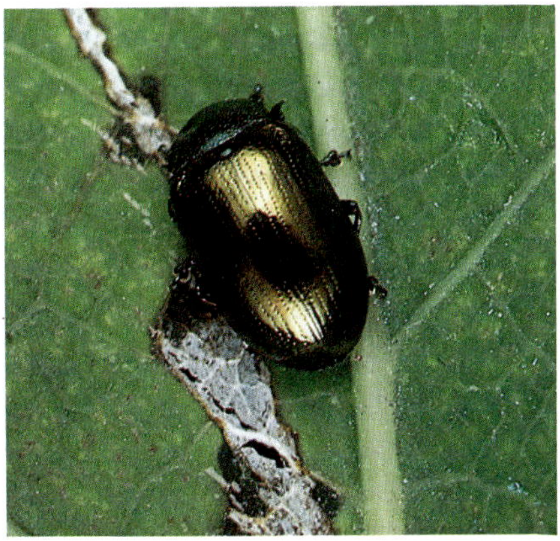
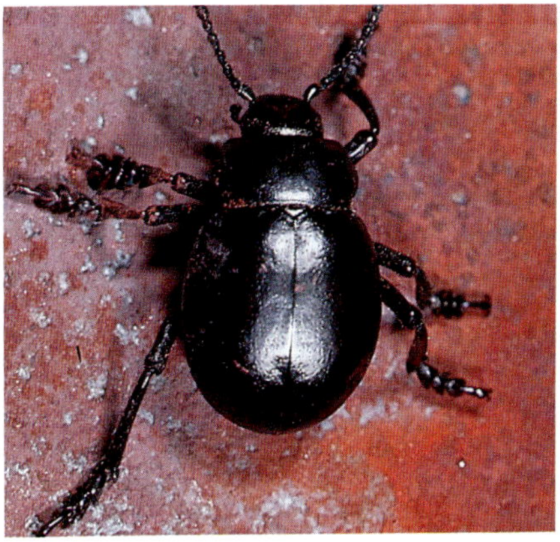
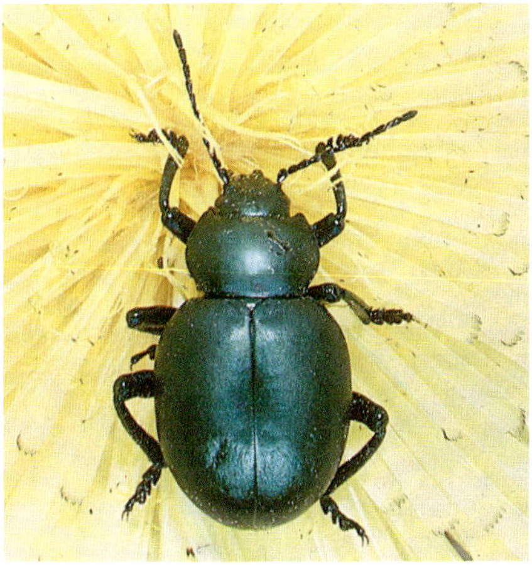
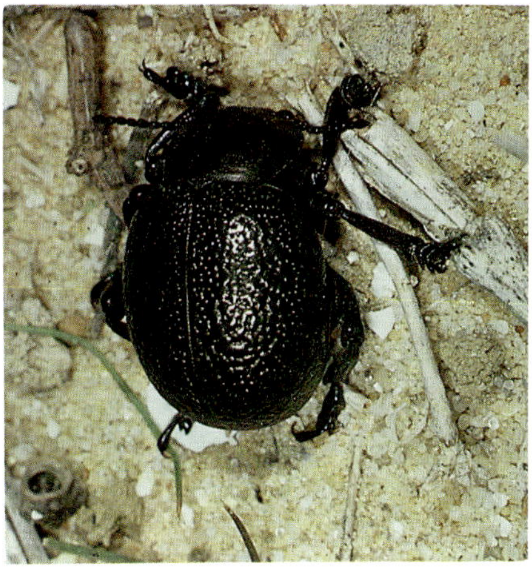
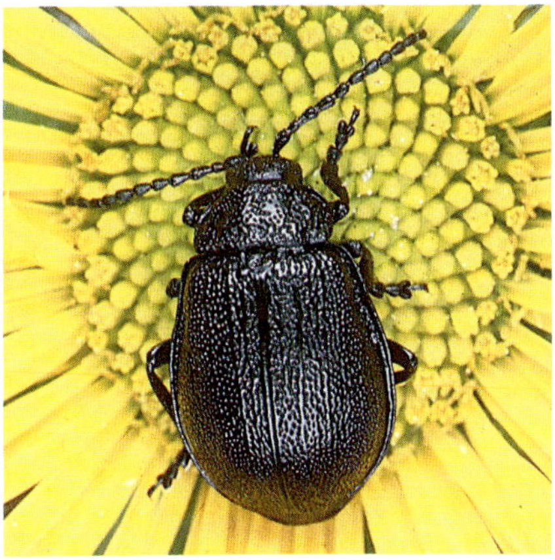
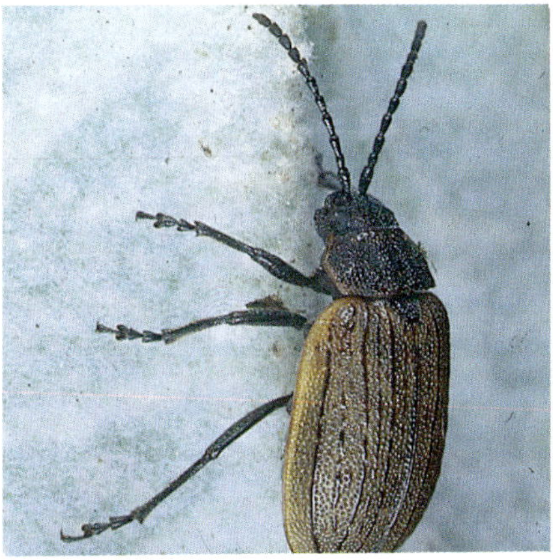

Galerucella nymphaeae
Seerosenkäfer
Fam. Chrysomelidae, Blattkäfer

Halsschild in der Mitte glänzend, Flügeldecken braun mit hellem Seitenrand.
6-8 mm.
Käfer, Eier, Larven und Puppen findet man den Sommer über auf Gelber und Weißer Seerose, manchmal auch auf anderen Schwimmblattpflanzen.

Exosoma lusitanica
Fam. Chrysomelidae, Blattkäfer

Halsschild und Flügeldecken rot, die letzten dicht und fein punktiert. Um die Augen lange, anliegende Wimpern.
6,5-10 mm.
Im Mittelmeerraum auf Hundswürger, auch auf Flockenblumen und Greiskraut. Nordwärts bis ins Elsaß und nach Niederösterreich.

Sermylassa halensis
Fam. Chrysomelidae, Blattkäfer

Auf dem Hinterkopf ein metallisch grüner, selten auch blauer, kupferiger oder violetter Fleck. Halsschild mit Seitengruben, gelblich.
5-7 mm.
Im Juli und August (September) auf Labkraut, meist an halbschattigen Standorten, zusammen mit den Larven. Die Hauptfutterpflanze ist das Wiesenlabkraut (Galium mollugo).

Lochmaea capreae
Fam. Chrysomelidae, Blattkäfer

Gelblichbraun, Kopf und Schildchen schwarz, Flügeldecken grob punktiert. Das 3. Fühlerglied von innen ist etwa 1,5 mal länger als das 4.
4-6 mm.
Von April bis September auf Birken, Weiden und Pappeln, manchmal in so großer Zahl, daß sie zusammen mit ihren Larven Blätter durchsieben.

Agelastica alni, Erlenblattkäfer
Fam. Chrysomelidae, Blattkäfer

Blauschwarz bis violett, fein punktiert, mit arttypischem, bauchigem Körperumriß. Fühler und Beine schwarz, das 4. Fühlerglied von innen länger als das dritte, Kopf zwischen den Fühlern eingedrückt. 6-7 mm.
Oft in großer Zahl auf Erlen, die sie manchmal winterkahl fressen: Die Käfer auf der Ober-, die Larven gesellig auf der Blattunterseite, wo sie erst Fenster- und später Lochfraß erzeugen. Käfer von Juli bis Mai.

Pyrrhalta viburni
Schneeballblattkäfer
Fam. Chrysomelidae, Blattkäfer

Unscheinbar. Kopf fast so breit wie der Halsschild, Unterseite gelblich, Oberseite fein anliegend behaart.
4,5-6,5 mm.
Von Juni bis September (Oktober) auf Schneeball in schattigen Lagen. Oft werden alle Blätter von den Käfern skelettiert.
Zur Eiablage nagt das Weibchen im Herbst eine Grube in einen Stengel, die es mit einigen Eiern füllt und mit verleimten Nagespänen verschließt. Die Eier überwintern.

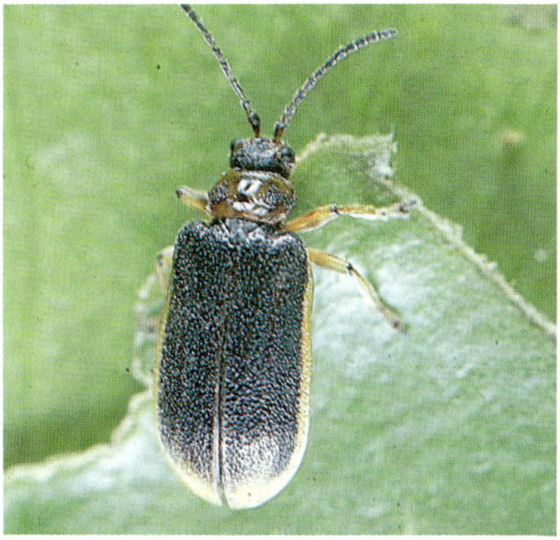
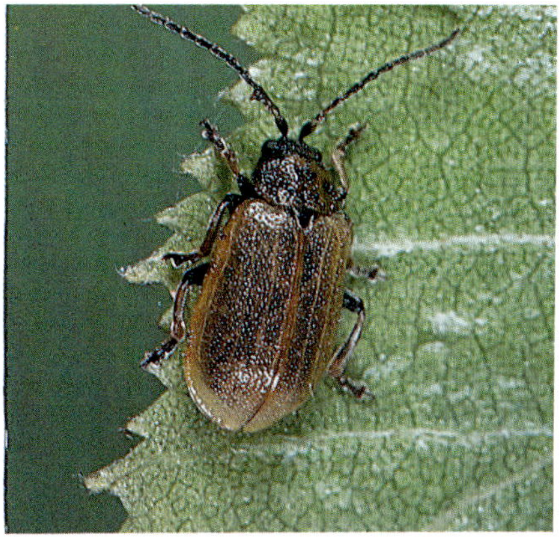
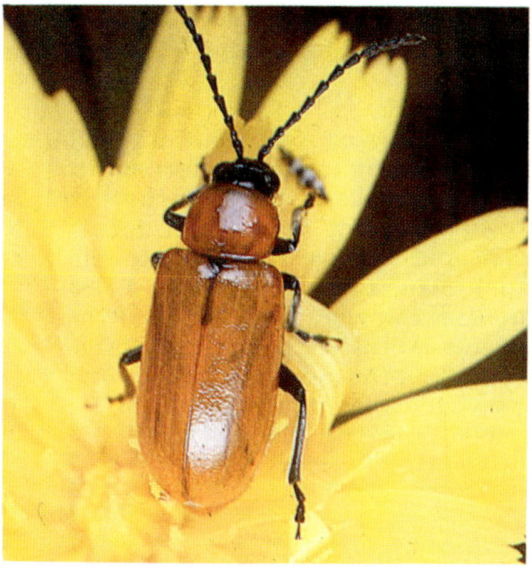
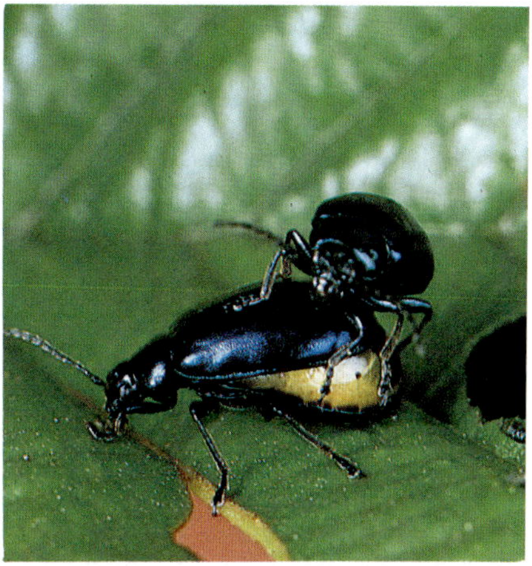
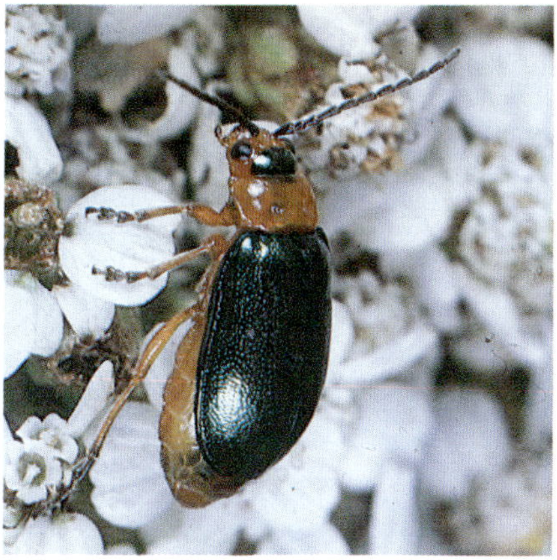
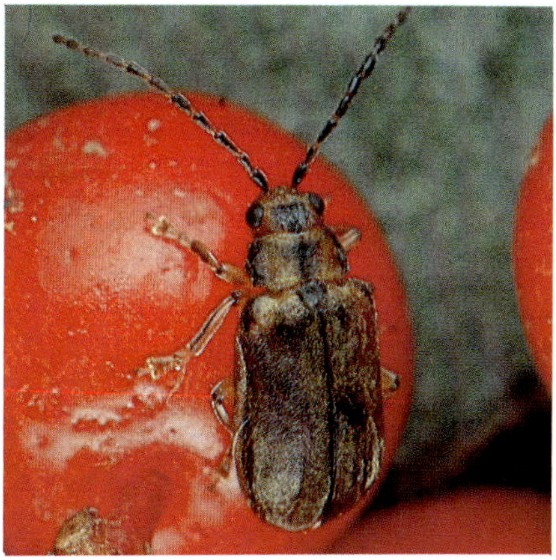

Altica (Haltica) oleracea
Fam. Chrysomelidae, Blattkäfer

Metallisch blau oder grün, auch an Beinen und Fühlern. Halsschild sehr fein punktiert und mit einer Querfurche vor dem Hinterrand. Sprungbeine nicht auffallend verdickt.
3-4 mm.
Meist auf Brachäckern, gern auf Weidenröschen, Nachtkerzen, Ampfer. Die Käfer überwintern.

Sphaeroderma rubidum
Fam. Chrysomelidae, Blattkäfer

Halsschild sehr fein verloschen punktiert, Flügeldecken verworren punktiert mit gröberen und sehr feinen Punkten. Fast halbkugelig.
2,3-3 mm.
Von Juni bis September auf Flockenblumen und selten auch auf Disteln. Die Larven fressen minierend in den Blättern von Flockenblumen und Disteln.

Cassida rubiginosa
Fam. Chrysomelidae, Blattkäfer

Hinterwinkel des Halsschildes mit etwa 80 Grad spitzwinkelig. Auf den grünen Flügeldecken vorne an der Naht ein schwarzes Fleckchen an der Spitze eines dunklen Dreiecks.
6-8 mm.
Nicht selten auf Disteln, Kletten und anderen großblättrigen Korbblütlern.

Cassida stigmatica
Fam. Chrysomelidae, Blattkäfer

Arttypisch ist die Form des Halsschildes: Er ist deutlich schmaler als die Flügeldecken am Vorderrand. Die Beine sind gelb.
5,5-6 mm.
Zerstreut. Im Mai und Juni an Schafgarbe, wo die Käfer die Blätter befressen. Die Larven leben offen auf Schafgarbe, wobei sie ihr gegabeltes Hinterleibsende über den Rücken biegen. Daran befestigt ist eine Art Schutzdach aus allerlei Abfällen. Betastet eine Ameise die Larve, so hält diese ihr das Schutzdach vor, und jene stellt Ungenießbarkeit fest.

Cassida viridis, Schildkäfer
Fam. Chrysomelidae, Blattkäfer

Grün mit einem feinen silbrigen Streifen am Vorderrand der Flügeldecken.
7-10 mm.
Der häufigste Schildkäfer. Von Juni bis August in frischen bis feuchten Wiesen, auf Korb- und Lippenblütlern, vor allem auf Disteln und Minzen. Ab Mitte Juni findet man an den gleichen Pflanzen die Larven, die einen Klumpen aus Abfällen, an einer Gabel am Hinterleibsende befestigt, über ihrem Rücken tragen. Auch die an den Futterpflanzen angeklebten Puppen sind bizarr.

Cassida vibex
Fam. Chrysomelidae, Blattkäfer

Grün mit einem dunklen Dreieck auf dem Rücken. Auf den Flügeldecken ein bräunliches Fleckchen und unregelmäßige Punktstreifen, dazu überzählige Einstiche im 3. und 4. Zwischenraum von innen. Auf den Flügeldecken kurze helle Härchen. Oberschenkel der Hinterbeine weitgehend schwarz.
5,5-7 mm.
Auf Disteln, Kletten und Flockenblumen in Brachland, auf Schuttplätzen und an Wegrändern.

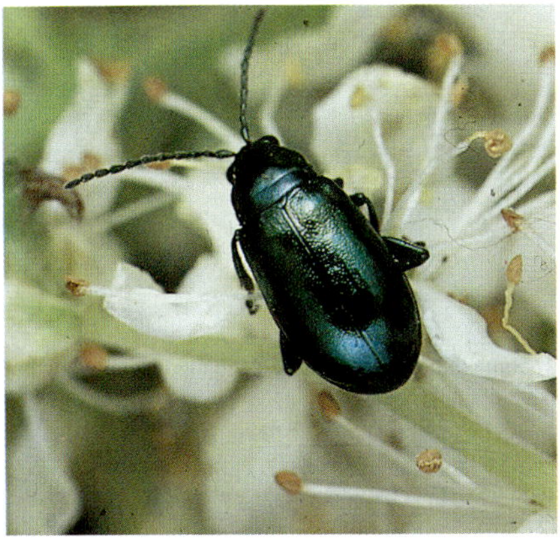
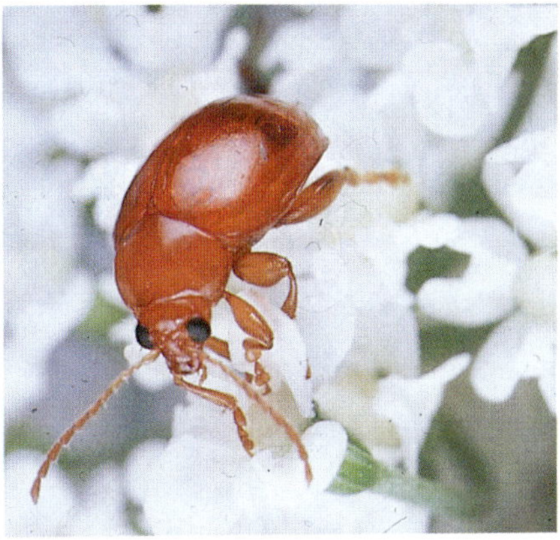
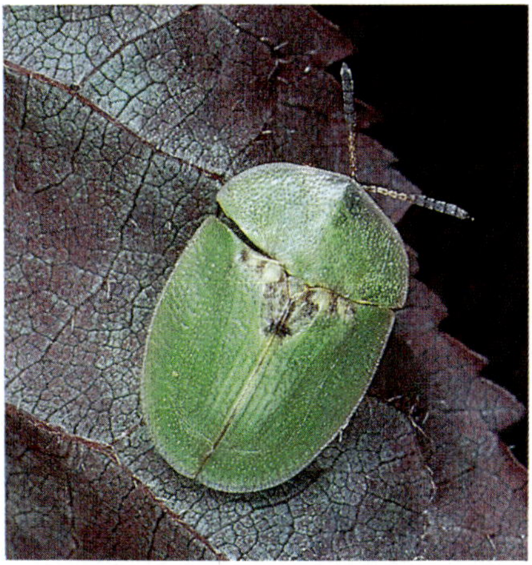
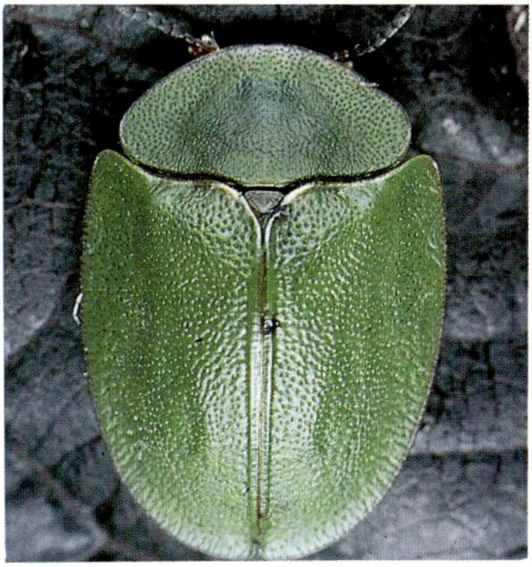
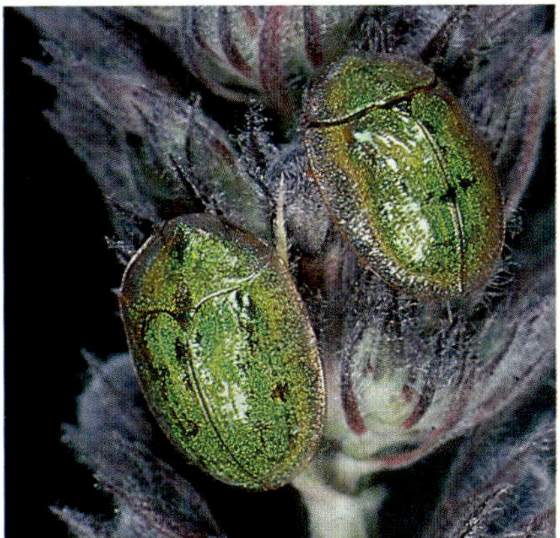
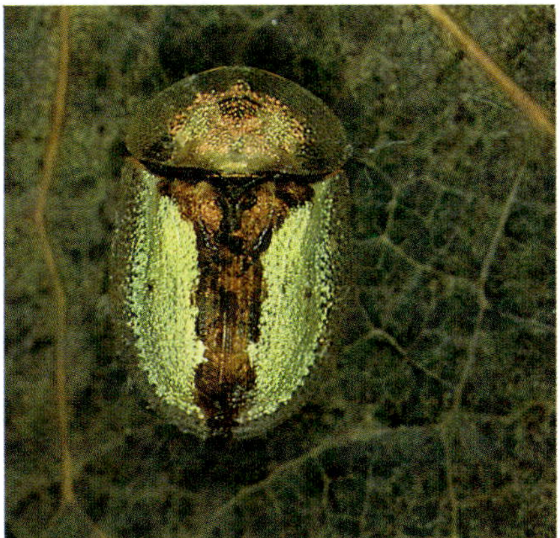

Cassida margaritacea
Fam. Chrysomelidae, Blattkäfer

Zu bestimmen ist dieser Schildkäfer über die Form des Halsschildes. Flügeldecken mit feinen in Reihen liegenden Punkten. Kopf und meist auch die Brustunterseite schwarz, der Bauch gelb. Der Körperumriß teils breiter, teils schlanker.
3-4,5 mm.
Eher selten auf trockenen Magerrasen, Brachäckern, Böschungen. Meist zusammen mit den Larven auf Flockenblumen, Strohblume und Katzenpfötchen.

Hispella testacea
Familie Hispidae, Stachelkäfer

Der Igel unter den Käfern. Grundfarbe kastanienbraun, Fühler ohne Dornen. Die Käfer können nur mit Hispella atra verwechselt werden, diese Art ist schwarz und mit Dornen an den Fühlern.
3 bis 4 mm.
Die Käfer können zirpen, indem sie ein Schrillbrett am Kopf über einen Schrillkante am Halschild streichen.
Vom Vorfrühling an in Wiesen. Die Larven minieren in Grashalmen. Die stachelige Gestalt wurde schon als Nachahmung stacheliger Samen gedeutet.
Im Mittelmeerraum, Hispella atra auch in den wärmsten Lagen Mitteleuropas.
Die Käfer werden oft in die Familie der Blattkäfer gestellt.

Rhinosimus ruficollis
Fam. Salpingidae (Pythidae), Scheinrüßler

Unverwechselbar durch den abgeflachten, vorne verbreiterten, rostroten Rüssel.
3,3-4,5 mm.
Im April und Mai in Laubwäldern, räuberisch unter morscher Rinde an dürren Ästen, die von Borkenkäfern befallen sind (vor allem von Xyleborus). Die Käfer überwintern unter der Rinde und in trockenen Baumstrünken.

Bruchus pisorum, Erbsenkäfer
Familie Bruchidae, Samenkäfer

Über dem dunkelbraunen Grund liegt ein Muster aus weißen Haaren. Am Hinterleibsende 2 große schwarze Flecke.
4-5 mm.
Die Käfer leben als Pollenfresser auf blühenden Erbsen, wo die Weibchen ihre Eier an halbreife Früchte kleben. Die Larve bohrt sich in eine Erbse, wo sie bei der Häutung die Beine verliert. Dringen mehrere Larven in eine Erbse, so tötet eine die Mitbewerber. Sie nagt vor der Verpuppung ein noch durch eine dünne Wand verschlossenes Fenster, das der junge Käfer durchstoßen kann.
Die Käfer überwintern in den Erbsen; sie sind gute Flieger. Heute weltweit verschleppt.

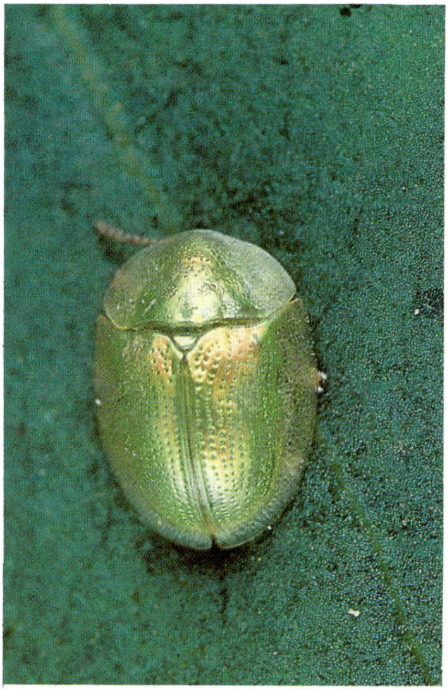
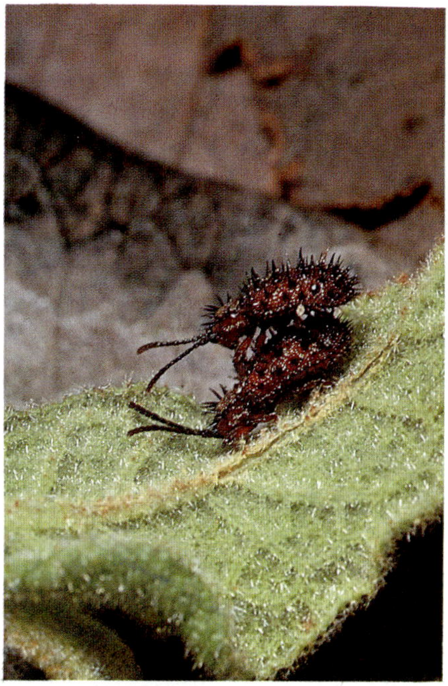
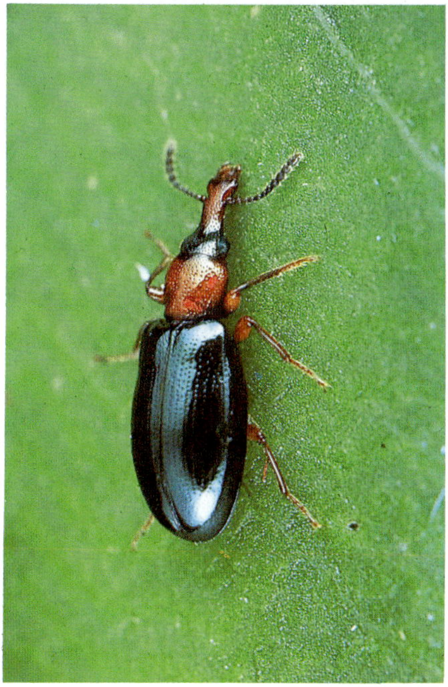
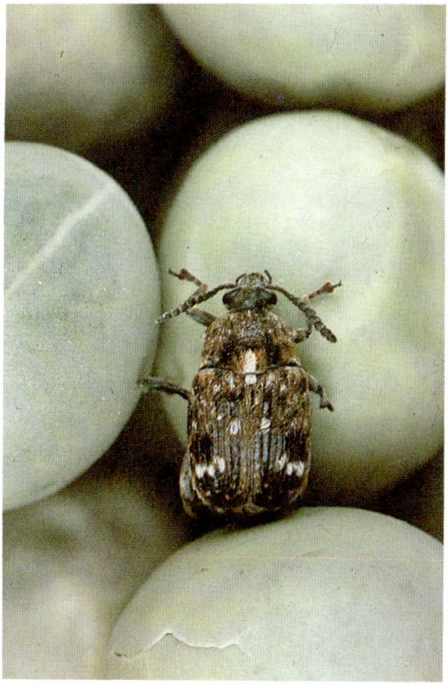

Rhychnites bacchus
Familie Attelabidae, Blattroller

Purpurn bis rotgolden, seltener goldengrün. Die Fühler entspringen beim Männchen vorne, beim Weibchen auf halber Höhe am Rüssel, dieser beim Männchen so lang wie Kopf und Halsschild zusammen, beim Weibchen länger.
4,5-6,8 mm.
Auf Obstbäumen und Weißdorn, in warmen Gegenden häufig und in Südeuropa schädlich. Die Weibchen bohren junge Früchte an und belegen sie mit einem Ei. Dann benagen sie den Stiel, so daß die Frucht zu Boden fällt.

Rhychnites (Coenorrhinus) aequatus
Familie Attelabidae, Blattroller

Rötlich mit Messingglanz, Unterseite schwarz, Flügeldecken rot, abstehend grau behaart. Der von der Mitte aus 9. Punktstreifen auf den Flügeldecken erlischt vor der Flügelspitze.
2,5-5 mm.
Von April bis Juli und wieder September bis November als Blattfresser an Weißdorn, Schlehen und Obstbäumen.
Die Weibchen legen ihre Eier an unreifes Obst (Apfel, Birne, Kirsche) und nagen den Stiel an. Die Larven fressen die Kerne und lassen sich später zur Verpuppung zu Boden fallen. Larven oder Jungkäfer überwintern.

Byctiscus populi, Pappelblattroller
Familie Attelabidae, Blattroller

Grün bis kupferig, Bauchseite dunkelblau. Flügeldecken haarlos, Halsschild der Männchen mit Seitendorn. In der Delle zwischen den Augen runde Punkte (Mikroskop).
4-5 mm.
Auf Espen, seltener auf Pappeln an sonnigen Orten, von April bis Oktober. Die Weibchen rollen ein Blatt zusammen, indem sie den Stiel anbeißen und dann von der Seite einrollen. Oft ist das Männchen dabei, manchmal ist es behilflich. Die Rolle wird mit einem Ei belegt. Es gibt eine Schlupfwespe, die durch die Rolle sticht und ein Ei in oder bei der Larve plaziert.

Byctiscus betulae, Rebenstecher
Familie Attelabidae, Blattroller

Von den Rüsselkäfern durch nicht geknickte Fühler verschieden. Braun, blau oder kupferglänzend. In der Delle zwischen den Augen längliche Grübchen (Lupe, Mikroskop). Auf den Flügeldecken hinten feine, helle, anliegende Härchen. 4,5 bis 6 mm.
Von Mai bis September auf Laubbäumen, vor allem auf Birken. Die Weibchen rollen ein großes oder mehrere kleine Blätter zu einer Wickel zusammen, die sie mit etwa 5 Eiern belegen; dann beißen sie die Stiele an, so daß die Wickel welkt und abfällt. Die Larven fressen die verrottenden Blätter. Die Käfer schlüpfen schon im Sommer und überwintern im Boden.

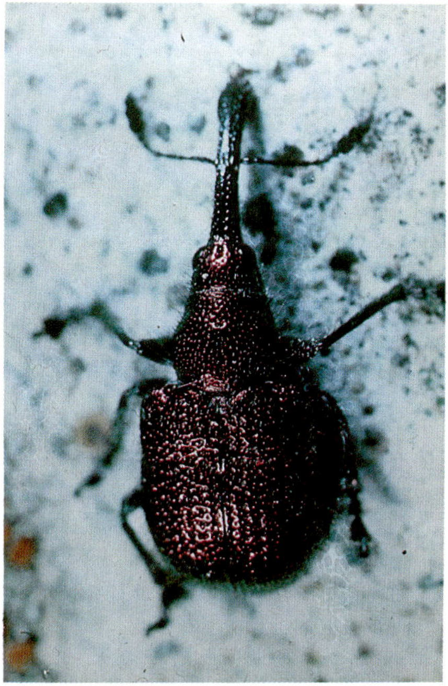
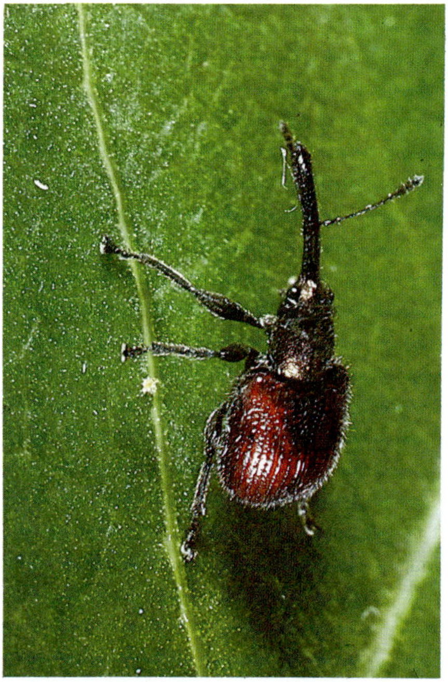
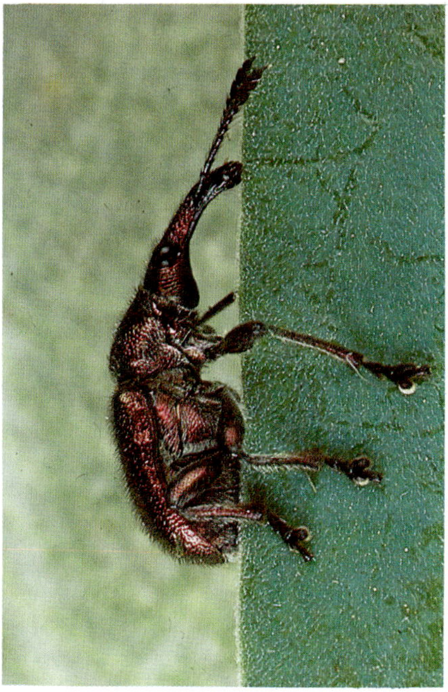
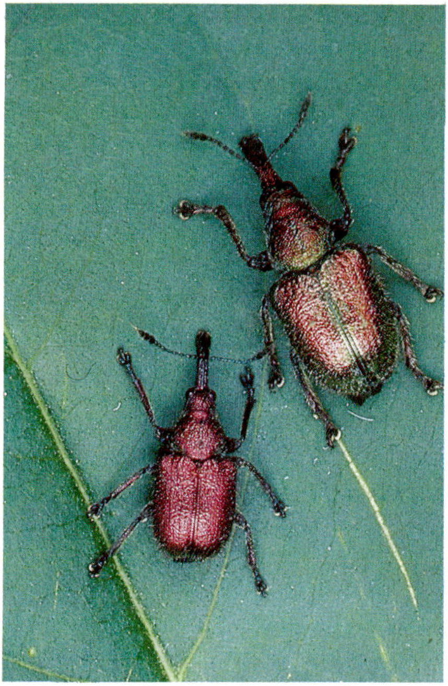

Deporaus betulae, Birkenblattroller
Familie Attelabidae, Blattroller

Glänzend schwarz, fein behaart. Im Nacken deutlich eingeschnürt. Halsschild dicht punktiert und mit Mittelfurche. Schenkel der Männchen keulig verdickt. 2,5-4 mm. Von April bis Juli auf Birkenbüschen, selten auch auf anderen Laubarten. Das Weibchen schneidet ein Birkenblatt im oberen Drittel S-förmig ein und beschädigt die Mittelrippe. Dann rollt es das welkende Blatt zum Trichter, den es mit einigen Bissen "vernietet". Die verwelkten Trichter enthalten 1 bis 6 Eier, fallen im Juni ab, und die Larven beenden am Boden ihre Entwicklung.

Apoderus coryli, Haselblattroller
Fam. Attelabidae, Blattroller

Unverwechselbar.
6-8 mm.
Meist auf Hasel, wo die Weibchen ein Blatt von einer Seite her bis über die Mittelrippe anschneiden, es wie ein Heft zusammenfalten und dann wie einen Teppich aufrollen. Meist wird die Wickel mit nur einem Ei belegt. Der Schnitt ist so weit geführt, daß das Blatt nicht gleich vertrocknet. In ihm entwickelt sich über 2 Monate die Larve.

Tropideres sepicola
Fam. Anthribidae, Breitrüßler

Grau und scheckig durch braune und schwarze Haare. Über beiden Flügeldecken ein samtschwarzer Querfleck.
3-4 (5) mm.
Im Mai und Juni an und in abgestorbenen Zweigen von Eichen und Ahorn. Die Larven haben 3 Paar Beine. Sie leben in verpilztem morschem Holz.

Attelabus nitens, Eichenblattroller
Familie Attelabidae, Blattroller

Brust und Flügeldecken lackrot, Kopf und Beine schwarz.
4-6 mm.
Im Juni und Juli auf jungen Eichentrieben, wo das Weibchen Blätter zu einer Wickel rollt, die es mit einem Ei belegt. Zunächst schneidet es das Blatt von einer Seite bis zur Mittelrippe an, dann klappt es das Blatt entlang der Mittelrippe wie ein Heft zusammen und rollt es dann von unten nach oben zu einer Wickel. Mit Bissen in die Adern wird dabei das Blatt geschmeidig gemacht.

Anthribus (Platystomus) albinus
Familie Anthribidae, Breitrüßler

Von den Rüsselkäfern leicht durch die nicht geknickten Fühler zu unterscheiden. Rüssel, Scheitel, ein Fleck hinter der Schulter und die Enden der Flügeldecken weiß behaart.
8-12 mm.
Die trägen Käfer sitzen im Frühsommer und Sommer an Klafterholz und an verpilzten Buchen- und Erlenstümpfen oder finden sich eingebohrt in weiche Porlinge und Schleimpilze. Bei Berührung stellen sie sich tot

Apion miniatum
Familie Apionidae, Spitzmäuschen

Rot bis auf die Augen, die um fast das Doppelte ihres Durchmessers vom Hinterrand des Kopfes entfernt liegen. Am ganzen Körper fein behaart.
3,5 bis 4,5 mm.
Von April bis Oktober an Ampfer in feuchten Wiesen. Zur Eiablage nagt das Weibchen einen Schacht in den Wurzelhals oder Stengel, schiebt ein Ei hinein und verschließt die Öffnung mit verleimten Exkrementen.

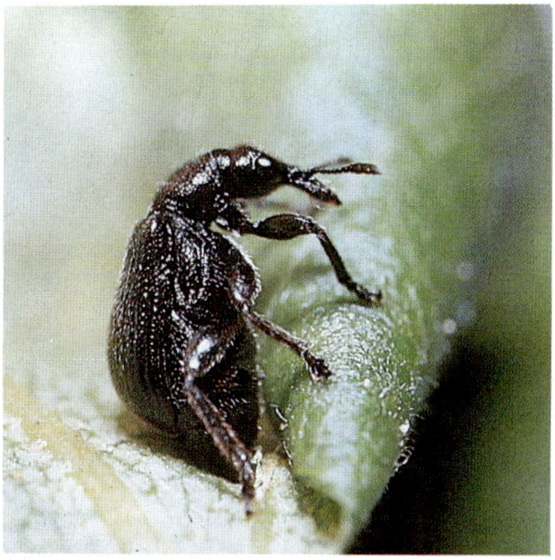
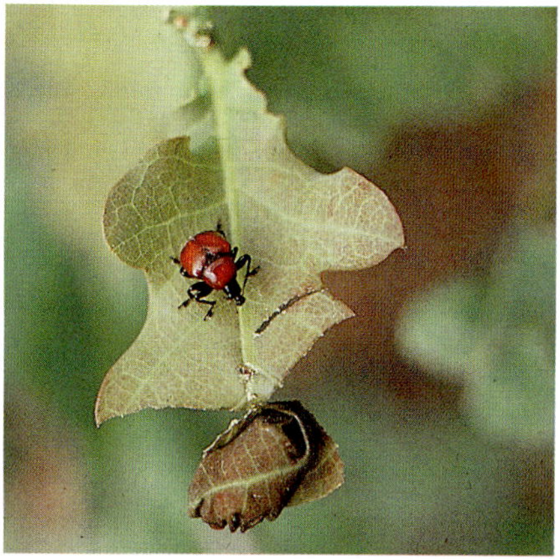
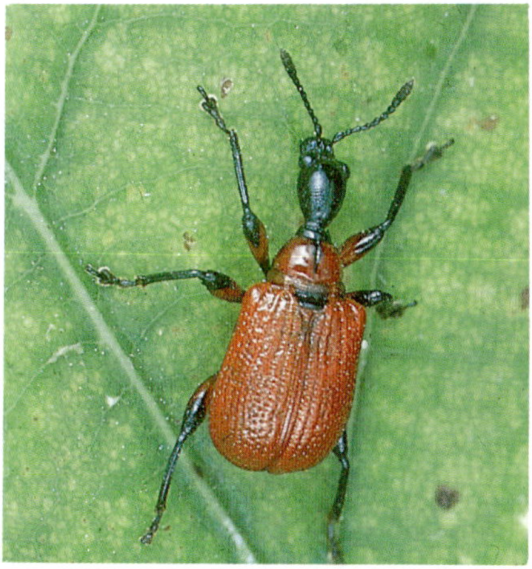
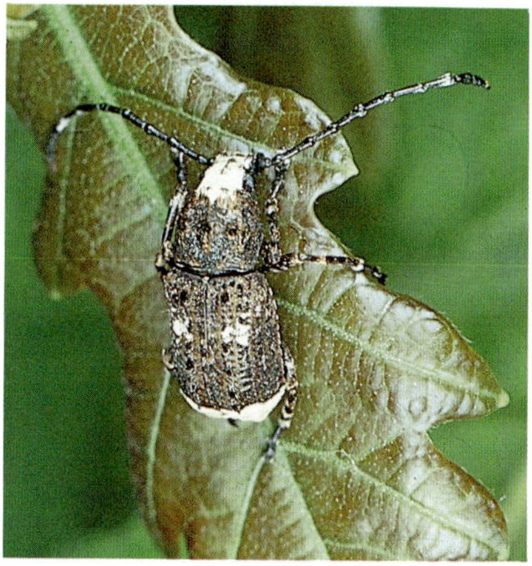
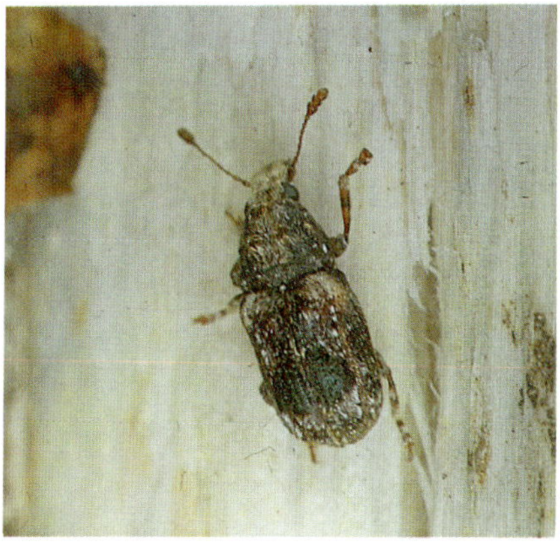
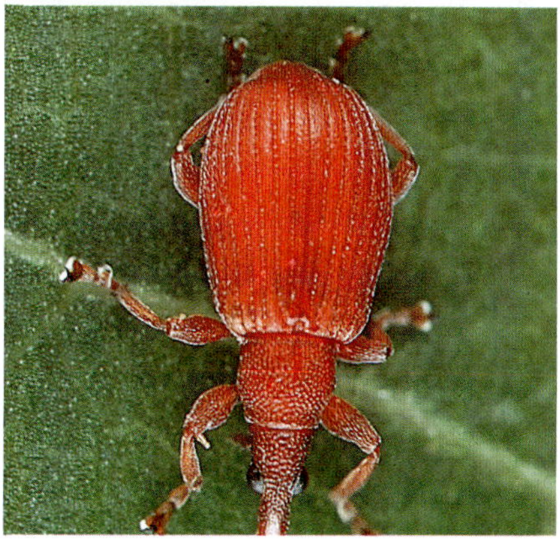

Otiorhynchus gemmatus
Fam. Cucurlionidae, Rüsselkäfer

Kurzoval, glänzend, auf den Flügeldecken rundliche, silbrig oder goldengrünliche Schuppenflecke, im Osten auch türkisblau, Halsschild stark gekörnt.
8-10 mm.
Die Käfer sitzen im Mai und Juni träge auf Blättern, die sie auch befressen.
Vor allem in üppiger Krautflur in Alpentälern.

Otiorhynchus sulcatus
Fam. Cucurlionidae, Rüsselkäfer

Halsschild grob gekörnt, Flügeldecken mit gelben Haarfleckchen. Der Zahn an den Oberschenkeln der Vorderbeine ist glatt.
8-10,5 mm.
Vom Frühjahr bis in den Herbst in Gärten, Gebüsch, wo die Käfer bei Nacht recht wahllos frisches Grün fressen. Sie sind schon in Weinbergen schädlich gewesen. Man findet fast nur Weibchen, die sich parthenogenetisch (ohne Begattung) fortpflanzen. Die Larven fressen Wurzeln.

Otiorhynchus ligustici
Fam. Cucurlionidae, Rüsselkäfer

Schwärzlich mit undeutlichen, aus Schuppen gebildeten Flecken und Bändern. Halsschild und Flügeldecken gekörnt, Fühler und Beine behaart.
8-12,5 mm.
Tagaktiv, aber träge und flugunfähig. Die Käfer vermehren sich durch Jungfernzeugung, die Männchen sind sehr selten.
Die Art war schon schädlich an Zuckerrüben, deren Wurzeln von den Larven benagt werden. Die Larven überwintern in ihrer Puppenhöhle, verpuppen sich aber erst im Juni. Manche überwintern auch zwei- oder gar dreimal.

Otiorhynchus sensitivus
Fam. Cucurlionidae, Rüsselkäfer

Flügeldecken mit 10 Streifen, fein grau behaart. Oberschenkel ohne Zähne und braunrot. Das innerste Glied der Fühlerkeule ist viel kürzer als die übrigen zusammen.
12-15 mm.
Die Larven fressen Wurzeln und verpuppen sich im Herbst. Die Käfer kommen im Mai zum Vorschein. In Deutschland nur im Süden, dort aber schon als Schädling in Fichtenkulturen aufgefallen.

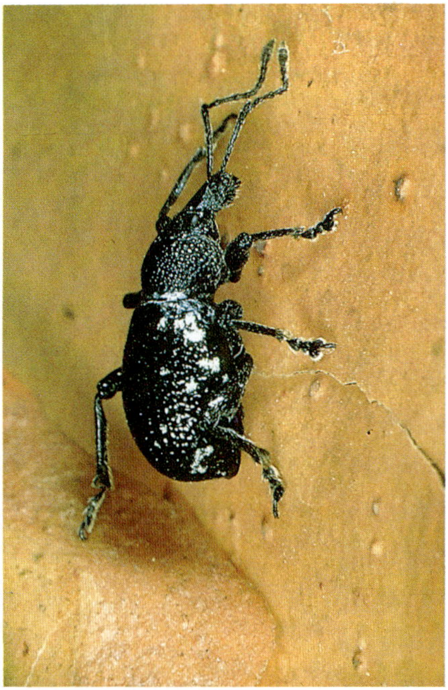
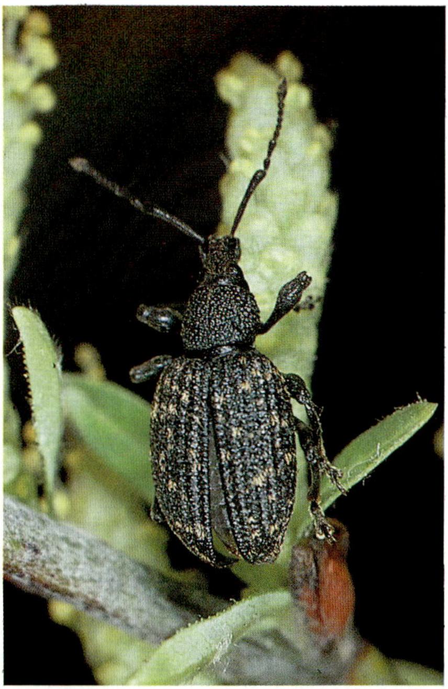
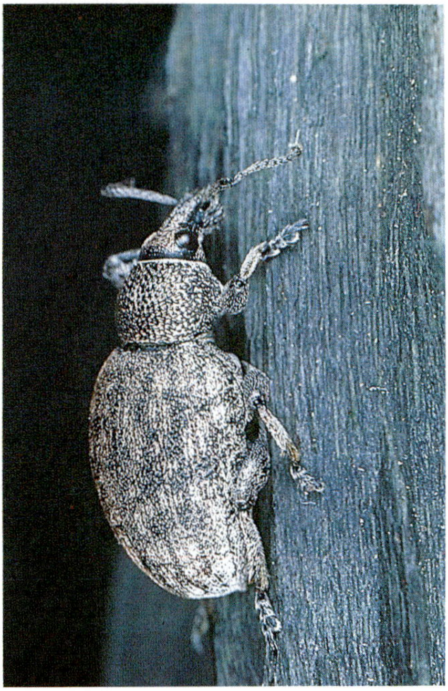
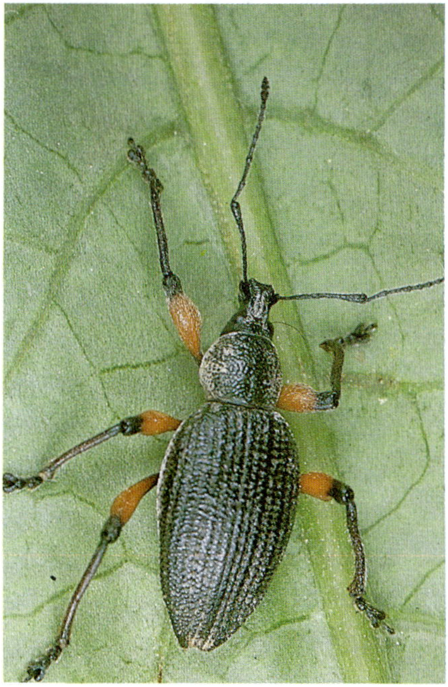

Otiorhynchus salicicola
Fam. Cucurlionidae, Rüsselkäfer

Flügeldecken in der Mitte am breitesten, gleichmäßig hellgrau behaart und mit regelmäßigen Längsstreifen, dazwischen glänzend schwarze Körnchen in Längsreihen. 8 bis 15 mm.
Sehr häufig in Italien, nördwärts bis in die Südalpen. Gewöhnlich auf Sträuchern.

Otiorhynchus corruptor
Fam. Cucurlionidae, Rüsselkäfer

Oberseite höchstens sehr fein behaart und mehr oder weniger dicht mit metallischen Schuppenflecken besetzt. Augen stark vorgewölbt, Rüssel von arttypischer Form. Besonders auf den 4 hinteren Oberschenkeln unterseits mit einem kräftigen Zahn.
7-11 mm.
Von Mai bis Juli häufig auf Blüten, vor allem Gartenrosen. Vom Südrand der Alpen bis Sizilien.

Otiorhynchus ovatus
Fam. Cucurlionidae, Rüsselkäfer

Halsschild mit mehreren Längsrippen, Flügeldecken behaart, alle Oberschenkel mit je einem Zahn. Schwärzlich, Fühler und Beine b Schwärzlich, Fühler und Beine braun.
4-6 mm.
Häufig vom Frühjahr bis zum Herbst, auf Kräutern und Sträuchern, nachtaktiver Pflanzenfresser, der Kerben in die Blattränder nagt. Die Larven fressen dünne und benagen dicke Wurzeln. (gern an Erdbeere). Sie verpuppen sich im Frühjahr.

Otiorhynchus porcatus
Fam. Cucurlionidae, Rüsselkäfer

Auf den Flügeldecken 10 kräftige, gekörnte, mit kurzen Borsten besetzte Längsrippen, die allerdings nicht gut zu sehen sind, wenn die Käfer mit Erde verkrustet sind, wie das meist der Fall ist. Rüssel vorne mit einer Längskerbe.
4-5 mm.
In Buschland, Gärten, Vorstädten, tagsüber meist im Bodengrus vergraben und daher so schmutzig. Nicht häufig.

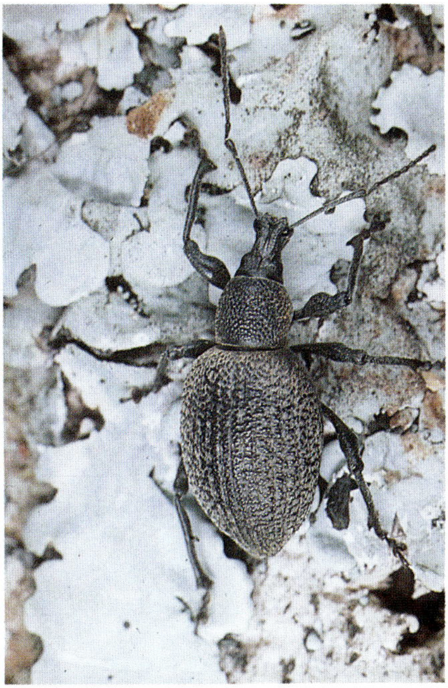
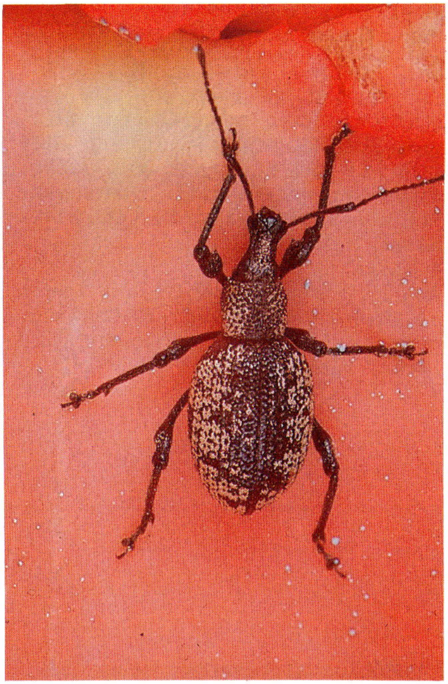
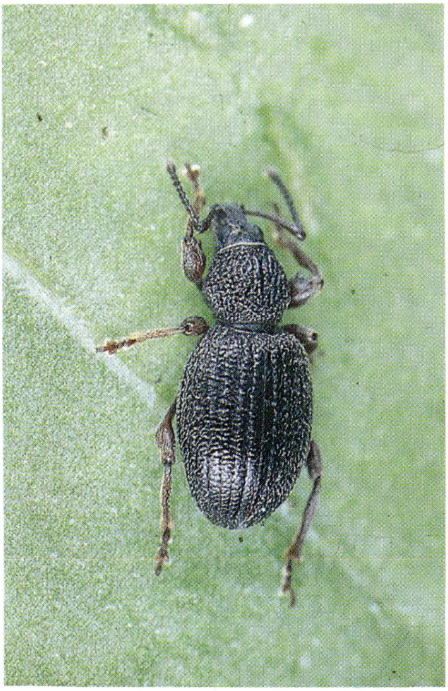
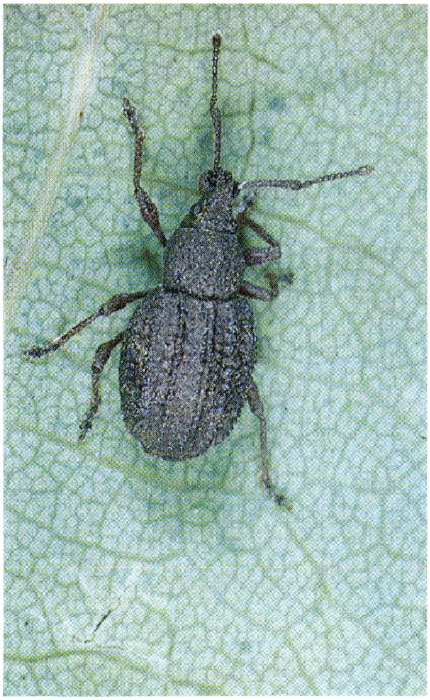

Phyllobius maculicornis
Fam. Cucurlionidae, Rüsselkäfer

Der Abstand zwischen den Augen ist doppelt so groß wie der Abstand zwischen den Fühlerwurzeln. Auf den Flügeldecken wenig auffällige helle borstige Haare. Männchen mit dickeren Oberschenkeln und mehr kugelig gewölbter Brust.
4-6 mm.
Von Mai bis Juli häufig auf Laub an Waldrändern und in Gebüsch, gern auf Weißdorn, Buche und Birke. Blattfresser.

Phyllobius arborator
Familie Curculionidae, Rüsselkäfer

Die grün beschuppte Oberseite ist dicht mit schwarzen Punkten bestreut, in denen schwarze, borstige Haare entspringen. Schildchen nicht beschuppt. Die Oberschenkel der Vorderbeine sind beim Männchen (im Bild oben) dicker als beim Weibchen.
6-8 mm.
Im Frühling und Sommer in Laubwäldern der Gebirge. Die Käfer sitzen auf und fressen an Laub aller Art. Die Larven fressen Wurzeln und überwintern.

Phyllobius argentatus
Familie Curculionidae, Rüsselkäfer

Beine rötlichbraun, Ober- und Unterschenkel und Schildchen mit grünen Schuppen und Haaren. Der Rüssel, vom Auge an gerechnet, ist nicht länger als breit und von der Fühlerwurzel an nach unten gebogen. Die Haare auf den Flügeldecken sind nach hinten geneigt.
3,5-6 mm.
Im Frühjahr und Frühsommer häufig auf Gebüsch und in Fichtenschonungen. Die Larven entwickeln sich in den Stengeln von Kräutern, die sie zur Verpuppung im Boden verlassen.

Phyllobius urticae
Fam. Cucurlionidae, Rüsselkäfer

Flügeldecken auf dem Rücken ohne Haarborsten und mit schmalen Schuppen. Beine grün behaart, aber ohne Schuppen, alle Oberschenkel mit einem Zahn und zumindest teilweise schwarz.
7-10 mm.
Häufig von April bis Ende Juli, gegen Ende der Zeit meist mehr oder weniger abgerieben. Vor allem auf Brennessel, an deren Wurzeln sich die Larven entwickeln.

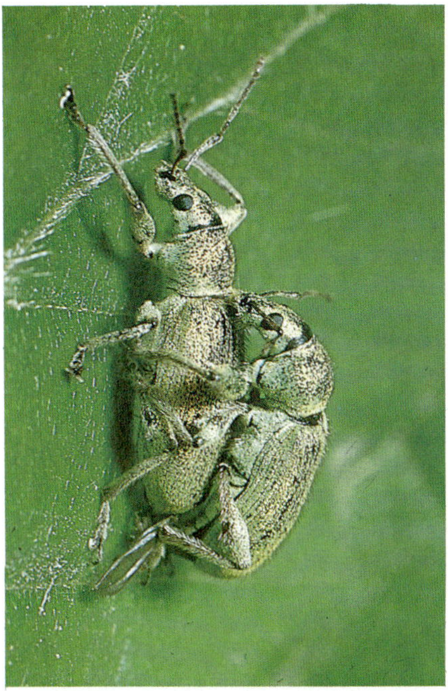
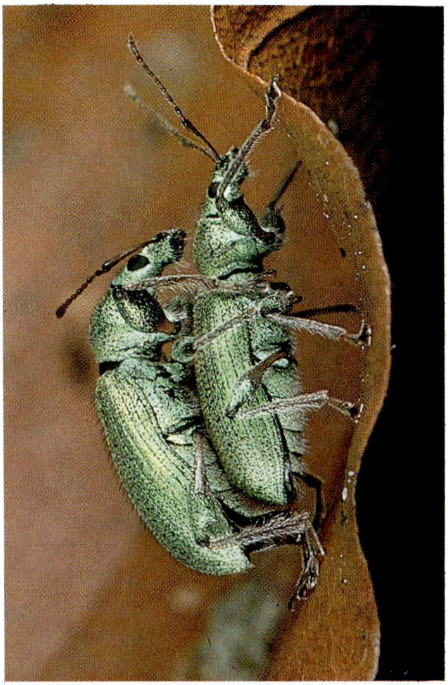
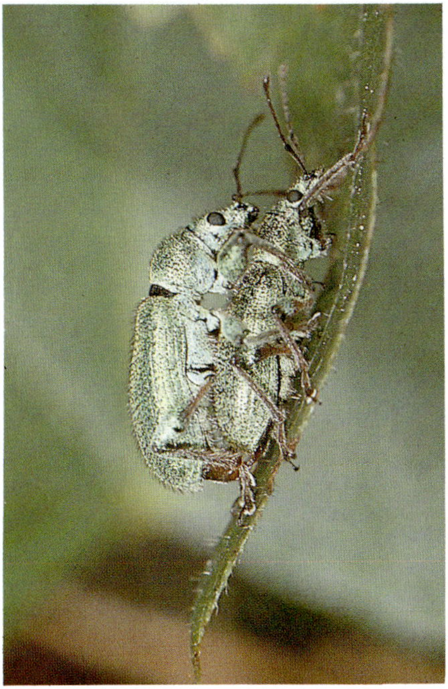
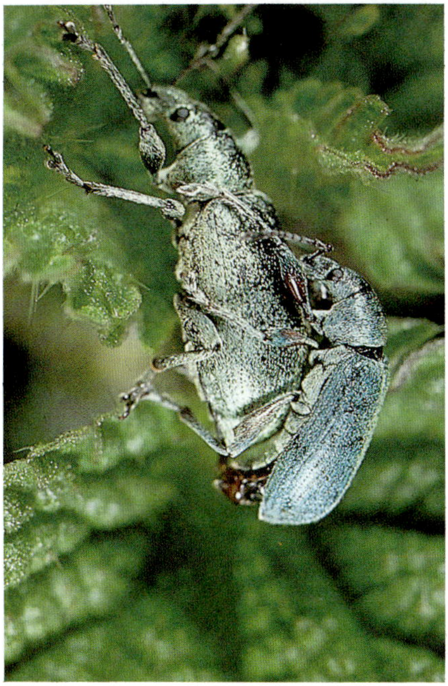

Polydrusus pilosus
Fam. Cucurlionidae, Rüsselkäfer

Die Flügeldecken lückig mit rundlichen, etwas kupferglänzenden Schuppen bedeckt. Breit gebaut, mit ausgeprägten Schultern. Alle Oberschenkel mit einem Dorn auf der Innenseite, ohne Schuppen, die Haare auf den Schenkeln mit schwachem Metallglanz.
5-6,5 mm.
Von Mitte April bis in den Juli auf Gebüsch und Zweigen am Waldrand.

Chlorophanus viridis
Fam. Cucurlionidae, Rüsselkäfer

Grün bis blaugrün, an den Seiten mehr gelbgrün beschuppt, selten auch rostrot bis kupferig.
Die Flügeldecken in der Mitte nicht bauchig gerundet, sondern etwa parallel und hinten zu kurzen Spitzen ausgezogen.
8-11 mm.
Im Mai und Juni (und bis August) in eher feuchten Lagen auf Nesseln und Disteln, auch auf Weiden, dämmerungs- und nachtaktiv. Die Larven leben an Wurzeln.

Larinus sturnus
Fam. Cucurlionidae, Rüsselkäfer

Arttypisch ist die Rüssellänge, der Rüssel oben mit einem feinen Kiel. Halsschild hinten mit einer Längsfurche. Die gelbe Bestäubung der Käfer bildet sich nach dem Abwischen neu.
3-13 mm.
Meist gesellig auf den Blüten von Disteln und Flockenblumen. Die Weibchen bohren zur Eiablage die Knospen großblütiger Disteln (ab 20 mm Durchmesser) an, etwa von Wolldistel und Skabiosenflockenblume sowie von Kletten. Dann schieben sie ein Ei in das Bohrloch.

Sitona lineata
Fam. Cucurlionidae, Rüsselkäfer

Flügeldecken mit gerundeten Schultern, Stirn breit, Halschild vorne etwas eingeschnürt. Schuppen und Härchen bilden auf Halsschild und Flügeldecken mehr oder weniger deutliche Längsstreifen.
3,5-4,5 mm.
Häufig und manchmal schädlich von Mai bis August an Klee, Erbsen und anderen Schmetterlingsblütlern. Die Käfer fressen bei Nacht - auf der Blattkante reitend - Kerben in die Blätter. Sie lassen ihre Eier fallen. Die Larven graben sich ein und fressen Wurzeln.

Larinus carlinae
Familie Cucurlionidae

Bestimmung über Rüssellänge und Rüsselform. Flügeldecken gelb und grau behaart und gelb bestäubt. Die Bestäubung, wenn abgerieben, erneuert sich.
5-8 mm.
Meist mehrere auf einem Distelkopf (Cisium und Carduus). Die Weibchen nagen von unten eine Höhlung in die Knospen kleinblütiger Disteln (meist von Ackerdistel), legen ein Ei in die Höhle und verschließen sie mit einem Kittsekret.

Larinus jaceae
Fam. Cucurlionidae, Rüsselkäfer

Kurz eiförmig, stark fleckig behaart. Halsschild ohne Längsfurche. Rüssel von arttypischer Länge und Krümmung.
4-9 mm.
Nicht selten auf blühenden Disteln. Die Käfer legen ihre Eier in Distelknospen von mittlerer Größe (Cisium und Carduus) oder Flockenblumen. Disteln mit kleineren Knospen werden von Larinus carlinae und solche mit größeren Knospen von Larinus sturnus belegt. So gehen die Arten der Konkurrenz aus dem Wege.

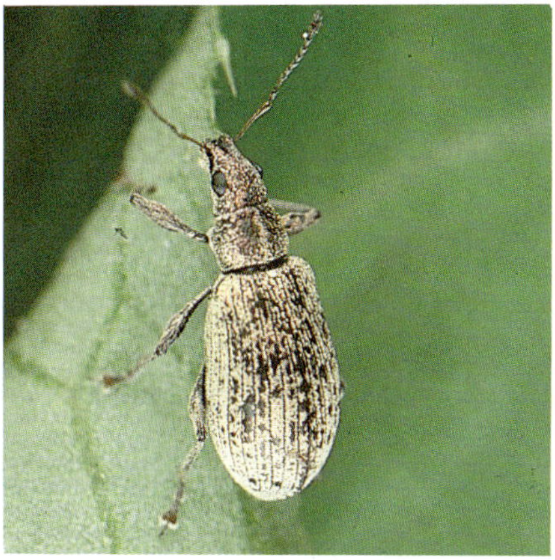
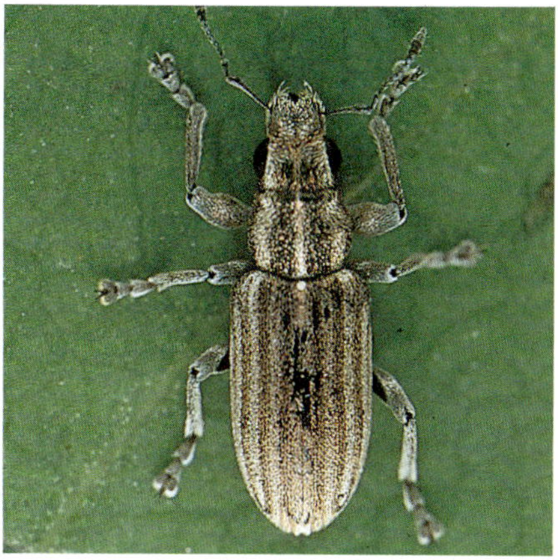
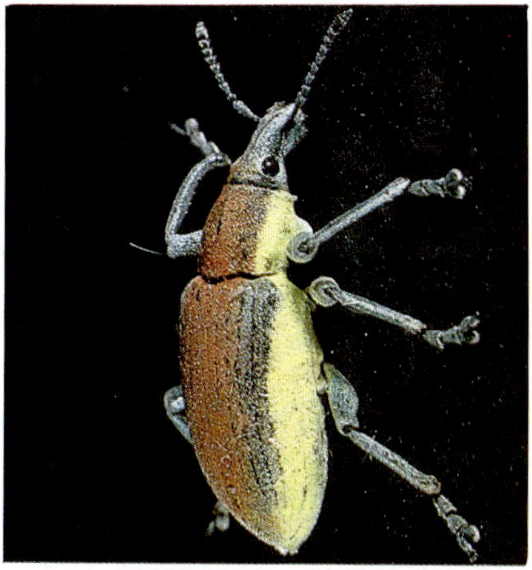
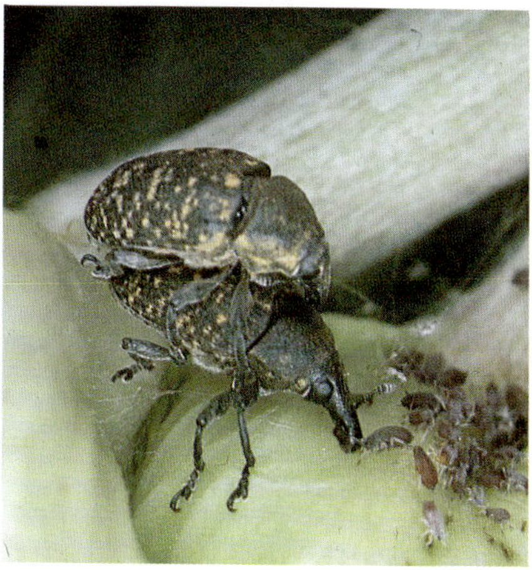
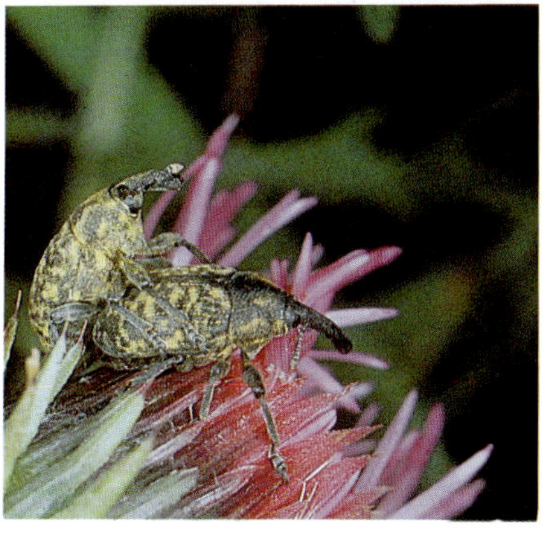
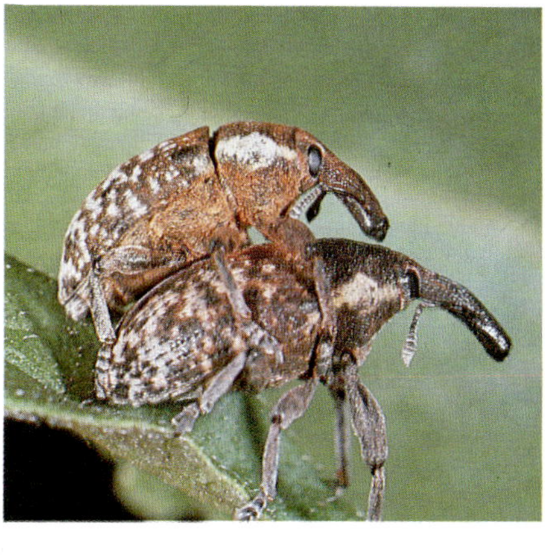

Lixus (Compsolixus) Ascanii
Familie Curculionidae, Rüsselkäfer

Flügeldecken sehr schlank und hinten zugespitzt. Schwarz, an den Seiten mit feinen grauen Haaren. Über Brust und Flügeldecken läuft eine aus weißen Haaren gebildete Längsbinde. Auf dem Halsschild zwischen einer sehr feinen Punktierung weniger dicht gröbere Einstiche. Unterseite weiß behaart.
6-15 mm.
Häufig im Mittelmeerraum, vereinzelt auch nördlich der Alpen von Mai bis August, vor allem auf Rüben, Melde und Rauken (Sisymbrium). Meist auf Sandboden.

Lixus algirus
Fam. Cucurlionidae, Rüsselkäfer

Sehr schlank, Rüssel im Querschnitt rund und ungekielt. Flügeldecken querwellig und hinten klaffend, abgerundet.
10,5 bis 17,5 mm.
Von Mai bis September in sonnigen, eher feuchten Lagen auf Sumpfpflanzen, vor allem Korb- und Schmetterlingsblütlern und Malven. Die Larven minieren in den Stengeln dieser Pflanzen. Die Käfer überwintern.
Mediterran, nördlich der Alpen selten.

Bothynoderes punctiventris
Fam. Cucurlionidae, Rüsselkäfer

Rüssel gekielt und kantig, Halsschild zart gekielt und vor dem Schildchen eingedrückt, auf den Flügeldecken im hinteren Fünftel eine kleine, heller behaarte Beule.
10-13 (16) mm.
Auf Wiesen und Feldern. Die Larven entwickeln sich über 2 Jahre als Wurzelfresser und sind im Balkan als Rübenschädlinge gefürchtet. Im südöstlichen Europa von Thüringen an.

Brachyderes incanus
Fam. Cucurlionidae, Rüsselkäfer

Grundfärbung schwarz, aber verdeckt durch grauweiße, leicht irisierende Schuppen und feine Haare. Die Käfer sind flugunfähig und lassen sich bei Gefahr fallen. Fühler und Füße bräunlich.
7-11 mm.
Häufig von Mai bis September auf Fichten und Kiefern, wo die Käfer die Nadeln und die Larven die Wurzeln befressen. Tagsüber meist in der Bodenstreu verborgen. Die Jungkäfer schlüpfen im Juli und überwintern im Boden.
In Schweden ein Forstschädling.

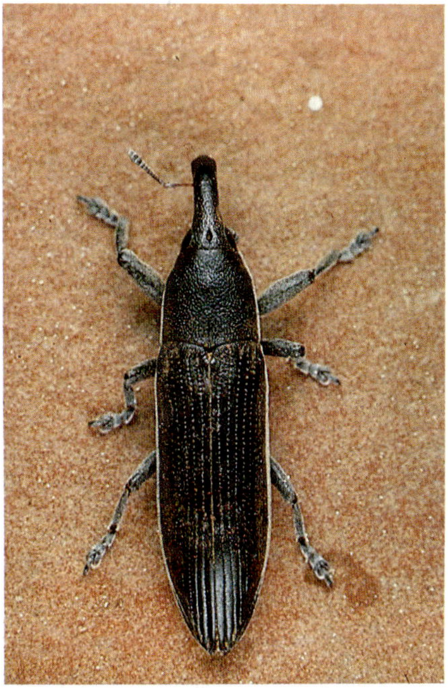
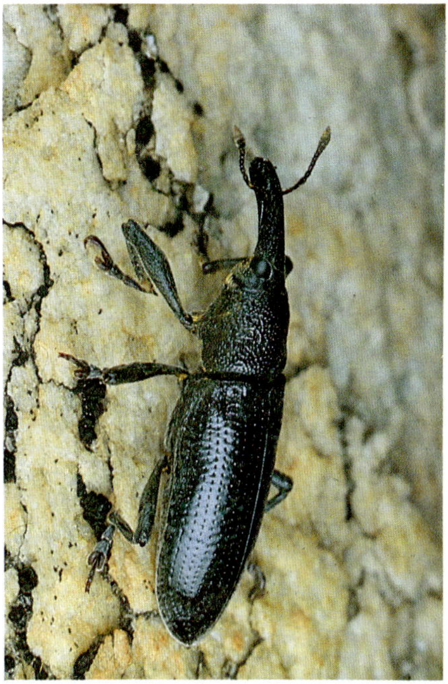
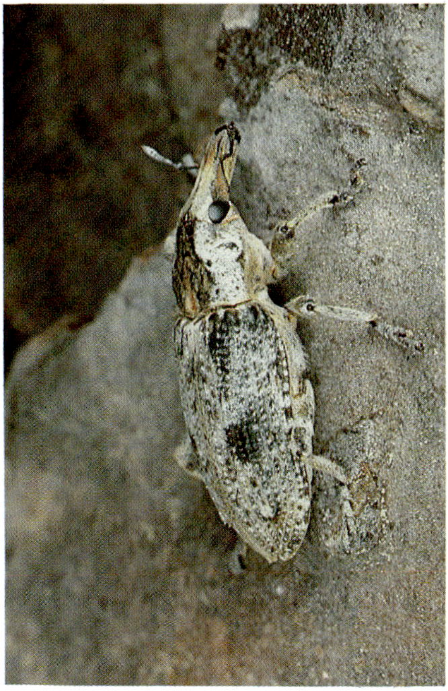
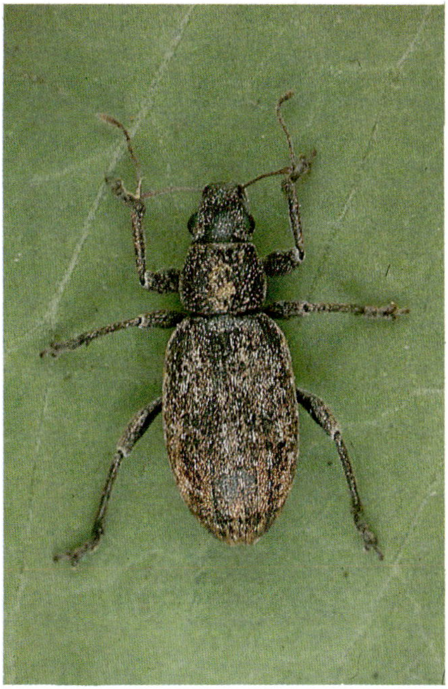

Cleonus tigrinus
Fam. Cucurlionidae, Rüsselkäfer

Oberseite durch helle Schuppenflecke marmoriert. Auf dem Halsschild ein weißer Mittelstrich und an den Seiten eine weiße x-förmige Zeichnung.
7-11 mm.
In Steppenbiotopen, vor allem im Mai und Juni auf Beifuß und Schafgarbe. Die Larven fressen Wurzeln.

Coniocleonus nigrosuturatus
Fam. Cucurlionidae, Rüsselkäfer

Auf den Flügeldecken je 2 schräge, nach außen spitze dunkle "Kahlmakel". Sandfarben und auf Sandboden sehr gut getarnt.
10-14 mm.
An sandigen Orten, meist auf Thymian. Die Larven fressen 2 Jahre an Wurzeln und verpuppen sich in einem fest verleimten hohlen Erdballen.
In ganz Deutschland.

Lepyrus palustris
Fam. Cucurlionidae, Rüsselkäfer

Die schwarze Grundfärbung wird von grauweißen Haaren und Schuppen verdeckt, die auf den Flügeldecken im 4. Zwischenraum von innen einen weißen Fleck bilden.
7-11,5 mm.
Im Mai und Juni vor allem auf Dünen, vor allem an und unter Kriechweide (Salix repens).
Die Larven fressen an den Wurzeln von Sauerampfer.

Hylobius abietis
Fam. Curculionidae, Rüsselkäfer

Auf den düsterbraunen bis schwarzen Flügeldecken formen Haarflekke unregelmäßige, unterbrochene Querbinden. Halsschild grob punktiert und mit Längsrunzeln, Schildchen beschuppt, Beine schwarz.
8-14 mm.
Von April bis Juni (September) an Kiefern und Fichten, stellenweise als Forstschädling. Eiablage in Rindenritzen bodennah oder in Baumstubben und freiliegenden Wurzeln. Die Larven fressen Gänge in die Bastschicht, fertigen hier im Oktober eine Puppenwiege, verpuppen sich aber erst im nächsten Spätsommer. Die Käfer überwintern. Sie können 2-3 Jahre alt werden.

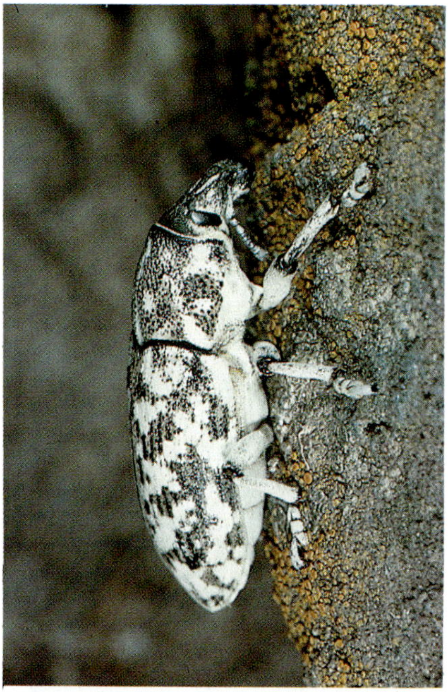
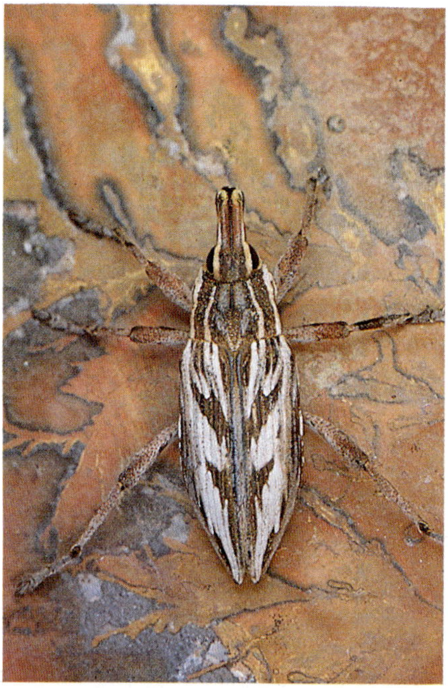
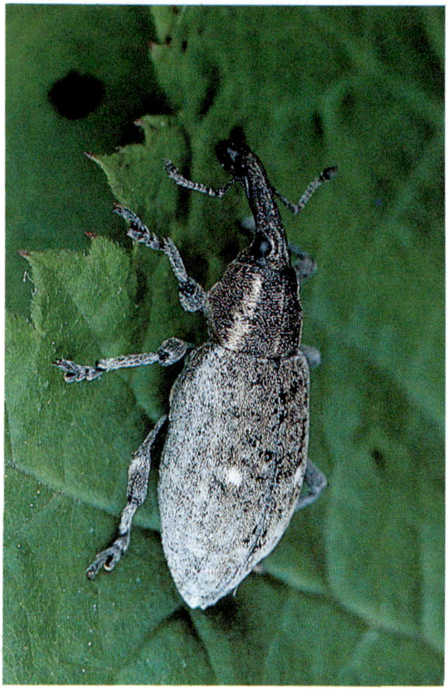
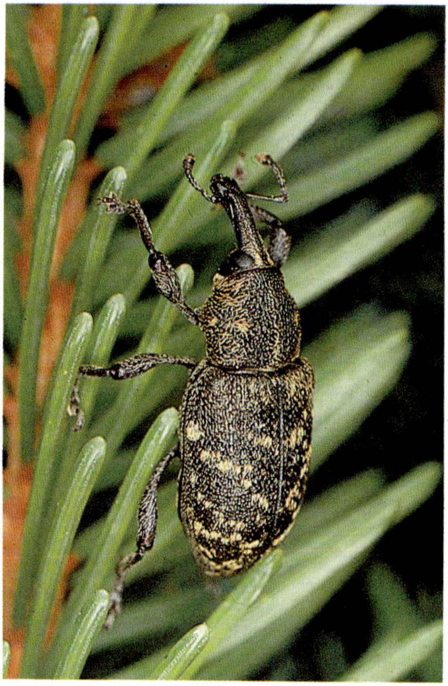

Liparus germanus
Fam. Cucurlionidae, Rüsselkäfer

Arttypisch sind Form und Behaarung des Halsschildes: Eine Längsreihe von Fleckchen an den Seiten und eine in der Mitte unterbrochene Querbinde am Hinterrand. Auf den Flügeldecken mit Schuppen gefüllte Vertiefungen.
12-16 mm.
Von Mai bis Juli vor allem im Alpenraum in feuchten Schluchten. Die Käfer sitzen am Tage auf den Blättern von Pestwurz, Bärenklau und anderen Kräutern. Die Larven leben in den Wurzeln von Pestwurz.

Hypera (Phytonomus) **arator**
Familie Curculionidae, Rüsselkäfer

Körper gelbgrau beschuppt, oft mit einem leichen Perlmuttschimmer. Halsschild mit 3 hellen Längsstreifen, Flügeldecken mit weißlichen und schwärzlichen Längsbinden, die Naht fein schwarz gefleckt.
5-7 mm.
Häufig an trockenwarmen, sandigen Orten. Die Larven fressen an Nelken. Von Nordafrika bis Lappland.

Dorytomus melanophthalmus
Fam. Cucurlionidae, Rüsselkäfer

Rüssel lang, gleichmäßig gekrümmt, unbehaart und glänzend. Die dünnen Fühler entspringen beim Männchen im vorderen Drittel, beim Weibchen auf halber Länge. Flügeldecken bräunlich und locker und gleichmäßig mit spatelförmigen Haaren bedeckt. Alle Oberschenkel mit je einem Zahn. 3-4 mm.
Sehr häufig auf Weiden. Zur Zeit des Laubfalls auch am Boden, auf Zäunen, Geländern und an Hauswänden. Die Käfer überwintern im Boden.

Liparus dirus
Fam. Cucurlionidae, Rüsselkäfer

Schwarz, die Oberseite unbehaart.
18-20 mm.
Die trägen, hart gepanzerten Käfer sitzen meist auf Laserkraut (Laserpitium). Vor allem in Norddeutschland, aber auch südwärts bis Ungarn und Italien.
Die Larven leben in den Wurzeln von Doldenblütlern.

Cossonus linearis
Fam. Cucurlionidae, Rüsselkäfer

Flach gebaut in Anpassung an das Leben in Spalten, Rüssel vorne löffelartig verbreitert, Kopf und Halsschild punktiert, Flügeldecken mit Punktreihen.
3,8-5,5 mm.
Die Käfer leben wie ihre Larven unter der Rinde und in hohlen Stämmen alter Weiden und Pappeln.

Anthonomus pomorum,
Apfelblütenstecher
Fam. Cucurlionidae, Rüsselkäfer

Auf den Flügeldecken bilden Schuppenhaare eine arttypische Zeichnung. Über den Augen bilden Stirnhaare so etwas wie Augenbrauen.
3,4-4,3 mm.
Nach der Überwinterung stechen die Weibchen die eben anschwellenden Blütenknospen an und belegen sie mit einem Ei. Die Larve frißt die Knospe von innen aus und verpuppt sich in der vertrocknenden Hülle. Im Mai schlüpfen die Jungkäfer, die sich nach einem Reifungsfraß im August in Rindenritzen oder dem Bodenmulm zur Überwinterung festsetzen.

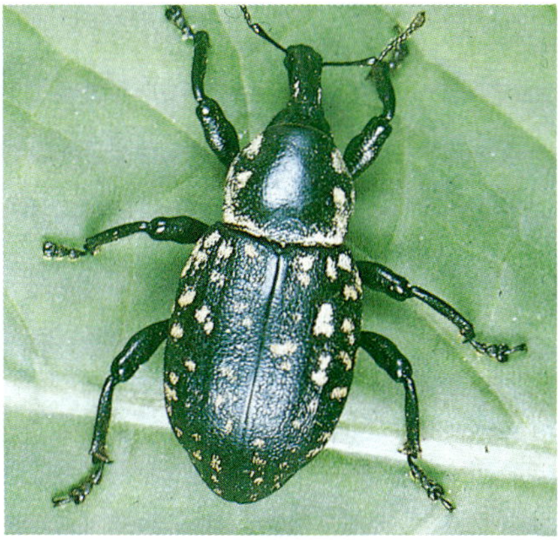
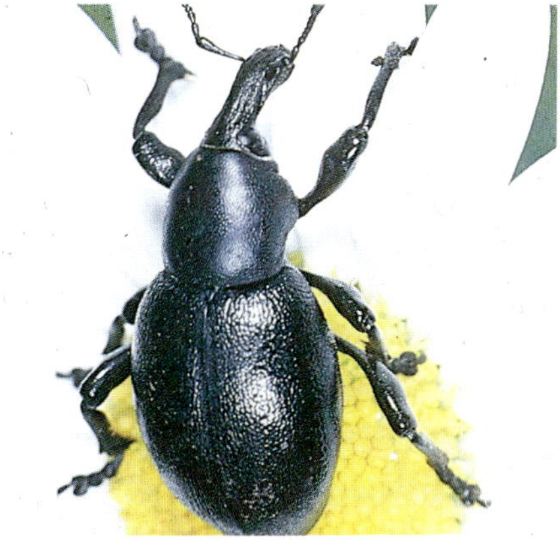
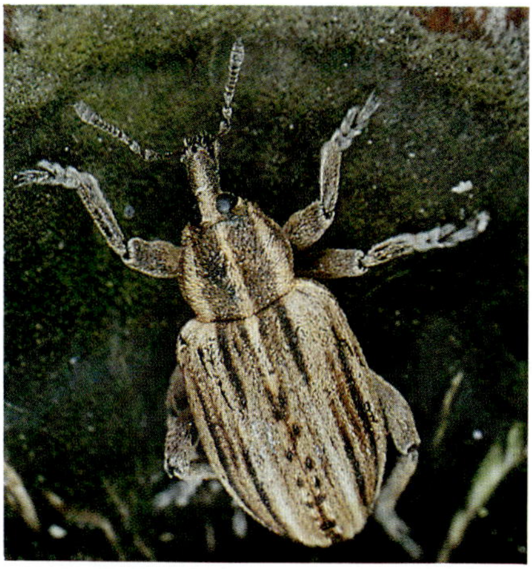
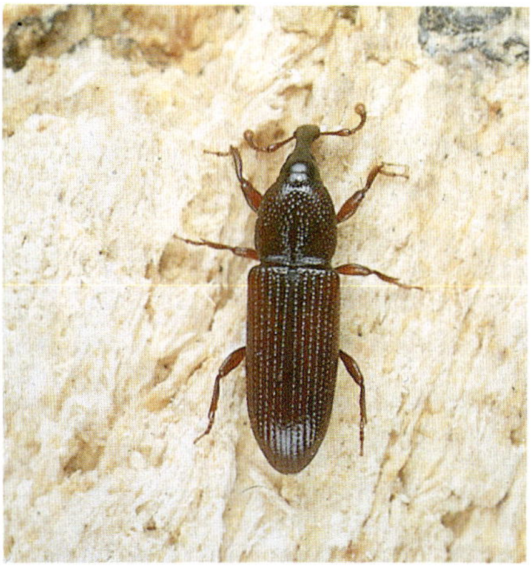
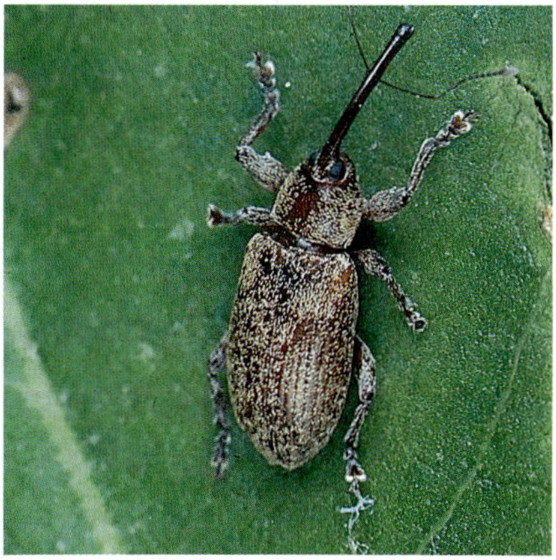
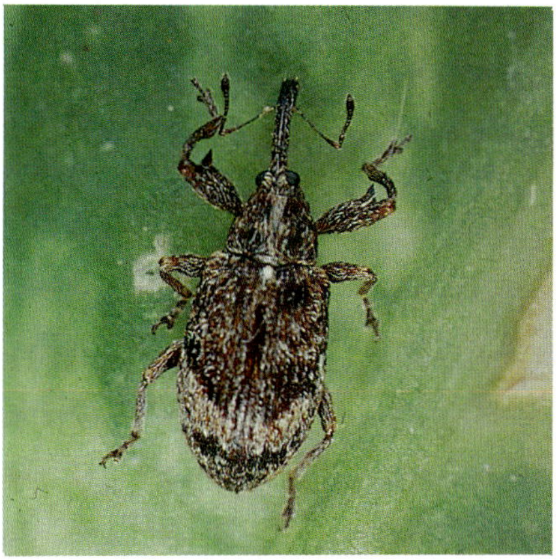

Cucurlio glandium, Eichelbohrer
Fam. Cucurlionidae, Rüsselkäfer

Fein anliegend behaart, die Haare bilden anders als beim Haselnußbohrer entlang der Naht keinen Kamm. Die Glieder der Fühlergeißel sind länger als breit und tragen einzelne Haare. Ohne Rüssel 4 bis 7,5 mm.
Von Mai bis August auf Eichen. Die Weibchen bohren mit dem Rüssel ein Loch in halbreife Eicheln und schieben ein Ei hinein. Die befallenen Eicheln fallen als erste, und die erwachsenen Larven nagen sich durch ein rundes Loch im Spätherbst ins Freie. Sie überwintern ein-, selten auch zweimal im Boden in einer innen glatten Puuppenhöhle und verpuppen sich im Frühjahr.

Cucurlio nucum, Haselnußbohrer
Fam. Cucurlionidae, Rüsselkäfer

Rüssel extrem lang, beim Weibchen länger als der Körper. Ohne Haarkamm hinten an der Naht. Fühler kürzer als beim Eichelbohrer.
6-9 mm.
Im Mai und Juni auf Hasellaub und Weißdornblüten. Das Weibchen nagt ein feines, tiefes Loch in halbreife Haselnüsse und schiebt ein Ei hinein. Im Herbst nagen sich die reifen Larven ein rundes Loch in die inzwischen hart gewordene Nuß und zwängen sich heraus. Sie verpuppen sich im nächsten Frühjahr im Bodengrus in einer innen geglätteten Puppenwiege.

Pissodes pini
Fam. Cucurlionidae, Rüsselkäfer

Dunkel mattbraun, auf den Flügeldecken 2 schräge Querbinden aus gelblichen Schuppen, die vordere in Flecken aufgelöst.
7-9 mm.
Auf Fichten und Kiefern, besonders in Althölzern. Die Weibchen legen ihre Eier an kränkelnde oder tote Stämme, wo die Larven unter der Rinde Gänge nagen.
Die Käfer überwintern und können 2 jahre alt werden.

Pissodes piceae
Fam. Cucurlionidae, Rüsselkäfer

Hinterrand des Halsschildes leicht gewellt. Auf dem Halsschild eine Querreihe aus gelblichen Fleckchen und auf den Flügeldecken hinter der Mitte ein aus Schuppen gebildetes gelbliches Querband.
7-10 mm.
In Fichtenwäldern im Bergland. Die Weibchen nagen in die Rinde kränkelnder Weißtannen eine Höhlung, in die sie ein Ei legen. Die Larven fressen unter der Rinde gewellte Gänge, an deren Ende sie sich in einer mit langen Nagespänen umgebenen Puppenwiege verpuppen. Sie überwintern. Die Käfer leben bis 2 Jahre und überwintern im Boden. Sie sind gute Flieger.

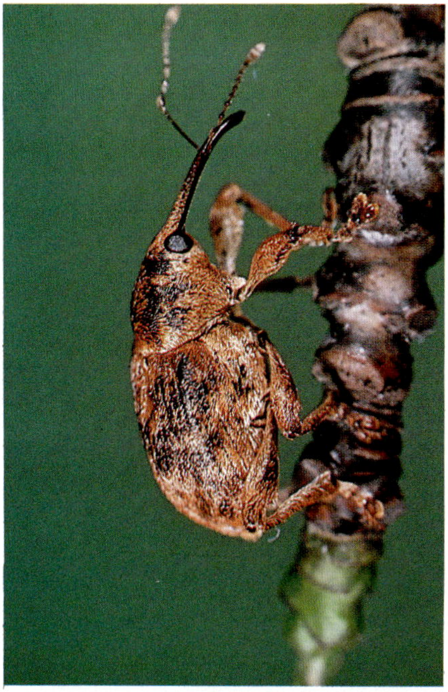
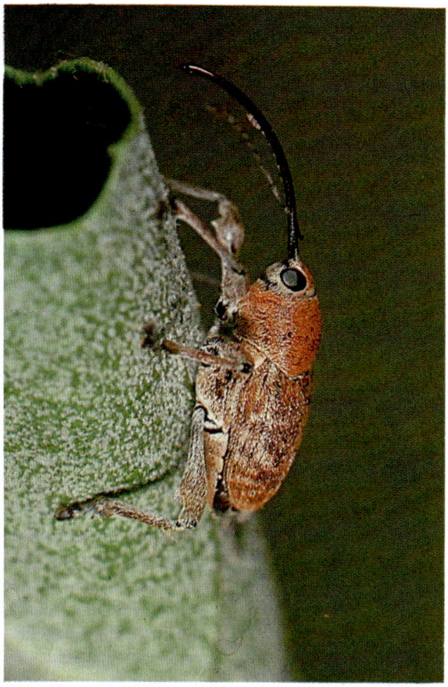
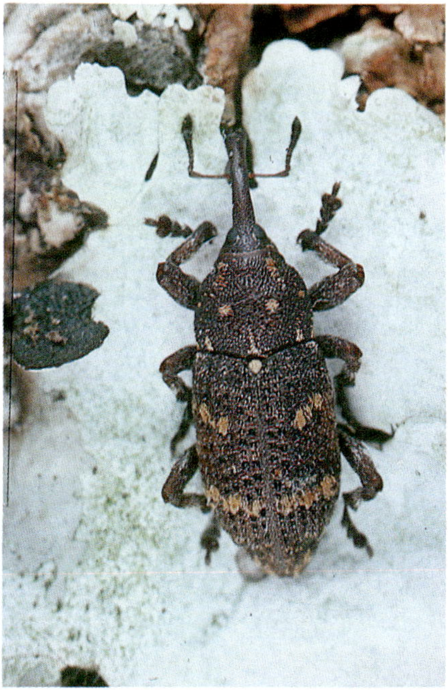
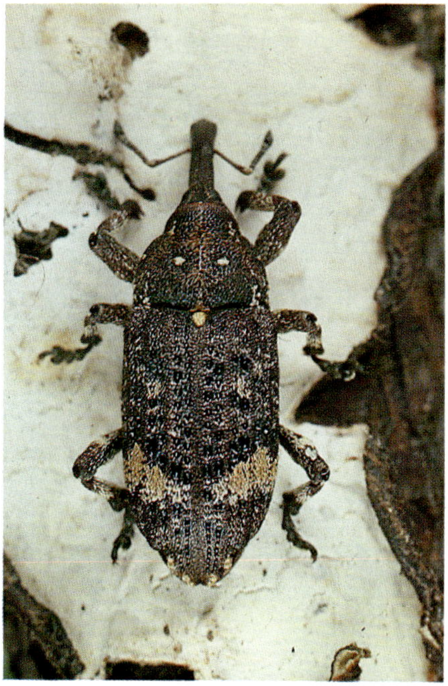

Pissodes notatus
Fam. Cucurlionidae, Rüsselkäfer

Hinterende des Halsschildes leicht gewellt. Weiße und rostbraune Schuppenflecke auf den Flügeldecken. 5,5-7 mm.
An Kiefern und Lärchen, wo die Käfer Löcher in die Rinde fressen. Sie können fliegen. Die Larven fressen unter der Rinde von dünnen Stämmen oder Zweigen geschlängelte Gänge stammabwärts. Sie verpuppen sich unter der Rinde in einer mit langen Nagespänen gegen die Seiten abgedichteten Puppenwiege - wohl ein Schutz gegen Raubinsekten. Befallene Stämme zeigen Harztropfen auf der Rinde. Käfer und Larven überwintern.

Sitophilus granarius, Kornkäfer
Fam. Cucurlionidae, Rüsselkäfer

Einfarbig dunkelbraun, auf dem Halsschild Punkte in Längsreihen. 2,7-3,7 mm.
An Lagergetreide. Die Weibchen nagen ein Korn an und belegen es mit einem Ei. Danach verstopfen sie den Kanal mit Bohrmehl und einem Sekret. Der fertige Käfer verläßt nach etwa 10 Wochen das ausgefressene Korn.
Weltweit verbreitet. In Getreidelagern bekämpft man den Käfer durch Senken der Feuchtigkeit.

Ceutorrhynchus napi
Fam. Cucurlionidae, Rüsselkäfer

Die Flügeldecken fein längsgestreift, dazwischen kurze, etwas abgeflachte Härchen in 3 bis 4 Reihen.
3,2-3,8 mm.
Wärmeliebend. Auf Kreuzblütlern wie Raps, Brunnenkresse und Knoblauchrauke. Die Larven leben in den Stengeln von Kreuzblütlern.

Furcipus rectirostris
Fam. Cucurlionidae, Rüsselkäfer

Rüssel lang und kaum gebogen. Halsschild mit 3 hellen, aus Schuppen gebildeten Längslinien. 3,7-4,5 mm.
Die Käfer benagen im Frühjahr Blüten und Blätter von Kirsche, Pflaume und Schlehe (Prunus-Arten) und legen ihre Eier in die Blüten. Die Larven fressen den jungen Kern und beenden darin ihre Entwicklung. Schon im Sommer ziehen sich die Jungkäfer zur Überwinterung zurück.

Cryptorhynchus lapathi
Fam. Cucurlionidae, Rüsselkäfer

Mit einer Längsfurche auf der Brust, in der die Käfer beim "Sich-Totstellen"- unser Bild - den Rüssel verbergen. Die Seiten des Halsschildes und das hintere Drittel der Flügeldecken dicht rahmweiß beschuppt.
5,5-9 mm.
Auf Erlen und Weiden, seltener auf Pappel und Birke. Die Käfer überwintern unter Rinde oder im Boden und legen im Mai ihre Eier in Rindenritzen; die Larven fressen erst in der Rinde, später im Holz und werfen das Bohrmehl aus den Löchern, aus denen im Juli die jungen Käfer kommen. Bis zur Überwinterung benagen sie frische Baumrinde.

Cidnorhinus quadrimaculatus
Fam. Cucurlionidae, Rüsselkäfer

Mit hellen Schuppen bedeckt, die etwa in der Flügelmitte eine Fleckenbinde andeuten.
2,6-3,2 mm.
Häufig bis in den Spätherbst auf Brennessel, meist auf der Blattunterseite. Die Käfer lassen sich auf eine Erschütterung hin fallen. Ihre Larven fressen an Brennesselwurzeln und verpuppen sich im Boden.

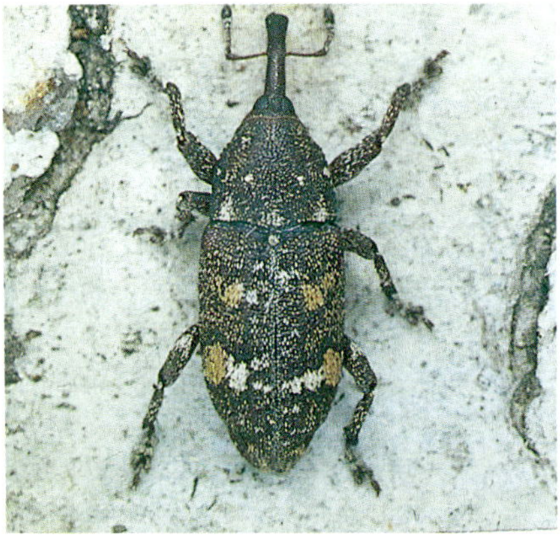
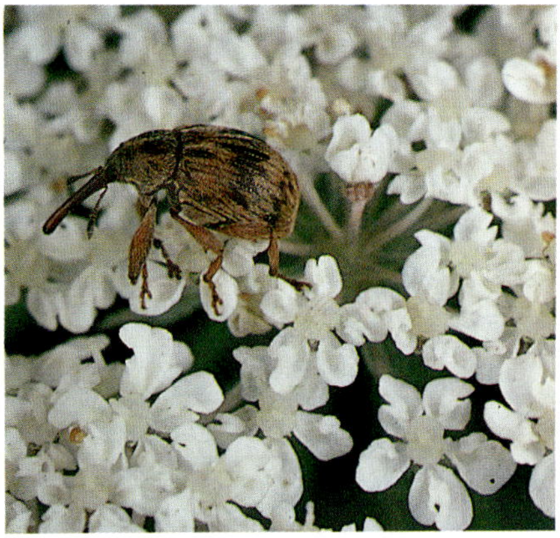
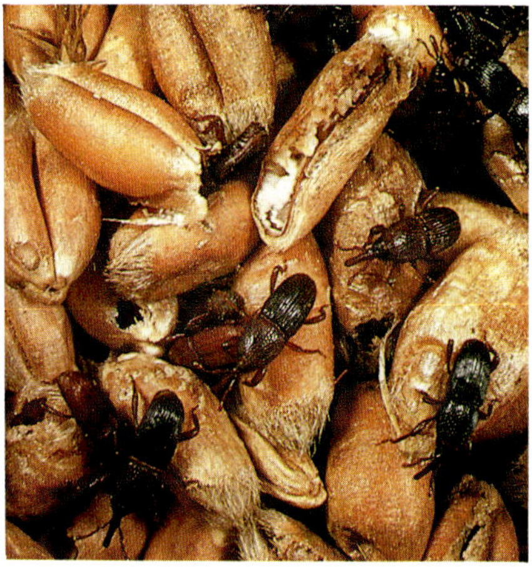
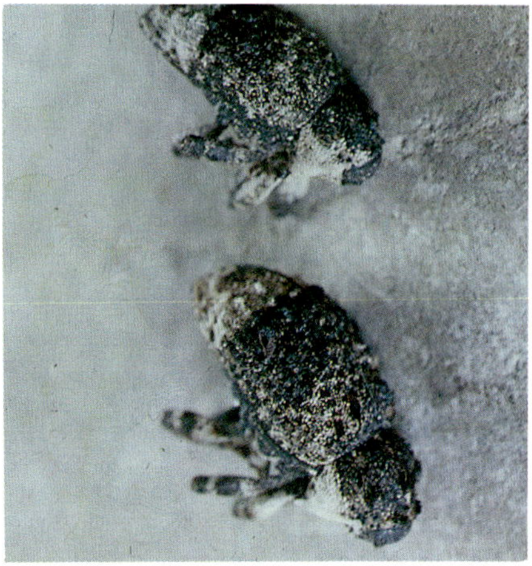
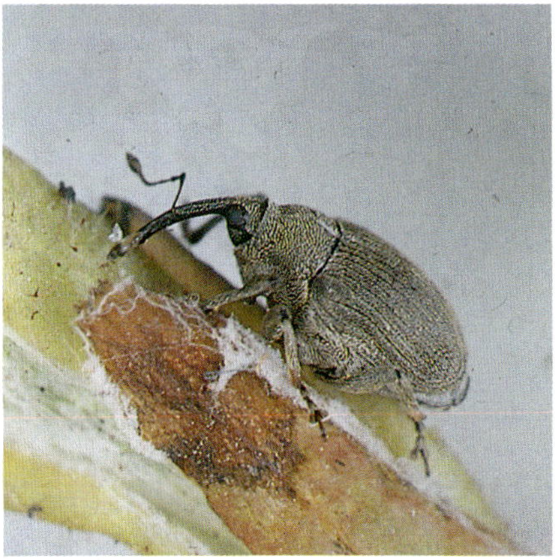
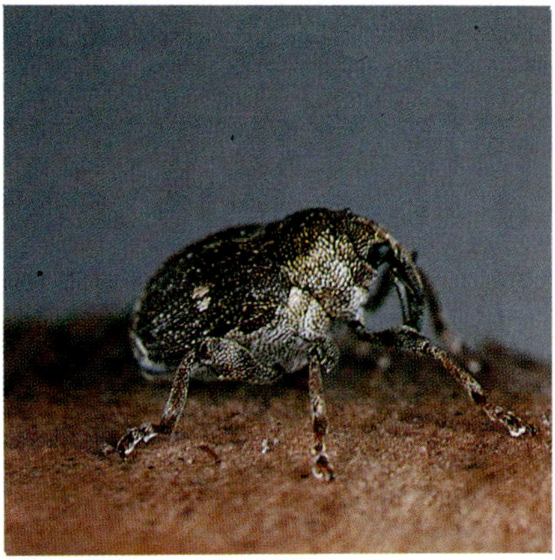

Cionus hortulanus
Fam. Cucurlionidae, Rüsselkäfer

Grünlich- bis gelblichgrau behaart, auf den Flügeldecken ein Muster aus dunklen Haarflecken und auf der Naht in halber Länge und am Hinterende je ein mattschwarzer Fleck. Der Rüssel ist beim Weibchen größer als beim Männchen und vorne glatt und glänzend.
Ohne Rüssel 3,6-4,3 mm.
Oft in großer Zahl zusammen mit den Larven auf Königskerze und Braunwurz.

Cionus scrophulariae
Fam. Cucurlionidae, Rüsselkäfer

Der vordere der beiden schwarzen Flecke an der Flügelnaht ist hinten mit hellen Haaren angelegt, der hintere ist vorne und hinten hell gesäumt.
4-5 mm (ohne Rüssel).
Fast mit Sicherheit zu finden auf Braunwurz (Scrophularia) und Königskerze, von Mai bis Oktober zusammen mit Eiern, Larven und Puppen, die letzten in faserigen, ovalen, braunen Kokons.

Xyloterus singatus, Eichensplintholzbohrer, Fraßbild
Familie Scolytidae, Borkenkäfer

Von einer Eingangsröhre in Richtung auf die Stammachse zweigen 2 bis 5 waagerechte Muttergänge ab, von denen aus die Larven in Abständen wie Leitersprossen kurze senkrechte Gänge nagen.
Pilzzüchter: Die Mutter sät in den Gängen Pilzsporen aus und regelt, während die Larven heranwachsen, durch Öffnen und Schließen des Eingangs die Luftfeuchtigkeit. Sie frißt auch unerwünschte Pilze weg.
   In harten Laubhölzern, vor allem in Eichen. Die 3,2 bis 4 mm langen Käfer schwärmen im März. In Nord- und Mitteleuropa.

Phytobius velatus
Fam. Cucurlionidae, Rüsselkäfer

Schwarz mit einem veränderlichen Muster aus gelben und schwarzen Schuppen.
2-3 mm.
Ein Rüsselkäfer, der im Wasser lebt. Die Käfer kriechen an Wasserpflanzen, können als einziger Rüsselkäfer aber auch strampelnd schwimmen. Sie kommen nie zum Luftholen an die Oberfläche. Käfer und Larven fressen an Tausendblatt.

Pityophagus ferrugineus
Familie Nitidulidae, Glanzkäfer

Auffallend flach gebaut, der Kopf ist beim Männchen fast so breit wie der Halsschild und beim Weibchen schmaler. Die Punktierung der Flügeldecken wird nach hinten feiner und dichter. Glänzend rostrot.
4-5 mm.
Unter der Rinde kränkelnder Bäume, in den Gängen von Borkenkäfern, denen die Käfer wie auch ihre Larven nachstellen.

Xyloterus linearis, Fraßbild
Familie Scolytidae, Borkenkäfer

Nur in feuchtem, krankem oder totem Nadelholz, auch in geschälten Stämmen. Die Weibchen nagen erst einen Stollen in Richtung auf die Stammachse und dann 2 oder 3 waagerechte, der Krümmung der Jahresringe folgende Muttergänge, und in diese abwechselnd oben und unten kleine Einischen. Die Larven erweitern die Nischen zu kurzen, senkrechten Gängen. Sie ernähren sich von einem Pilz (Ambrosia), der von der Mutter als Sporen im Magen mitgebracht wurde. Die Mutter vernichtet falsche Pilze, entfernt Exkremente und sorgt durch Öffnen und Schließen des Bohrlochs für die richtige Feuchtigkeit. Wenn sie ausfällt, gehen die Larven zugrunde.

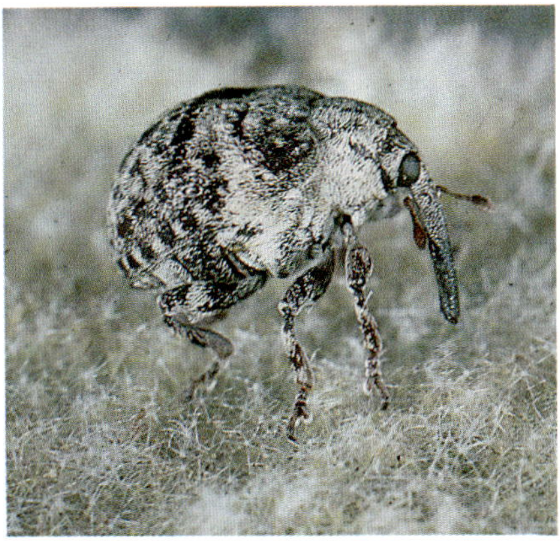
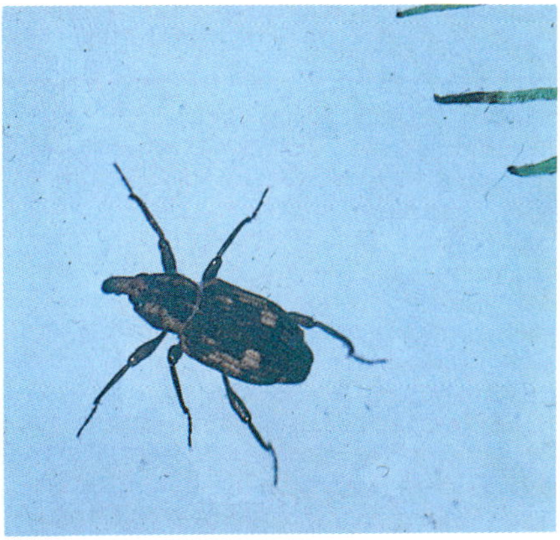
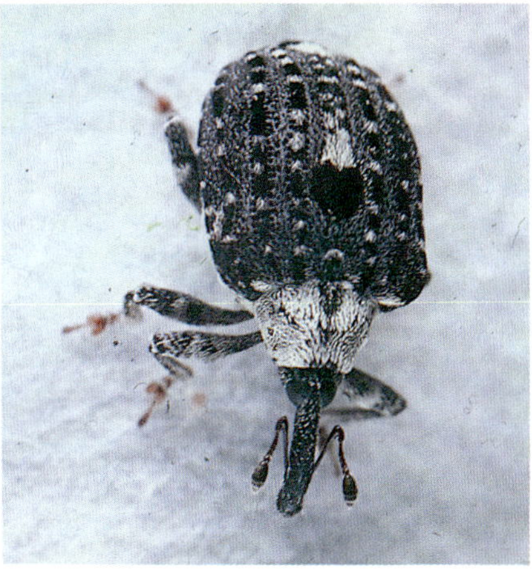
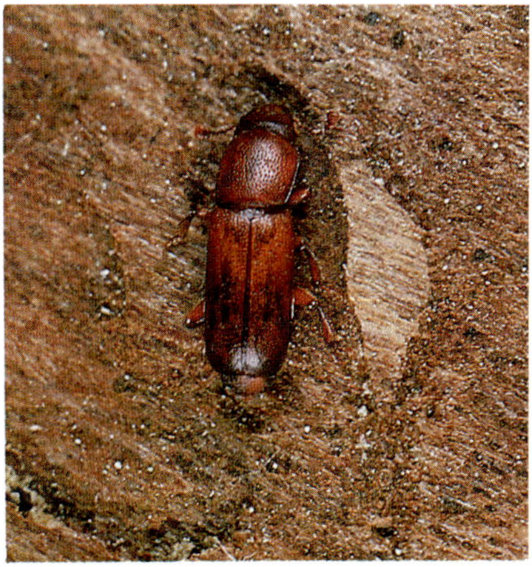
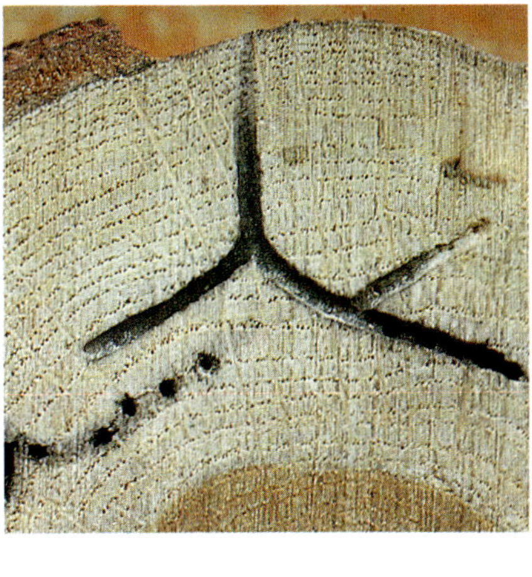
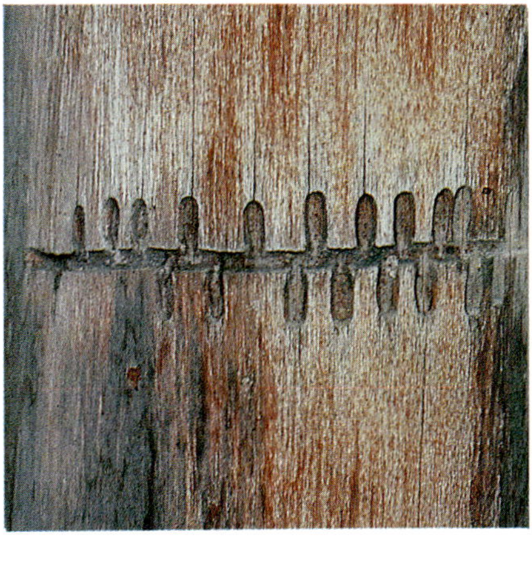

Gnathotrichus marteriarius
Familie Scolytidae, Borkenkäfer

Die 3,2 bis 3,5 mm langen Käfer bohren einen Gang senkrecht zur Oberfläche in einen Stamm, meist in gefällten Kiefern, in Stubben oder kranken Bäumen, deren Holz nicht zu feucht und nicht zu trocken ist. Von da aus nagen sie den Jahresringen folgend waagerechte Muttergänge und dann kurze, senkrechte "Leitergänge", in denen sich die Larven von mitgebrachten Ambrosia-Pilzen ernähren. Die Jungkäfer verlassen den Stamm durch das Einbohrloch der Eltern. Aus Nordamerika eingeschleppt.

Ips typographus, Buchdrucker
Fraßbild
Familie Scolytidae, Borkenkäfer

In Fichten und Kiefern, die meist älter sind als 60 Jahre. Erst nagt das Männchen unter der Rinde ei- "Rammelkammer", dann lockt es mit einem Duftstoff meist 2 Weib - chen in die Kammer, die je einen Muttergang nach oben und nach unten nagen mit beiderseits zusammen etwa 80 Einischen. Die Larven bohren bis 5 cm lange Quergänge in der Rinde, an deren sie sich verpuppen.

Hylesinus fraxini, Eschenbastkäfer
Fraßbild
Familie Scolytidae, Borkenkäfer

Ein 5 bis 10 cm langer waagerechter, doppelarmiger Muttergang, von dem die Larven 4 bis 5 cm lange, dicht an dicht liegende, aber sich nicht berührende Seitengänge tief ins Holz schneiden.
Die Jungkäfer nagen in frischer Eschenrinde Nahrungsgänge, auf die der Baum mit Wucherungen (Eschenrosen) reagiert. Schwärmzeit April/Mai und August/September. Meist in kränkelnden oder gefallenen Eschen.

Ips typographus, Buchdrucker
Familie Scolytidae, Borkenkäfer

Flügeldecken hinten mit je 4 Zähnchen, von denen das 3. von oben das größte ist. Die Naht zwischen den Zähnchen ist nicht behaart.
4,5-5,5 mm.
Die Käfer schwärmen im April und in 2. Generation im August; in wärmsten Sommern erscheint eine 3. Genration im Oktober. Haben "Pionierkäfer" einen Fichten- oder Kiefernbaum gefunden, der nicht mehr viel harzt, so locken sie mit Duft weitere Käfer an. Ist der Baum dann voll besetzt, verhindert ein abstoßender Duft weiteren Zuzug.

Pityogenes bidentatus, Fraßbild
Familie Scolytidae, Borkenkäfer

Die Käfer nagen meist an Ästen einen Stern mit 3 bis 7 Armen, die jeder 3 bis 5 cm lang sind. Von diesen aus fressen die Larven weit voneinander entfernt verschieden lange Seitengänge, bis ein etwas verworrenes Brutbild entsteht. Die Larven verpuppen sich im Holz.
Die 2 bis 2,8 mm langen Käfer schwärmen im Mai und Juni.

Hylesinus oleiperda, Fraßbild
Familie Ipidae, Borkenkäfer

Ein sehr kurzer senkrechter Eingang gabelt sich in 2 bis 4 lange Brutgänge, von denen dicht gedrängt, meist 4 bis 6 cm lange Larvengänge ausgehen. Manche Fraßbilder bleiben in der Rinde, andere furchen auch das Holz.
Die Käfer sind oval und 2,5 bis 3 mm lang.
Nördlich der Alpen in Esche, Flieder und Liguster und selten; im Süden vor allem in Olivenbäumen und häufig.

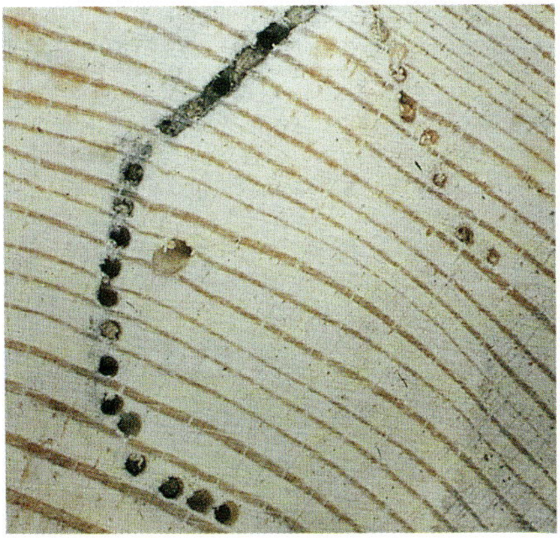
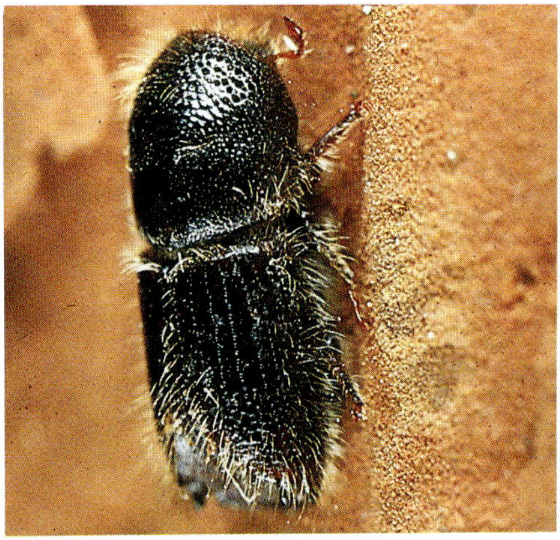
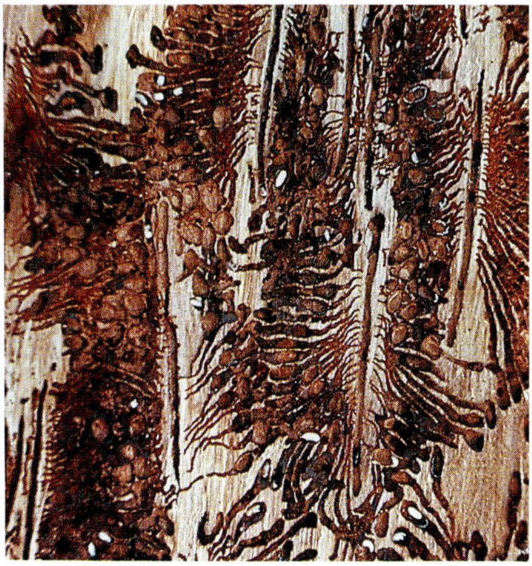
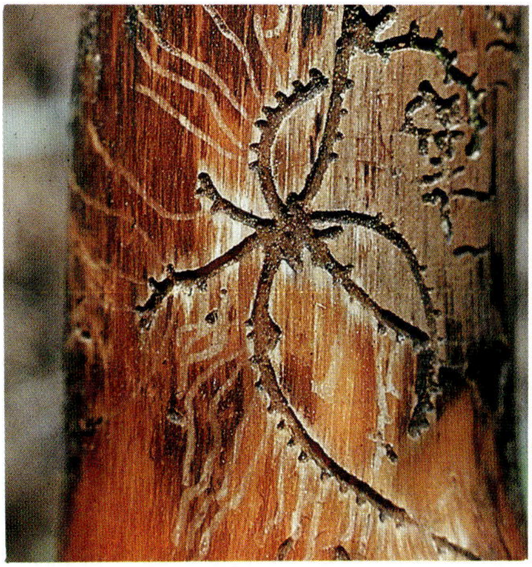
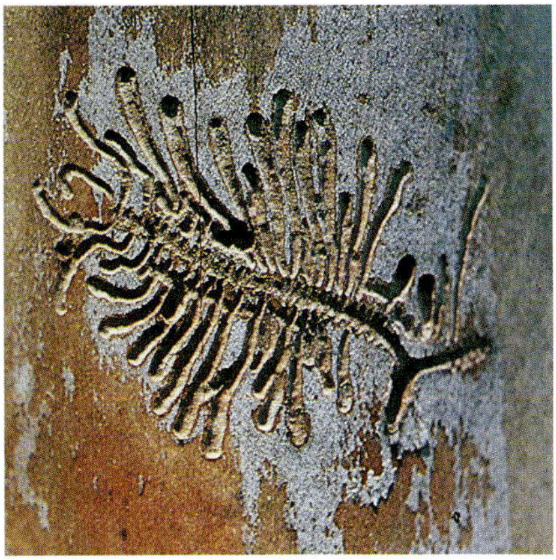
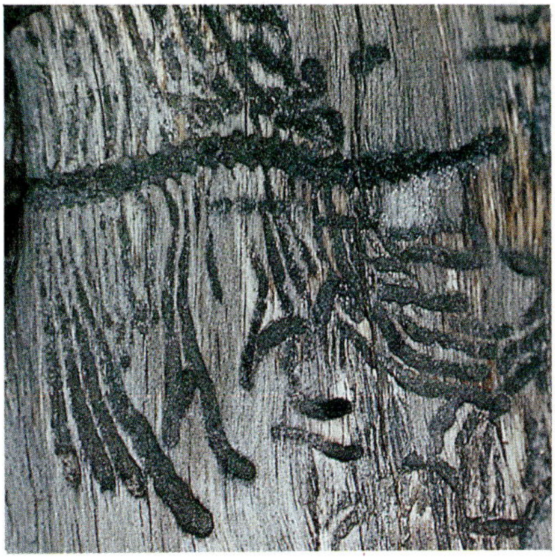

Pityogenes quadridens, Fraßbild
Familie Ipidae, Borkenkäfer

Flügeldecken hinten mit je 4 Zähnchen, von denen die beiden oberen abwärts gekrümmt sind.
Die Käfer nagen in Kiefernäste, seltener auch in Fichtenzweige drei- bis siebenarmige Sterngänge, die sie tief ins Holz furchen. Davon entspringen die Larvengänge in größeren Abständen. Gern in Reisighaufen.
Am Fraßbild nicht sicher von Pityogenes bidentatus zu unterscheiden.

Ips acuminatus, Fraßbild
Familie Scolytidae, Borkenkäfer

Von der "Rammelkammer" gehen sternförmig bis zu 8 Brutgänge von bis zu 40 cm Länge aus, die größtenteils in der Rinde liegen, aber auch das Holz furchen und von denen in großem Abstand kurze Larvengänge abzweigen. Die dunkelbraunen Käfer sind 2,2 bis 3,5 mm lang.
Im Wipfelbereich von Kiefern, manchmal in dünnen Ästen. Vereinzelt auch in Fichte und Lärche.

Hylesinus crenatus
Eschenbastkäfer, Fraßbild

Die Käfer nagen in der Borke alter Eschen einen kurzen, ein- oder beiderseits vom Eingang verlaufenden ("ein- oder zweiarmigen") Quer- oder Schräggang, von dem aus die Larvengänge anfangs in der Längsrichtung (mit der Holzfaser) verlaufen, dann aber mehr oder weniger zur Seite abbiegen, so daß ein wirres Fraßbild entstehen kann, das das Holz furcht. Zur Verpuppung gehen die Larven in die Borke. Die Käfer schwärmen von April bis September.

Ips sexdentatus, Fraßbild
Familie Scolytidae, Borkenkäfer

Die Käfer nagen meist unter Kiefernrinde, selten auch an Fichte eine geräumige Rammelkammer, von der meist 2 oder 3 etwa 4 mm breite und bis 40 (50) cm lange Larvengänge mit vielen Luftlöchern nach oben und unten entspringen. Die Gänge bleiben in der Rinde. Unten am Stamm älterer Bäume verlaufen die Larvengänge quer und sind nur wenige cm lang. Wenn die Käfer geschlüpft sind, fressen sie vom Puppenlager aus geweihartige Gänge. Käfer und Larven überwintern in der Rinde, auch an gefällten Stämmen. Sie schwärmen im April im warmen Sonnenschein und wieder im August. Sie sind 5,5 - 8 mm lang und tragen hinten am Flügeldeckenrand 6 Zähnchen, von denen der 4. von oben am längsten ist.

Dryocoetes alni, Fraßbild
Familie Scolytidae Borkenkäfer

In Stämmen und Ästen kranker und absterbender Erlen. Die 2 bis 2,6 mm langen Käfer bohren fast nur im Bast, so daß man das Fraßbild, wenn die Rinde abgefallen ist, am Stamm fast nicht mehr sieht. Es besteht aus einem senkrechten Muttergang mit der "Rammelkammer" am einen Ende und sich bis handgroß ausbreitenden Larvengängen.

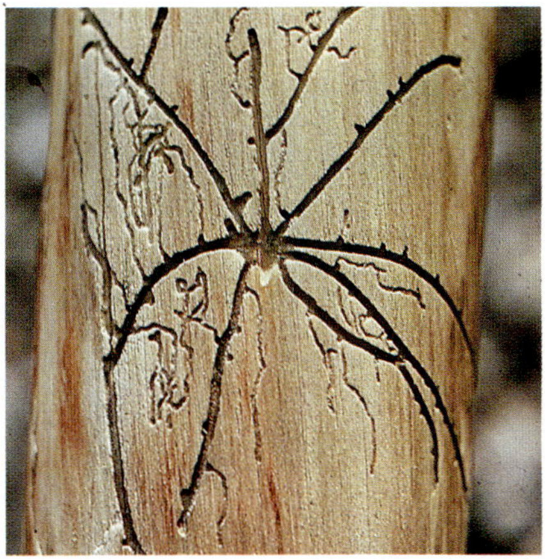

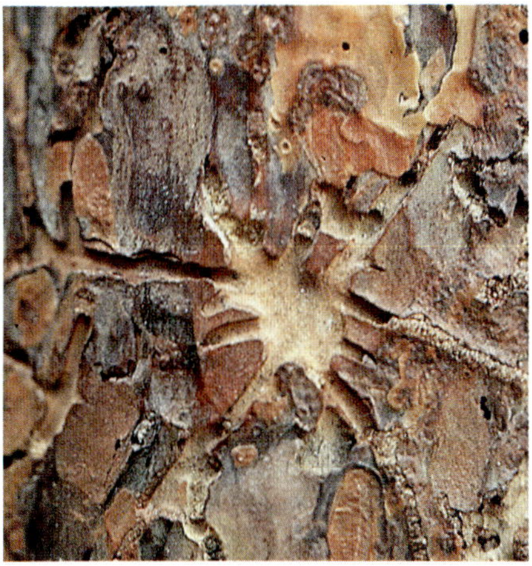

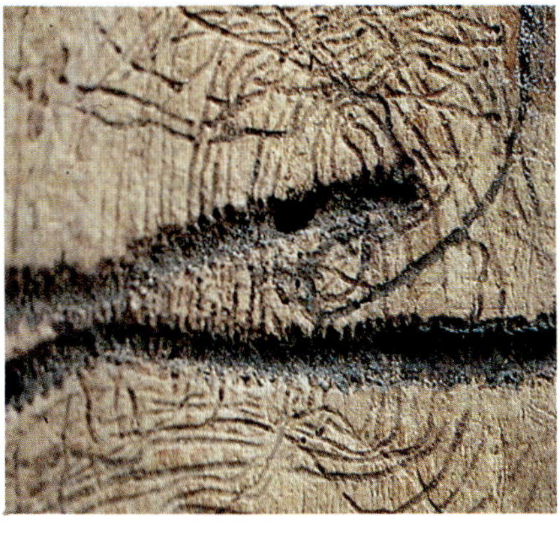

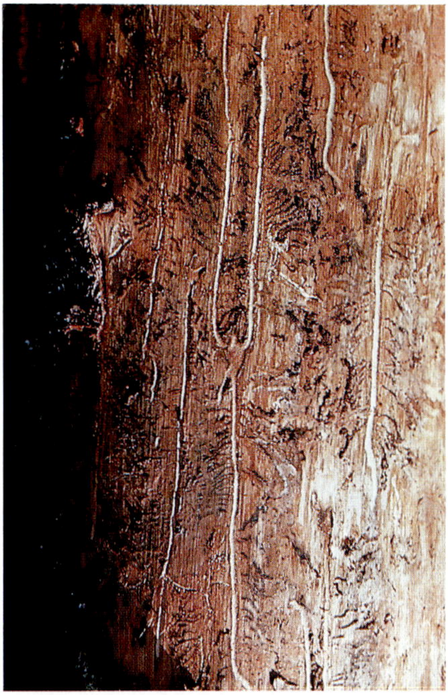

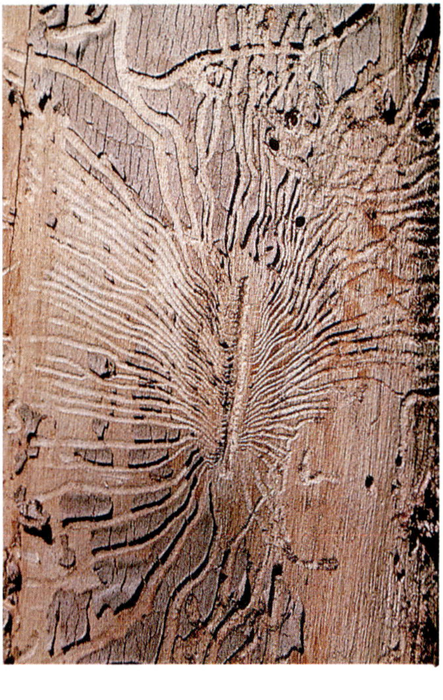

Scolytus (Eccoptogaster) ratzeburgi
Fraßbild
Familie Scolytidae, Borkenkäfer

An jungen, kränkelnden Birken. Das Weibchen nagt unter der Rinde einen etwa 10 cm langen senkrechten Muttergang, der oft mit einem Haken beginnt. Dann nagt es auf beiden Seiten in dichter Folge je etwa 30 Einischen. Die Larven furchen tief ins Holz bis 25 cm lange Fraßgänge, an deren Enden sie sich verpuppen. Die befallenen Stämme zeigen über dem Muttergang in etwa Zentimeterabstand sogenannte Luftlöcher.

Scolytus intricatus, Fraßbild
Familie Scolytidae, Borkenkäfer

Die 2,5 bis 3,5 mm langen Käfer nagen in kränkelnden Eichen, vor allem in absterbenden Ästen, einen kurzen Muttergang quer oder schräg zur Holzfaser. Die Larven fressen davon ausgehend lange Gänge, die anfangs in Faserrichtung verlaufen, das Holz tief furchen und später umbiegen und sich manchmal durchkreuzen. Manchmal auch in anderen Laubbäumen.

Eccoptogaster (Scolytus) scolytus
Ulmensplintkäfer, Fraßbild
Familie Scolytidae, Borkenkäfer

Das Weibchen nagt einen kurzen, senkrechten Muttergang, von dem die Larvengänge ausstrahlen, die sich am äußeren Ende nicht erweitern, weil sich die Larven ihre Puppenwiege in der Rinde und nicht eingeschürft in das Holz fertigen.
An fast allen kränkelnden Ulmen, seltener auch an gesunden Ulmen und an Eschen, Pappeln, Weiden und Hainbuchen.
Die Käfer schwärmen Ende Mai und in 2. Generation um Mitte August um die Brutbäume und befressen die Blattstiele. Sie übertragen einen Pliz, der das Ulmensterben bewirkt.

Myelophilus minor, Fraßbild
Kleiner Waldgärtner
Familie Scolytidae, Borkenkäfer

An Ästen und Stämmchen von Kiefer und seltener an Fichte. Die Käfer nagen einen kurzen, senkrechten Eingang stammaufwärts, der sich zum queren Muttergang gabelt. Davon ausgehend nagen die Larven bis 3 cm lange, tief das Holz furchende Fraßgänge in Faserrichtung, an deren Ende sie ihre halb im Holz liegende Puppenwiege nagen. Die Jungkäfer durchsieben nach dem Schlüpfen die Rinde. Sie schwärmen Ende März und im April. Bei Massenbefall zeigen die Kiefern Wipfeldürre, und nach Stürmen ist der Boden von abgebrochenen Ästen übersät.
Die Käfer überwintern eingebohrt in die dicke Borke weiter unten an den Stämmen.

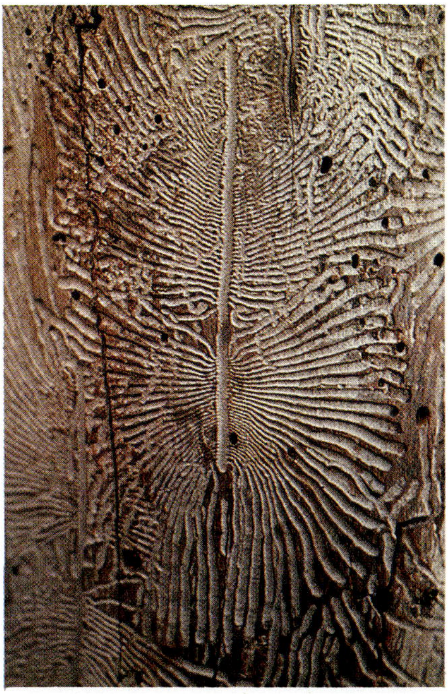
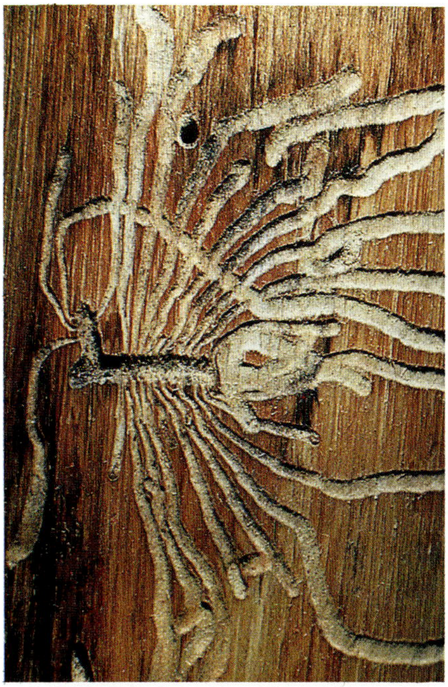
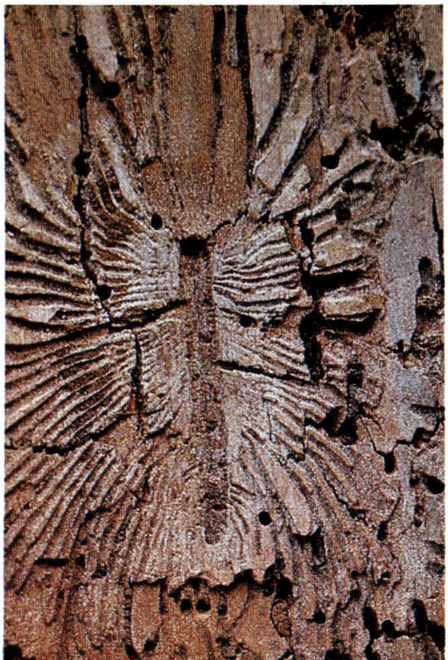
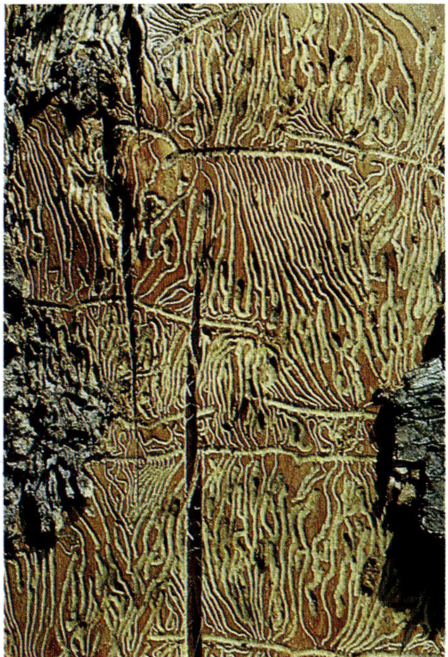

Cicindela campestris
Fam. Cicindelidae, Sandlaufkäfer

Die Larven leben in sauber gerundeten etwa fingertiefen Schächten in sandigem oder torfigem, trockenem, vegetationsfreiem Boden, oft in Nachbarschaft zu Artgenossen. Bei Sonnenschein erscheinen sie wie abgebildet im Höhleneingang. Kommt ein Insekt ihnen nahe, so stürzen sie hervor und reißen es in den Schacht, den sie zur Verpuppung mit Erde verschließen.
Sommerreif und bis 40 mm lang.

Abax ater, Puppe
Familie Carabidae, Laufkäfer

Die Puppen der Käfer sind "freie Puppen", das heißt, daß ihre Gliedmaßen nicht mit dem Körper verklebt sind. Beine, Fühler und Mundteile sind nach vorne gelegt, die sehr langen Fühler mancher Böcke auch vor der Brust zur Spirale aufgerollt. Die Puppen, die im Verborgenen ruhen, und das sind bis auf Ausnahmen bei den Blatt- und Rüsselkäfern fast alle, sind elfenbeinweiß und sehr verletzlich. Die Puppenruhe dauert wenige Wochen.
Die Puppe von Abax und den anderen Laufkäfern ruht im Boden in einer ausgewälzten Höhle.

Dytiscus marginalis, Gelbrand
Fam. Dytiscidae, Schwimmkäfer

Die bis 8 cm langen Larven hängen gewöhnlich in der abgebildeten Haltung an der Wasseroberfläche oder rudern langsam mit ihrem Schwimmbeinen zwischen Wasserpflanzen umher. Naht sich eine Beute, so schnellen sie vor und durchbohren sie mit ihren zu Saug- und Injektionsnadeln gewordenen Oberkiefern. Sie spritzen damit Verdauungssekret in die Beute und saugen sie anschließend aus. Sie beißen in Angriff wie in Verteidigung auch den Menschen, und ihr Biß ist sehr schmerzhaft.

Acilius sulcatus, Furchenschwimmer
Familie Dytiscidae, Schwimmkäfer

Die Larven leben losgelöst im freien Wasserraum. Oft schweben sie mit ausgebreiteten Beinen, oft rudern sie sehr langsam in Bögen umher, sie können aber im Angriff und auf der Flucht auch blitzschnell durch Schläge mit dem Hinterleib davonspringen. Sie erbeuten vor allem Mückenlarven und Wasserflöhe. Teils bilden sie lockere Schwärme in stillen, dunklen Weihern und Brunnen, ich fand sie auch auch schon im Wasser in einem hohlen Baum.

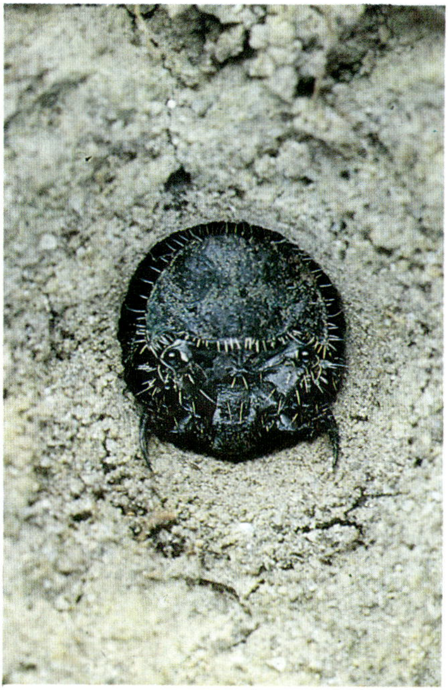
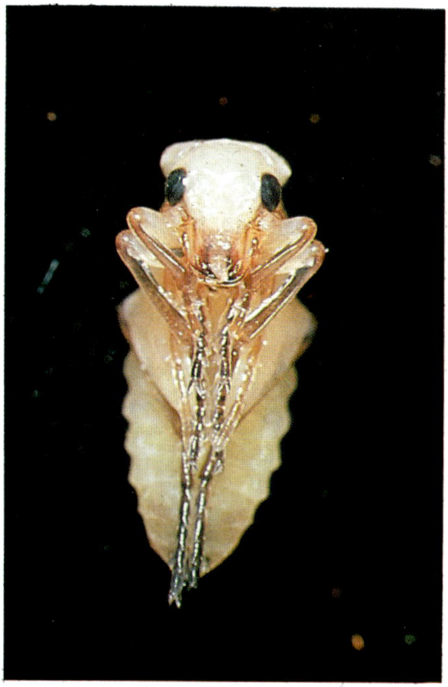
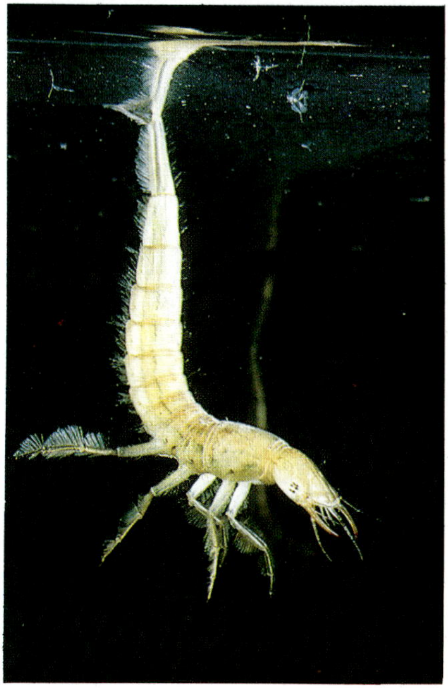
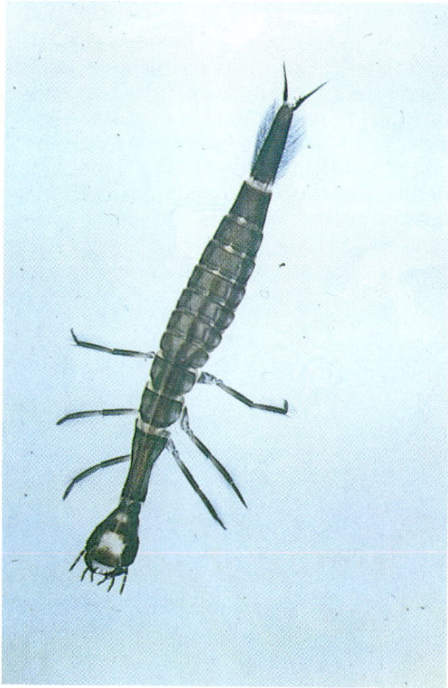

Illybius fenestratus
Familie Dytiscidae, Schwimmkäfer

Die Junglarven von Illybius können nicht schwimmen und kriechen am Gewässergrund. Bei der 3. Häutung aber erwerben sie Schwimmhaare und leben fortan im freien Wasser, vor allem in der Seerosenzone von Moorgewässern. Sie ernähren sich hauptsächlich von Wasserflöhen.

Hydrous piceus, Kolbenwasserkäfer
Fam. Hydrophilidae, Wasserkäfer

Die trägen und plumpen, bis 7 cm langen Larven sitzen meist im Bodenschlamm in ganz seichtem Wasser, während ihr Hinterleibsende die Wasserfläche berührt. Sie lauern auf nahekommende Beute, vor allem Wasserschnecken, aber auch Artgenossen werden nicht verschont. Zum Verzehr muß die Larve ihre Beute über den Wasserspiegel heben, da sonst der Verdauungssaft fortgespült würde. Verpuppung in einer Erdhöhle am Ufer.

Oiceoptoma thoracicum
Familie Silphidae, Aaskäfer

Die Käfer mit dem schwer aussprechbaren Namen leben zusammen mit ihren Larven unter Kadavern und faulenden Pilzen. Die Larven können den Kopf weit vorstrecken, sie erbeuten Insekten, etwa Fliegenmaden, und spucken beim Ergreifen ihren stinkenden Darminhalt aus. Bis 20 mm, sommerreif.

Ampedus sanguineus
Familie Elateridae, Schnellkäfer

Die Schnellkäferlarven sind an Gestalt, Färbung und Panzerung (Drahtwürmer) leicht zu erkennen. Man findet sie meist im Holzmulm, aber auch zwischen Wurzeln. Die Artbestimmung ist möglich über den Umriß des hintersten Körpersegmentes, das bei den Ampedus-Arten eine nach innen gekrümmte Zange bildet. Man findet die Larven in allen Monaten.

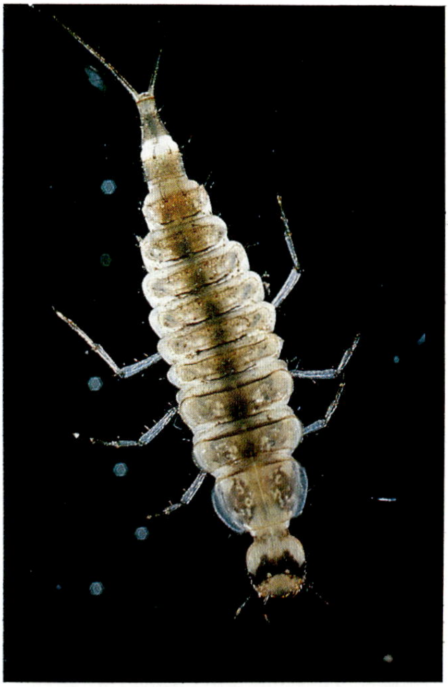
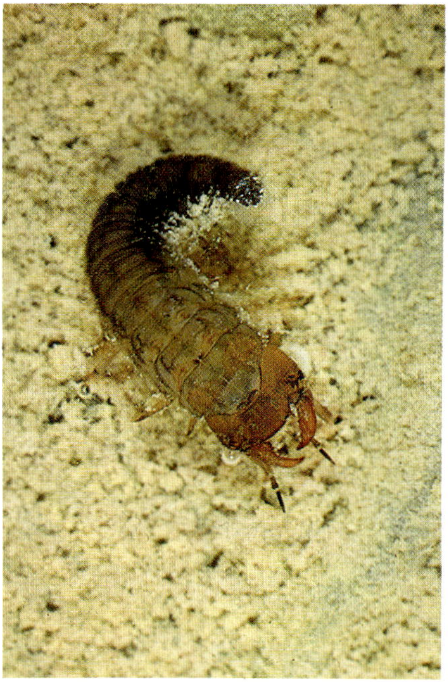
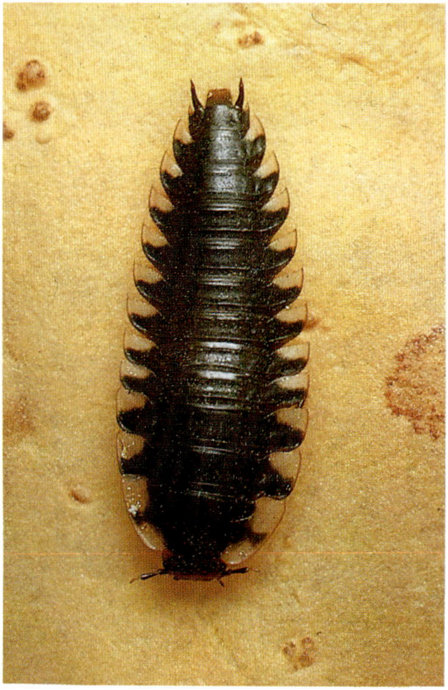
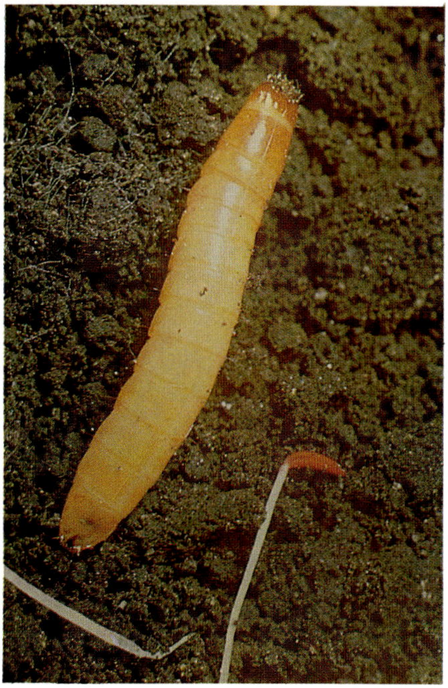

Dermestes lardarius, Speckkäfer
Familie Dermestidae, Speckkäfer

Man findet die Larven unter vertrockneten Kadavern und manchmal auch in Speisekammern. Sie lassen sich schlecht in die Hand nehmen, weil ihre elastischen Borsten eine Annäherung schwierig machen. Die gleiche Wirkung zeigen sie auch gegenüber Feinden. Sie wirken als Abstandshalter.
Die bis 15 mm langen Larven kommen ohne Flüssigkeitsaufnahme aus.

Clerus mutillarius
Ameisenbuntkäfer
Familie Cleridae, Buntkäfer

Man findet die bis 15 mm langen Larven im Sommer beim Abheben morscher Rindenteile, unter denen sie sich räuberisch von anderen holzfressenden Insektenlarven ernähren.

Thea vigintiduopunctata
Fam. Coccinellidae, Marienkäfer

Die bis 6 mm langen Larven sind wie die Käfer schwarzgelb gefärbt und sie ernähren sich wie die Erwachsenen von Mehltaupilzen auf lebenden Pflanzen.

Anthrenus museorum, Museumskäfer
Familie Derrmestidae, Speckkäfer

Die bis 5 mm langen, sehr trägen Larven findet man meist in Wohnungen, wo immer vertrocknete Insekten liegen. Sie fressen sich in die Mumien ein und zerlegen sie von innen, bis nur noch ein Häufchen Krümel und einige abgestreifte Larvenhäute der Anthrenuslarve übrig sind.
Die Haarbüschel hinten auf dem Rücken sind pfeilförmig, die Larve kann sie zur Verteidigung aufrichten.

Coccinella septempunctata
Siebenpunkt
Fam. Coccinellidae, Marienkäfer

Sehr häufig den Sommer über in der Nähe von Blattlauskolonien, wo die Larven von früh bis spät eine Blattlaus nach der anderer ertasten, ergreifen und zerbeißen. Daneben fressen sie auch andere Insekten, wenn sie welche erwischen. Die Beine der Larven sind seitlich weggestreckt und taugen gut zum Anklammern an Blätter und Halme. Die Fußkrallen tragen einen Seitenzahn.

Coccinella septempunctata, Puppe
Fam. Coccinellidae, Marienkäfer

Zur Verpuppung leimen sich die Larven mit einem Sekret an die Unterlage und lösen dann die Beine. Die Larvenhaut platzt am Rücken und wird mehr oder weniger auseinandergeschoben. Noch halb in der Larvenhaut folgt die Verwandlung. Die Puppe ist anfangs hellrot und bekommt später ein Muster aus dunklen Flecken.

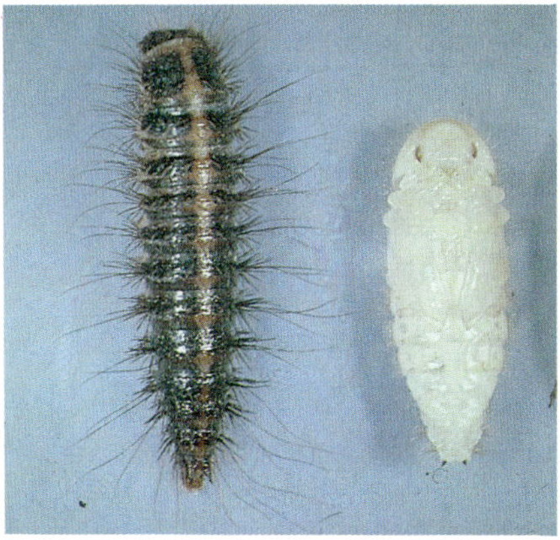
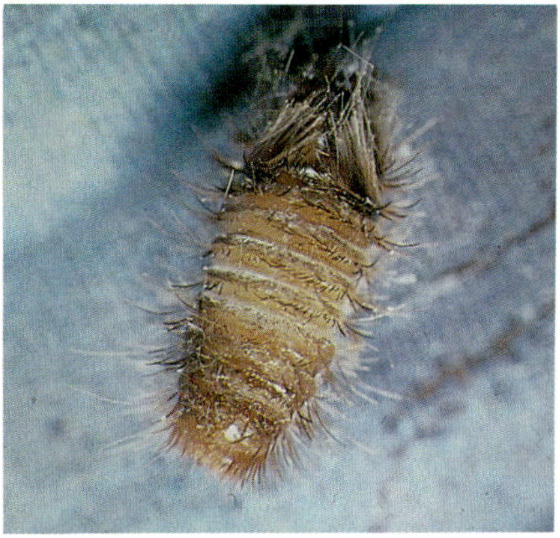
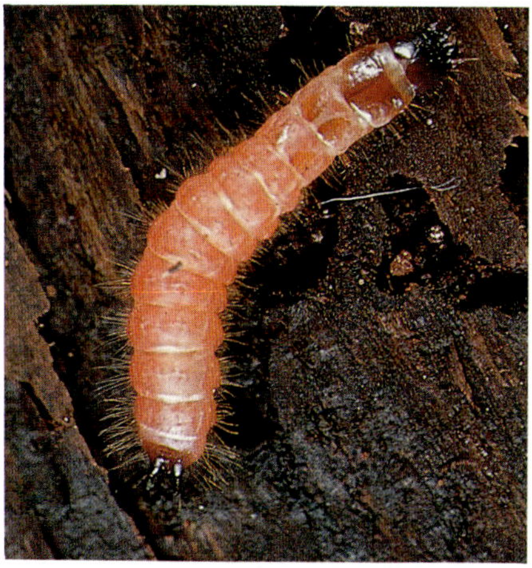
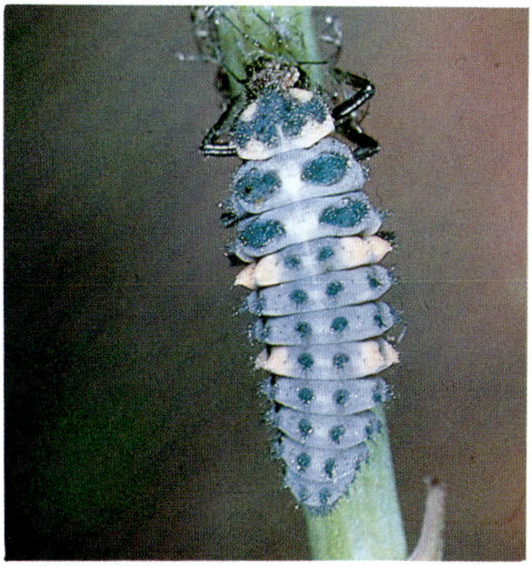
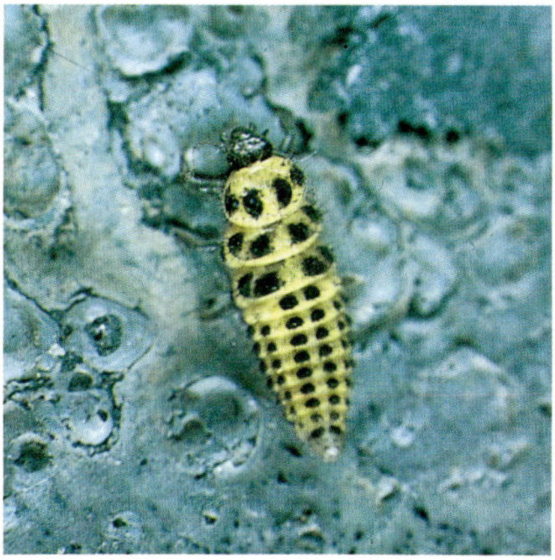
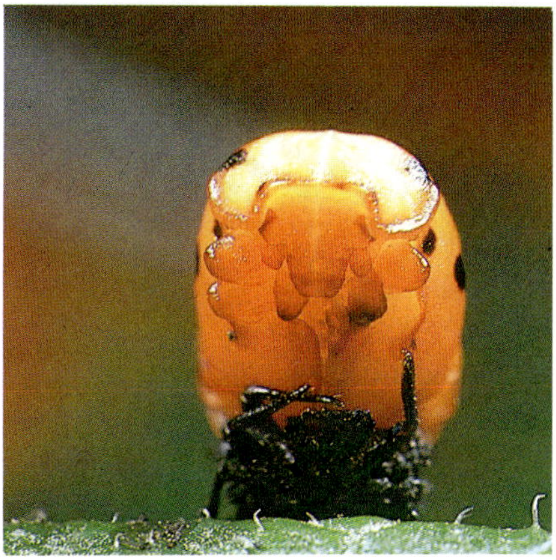

Lamprohiza splendidula
Familie Lampyridae Weibchenpuppe

Die Larven sind zu bestimmen an Form und Größe der hellen Flecke außen an den Rückensegmenten. Man findet sie vor allem an dunklen Frühherbstabenden über ihr Lichtsignal. Seine Aufgabe bei den Larven ist nicht bekannt. Die Larven ernähren sich von Schnecken. Der Angriff ist ein Naturschauspiel: Die Schnecke erhält von der Larve einen "herzhaften" Giftbiß und zieht sich sofort in ihr Haus zurück und verschließt den Eingang mit Schaum. Bald aber wird sie errregt, kommt ungewöhnlich rasch hervor und erhält den nächsten Giftbiß. Das geht so weiter, bis das Gift wirkt und die Schnecke stirbt. In den folgenden Tagen frißt sich die Larve tiefer und tiefer in das Schneckenhaus hinein.

Lamprohiza splendidula
Männchenpuppe

Die Larven verpuppen sich Wochen vor Beginn der Flugzeit in der Bodenstreu. Die Männchenpuppen sind von normaler Puppengestalt, die Körperanhänge des Käfers sind in plumperer Form angelegt und auf der Brustseite zusammengefaltet. Die Puppe besitzt ein sehr schwaches Leuchtvermögen.

Cantharis fusca
Familie Cantharidae, Weichkäfer

Samtig schwarz, weich, der Kopf zur Hälfte in den vordersten Leibesring zurückgezogen. Länge bis 2 cm.
Die Larven halten sich am Tage im Boden vergraben, nachts kriechen sie umher. Die spitzen Kiefer verraten den Räuber, sie verbeißen sich in Würmern und Schnecken, verschmähen aber auch aufgequollene Sämereien nicht. Sie überwintern erwachsen und kriechen am milden Tagen zuweilen in großer Zahl auf dem Schnee herum. Sie verpuppen sich im Frühjahr in der Erde.

Lamprohiza splendidula
Familie Lampyridae, Leuchtkäfer

Die Weibchenpuppe ist an den verkümmerten Flügelanlagen zu erkennen. Aus sie besitzt Leuchtvermögen.
Es ist spekuliert worden, die flügellosen Leuchtkäferweibchen seien im Grunde geschlechtsreif gewordene Larven. Das Auftreten einer Puppe aber zeigt, des es sich schon um eine vollkommene Verwandlung handelt mit larvenähnlichem Endprodukt.

Pyrochroa coccinea
Familie Pyrochroidae, Feuerkäfer
Die platten und glatten, recht fest gepanzerten Larven leben unter morscher Rinde, wo sie den Bockkäferlarven nachstellen. Die Zähne am Hinterende dürften der Verteidigung gegen Angreifer dienen, die von hinten kommen, da sich die Larve in den manchmal engen Bohrgängen der Bockkäfer nicht umdrehen kann, um sich zu verteidigen.

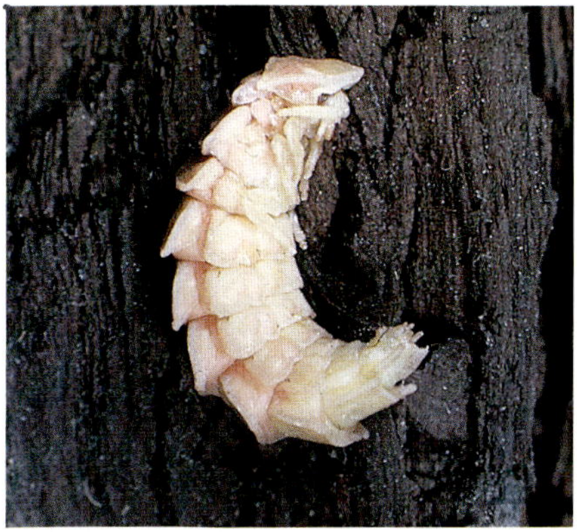
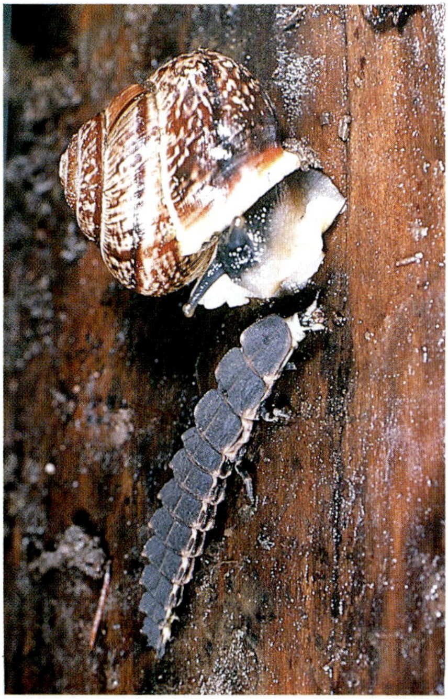
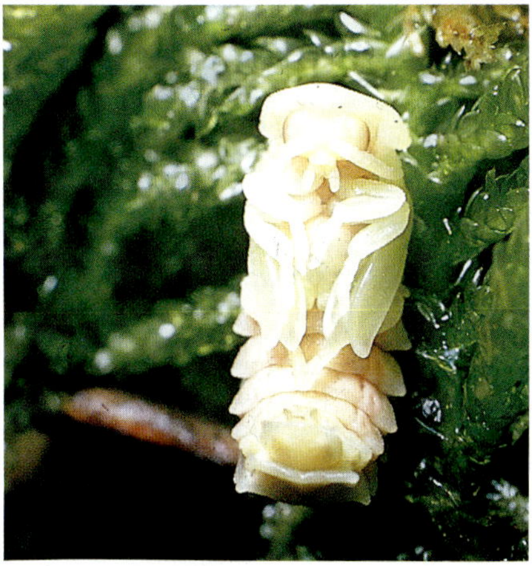
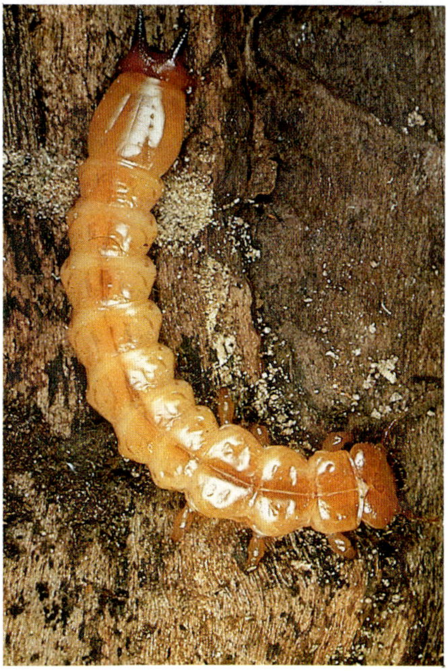
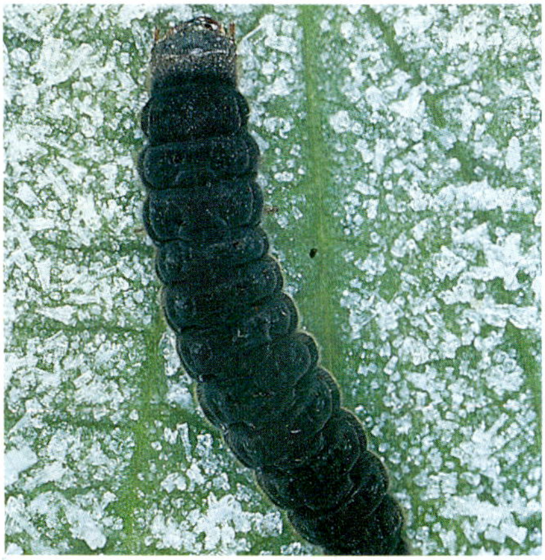

Rhagium inquisitor
Familie Cerambycidae

Die Larven der Rhagium-Arten leben unter morscher Rinde von Nadelbäumen, wenn sie so weit verrottet sind, daß man sie in großen Lappen vom Stamm lösen kann. Man findet sie in allen Monaten. Sie enthalten in ihrem Darm Hefepilze, welche als die besseren Chemiker für die Larve selber unverdauliche Nahrungsstoffe so verändern, daß die Larve sie aufnehmen kann.
Die Rhagium-Larven sind die einzigen Bockkäferlarven, die man öfter beim Sammeln antrifft.

Rhagium inquisitor, Puppe
Familie Cerambycidae, Bockkäfer

Die Larven der meisten Bockkäfer, die in der nährstoffreichsten Zone des Stammes, unter der Rinde, leben, bohren sich zur Verpuppung in das Holz und erzeugen dabei einen charakteristischen "Hakengang". Die Rhagium-Arten verpuppen sich unter der Rinde. Zuvor fertigen sie aber aus langen Nagespänen eine ovale "Puppenwiege", ein Schutz gegen unter der Rinde lebende Raubinsekten. Man findet die Puppen im Frühsommer vor und zu Beginn der Flugzeit der Käfer.

Melolontha melolontha
Feldmaikäfer, Puppe
Fam. Scarabaeidae, Blatthornkäfer

Zur Verpuppung geht der Maikäferengerling bis 1,5 tief in den Erdboden und fertigt dort eine eiförmige Höhlung, deren Wände mit Kopf und Kiefern sorgfältig geglättet werden. Im August findet die Verpuppung statt, wobei die Engerlingshaut am Fuß der Puppe zusammengeschoben wird. Die Puppenruhe dauert 4 bis 8 Wochen, danach vergehen weitere Wochen, bis der Käfer ausgefärbt und ausgehärtet ist. Ab Ende Februar arbeitet sich der Käfer bis dicht unter die Oberfläche hoch, und wenn dann an einem Maientag eine Mindesttemperatur zum ersten Mal überschritten wird, so kommen alle Maikäfer in einer Nacht ans Licht und fliegen in die Baumkronen.

Polyphyllo fullo, Walker
Fam. Scarabaeidae, Blatthornkäfer

Der typische Engerling. Die gewaltigen Kiefer dienen zum Graben und zum Durchbeißen von Wurzeln, taugen aber nicht zur Verteidigung, die sie zwar sehr kraftvoll, aber nur langsam bewegt werden. Der aufgetriebene Hinterleib enthält die "Gärkammer", in der Mikroorganismen die Wurzelnahrung aufschließen. Die Engerlinge finden sich von April bis Oktober im Wurzelbereich nahe der Oberfläche, gewöhnlich an Graswurzeln in Binnendünen. Zur Überwinterung und zur Verpuppung gehen sie tief in Boden.

Cetonia aurata, Rosenkäfer
Familie Cetonidae, Rosenkäfer

Die enge Verwandtschaft der Cetoniden zu den Blatthornkäfern zeigt sich an der typischen Engerlingsgestalt der Larven. Im allgemeinen erkennt man sie aber an einer den ganzen Körper bedeckenden abstehenden Behaarung. Die Larven leben in Holzmulm und verrottenden Pflanzenteilen, manche in den Randbereichen von Ameisennestern und auch in Komposthaufen.

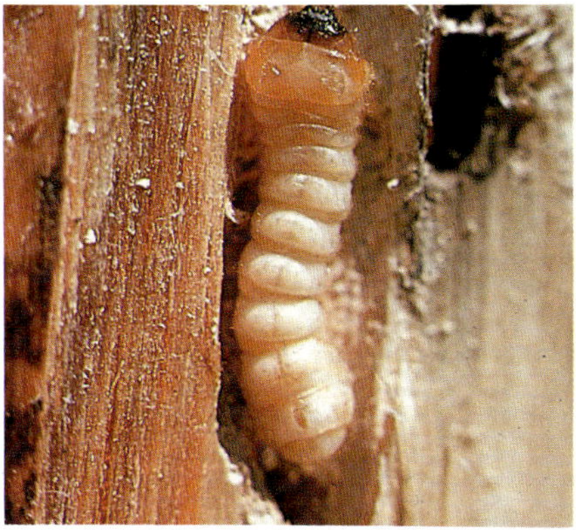
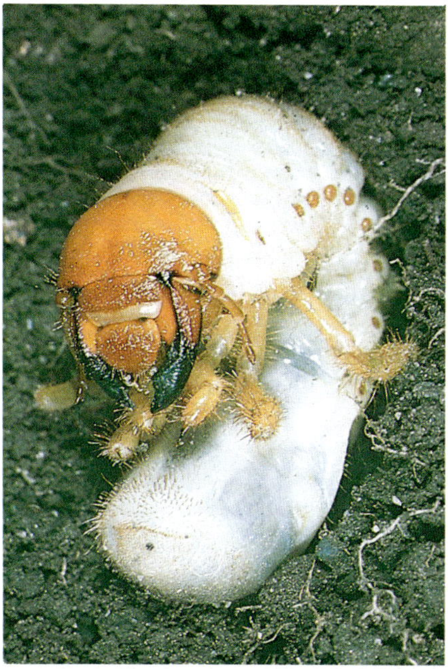
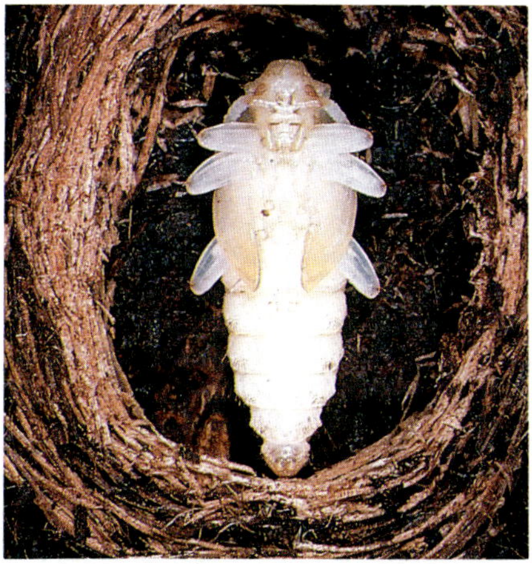
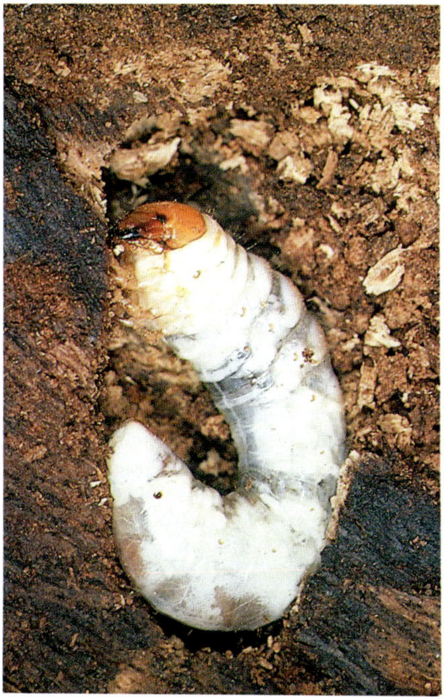
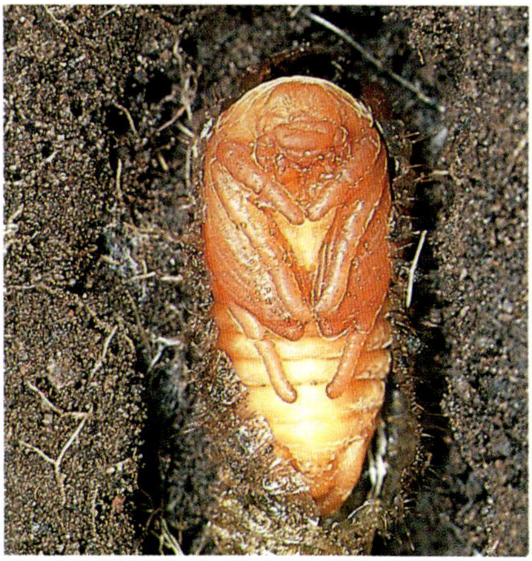

Tetropium castaneum, Fichtenbock
Familie Cerambycidae

Die typischen Bockkäferlarven wachsen zwischen Holz und Rinde heran und hinterlassen unregelmäßig geschlängelte, manchmal auch zu Plätzen erweiterte Gänge, die mit oft zweifarbigen Bohrmehl aus Rinde und Holz dicht vollgestopft sind. Die Larven sind oft das Opfer von großen Schlupfwespen, die ihren Stachel durch die Baumrinde sägen.

Tetropium castaneum, Fichtenbock
Puppe

In ihrem letzten Herbst nagt sich die Larve auf dem kürzesten Weg in das Holz und biegt dann rechtwinkelig nach unten um und verstopft den "Hakengang" hinter sich dicht mit Nagespänen. An diesem Ort verbringt sie den Winter und verpuppt sich im nächsten Frühjahr, nachdem sie sich noch in ihrem Gang umgedreht hat, was der Käder nicht mehr könnte. Der Jungkäfer muß dann den Pfropf aus Spänen durchnagen, dann folgt er dem Gang bis zur Rinde, in die er noch ein flachovales Schlupfloch beißt.

Donacia clavipes, Schilfkäfer
Fam. Chrysomelidae, Blattkäfer

Die Schilfkäferlarven leben in Sumpfpflanzen, und zwar minierend im untergetauchten Stengelteil. Zu ihrer Sauerstoffversorgung bohren die Larven mit zwei Spitzen an Hinterleibsende die luftführenden Leitungen an, mit denen die Pflanzen ihre Wurzeln mit Sauerstoff versorgen.

Clytra laeviscula
Fam. Chrysomelidae, Blattkäfer

Die Clytra-Weibchen treiben eine besondere Brutfürsorge: Sie ergreifen das Ei nach der Ablage mit den Hinterbeinen und betupfen es von allen Seiten mit einem erhärtenden Sekret, dann lassen sie es fallen. Ameisen tragen die Eier dann in ihr Nest, wo die Larven schlüpfen. Sie verlassen nicht die mitgegebene schützende Hülle und bauen sie beim Heranwachsen zu einem festen, für die Ameisen unangreifbaren Köcher aus. Auch die Stirn der Larve ist hart gepanzert und verschließt beim Zurückziehen paßgenau den Köcher. So ausgerüstet können die Larven sicher von Abfällen in den Ameisennestern heranwachsen.

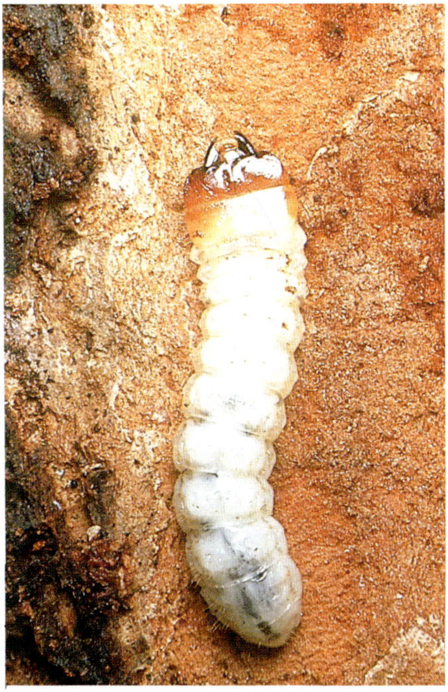

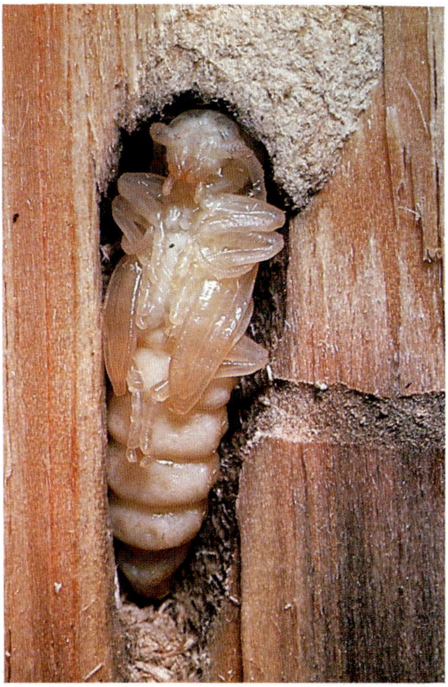

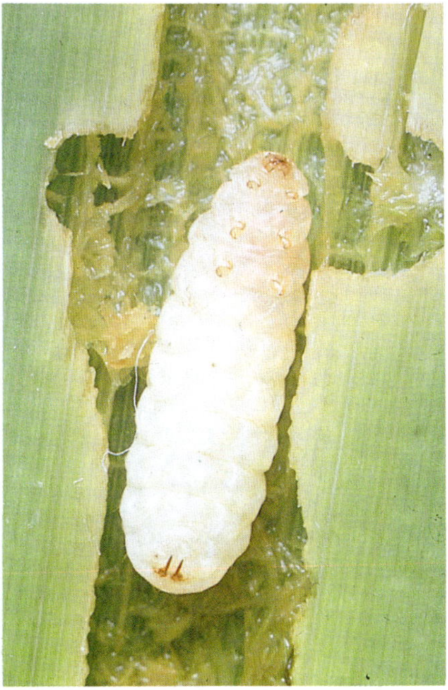

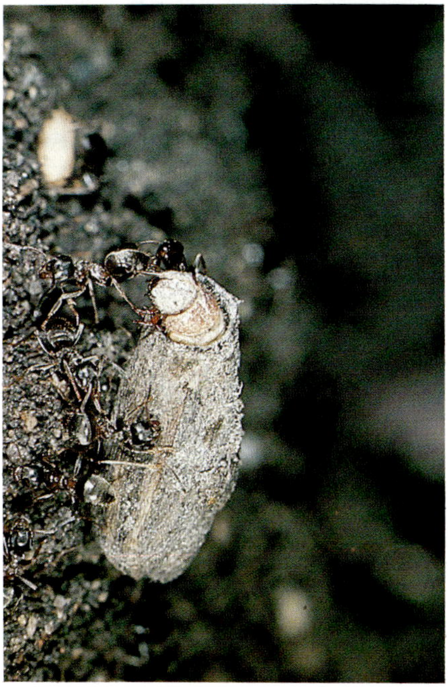

**Leptinotarsa decemlineata
Kartoffelkäfer**
Fam. Chrysomelidae, Blattkäfer

Die Kartoffelkäferlarven leben offen und auffällig auf Kartoffel und fressen die Pflanzen ohne Gegenmaßnahmen ab bis auf die Gerippe. Für die meisten Tiere sind sie ungenießbar, die großen Laufkäfer und der Fasan verschmähen sie aber nicht.
Mehrere Generationen im Laufe eines Sommers.

Melasoma populi, Pappelblattkäfer
Fam. Chrysomelidae, Blattkäfer

Die Junglarven fressen in dicht gedrängter Reihe nebeneinander, wobei sie nur das grüne Blattmark abnagen und die Oberhaut stehenlassen. Das Fraßbild heißt "Fensterfraß". Ältere Larven bilden kleinere Gruppen und im letzten Kleid zerstreuen sich die Larven. Wenn man sie berührt, pressen sie milchige Tröpfchen aus Rückendrüsen und saugen sie nach Ende der Bedrohung wieder ein. Die Milch ist eine Suspension von giftigem Salizylaldehyd in Wasser, ein übelriechender Kampfstoff, den die Käferlarve von dem Fraßhemmer der Weiden, dem Saligenin, durch eine chemische Reaktion abspaltet.

Agelastica alni, Erlenblattkäfer
Fam. Chrysomelidae, Blattkäfer

Während die Käfer die Erlenblätter von der Oberseite her benagen, sitzen die Larven dicht gedrängt auf der Unterseite und nagen in der Jugend Fenster, im Alter Löcher in die Blätter. In Alter fressen die Larven zwar einzeln, drängen sich aber zu den Häutungen wieder zusammen.

Larvenzeit Mai und Juni. Zur Verpuppung bohren sich die Larven in den Boden.

Kartoffelkäfer, Puppe
Die Puppen der Kartoffelkäfer sind hochrot wie auch die Larven. Zur Verpuppung gräbt sich die Larve, obwohl sie nicht gut dafür ausgerüstet ist, in den Boden. In warmen Sommern zwei, in kühleren eine Generation pro Jahr. Die Jungkäfer überwintern im Boden.

Melasoma vigintipunctatum, Puppen
Fam. Chrysomelidae, Blattkäfer

Geschützt durch die im Körper gespeicherten Fraßhemmer, die die Weide für ihren Eigenbedarf produziert hatte, können die Larven es sich leisten, sich offen an den Weidenblättern zu verpuppen. Dazu leimt sich die Larve mit dem Hinterende an der Unterseite eines Weidenblattes fest, dann streckt sie sich, und die Puppe bleibt zur Hälfte in der aufgeplatzten Larvenhaut hängen. Blätter sind vergänglich, aber das schadet nicht, da die Puppenruhe nur etwa 2 Wochen dauert. Die Käfer überwintern dann im Bodenmulm.

**Lochmaea capreae,
Weidenblattkäfer**
Fam. Chrysomelidae, Blattkäfer

Meist an Weiden, aber auch an Pappel und Birke, an der Unterseite der Blätter. Die Junglarven fressen die jüngsten Blätter an den Triebspitzen und später die älteren Blätter weiter unten, die sie oft völlig durchsieben. Larvenzeit Mai und Juni.

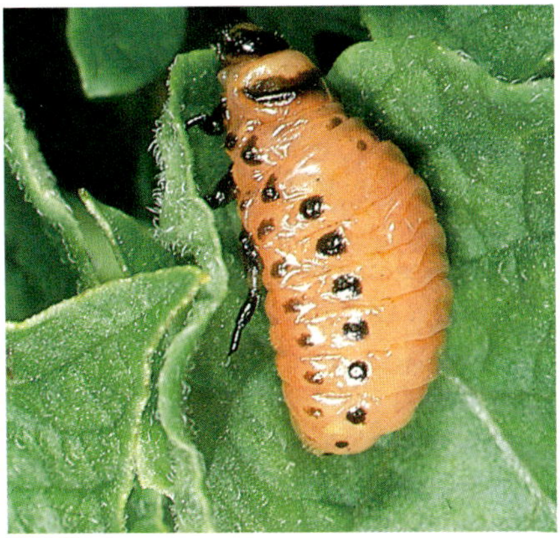
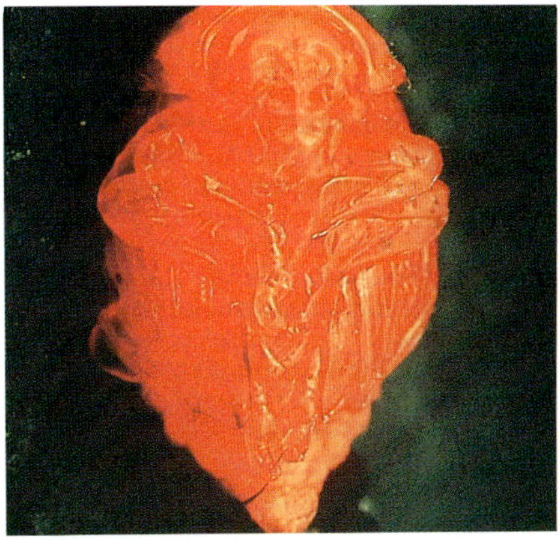
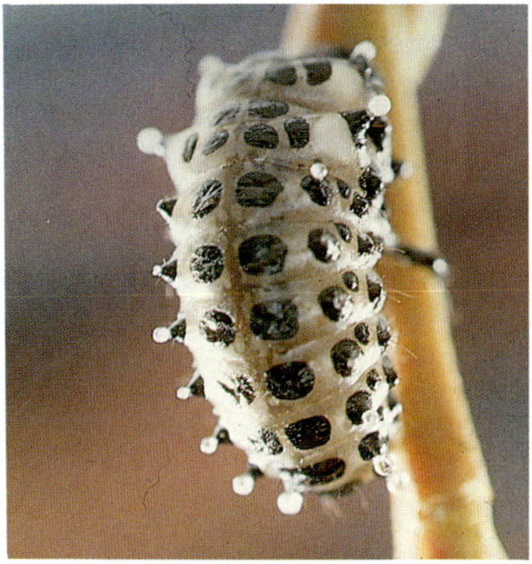
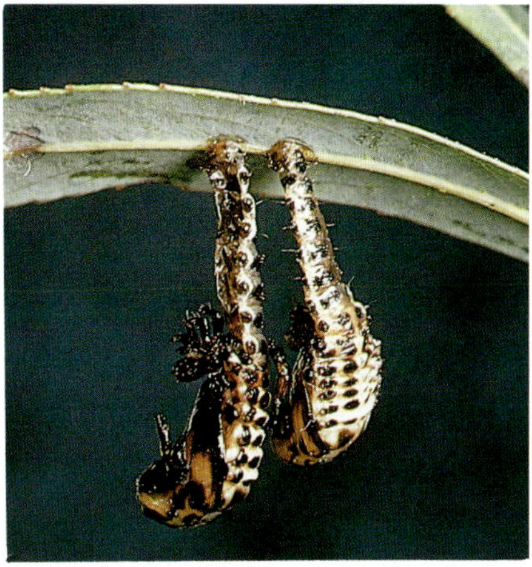
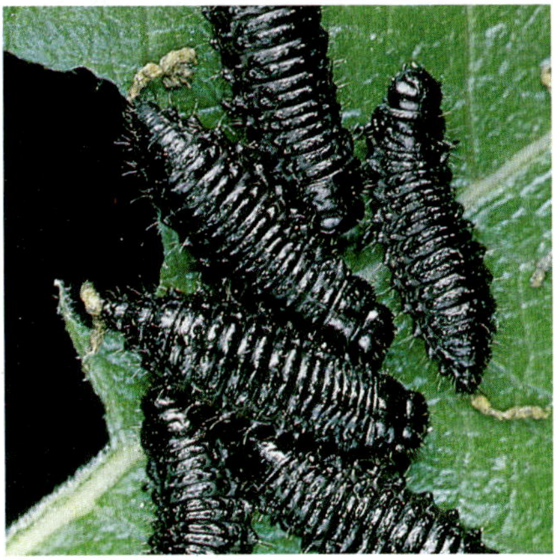
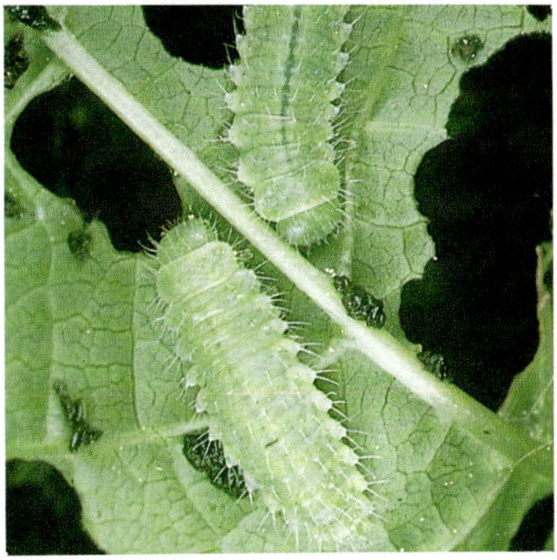

Galeruca nymphaeae, Seerosenkäfer
Fam. Chrysomelidae, Blattkäfer

Die Käfer haben am Ufer überwintert und erscheinen auf den Seerosenblättern, sobald diese sich an der Oberfläche ausgebreitet haben. Die Käfer heften ihre Eier in Gelegen auf die Blätter. Die Larven fressen Gänge in das Blattgrün, durchbeißen aber nicht die unterste Zellschicht, so daß ihnen ihr Floß zunächst erhalten bleibt. Später zerreißen die Blätter aber doch an den Fraßstellen.

Cassida viridis
Fam. Chrysomelidae, Blattkäfer

Die Cassida-Larven leben offen auf Minzen, Ziest und Salbei, sie benagen die Blätter erst von der Unter- später auch von der Oberseite. Sie spießen die alten Larvenhäute und Kotballen auf eine Gabel am Hinterleibsende und tragen den Klumpen als Schutzschild über ihrem Rücken. Die unbedeckten Seiten sind durch Dornen gesichert. So gewappnet trotzen die Larven jeder Ameise. Haufig von Juni bis September.

Larinus carlinae
Fam. Cucurlionidae, Rüsselkäfer

Die Larven der Rüsselkäfer sind meist fußlos und madenartig blaß. Sie leben in enger Bindung in den verschiedenen Futterpflanzen.
Die Weibchen von carlinae nagen von unten ein Loch in eine Distelknospe (Cirsium und Carduus) und schieben ein Ei hinein. Die Larve frißt vor allem die heranreifenden Samen.
Befallen werden Knospen bis 2 cm Durchmesser, während größere Knospen für die Zwillingsart Larinus jaceae reserviert bleiben.

Galeruca nymphaeae, Seerosenkäfer
Puppe

Die Larven kleben sich zur Verpuppung an der Blattoberseite an, und die Puppen bleiben in der am Rücken aufgeplatzen Larvenhaut. Oft finden sich die Geschwister aus einem Gelege zu einer Puppengruppe zusammen.
In bis zu drei Generationen, so daß man im Sommer oft Eier, Larven, Puppen und Käfer auf einem Blatt findet. Erst der Käfer kann das Blatt, auf dem er geboren wurde, verlassen.

Cassida viridis
Puppe

Die Puppen der Schildkäfer sind noch bizarrer als die Larven, der Halsschild der Käfer ist schon angelegt, die Flügel sind aber noch nicht gestreckt, an den Flanken haben sich die Dornen aus der Larvenzeit erhalten.
Die Puppen stecken in der letzten Larvenhaut und finden sich offen an den Blättern der Futterpflanzen.

Ips typographus, Buchdrucker
Familie Scolytidae, Borkenkäfer

Der Forstschädling Nummer 1 und darum wohl der am besten erforschte Käfer überhaupt. Von einem der stets in Faserrichtung laufenden Muttergänge zweigen 20 bis 100 sich rasch verbreiternde Larvengänge ab, die in einer muldenförmigen Puppenwiege enden. Besetzte Larvengänge finden sich vom Frühsommer bis in den Herbst, vereinzelt überwintern auch Larven und Puppen. Eiruhe 1 bis 3 Wochen, Larvenzeit 2 bis 4 Wochen, Puppenruhe 1 bis 2 Wochen, danach braucht der Käfer noch 2 bis 4 Wochen zur Aushärtung und Ausfärbung.

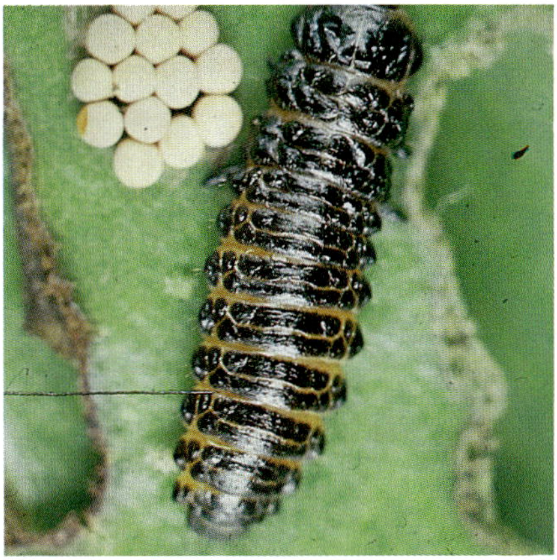
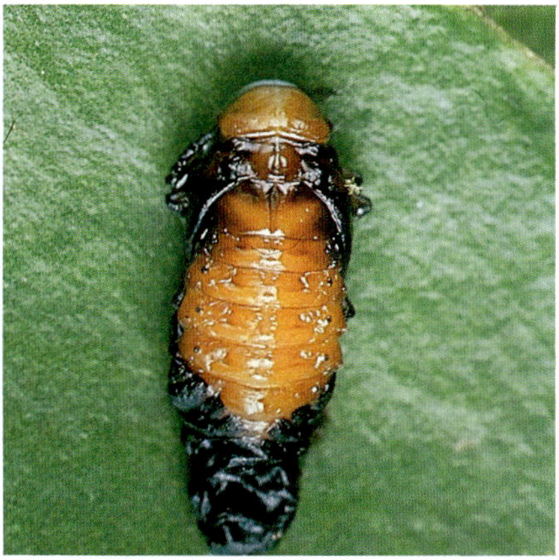
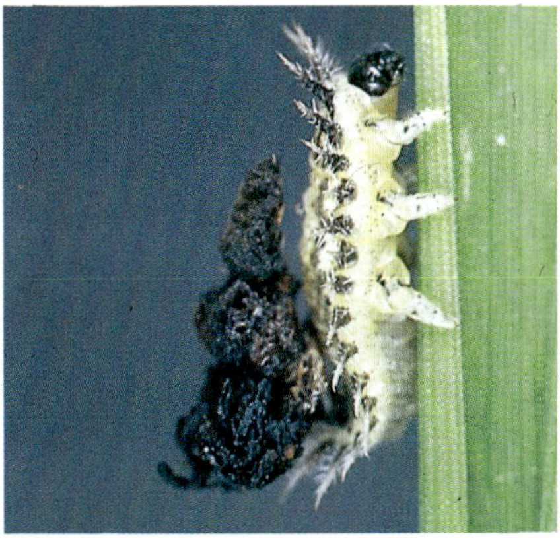
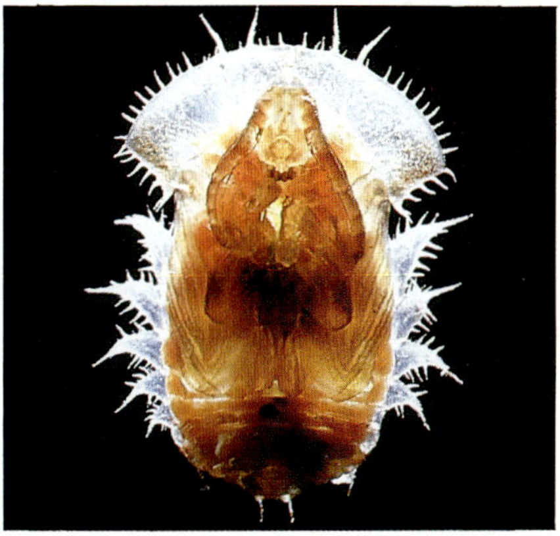
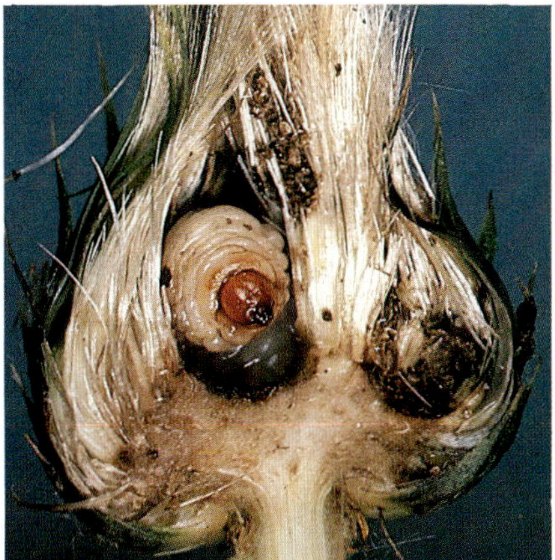
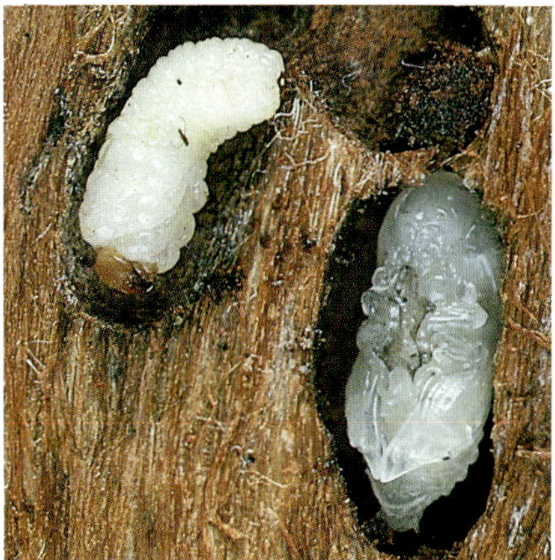

Abax 64
abietis 318
Acanthocinus 262
Acanthoderes 260
Acilius 74 334
Acimerus 220
Acmaeodera 108
Acmaeops 220
acuminata 106
acuminatus 330
Adalia 152 156
Adelocera 124
Adonia 152
adspersus 260
aedilis 262
Agabus 78
aenea 66 106
aeneum 240
aeneus 64 124 148
  152 166
aequatus 304
aeruginosa 202
Aesalus 172
aethiops 230
affinis 202
afflicta 204
Agapanthia 262 - 266
Agonum 62
Agrilus 118
albinus 306
Aleochara 98
algirus 316
alni 242 298
Altica 300
alvearius 144
Alpenbock 238
alpina 238
Amara 66
Ameisenbuntkäfer 144
americana 288
amethystinus 110
Ampedus 120 336
Amphimallon 200
Anaglyptus 248
Anatis 154
angustata 204
angustatus 88
Anisoplia 196
Anisosticta 15
Anobium 138
Anostirus 124
Anoxia 19
Anthaxia 114 116
Anthocomus 146 148
Anthonomus 320
Anthrenus 138 338
Anthribus 306
antilope 242
Apfelblütenstecher 320
Aphidecta 158

Aphodius 188
apiarus 144
Apion 306
Apoderus 306
apterus 186
aquatica 272
arator 302
arcensis 34
arcuata 230
arcuatus 242
arenarium 254
argentatus 312
argus 270
arietis 244
armiger 188
Aromia 238
arvicola 242
Ascanii 316
asclepiadeus 290
Asemum 218
Astagobius 88
Atemeles 100
ater 64 148 236
Athous 126
atomarius 160
atrata 86 130
Attagenus 138
Attelabus 306
attenuata 230
auratus 46
aurata 200 202 342
aureus 50
auriculatus 80
Aurigena 112
auronitens 132
aurulenta 232

bacchus 304
bajulus 238
Balaninus 320
balteatus 120
Bembidion 52
betulae 304 306
bicolor 247
bidentatum 164
bidentatus 328
Bienenwolf 144
bifasciata 232
bifasciatum 214
biguttatus 48 118 284
bipunctata 140
bipunctatus 90 148 160
Birkenblattroller 306
Blaps 164
Blethisa 48
Bobelayei 246
boleti 146
Boletophagus 162
Bombardierkäfer 72
Bostrychus 102
Bothynoderes 316

braccata 276
Brachinus 72
Brachyderes 316
Brachylacon 124
Brachyleptura 224
Broscus 52
Brotkäfer 138
Bruchus 302
brunnea 198
brunneum 236
Buchdrucker 328
budensis 250
buparius 52
Buprestis 104
Burmeisteri 60
Byrrhus 102
Bytiscus 304
Byturus 174

cacaliae 290
caesareus 94
Calathus 64
Callidium 240
Callistus 70
Calosoma 32 34
Calvia 156
campestris 30 334
canaliculatus 74
cancellatus 36
candens 116
Cantharis 132 340
Capnodis 112
caprea 182
capreae 298
capucinus 102
caraboides 46 182
Carabus 34 36 38
carcharias 268
Cardiophorus 122
cardui 264
carlinae 314
cariosa 112
Carthallum 328
Cassida 300 302 348
castaneum 216 344
cephalotes 52
cerambyciformis 228
Cerambyx 234
cerealis 230
Ceruchus 184
cerdo 234
Cerocoma 176
cervinus 100
cervus 180
Cetonia 202 342
Ceutorhynchus 324
Chalcophora 104
Chilocorus 158 160
Chlaenius 66
Chlorophanus 314
Chlorophorus 248 250

Chrysanthia 210
Chrysochloa 290
Chrysochus 290
Chrysomela 286 - 290
chrysomelinus 150 184
Cicindela 30 32 334
Cidnorrhinus 324
cinctella 206
cinereus76
Cionus 326
clathratus 40 222
clavicornis 168
clavipes 240 260 274
Cleonus 318
Clerus 144 338
clypeatus 70
Clythantus 246 248 250
Clytra 282 344
Clytus 244
coccinea 170 340
Coccinella 154 158 338
coccineus 146 160
coerulans 290
coerulescens 56 270
coerulea 198
coeruleus 118
collaris 220
Colydium 166
Colymbetes 76
complanata 46
Compsolixus 316
conglobata 154
conglomerata 152
consimilis 276
convexus 44
Copris 186
Coptocephala 286
cordigera 226
coriaceus 42 212
Coroebus 110
corruptor 310
Cortodera 220
coryli 306
Corymbites 122
Cossonus 320
crassipes 274
crassus 284
crenata 166
crenatus 330
Creophilus 96
Criocephalus 216
crioceris 278
cruciata 160
crux-major 72
Cryptocephalus 282 - 286
Cryptorrhynchus 324
Ctenicera 122
Cteniopus 168
culinaris 162
cuprea 202
cupreus 56

Cucurlio 322	emarginatus 100	Galeruca 294 348	hohenwarti 90
cucurlionides 258	Endomychus 160	Galerucella 298	Hololepta 82
curtula 98	Endophloeus 168	galloprovincialis 258	hololeucus 140
cyanea 110	Epicometis 208	Gastroidea 292	Homaloplia 196
Cyanella 278	Epilachna 152	Gaukler 76	Hoplia 198
cyanescens 118	Erbsenkäfer 302	Gaurotes 218	Hoplocephala 164
Cyathiagera 196	Eremit 200	Gelbrand 74 334	Hoplosia 216
Cybister 76	eremita 200	gemmatus 308	hortensis 40
Cychrus 44	Ergates 212	Geotrupes 184	humator 84
cylindricum 182	ericeti 62	germanica 30	humeralis 140
Cyllodes 148	Erlenblattkäfer 298	germanus 320	hungaricus 246
	erythropterus 94	Gibbium 140	hungarica 114 204
Dahli 264	Eunebria 46	glabratus 44	hybrida 30
dalmatinus 252	Eusphalerum 100	gladium 332	Hydrobius 80
Dalopius 122	Evodinus 222	Glischrochilus 150	Hydrous 80 336
Dascillus 100	excellens 218	gloriosa 290	Hylecoetus 148
decemguttata 156	Exocentrus 260	Gnathoncus 82	Hylesinus 328 330
decempunctata 156	Exochomus 158	Gnathotrichus 328	Hylobius 318
decimlineata 286	Exosoma 298	Gnorimus 206	Hylotrupes 238
decipiens 68 254	explodens 72	Goldlaufkäfer 34	Hypera 320
degener 110		Gonodera 170	hyperici 290
Dendrophilus 84	faber 212	gramineus 122	Hyphydrus 78
dentata 70	farinosa 198	graminis 288	Hypophloeus 162
Deticollis 126 128	fasciata 172	granaria 324	
Deporaus 306	fasciatus 196	grandicollis 64	icterica 270
Dermestes 136 338	fasciculatus 258	granulatus 36	idiota 178
dermestoides 148	fastuosa 292	Graphoderes 76	illigeri 54
Deronectes 78	favarius 144	griseus 262	Illybius 76 336
Desfontanei 252	femorata 208	guttifer 134	imperialis 140
detritus 248	fenestratus 336	Gymnopleurus 192	impressa 274
Diaperis 164	fennica 216	Gyrinus 78	incanus 316
Dicerca 106	ferruginea 102		inquisitor 34 214 342
Dictyoperta 132	ferrugineus 54 82 326	haemorrhoidalis 106 126 164	interrogationis 222
Diebskäfer 140	festivus 68	halensis 298	interrupta 294
dirus 320	figuratus 250	Haliplus 72	intricatus 42 332
Ditoma 166	fimetarius 188	Haltica 300	Ips 328 330 348
Dlochrysa 292	flaveolus 134	Harminius 128	irregularis 40
diversipes 288	flavoguttata 104	Harmonia 156	irrorata 266
Donacia 272 - 276 344	flaveofasciata 108	Harpalus 62	italica 132 280
Dorcadion 254 256	flexuosa 32	Haselblattroller 306	
Dorcus 182	floralis 242	Haselnußbohrer 322	jacaeae 314
dorsalis 66	formicarius 142	Hausbock 238	Julodia 228
Dorytomus 320	fornicata 204	Hedobia 140	Julodis 106
Drilus 130	Frischii 136	Heldbock 324	Junikäfer 200
Dromius 70	fulgurans 116	Helochares 80	Jurnieri 56
Dryocoetes 330	fuliginator 256	hemipterus 196	
Dryops 80	fuliginosus 76	Henicopus 174	Kartoffelkäfer 286
Drypta 70	fullo 194 342	herbsti 246	Kindermanni 68
dubia 224	fulva 136	Hetaerius 82	Kirbyi 262
duodecimpunctata 278	fulvipenne 98	Hetrocerus 102 162	Kolbenwasserkäfer 80 336
duodecimpunctatus 78	fulvum 254	hieroglyphica 158	Kopfhornschröter 182
Dytiscus 74 334	funereus 252	Himbeerkäfer 174	Kräuterdieb 140
	funesta 206	hippocastani 194	Kugelschwimmer 78
ebulinum 238	fur 140	Hippodamia 152	Kupferstecher 328
Eccoptogaster 332	Furchenschwimmer 74 334	Hirschkäfer 180	
Eichelbohrer 320	Furcipus 324	hirta 100 208	Labidostomis 294
Eichenblattroller 304	fusca 134 340	hirtus 128 174	Lachnaea 280
Elaphrus 50	fuscipes 80 92	hispanus 38 186	Lacon 122
Elater 120 122	fuscum 216	Hispella 302	laevigatus 50
elegantulus 120	fuscus 76	hispidus 260	laeviscula 282 344
elongatum 166		Hister 82	

Lagria 100
lama 244
Lampra 114
Lamprohiza 130 340
Lampyris 130
laniarius 136
lapathi 324
lardarius 136 338
Larinus 314 348
latermarginalis 76
Lathrobium 98
laticollis 192
Lederlaufkäfer 42
Leiopus 262
Leistus 54
Lema 278
lemur 188
lepidus 62
Leptinotarsa 286 346
Leptodirus 90
Leptura 222
lepturoides 168
Lepyrus 318
lethifera 164
Lethrus 186
Leuchtkäfer 130
lichenis 278
ligustici 308
Lilienhähnchen 280
lilii 280
Lilioceris 280
limbata 286
limbatum 48
linearis 128 330 326
lineata 314
Liparus 320
litorale 52
litoralis 32 92
littoralis 84
livida 46 224 228
lividus 80
Lixus 316
Lochmaea 298 346
Lophyridia 32
Loricera 50
Lucanus 180
Luciola 132
lugubris 112
lunaris 186
lunatus 70
lunulata 32
luperus 170
lusitanica 298
Lycoperdina 160
Lygistopterus 132
Lytta 174

macropus 282
maculata 228
maculatus 76
maculicornis 312

madens 162
Maikäfer 194
Maiwurm 174
Malachius 146
Malinowskyi 276
Malthinus 134
Malthodes 134
mandibularis 150
Macrovichianus 168
margaritacea 302
marginalis 74 334
marginatus 122
mariana 104
Marienkäfer 154
marinus 78
marteriarius 328
maugetii 80
maxillosus 96
Megopis 212
Mehlkäfer 166
melanocephalus 64
Melanophila 108
melanophthalmus 320
melanopus 278
Melanotus 122
melanura 210 232
Melasia 162
Melasoma 292 294 346
Meligethes 152
Meloe 172
Melolontha 194 342
merdigera 280
Mesosa 258
Messingkäfer 140
Metoecus 178
millefolii 116
Mimela 200
miniatum 306
minor 236 332
minutum 100
Mistkäfer 184
mixtus 188
molitor 166
mollis 142
Molorchus 236
Mondhornkäfer 186
Monochamus 256 258
mopsus 192
mordax 214
Mordella 170
moraei 184
Morimus 252
morio 204
mortisaga 164
moschata 238
Moschusbock 238
Muehlfeldi 176
Mulmbock 212
multipunctata 48
murina 124
museorum 138 338

Museumskäfer 138 338
mutillarius 144 338
Mycetina 160
Mycetophagus 160
Myelophilus 332
mysticus 248

Nacerda 210
nanus 82
napi 324
Nashornkäfer 180
nasicornis 180
Nebria 46
nebulosa 258
nebulosus 78 262
Necrodes 84
Necrophorus 84
nemoralis 42
Neomycia 158
nicaeensis 294
niger 60 126
nigricornis 210 270
nigripes 270
nigrita 86
nigrosuturatus 318
Niptus 140
nitens 36 306
nitida 66
nitidula 114
nitidulus 66
nobilis 206 208
noctiluca 130
notatus 324
Notiophilus 48
novemdecimpunctata 154
movemmaculata 104
nucum 320
nymphaeae 298

Oberea 272
obliterata 158
oblongoguttata 158
oblongopunctatus 56
Obrium 236
obscura 86 134 276
obscurus 80 190
obsoletus 38
obtusus 98
ocellata 154
octoguttata 104 268
octopunctatus 286
oculata 272
Odontaeus 188
Oeceoptoma 88 336
Oedemera 208
Oiceoptoma 88 336
oleiperda 328
olens 94
oleracea 300
Omophlus 168
Omphron 48

onopordi 106
Ontholestes 96
Onthophagus 188
Opilo 142
orientalis 194
orthocerus 168
Oryctes 180
Oryzaephilus 150
Osmoderma 200
Ostoma 102
Otiorhynchus 308 310
Oulema 278
ovatus 78 260 310
Oxyporus 96
Oxythyrea 206
Pachbrachys 286
Pachyta 220
Paederus 92
pallidus 234 294
pallipes 98
palustris 48 318
Panagaeus 72
paniceum 138
Panzeri 56
Pappelblattkäfer 292 346
Pappelbock 268
paracenthesis 278
paradoxus 178
parallelepipedus 64 182
parallelus 102
pectinicornis 122 138
pedestre 254
pellucida 134
Pentodon 178
Percus 64
perforata 266
Perotis 112
Phaenops 110
Phausis 130
Philonthus 96
Phosphaenus 130
Phosphuga 86
Phyllobius 312
Phyllodecta 296
Phyllopertha 198
Phymatodes 242
Phytobius 326
Phytodecta 294
Phytoecia 270
piceae 322
piceus 80 336
picta 108
pilicornis 50
Pillendreher 190
Pillenkäfer 102
pilosus 56 250 314
pilula 102
pini 284 322
pisorum 302
Pissodes 322 324
Pityogenes 328 330

Pityophagus 326
pius 190
Plagionotus 242 246 248
plana 82
planata 148
Platambus 76
Plateumaris 276
Platycarabus 40
Platycerus 182
Platynus 66
Platystomus 306
podagrariae 208
Pogonocherus 258 260
polita 272 288
Polydrusus 314
polygoni 292
polymorpha 176
Polyphyllo 194 342
pomorum 320
populi 292 304
populnea 268
porcatus 310
porosa 112
Potosia 202
pratensis 294
Prionus 212
problematicus 42
Porcerus 150
Propylaea 154
Prostomis 150
Pterostichus 56 58 60
Protaecia 204
psylloides 140
Ptilinus 138
Ptinus 140
Ptosima 108
pumila 170
punctata 266
punctiventris 316
punctatum 138
punctatus 84 124
pupillata 272
Puppenräuber 32
purpureus 124
Purpuricenus 250 252
pustulata 270
Pyrochroa 170 340
Pyrrhalta 298
Pyrrhidium 240

quadridens 330
quadrifasciata 232
quadriguttatus 150
quadrimaculata 220
quadrimaculatum 90
quadrimaculatus 70 82 324
quadripunctata 88 118 156 178
quadripustuatus 150 158 160
quadrisignatus 120
quatuordecimguttata 156

quatuordecimpunctata 154
quercus 122
quinquepunctata 154 294

Ratzburgi 332
Rebenstecher 304
rectirostris 324
Rehschröter 182
renipustulatus 158
Rhagium 214 342
Rhagonycha 136
rhamni 244
Rhinosimus 302
Rhizobius 150
Rhopalopus 240
Rhychnites 304
riparius 50
rosaceus 196
Rosalia 238
Rosenkäfer 202 342
rostratus 44
Rothalsbock 222
rubens 126
rbidum 300
rubidus 146
rubiginosa 300
rubra 222
ruficollis 72 302
rufipes 122 142 190 226
rufus 96 128 146 236
ruricola 196
russica 142
rustica 104 132
rusticus 216 244
rutilans 114

sabulosus 172
sacer 190
saliceti 292
salicicola 310
salicis 116
saltuarius 256
Sandlaufkäfer 30
sanguinicollis 92
sanguinolenta 288
sanguinolentum 240
sanguinolentus 120 132 336
Saperda 264 - 270
sartor 250 256
scaber 172
scabricornis 212
scalaris 264
Scaphidium 90
scarabaeoides 78 172
Scarabaeus 190
Scarites 50 52
Schaefferi 176 190 220 284
Scheidleri 38
Schildkäfer 300

Schilfkäfer 272
Schoenherri 92
Schreberi 176
Schüppeli 64
sclopeta 72
Scolytus 332
scolytus 332
Scopolii 234 254
scopolina 286
scrophulariae 138 326
scutellata 226
sedecimpunctata 156
Selastomus 124
Selmanni 56
Semanotus 242
sensitivus 308
sepicola 306
semipunctatus 192
sensitivus 308
sepicola 306
Sepidium 164
septempunctata 154 230
Serica 198
sericea 276
sericeus 284
Sermylassa 298
serraticornis 170
sexdentatus 330
sexguttata 226
sexmaculata 228
sexpunctata 280
sexpunctatum 62
sexpunctatus 282
Siebenpunkt 154 338
signatus 326
silvatica 32
silvestris 40
similis 94
Sinodendron 182
sinuatus 82 88 286
Sisyphus 190
Sitona 314
Sitophilus 324
Smaragdina 282
soluta 30
Span. Fliege 174
sparganii 274
speciosus 248
Speckkäfer 136 338
Spaeridium 78
Spaeroderma 300
splendens 36 96
spendidula 130 340
Staphylinus 94
Steganotus 128
Stegobium 138
Stenocorus 128
Stenolophus 54
Stenomax 166
Stenopterus 236 - 240

Stenus 90
stercorarius 184
stercorosus 184
Stierkäfer 186
stigmatica 300
Strangalia 220 - 232
striatum 218
sturnus 314
Subcoccinella 152
succincta 160
sulcatus 74 308
surinamensis 150
sutor 256
sycophanta 32 214
Synharmonia 154
Systenocerus 182

Tachinus 98
Tachyporus 98
tarsalis 90
taxicornis 294
tenebricosa 294
Tenebrio 166
tenebrionis 112
terricola 52
tesselatus 96 286
tesserula 224
testacea 302
Tetropium 216 344
teutonus 54
textor 252
Thanasimus 142
Thanatophilus 88
Tea 158 338
thoracica 88
tibialis 68
Tilloidea 144
Timarcha 294
Tituboea 182
tomentosus 174
Totengräber 84
tredecimpunctata 152
Trilobium 162
Trichius 196
Trichodes 144
Trichoferus 234
tricolor 54
tricuspidata 178
trifasciatus 138
Triplax 142
tristis 88
Tritoma 140
tropicus 244
Tropideres 306
Trox 172
Typhoeus 186
typographus 328 348
Tytthaspis 156

undatus 242
undulatus 128

unicolor 82 162
unifasciata 144
urticae 312
ustulata 210

Vadonia 228
Valgus 196
variabilis 206
varians 288
variegata 152
Varimorda 172
variolosus 44
varius 248
velatus 326
velutinus 234
vernalis 184
vesicatoria 174
vespillo 84
vespilloides 84
vestitus 68
vibex 300
viburni 298
vigintiduo-
punctata 152 158 338
vigintipunctata 294
villosa 220
villosoviridescens 264
viminalis 294
Violacea 174 266 288
violaceum 240
violaceus 38
virens 224
virescens 212
virginea 218
viridis 118 300 314
viridissima 210
viridula 292
vittatus 126
vitellinus 294
vulgaris 60 254

Walker 194 342
Werftkäfer 148

xatarti 60
Xyloterus 326
Xylodrepa 88
Xylotrechus 242 244

Zangenbock 214
Zonabris 176
zonatus 196
Zweipunkt 156

Wie heißt dieses Tier, wie heißt diese Pflanze?
Die beste Antwort auf diese Fragen, Voraussetzung für jede weitere Beschäftigung mit der Natur, gibt eine weitgehend vollständige Sammlung von Bestimmungsfotos zusammen mit einem Text, der auf die Artmerkmale hinweist. Aufgebaut nach diesem Konzept sind **Sauers Naturführer** in wenigen Jahren zu einem großen Tierbestimmungslexikon mit 13 Bänden und über 4000 Bestimmungsfotos herangewachsen. Die Texte beschreiben Lebensweise und Lebensraum der vorgestellten Arten und machen die Serie auch zu einem unerreicht ausführlichen "Tierleben" über die Fauna Europas. Die Reihe wird weiter ausgebaut.

Bisher sind erschienen:

Tiere und Pflanzen im Wassertropfen
133 Seiten, 208 Farbfotos, 2. Auflage, DM 18.-
Nicht nur ein Bestimmungsbuch, sondern auch ein Bildband über die Schönheit des Mikrokosmos und eine Anleitung zum Mikroskopieren von Kleinstorganismen.

Meerepflanzen, Meerestiere
352 Seiten, 600 Farbfotos, DM 36.-
Dieser vollständigste und genaueste Strandführer mit Farbfotos zeigt, daß die Fauna der europäischen Meere an Formenreichtum und Schönheit kaum hinter den Tropenmeeren zurücksteht.

Die schönsten Spinnen Europas
196 Seiten, 360 Farbfotos, 3. Auflage, DM 24.-
350 Spinnenarten werden nach Farbfotos bestimmbar. Ein ausführlicher Text und ein Bestimmungsschlüssel führen tiefer in die Beschäftigung mit diesen interessanten Tieren hinein.

Fliegen und Mücken
128 Seiten, 206 Farbfotos, 2. Auflage, DM 23.-
In den oft stark vergrößernden Fotos wird die bizarre Schönheit dieser Tiere sichtbar. Der einzige Naturführer in diese wichtige Insektengruppe.

Bienen und Verwandte
128 Seiten, 206 Farbfotos, 2. Auflage, DM 23.-
Die wichtigsten Arten der Bienen, Wespen und Ameisen werden nun erstmals ohne Verwendung von Fachliteratur bestimmbar.

Wasserinsekten
162 Seiten, 262 Farbfotos, DM 28.-
62 Libellenarten, 42 Köcherfliegen, 24 Eintagsfliegen, 20 Mücken, 18 Wasserwanzen und 12 Steinfliegenarten nach Farbfotos erkannt.

Die schönsten Raupen 309 Seiten mit 532 Farbfotos, DM 36.-
Die einfachste Art, Raupen zu bestimmen, ist der Vergleich mit einem farbigen Bestimmungsfoto. Dieser Band macht die Raupenbestimmung zwar nicht immer leicht, aber doch leichter.

Tagfalter Europas 144 Seiten mit 210 Farbfotos, DM 24.-
In diesem Band werden auch die häufigeren südeuropäischen Arten mit Fotos und Verbreitungskarten vorgestellt.

Heimische Nachtfalter 323 Seiten mit 576 Farbfotos, DM 36.-
565 europäische Nachtfalter werden nach dem Leben und meist mehrfach vergrößert abgebildet. Die oft schwierige Bestimmung heimischer Nachtfalter wird mit diesem Werk bedeutend erleichtert.

Kriechtiere und Lurche im Mittelmeerraum 162 Seiten mit 171 Farbfotos, Der einzige Reptilienführer, der auch Nordafrika, den Nahen Osten und die Türkei einschließt. DM 28.-

Vogelnester 332 Seiten mit 386 Farbfotos, DM 30.-
Gelege, Sperrachen, Dunenkleider. Ein Naturführer zum Kostbarsten, das die heimische Natur zu bieten hat.

Afrikanische Vögel 221 Seiten mit 400 Farbfotos, 2. Auflage, DM 28.-
Die Vögel, die man am ehesten auf einer Safari zu sehen bekommt in Fotos, die auch etwas vermitteln von der reichen Natur des noch immer schönsten Kontinents der Erde.

600 Käfer 350 Seiten mit 720 Farbfotos, die die Bestimmung der auffälligeren Käfer aus Mittel-, Süd- und Osteuropa ermöglichen. DM 36.-

Säugetiere Afrikas 162 Seiten mit 140 Farbfotos, DM 24.-
Die Arten, die man auf einer Fotosafari zu sehen bekommt, dazu die auffallendsten Kriechtiere und Frösche aus Afrika südlich der Sahara.

Naturfotografie mit allen Finessen 144 Seiten mit 24 Farbfotos, 2. Auflage, Ideen für Naturfotografen, die schon alles wissen. DM 18.-

Notizbuch für Vogelbeobachter 380 Seiten mit 270 Tuschezeichnungen, DM 18.-
Für Vogelbeobachter, die über ihre Beobachtungen Aufzeichnungen machen.

Die Bücher sind zu beziehen beim **Fauna-Verlag, Eichenweg 8 85757 Karlsfeld** und bei jedem **Buchhändler**.